# COIMBRA JURÍDICA

IMPRENSA DA UNIVERSIDADE DE COIMBRA

COIMBRA UNIVERSITY PRESS

© ABRIL 2020. Imprensa da Universidade de Coimbra.

**Autor:** Fernando José Bronze

**Título:** Metodologia do Direito (Guião de um Curso)

**Edição**

Imprensa da Universidade de Coimbra

Email: imprensa@uc.pt

URL: http://www.uc.pt/imprensa_uc

Vendas online: http://livrariadaimprensa.uc.pt

**Coordenação editorial**

Maria João Padez de Castro

**Design:** Carlos Costa

**Execução gráfica:** KDP - Kindle Direct Publishing

**ISBN:** 978-989-26-1545-5

**eISBN:** 978-989-26-1546-2

**DOI:** https://doi.org/10.14195/978-989-26-1546-2

Fernando José Bronze

_______________

**METODOLOGIA** DO **DIREITO**

*Imprensa da Universidade de Coimbra*

*Coimbra University Press*

# **METODOLOGIA** DO **DIREITO**

FERNANDO JOSÉ BRONZE

A todos os que me acolheram nos seus corações, no dia 19
de Maio de 2017 *(dies illa…)*:
os Estudantes que foram às minhas aulas;
os Colegas que me saudaram na Via Latina;
os Amigos que me dirigiram palavras de conforto;
a Família que me acarinhou desveladamente.


"Wichtiger als alle Vorschriften seyn können, ist der Geist
und die Bildung des Juristenstandes"

(F. C. von SAVIGNY, "Stimmen für und wider neue Gesetzbücher",
in *Zeitschrift für geschichtliche Rechtswissenschaft*, 3 I (1861), 44).

# Sumário


Nota Prévia . . . . . . . . . . . . . . . . . . . . . . . . . . . . . . . . . . . . . . . . . . . . . . . . . . . .  15

Estrutura do curso . . . . . . . . . . . . . . . . . . . . . . . . . . . . . . . . . . . . . . . . . . . . . . .  17

Temário . . . . . . . . . . . . . . . . . . . . . . . . . . . . . . . . . . . . . . . . . . . . . . . . . . . . . . . .  19

Bibliografia básica . . . . . . . . . . . . . . . . . . . . . . . . . . . . . . . . . . . . . . . . . . . . . . .  23

A abrir . . . . . . . . . . . . . . . . . . . . . . . . . . . . . . . . . . . . . . . . . . . . . . . . . . . . . . . . . .  25

I.  INTRODUÇÃO . . . . . . . . . . . . . . . . . . . . . . . . . . . . . . . . . . . . . . . . . . . . . . .  27

   1.  A atitude pedagógica . . . . . . . . . . . . . . . . . . . . . . . . . . . . . . . . . . . . . . . .  27

   2.  Advertências preliminares – não *marginalia* mas *essentialia*
       do (per-)curso proposto. . . . . . . . . . . . . . . . . . . . . . . . . . . . . . . . . . . . .  29

      2.1.  O direito, os juristas (e a Europa…) . . . . . . . . . . . . . . . . . . . . . . . . .  29

      2.2.  A compreensão da normatividade jurídica, que se assume, e o
           esboço da por ela implicada realização judicativa do direito . . . . .  39

      2.3.  A oportunidade (e a urgência), hoje, da tematização
           do problema metodológico . . . . . . . . . . . . . . . . . . . . . . . . . . . . . . . . .  46

      2.4.  (Algumas das) razões que concorrem para dificultar a tarefa
           a empreender . . . . . . . . . . . . . . . . . . . . . . . . . . . . . . . . . . . . . . . . . . . . .  48

      2.5.  Equívocos subjacentes à contraposição teoria/prática . . . . . . . . . .  51

      2.6.  As cinco categorias polarizadoras do discurso a ensaiar: "valor,
           tempo, sistema, método" … e analogia . . . . . . . . . . . . . . . . . . . . . . .  54

2.7.  O paradigma relevado – e em dupla acepção .................. 57

2.8.  Metodologia Jurídica e Estado de Direito...................... 58

2.9.  O juízo decisório – uma primeira alusão....................... 60

2.10. A preferência pelos aspectos centrais de uma metodologia
      jurídica de banda larga, em detrimento de uma outra
      (permanentemente) atenta às exigências particulares de cada
      um dos diversos ramos do direito ........................... 61

2.11. A veemente recusa de qualquer pulsão "legicida".............. 65

2.12. A acentuação da importância do tipo de pensamento
      privilegiado no exercício de que cuidamos ................... 69

2.13. Ocupar-nos-emos da Justiça – mas em que sentido? ........... 72

2.14. O papel da metodologia jurídica na constituição do direito –
      uma rápida consideração histórico-diacrónica do problema .... 78

2.15. A articulação *meta-hodos/logos* – abordada também em termos
      histórico-diacrónicos ...................................... 88

3. O objecto da metodonomologia e os seus núcleos temáticos
   fundamentais................................................... 96

3.1.  A racionalizada realização judicativo-decisória do direito........ 96

3.2.  Metodonomologia – o juízo, a decisão e o oximoro que compõem 100

3.3.  O valor das *leges legum* disponibilizadas pelo legislador......... 108

**II. A RACIONALIDADE INTERVENIENTE** ................................. 113

1. A crise da (de que...) razão? .................................... 113

1.1.  O advento da razão, a pluralidade de tipos de razão e a crise
      de um certo modelo de razão ................................ 114

1.2.  A *ratio* implica uma *relatio.* O carácter discursivo, justificativo
      e comunicativo da razão .................................... 116

1.3.  A razão (quase) nunca foi a única nota predicativa da
      humanidade do homem. Não o foi na Grécia antiga... .......... 118

1.4.  Nem na Idade Média... .................................... 120

1.5.  Nem neste tempo que é o nosso ............................. 122

1.6.  Só a axiomática razão moderna sucumbiu à sua própria
      soberba. Os três postulados em que assentava e a respectiva
      impertinência. Algumas linhas de uma mudança superadora .... 124

1.7.  E na Metodologia Jurídica? Os equívocos subjacentes a algumas
      das alternativas propostas para a comprovada inconcludência
      da razão moderno-iluminista ................................ 132

1.8.	Outros caminhos entretanto abertos (ou reabertos…):
consideração, em particular, da razão prática. . . . . . . . . . . . . . . . 134
2.	Uma cartografia das racionalidades (mero esboço) . . . . . . . . . . . . . . . . . 135
2.1.	"O que" se nos impõe pensar, e "como" devemos fazê-lo . . . . . . . 135
2.2.	Três notas prévias: uma racionalidade juridicamente específica;
uma racionalidade problematológica e, portanto, analógica . . . . 136
2.3.	A impertinência da racionalidade axiomático-dedutiva. . . . . . . . . 138
2.4.	Os equívocos da(s) racionalidade(s) teorética(s) . . . . . . . . . . . . . . 140
2.5.	A racionalidade teleotecnológica das alternativas ao direito . . . . 141
2.6.	Uma conclusão intercalar a impor uma perspectiva outra . . . . . . 142
2.7.	A racionalidade metodológico-juridicamente adequada como
racionalidade prática. A refutação das suspeitas de
subjectivismo, casuísmo, procedimentalismo e aleatoriedade . . . 143
2.8.	A racionalidade tópico-retórico-argumentativa . . . . . . . . . . . . . . . 145
2.9.	A racionalidade hermenêutica . . . . . . . . . . . . . . . . . . . . . . . . . . . . . 148
2.9.1. A trincheira (prático-normativa) de R. Dworkin . . . . . . . . . . 154
2.9.1.1. A tese da *one right answer* . . . . . . . . . . . . . . . . . . . . . . . . 156
2.10.	A racionalidade narrativa. . . . . . . . . . . . . . . . . . . . . . . . . . . . . . . . . . 162
2.11.	A racionalidade finalística. A teleonomologia . . . . . . . . . . . . . . . . . 165
2.12.	As dimensões noemática e noética da específica racionalidade
prática (problemático-sistemática e analógica) proposta . . . . . . . 172

III.	**A EQUAÇÃO METODONOMOLÓGICA** . . . . . . . . . . . . . . . . . . . . . . . . . . . . . 175
1.	Os pólos do exercício judicativo-decisório . . . . . . . . . . . . . . . . . . . . . . . . 175
1.1.	O sistema jurídico – algumas observações preliminares . . . . . . . . 181
1.1.1.	A relevância metodonomológica do sistema jurídico. . . . . . . . . 184
1.1.2.	Os estratos do sistema jurídico . . . . . . . . . . . . . . . . . . . . . . . . 185
1.1.2.1. O *corpus iuris* integra problemas, fundamentos e critérios . . . . . 185
1.1.2.2. O sentido do direito . . . . . . . . . . . . . . . . . . . . . . . . . . . . . . . . 187
1.1.2.3. Os princípios normativos . . . . . . . . . . . . . . . . . . . . . . . . . . . . 191
1.1.2.4. As normas jurídicas legais . . . . . . . . . . . . . . . . . . . . . . . . . . . . 195
1.1.2.5. A jurisprudência judicial. . . . . . . . . . . . . . . . . . . . . . . . . . . . . . 196
1.1.2.6. A jurisprudência dogmática . . . . . . . . . . . . . . . . . . . . . . . . . . . 198
1.1.2.7. A realidade jurídica. . . . . . . . . . . . . . . . . . . . . . . . . . . . . . . . . . 201
1.1.2.8. As (ilidíveis) presunções de vigência dos diversos estratos
do sistema jurídico . . . . . . . . . . . . . . . . . . . . . . . . . . . . . . . . . 202
1.1.2.9. Conclusão: o sistema jurídico como *Gestaltung* . . . . . . . . . . . . . . 204
1.2.	O problema judicando – algumas observações preliminares . . . . . 204

1.2.1. Problema *vs.* mistério, enigma e aporia . . . . . . . . . . . . . . . . . . . . . . 204

1.2.2. O problema – caracterização geral. . . . . . . . . . . . . . . . . . . . . . . . . . 206

1.2.3. O problema jurídico e a "judícia". . . . . . . . . . . . . . . . . . . . . . . . . . . . 208

1.2.4. A singularidade ineliminavelmente predicativa de cada problema 211

1.2.5. O problema jurídico e a reconstituição da normatividade
jurídica vigente . . . . . . . . . . . . . . . . . . . . . . . . . . . . . . . . . . . . . . . . . . 218

1.2.6. O "caso jurídico concreto" . . . . . . . . . . . . . . . . . . . . . . . . . . . . . . . . 220

2. O operador noético. . . . . . . . . . . . . . . . . . . . . . . . . . . . . . . . . . . . . . . . . . . 223

2.1. A analogia memeticamente gravada no mais fundo de nós. . . . . . . 224

2.2. Caracterização da analogia – algumas observações introdutórias 225

2.3. A analogia como semelhança na diferença. A sua aptidão
heurística . . . . . . . . . . . . . . . . . . . . . . . . . . . . . . . . . . . . . . . . . . . . . . . . 229

2.4. A radicação problemática da analogia. . . . . . . . . . . . . . . . . . . . . . . . 232

2.5. A analogia como *same level reasoning* . . . . . . . . . . . . . . . . . . . . . . . 233

2.6. A analogia, *sub specie iuris*. . . . . . . . . . . . . . . . . . . . . . . . . . . . . . . . . . 235

2.6.1. O seu objecto. . . . . . . . . . . . . . . . . . . . . . . . . . . . . . . . . . . . . . . . . . . 235

2.6.2. O seu sentido. . . . . . . . . . . . . . . . . . . . . . . . . . . . . . . . . . . . . . . . . . . 235

2.6.3. A sua índole – e respectivos corolários (nomeadamente, a
complementaridade de um momento problemático e de um
outro judicativo na inferência analógica) . . . . . . . . . . . . . . . . . . . 236

2.7. As modalidades da analogia – o problema da analogia *iuris*. . . . . . 243

2.8. O esclarecimento de alguns equívocos recorrentes –
nomeadamente: a opção pelo *argumentum a simili* ou pelo
*argumentum a contrario;* a (in-) distinção interpretação
extensiva/analogia . . . . . . . . . . . . . . . . . . . . . . . . . . . . . . . . . . . . . . . . 243

2.9. Consideração de umas quantas questões particulares . . . . . . . . . . 246

2.9.1. A analogia e o princípio da legalidade criminal . . . . . . . . . . . . . 247

2.9.1.1. Observações preliminares e enquadrantes. . . . . . . . . . . . . . . . . 247

2.9.1.2. A intencionalidade prático-normativa do princípio da
legalidade criminal e a analogia – serão uma e outra
compossíveis?. . . . . . . . . . . . . . . . . . . . . . . . . . . . . . . . . . . . . . . . . . 249

2.9.1.2.1. A evolução do problema no direito alemão (súmula). . . . . . . . . 250

2.9.1.2.2. A recondução do problema a uma disputa clássica em sede
interpretativa (a proposta de B. Rüthers/C. Höpfner). . . . . . . . . 251

2.9.1.2.3. Alusão às propostas de Figueiredo Dias, Costa Andrade e Faria
Costa. Súmula da orientação preconizada por Castanheira
Neves. O atrevimento de uma nota final. . . . . . . . . . . . . . . . . . . . 252

2.9.2. A analogia e as normas excepcionais . . . . . . . . . . . . . . . . . . . . . . 257

2.9.3. A analogia e as normas de conflitos . . . . . . . . . . . . . . . . . . . . . . 262

2.9.4. A analogia e as normas supletivas . . . . . . . . . . . . . . . . . . . . . . . 263

3. Uma questão exemplar (qual o pólo determinante para perspectivar a relação caso/critério legal?) . . . . . . . . . . . . . . . . . . . . . . . . . . . . . . . . 266

3.1. Alguns tópicos da evolução do pensamento jurídico, quanto ao ponto . . . . . . . . . . . . . . . . . . . . . . . . . . . . . . . . . . . . . . . . . . . . . . 267

3.1.1. O Ihering-*twist* como momento charneira . . . . . . . . . . . . . . . . . 267

3.1.2. K. Engisch e K. Larenz . . . . . . . . . . . . . . . . . . . . . . . . . . . . . 268

3.1.3. F. Müller, W. Fikentscher e F. Bydlinski . . . . . . . . . . . . . . . . . . 269

3.1.4. J. Esser, M. Kriele e… Castanheira Neves . . . . . . . . . . . . . . . . . 271

3.1.5. Conclusão permitida pelo exercício empreendido . . . . . . . . . . . . 278

3.2. Alguns tópicos da evolução do modo de compreender o problema da interpretação jurídica, quanto ao (mesmo) ponto . . . 279

3.2.1. O objecto da interpretação . . . . . . . . . . . . . . . . . . . . . . . . . . . 280

3.2.2. O objectivo da interpretação . . . . . . . . . . . . . . . . . . . . . . . . . . 290

3.2.3. Os elementos da interpretação . . . . . . . . . . . . . . . . . . . . . . . . 295

3.2.4. Os resultados da interpretação . . . . . . . . . . . . . . . . . . . . . . . . 298

3.2.5. Conclusão permitida pelo exercício empreendido . . . . . . . . . . . . 299

4. O exercício judicativo-decisório (apresentação sintética, em consonância com o precedentemente esclarecido) . . . . . . . . . . . . . . . . . . 300

4.1. O *modus* da realização judicativo-decisória do direito e a centralidade da analogia na mencionada realização . . . . . . . . . . . . 304

4.1.1. Em lugar da dicotomia "questão-de-facto"/"questão-de--direito", a dialéctica de uma e outra . . . . . . . . . . . . . . . . . . . . 305

4.1.2. Duas questões, cada uma delas com dois momentos . . . . . . . . . 307

4.1.2.1. "Questão-de-facto": o momento pressuponente, a implicar uma analogia de objectivação tematizante e de qualificação especificante . . . . . . . . . . . . . . . . . . . . . . . . . . . . . . . . . . 308

4.1.2.2. "Questão-de-facto" (cont.): o momento controversial, a implicar uma analogia de comprovação problematizante . . . 313

4.1.2.3. "Questão-de-direito": o momento problemático-sistemático, a implicar uma analogia de disquisição explicitante . . . . . . . . 316

4.1.2.3.1. Consideração algo mais cuidada deste ponto, atentas várias dificuldades com que podemos deparar-nos, em virtude do carácter sintético dos casos concretos e do carácter analítico dos critérios jurídicos – nomeadamente, dos preceitos legais 317

4.1.2.4. "Questão-de-direito" (cont.): o momento especificamente judicativo, a implicar uma analogia de fundamentação ajuizante ........................................... 339

4.1.2.4.1. Consideração, também aqui, de algumas dificuldades suscitadas pelo juízo decisório a proferir com base no sentido do direito precedentemente explorado e entretanto projectado em arrimos com uma maior ou menor densidade. .......... 340

4.1.2.5. A solução dos casos-ornitorrinco – ou o confronto imediato com o sentido do direito no grau máximo da sua rarefacção ... 351

**IV. O PROBLEMA CONSTITUCIONAL** ...................................... 359

1. As coordenadas da questão (da legitimidade da jurisdição para constituir direito) ........................................... 360

2. O controlo da mencionada actividade constitutiva no plano da decisão e no do juízo ........................................... 369

3. A recusa de qualquer tentação arrogante ......................... 376

**A fechar** ........................................................... 377

# Nota Prévia

Não sei se as páginas que se seguem não serão, no domínio circunstancialmente em causa, um *graffito,* nas paredes de um templo em ruínas, em defesa daquilo que, para certos transeuntes, não passa de algo ligado a um tempo há muito … passado, ou mesmo uma glosa ao epitáfio de um mundo que muitos, sábios esotéricos e néscios atrevidos, já enterraram. Quero crer que não – empenho-me sempre em que o pessimismo que recorrentemente me atormenta me não deixe pecar contra a "infinita possibilidade" da esperança…–, mas não sei.

Sei apenas – lembrando o celebradíssimo "Patmos", de HÖLDERLIN, e trocando (sem esquecer… – *dialectique oblige)* HEGEL, que o Poeta, colega do Filósofo em Tübingen, talvez tenha privilegiado nesses seus versos, pelos mais recentes IHERING e KANTOROWICZ… – que se a situação de perigo em que se encontra o direito, tal como ele, na sua problematicamente inucleada deveniência irreprimível, vai compreendido neste livro (todavia, sem qualquer cedência a dogmatismos maniqueístas e aos correlativos autos-de-fé…), é bem notória (por obra e graça de serventuários de múltiplos poderes e de funcionalistas das mais diversas inspirações, de relativistas eventualmente ingénuos e de niilistas deliberadamente impenitentes – e não haverá entre todos relações de parentesco?…), a "luta [por esse] direito" impõe-se-nos, *in nomine hominis,* nos diversos planos relevantes – entre eles, decerto, o da sua realização judica-tiva –, como um imperativo urgente e vital.

16

Coimbra, 19 de Maio de 2017
F. J. B.

# Estrutura do Curso

A. A gramática básica – algumas das suas coordenadas
B. A analítica explicitante – as incógnitas, o tipo de raciocínio e os passos da equação metodonomológica
    a) A "mediação judicativa" – o "nó do espírito" a desatar
    b) A dimensão noética – o pensamento a assumir (pressuposto/pro-jecção de)
    c) A dimensão noemática – o exercício a realizar
    d) A dialéctica de recíproco afinamento em que se enredam os planos discriminados sob a), b) e c)
C. A relevância constitucional do juízo decisório – o problema da respec-tiva fundamentação.

# Temário

**I. Introdução**

1. Normatividade jurídica e metodologia do direito – os termos e o significado de uma relação. A actual circunstância do pensamento jurídico a determinar a exigência e a urgência da reflexão metodológica. A metodologia enquanto dimensão constitutiva da... constituenda normatividade jurídica vigente.

2. O objecto da metodologia do direito ("rectius", da metodonomologia) – a racionalizada realização judicativo-decisória da normatividade jurídica vigente.

3. Os núcleos temáticos fundamentais de uma criteriosamente recortada reflexão metodonomológica – a racionalidade e o esquema metódico.

4. A legitimidade, no horizonte de um Estado de Direito material, de uma autonomamente responsável discussão da problemática metodológica por parte do pensamento jurídico – entre nós, não obstante as normas do Código Civil sobre a questão.

**II. A racionalidade metodológico-juridicamente adequada.**

1. Alusão à actual "crise da razão": sentido geral e hodierno dessa crise; perspectiva da sua superação – a "razão" e as "razões".

2. Esboço muito elementar de uma cartografia das juridicamente mais interpelantes racionalidades: lógico-dedutiva (do normativismo moderno--iluminista e do positivismo legalista), teoréticas (das reduções psicológica e sociológica da juridicidade), tecnológico-sociais (das diversas alternativas ao direito) e prático-jurisprudenciais.

3. Consideração, algo mais detida, das racionalidades prático-jurispruden-ciais – de pendor procedimental (exemplos: a tópico-retórica e a argumentativa – memória, contributos e limites) e de índole material (exemplos: a hermenêu-tica – o equívoco que lhe subjaz e as razões da sua impertinência; as catego-rias analíticas disponibilizadas pelo pensamento hermenêutico e o respectivo significado "sub specie iuris" –, a narrativa – a sua proximidade e distância da hermenêutica; a sua importância em sede probatória –, a teleológica – a teleo-tecnologia e a teleonomologia).

4. Especial referência à analogicamente entretecida racionalidade proble-mático-sistemática – as suas dimensões e o tipo de raciocínio que as articula (ou os dialecticamente enredados momentos noemático e noético do exercício metodonomológico).

**III. O esquema metódico como corolário crítico-reflexivamente afi-nado (sem contradição prática: como pressuposto-projecção) do modelo de racionalidade justificadamente privilegiado. O seu carácter argumentativo (todavia, sem qualquer suspeita de subjectivismo, de procedimentalismo, de aleatoriedade e de casuísmo). Um esquema metódico de fundamentação prático-normativa (naturalmente marcado pela historicidade predicativa do direito, que rejeita o consequencialismo puro e duro, mas assume a teleo-logia imanente à, e densificadora da, juridicidade).**

1. A analogicamente entretecida dialéctica do caso judicando e do (consti-tuído e/ou constituendo) sistema fundamento – análise dos dois pólos mencio-nados; a centralidade da mediação judicativa implicada pela consideração do caso judicando como o "prius" e o "modus" do exercício metodológico.

2. Tematização da inferência analógica (sentido, objecto, fundamento, cri-tério, modalidades – particular referência ao problema da analogia "iuris" –, limites – a analogia e as normas penais incriminadoras; a analogia e as normas excepcionais; a analogia e as normas de conflitos; a analogia e as normas suple-tivas ...).

3. Uma questão exemplar no horizonte de um sistema de legislação, como o nosso: a consideração do caso na perspectiva da norma, ou a consideração da norma na perspectiva do caso? As respostas dadas por alguns pensamentos

paradigmáticos. A resposta inferida da/autorizada pela análise da evolução do sentido do problema da interpretação jurídica.

4. A estrutura básica do esquema metódico – as reciprocamente enredadas questão-de-facto (a qualificação e a comprovação do caso judicando como um problema antropocairostopicamente balizado) e questão-de-direito (em abstracto – as ponderações implicadas pela selecção do critério normativo mobilizável, as coordenadas a atender na determinação do seu sentido hipotético-normativo; e em concreto – o problema do juízo decisório).

5. A questão-de-direito em concreto – o problema do juízo decisório (cont.).

5.1. A realização judicativo-decisória do direito por mediação de um critério pré-disponibilizado pelo sistema jurídico (do caso judicando ao juízo decisório: à norma judicativamente apurada com base num apoio – *maxime,* um critério legal – pré-disponibilizado pelo sistema jurídico).

5.1.1. O momento da relevância – a co-respondência, ou não, do mérito material do caso e da intencionalidade normativa do critério: a assimilação do caso pelo critério por concretização, por adaptação, por correcção; a não assimilação do caso pelo critério.

5.1.2. O momento da teleologia – a determinação jurisprudencial e doutrinal da "ratio legis" do critério; a extensão teleológica e a redução teleológica.

5.1.3. O momento do fundamento – a interpretação do critério (também) conforme os princípios; a "ratio iuris" e as suas relações com a "ratio legis" (a realização da concordância prático-normativa das duas "rationes" pela metodonomologicamente decisiva "ratio iudicis").

5.1.4. A imbricação, no exercício metodonomológico, dos momentos precedentemente discriminados.

5.2. A realização judicativo-decisória do direito por autónoma constituição normativa (do caso judicando ao juízo decisório: à norma judicativamente apurada por autónoma constituição normativa – *i. e.,* por desenvolvimento transistemático do direito).

5.2.1. Em lugar da integração das lacunas a problemática do desenvolvimento transistemático do direito.

5.2.2. A importância, neste último âmbito, dos intercambiáveis "limites da juridicidade" e "espaço livre do direito"; a prioridade, ainda aqui, do caso judicando.

5.2.3. A consideração, atenta a mencionada problemática, da relevância prático-metodológica do processo de constituição da normatividade jurídica vigente, isto é, das fontes do direito.

5.2.4. O sentido do direito (as *archai* modeladoras, a índole prático-normativa e o a-caminho do sentido do direito) como a "premissa oculta" dos (o referente também intencionado nos) pontos anteriores.

**IV. O problema constitucional posto pela decisão judicativa – a legitimação da decisão (a implicar um controlo de poder) e a legitimação do juízo (a implicar um controlo de validade). O papel da reflexão metodológica neste âmbito específico (o de instância viabilizadora da objectividade também aqui possível – a objectividade... intersubjectivamente significativa e juridicamente intencionada).**

Os números (e a correspondente sistematização) do "Temário" estão mais próximos dos que se privilegiaram nos sumários das aulas do que daqueles outros que se utilizaram neste "Guião".

# Bibliografia básica


A. Castanheira Neves, *Metodologia Jurídica. Problemas fundamentais,* Coimbra: Coimbra Editora, 1993.

Id., *O actual problema metodológico da interpretação jurídica – I,* Coimbra: Coimbra Editora, 2003.

Id., *Digesta. Escritos acerca do direito, do pensamento jurídico, da sua metodologia e outros,* Volumes 1.º e 2.º, Coimbra: Coimbra Editora, 1995, e Volume 3.º, Coimbra: Coimbra Editora, 2008.

Id., "O direito interrogado pelo tempo presente na perspectiva do futuro", in Avelãs Nunes/ Miranda Coutinho (Orgs.), *O direito e o futuro. O futuro do direito,* Coimbra: Almedina, 2008, esp.[te] pp. 56-68.

Karl Larenz, *Metodologia da ciência do direito,* 3.ª ed., trad. de José Lamego, Lisboa: Fundação Calouste Gulbenkian, 1997.

José Manuel Aroso Linhares, *O binómio casos fáceis/casos difíceis e a categoria de inteligibilidade sistema jurídico. Um contraponto indispensável no mapa do discurso jurídico contemporâneo?,* Coimbra: Imprensa da Universidade de Coimbra, 2017, esp.[te] 155 ss., sob 4. e 5.

José Lamego, *Elementos de Metodologia Jurídica,* Coimbra: Almedina, 2016.

Fernando José Bronze, *Lições de Introdução ao Direito,* 3.ª ed., Coimbra: Gestlegal, 2019, esp.[te] as lições 15.ª – pp. 607-681 –, 17.ª – pp. 747-832 – e 19.ª e 20.ª – pp. 875-976.

Id., *"Continentalização" do direito inglês ou "insularização" do direito continental? (Proposta para uma reflexão macro-comparativa do problema)*, Coimbra, 1982, esp.[te] Cap. III.

Id., *A metodonomologia entre a semelhança e a diferença (Reflexão problematizante dos pólos de radical matriz analógica do discurso jurídico)*, Coimbra: Coimbra Editora, 1994, esp.[te] pp. 141 ss., 150-154, 179 ss. n. 444, 332 ss. n. 835, 432 s. n. 1059, 438 ss. n. 1068, e 515 ss.

Id., *Analogias*, Coimbra: Coimbra Editora, 2012.

Indicações bibliográficas complementares poderão colher-se nas obras acabadas de mencionar e/ou nas páginas que se seguem.

A prioridade conferida, na bibliografia portuguesa compulsada aquando da elaboração do texto, a Juristas da Escola de Coimbra, deverá ser entendida como uma homenagem que assim se lhes presta, justificada pela gratíssima admiração de que são credores todos quantos a integram.

# A abrir

Os apontamentos que se seguem não passam, reafirmemo-lo, de um guião. E isto quer exactamente dizer que, no mero roteiro que se disponibiliza, se pressuporá quase sempre (e nomeadamente...) – *there is a text in this class!...*[1] – a *Metodologia Jurídica...*, cit., de A. Castanheira Neves (mistagogo[2] e hierofante[3], já lhe chamámos; e poderíamos dizê-lo noetarca preocupado com uma consciência jurídica que não se cansa de afinar, Mestre epónimo da lição que não hesitamos em seguir...), que os Senhores Estudantes deverão continuar a eleger como livro de texto do curso. Ainda assim, atentas a iniludível

---

[1] Cf. Stanley Fish, *Is there a text in this class? The authority of interpretive communities,* Cambridge (Massachusetts)/London (England), 1982.

[2] Não, evidentemente, "[...] o Grão-Mestre Mistagogo/Que enrola os neófitos no seu jogo [...]" – é uma fala de Fausto, na obra homónima de Johann Wolfgang Goethe, 6249 s.; na ed. devida a João Barrento, Lisboa, 1999, 316. Cf. o que escrevemos na introdução ao estudo com que participámos em António Castanheira Neves *et alii, Teoria do Direito. Direito interrogado hoje – o jurisprudencialismo: uma resposta possível?,* Salvador, 2012, 82.

[3] Tentemos uma explicitação, mas agora positiva: em nosso juízo – perturbado pela relação de discipularidade que, como "manifestação de interesses", se nos impõe confessar?...–, Castanheira Neves está, hoje, para o direito e para o pensamento jurídico, assim como outrora Hölderlin estava para Heidegger – como "o celebrante" (cf. George Steiner, *A poesia do pensamento. Do helenismo a Celan,* trad. de M. Serras Pereira, Lisboa, 2012, esp.te 211) de um sentido originário que parece teimar em esconder-se-nos..., mas a ele não.

complexidade e as múltiplas implicações dos núcleos temáticos do programa, e em vista da nossa inevitável  intromissão no circuito pedagógico (só conseguiríamos apagar as impressões digitais próprias se cortássemos os dedos, e a estrita reprodução de um pensamento alheio, ainda que exemplar, perverteria a identidade que insistimos em reconhecer-nos[4]…), "[u]m pouco [nos] demora[re]mos no caminho"[5], que percorreremos (perdoe-se-nos o desequilíbrio…) ora com maior vagar, ora com mais pressa.

---

[4] Recorde-se, por extenso, a lúcida denúncia – tão bela quanto cáustica… – de Arthur SCHOPENHAUER, que colhemos algures: "Die bloß erlernte Wahrheit klebt uns nur an, wie ein angesetztes Glied, ein falscher Zahn, eine wächserne Nase, oder höchstens wie eine rhinoplastische aus fremdem Fleische; die durch eigenes Denken erworbene Wahrheit aber gleicht dem natürlichen Gliede; sie allein gehört uns wirklich an" ("A verdade meramente apreendida cola-se-nos como um membro transplantado, como um dente postiço, como um nariz de cera, ou quando muito como uma rinoplastia levada a cabo com tecidos alheios; mas a alcançada pelo pensamento próprio equipara-se a um membro natural, pois só ela nos pertence verdadeiramente").

[5] Cf. James JOYCE, *Música de câmara,* XXXII, 5 – na ed. bilingue, devida a João Almeida Flor, Lisboa, 2012, 79.

# I. Introdução

Umas quantas notas (só aparentemente soltas…)

## 1. A atitude pedagógica

Para recorrer a uma expressão forte de George STEINER (a propósito de Thomas BERNHARD), nunca afivelarei a máscara de um… torcionário autorizado[6], ou (talvez, pior…) de "um doutor Fausto sem diabo disponível"[7]. Conquanto crítico, confesso-me suficientemente relativista para o afirmar (e para o garantir aos Senhores Estudantes…) com a mais veemente das convicções. As cartilhas obrigatórias arrepiam-me tanto como os pensamentos únicos:

---

[6] Recordo que o A. austríaco (des-)qualificava assim os médicos e os… professores: cf. George STEINER/ Robert BOYERS (Org.), *George Steiner em The New Yorker,* trad. de J. P. Correia e M. S. Pereira, Lisboa, 2010, 165.

[7] Cf. Agustina BESSA LUÍS, *A Bíblia dos pobres. As categorias,* Lisboa, 1970, 131.

"[…] a torre de Nemrod [está, decerto,] em ruínas"[8], mas, felizmente e mesmo havendo quem pirronicamente o negue, continua a recortar-se no horizonte… Por outro lado, de novo na companhia do Ensaísta e abrindo o referido livro na página em que o A. recenseado é E. M. CIORAN[9], advirto ainda que nunca procurarei a V. "aquiescência atordoada nem [me iludirei se ouvir apenas] o eco complacente" das minhas próprias palavras[10]. O que gostaria, isso sim, era de ser capaz de os "[incitar a uma] análise renovada e [a um] juízo [criterioso]" dos núcleos temáticos que viremos a considerar… ainda que num primeiro momento a mencionada tentativa possa dar azo a uma reacção negativa[11]. Tudo o que, por junto e mais rasteiramente, significa: se não alimento o propósito de lhes impor, sem dó nem piedade, os meus pontos de vista (não mo permitiriam, nem eu me atreveria a tentá-lo…), também não estou disponível para sucumbir à *vox populi,* que bem se sabe não ser, quase nunca, a *vox dei* (não lhes serve a carapuça, nem eu deveria insinuar o contrário…).

Isto dito, e aproveitando as primeiras palavras da cópia que chegou até nós do célebre *Livro vermelho,* da Casa da Livraria (Biblioteca Joanina) da Universidade de Coimbra, "[s]eguem-se os capitolos & determinacoes" do curso de Metodologia do Direito. Dilacerados pela suspeita (invoquemos PÉRSIO) de que tenderá a responder-se "nemo, nemo", à pergunta "quis leget haec?" Mas (compensatoriamente…) animados pela razão de que, na circunstância que a Fortuna nos reservou (e louvando-nos no primeiro segmento da inspirada divisa que a Liga Hanseática foi colher em PLUTARCO), "[n]avigare necesse est…".

---

[8] É mais ou menos com estas palavras que STEINER encerra o importante artigo que, na colectânea referida na nota 6, dedica a Noam CHOMSKY: cf. "As línguas do homem", *ibidem,* 376. *V.* ainda Thomas MANN, *José e os seus irmãos. I As histórias de Jaacob,* trad. de Gilda Lopes Encarnação, Alfragide, 2018, 14 e 39 ss., sob 6 – inspirada narrativa romanceada dos tempos bíblicos, onde o Nobel não deixa de associar à "Grande Torre [, elevada] a uma altura extraordinária [… e] cuja extremidade atingia os céus [, a] ideia de 'dispersão'"…

[9] Cf. *ibidem,* 316.

[10] Os Senhores Estudantes abominam, decerto, tanto quanto eu, os exercícios psitacísticos (se estivesse entre nós, Maria Gabriela LLANSOL não lamentaria, como há muitas décadas, "[a] última vez que decorei montanhas foi quando me formei em Direito"…: cf. *Numerosas linhas, Livro de horas III (Jodoigne-Herbais, 1979-1980),* org. por João Barrento e Maria Etelvina Santos, Porto, 2013, 22; nem talvez, antes ainda, R. M. RILKE tivesse desistido de um propósito que chegou a acalentar: "Erst 'Recht' studieren war mein Plan;/doch meine leichte Laune schreckten/die strengen, staubigen Pandekten/und also ward der Plan zum Wahn […]" – "Als ich die Universität bezog", in *Erste Gedichte,* Leipzig, 1913, 28 …), que autorizam sempre a deplorável conclusão (denunciada num verso inspirado de *Avejão,* de Sérgio GODINHO e dos GAITEIROS DE LISBOA) de que… "mesmo sem saber ler, qualquer papagaio é doutor".

[11] Como não lembrar a seguinte fala de Mefistófeles: "Quem à juventude a verdade diz, / À verdura dos anos não apraz […]"? – cf. J. W. GOETHE, *Fausto,* 6744 s., na ed. citada, 341.

# 2. Advertências preliminares – não *marginalia* mas *essentialia* do (per-)curso proposto...

2.1. "Teve que se descobrir o alfabeto antes de se poder pensar em ler e em escrever!" Esta lúcida advertência de Rudolph von Ihering[12] chama, afinal, a atenção para a decisiva importância de um adequado esclarecimento dos pressupostos de inteligibilidade de qualquer tarefa que se pretenda levar a cabo, para que se não incorra no "erro de Spinoza"[13] – *hoc sensu,* na inconsideração dos referidos pressupostos, enquanto condições de possibilidade de realização da tarefa circunstancialmente em causa. Concedamos-lhes o justo relevo (um "alfabeto de leitura", em virtude da "densidade das referências cruzadas" que o entretecem, com a sua linguagem própria – lançando mão de palavras de Mallarmé, poderíamos aludir aqui "aux mots de la tribu" metodonomológica... –, não deverá "ser remetido para umas quantas "notas de rodapé"...[14]), olhando cuidadosamente alguns deles[15].

Bem sei que *omnium quidem rerum primordia sunt dura.* Mas se os Senhores Estudantes assumirem, em plenitude (permita-se-me o atrevimento: como devem![16]), aquela marca-de-água que os faz capazes de re-pensar continuamente o modo como se habituaram a pensar[17] – mas sem capitularem, inermes,

---

[12] Recorde-se o original alemão: "es mußte das Alphabet gefunden sein, bevor man aus Lesen und Schreiben denken konnte!" – cf. *Geist des römischen Rechts auf den verschiedenen Stufen seiner Entwicklung,* 3.ª parte, 1.ª secção, § 49; na 2.ª ed., Leipzig, 1871, 11.

[13] A expressão é de Wolfgang Fikentscher, que a cunhou a propósito da liberdade. Foi a liberdade política (e religiosa), de que pôde beneficiar na Holanda coeva, que permitiu ao Filósofo pensar e redigir a sua obra, marcada por um indisfarçável (e temerariamente heterodoxo...) panteísmo, em ruptura com a comunidade judaica que integrava e que reconhecia os seus méritos..., mas que acabaria por expulsá-lo. Todavia, as "condições da liberdade, sob a qual viveu e filosofou", não o preocuparam, pois tinha a liberdade como algo de "racional e evidente". Cf. *Methoden des Rechts in vergleichender Darstellung,* IV, Tübingen, 1977, 626.

[14] Cf. George Steiner, *Sobre a dificuldade e outros ensaios,* trad. de M. Serras Pereira, Lisboa, 2013, 24 s. e 60.

[15] Não se trata, portanto, de fugir por um qualquer atalho *(de via in semitam degredire...),* mas de nos prepararmos devidamente para sermos capazes de caminhar em (relativa) segurança pela estrada principal...

[16] ... E sem vaidades à mistura (pois não nos lembram as Escrituras que "somos servos inúteis [quando fazemos] o que devíamos fazer"?...), nem hesitações de permeio (pois não nos garante Horácio que "quo semel est inbuta recens servabit odorem/testa diu"?...).

[17] Lembremos que o pensar (a "tábua de escrever, na qual nada se encontra escrito em acto", mas que, "em potência", admite todos os "inteligíveis"... – convocamos assim Aristóteles, *apud* Giorgio Agamben, *A potência do pensamento. Ensaios e conferências,* trad. de António Guerreiro, Lisboa, 2013, 293 s., 310 s. e 313 –, anátomo-fisiologicamente radicada numa série de muito específicos "processadores centrais, agregados no sistema nervoso central [...]" – cf., agora, António Damásio, *A estranha ordem das coisas. A vida, os sentimentos e as culturas humanas,* trad. de L. Oliveira Santos/João Quina Edições, Lisboa, 2017, 94 ss., esp.te 97 sob 3.) – rigorosamente recortado, um "entrar-em-proximidade com o distante"

(assim, Heidegger – *apud* Hannah Arendt, *Pensar sem corrimão (Antologia),* trad. de João Moita, Lisboa, 2019, 320), uma "exigência dialéctica de superar" *(v.* A. Castanheira Neves, *Aula na Univ. Lusófona – 21 de Abril de 2012,* polic., s./l. mas Lisboa, 4), uma problematicamente radicada e pessoalmente responsabilizante tentativa de avançar (nota esta última que nos leva a responder negativamente à seguinte pergunta de Pessoa/Campos: "Cárcere de pensar, não há libertação de ti?" – cf. Fernando Pessoa, "Ah, perante esta última realidade que é o mistério", in *Poesias de Álvaro de Campos,* Lisboa, 1969, 94), e, na exacta medida em que a tentativa se consume, a desvelação de um *novum,* que Hannah Arendt disse ser a mais "vulnerável" das capacidades humanas (cf. *A condição humana,* trad. de R. Raposo, Lisboa, 2001, 395) – pressupõe reflexão e estudo (divergimos assim do maniqueísmo descortinável em Schopenhauer, que os contrapõe de modo indisfarçável: cf. "Do pensamento pessoal", *passim* – in Id., *Sobre o sofrimento do mundo,* trad. de J. Pinheiro, Almargem do Bispo, 2007, 95 ss.), implica a assunção de uma perspectiva crítica, envolve, em maior ou menor medida, uma *poiesis,* e, decorrentemente, projecta-se, tanto no plano prático como naqueloutro intencional (é que, não o esqueçamos, "[h]á uma auréola à volta do pensamento" – assim, Ludwig Wittgenstein, "Investigações Filosóficas", 97; na ed. do *Tratado Lógico-Filosófico. Investigações Filosóficas,* devida a M. S. Lourenço, Lisboa, 1987, 252 –, que, se nos é permitida a glosa, ilumina e delimita os problemas que concretamente nos interpelam e os referentes de sentido que circunstancialmente se privilegiam), na reconstituição, ou mesmo na superação, de um certo *status quo* (cf., complementarmente, o que escrevemos em "Pj → Jd. A equação metodonomológica (as incógnitas que articula e o modo como se resolve)", in *Analogias,* cit., 361, n. 159). Acrescentemos ainda que "o esforço [de, com circunspecção,] pensar o pensamento" (o pensamento – L. Wittgenstein disse-o "[...] a proposição com sentido": cf. *Tractatus...,* 4; na ed. citada, 52 – que rasga aberturas e instaura o novo, que não aquela sua caricatura que o reduz a *"bric-à-brac",* a mero "refugo e [...] lixo da nossa [mais ou menos lúcida, mais ou menos delirante...] corrente mental", artefacto do "homem[-]máquina [, cujo] cérebro segrega pensamento como o fígado segrega bílis" – cf. Aldous Huxley, *A ilha,* trad. de Virgínia Motta, Lisboa, 2014, 193. "Pensar" – sublinha-o Miguel Baptista Pereira num ensaio memorável, acentuando que devemos também isso aos Gregos – "[...] não é abandonar a nossa situação histórica, mas aprofundá-la, em atitude de conaturalidade e co-genialidade": cf. *Prefácio à edição portuguesa de Termos Filosóficos Gregos de F. E. Peters,* Lisboa, 1977, XXIV s. E, consonantemente, o pensador autêntico – a quem está vedada a cedência a voluntarismos que o levem a ignorar a densidade do mundo que o desafia, a concretude dos problemas que o interpelam... – "[parte] da [sua] própria experiência [e empenha-se num] esforço de problematização e realização", pois só assim poderá alimentar a "esperança no advento de um sentido novo". Isso o distingue "do mero coleccionador ou sistematizador de ideias", que se limita a elaborar o rol do que vai colhendo por aí: cf. Id., *ibidem,* XV s. Neste já longo – cremos que demasiado longo... – parêntesis, centrámo-nos no pensamento e no pensar, considerando-os como que discretamente. Mas, para o fecharmos de vez, voltemos à dificuldade que determinou a respectiva abertura – àquele "pensar o pensamento" a que então aludimos. Apenas para nos perguntarmos se não estaremos aí – nessa sua articulação – diante da aporia do pensamento? Pois não será exacto que "qualquer tentativa de pensar [...] o pensamento se vê enredada no processo do pensamento, na sua autorreferência", e não será essa a razão por que só "pensamos o nosso pensamento [...] por breves períodos de foro epistemológico e psicológico"?: cf. George Steiner, *Dez razões (possíveis) para a tristeza do pensamento,* trad. de Ana Matoso, Lisboa, 2015, 12 e 36) – cf. G. Steiner, *A poesia do pensamento...,* cit., 13 ss., e 150 e n. 76 –, que se impõe ao jurista para que este se desincumba esclarecidamente da tarefa que é institucionalmente a sua, implica, decerto, trabalho (que, nas palavras cinzeladas de Maria Gabriela Llansol, traduz um "investir no instante"... – cf. *Numerosas linhas, Livro de horas III (Jodoigne-Herbais, 1979-1980),* cit., 212) e uma analítica explicitante (como nos recorda o Ensaísta, "[o]s homens que pensam são sempre analíticos"... – cf. *Dez razões (possíveis) para a tristeza do pensamento,* cit., 152. Sem "arte de filigrana" e "tacto para os matizes" – as expressões são de Friedrich Nietzsche: cf. *Ecce homo,* trad. de José Marinho, 3.ª ed., Lisboa, 1973, 29 –, sem uma fragmentação que não pára de fragmentar-se – trata-se agora de uma paráfrase a Hugo von Hofmannsthal: cf. *A carta de Lorde Chandos,* trad. de Carlos Leite, Lisboa, 2015, 37 –, o pensamento não vem à epifania.... Entre nós, L. Cabral de Moncada acentuou, há muito, o carácter "dissociativo e analítico" do pensar: cf. *Filosofia do Direito e do Estado,* Vol. II (1.ª ed., 1966), Coimbra, 2006, 347) que se enuncia e comunica linguisticamente, de modo emblemático, após uma "argumentação pública, no quadro do *a priori* de uma comunidade de comunicação, vale dizer, de um discurso argumentativo" (assim, Karl-Otto Apel, *Transzendentale Reflexion und Geschichte,* Berlin, 2017, 114) – este curso é, também ele, prova do que acaba de sublinhar-se. Mas importa não esquecer que, no centro do mencionado esforço, está, pelo que nos importa, o problema do exercício metodonomológico (com os referentes que intenciona, os objectivos que visa e os caminhos que percorre – tudo à herança da modernidade…[18] –, e se, com seriedade, se empenharem em resistir às derivas da sua própria metamorfose em "especialistas acéfalos" *(Fachidioten)*[19] e da redução das universidades a institutos politécnicos (com todo o respeito

o que por junto constitui o seu sentido predicativo) – no fim e ao cabo, o foco material polarizador das reflexões a tentar e das considerações a tecer…, mas igualmente dos não-ditos a assumir, que lhe modulam as entrelinhas e modelam os traços fortes.

Tudo o que HEIDEGGER inspiradamente sintetizou com uma tríade que nos permitimos parafrasear (cf. George STEINER, *Martin Heidegger,* trad. de J. Paz, Lisboa, 2013, 58 e 169 s.), nos seguintes termos: o pensamento *(das Denken)* jurídico metodologicamente comprometido é simultaneamente um *Andenken* – um pensamento que nunca se distrai do seu campo temático (a problemática da racionalizada e histórico-concreta realização do direito) –, um *Durchdenken* – um pensamento sempre empenhado num contínuo aprofundamento do binómio em que se centra (o caso interpelante e a juridicidade interpelada) –, e um *Bedenken* – um pensamento que assume sem reservas o específico objectivo pragmático que é o seu (a rigorosa clarificação do caminho conducente ao/viabilizador do juízo metodonomológico). Por junto, o referido pensamento é um *Nachdenken* – um pensamento "que vai [sempre] na peugada" do direito (com o sentido que o autonomiza, as externalidades que o co-determinam e os problemas que o densificam. Ou seja: ainda aqui, sublinhemo-lo, o prefixo *"nach,* não tem apenas um significado temporal, mas também modal" – cf. Roberto ESPOSITO, *De fora. Uma filosofia para a Europa*, trad. de José Serra, Lisboa, 2018, 107 –, na medida em que, como explicitamente se acentuou, intenciona dimensões predicativas do pensamento de cada vez que ele vem à epifania). "Pensar [é, assim – poderemos também nós concluir,] fundamentalmente […] rememoriar". E, acrescentaremos ainda, o pensamento (e, com as especificidades que lhe são próprias, igualmente o pensamento jurídico metodologicamente comprometido) implica, em dialéctica correlatividade, pressuposições e realizações – a assunção de experiencialmente radicadas e problematicamente intencionadas exigências de sentido mais ou menos amplamente precipitadas em critérios imediatamente operativos e, por mediação das pertinentes interpelações problemáticas, a realização histórica dos mencionados arrimos. O apuramento/instituição de co-respondências entre os dois referidos pólos é o santo-e-senha do devir prático (ou prático-jurídico…) que, portanto, se subordina(m) a uma lógica analógica – naturalmente (como adiante se esclarecerá em múltiplas ocasiões), sem capitulação a excessos susceptíveis de roubar à prática a irreprimível e tantas vezes surpreendente novidade que a predica (a analogia tem, decerto, "limites" – pois, quando "fechada em si própria, impede a descoberta da constelação da vida": são palavras de Maria Filomena MOLDER, *Símbolo, analogia e afinidade,* Lisboa, 2009, 50).

Mas serão os dias de hoje propícios a inquietações do tipo daquelas que inspiraram as linhas desta tão longa nota? Nestes nossos tempos funcionais, dominados por uma eficácia rasteira, não será que fazemos cada vez mais e que pensamos cada vez menos? Sejamos optimistas – lembremos de novo, com HÖLDERLIN, que "[…] onde há perigo, cresce/Também o que salva"… (cf. "Patmos", in *Poemas,* 2.ª ed., devida a Paulo Quintela, Coimbra, 1959, 363).

[18] O propósito de Iluminismo era o de… "pensar o pensamento" *(das Denken zu denken)* – pensamento que a *Aufklärung,* porém, reduzia a "coisa" empiricamente concebível, a "instrumento" formalmente analisável (o paradigma era a matemática, "cujo *medium* é o número", expressão emblemática do signo unívoco): cf. Max HORKHEIMER/Theodor W. ADORNO, *Dialektik der Aufklärung. Philosophische Fragmente,* 16.ª ed., Frankfurt am Main, 2006, 31 ss., e Karl JASPERS, *Was ist Philosophie? Ein Lesebuch,* 2.ª ed., München, 1982, 290 ss., esp.[te] 292. As específicas exigências predicativas do direito … e do pensamento jurídico metodologicamente comprometido, impedir-nos-ão, evidentemente, de ir por aí.

[19] … Incapazes de "olhar" o "domínio temático de que se ocupam para lá dos limites do [seu] prato": assim, Jenny HOCH, "Freiheitsgrad: minus 3", in *Die Welt,* de 31. AUG.2012, 24, associando expressamente a mencionada degradação às "Universidades fustigadas pela reforma de Bolonha *(bolognareformgeschüttelten Universitäten)".* Na sua expressão acabada, recordemo-lo, o especialista é aquele que sabe tudo de nada – "Too much of nothing", para aproveitarmos o título de uma canção de Bob DYLAN (e um verso que nela, qual refrão, várias vezes se repete). Cf., em ed. bilingue, as suas *Canções. Volume I (1962-1973),* trad. de A. Barbosa e P. Serrano, Lisboa, 2006, 530 s. Traduzimos a palavra alemã *Fachidioten* por "especialistas acéfalos". Se calhar com algum abuso à mistura, pois a palavra grega *idiôtês* designou rigorosamente, na época do Apóstolo já a seguir convocado, … "um 'não-especialista'": cf. a n. 11: 6, de Frederico LOURENÇO, à "2.ª Carta aos Coríntios", de PAULO, in *Bíblia,* Vol. II, na trad. do mencionado Professor, Lisboa, 2017, 293.

por estas últimas instituições...), decerto compreenderão de imediato, agora que estão quase no fim da passagem pelos bancos da Faculdade, que os juristas, *sensu proprio* (os sujeitos institucionalmente encarregados de mobilizar o direito para pôr e solucionar problemas jurídicos concretos), não podem deixar de se preocupar com o modo como devem proceder para (não legitimarem, por inércia, "o estado de facto" com que se deparam, auto-condenando-se ao "vazio"[20] e, ao invés,) levarem, cumpridamente, aquela sua carta a Garcia (quando conscientes da pesada – e constitutiva... – tarefa que é a sua, como hão-de os juristas realizá-la?). E que não o façam com entusiasmo[21], vendo o direito como um abominável enfado (se preferirem, desqualificando-o como *the joyless law...*[22]), ou como um referente a minar (se quiserem, assumindo-se como *die Maulwürfe des Rechts...*), e tomando-se, autoflageladoramente, como desencantados cultores de impostações[23] que tais, só poderá causar espanto por constituir um anacronismo muito de lamentar. Mais ainda: se a União Europeia subsistir[24] e

---

[20] Cf. Papa Francisco, *Carta Encíclica Louvado sejas. Sobre o cuidado da casa comum,* Prior Velho, 2015, n. m. 113, p. 80. Se nos é permitida uma nota complementar: no fundo, a ideia (subjacente ao que se escreveu no texto, que nos trouxe a esta nota) de que "nada é possível só é possível numa sociedade que pensa que nada é impossível" (são palavras de Byung-Chul Han, colhidas in *Der Spiegel,* de 6.8.2016, 126) – e não se pretenderá assim a sociedade hodierna?...

[21] Se nos espera uma "floresta de dificuldades [..., não hesitemos em] entrar no mato, de machado em punho" (cf. Charles Dickens, *David Copperfield,* trad. de Mário Domingues, 2.ª ed., Lisboa, 1959, 398). Desde logo porque (insistamos num ponto já aflorado: cf. *supra,* n. 17) "To work [...] / is to pull your weight and feel/exact and equal to it. / Feel dragged upon. And buoyant" (assim, Seamus Heaney, em "Old something iron", in *Da terra à luz. Poemas 1966-1987,* ed. bilingue devida a R.C. Homem, Lisboa, 1997, 252. Vale a pena recordar, cremos, a inspirada tradução proposta por Rui Carvalho Homem: "Trabalhar [...] /é aguentar o nosso fardo e sentirmo-nos / na sua escala, à sua altura. / Sentir o peso e a impulsão." – *ibidem,* 253). E voltando ao entusiasmo, que determinou a abertura desta nota, evoquemos ainda palavras lapidares... e a nobilitante promessa que elas encerram: "Und Lust und Liebe sind die Fittiche/Zu Großen Taten" ("e o prazer e o amor são as asas / Para os grandes feitos") – J. W. Goethe, "Iphigenie auf Tauris", II, 1, 665 s. (é uma fala de Pílades, para o seu amigo Orestes... irmão de Ifigénia) – in *Goethes Werk (Hamburger Ausgabe),* Hamburg, 1964, 25.

[22] Cf. Amartya Sen, *A ideia de justiça,* trad. de Nuno Castello-Branco Bastos, Coimbra, 2010, 369.

[23] Conquanto se não ignore – sublinhemo-lo, recorrendo a uma terminologia colhida em uma outra (e malfadada...) área – revelar-se necessária, também aqui (e em consonância com a disponibilidade a que dentro em pouco se apelará...), alguma paciência da V. parte para superar a inevitável... "fadiga de ajustamento" implicada pelo exercício. No fundo, o que pretendemos acentuar é a ideia de que o entusiasmo a que há pouco aludimos não se reduz a um voluntarismo tão determinado quanto ingénuo, antes é feito de empenho sério *(Bemühung)* e de serenidade crítica *(Gelassenheit).*

[24] Atente-se no que nos diz A. J. Avelãs Nunes, louvando-se em J. Habermas, em "A 'Europa' está toda errada. É preciso passá-la a limpo", in *Boletim de Ciências Económicas,* LV, Coimbra, 2012, 196, 200 e 203 (cf. ainda Id., "O euro: das promessas do Paraíso às ameaças de austeridade perpétua", in *Boletim de Ciências Económicas,* LVI, Coimbra, 2013, *passim).* Procuremos refúgio (um refúgio desconsolado...) na alegoria. A "Crise europeia", de Tet, que mereceu um prémio no "World Press Cartoon 2013" e esteve exposto no Centro Cultural Olga Cadaval, em Sintra, mostra um já semi-destruído símbolo do euro, em forma de nau, a desfazer-se fragorosamente, com remos e tábuas e ainda chapéus e ossos a voarem ao Deus dará. No que resta da ponte de comando, uns quantos dirigentes berram alucinados e apontam cada qual em sua direcção. Mas o que mais impressiona é o mar proceloso feito de milhares de desgraçados, que são a imagem do estupor e da desesperança, e a noite de breu, pano de fundo da tragédia... Mais explicitamente, ainda que em termos interrogativos: comprovado

o fracasso de uma "política tecnocrática" apenas preocupada com os resultados (resultados esses, de resto, unilateralmente relevados. Amartya Sᴇɴ, por exemplo, não hesitou em criticar "o vasto dano económico e social feito pelas políticas de austeridade, escolhidas autocraticamente pelos líderes das instituições financeiras da Europa (que exercem tanto poder atualmente), com extraordinariamente pouca discussão pública *antes* de tais escolhas, [pelo que] não é fácil escapar à ideia de que um envolvimento mais epistémico com as pessoas comuns (bem como com muitos economistas, cujas divergências foram muitas vezes descartadas com uma rapidez impressionante por parte dos líderes financeiros) poderia ter ajudado muito": assim, em *Escolha coletiva e bem-estar social,* trad. de Ana Nereu Reis, Coimbra, 2018, 473), não se imporá assumir a necessidade de uma outra "política europeia" centrada em "novas formas democráticas" e no reconhecimento do "dever de solidariedade" (da exigência da "hospitalidade"?...) como um dos corolários do "princípio da *fairness"? -* assim, expressamente, Rainer Fᴏʀsᴛ, em entrevista concedida à revista *Der Spiegel,* n.º 34/19.8.13, esp.ᵗᵉ 106 e 109; cf., entre nós, por exemplo, José Cᴀsᴀʟᴛᴀ Nᴀʙᴀɪs, "Reflexões sobre a constituição económica, financeira e fiscal portuguesa", in *RLJ,* 144.º, n.º 3989, 2014, esp.ᵗᵉ 109 s., Ana Raquel Gᴏɴçᴀʟᴠᴇs Mᴏɴɪᴢ, *Os direitos fundamentais e a sua circunstância. Crise e vinculação axiológica entre o Estado, a Sociedade e a Comunidade Global,* Coimbra, 2017, esp.ᵗᵉ 29 s. ... E, ainda a propósito do mencionado "dever de solidariedade", projectado na instituição de um genuíno *Rettungsschirm* (cf. Robert Mᴇɴᴀssᴇ, *A capital,* trad. de Paulo Rêgo, Alfragide, 2019, 27 s.) ... e, por isso mesmo, a denunciar, supomos, o que se lhe contrapõe: não entrou já na História o "[p]ecámos contra a dignidade dos povos, especialmente na Grécia, em Portugal e também na Irlanda [...]", do insuspeito Jean-Claude Jᴜɴᴄᴋᴇʀ, de meados de Fevereiro de 2015 (cf., no plano da ficção – de uma ficção tingida de realidade... ) –, Iᴅ., *ibidem,* 228 s.; e, no da reflexão crítica – e, em termos bibliográficos, bem mais ortodoxamente... – António José Aᴠᴇʟᴀs Nᴜɴᴇs, "Notas a propósito da reedição de um velho livro meu", in *Boletim de Ciências Económicas,* Vol. LXI, Coimbra, 2018, 421), que só a arrogância destituída de uma sensibilidade política mínima se atreveu a repudiar?... (Note-se, parenteticamente, em referência a universos substancialmente diferentes daqueles que temos estado a considerar – mas até as diferenças abissais coexistem com algumas semelhanças... – e com o propósito de prevenir juízos desfocados. Por muito grande que seja a nossa iliteracia na matéria – e é!... –, percebemos ser inaceitável, por superlativamente ingénua, uma compreensão... "'hidráulica' da ajuda externa" – nesta complexíssima esfera problemática, não deveremos recorrer a uma ... *Milchmädchenrechnung* e capitular à fácil tentação de admitir que "se a água é bombeada numa extremidade, terá de sair na outra" ... – cf. Angus Dᴇᴀᴛᴏɴ, *A grande evasão. Saúde, riqueza e as origens da desigualdade,* trad. de M. A. Vieira e A. Gomes, Lisboa, 2016, 313. V., em especial, toda a Parte III da obra – sob a epígrafe "Ajuda", pp. 305 ss. Logo na p. 314, o A. chama a atenção para aquilo que designa "um dos dilemas centrais da ajuda externa". Escreve A. Dᴇᴀᴛᴏɴ: "Quando as 'condições para o desenvolvimento' estão presentes, a ajuda não é necessária. Quando as condições locais são adversas ao desenvolvimento, a ajuda não é útil, e revelar-se-á nociva caso perpetue essas condições". Mas olhando agora, com olhos de ver, todo o mundo à nossa volta – *scilicet:* quer a realidade em que nos centramos neste parêntesis, quer aquela outra mais directamente visada na nota em que o abrimos –, as tantas denúncias feitas por tantas personalidades insuspeitíssimas, e os inequívocos resultados de inequívocas intervenções que nos prometiam serem virtuosas, não poderemos deixar de dar crédito a Warren Bᴜғғᴇᴛ quando garantiu haver... "armas financeiras de destruição maciça": *apud* Iᴅ., *ibidem,* 246). Claro que pode sempre insistir-se no paradigma que a experiência se tem encarregado de dizer de reduzido préstimo. Joachim Wɪᴇʟᴀɴᴅ, por exemplo, abre um seu estudo recente com uma afirmação da Chanceler alemã, proferida no Parlamento de Berlim, em Setembro de 2011 – "Se o euro naufragar, é a Europa que naufraga" –, propondo como via de saída para a crise que torcionariamente nos vai esmagando o "complementar da até agora inacabada arquitectura da união monetária" ... que, "[...] é sabido, [...] retir[ou] aos países que adoptaram o euro a possibilidade de utilização dos tradicionais instrumentos da política monetária e cambial nacional" : cf. "Die Zukunft Europas – Krise als Chance", in *JZ,* 5/2012, 213 e 219, e Paulo de Pɪᴛᴛᴀ ᴇ Cᴜɴʜᴀ, "A integração europeia e a crise do euro", in *ROA,* 71, Out./Dez. 2011, 967, sob 4. Seria o primeiro passo da salvação da Europa por homogeneização... ainda que (transitoriamente?) circunscrito a um plano que permitiria manter intactas as profundas diferenças culturais de "povos que não são povo" (cf. João Carlos Lᴏᴜʀᴇɪʀᴏ, "Rostos e (des)gostos da(s) Europa(s): dom, fraternidade e pobreza(s)", in *Revista da Universidade de Aveiro,* n.º 1, II Série, 2012, 184; *v.* ainda A. J. Aᴠᴇʟᴀs Nᴜɴᴇs, *O euro...,* cit., 140. Nada, porém, de leituras enviesadas do que sublinhámos imediatamente antes da abertura deste parêntesis. Sem nos determos aqui na questão – nas complexas coordenadas e nas acesas controvérsias tendentes ao respectivo esclarecimento –, remetemos, a título puramente exemplificativo mas que valerá a pena explorar, para R. Esᴘᴏsɪᴛᴏ, *De fora...,* cit., esp.ᵗᵉ 18 ss., 220, 222 s. e 225 ss. Sobre o ponto, só mais uma observação: se a identidade/semelhança europeia radica em pluralidades/diferenças irrecusáveis – numa das páginas acabadas de citar, o A., em comentário a H.-G. Gadamer, afirma explicitamente que "é na diferença que reside o núcleo da identidade europeia"... –, em nosso entender apenas será possível desatar o nó górdio com que assim nos deparamos, superando o paradoxo subjacente, por mediação de um tipo de pensamento capaz de articular a densa intencionalidade axiológico-problemática – feita da miríade de dimensões instituintes de qualquer horizonte cultural – dos dois mencionados contra-pólos, que releve, em cada um deles, as suas marcas decisivamente predicativas, na tentativa de seriamente os trazer a uma correspondência fecunda, *i. e.,* a uma como que síntese hegeliana que racionalize o irredutível *in fieri* histórico, que apreenda, sem prender, o *continuum* passado-presente-futuro, que capte, sem capturar, o *perpetuum mobile* de todas as coenvolvidas manifestações da existência humana... e que é exactamente aquele que, no específico domínio de que cuidamos, perpassará as páginas deste curso. Ou, transitando para o plano da ficção, à sombra da qual tantas vezes ousamos abrigar-nos: as múltiplas histórias pessoais, que se enredam à volta do *Jubilee Project* – inspiradamente explorado por Robert Menasse, em *A capital,* cit. –, é apenas um modo alegórico de mencionar a tensão que entretece cada identidade nacional e a Europa como um todo: dependendo do ponto de vista privilegiado, qualquer deles parece suficientemente credível, de tal modo que quase só a capitulação a um hipotético maniqueísmo se revela capaz de fundamentar a preferência, no circuito problemático, por um ou por outro. Mas como a cedência a uma lógica binária, no horizonte da prática, é sempre redutora, o mais avisado é mantermo-nos firmemente abertos à mencionada tensão...), modeladoras da identidade do (por isso mesmo...) Velho Continente (mas porque será que o Reino Unido se tem empenhado – o *Brexit,* não sei se apenas por razões virtuosas, limitou-se a confirmá-lo... – em resistir a estes cânticos de sereias ?!... A UE, ao instaurar... a união por que se define sobre um mar de diferenças, nomeadamente culturais, decretou "o triunfo da ideologia sobre a empiria [, escolheu] como caminho a via sem-saída da recusa da realidade", e está, por efeito do voluntarismo assim ingenuamente assumido – com a densidade problemática, e os seus constrangimentos, a ceder em toda a linha a um programa estratégico, que rompe a direito –, a ser "vítima da sua própria sacralização": são palavras, e juízos, do sociólogo francês Emmanuel Todd – cf. a entrevista que concedeu a *Der Spiegel,* de 4.8. 2018, 112 ss., publicada sob o título "Europa ist futsch". Atrevo-me a supor que muitas das dúvidas enunciadas se dissiparão se reconhecermos que a construção europeia tem a sua raiz, as mais das vezes, em decisões... que nem sempre deverão ser marcadas por uma carga negativa: cf. *infra,* esp.<sup>te</sup> 100 s. E, pelo que respeita ao Reino Unido: não é verdade que, "[o]s britânicos [no quadro, primeiro, da CEE, e, depois, no da UE] apenas aceitam reger-se por uma única regra: que, no fundamental, constituem uma excepção"?...: assim, Robert Menasse, *A capital,* cit., 337). A nossa desconfiança relativamente à bondade de soluções deste tipo – pela via da homogeneização –, deixámo-la formulada, também *more allegorico,* em "O direito, a internacionalização e a comparação de sistemas jurídicos (ou a pessoalização como tarefa realizanda, a universalização como objectivo utópico e a relativização como coordenada metódica)", sob 3., in *Analogias,* cit., 425 ss.; se quisermos uma rejeição muito outra – menos alegórica e mais biológica – para as tentações homogeneizantes, cf. António Damásio, *A estranha ordem das coisas...,* cit., 300 s. e 304 ss. ... Desta feita, acrescentaremos apenas – pensando ainda na UE – que a urgente exigência da "transnacionalização da democracia", acentuada por Jürgen Habermas (cf. "A democracia na Europa de hoje", in *Atual,* n.º 2150, do *Expresso,* de 11 de Janeiro de 2014, 18 ss., esp.<sup>te</sup> 22. Pergunte-se ainda, articulando a observação que precede a abertura deste parêntesis com um ponto há pouco sublinhado: mas, "para conferir legitimidade e substância democrática à União", a existência de um povo será "um pré-requisito", como tende a sustentar Böckenförde, ou "o resultado de um processo de constitucionalização produzido pela progressiva expansão de uma esfera pública esclarecida", como continua a defender Habermas?... – cf. R. Esposito, *De fora...,* cit., 19 ss.... e não se pense que, a respeito da mencionada questão, temos apenas diante de nós a dicotomia acabada de referir; a obra citada é bastante para nos mostrar que há outras impostações merecedoras de consideração. Voltando ao belo romance/ensaio, de Robert Menasse, há pouco convocado, como não lembrar, nesse – e algo mais alargado... – sentido, o desassombrado *Plädoyer* do Professor Alois Erhart? Cf. *A capital,* cit., 346 ss.), não deve empreender-se com menoscabo das democraticamente legitimadas instituições políticas de proximidade (um ponto que o Filósofo também sublinha, nomeadamente quando adverte que a legitimação aqui exigível tem que deslocar-se "do lado dos resultados para o lado da participação na formação de programas políticos", *i. e.,* tem que privilegiar os "processos democráticos" à contabilidade económica: cf. *O ocidente dividido. Pequenos escritos políticos X,* trad. de Bianca Tavolari, São Paulo, 2016, 107). E diremos ainda – ao que julgamos, sem contradição prática com a nossa há pouco confessada desconfiança (uma coisa é a homogenei-

se o direito continuar a ser um dos seus pilares[25] (não obstante – apesar da tendência dominante para a uniformização, em resultado do garrote comprazi-

zação anuladora das diferenças, outra a dialéctica, que as considera – aspecto este crucial para que se não vislumbre aqui qualquer cedência a uma *naïvité* política, a uma *politisches Ammenmärchen,* sempre muito de censurar, por traduzir uma incompreensão "do grande eixo das coisas"… Se, porventura, se atentar na gravíssima questão subjacente à passagem acabada de transcrever de um belo romance – cf. Kazuo Ishiguro, *Os despojos do dia,* trad. de F. Pinto Rodrigues, Lisboa, 2017, 230 e 245 –, dar-nos-emos conta de que, não obstante uma irrecusável diferença, dificilmente se encontraria síntese mais lapidar para referir a igualmente… gravíssima questão com que ora se debate a Europa e que, na circunstância, temos em mente) – reconhecer que a tentacularidade (a vascularização e a inervação irradiantes) da complexíssima problemática com que hoje nos vemos confrontados (estamos a pensar, nomeadamente, na extensão planetária do mercado e nos desafios que essa realidade põe ao direito – até onde o direito deva ser instância adequada para deles cuidar…) só poderá obter uma resposta jurídica lograda de uma consequente perspectiva transnacional (cf., por exemplo, Luís A. M. Meneses do Vale, "Revisitando Mill: mercado(s) e meta-mercado(s)", in Suzana Tavares da Silva e Maria de Fátima Ribeiro (Coord.), *Trajectórias de sustentabilidade. Tributação e investimento,* Coimbra, 2014, 250 ss., esp.te 259 e 263).

[25] Sê-lo-á – *i. e.,* acabámos de formular uma "esperança" ou uma "ilusão"?… Pois não é certo (apesar, por exemplo, de o Tratado de Amesterdão ter criado "O Espaço de Liberdade, Segurança e Justiça" … – cf. Rui Manuel Moura Ramos, *Direito Internacional Privado da União Europeia,* Coimbra, 2016, 39 ss.) estarem bem inventariados sinais iniludíveis em contrário – da deliberada (ou preterintencional…) eliminação da pessoa, *sensu proprio,* enquanto instância demiúrgica do direito, substituindo-a por um qualquer seu contrário (como "o inspirado heresiarca", pai do narrador de *As lojas de canela,* de Bruno Schulz – trad. de A. Fernandes, Lisboa, 2012, esp.te 77-81 –, não estaremos, também nós, a criar, neste hodierno "Génesis heterodoxo", um homem novo, "mas à imagem e semelhança do manequim" feito apenas do "que é vulgar e medíocre" – de "matéria […] dócil a todos os impulsos" e, portanto, "abert[a] a inúmeros diletantismos"… –, desprovido de espessura existencial e sem qualquer referente intencional, numa palavra consonante com a alegoria, pronto a exibir o fato que lhe vestirem ?…), do apagamento da normatividade jurídica face à ordenação regulatória (nada, porém, de fundamentalismos dogmáticos ou de maniqueísmos utópicos – mas igualmente, ousamos acrescentar, sem cairmos na tentação, como que inversa, da quadratura do círculo… Por um lado, porque com esta exemplificativa alusão ao direito e à regulação, não estamos a pensá-los como pólos contraditórios – o direito e a estrita auto-regulação dos interesses privados é que se nos afiguram contraditórios … –, mas apenas contrários – e, portanto, compossíveis: era já este o entendimento de A. Baratta – cf. Paolo Becchi, "Alessandro Baratta filosofo del diritto", in *Revista Digital Maestría en Ciencias Penales,* n.º 2, 2010, esp.te 16. E, por outro, porque a normatividade jurídica nunca se nos apresenta em termos bacteriologicamente puros – nem os juristas como cátaros… –, mas sempre contaminada pelo sopro que a anima – e o protagonismo pertence aqui aos mencionados juristas… Da perspectiva que ora se privilegia, o direito – como, de resto, a prática globalmente visualizada… – não deve ser submetido a qualquer processo de depuração, antes se encontra exposto a um processo de ininterrupta contaminação, em resultado da – a cada instante re-instituída… – dialéctica em que se enredam as interpelações problemáticas que o densificam e as exigências intencionais que o predicam. Razões só por si bastantes para mostrar como o direito já cumpre uma sua importante tarefa – a da humanização da vida prática – quando se manifesta presente, *v. gr.,* através da afirmação de exigências principiais irrenunciáveis, integrantes do seu núcleo duro, nesses para si – *hoc sensu,* da sua hipoteticamente ab-solutizada perspectiva específica – tão inóspitos territórios. Em termos interrogativos e a título exemplificativo: a desregulação não será um bom caminho para enfraquecer a posição da *pessoa* no mercado laboral e, decorrentemente, para fazer recuar o *direito* nesse mesmo âmbito?… Pensando no mercado financeiro, não adverte Joseph E. Stiglitz para o inevitável esvaziamento da própria democracia, se porventura se abdicar, nesse âmbito, de uma regulação "apertada", por se haver tolerado substituir o princípio "uma pessoa, um voto", por aqueloutro que diz "um dólar, um voto"?… – cf. *O preço da desigualdade,* trad. de D. Pires, Lisboa, 2013, respectivamente 211 ss. e 191 ss.; *v.* ainda A. J. Avelãs Nunes, *O euro…,* cit., 17 ss., n. 24. Logo no início da monografia – pp. 42 e 44 –, o Nobel não poupa nas palavras e atribui aquela cedência à "depravação moral" decorrente da perda da nossa "bússola moral" [E outro Nobel – Angus Deaton – pergunta-se se vivemos ainda em democracia ou já em plutocracia, e recorda ter sido um juiz – Louis Brandeis – quem asseverou que poderemos "ter ou a democracia ou a riqueza

concentrada nas mãos de poucos, mas não ambas as coisas" ... – cf. *A grande evasão...,* cit., 251.] ... para o que não terá deixado de contribuir o capitalismo, que, como já se disse, "[...] desqualificou [...] as morais ascéticas em benefício de uma *fun morality* [...]" – assim, Gilles LIPOVETSKY/Jean SERROY, *O capitalismo estético na era da globalização,* trad. de L. F. Sarmento, Lisboa, 2014, 378 –, concorrendo para a "situação de bancarrota 'espiritual' [e ...] moral" que se vai impondo, para o triunfo daquela "espécie de amnésia cívica e histórica" típica de um mundo em que tudo se quantifica... – as palavras foram agora, sucessivamente, de António DAMÁSIO, *A estranha ordem das coisas...,* cit., 290 s., e de John BERGER, *Confabulações,* trad. de Maria Eduarda Cardoso, Lisboa, 2018, 115. Compreende-se bem, nesta linha, que a "regulação" já tenha sido qualificada como "uma quarta função do Estado"...: assim, Suzana TAVARES DA SILVA, "O *Tetralema* do controlo judicial da proporcionalidade no contexto da universalização do princípio: adequação, necessidade, ponderação e razoabilidade", in *Boletim da Faculdade de Direito,* Vol. LXXXVIII, T. II, Coimbra, 2012, 639 e 668, n. 83...), ou ao económico hipertrofiado (não deveremos, ainda aqui, perder de vista que "[...] nas decisões de ordem económica que temos de tomar hoje em dia, e das quais quase tudo depende, temos também de resolver a questão da responsabilidade moral, e [...] isso torna as decisões ainda mais fascinantes", concorrendo, do mesmo passo, para "retira[r] à economia o que há de excessivamente económico nela [...]" – assim, Robert MUSIL, *O homem sem qualidades,* I, trad. de João Barrento, Lisboa, 2008, 815 e 823; será possível não reconhecer a minúcia analítica e a densidade filosófica desta obra maior do escritor austríaco?... – v. G. STEINER, *A poesia do pensamento...,* cit. 148, 151 e 152. Pense-se, a título de exemplo, na contratualização dos interesses afinal subjacente à preferência pela arbitragem em detrimento do recurso aos tribunais comuns, que se revela a regra em certos âmbitos problemáticos e que deveremos ter o cuidado de não demonizar precipitadamente: cf. José Carlos VIEIRA DE ANDRADE e Rui de FIGUEIREDO MARCOS (Coords.), *Direito do petróleo,* Coimbra, 2013, 403 ss. Para um enquadramento geral, v. António Alberto VIEIRA CURA, "Apreciação da Proposta de Lei n.º 114/XII, que deu origem à Lei da Organização do Sistema Judiciário (Lei n.º 62/2013, de 26 de Agosto)", in *Boletim da Faculdade de Direito,* Vol. LXXXIX, Tomo II, Coimbra, 2013, esp.te 581 e 600, e *Curso de Organização Judiciária,* 2.ª ed., Coimbra, 2014, 15 s. e n. 8, 35 s. e 285 ss. Note-se ainda: começam a ouvir-se vozes contra os tribunais arbitrais – e naquela área que se pode dizer o seu... ambiente natural, como o é o do grande comércio internacional; são vozes timbradas pela prudência, que não hesitam em chamar a atenção para "o labéu da suspeita" que, na matéria, pesa, por diferentes razões, tanto sobre os tribunais nacionais como sobre os tribunais arbitrais. Cf., *v. gr.,* o esclarecedor artigo de Paulo RANGEL, "Por um tribunal permanente para a Parceria Atlântica", in *Público,* de 9.JUN.2015, 44. E já agora: será que o pré-juízo subjacente às observações precedentes, que visa os tribunais arbitrais *voluntários,* vale também para os tribunais arbitrais *necessários?* – cf., a propósito de um interessante caso concreto, que não deixa de tangenciar a questão acabada de formular, a "Anotação" de Rui Manuel MOURA RAMOS, in *RLJ,* 144.º, n.º 3988, 2014, 70 ss., esp.te 72 ss., sob 3.), da colonização da legitimidade democrática pela opacidade burocrática (cf., *v. gr.,* o lucidíssimo ensaio de Hans Magnus ENZENSBERGER, *O afável monstro de Bruxelas ou a Europa sob tutela,* trad. de J. Ferreira e J. Cláudio, Lisboa, 2012, esp.te cap. VIII, 57 ss. Não se ignorando a existência de efectivos mecanismos de legitimação democrática, directa ou indirecta, do Parlamento, da Comissão e do Conselho, supomos ser a crítica inteiramente pertinente, pelo menos quando se atenta no imenso poder real das comummente designadas instâncias eurocráticas... V. ainda Silvério da ROCHA CUNHA, *Conflito das interpretações e visões do mundo: Jürgen Habermas & as relações internacionais,* policop., Évora, 2017, 53) e pela tirania do capital financeiro (cf. Stefan HAACK, "Demokratie mit Zukunft? Zwei Alternativen der Neukonzeption einer Staatsform", in *JZ,* 15/16/2012, 753 ss. – v., em especial, a n. 3 daquela primeira página, em que se reproduz o seguinte diagnóstico – lapidar! – de F. MÜLLER: "hoje como ontem, os cidadãos da Europa podem dizer livremente o que pensam e votar com inteira liberdade; todavia, sobre as questões que para eles são verdadeiramente decisivas, a palavra determinante é a do Banco Central Europeu, não importando para nada os mecanismos democráticos"; v. afirmações em tudo paralelas de Joseph E. STIGLITZ, *O preço da desigualdade,* cit., 214, de Noam CHOMSKY, *Mudar o mundo,* trad. de R. D. Lopes, Lisboa, 2014, 91 s... E para que se não diga que só vemos argueiros nos olhos dos outros – mas esses olhos não serão também os nossos?... –, lembremos, a título exemplificativo, uma notícia de meados de Outubro de 2013 – aquela que dava conta da desvelada atenção, ou da intolerável pressão..., de instâncias da UE, e das agências de *rating,* sobre o TC português, que talvez não seja mais do que uma superabundante confirmação da pouca estima do neoliberalismo triunfante pela democracia.... Claro que pode sempre insistir-se no paradigma que a experiência se tem encarregado de mostrar de reduzido préstimo. Por nossa parte, e na linha de uma frontalíssima denúncia de A. CASTANHEIRA NEVES – cf. "O direito hoje: uma sobrevivência ou uma

damente apertado pelos algozes de serviço, zelotes de uma superestrutura ideológica que nos bonifratiza: "[i]mmer schneller webt die Spinne ihr Netz um
die Welt"!...[26] – as divergências de conteúdo e procedimentais subsistentes...),
a rigorosa assunção do sentido da normatividade jurídica e (consonantemente ...) o esclarecido afinamento da sua judicativo-decisória realização

renovada exigência", in *RLJ,* 139.º, n.º 3961, 2010, esp.[te] 205, sob 3. *V.* ainda, mencionando o projecto
ideológico neoliberal inspirador do fenómeno da "desjudicialização", com a inerente desvalorização
do papel dos tribunais estatais, o Presidente do STJ, Conselheiro António Henriques Gaspar, no discurso que proferiu na cerimónia que assinalou a abertura do ano judicial, de 2015: cf., *v. gr., Diário
de Notícias,* de 9 de Outubro de 2015, 15, e *Público,* da mesma data, 10 s. –, temo-nos atrevido a
acrescentar ao rol das alternativas ao direito inventariadas pelo Mestre, entre outras, aquela que
designámos a ordem de rapacidade do capital financeiro... Hans Küng vai mesmo mais longe e não
hesita em identificar o "capitalismo desenfreado deste nosso tempo com o ... "inferno": cf. a entrevista que, sob o título "Ich hänge nicht an diesen Leben", concedeu à revista *Der Spiegel,* n.º 50, de
9.12.13, 120. As palavras podem não ser tão ásperas, mas pensamos não ser menos severo o juízo
crítico do Papa Francisco sobre aquilo que designa o "paradigma tecnoeconómico", em que, com total
menoscabo da dignidade da pessoa, "[a] finança sufoca a economia real": cf., do Pontífice, a *Carta
Encíclica Louvado sejas...,* cit., n[os] m.[ais] 53, 109 e 203, pp. 40, 77 e 135. Se quisermos, a cada vez mais
amplamente disseminada ordem... entrópica instaurada pelo capital financeiro é como que a de
um buraco negro, com uma força gravitacional tão esmagadora que nenhum sentido lhe resiste – e
é exactamente isso que faz dela um... universo espácio-temporal inóspito para o direito; cf. António
Avelãs Nunes, "Reflexão sobre a Economia Política. Recordando a Lição do Doutor J. J. Teixeira Ribeiro",
in *Boletim de Ciências Económicas,* Vol. LX, Coimbra, 2017, esp.[te] 43 ss.), da cedência do sentido que
humaniza (adiante voltaremos ao ponto...) à estatística que contabiliza... e tudo com os corolários
inevitáveis (em vez da liberdade/responsabilidade os custos/benefícios, em substituição da dignidade ética das pessoas a crueza fria dos números, no lugar de axiológicas exigências intencionais
dessoradas parcelas quantificadas)? Ou seja, e em resumo: da nossa pragmaticamente interessada
perspectiva de juristas, a pergunta neste quadro decisiva pode formular-se assim: em causa está
aqui apenas a democracia (decerto, uma dimensão política da *praxis,* mas com refracções na esfera
da juridicidade, uma vez que esta só virá hoje à epifania num horizonte político democrático – basta
pensar na problemática de muitos dos planos da participação comunitária, como nervura basilar
do direito, que só a democracia está em condições de garantir...), ou o próprio direito, e logo por
referência ao seu sentido predicativo? Com efeito, quando nos damos conta de que as questões
cruciais *(v. gr.,* algumas das que, nos anos mais agudos da crise, chegaram ao nosso TC) dizem
respeito a princípios normativos que são a mais imediata projecção daquele sentido e tendem a
ser reconhecidos como radicalmente conformadores do direito – o princípio da igualdade, o princípio
da proporcionalidade, o princípio da confiança, o princípio da solidariedade intergeracional... –,
há boas razões *(rectius:* há razões graves!...) para admitir/recear que o obstáculo decisivo à eficiência
recorrentemente invocada e indisfarçavelmente privilegiada seja, afinal, ... o direito (quando, por
menoscabo daqueles princípios, se atenta contra a pessoa, não se estará, do mesmo passo, a fra-
gilizar o direito?...). O que não surpreenderá, se nos lembrarmos que a eficiência é um parâmetro
instrumental, a que o direito contrapõe a justeza – a específica exigência de validade sinteticamente
tradutora da sua marca-de-água, que é outro modo de designar o seu sentido... *V.* ainda o que, já
a seguir, se escreve no texto.
Enfim (na tentativa de encerrar, de modo positivo, as tantas notas, tão negativas, precedentemente
arroladas): como já se escreveu, "[a] austeridade é a reflexão dos abismos" (assim, Agustina Bessa-
Luís, *Santo António,* 2.ª ed., Lisboa, 1993, 21; trata-se de uma paráfrase atrevida, pois, na mencionada
"Biografia", o referente intencionado é muito outro...) – e, no fundo mais fundo do direito, por isso
mesmo como seu ... fundamento, está o sentido a que acabámos de aludir e que perpassará todas
as páginas que se seguirão.

[26] Do *Süddeutsche Zeitung,* de 18.07.1995, *apud* Tercio Sampaio Ferraz Junior, "Erosion of subjec-
tive rights by reason of technical development (patent, copyright)", in Ulfrid Neumann *et alii* (Eds.),
*Law, Science, Technology. Plenary lectures presented at the 25th World Congress of International
Association for Philosophy of Law and Social Philosophy, Frankfurt am Main, 2011, Archiv für Rechts-
und Sozialphilosophie – Beiheft 136,* Franz Steiner Verlag, 2013, 161 e n. 27.

deverão constituir vectores indispensáveis da adequada formação de um *full jurist*... não filisteu, neste nosso hemisfério cultural. Jurista esse que – compreendemo-lo bem... – só poderá re-ver-se na divisa (que enunciaremos em paráfrase a um célebre apotegma de W. CHURCHILL, formulado a propósito do futuro da Europa, ou de uma Europa com futuro...) *let law arise !...*[27]

---

[27] Lembremos que o direito é uma *inventio* da nossa civilização greco-romana (do primeiro segmento, diremos alguma coisa já a seguir; do segundo, sublinharemos, por sobre tudo o mais – que é tanto... –, a polarização do direito em problemas: cf. a exemplar lição de Fritz PRINGSHEIM, inspiradamente recordada por Otto BACHOF no seu "Danke, der nächste bitte!", de 10 de Agosto de 2000, in Dieter SIMON (Hrsg.), *Rechtshistorisches Journal,* 19, Frankfurt am Main, 544 s.), medievo-cristã (com a "'boa nova' cristã", lembremo-lo, "a vida humana [... foi promovida] à posição [central] ocupada até então pelo cosmos": cf. H. ARENDT, *A condição humana,* cit., 383), moderno-actual (ou a legalidade moderna *vs.* a juridicidade actual). A plurimilenar mundividência ocidental é caracterizada pela poiética instituição de múltiplas expressões da auto-transcendentalidade que nos predica – criações em que nos recriamos, revemos e projectamos, entre as quais o direito ... –, pelo que, *nesta acepção,* também nós poderemos dizer a "civilização ocidental [...] esse maravilhoso cruzamento de forças e factores de bloqueio [...]" (cf. R. MUSIL, *O homem sem qualidades,* I, cit., 817) – *hoc sensu,* de referentes intencionais assumidos como parâmetros disciplinadores (e, portanto, também balizadores) do nosso agir (das iniciativas que empreendemos, dos começos que arriscamos, para modelarmos a *praxis:* cf. H. ARENDT, *A condição humana,* cit., 225 s., e 273 s., e as nossas *Lições...,* cit., 390 s.).
Relativamente aos momentos a que se aludiu no *continuum* histórico-diacrónico desenhado pela cultura europeia, só mais uma observação, atinente ao primeiro marco – o helénico. Como é sabido, os gregos não autonomizaram o direito. O seu espírito especulativo (o seu "pensamento [...] altamente reflexivo": assim, Ruy de ALBUQUERQUE "Notas para a História do ensino do Direito Romano na Faculdade de Direito de Lisboa", in *Interpretatio Prudentium,* I, 2016, 1, 325 s. n. 82), só por si, não bastava para o efeito; era necessário que ele fosse contaminado por uma pulsão pragmática, o que haveria de acontecer com os romanos... (acentua igualmente este ponto Christian REITER, contrapondo, todavia, o plano jurídico-dogmático – em que, sublinha, os gregos nada de significativo nos legaram – e o jurídico-filosófico – em que o seu juízo é bem outro, e coincidente com aquele que nós próprios exprimiremos, já a seguir, nesta nota; mais recentemente ainda, também Hasso HOFMANN acentua a importância capital do pensamento grego para a emergência da filosofia do direito – cf. "Wissenschaftsgeschichtliche Aspekte des Rechtsdenkens. Acht Thesen zu Rechtsdogmatik, Rechtsphilosophie, Rechtstheorie, Rechtsgeschichte, Kulturwissenschaft des Rechts und Rechtssoziologie", in *JZ,* 6/2019, 268. Ch. REITER não hesita em tomar de empréstimo a ideia – sem dúvida, sugestiva – de que devemos o direito a Roma – e não a Atenas, ou a Corinto ... – porque aquilo que o "mito" cosmogonicamente especulativo dos gregos não estivera em condições de proporcionar, viabilizou-o o "rito" pragmaticamente estruturado dos romanos: cf. "Paradigma des Rechts Athens: die Rede des Hypereides gegen Athenogenes", in *Interpretatio Prudentium,* I, 2016, 2, 29 ss.). Não obstante, temos insistido em que o pensamento jurídico lhes deve a excogitação da justiça (lembrem-se os paradigmáticos versos dos *Trabalhos e Dias,* de HESÍODO, que CASTANHEIRA NEVES há muito trouxe para o pensamento jurídico português: cf. *A revolução e o direito. A situação de crise e o sentido do direito no actual processo revolucionário,* Lisboa, 1976, 236. Não sei se é historicamente exacto, mas é poeticamente certíssimo: "[o] primeiro tema da reflexão grega é a justiça"!: assim, SOPHIA DE MELLO BREYNER ANDRESEN, "Catarina Eufémia" – um poema do seu livro "Dual" –, agora in *Obra poética,* ed. devida a Carlos Mendes de Sousa, Alfragide, 2010, 594), a invenção do Tribunal (estamos nomeadamente a pensar na fala de Atena, nas *Euménides,* de ÉSQUILO, 480 ss. – na ed. da *Oresteia,* do Dramaturgo (a trilogia *Agamémnon – Coéforas – Euménides),* devida a Manuel de Oliveira Pulquério, Lisboa, 1992, 209) e a disquisição da *fronesis* (da *prudentia)* (cf. Sebastião CRUZ, *Direito Romano (Ius Romanum). I. Introdução. Fontes,* 4.ª ed., Coimbra, 1984, 282 s. A chamada de atenção, nos mencionados tempos inaugurais da nossa cultura, para a acção avisada, atenta às circunstâncias concretas – é isso, afinal, a *fronesis...–,* exemplificá-la-emos com os constantes apelos à "argúcia" e à sensatez, e a recomendação "sê prudente e atinado"..., que Nestor dirigiu a seu filho Antíloco, na *Ilíada,* de HOMERO, XXIII, esp.te 305 ss.; na trad. de Frederico Lourenço, 5.ª ed., Lisboa, 2017, 457 s. Se quisermos voltar a Atena, invocada em parêntesis anterior, e sem abandonar o Poema ainda agora citado, recordemos, em linha com o que há pouco subli-

2.2. Conhece-se a história de *O banqueiro anarquista,* de Fernando PESSOA: no espaço de um horizonte tão minuciosamente dissecado que se tornou demencial (não foi o Rei Lear quem, dirigindo-se a Gloucester, qualificou o mundo como "[…] this great stage of fools"?…[28]), porque a encerrar uma analítica esgotante, em que não houve caminho que ficasse esquecido, alternativa que fosse ignorada, ou objecção que quedasse irrespondida, o protagonista chegou à conclusão de que o modo mais logrado de aniquilar as "ficções sociais", que combatia com a fúria iconoclástica de quem só aceita o que é natural, seria começar pela mais emblemática de todas elas – na "nossa época [,…] o dinheiro" –, e "adquiri-lo em quantidade bastante para lhe não sentir a influência". Por isso, com "toda a [sua] lógica de homem lúcido"[29], tornou-se banqueiro[30]. Ora, a narrativa em que nos comprometeremos situar-se-á nos antípodas deste conto exemplar: pressuporemos a bondade de uma constituenda criação cultural (de uma deveniente e cosmogónica "ficção social"…) – do direito – e empenhar-nos-emos em assumi-lo para reflectirmos a respectiva

---

nhámos, o "espírito prudente" que a deusa se auto-reconhecia – cf. *ibidem,* VIII, 366; na referida ed., 173 –, e que terá estado na origem da assunção, por sua parte e desde o início, de intervenções apaziguadoras – cf. *ibidem,* I, 207 ss.; ainda na mesma ed., 35). Cremos, todavia, que se lhes deve também outro contributo, ainda mais seminal porque atinente ao sentido predicativo do direito – à marca-de-água que radical e originariamente o constitui (Antonio SÁ DA SILVA, por exemplo, insiste muito neste ponto: cf. o seu *Destino, Humilhação e Direito: a reinvenção narrativa da comunidade,* Volume I, polic., Coimbra, 2016, 14 s., 31 …; em complemento de uma observação deixada mais acima – a autonomização do direito, que herdámos dos romanos –, *v.* ainda ID., *ibidem,* 64 ss., 71 ss., 74, 76 ss., 79 ss.; 93, ss. 337 ss…; ou – acompanhando ainda o mesmo A., agora a p. 82 – com o propósito de reduzirmos tudo a uma contraposição categorial esclarecedora e decisiva: onde os gregos reflectiram a justiça como virtude, os romanos cuidaram do caso como problema). Este sentido implica referentes axiológicos problematicamente comprometidos, e como condição pressuponente da respectiva *poiesis* não está, decerto, a capacidade analítico-descritiva mas o "cultivo do pensamento abstracto" (cf. G. STEINER, *A poesia do pensamento…,* cit., esp.ᵗᵉ 28 – vale a pena acompanhar a justificação expendida pelo A. …), *i. e.,* daquele tipo de reflexão experiencialmente radicada *(hoc sensu,* não nefelibática) que se preocupa com, e procura discernir a, dimensão profunda, mas decisiva, das coisas, e não com as suas frequentemente distractivas manifestações epifenoménicas.

[28] Cf. a tragédia homónima de William SHAKESPEARE, act IV, sec. VI, 188 – in *The complete works,* ed. de W. J. Craig, London, 1993, 935.

[29] In Fernando PESSOA, *Contos completos. Fábulas & Crónicas decorativas,* ed. devida a Zetho Cunha Gonçalves, Lisboa, 2012, 43 ss., esp.ᵗᵉ 76 s.

[30] O dinheiro significou, decerto, a libertação da criatura humana dos constrangimentos inerentes ao sistema da "troca directa", mas acabou por "[tornar-se] um objecto absoluto de procura e veneração em si mesmo, brutalizando e destruindo o homem, para cuja libertação foi inventado" – sinal claro da "alienação" (no sentido marxista da palavra) a que está associado (cf. Isaiah BERLIN, *Karl Marx,* trad. de Miguel Freitas da Costa, Lisboa, 2014, 139). No seu tempo, CAMILO pôde dizer que "[o] homem […] é moeda" (cf. *Vinte horas de liteira,* Lisboa, 2016, 70); e hoje, "[o] que [é que] não está à venda?" …: cf. George STEINER, *Fragmentos (um pouco queimados),* trad. de Ana Matoso, Lisboa, 2016, 41.

realização histórico-concreta nos problemas que pertinentemente o intencionam[31] e redensificam[32].

É, afinal, isto mesmo que se tentará esclarecer neste curso: tematizar crítico-reflexivamente o que se foram habituando a fazer, de um modo como que natural, no âmbito das diversas disciplinas jurídico-dogmáticas – (insistindo na formulação de há pouco...) a mobilizar o direito para solucionar problemas concretos qualificáveis como juridicamente relevantes. Na verdade, o mencionado exercício não põe um ponto final na questão, sendo tudo o mais do domínio do... "inefável"[33]; muito ao invés, impõe-se-nos tentar dizer esse só aparentemente ... indizível. Em paráfrase sempre retomada, de inspiração kantiana (e a exemplo do que, *mutatis mutandis,* seria possível afirmar dos juristas antigos se dispusessem tão-somente das *Institutiones* sem os *Digesta,* ou destes sem aquelas...[34]), lembremos apenas que o domínio dogmático do direito sem uma acuradamente concebida perspectiva metodonomológica seria cega, e que esta última sem aquela primeira seria vazia. Se preferirmos, as duas mencionadas expressões do aludido sem-sentido irremissível só poderiam ser cumulativamente enunciadas por uma como que... *Unwort* – isto é, por uma despalavra, que melhor fora não existisse por traduzir uma impossibilidade *in re ipsa.* Ou, reduzindo tudo a *soundbites* de ocasião: se hoje – resistindo às pulsões politicamente correctas e ideologicamente atractivas de uma *Rechtsdämmerung,* ou

---

[31] *I. e.,* que "[fazem] pontaria para", que apontam em sua direcção (o verbo latino *intendere,* conjugado no texto no presente do indicativo da sua tradução portuguesa, significa isso mesmo). Cf. Nicholas HUMPHREY, *Poeira da alma. A magia da consciência,* trad. de A. F. Bastos, Lisboa, 2012, 55.

[32] Mas (para, como se me impõe, não omitir a pergunta circunstancialmente capital...) serei eu ("[...] fraca candeia de pouco brilho, a andar por aí com desejos de pedir a esmola de uma gota de azeite para poder alumiar mais um bocado da noite" ... – perdoe-se-me o atrevimento de me exornar com palavras que HÖLDERLIN dirigiu... a si próprio: cf. o "Prefácio à 1.ª edição", de Paulo QUINTELA, dos *Poemas* do clássico romântico alemão – na 2.ª ed., Coimbra, MCMLIX, XVI. Ou, nas margens da blasfémia – cf. a Carta Encíclica *Luz da Fé,* do PAPA FRANCISCO, n.º m.ªl 57, na ed. portuguesa, Prior Velho, 2013, 68 –... e com uma nota de esperança: o curso que se propõe não dissipará, decerto, todas as dúvidas que assaltam o jurista; mas poderá dizer-se justificado, se lhe disponibilizar uma "lâmpada que gui[e] os [seus] passos [no] caminho" que ele é, institucionalmente, chamado a percorrer) capaz de o fazer *(scilicet,* de conseguir "reacender" o empenhamento dos Senhores Estudantes para reflectirem – já sobre a base mais sólida do entretanto adquirido domínio dogmático do direito, e, decorrentemente, em termos bem mais afinados ...– as questões pressuponentes de que ouviram falar, de um jeito inevitavelmente muito elementar, logo no 1.º ano, e que se revelam de importância crucial para lograrem desincumbir-se, de modo esclarecido, da responsabilizante tarefa que lhes será confiada)? Devo confessar que me atormentam dúvidas sem fim, pela decisiva razão de que "I know not where is that Promethean heat/That can thy light relume" (cf. W. SHAKESPEARE, "Othello", act V, sc. II, 12-13, in *The complete works,* cit., 972). Provavelmente por alguém me ter rogado uma praga semelhante àquela com que Apolo amaldiçoou Cassandra...

[33] Cf. José SARAMAGO, *A estátua e a pedra,* s./l., ed. da Fundação José Saramago, 2013, 17.

[34] Assim, Jan SCHAPP, "Methodenlehre, allgemeine Lehren des Rechts und Fall-Lösung", in *Methodenlehre und System des Rechts,* Tübingen, 2009, 212 s.

de uma *Rechtsvergessenheit...*[35] – é mister privilegiar uma outra compreensão do direito[36], impõe-se igualmente excogitar uma outra (com ela consonante)

---

[35] Será que o direito está a "[desaparecer-nos] pelo ralo do cérebro"?...: cf. António Lobo Antunes, *Caminho como uma casa em chamas,* Alfragide, 2014, 285. Ou, privilegiando outro interlocutor muitíssimo estimulante, e substituindo o sujeito que esquece pelo objecto do esquecimento: "[t]erão lugar n[o direito...] os mesmos processos de entropia que ocorrem na matéria?" ... – cf. George Steiner, *Extraterritorial. Em torno da literatura e da revolução da linguagem,* trad. de Miguel Serras Pereira, Lisboa, 2014, 112. Ou ainda, regressando ao texto que determinou a abertura desta nota: o "crepúsculo" ou o "esquecimento do direito", a que nele se alude, não serão "tentativas de trocar um tesouro imanente por [uma qualquer ilusão dissolvente]?" ... – cf. Id., *Fragmentos...,* cit., 42.

[36] Na sua expressão mais simples (e pressupondo a memória de um curso propedêutico como o vertido nas nossas *Lições...,* cit.), o direito não é a mera vontade de um poder, ou um meio funcionalizado a um fim; é antes um modo muito específico de solucionar o "problema prático" (o problema da partilha, em "comunhão ou [em] repartição", do mundo – de "qualquer espaço objectivo social". Está em causa – nem valeria a pena acentuá-lo... – o mundo da realidade humana, com os problemas que o densificam e as exigências que esses problemas intencionam – uns e outros, em dialéctica correlatividade, da autónoma responsabilidade do homem. A questão de saber se esse mundo, tal-qualmente o caracterizámos, pode, *v. gr.,* ser visto como... "câmara de ressonância [de Deus]" – lembre-se o panteísmo de Spinoza: cf. G. Steiner, *Extraterritorial...,* cit., 95 –, é aqui impertinente; não deixe de se sublinhar, todavia, que, "para os crentes", a autonomia a que aludimos "[funda-se sempre] na teonomia"... – cf. Hans Küng, *Uma boa morte,* trad. de Miguel Serras Pereira, Lisboa, 2017, 97), "pela mediação do *sentido* – pela mediação de uma referência transindividual ou uma comum transcendência fundamentante e regulativamente convocante" (note-se: esta compreensão do direito como modo particular de resolver o problema prático por mediação do sentido é susceptível de se projectar em consequências inquietantes se fizermos nossa a ideia segundo a qual a Europa foi, ao longo dos últimos milénios e em termos emblemáticos, o "'sítio' onde [...] os homens se interrogaram sobre o 'sentido' da sua própria aventura como se fossem os delegados de Deus" – as palavras são de Eduardo Lourenço: cf. "Crepúsculo europeu", in *Público,* de 15JAN2013, 15 –, mas já não é, nem se vislumbra qualquer espaço-outro que se disponha a substituí-la nessa tarefa... Com efeito, não estaremos a viver, no mundo de que cuidamos, "uma deriva [apenas] pontuada por grãos de sentido" – colhemos a expressão em Henrique Garcia Pereira, *Arte recombinatória,* Lisboa, 2000, 89 –, quando não a experiência-limite da pulverização de um qualquer resto de sentido, a instauração de uma radical *meaninglessness,* com o deliberado apagamento da respectiva pegada?... Mas, como bem se sabe, há sempre alternativas no horizonte: mencionemos aqui, sem mais esclarecimentos, a proposta por Carlo Galli, que vê na Europa "um espaço político dotado de sentido" – *apud* R. Esposito, *De fora...,* cit., 249), entretecida pelas *archai* que, em dialéctica correlatividade, modelam o rosto jurídico da pessoa (cf. A. Castanheira Neves, *O direito interrogado pelo tempo presente na perspectiva do futuro,* Coimbra 2008, esp.te 71, e *Aula na Universidade Lusófona (Lisboa), 18.2.2012,* polic., esp.te 6. Se não erramos, também Maria da Glória F. P. D. Garcia comunga deste entendimento – da polarização na pessoa da axiologia predicativa do sentido do direito: cf. o seu "Princípio da precaução: lei do medo ou razão de esperança?", in Fernando Alves Correia *et alii* (Orgs.), *Estudos em Homenagem ao Prof. Doutor José Joaquim Gomes Canotilho, vol. I, Responsabilidade: entre Passado e Futuro,* Coimbra, 2012, 315 ss., esp.te 330) – e daí que *(sub specie iuris* e numa como que virtuosa circularidade...) a pessoa se possa dizer a síntese dos princípios sem a esclarecida pressuposição, a empenhada assunção e a efectiva realização dos quais (cf., por exemplo, as nossas *Lições...,* cit., 480 e 483 ss.) o direito não advém. O sentido é, em cada domínio da prática (note-se agora: também para lá da área tradicionalmente identificada como a da prática – a do agir intersubjectivamente significativo – se acentua a importância capital do sentido. Por exemplo, reconhece-se, no campo da biogenética e há décadas, que no próprio estudo de "matéria viva [...] o [...] essencial [...] não está no funcionamento mecânico, mas no *sentido"* – cf. G. Steiner, *Extraterritorial...,* cit., 195) – e, portanto, também no do direito – a matriz constitutiva e a intenção predicativa – as exigências principiais com as suas mais imediatas projecções densificantes – que se impõe assumir e realizar, e com uma relevância problemática susceptível de ser "trazida-à-correspondência" com os ... problemas nesse domínio emergentes, razão por que o poderemos dizer radicado na analogia irredutível que, nesse âmbito particular, permite todos os nós adequados e legitima todos os laços pertinentes (tem, por isso, talvez razão Christian Graf von Krockow quando sublinha a existência de um "círculo particular" entre a circunstancialmente relevante "pré-ordenada totalidade de sentido" e a "facticidade dos 'casos' *(Tatsachen)"*

judicandos: sem a pressuposição daquele sentido, os mencionados casos não podem ser compreendidos como problemas jurídicos, mas o referido sentido é permanentemente reconstituído pelas "relações" que entretecem os casos judicandos. E, logo a seguir, o A. equipara a "unidade circular" "proposta de sentido"/"facticidade", a que se aludiu, a outras bipolaridades paralelas: "subjectividade e objectividade, teoria e prática, 'possibilidade' e 'realidade' [...]", todas estruturantes do agir humanamente significativo. Cf. *Die Entscheidung. Eine Untersuchung über Ernst Jünger, Carl Schmitt, Martin Heidegger,* Stuttgart, 1958, 140 s. O tom dubitativo com que abrimos este parêntesis tem que ver com uma questão... filosófico-terminológica, que nos limitaremos a tangenciar: Heidegger veio contrapor a facticidade – *Faktizität* –, constitutiva do e inerente ao ser-aí – o *Dasein* não é lançado num/atirado para um mundo alienígena, e a *Verfallenheit* que neste âmbito se menciona não significa isso, antes traduz a pertença originária do *Dasein* ao mundo –, à mera factualidade – *Tatsächlichkeit* –, caracterizada por uma ineliminável contingência – *Zufälligkeit.* Cf., por exemplo, G. Agamben, *A potência do pensamento...,* cit., 255 ss. Se entendermos relevar a contraposição categorial ainda agora esclarecida, deveremos assim aludir, não – como acima fizemos, seguindo *apertis verbis* von Krackow – à "facticidade dos 'casos'...", mas à factualidade que os marca). Ou, recorrendo à linguagem alegórica: o sentido do direito, por mediação de sucessivos transvases – interpelações problemáticas, exigências intencionais, critérios excogitados... tudo isto e sempre em dialéctica correlatividade –, vai desaguando no *mare magnum* do – por isso mesmo, constituendo... – *corpus iuris* vigente. Em fórmula breve, mas impressiva, o direito traduz a substituição da força bruta pela – a oposição a esta da – circunstancialmente assumida (dizemos circunstancialmente assumida, para vincar a ideia de que o "mundo do direito" – como, de resto, qualquer outra criação cultural... – não está inscrito na ordem cósmica com carácter de necessidade, só vindo à epifania se nos empenharmos nesse sentido – "[o]s mundos não emergem se não formos nós a puxá-los"... – assim, R. Musil, *O homem sem qualidades,* II, trad. de João Barrento, Lisboa, 2008, 71 s.) e humanamente conforme (permita-se-nos o recurso ao mesmo bordão de há pouco. Na densa narrativa de *O homem sem qualidades,* de R. Musil, a dada altura – no vol. II, cit., 134 – Ulrich dirige à irmã, Agathe, num dos dias subsequentes ao enterro do pai de ambos, que era Professor de Direito, a seguinte pergunta: "E a lei, o Direito, a medida, achas que tudo isso é supérfluo?" Se, como leitor, nos pudéssemos intrometer no circuito dialógico e dar a resposta, obviamente negativa, fundamentá-la-íamos com a nota sublinhada imediatamente antes da abertura deste parêntesis: a de que o direito é um modo "humanamente conforme" – isto é, ajustado ao *homo vere humanus:* cf. Gerd Kadelbach, "Das Funk-Kolleg als Modell eines Fernstudiums im Medienverbund", in Karl-Otto Apel *et alii* (Hrsg.), *Praktische Philosophie/Ethik: Dialog 1,* Frankfurt am Main, 1984, 10 – de resolver o problema prático, por isso mesmo capaz de sustentar, sem qualquer cripto-soteriologia,... "um devir à medida de todos os [homens] do mundo" – cf. Mário de Carvalho, "O varandim", in *O varandim seguido de Ocaso em Carvangel,* Lisboa, 2012, 33; pressuposto o que acabámos de acentuar e recorrendo a um inspirado paradoxo, poderemos dizê-lo uma "possibilidade necessária" – *v.* George Steiner, *Presenças reais,* trad. de Miguel Serras Pereira, Lisboa, 1993, 15. Em termos já bibliograficamente ortodoxos, veja-se a lapidar conclusão de António Castanheira Neves, em *Questão-de-facto – questão-de-direito ou problema metodológico da juridicidade (Ensaio de uma reposição crítica), I – A crise,* Coimbra, 1967, 908) singular normatividade *(i. e.,* validade) que o identifica – e, nesta exacta acepção, poderemos dizê-lo, em paráfrase a Heraclito e com Hegel, "a negação da negação do direito" *(apud* Jan Schapp, "Einführung in das Bürgerliche Recht: Auslegung und Anwendung der Rechtssätze", in *Methodenlehre und System des Rechts,* cit., 41; cf. ainda A. Castanheira Neves, *A revolução e o direito...,* cit., 30. A *philosophia negativa,* a que assim nos acolhemos, obriga a mencionar o nome ilustre daquele que, no século passado, inspiradamente a assumiu ... para caracterizar o direito. Referimo-nos a Radbruch. Sobre o pensamento, quanto ao ponto, do Mestre de Heidelberg, escreveu – lembrando a "tradição filosófica do Ocidente" e Karl Popper... – o seu discípulo Arthur Kaufmann: "o que o direito *não* é, ele não o diz, o que (justo, autêntico) direito *é,* ele apenas falsifica, mas nunca demonstra" – cf. *Gustav Radbruch. Rechtsdenker, Philosoph, Sozialdemokrat,* München, 1987, 155 – ... no fundo porque quando se "nega a própria negação [nada mais se faz do que afirmá-la]"... – cf. agora R. Esposito, *De fora...,* cit., 100. E já agora: num quadro intencional que não importa clarificar aqui, mas sem surpresa, também Marx e Engels haviam recorrido à hegeliana ideia-processo da "negação da negação", a que aludimos...). Retomando a dialéctica modeladora do rosto jurídico da pessoa (como se sabe, conformado por uma face centrifugamente singular e por uma outra centripetamente comunitária. E já agora, com o propósito de esclarecer um ponto importante, que uma observação de abertura desta nota pode contribuir para perturbar: a política não determina, decerto, esgotantemente, o direito, mas co-determina-o fortissimamente – cf. as nossas *Lições...,* cit., esp.te 272. Não deverá, por isso, estranhar-se que a liberdade e a responsabilidade, em tensão dialéctica irredutivelmente modeladoras do rosto jurídico da pessoa – uma exemplar projecção do que acaba de dizer-se num âmbito dogmático específico, oferece-no-lo Manuel António de C. P. Carneiro da Frada: estamos a pensar nas suas palavras finais, imediatamente antes do "Epílogo" breve que fecha a obra, em *Teoria da confiança e responsabilidade civil,* Coimbra, 2004, 897 – , tenham como correlatos, no universo da política, respectivamente – e, do mesmo modo, em termos irredutíveis e em dialéctica polarização –, um estratégico ideário liberal, e um outro social,... democraticamente realizandos), a que acima aludimos, diremos tão-somente que o direito não virá à epifania nem num horizonte em que apenas se manifeste a tenaz asfixiante de um universo concentracionário, impeditiva da livre afirmação de cada um (o *Goulag* estalinista, o *KZ* nazi...: "[os hitlerianos] diferiam dos Bolcheviques, que denunciavam, não mais do que o Pólo Norte difere do Pólo Sul" – são algumas palavras claras e um juízo inequívoco de Winston Churchill, nas suas *Memórias da II Guerra Mundial,* 1, trad. de Manuel Cabral, Alfragide, 2014, 54. É em referência a Auschwitz – onde os *Häftlinge* têm por nome um número, e a esperança que se lhe associa não tem sentido porque "nunca" é "amanhã de manhã"... – que Primo Levi narra, de modo fidedigno, a cena aterradora do guarda que lhe tirou o "pedaço de gelo" com que ele procurava recompor-se da "sede furiosa da viagem". Ao superlativamente ingénuo *"Warum?"* – Porquê? – do desgraçado que acabara de chegar, respondeu o interlocutor – despessoalizada peça de uma engrenagem trituradora: como não lembrar aqui Hannah Arendt? ... – com um bestial *"Hier ist kein warum"* – "aqui não há porquês"; cf. *Se isto é um homem,* trad. de S. C. Neto, 10.ª ed., Alfragide, 2013, respectivamente, 26, 141, 10 e 28. *V.* ainda Susan Neiman, *O mal no pensamento moderno. Uma história alternativa da filosofia,* trad. de V. Matos, Lisboa, 2005, 287 e 369, n. 11, e G. Steiner, *A poesia do pensamento...,* cit., 203. Por seu turno, a capitalíssima identificação deste *"Warum?"* como "a pergunta fundante do direito" é concludentemente esclarecida por A. Castanheira Neves em "O direito como validade", in *RLJ,* 143.º, n.º 3984, 2014, 162. No horizonte da prática, a pergunta pelo "porquê" é a questão decisiva... porque viabilizadora da própria emergência, com sentido, da prática: "[a] rosa [será] sem porquê" – cf. o conhecido verso-epigrama de Angelus Silesius, in Manuel Hermínio Monteiro (Dir.), *Rosa do Mundo. 2001 poemas para o futuro,* Lisboa, 2001, 956 –, não a prática...), nem naqueloutro em que radicalmente se exclua "a integração comunitária" (em que se cumpra, no limite, o famoso apotegma "There is no such thing as society", de M. Thatcher – num mundo em que haja apenas indivíduos isolados, totalmente reduzidos a uma egoística idiossincrasia, a sociedade não tem qualquer significado...: cf. Karl-Heinz Ladeur, "Das islamische Kopftuch in der christlichen Gemeinschaftsschule. Zur zweiten Kopftuch-Entscheidung des BVerfG vom 27.1.2015 – 1 BvR 471/10, 1181/10", in *JZ,* 13/2015, 637), ou, no paroxismo do terror, em que nada mais se oiça do que os gritos do combate "assassino" travado por mónadas sem quaisquer janelas (onde o terrorismo imponha, implacavelmente e sem resto, a sua lei – o mote do terrorista é "extermino o outro, logo existo"; "Ich vernichte den anderen, also bin ich": cf. Martin Altmeyer, "Morden in Rampenlicht", in *der Spiegel,* 31, de 30.7.2016, 122 –, poderá surgir, ditado por tantos medos peregrinos quantas ilusões securitárias, um "direito penal do inimigo" – ou "direito penal contra o inimigo", como prefere Gomes Canotilho, ou "direito penal da terceira velocidade", na terminologia de Silva Sánchez...: cf., *v. gr.,* Miguel Tedesco Wedy, *Eficiência como critério de otimização da legitimidade do direito penal e seus desdobramentos em processo penal,* polic., Coimbra, 2011, 41 n. 72, e 68 –, mas não o direito, ou o direito penal, *sensu proprio)* – cf. agora A. Castanheira Neves, *Aula na Univ. Lusófona – 21 de Abril de 2012,* cit., 12 e 17. Pelo que, continuando a seguir esta *Aula...,* do nosso Professor *(ibidem,* 18), poderemos também nós concluir "que o direito é-o de pessoas e para pessoas" (ou, pedindo palavras de empréstimo a Eugen Kamenka e a Alice Erh Soon-Tay, para uma síntese lapidar: "We have enough experience by now of societies whose rulers are happier without law or lawyers. For us it is not the way" – *apud* Sibylle Tönnies, *Der Dimorphismus der Wahrheit. Universalismus und Relativismus in der Rechtsphilosophie,* Opladen, 1992, 212). O que, evidentemente, implica a resposta à seguinte questão: *"What is it like to be a [person]?"* ("isso de ser uma [pessoa] consiste [afinal] em quê?" – louvando-nos em Amartya Sen, parafraseamos assim, também nós, um título inspirado de Thomas Nagel: cf. *A ideia de justiça,* cit., 540 s. Outra possibilidade seria reformular uma célebre pergunta de Heidegger – "Wie steht es mit dem Sein?" = "Como vai isso com o ser?"; cf. G. Steiner, *Martin Heidegger,* cit., 81 –, nos seguintes termos: *"Wie steht es mit der Person?"* = "Como vai isso com a pessoa?"...). A categoria ético-axiológica pessoa (bem diferente, por exemplo, da categoria ôntico-antropológica indivíduo – a mera espécie do género, o empiricamente delimitável e quantitativamente definível in-diviso... sujeito de direitos, com menoscabo dos deveres/responsabilidades: "[n]a civilização dos direitos [...] é ainda o indivíduo que se contempla" – assim, José de Oliveira Ascensão, "O 'fundamento do direito': entre o direito natural e a dignidade da pessoa", in *Revista da Faculdade de Direito da*

proposta metodonomológica[37] – paradigmaticamente, uma outra concepção do "método do jurisdicional juízo decisório"[38]. E, na verdade, "[n]ada é mais

---

*Universidade de Lisboa,* vol. LII, nᵒˢ 1 e 2, 2011, 39. Para outros desenvolvimentos e explicitações complementares, cf. as nossas *Lições...,* cit., esp.ᵗᵉ 490 ss. Esta dialéctica é também convocada, em termos paralelos, relativamente à pessoa do filho – "sujeito de direitos mas [igualmente] de responsabilidades" –, na Exortação Apostólica do PAPA FRANCISCO, *Amoris laetitia,* Lisboa, 2016, n. m. 270, p. 178) radica nos "campos de sentido" (RICOEUR) instituintes da tensão bipolar das exigências intencionais liberdade/responsabilidade... que são, à uma e em dialéctica correlatividade, já o lembrámos, as duas faces do seu rosto (no palco social – o circunstancialmente relevante –, um rosto com uma cópia de máscaras – cf. as nossas *Lições...,* cit., esp.ᵗᵉ 216 ss. Não disse já um Poeta inspirado que a "[...] pessoa é um eu com máscara"?... assim, Francisco d'EULÁLIA, "O que é o mundo", in *Canto Longo & Outros Poemas,* Porto, 2015, 88) e as *archai* modeladoras da juridicidade (ou ainda por outras palavras – mas parenteticamente, porque a brevíssima observação que nos atreveremos a intercalar reclamaria desenvolvimentos na circunstância dispensáveis. Se não erramos, a bipolaridade liberdade/responsabilidade deixa reconduzir-se a uma última síntese: à analogicamente dinamizanda intersubjectividade prática, que encontra na aludida tensão os respectivos e irredutíveis *fundamenta,* isto é, ao tantas vezes desencontrado ... encontro de uns com os outros no mesmo mundo, que assim se vai redensificando – tanto extensiva como intensivamente, por afinamentos sucessivos, que podem ser evolutivos ou involutivos, e de mera revisão ou de genuína superação... – por mediação da dialéctica em que continuamente se enredam, sempre atentos os mencionados pressupostos, os problemas concretamente interpelantes e a intencionalidade problemática das exigências de sentido concretamente interpeladas, ou seja, em termos noeticamente analógicos. Ou, ainda na linha argumentativa explorada neste parêntesis, e se preferirmos: a pessoa emerge em resultado da dialéctica em que se enredam as intencionalidades problemático-axiológicas densificadoras do seu "eu singular" e do seu "eu comunitário" – da sua *immunitas*/redoma protectora, e da sua *communitas*/horizonte existencial, se quisermos recorrer a categorias exploradas em quadro temático que não importa dilucidar aqui...: cf. R. ESPOSITO, *De fora...,* cit., 194 ss. –, por referência ao sentido que – qual *tertium comparationis* – transcende esses pólos, mas vai sendo redensificado, em permanência, pela tensão que os articula. *Sub specie iuris,* insisto, as duas faces modeladoras do rosto da pessoa têm as dimensões a que aludi). Em nova paráfrase (desta feita a uma afirmação de Duncan, rei da Escócia, no "Macbeth", de William SHAKESPEARE: "There's no art/To find the mind's construction in the face" – act I, sc. IV, 11-12, in *The complete works,* cit., 849), atrevemo-nos, pois, a descobrir (ou, quando menos, a entrever) num rosto não a construção da alma, mas o sentido do direito... Com o propósito de comprimir numa síntese tudo quanto precedentemente se recordou, diremos o direito o pessoalmente consonante regulador homeostático de certas tensões sociais.

Mas, em uma derradeira observação sucinta, qual a justificação decisiva para estas recapitulativas considerações sobre o direito, determinantes desta tão longa nota, logo a abrir o nosso curso? É que, se as omitíssemos – *rectius,* se nos não entendêssemos previamente sobre o sentido do direito – a metodologia que nos convoca não passaria de um "artifício" extravagante, ou de uma "evasão" diletante (cf. G. STEINER, *Martin Heidegger,* cit., 120). O que é apenas um outro modo de reconhecer (concluamos assim) que a metodologia jurídica tem que lançar a sua âncora na filosofia do direito...: cf. Wolfgang FIKENTSCHER, *Der Gegensatz von Grundwerten und "täglichen Dingen" bei der Entstehung der modernen Demokratie,* Hannover, 1978, 4.

[37] Em termos elementares: superada a *aplicação* silogístico-subsuntiva do "normativismo" *(rectius,* dos normativismos – do normativismo axiomático moderno, do normativismo dogmático pandectista, do normativismo lógico-positivista...) – leituras ainda habituais não devem "[fazer de nós cavaleiros andantes]" de ideias obsoletas... (cf. Miguel de CERVANTES, *Don Quijote de la Mancha,* I, 1 – na ed. devida a A. Blecua y A. Pozo, Madrid, 1999, 34): "o determinismo *[hoc sensu:* a lógico-apofântica proposta metódica do positivismo] está morto" *(apud* Martina Renate DECKERT, *Folgenorientierung in Rechtsanwendung,* München, 1995, 1, 33...) – e denunciada a impertinência da *decisão* optativo-voluntarística (mera concretização táctica, no ... campo de batalha, dos efeitos – políticos, sociais, económicos... – estrategicamente fixados nos gabinetes do... estado-maior. Ou, algo mais detidamente: desta perspectiva, o que no fundo se faz, é explorar, em termos estrategicamente determinados, insista-se, a abertura ínsita às situações concretas com que se depare e que importe considerar, com o propósito de seleccionar para elas, dentre as várias possíveis, a decisão mais conveniente desse estritamente funcional ponto de vista. Recordemo-lo: "[...] o estratégico é um homem que joga com vidas como o jogador de xadrez com peças do jogo. Que seria do estratégico

se pensasse que cada lance do seu jogo põe noite em mil lares e mágoa em três mil corações?" – cf. Fernando PESSOA, *Livro do desassossego,* ed. devida a Richard Zenith para a Assírio & Alvim, Porto, 2014, 246) do "funcionalismo" *(rectius,* dos funcionalismos – do funcionalismo político, do funcionalismo social, do funcionalismo económico... – que vieram substituir ao formalismo até então dominante e à sua indiferença para com a realidade social, a irrestrita subordinação da juridicidade ao referido "englobante" e fizeram entrar este "cavalo de Tróia na cidadela do direito" – cf. Andreas HELDRICH, "Das trojanische Pferd in der Zitadelle des Rechts? Überlegungen zur Einbeziehung der Sozialwissenschaften in die juristische Ausbildung", in *JuS,* 1974, 281 ss.; com efeito, não estará o *mainstream* a resvalar, numa outra sua atracção fatal: *intus... est equus Troianus,* daquele paradigma normativista para estoutro funcionalista?... –, apresentando-se, decorrentemente, como fautores da "descoberta do oásis no deserto" – trata-se de uma paráfrase a Rudolph von IHERING, *Ist die Jurisprudenz eine Wissenschaft?,* 2.ª ed., Göttingen, 2009, n.º 8, p. 63 –, o que, com frequência, como dolorosamente, sem qualquer neofobismo à mistura, no-lo ensina a experiência da vida, não passa de uma miragem... Note-se que a tentação dos extremos, a que criticamente se alude neste parêntesis, não é um exclusivo do pensamento jurídico. Também na literatura, por exemplo, se diz que os românticos idealizaram a realidade e que os naturalistas a absolutizaram. Que ambos padeciam de miopia é o que de pronto se compreende, se acrescentarmos que tanto uns como outros a desfocaram: os primeiros, por defeito, e os segundos, por excesso, pois a realidade não é nem a ficção que os românticos pretendiam imaginar, nem a empiria que os naturalistas acreditavam copiar) – "[não somos] técnico[s, que só têm] técnica [...] dentro da técnica"... (trata-se de uma paráfrase ao poema "Lisbon revisited", de Álvaro de CAMPOS – que, todavia e se bem vemos, não subverte a mundividência do heterónimo. Cf. Fernando PESSOA, *Poesias de Álvaro de Campos,* Lisboa, 1969, 246. Se quisermos: o homem – ou o homem-jurista... – não é redutível a um feixe de "algoritmos [...,] como se a espécie criatura humana não fosse mais, a breve prazo, do que um factor de perturbação num mundo que viveria muito melhor sem ele" – assim, Markus BRAUCK *et alii,* "Die digitale Revolution erobert den Alltag-Algorithmen bestimmen unser Leben, Maschinen übernehmen die Kontrolle", in *Der Spiegel,* de 14.8.2015, 9 e 17) –, vale a pena abrirmo-nos ao problemático-normativamente intencionado e prático-pragmaticamente responsabilizante *juízo* propugnado pelo "jurisprudencialismo". As três mencionadas compreensões da juridicidade têm vindo, de há muito, a ser afinadas, em ensaios vários, em conferências sem fim e em lições paradigmáticas, por CASTANHEIRA NEVES; por nossa parte, e de modo esquemático quanto aos pontos sublinhados, cf., por exemplo, *Lições...,* cit., esp.[te] 372 ss., 451 ss., 619 n. 35, e 759 n. 50.
Acrescentemos ainda uma outra observação, que reputamos da maior importância e que não pode deixar de ser sublinhada na abertura do curso: a de que são os pensamentos jurídicos de tipo jurisprudencial – o pensamento jurídico romano clássico, o pensamento jurídico de além-Mancha, o pensamento jurídico europeu continental mais recente e que temos por mais esclarecido... – que decisivamente contribuem para autonomizar o direito dos demais sub-sistemas regulativos contíguos, vincando o que o predica/distingue e o que lhe pertence/compete, e não aos outros. Com efeito, os pensamentos jurídicos consuetudinários, com a sua "índole social", manifestam imediatamente o "ethos" comunitário na sua indiferenciação intencional (pois não é este um cadinho em que holisticamente se fundem referentes vários – de carácter religioso, antropológico, ético, moral, político, económico, também jurídico, decerto ?...) – pelo que, no fundo, é esse *ethos* que o costume exprime; os pensamentos jurídicos legislativos, de inspiração positivista, com a sua "índole estatal", desvelam indisfarçavelmente o circunstancialmente definido e pragmaticamente instituído programa político-económico – pelo que, no fundo, é esse programa que a lei consagra; e só os pensamentos jurídicos jurisprudenciais, com a sua "índole prudencial", implicam a assunção da específica e constituenda normatividade jurídica vigente – pelo que, no fundo, é essa normatividade que, atentos os problemas que concreta e pertinentemente a interpelem, o juízo-julgamento é chamado a realizar.

[38] Cf. Jan SCHAPP, "Praxis der Vertragsgestaltung und juristische Methodenlehre", in *Methodenlehre und System des Rechts,* cit., 233.

urgente e mais promissor do que olhar para [estes] problemas [...], que interessam a todos nós [, juristas]"[39].

2.3. Mas atentemos em mais algumas questões pressuponentes.

Nem todas as épocas reclamam, com igual veemência, a tematização da metodologia – nem todas elas são tempos de espessura suficiente (pelas interpelações problemáticas emergentes e pelas exigências de sentido coenvolvidas) para a reflexão metodológica. A inadiável urgência da sua abordagem ocorre, em qualquer domínio do saber, quando se constata que o modo como nele recorrentemente se pensa se deve considerar esgotado, porque já não permite solucionar adequadamente os problemas que nele se põem e/ou porque já não intenciona os referentes de sentido que, também nele, importa agora assumir – *breviter,* em momentos de crise[40]. Recordem-se, a título puramente exemplificativo e tolerando um desequilíbrio manifesto e um linearismo excessivo, a superação do paradigma mágico-poético, que olhava os deuses como instâncias garantes da inteligibilidade da vida, e não apenas como figuras de uma narrativa ideograficamente exaltante mas despojada de consistência, por um outro, a que de imediato se associa o nome de PARMÉNIDES, centrado no *logos,* ou seja, na "simplicidade" iluminante (e irradiante...), mas não mais simples do que isso (é uma paráfrase a EINSTEIN...), dos princípios primeiros – aqueles em que ecoa o "poder que uma frase tem de dizer o mundo" e que por isso se revelam como que "embriagados pelo absoluto"... [41] – da identidade[42], da não-contradição[43],

---

[39] Parafraseamos assim Heinz BUDE, "Entdeckung der Großzügigkeit", in *Der Spiegel,* de 8.7.2013, 115.

[40] *V.* o que escrevemos nas nossas *Lições...,* cit., 461 n. 2.

[41] Cf. G. STEINER, *A poesia do pensamento...,* cit., 32.
Acrescente-se apenas que "[a] ideia fundamental por detrás de todos estes princípios é que qualquer proposição tem de ser verdadeira ou falsa, e não pode ser as duas coisas, nem nenhuma" – assim, Julian BAGGINI, *As fronteiras da razão. Um céptico racional num mundo irracional,* trad. de D. Moura Soares, Lisboa, 2019, 95.

[42] Que deixará de exprimir uma mera tautologia quando o virmos como o princípio que "verdadeiramente traduz o pensamento", a afirmar não a "identidade do idêntico, mas a identidade do distinto" (ou "do diverso") – quando, à "fórmula tautológica" *A é A,* preferirmos o "juízo sintético [da identidade]" *A¹ é A²:* as necessárias explicitações complementares colher-se-ão em A. CASTANHEIRA NEVES, *Questão-de-facto...,* cit., 185 s. e n. 59; *v.* ainda *ibidem,* 282 s. e notas 19 s. Outras observações clarificadoras (algumas juridicamente polarizadas, nomeadamente quando a tónica argumentativa é posta nas "circunstâncias" relevadas, ou no "contexto" subjacente, ou nos "motivos" privilegiados, ou nas "razões" determinantes ...) poderão ver-se em Amartya SEN, *Escolha coletiva e bem-estar social,* cit., 375 s.

[43] Que já se disse "'o mais forte de todos os princípios' [, por ser aquele que verdadeiramente identifica] a própria possibilidade do discurso significante" – cf. G. AGAMBEN, *A potência do pensamento...,* cit., 138.

do terceiro excluído[44] e da razão suficiente[45]; a denúncia da pulsão lúdica e do verbalismo falaz dos sofistas e a crítica da erística pela maiêutica socrática e pela dialéctica platónica; a hermenêutica escolástica medieval a ceder o lugar ao axiomático (dedutivo/indutivo) racionalismo iluminista, na mesma altura em que o ontológico e optimista realismo clássico abria alas ao cognitivista e céptico subjectivismo moderno e as coisas do mundo deixavam de ser consideradas na sua inquestionada evidência e passavam a ser compreendidas como nós (com as lentes que fizemos, com as redes que lançámos, com as teorias que construímos...[46]) as vemos; o *popperian turn* e a demonstração da verdade a capitular à refutação do erro; a radicalidade heideggeriana, os avanços da neurobiologia, as impostações do fisicalismo neodarwinista e a preterição do cartesiano *cogito, ergo sum* (irredutivelmente, um *dubito ergo sum...*[47]) pela máxima inversa "existo, logo penso"[48]; na esfera dos juízos ético-morais[49], a estrita "objectividade posicional" a ser substituída por uma bem mais fina "perspectiva 'posicionalmente não tendenciosa'"...[50] No campo do direito, este nosso tempo, marcado como é pelo indisfarçável perecimento dos normativismos e pelas concludentes objecções dirigidas aos funcionalismos (uns e

---

[44] Que não tem a importância dos dois princípios anteriormente mencionados... Para se compreender, e de uma perspectiva metodonomologicamente comprometida, o que se pretende sustentar com a lacónica afirmação precedente, *v.* o que pudemos escrever em *A metodonomologia ...,* cit., 505 ss. e n. 1160, e *Lições...,* cit., 953.

[45] Como se sabe, caracterizador do racionalismo clássico... que o racionalismo crítico veio contestar: cf. *A metodonomologia...,* cit., 28 ss.

[46] Cf. Karl Popper, *Busca inacabada, autobiografia intelectual,* trad. de J. C. S. Duarte, Lisboa, 2008, 88.

[47] Cf. H. Arendt, *A condição humana,* cit., 345, e 401 n. 40.

[48] Afirmação esta última que, segundo Heidegger, tem um pressuposto – e, portanto, como que se desdobra em duas: "eu cuido, logo sou" e "sou, logo penso". Cf. G. Steiner, *Martin Heidegger,* cit., respectivamente 141 e 127; entre nós, *v.,* por exemplo, Vergílio Ferreira, *Pensar,* Lisboa, 1992, n.º m.ᵃˡ 446, 273 s., e *Escrever,* Lisboa, 2001, n.º m.ᵃˡ 275, 169. Da perspectiva fisicalista, a que se alude no texto, o pressuposto é outro: a existência de um "eu consciente", pelo que a máxima que dessa óptica corresponde à primeira do díptico heideggeriano, acabado de mencionar, é "sinto, logo existo" – cf. N. Humphrey, *Poeira da alma...,* cit., 115 s. Acrescente-se ainda que já Nietzsche (que haveria de interpelar muito profundamente Heidegger...) se empenhara – e em termos fortemente marcados por influências "darwinistas [...]" – em "desconstruir o famoso 'Penso, logo existo' de Descartes": cf. Sue Prideaux, *Eu sou dinamite! A vida de Friedrich Nietzsche,* trad. de Artur Lopes Cardoso, Lisboa, 2019, 324 s.

[49] Inconsideremos circunstancialmente o problema da distinção ética/moral. Ronald Dworkin, por exemplo, diz uma e outra "dimensões inevitáveis da questão inevitável sobre o que se deve fazer" – a questão prática fundamental... –, mas centra a primeira no "estudo de como viver bem" ("aquilo a que devem[os] aspirar ser e conseguir nas [nossas] próprias vidas"), e a segunda no "estudo de como devemos tratar as outras pessoas" – cf. *Justiça para ouriços,* trad. de Pedro Elói Duarte, Coimbra, 2012, 24 s., 36... – atribuindo, portanto, à ética um carácter como que objectivo-subjectivo e predicando a moral em termos como que objectivo-intersubjectivos. Mas poderiam ser convocadas muitas outras perspectivas: *v.,* igualmente a título ilustrativo, o que escrevemos em *A metodonomologia...,* cit., 135 ss.

[50] Para explicitações complementares, cf. A. Castanheira Neves, *Metodologia Jurídica...,* cit., 23 ss. A propósito da última nota a que se alude no texto, *v.* Amartya Sen, *A ideia de justiça,* cit., 225-231.

outros irremissivelmente *unzeitgemäße...*) – o mundo de que cuidamos também nos oferece um extenso "bestiário de 'ismos'"...[51] –, não toleraria que nos poupássemos a esse esforço – se o omitíssemos incorreríamos em uma "nova [e gravemente censurável] traição dos intelectuais"[52]. E daí que a *intentio recta* dos momentos de tranquilidade – a solução dos problemas jurídicos concretos como, por inércia, nos habituámos a fazê-lo – se revele hoje insuficiente, impondo-se antes a *intentio obliqua* típica de todas as fases dominadas por uma preocupação obsediante relacionada com o modo como deveremos passar a solucionar esses mesmos problemas (as novas exigências a assumir, o diferente discurso a escolher, os outros passos a dar no mencionado exercício)[53], pois quando o "caminho" *(Weg)* mais curto (o *recto itinere)* não é bastante, ou só o é aparentemente, não nos podemos poupar à fadiga ínsita a um caminho mais longo *(obliquo itinere)* e, decorrentemente, a seguir pelo "desvio" *(Umweg)* que o método, afinal, implica[54].

2.4. É bem provável que todos estejamos demasiado perto do direito para sermos capazes de o ver claramente, de o recortar esclarecidamente – como não lembrar (… esquecendo David HUME – a sua genial intuição segundo a qual, *nolens, volens,* "estamos presos no interior do sistema"...[55]) "o desejo arquimediano de um ponto fora da Terra a partir do qual o homem pudesse analisar o mundo"?...[56] Para isso, talvez se nos imponha "tornar o familiar estranho" (para

---

[51] A expressão – inspirada! – é de R. DWORKIN: cf. a sua *Justiça para ouriços,* cit., 38.

[52] Assim, Abraham KAPLAN (louvando-se, manifestamente, na *trahison des clercs,* de Julian BENDA...), *apud* Wolfgang FIKENTSCHER, *Methoden des Rechts in vergleichender Darstellung,* V, Tübingen, 1977, 33.

[53] A exemplo do que acontece na esfera da "filosofia moral", em que poderemos distinguir as chamadas questões "de primeira ordem" – as de saber "o que é bom ou mau, certo ou errado, que fazem apelo a um juízo moral" –, e as "de segunda ordem" ou "questões filosóficas 'meta-éticas'" – aquelas em que estão em causa "juízos de valor que fazem apelo não a outros juízos de valor, mas a teorias filosóficas de um tipo muito diferente" (assim, R. DWORKIN, *Justiça para ouriços,* cit., 36 – A. que, aliás, "não acredit[a] numa única palavra daquilo que" acaba de transcrever-se...) –, também no âmbito do direito nos deparamos com problemas de primeiro grau – problemas concretos, que intencionam um determinado sector da juridicidade e que podem ser solucionados, em termos homógrados, por mediação das respectivas objectivações de carácter principial, legislativo, jurisdicional, doutrinal... –, e com outros de segundo grau – problemas que intencionam directamente o próprio sentido da juridicidade e que (ainda directamente, mas mediante um discurso que agora diremos heterógrado) remetem ao pensamento implicado pela histórica realização da mencionada juridicidade. Como de pronto se infere do texto que nos trouxe a esta nota, é a última questão que nele vai considerada.

[54] Cf. Helmut MAYER, *apud* Ernst A. KRAMER, *Juristische Methodenlehre,* 2.ª ed., Bern, München, Wien, 2005, 5.

[55] Cf., por exemplo, Marcus du SAUTOY, *O que não podemos saber. Viagem aos limites do conhecimento,* trad. de Jorge Lima, Lisboa, 2018, 471.

[56] Cf. H. ARENDT, *A condição humana,* cit., 325 s. Para que não subsistam equívocos (nomeadamente, em virtude da fonte privilegiada...): se, na Modernidade, o homem deslocou a razão das coisas do mundo para dentro de si (cf. as nossas *Lições...,* cit., 322 ss.), DESCARTES "[transferiu] o [mencionado] ponto arquimediano para dentro do próprio homem" (cf. H. ARENDT, *A condição humana,* cit., 350, 352

repetir uma máxima famosa, que uns atribuem ao filósofo austríaco Ludwig Wittgenstein, e outros ao pintor suíço Paul Klee[57]), ou afastar o direito lá para mais longe, colocando-o a "uma certa distância de nós", o que talvez consigamos se nos transmutarmos no… "espectador imparcial" que o contempla com os "olhos do resto da humanidade", defendendo-nos dos perigos associados a uma sua abordagem "paroquial" e proporcionando-nos antes uma sua consideração aberta e despreconceituosa (parafraseámos agora o *Philosophe* Adam Smith e o modo como, não há muito, o glosou o Nobel Amartya Sen [58]).

Como recordámos em outra oportunidade[59], M. Heidegger aconselha a que se ouse dar um "passo atrás" para que se consiga focar, como deve ser, o que nos preocupa, e o nosso Professor de Munique, W. Fikentscher, recomenda, em termos semelhantes, a clarividência de um decidido "passo ao lado" – pois não é certo que um e outro traduzem o afastamento bastante, todavia com salvaguarda da pertença suficiente[60] (o recuo momentâneo do primeiro e o desvio ocasional do segundo não identificam a passagem para um caminho novo, mas apenas uma ligeira alteração no caminhar…), indispensáveis à lograda tematização que se pretenda levar a cabo? Mas há ainda uma nota a sublinhar neste ensejo – mais um plano que importa não esquecer aqui. E esse é aquele que nos permite distinguir dois olhares sobre o direito. Um, *exterius* – o historiador, o político, o economista, o epistemólogo, o filósofo, o sociólogo, o psicólogo, o linguista… podem, dos seus específicos pontos de vista, olhar metanormativamente o direito; se a nossa disciplina fosse a Teoria do Direito, haveria razões para ir por aí (como é óbvio, se a mencionada teoria

---

e 392 s.) – afinal, apenas dois modos diferentes de dizer o mesmo… No fundo, o referido bordão não é mais do que uma condição de possibilidade do próprio pensamento – pois não se afirmou já que "mesmo para pensar precisamos de um ponto fixo"?… (são, estas últimas, palavras de Francisco d'Eulália, in *Tantos dias, estranhos dias*, Lisboa, 2018, 21).

[57] Cf. Daniel C. Dennett, *Quebrar o feitiço. A religião como fenómeno natural,* trad. de A. Saldanha, Lisboa, 2008, 71.

[58] Cf., deste último, *A ideia de justiça,* cit., 87, 185 ss., esp.te 187 e 200, e 527 ss., esp.te 529. Que não será abusivo entrever no paradoxo que se acentua no texto a sombra de Heidegger, é aquilo que nos desvela H. Arendt, em *Pensar sem corrimão…,* cit., esp.te 320 s.

[59] Cf. *A metodonomologia…,* cit., 331.

[60] Cf. Irvin D. Yalom, *O problema Espinosa,* trad. de J. H. Pinto, S. Pedro do Estoril, 2012, 367. A perspectiva aberta, que assim se privilegia, é, de resto, reclamada, e de há muito, em diversos âmbitos temáticos: sirva-nos de exemplo a (ainda há pouco enviesadamente referida…) proposta de Adam Smith, em matéria de "escolhas sociais racionais", quando o "pai da economia moderna" preconizou, para circunvir a miopia do paroquialismo e do provincianismo, tão habituais, que esses problemas fossem "examinados não apenas de perto", mas também vistos "a uma certa distância [, com] os olhos [de "Espectador Imparcial"] do resto da humanidade" (*apud* Amartya Sen, *Escolha coletiva e bem-estar social,* cit., 367, 499 ss. e 540 s.). No fundo, a focagem correcta, a que se alude no texto, é perturbada quer pela "hipermetropia intelectual", quer pela "miopia intelectual" (assim, Julian Baggini, *As fronteiras da razão…,* cit., 181).

continuar a assumir o direito, adequadamente recortado, como seu objecto – *i. e.*, se ela não abdicar da transitividade que aqui também pressupomos. É que, lembremo-lo, R. BARTHES considerou a hipótese de uma teoria intransitiva...). O outro, *interius* – cumprindo então ao jurista assumir o direito (o direito tomado por referência ao seu sentido predicativo, à sua objectivação dogmática e à sua intencionalidade problemática) para solucionar, em termos adequados, os casos justificadamente qualificados como juridicamente relevantes. Ora, a nossa disciplina é a Metodologia do Direito, e nela tudo aconselha a que se não hesite em adoptar esta segunda perspectiva. O que significa, portanto, que será entre aquele "tornar o familiar estranho" e este mirar o direito *ab intra* – entre o "olhar de fora" o direito e o "estar dentro" dele...[61] – que importa tentar discernir a posição ajustada à tarefa que nos interpela. Se o que está fundamentalmente em causa na Metodologia do Direito é tematizar a "feno-menologia do juízo" cometido (em termos paradigmáticos...) ao tribunal, isso remete-nos não para qualquer "costume" mais ou menos acriticamente obser-vado, reduzido a um *modus faciendi* empiricamente constatado e inevitável, mas para os *principia rationis et actionis* crítico-reflexivamente assumidos (em termos também paradigmáticos...) pelo juiz no exercício do seu *officium* e para a muito grave responsabilidade institucional que eles implicam[62]. Sobre o que se tem vindo a acentuar neste parágrafo, só mais uma nota. Para dizer que se não ignora perpassar por tudo isto uma perplexidade ineliminável. Com efeito, às duas perspectivas há pouco contrapostas, em termos aparentemente aproblemáticos, subjazem, afinal – atenta a complexidade da mundividência dos "iniciados" nas coisas do direito, ou na "coisa-direito", como são os juris-tas... –, coordenadas diferentes que se imbricam e vectores distintos que se combinam: "[o] mundo externo [também na medida em que integra planos juridicamente significativos, volve-se neles em mundo] interno" – deixa de nos ser "exterior porque *o* somos"; e, complementarmente, "os iniciados [-juristas] podem contemplar o eu circunscrito a partir de fora" – a identidade que nos predica, na sua dimensão especificamente jurídica, só pode ser exactamente recortada, não com o (nosso, mais ou menos embaciado) olhar comum, mas com o (nosso, mais ou menos esclarecido) olhar do direito[63]. Sintetizemos as

---

[61] Cf. R. MUSIL, *O homem sem qualidades,* II, cit., 40 s. Aproveite-se o ensejo para esclarecer que colhemos a referência há pouco parenteticamente feita a BARTHES, em R. ESPOSITO, *De fora...*, cit., 123.

[62] Cf. Guy THUILLIER, *L'art de juger,* Paris, 2001, 4 n. 2, 52 s., 61 e 74.

[63] Cf. Saul BELLOW, *O legado de Humboldt,* trad. de Salvato Telles de Menezes, Lisboa, 2012, 429. Que o reconhecimento da referida complementaridade nada tem de novo no quadro do pensamento, é aquilo que de pronto poderemos concluir, por exemplo acompanhando as reflexões de R. ESPOSITO acerca da "tensão antinómica entre [imanência] e transcendência", na teoria crítica, de ADORNO – as

observações precedentes com uma alegoria inspirada: importa "que tomemos consciência da nossa pele de modo a permitir-nos sair dela – não sem deixar, ao mesmo tempo, de reiterar que, na realidade, não podemos fazê-lo"...[64]

2.5. Um propósito sério nos animará desde o início, em vista da suspeita que impende sobre este curso de que ele tem um carácter puramente teorético (suspeita essa que só poderá colher o assentimento de quem nunca venha a compreender a eminente, porque capital, relevância prática – e até pragmática, na estrita acepção de pré-profissional... – do que nele se procurará esclarecer). O de tudo fazermos para impedir qualquer ... "hegemonia do significante sobre o significado"[65], *i. e.,* para não deixar que as inevitáveis e mais ou menos especiosas analíticas académicas ocupem o centro do discurso, tomem

---

"duas [mencionadas] dimensões são, ao mesmo tempo, internas a externas uma à outra": cf. *De fora...,* cit., 80.

[64] Cf. G. Steiner, *Extraterritorial...,* cit., 96.

[65] Cf. Mário Cláudio, *Tiago Veiga. Uma biografia,* Alfragide, 2011, 556.
E já agora, aproveitando a oportunidade disponibilizada pela obra (magnífica!) acabada de citar: esperemos que este (nosso) hábito – o recorrente aproveitamento de registos colhidos no universo da Literatura – não seja tique denunciador da "ralé pensante" em que se convertem todos os intelectuais de pacotilha, irremissivelmente condenados a não ultrapassar a fase da... "acumulação primitiva", na medida em que se limitam a "reduzir obras-primas a tratados" (cf. Saul Bellow, *O legado de Humboldt,* cit., 40), ou a lançar mão daquelas para solertemente disfarçarem a lamentável vulgaridade dos seus trabalhos – escritos banais ... "besuntado[s] de literatura" (cf. Eça de Queiroz, *A correspondência de Fradique Mendes,* Lisboa, s./d. – Edição "Livros do Brasil" –, 43). Por nós, bem ao invés e na linha de um conselho que escutámos, há quatro décadas, a Arthur Kaufmann (cf. *A metodonomologia...,* cit., 595), continuamos a pensar que se encontra aí (... mas não só aí: lembremos, *v. gr.,* os modelos discursivos explorados por Schopenhauer – os seus ornatos – e por Nietzsche – os seus aforismos –, uns e outros por vezes também descobertos em fontes literárias, e que vieram propor-se em ruptura com as exposições lógico-sistemáticas à época dominantes) muito do que pode concorrer para transformar uma sensaboria (a falta de elegância estilística, a omissão de formulações lapidares, o défice de sínteses inspiradas ... que se lhe associam) no seu antónimo – conquanto não seja de excluir que, atento o escrevinhador de serviço, o referido antónimo se perfile como objectivação de uma tentativa condenada a frustrar-se, senão mesmo impossível... Ousamos entrever considerações em tudo paralelas, atinentes à relação da teologia com a literatura (à "enorme utilidade [desta 'sapiencial'] ferramenta de análise" para aquela, atenta a poiética desvelação da *praxis* que disponibiliza – e à qual a teologia não pode ser indiferente... –, não obstante a indesmentível autonomia, no plano da intencionalidade – e dos, por esta implicados, diferentes registos discursivos... –, de cada uma), em José Tolentino Mendonça, *Elogio da sede,* Lisboa, 2018, 49 s. E poderia referir-se ainda a muito estreita ligação da literatura e da filosofia, na cultura francesa – que, de resto, esta explora há muitos séculos (cf. R. Esposito, *De fora...,* cit., 126 s. e 147). Afigura-se-nos, todavia, indispensável deixar ainda muito claro que se não deverá esperar colher, nesse ... universo pluriverso, o sentido autonomizante da normatividade jurídica, em que radica um discurso metodonomológico adequadamente concebido, como aquele em que nos re-vemos. Assim, para uma (sincreticamente "interdisciplinar", em excesso, receamo-lo, não obstante o que se escreve a pp. 438 ss. da obra já a seguir identificada...) "teoria literária do direito", como a proposta por Antonio Sá da Silva (cf. *Destino, Humilhação e Direito ...,* Vol. I, cit., *passim,* esp.[te] 204; *v.* ainda *ibidem,* 307 ss., 325 ss., 328 ss., 399 ss. e 415 ss.), não nos sobeja, confessamos, a mínima disponibilidade: em nosso juízo, ela tem tanto de intelectualmente atractiva, quanto de juridicamente distractiva. Para além da impostação metodonomológica, que assumimos, deve ser a nossa costela de *jus*comparatista a afirmar-se constringentemente, e a nossa miopia a impedir-nos de ver mais longe ... *V.,* todavia, *infra,* n. 572.

o lugar principal da tarefa que temos diante de nós e releguem para segundo plano a problemática metodonomológica na pluralidade dos seus referentes, na densidade do seu conteúdo e na complexidade da sua operatória. Tal como uma perspectiva arejada se encarrega de confirmar a imbricação do "mundo da vida" e do "mundo do direito", sem, todavia, desaguar num holismo de indiferenciações ("a prudência no direito reforça a prudência na vida, conquanto esta última se não esgote naquela primeira"...[66]), também uma adequadamente recortada impostação da metodonomologia é bastante para retirar qualquer sentido à "fractura entre a teoria e a prática" no horizonte do direito[67], mostrando, muito ao invés, que uma e outra, sem se confundirem, se complementam (a teoria e a prática mantêm – também entre nós, cremos – uma "relação pacífica, desprovida de atritos, ou, quando menos, coexistem sem conflitos de maior"[68])[69]. Neste nosso curso empenhar-nos-emos, portanto, em desdizer

---

[66] Assim, Jan Schapp, "Die juristische Methode als der Weg zum Verstehen und Anwenden des Rechts", agora in *Methodenlehre und System des Rechts,* cit., 202.

[67] Acompanhamos, ainda aqui, J. Schapp, *ibidem,* 187 e 202, e *Methodenlehre, allgemeine Lehren des Rechts und Fall-Lösung,* cit., esp.te 216. Entre nós, não advertiu já Castanheira Neves (numa como que inversão do modo como Althusser caracterizava a "crítica marxista da ideologia" – que o Filósofo francês dizia, recorde-se, uma... "prática teórica": *apud* R. Esposito, *De fora...,* cit., 123) que qualquer "[concepção-perspectiva] da juridicidade" se apresenta sempre como uma "teoria prática"?... – cf. "O funcionalismo jurídico – Caracterização fundamental e consideração crítica no contexto actual do sentido da juridicidade", in *RLJ,* 136.º, n.º 3942, 2007, 130 = in *Digesta...,* vol. 3.º, Coimbra, 2008, 285. Recorde-se ainda a passagem do *System des heutigen römischen Rechts,* de Savigny, com que Martin Kriele abre o primeiro capítulo da sua *Theorie der Rechtsgewinnung entwickelt am Problem der Verfassungsinterpretation,* 2.ª ed., Berlin, 1976, 21: "[...] quando a separação entre teoria e prática se torna absoluta, expomo-nos inevitavelmente ao perigo de a teoria se reduzir a um jogo vazio e a prática a uma mera técnica".
Só mais um esclarecimento ainda atinente à (de certo modo, até justificativo da) mencionada complementaridade. Para lembrar que remonta aos tempos inaugurais do nosso hemisfério cultural a dúvida de saber se é a prática ou a teoria que se deve considerar a instância decisiva (no máximo, o referente superlativo; no mínimo, o parâmetro realista...). Digamo-lo com a seguinte fala de Sócrates, em *A República,* de Platão (473a – na ed. cit., 251; cf. igualmente Julian Baggini, *As fronteiras da razão...,* cit., 251): "[será] da natureza das coisas que a acção [sc., a prática] tenha menor aderência à verdade do que as palavras [sc., a teoria], ainda que a alguns não pareça assim?"...

[68] Cf. Franz C. Mayer, "Das Verhältnis von Rechtswissenschaft und Rechtspraxis im Verfassungsrecht in Deutschland", in *JZ,* 18/2016, 857 ss., esp.te 866.

[69] Ou, recorrendo a um símile proporcionado pela "fenomenologia do espírito poetante", tal como a concebeu Hölderlin (cf. G. Agamben, *A potência do pensamento...,* cit., 80 s.): se, neste quadro, não pode atender-se apenas à consciência pura – o que implicaria o menoscabo da vida –, nem tão-somente à mera tensão vital – "porque então perder-se-ia a consciência" –, mas a uma e (cumulativamente) à outra (em termos impressivos, e parafrasticamente – cf. Silvério da Rocha Cunha, *Teoria Jurídico-Política das Relações Internacionais,* policop., Évora, 2017, 110 –, digamos exigir-se-nos uma utopia não ingénua e um realismo não estéril...), também na fenomenologia do exercício judicante, de que ora nos ocupamos, não pode relevar-se, em exclusivo, na sua imediata empiria, a discreta experiência problemática (que postula a pressuposição de um sentido para emergir como juridicamente significativa...), nem, sem mais, a circunstancialmente pertinente exigência de sentido (que, sem a vivificação introduzida no circuito pelos problemas concretos, não passaria de uma miragem...), antes é mister considerar esclarecidamente os dois mencionados planos, em dialéctica correlatividade. Olhando, agora por um outro ângulo, a esfera problemática de que cuidamos, acrescentaremos apenas o seguinte: se, da perspectiva de um jurista centrado em casos jurídicos concretos

aquilo que MUSIL afirma, aliás em tom crítico (em alusão à cada vez mais insistentemente inevitável mediação... mediática), a propósito de um arrepiante caso jurídico-penal (o caso Moosbrugger, que suscita ao longo da obra-prima, que ora folheamos – e quase sempre através de cartas que o pai de Ulrich, como já se lembrou Professor de Direito, escreve ao filho –, inúmeros excursos sobre imputabilidade, inimputabilidade, imputabilidade diminuída...): que "tudo o que hoje é essencial se passa em abstracto e à realidade só resta o mais trivial"...[70] Ao contrário, procuraremos insistir nele na ideia forte de que a metodonomologia não culmina numa ... "desconexão evidente entre" o respectivo conteúdo temático e o dia-a-dia de qualquer jurista (entre construções elaboradas e os escravos da rotina, ou, em duas palavras, entre "teoria" e "prática"[71]) – entre a "realidade" metodonomológica e "a profissão"[72] jurídica, com a inevitável redução do jurista, permita-se-nos a ironia, a uma... "máquina de costura" permanentemente avariada, em que "[a] agulha subia e descia, havia fio na bobina, mas a costura não se consumava"...[73] –, antes implica e se empenha em reflectir a ineliminável articulação entre... aquele objecto adequadamente recortado e este sujeito e a tarefa que é a sua. Ou, em glosa a uma síntese lapidar: assim como "[a] filosofia não é uma doutrina, mas uma actividade"[74] (...), também a metodonomologia não é uma construção teorética mas uma reflexão prática. E as considerações precedentes autorizam-nos mesmo a ousadia de um paradoxo: no âmbito problemático de que nos ocupamos, "a teoria é prática antes de ser teoria"...[75]

---

(um juiz, um advogado...), se poderá afirmar que "nada é mais importante para a prática do que uma boa teoria", da óptica de um jurista académico, e ao invés, dir-se-á que "nada é mais vantajoso para a teoria do que o conhecimento da prática"... (cf. Wolfgang HOFFMANN-RIEM, "Über Privilegien und Verantwortung. Justiz zwischen Autonomie und Anomie", in ID., *Offene Rechtswissenschaft. Ausgewählte Schriften und begleitenden Analysen*, Tübingen, 2010, 1250. Atendendo ao ponto que estamos a considerar, não se nos afigura irrelevante esclarecer que o A. é universitário e foi juiz do Tribunal Constitucional alemão... Na colectânea acabada de citar, e no mesmo sentido, *v.* ainda o artigo de Andreas VOßKUHLE, "Wie betreibt man offen(e) Rechtswissenschaft?", 171 s., sob III.).

[70] Cf. R. MUSIL, *O homem sem qualidades,* I, cit., 110.

[71] Denunciando o apontado "sofisma", Arthur SCHOPENHAUER, *Die Kunst, recht zu behalten. In achtunddreißig Kunstgriffen dargestellt,* Köln, 2012, "Kunstgriff 33", 77.

[72] Cf. Hans Magnus ENZENSBERGER, *O afável monstro de Bruxelas...,* cit., 21.

[73] Cf. Saul BELLOW, *O legado de Humboldt,* cit., 215.

[74] Cf. L. WITTGENSTEIN, *Tractatus...,* 4.112 – na ed. cit., 62.

[75] Cf. H. GARCIA PEREIRA, *Arte recombinatória,* cit., 154. *V.* ainda *infra,* 92 ss. Na verdade "[e]stabelecer teorias [...] só para depois agirmos contra elas" de pouco adianta...: cf. Fernando PESSOA, *Livro do desassossego,* cit., 44. Claro que também aqui seria possível olhar esta "relação entre teoria e prática" a outras luzes: explorando, por exemplo, aquela que inspira o pragmatismo empirista e o funcionalismo consequencialista caracterizadores, há longo tempo, de um sector emblemático do pensamento filosófico-cultural norte-americano, concluiríamos igualmente que não é (como tradicionalmente se tende a admitir) a teoria que governa a prática, mas, bem ao invés, que é esta "segunda que constitui a [...] medida [da primeira]" – cf. R. ESPOSITO, *De fora...,* cit., 57 ss., esp.[te]

2.6. Uma lição capital de Wolfgang Fikentscher é, decerto, aquela em que nos diz só poder pensar-se (o nosso Professor de Munique não hesita em utilizar um verbo mais pretensioso: definir-se[76]...) o direito se não perdermos de vista certas categorias[77] discursivas: tempo, valor, sistema e método[78]. Por nossa parte, temos ousado acrescentar uma outra: analogia. Pois bem: neste curso de Metodologia do Direito, sem ignorarmos as demais – tempo e valor, que, aliás, se imbricam[79] [80] e perpassam as restantes –, afirmar-se-ão como particular-

---

64 s.; revisitando textos inaugurais da teoria crítica (estamos exactamente a pensar em ensaios de Horkheimer e de Marcuse), dar-nos-íamos conta do compromisso de qualquer teorético "sistema de ideias" com a "realidade [prático-social] que o circunda" *(rectius,* de que esta prepondera sobre – respectivamente, condiciona, ou determina – aquele) – cf. Id., *ibidem,* 74 s. – ...

[76] Verbo este que nos está vedado por uma advertência de Fr. Nietzsche, que nunca esquecemos: "só se define o que não tem história" – cf. *A genealogia da moral. Uma polémica,* trad. de C. J. de Menezes, 10.ª ed., Lisboa, 2008, 71.

[77] Em sentido kantiano, recordemo-lo, as categorias não são "meras formalidades lógicas [, mas] aspectos reais da actividade do espírito humano"...: cf. Júlio Fragata, "O conceito de ontologia em Husserl", in Gustavo de Fraga *et alii, Perspectivas da Fenomenologia de Husserl,* Coimbra, 1965, 18.

[78] Cf., por exemplo, "Synepëik und eine synepëische Definition des Rechts", in Wolfgang Fikentscher *et alii, Entstehung und Wandel rechtlicher Traditionen,* Freiburg/München, 1980, esp.[te] 113.

[79] Permita-se-nos que explicitemos a ideia do texto que nos trouxe a esta nota do seguinte modo: "[o] tempo [não] é isso em virtude do qual tudo se torna nada nas nossas mãos e perde todo o verdadeiro valor" (cf. Schopenhauer, "Da vaidade da existência", 1 – in Id., *Sobre o sofrimento do mundo,* cit., 21), mas antes essa outra coisa que diremos a ininterrupta sequência no horizonte da qual são poieticamente concebidos, emergem, se vão sedimentando, são criticados e a dada altura mesmo superados, igualmente sem cessar, todos os experiencialmente radicados referentes de sentido axiológico – numa palavra, a *conditio sine qua non* da história ("sem o pressuposto do tempo não temos a possibilidade da história", na síntese inspirada de A. Castanheira Neves: cf. *O direito interrogado pelo tempo presente na perspectiva do futuro,* cit., 76). Ou ainda, na tentativa de tocar a raiz mesma da problemática em causa e, consonantemente, em uma formulação *heidegängerische* (o exacto significado do adjectivo, que remete à poesia de Paul Celan – ao modo como ela assumiu e se modelou à volta da filosofia de Heidegger... –, é-nos explicitado por G. Steiner, *Martin Heidegger,* cit., 36): se o ser é inconcebível "fora do tempo" – não é nada acidental o título *Ser e tempo...* –, se apenas "o homem [, que é no tempo,] pode questionar o Ser" (o homem é "um ente que compreende o Ser" – *rectius,* que se mostra capaz de sondar "[...] the puzzle of puzzles,/[...] that we call Being": assim, Walt Whitman, *Canto de mim mesmo,* 26, na ed. bilingue devida à Sociedade Editora de Livros de Bolso, Ld.ª, Lisboa, 2008, 68. Cf., complementarmente, o que escrevemos nas nossas *Lições...,* cit., esp.[te] 266; ou, mais radicalmente ainda, em referência à crítica de Adorno ao pensamento de Heidegger, a observação de R. Esposito segundo a qual o "Ser", em vez de algo "mais originário do que qualquer origem [...] nada mais [é, afinal, do] que o rosto esotérico do ente do qual pretende diferenciar-se"... – cf. *De fora...,* cit., 87), se o "que confere sentido à existência humana" é o "cuidado" (a "preocupação-com e para-com" – esta *Sorge,* cuidado, "assume [, portanto,] o carácter de uma *Fürsorge,* solicitude: cf. J. Baptista Machado, "Antropologia, existencialismo e direito", in *Revista de Direito e de Estudos Sociais,* XI, n.º 4, 1960, 70; o cuidado pode dizer-se "o modo existencial no qual e através do qual o ser apreende a sua própria situação e implicação necessárias no mundo", razão por que "tem de usar o tempo [...], tem de contar com o tempo". E daí que o cuidado seja convocado em múltiplos domínios e das mais diversas perspectivas. Por exemplo, o Papa Francisco ainda há pouco veio incentivar os homens a assumirem e institucionalizarem "uma *cultura do cuidado* que permeie toda a sociedade": cf. a sua Carta Encíclica *Louvado sejas...,* cit., n. m. 231, p.151), e se entre "as coisas com que nos temos de haver nas nossas actividades regidas pelo cuidado" puder incluir-se (assim pensamos!) o direito, enquanto paradigmático sinal de "humanização do homem" e resultado de um empenho do próprio homem na respectiva instituição (cf. A. Castanheira Neves, *Questão-de-facto...,*cit., 908), não surpreende que a dimensão tempo deva ser considerada constitutiva, quer do homem, quer das suas múltiplas criações *(maxime,* das axiologicamente predicadas)

mente importantes as categorias sistema, método e analogia[81]. O sistema, porque é o deveniente *locus* de objectivação da constituenda normatividade jurídica vigente – um dos *relata* do exercício metodonomológico, sendo o outro o problema concretamente judicando. O método porque é o radical semântico (e a expressão pragmática…) daquele exercício – etimologicamente, o caminho *(hodos)* para *(meta)*[82], em que o mencionado exercício se traduz[83]–, cons-

---

– donde, também do direito (cf. G. Steiner, *Martin Heidegger,* cit., 111, 121, 128, 139 ss. e 146). Entre nós, afiguram-se-nos indispensáveis as explicitações de José Francisco de Faria Costa, *O perigo em direito penal (contributo para a sua fundamentação e compreensão dogmáticas),* Coimbra, 1991, esp.te §12, 316 ss. Por se revelarem particularmente atinentes a alguns dos pontos sublinhados nesta nota, recordemos breves passagens da inspirada dissertação deste nosso ilustre Colega e querido Amigo: "a comunidade humana realiza-se e forma-se por meio de uma teia de cuidados" (319); "[a]quele cuidado [o cuidado originário…] é uma matriz ontológica onde vive o ser e o sendo de qualquer comunidade juridicamente organizada" (324); "a comunidade jurídica é uma comunidade de cuidados […]" (327)…

[80] Mas é também, evidentemente, possível olhar para a coordenada tempo (a coordenada valor está, neste curso, sempre na mira – e nem naquilo que escreveremos nesta nota se poderá dizer ignorada…) de uma outra perspectiva, como que alheia a "contaminações" (como que depurada…) e mais directa e imediatamente centrada no exercício metodonomológico. Com efeito, o tempo no fluir que como tal o constitui (o tempo existencialmente significativo, bem diferente daqueloutro, paralisado, das nanopartículas puras, que a einsteiniana teoria da relatividade fundiu com o espaço…) – o decurso do tempo – não pode deixar de considerar-se crucialmente decisivo em certos domínios problemáticos: pense-se, a título de exemplo, na situação de uma criança muito pequena, ilicitamente trazida, por um dos seus progenitores (que assumia, "conjuntamente" com o outro, "as responsabilidades parentais"), para um país diferente do da residência habitual da família e nele mantida por tempo suficiente para se adaptar inteiramente ao e inserir tranquilamente no novo ambiente social e pré-escolar. Neste tipo de casos, em "que o interesse superior da criança deve constituir a principal consideração" (e em que foi preterida "a necessidade de uma reacção pronta e rápida, que frustre os objectivos prosseguidos pelo infractor do direito de custódia, neutralizando a alteração da situação por ele *contra legem* criada"… que, se observada, "não [obrigaria] em princípio ao exame da problemática relativa ao superior interesse da criança"), deverá, aquando da prolação de uma decisão judicativa, fazer-se tábua rasa da realidade que o transcurso de muitos meses comprovadamente consolidou, ou reconhecer-se relevância normativa ao facto censurado?… Cf. as múltiplas vicissitudes de um caso concreto – entre elas, as decisões de várias instâncias jurisdicionais portuguesas e uma outra do Tribunal Europeu dos Direitos Humanos –, pormenorizadamente analisadas e esclarecidas por Rui Manuel Moura Ramos, no estudo "Rapto internacional de crianças e direito ao respeito pela vida privada e familiar", in *RLJ,* 144.º, n.º 3992, 2015, 392 ss.

[81] "Sem ignorarmos as demais", escrevemos. Com efeito, e esquematicamente, a categoria valor não poderá ser deixada entre parêntesis, porque as exigências axiológicas radicalmente constitutivas do direito sintetizam-se no sentido que o predica e nos bordões principiais que imediatamente o exprimem, e um e outros conformam a intenção realizanda que à metodonomologia cumpre assumir; e a categoria tempo também não, porque o pensamento jurídico metodologicamente comprometido emerge sempre em consonância com as grandes coordenadas estruturantes da cultura e do próprio direito da época histórica concretamente em causa.

[82] Um caminho decerto fadigoso, exigente e responsabilizante, mas que não identifica (autorize-se-nos a paráfrase…) "uma multiplicidade de veredas que [se] configuram como um labirinto" – cf. a Carta Encíclica do Papa Francisco, *Luz da Fé,* cit., n. m. 13, p. 17.

[83] Compreende-se, por isso, que dentre as várias traduções possíveis, para alemão, da palavra originariamente grega *(methodos)* – *Zugang* (entrada, acesso), *Einführung* (introdução) –, se tenda a preferir *Nachgang* (literalmente, caminho – *Gang* –, para – *nach),* ou, em termos algo mais explícitos, *Hinter-etwas-her-Gehen* (correr atrás de qualquer coisa), ou *einer-Sache-Nachgehen* (ocupar-se de uma [dada] coisa)… Cf., respectivamente, Jan Schapp, *Die juristische Methode als der Weg zum Verstehen und Anwenden des Rechts,* cit., 188, e *Methodenlehre, allgemeine Lehren des Rechts und Fall-Lösung,* cit., 203 s.; e W. Fikentscher, *Methoden des Rechts…,* IV, cit., 122.

tituindo o respectivo domínio o sinal de se ser jurista[84]. E a analogia, porque é o tipo de pensamento implicado pelo referido exercício – digamos apenas, a abrir, que analogia (do grego "ana-logon" – em latim, "comparativo", "proportio") "significa 'o correspondente ao logos', o proporcional, o concordante", traduzindo assim "uma espécie particular de semelhança" (uma identidade apenas parcial, diferente da igualdade absoluta)[85]. Por seu turno, o exercício metodonomológico, a que temos aludido, compreendê-lo-emos, também nós, como a racionalizada realização judicativo-decisória da normatividade jurídica vigente[86][87]. Em suma: se eu absolutizo o caminho , nada mais me interessando

---

[84] Assim, Rudolph von IHERING, *Geist des römischen Rechts auf den verschiedenen Stufen seiner Entwicklung*, 2.ª parte, 2.ª secção, § XXXVII – na 2.ª ed., Leipzig, 1869, 294. Sem surpresa (atenta a comummente reconhecida matriz iheringuiana da Jurisprudência dos interesses: cf. Wolfgang FIKENTSCHER, *Methoden des Rechts in vergleichender Darstellung*, III, Tübingen, 1976, 373 ss., esp.[te] 376), Philipp HECK haveria de re-acentuar esta impostação das coisas: já se observou (foi WIETHÖLTER quem o fez) que, desde HECK (da – redutora!... – "libertação" da Jurisprudência dos interesses de pressupostos/referentes de carácter filosófico ou místico – esta última palavra é de AUER –, que Ph. HECK veio propor), o jurista deixou de ser um "filósofo" ou um "místico", para passar a ser um... "metodólogo" (cf. agora Boris SCHINKELS, "Das internationalprivatrechtliche Interesse – Gedanken zur Zweckmäßigkeit eines Begriffs", in Herbert KRONKE/Karsten THORN "(Hrsg.), *Grenzen überwinden – Prinzipien bewahren. Festschrift für Bernd von Hoffmann zum 70. Geburtstag*, Bielefeld, 2011, 393, n. 30). Este (recorrentemente sublinhado... – cf. *infra*, n. 1111) alheamento de Ph. HECK a exigências de carácter filosófico revela-se também decisivo na contraposição do pensamento do *Caput Scholae* de Tübingen ao de Max von RÜMELIN: enquanto o primeiro vincou sempre a distinção dos dois mencionados planos, "[permanecendo] indiferente à discussão jurídico-filosófica", o último, a partir do fim de I Guerra Mundial, manifestou uma indisfarçável "inclinação para a filosofia do direito" (v. RÜMELIN aludiu mesmo a "valores", que, todavia, sustentou estarem "subordinados a fins"... uns e outros – fins e valores – radicados na lei: cf. A. W. Heinrich LANGHEIN, *Das Prinzip der Analogie als juristische Methode. Ein Beitrag zur Geschichte der methodologischen Grundlagenforschung vom ausgehenden 18. bis zum 20. Jahrhundert*, Berlin, 1992, 175. O passo dado em frente foi mais semântico do que intencional, mas ainda assim...), que não deixou de projectar no seu "contributo para a jurisprudência dos interesses" (cf. Nikolas HAßLINGER, *Max von Rümelin (1861-1931) und die juristische Methode*, Tübingen, 2014, 113 ss., esp.[te] 152).

[85] Cf. A. W. Heinrich LANGHEIN, *Das Prinzip der Analogie als juristische Methode...*, cit., 15. V. *infra*, 210 ss. e 231 ss.

[86] Ou, articulando o curso que nos convoca com o (adjectivado) binómio determinante da abertura desta nota (e a que ainda voltaremos – cf. *infra*, 96 ss.): o segmento (pertinentemente) racionalizável na sentença (tomemo-la como paradigma da mencionada realização do direito...) é o juízo, o (tendencialmente) irracionalizável a decisão. E daí que não deva estranhar-se que nos centremos no primeiro (esta Metodologia do Direito será, basicamente, uma metodologia do juízo), abandonando a segunda à sua (tendencial) contingência (uma contingência passível, decerto, de ser esclarecida na sua possibilidade, mas nunca de ser amputada da sua aleatoriedade...).

[87] Na linha do sublinhado – a propósito do juízo – na nota 37 de pp. 44 s., recordemos apenas, neste ensejo, que falamos em realização para vincar desde já a ideia de que se está aqui diante de um exercício *poiético,* porque determinante da instituição de algo que não existia antes – *in casu,* de um problema jurídico concreto adequadamente solucionado por mediação da circunstancialmente pertinente reflexão crítica (em oposição ao entendimento de Donald BARTHELME – cf. *40 histórias,* trad. de P. Faria, Lisboa, 2013, 79 –, a mencionada reflexão crítica emerge, portanto, como a matriz necessária e o fundamento suficiente do espírito criativo). Pois não se designa *poiesis* (à letra, poesia) a "causa que torna possível a passagem de qualquer coisa do não-ser ao ser, de maneira que as criações de todas as artes são poesia, e que os criadores [, em todos os domínios,] são poetas"?...: assim, uma fala de Diotima, em diálogo com Sócrates, in PLATÃO, *O banquete ou do amor* – na ed. devida a Pinharanda Gomes, Coimbra: Atlântida, s./d., 88 (nada, porém, de ceder aos encantos

para além dele[88], ou se "[...] só vejo o Caminho [mas] não sei onde elle vae ter"[89], ou se me perco "[n]um caminhar sem caminho"[90]..., não chego a tematizar o "methodo"; e se não reflicto criticamente a *hodos* nem fixo esclarecidamente a *meta*[91], se não penso acuradamente uma e outra como problemáticas com um sentido próprio e um objectivo específico, não recorto a metodologia (... a metodonomologia, se o referente intencionado concretamente realizando for a constituenda normatividade jurídica vigente, e, consonantemente, se no centro do exercício reflexivo estiver a decisão judicativa).

2.7. Na sua obra clássica, que folheámos em outros ensejos (*The structure of scientific revolutions*, de 1962), Thomas Kuhn alude a duas acepções de paradigma[92]. A primeira – a mais frequentemente convocada e aquela que, de momento, importa sobretudo considerar – identifica o paradigma como uma "matriz disciplinar" regulativamente epocal e intencionalmente normativa[93], e traduz "aquilo que os membros de uma comunidade científica possuem em comum, *i. e.,* o conjunto das técnicas, dos modelos e dos valores a que os membros da referida comunidade aderem mais ou menos conscientemente", ou, em uma formulação síntese, os dogmas que eles aceitam[94]. A segunda, que Kuhn diz ser "a mais nova" e "a mais profunda" – e que, a seu tempo, não deixare-

---

de uma semanticamente insinuada indiferenciação... atractiva mas ilusória: *stricto sensu,* a poesia poderá, decerto, contribuir para a disquisição de decisões humanamente inspiradas, que não daquelas outras que diremos normativo-juridicamente conformes. Cf. Rolf Meier, *Dialog zwischen Jurisprudenz und Literatur: richterliche Unabhängigkeit und Rechtsabbildung in E.T.A. Hoffmanns "Das Fräulein von Scuderi",* Baden-Baden, 1994, 129). O que justifica ainda uma observação complementar: a de que os juristas chamados à prática daquela judicativo-decisória realização do direito não poderão deixar de assumir a grave "responsabilidade" ínsita a uma tarefa afinal polarizada na "essencial conexão de sentido" predicativa da normatividade jurídica. E se esta é a marca-de--contraste de uma impostação genuinamente fenomenológica, também aqueles juristas merecem ser qualificados como fenomenologistas – cf., agora, Jan Schapp, *Praxis der Vertragsgestaltung und juristische Methodenlehre,* cit., 232, e "Phänomenologie und Recht", in *Methodenlehre und System des Rechts,* Tübingen, 2009, 245.

[88] "[...] quand c'est la route qui est le but, on se replie en mille détours, mais l'on n'avance pas" – cf. Madame de Staël, *Corinne ou l'Italie,* T. I, Paris, s./d. (Nelson, Éditeurs), 218.

[89] Assim, Fernando Pessoa, *Prosa de Álvaro de Campos,* ed. de Jerónimo Pizarro e Antonio Cardiello, col. de Jorge Uribe, Lisboa, 2012, 160. Franz Kafka, ao invés, asseverou algures que "existe a meta, mas não existe o caminho"...

[90] Cf. R. Musil, *O homem sem qualidades,* I, cit., 747.

[91] Permita-se-nos o abuso da transposição: não sugerem as Escrituras que o Caminho e a Meta se co-implicam? ...: cf. o *Evangelho segundo S. João,* 14,5. Ou, privilegiando um apoio mais ortodoxo: "as entrelinhas [de uma decisão judicativa] desvelam-nos não só o resultado a que se chega como também o caminho que até ele conduziu" – assim, Rolf Lamprecht, *Richter contra Richter. Abweichende Meinungen und ihre Bedeutung für die Rechtskultur,* Baden-Baden, 1992, 125.

[92] Na 2.ª ed., Chicago/London, 1970, 43 ss. V., entre nós, António Manuel de Almeida Costa, *O funcionalismo sistémico de N. Luhmann e os seus reflexos no universo jurídico,* Coimbra, 2018, 20 n. 16.

[93] Cf. Karl-Otto Apel, *Transzendentale Reflexion und Geschichte,* cit., 7.

[94] Cf. as nossas *Lições...,* cit., 98 ss., esp.[te] 100 s.

mos de pressupor, porque, ao longo do curso, ela revelar-se-nos-á nuclearissi-mamente decisiva para uma adequada caracterização/intelecção da metodo-nomologia –, equipara-o a "um exemplo, um caso singular, que graças à sua repetibilidade adquire a capacidade de modelar tacitamente o comportamento e as práticas [dos investigadores]", importando ainda acrescentar que a aludida paradigmaticidade assenta numa muito particular "relação" – no "pôr lado a lado", no "apresentar em conjunto", no comparar *relata* singulares atento o refe-rente de sentido que intencionam. Nesta segunda acepção, "ao império da regra como cânone da cientificidade, sucede o do paradigma, à lógica universal da lei, a lógica específica e singular do exemplo"[95]… que, antecipemo-lo, implica a analogia[96]. Para KUHN, uma revolução científica tem, portanto, lugar quando um determinado paradigma (naquele primeiro sentido da palavra) se vê supe-rado por um outro, incompatível com ele. Pois bem. Neste curso, insistimos, impor-se-nos-á substituir o paradigma, que cremos ser, ainda hoje, o estatisti-camente dominante (de matriz positivista – e na sua versão originária, que não em qualquer das suas diversas manifestações redivivas…), por um outro, que – acompanhando a lição de CASTANHEIRA NEVES – diremos jurisprudencia-lista, a que já aludimos[97]… o que não deixará de se projectar em sede metodo-lógico-jurídica e em termos que inevitavelmente envolverão o aproveitamento daquela segunda acepção do paradigma, que igualmente referimos.

2.8. Por outro lado, a metodonomologia, tal-qualmente a compreendemos, só é concebível no horizonte de um Estado de Direito[98] – a entender, rigorosa-

---

[95] Cf. Giorgio AGAMBEN, *Signatura rerum,* Sur le méthode, trad. de J. Gayraud, Paris, 2008, 11 s. sob 2., e 25 s. sob 10. *V.,* entre nós, Ana Margarida SIMÕES GAUDÊNCIO, *O intervalo da tolerância nas fronteiras da juridicidade – Fundamentos e condições de possibilidade da projecção jurídica de uma (re)construção normativamente substancial da exigência de tolerância,* polic., Coimbra, 2012, 101, n. 261.

[96] Nesta precisa acepção, a analogia é convocada, na esfera da educação, pelo PAPA FRANCISCO, na sua *Amoris laetitia,* n. m. 272 – na ed. cit., p. 178.

[97] Cf. *supra,* 44 s., n. 37.

[98] Que, recordemo-lo (cf. *supra,* 35 ss., n. 25), postula uma organização política democrática (diga-mo-lo, com Thomas NAGEL e Rainer FORST: "justice is […] an associative obligation", e "democracy […] is *the* question of justice in the political realm" – cf., do último A. convocado, "Transnational justice and democracy: Overcoming three dogmas of political theory", in Eduardo C. B. BITTAR (Coord.), *Filosofia do Direito e Diálogos globais, temas polêmicos e desafios da justiça,* São Paulo, 2019, 289 e 296), implicante "de uma esfera pública livre e aberta" (cf. J. J. GOMES CANOTILHO e Jónatas E. M. MACHADO, "Constituição e Código Civil brasileiro – âmbito de protecção de biografias não autorizadas", in *RLJ,* 143.º, n.º 3982, 2013, esp.te 11 e 13, Jónatas E. M. MACHADO e Iolanda A. S. RODRIGUES DE BRITO, "Liberdade de expressão, informações falsas e figuras públicas. *O perigo da manipulação da esfera de discurso público",* in *Boletim da Faculdade de Direito,* Vol. XCV, Tomo I, Coimbra, 2019, 58 s., sob 6. …) e a cumprir-se institucionalmente num "governo pela discussão" (cf. Amartya SEN, *A ideia de justiça,* cit., 11, 39 e *passim.* Em *Escolha coletiva e bem-estar social,* cit., 461 ss., o Nobel retoma o modo como J. S. MILL, caracterizou a democracia – uma "governação pelo debate" – e acentua a ideia, a que já a seguir se aludirá, de que ela postula uma "reflexão pública" baseada numa "informação" rigorosa),

mente, como aquele tipo de Estado "em que o direito [é] não só *limite e condição* da actuação política do Estado, mas autenticamente *dimensão constitutiva do próprio Estado*"[99], e que, portanto, intenciona e respeita a autonomia do direito (nomeadamente, face à política), polarizada no seu sentido predicativo (sentido este radicado, vimo-lo já, na "dialéctica […] entre autonomia [-liberdade] e [integração-] responsabilidade" que as pessoas reciprocamente se reconhecem numa comunidade de pessoas[100]), e do pensamento que o pensa, nessa sua assumida autonomia, para (agora em termos institucionais… [101]) o realizar judicativo-decisoriamente[102]. Ao invés, em um Estado de *não*-Direito[103],

---

prático-culturalmente radicado, em termos substantivos, em referentes de sentido consonantes com a dignidade ética da pessoa, e, em termos adjectivos, "numa lógica [dialógica] de argumento e contra-argumento" (a democracia envolve, decerto, o respeito por certas exigências argumentativas procedimentalmente ordenadas, mas não tolera qualquer petrificação a esse nível, ou qualquer hipertrofia desse plano com menoscabo da axiologia que intenciona e materialmente a densifica, sob pena de se auto-destruir: cf., por exemplo, o interessante ensaio de Dirk Kurbjuweit, "Der Sturz der Götter. Warum Demokratie und Erlösung nicht zueinander passen", in *Der Spiegel,* de 5.11.2012, 34 s., esp.[te] 35. Daí que, *v. gr.* e entre tantas outras distorções, reduzir a democracia, em termos como que cripto-geométricos, a bissectriz político-social de aristocracia e olocracia, seria caricaturá-la sem remissão…). E acrescentemos ainda: já há quem se interrogue – assinalemo-lo, desta feita, de uma perspectiva (de novo…) atenta às dificuldades com que se confronta a integração europeia… – se a democracia não será, neste preciso contexto, um problema, *hoc sensu,* se ela "[consegue] funcionar ao nível supranacional", ou, mais especificamente, se "o que entendemos por democracia" não terá, afinal, desaparecido aí num "buraco negro" cavado por "uma decisão de princípio perfeitamente deliberada" e que a teia tecida pelas instituições europeias se tem encarregado de adensar, amparando-nos na nossa imaturidade "com o seu racionalismo esclarecido", procedimentalmente radicado, ilimitadamente intrusivo e burocraticamente concebido, e projectando, com a sua "tutela política", a nossa "servidão voluntária" para uma nova era "pós-democrática"?…: cf. Hans Magnus Enzensberger, *O afável monstro de Bruxelas…,* cit., 57 ss., esp.[te] 58 s., 64 s., 67 e 71, A. J. Avelãs Nunes, *O euro…,* cit., 136 ss., 154 ss. … (E se não quisermos banir os tribunais do circuito – uma vez que também eles são traves-mestras de uma ordem genuinamente democrática –, que dizer da suspeita, que vai fazendo caminho, de uma "menor consideração para com os Tribunais nacionais, […] com a [correlativa] transformação de facto dos Tribunais europeus numa 4.ª instância"? – as palavras denunciadoras são de António Henriques Gaspar, no discurso que proferiu na Abertura do Ano Judicial, em 1 de Setembro de 2016, in *Boletim da Ordem dos Advogados,* n.º 142, Setembro de 2016, 20). Mesmo que (melancolicamente…) admitamos dizer a Europa "uma história de crises permanentes" (assim, Eduardo Lourenço, "O mundo em que vivemos", in *Estudos. Revista do Centro Académico de Democracia Cristã,* nova série, n.º 10, Coimbra/2008-2013, 17 ss., esp.[te] 18 e 23), nada impede que qualifiquemos a actual como particularmente dolorosa. Se calhar, apenas por sermos nós que a estamos a sofrer…

[99] Assim, A. Castanheira Neves, *Aula na Univ. Lusófona – 21 de Abril de 2012,* cit., 31.

[100] Cf. Id., *ibidem,* 19 s.

[101] Cf., ainda outra vez, Id., *ibidem,* 23 e 31 s.

[102] Em termos algo retóricos (mas também culturalmente atentos a uma memória fundadora…: cf. António de Castro Caeiro, Nota 8, à Ode I, in Píndaro, *Odes,* trad., prefácio e notas de A. de C. Caeiro, Lisboa, 2010, 85), pensamos que só quem "[c]ompreender radicalmente o sentido [do direito, estará em condições de] *realizar* [,de modo cumprido,] o projecto" da normatividade jurídica. Donde, a razão que assiste a W. Fikentscher, quando este nosso Professor adverte que um método dessorado não permite solucionar caso algum. Para que o jurista consiga cumprir a tarefa que é institucionalmente a sua, terá que pressupor esclarecidamente, para fazer intervir adequadamente, o referente juridicidade – o "método jurídico" deverá, pois, perfilar-se como "porta-voz" da juridicidade: cf. *Methoden des Rechts in vergleichender Darstellung,* I, Tübingen, 1975, 25.

[103] Sendo certo que, até ao extremo-limite mencionado na passagem do texto que nos trouxe a esta nota, há uma multiplicidade de situações intermédias, que dele se aproximam mais ou menos niti-

a bota cardada do poder… tudo pode – tudo pisa e tudo esmaga[104] – e o que, quando muito, fica então para os tribunais e para os juristas é a coragem cívica e, no limite, a própria disponibilidade para o martírio …"[105]. Notas estas que se revelam suficientes para mostrar que o Estado de Direito implica um pano--de-fundo axiológico que o enquadra e viabiliza (que uma filosofia do direito, pensada na imanência do próprio direito, por referência ao sentido que o autonomiza, e a que aludimos, se empenhará em reflectir), que o exercício metodonomológico também não poderá deixar de intencionar[106]. E que legitimam a afirmação de que, no par Direito/Estado de Direito, a juridicidade é muito mais pressuposto-fundamento do que consequência-resultado – e, consonantemente, a nota de que, no binómio Estado de Direito, o núcleo está muito mais no genitivo predicativo que no nominativo subjectivo.

2.9. Será essa metodonomologia ainda (se quisermos sintetizar as coisas em duas palavras, con-formadoras de uma expressão complexa já por diversas vezes utilizada) um exercício inucleado no juízo decisório, que postula uma esclarecidamente recortada e responsavelmente assumida[107] reflexão analógica,

---

damente. Aludamos a duas das referidas situações, de sinal contrário mas com um aspecto decisivo em comum. Quer o omnipresente (e asfixiante ?…) Estado de bem-estar, quer o demissionário (e comatoso?…) Estado neoliberal são (à semelhança do anverso e do reverso de uma folha de papel, do direito e do avesso de um pedaço de tecido, da cara e da coroa de uma qualquer moeda…) duas faces de uma mesma realidade: um e outro identificam tentativas de reduzir o direito a *ancilla* da política, a *longa manus* do poder – *i. e.*, a instrumento ao serviço de uma intenção que não é a sua, funcionalizando-o a um projecto estratégico (respectivamente, o do *Welfare State* e o do neoliberalismo) –, e implicam, portanto, a perversão da juridicidade, *sensu proprio,* em uma coisa diferente – em uma como que prótese adaptada a um *corpus* outro.

[104] Lembremos que "[…] a diferença entre os termos 'ordenar' e 'convencer' é a mesma que existe entre democracia e ditadura" (assim, Saul Bellow, *O legado de Humboldt,* cit., 503) – e, por isso, dar--nos-emos conta de que o exercício metodonomológico se cumpre nuclearmente num juízo (que não numa decisão) e de que a racionalidade implicada pelo referido exercício é de carácter prático--normativamente argumentativo (sem cedência a qualquer – a-racional… – deriva voluntarística).

[105] Cf., por exemplo, o que escrevemos em "'A imaginação no quadro da judicativo-decisória realização do direito' (Quatro variações sobre o tema)", in *Analogias,* cit., 292 e 309.

[106] Uma analítica explicitação do mencionado "englobante" filosófico em articulação com a metodologia do direito, oferece-no-la António Cortés, no estudo "Para uma metodologia jurídica integral", sep. do Volume especial, de 2013, de *Direito e Justiça,* esp.<sup>te</sup> 77 ss., sob 5.

[107] A (atrás parcialmente acentuada: cf. n. 87) ideia de que o horizonte "prático" em que se realiza o exercício metodonomológico é entretecido pelo acto do "juízo decisório" e pela exigência da "responsabilidade", colhemo-la em Jan Schapp, *Praxis der Vertragsgestaltung und juristische Methodenlehre,* cit., 232. A mencionada ideia inscreve-se, porém, numa muito longa e nobre tradição. Lembremos, neste ensejo e brevissimamente, um dos seus marcos. No exercício judicativo cumprirá, decerto, ao jurista assumir uma *creative responsability*. Mas, ao invés do preconizado por O. W. Holmes – a quem pedimos de empréstimo a expressão acabada de utilizar… –, nessa tarefa ele não deverá circunscrever a sua preocupação (cedendo indisfarçavelmente, como o justamente célebre jurista estadunidense, a um niilismo – a entender tal-qualmente o caracterizou Kriele: "a pergunta por valores jurídicos não tem qualquer sentido" –, filosoficamente inspirado por um pragmatismo empírico e a projectar-se irremissivelmente num relativismo *naïf)* ao problema de saber "como" (em consonância com o estrito

porque do que nele se trata é de "trazer-à-correspondência"[108], de uma perspectiva normativo-juridicamente intencionada e de um modo metodologicamente irrepreensível, dois *termini comparationis* de carácter particular, que na sua inelimínável diferença pressupõem um *tertium comparationis* comum[109]. Aqueles *termini* (os *relata* do exercício metodonomológico) são o problema constitutivo do caso judicando (como é que este se recorta?...) e o sempre mais ou menos amplamente constituendo (mesmo quando pré-disponível...) critério que lhe há-de convir, atenta a relevância problemática que se lhe deva reconhecer (como é que esta se apura?...); e o *tertium* circunstancialmente em causa é a deveniente normatividade jurídica vigente (em que consiste essa normatividade?...), enquanto referente comummente intencionado pelos dois aludidos *relata* (e estes *termini,* na dialéctica em que se enredam, não concorrerão para a permanente reconstituição do mencionado *tertium?...)*[110].

2.10. Preocupar-nos-á a metodologia do direito na acepção explicitada e globalmente considerada – centrar-nos-emos na sua "estrutura básica", no seu

---

*case method* que colhera no ensino do seu Professor de Harvard, C. C. Langdell) proferir a decisão do caso (convoquemos, entre tantas outras, as seguintes máximas do A.: "A page of history is worth more than a volume of logic"; "The history of the common law has not been logic, it has been experience": como não lembrar aqui Edward Coke?... – cf., entre nós e recentemente, Fábio Cardoso Machado, *A autonomia do direito e os limites da jurisdição,* polic., Coimbra, 2017, 141 ss.; "General propositions do not decide concrete cases. The decision will depend on a judgement or intuition more subtle than any articulate major premise"; "The prophecies of what the courts will do in fact, and nothing more pretentious, are what I mean by the law"...), uma vez que, para o fazer em termos adequados, não poderá negligenciar nem o "porquê [,nem] a proveniência dos fundamentos" do referido acto poiético... que, todavia, o famoso juiz americano tendia a inconsiderar: cf. Wolfgang Fikentscher, *Methoden des Rechts in vergleichender Darstellung, II. Anglo-amerikanischer Rechtskreis,* Tübingen, 1975, 172 s.; e ainda 155, 162, 170 e n. 55, 173 notas 63 e 64, 174 n. 67, e 275. De resto, atento o que dissemos e se não erramos, o empirismo (que, "para além da dedução lógico-matemática só releva o registo de factos" – cf. M. Kriele, *Theorie der Rechtsgewinnung...,* cit., 104) detectável em Holmes não deixa de introduzir no seu pensamento uma manifesta ambiguidade...

[108] Cf. Arthur Kaufmann, *Analogie und "Natur der Sache". Zugleich ein Beitrag zur Lehre vom Typus,* 2.ª ed., Heidelberg, 1982, esp.te 38. Recordemos que o co-responder (o *Ent-sprechen)* ocupa um lugar centralíssimo na filosofia heideggeriana. G. Steiner (cf. *Martin Heidegger,* cit., 70 ss.) ajuda-nos a compreendê-lo como "uma 'resposta/reacção a', uma 'correspondência com', uma reciprocidade e ajustamento dinâmicos como os que ocorrem quando rodas dentadas, a alta rotação, engrenam", e que implica a assunção de uma muito grave "responsabilidade" – notas que não deixam de relevar igualmente, e de um modo decisivo, na esfera metodonomológica, em que se visa "[realizar] a correspondência [proporcional]" (lembremos ter sido Hans-Georg Gadamer quem caracterizou a analogia como uma "correspondência proporcional": cf. *Wahrheit und Methode,* 2.ª ed., Tübingen, 1965, 407) entre o problema interpelante e a juridicidade interpelada.

[109] Pode, por isso, dizer-se que se está aqui perante uma "comparação [...] dos dois [mencionados] termos", com o objectivo de os "trazer à relação" que, tudo ponderado, os articula: as formulações transcritas (e traduzidas) são de *Rhetorica ad Herennium,* e colhemo-las em Michael H. Frost, *Introduction to classical legal rhetoric. A lost heritage,* Hants/Burlington, 2005, 111.

[110] Ao longo do curso não deixaremos de tentar responder às perguntas parenteticamente formuladas.

"esqueleto", que nos manifestará como que a respectiva "osteologia"[111]. O que significa que não desceremos à acentuação de especificidades determinadas pelas particulares exigências prático-normativas[112] conformadoras dos vários sectores jurídico-dogmáticos (em que, no limite, se pode mesmo resvalar para a negação do direito compreendido por referência ao sentido que o autonomiza...[113]). Decerto que no Direito Penal se há-de assumir esclarecidamente para realizar cumpridamente o respectivo travejamento fundamentante – o que, todavia, não impede uma voz tão autorizada como a de Figueiredo Dias de acentuar que "é da problematicidade própria de cada 'caso' que tem de partir-se [..., e que] a dialéctica [...] entre 'sistema' e 'problema' deve valer completamente para a dogmática jurídico penal"[114]. E outro tanto se diga, *mutatis mutan-*

---

[111] Pedimos desta feita as palavras de empréstimo a Art. Schopenhauer: cf. *Die Kunst, recht zu behalten...,* cit., 28. Numa acepção diferente daquela de que já lançámos mão (cf. *supra,* 29), a metodologia de que nos ocuparemos – os pressupostos que assume, as exigências que intenciona, as coordenadas que releva, as operações que disciplina, os objectivos que visa, os resultados que alcança... – poderá dizer-se (agora em consonância com a observação do texto que nos trouxe a esta nota...) o alfabeto indispensável para levar a cabo o exercício judicativo-decisório.

[112] No rigoroso sentido há muito explicitado por Castanheira Neves: cf. *Questão-de-facto...,* cit., 600, *A unidade do sistema jurídico: o seu problema e o seu sentido,* Coimbra, 1979, 20 s., e n. 51...

[113] Cf. Id., *Aula na Univ. Lusófona – 21 de Abril de 2012,* cit., 6 s.

[114] Cf. *Direito Penal. Parte Geral. Tomo I. Questões fundamentais. A doutrina geral do crime,* 2.ª ed., Coimbra, 2007, 33. Note-se ainda que, nessa tensão (na referida "dialéctica [...] entre 'sistema' e 'problema'"), o nosso Professor não deixa de reconhecer prioridade ao problema, considerando o *"sistema aberto ao problema".* E exemplifica com os denominados "caso[s] de consciência" – com "a falta de 'merecimento' de punição" (não obstante a existência de um facto "ilícito e culposo"...) "em sede de eutanásia ativa direta quando o que vai morrer em sofrimento atroz não pode suicidar-se; ou de interrupção da gravidez por motivos sociais inultrapassáveis; ou de reação contra o terrorismo maciço e indiscriminado ou a tomada de reféns; casos que podem implicar o sacrifício da vida ou da integridade física humana como única forma de tutelar outra ou outras pessoas"... (cf. Jorge de Figueiredo Dias, "O presente e o porvir da Ciência do Direito Penal", in *Conferências Beleza dos Santos e Eduardo Correia. Cadernos do Centenário,* Coimbra, 2016, 14 e 27 ss.). Relativamente à primeira das situações mencionadas, lembre-se que, por vezes, "a eutanásia passiva e a eutanásia ativa não podem, na prática, separar-se nitidamente uma da outra" – assim, Hans Küng, *Uma boa morte,* cit., 90 –, o que, cremos, só reforça a justeza da proposta. E já agora: a obra do Teólogo suíço, acabada de citar, afigura-se-nos de leitura imprescindível. De leitura igualmente imprescindível, em razão da mesma matéria, é a profunda reflexão que Castanheira Neves arquivou no Vol. 3.º dos seus *Digesta...,* 607 ss. Permitimo-nos supor que o princípio normativo da [não] punibilidade, referido nesta nota, poderá ajudar a discernir um como que máximo divisor comum, *sub specie iuris,* entre essas duas interpelantes impostações...
Por nossa parte, atrevemo-nos a acrescentar, em consonância com nervuras basilares deste curso, ... um quase nada: a nota de que a "punibilidade", tal-qualmente a compreende também Figueiredo Dias (como uma "categoria dogmática autónoma", inspirada por uma política criminal de carácter preventivo, modeladora "do chamado [...] 'direito penal mínimo'", e que exprime a "necessidade ou carência de pena do concreto caso da vida" – cf. Id., *ibidem,* 27 ss., sob 4.; uma muito mais detida tematização da punibilidade oferece-no-la o nosso Professor, no seu esmerado *Direito Penal. Parte Geral. Tomo I...,* cit., 668 ss.), integra já o sistema da adequadamente recortada normatividade jurídico-penal (considerá-la "[...] expressão [...de] imposições finais extra-penais" – cf. *Direito Penal. Parte Geral. Tomo I...,* cit., 670; paralelamente, e a propósito da eutanásia, H. Küng alude a "coisas *[hoc sensu:* acções e/ou omissões, decerto] ilegais, embora moralmente legítimas!" – cf. *Uma boa morte,* cit., 59; já agora, acrescente-se que, no quadro da problemática que reflecte, o Teólogo também menciona "o 'disparo mortal' da polícia visando a libertação de reféns": *ibidem,* 90 – não

*dis,* do Direito Internacional Privado – que sempre considerámos um excelente banco de ensaios para testar a prestabilidade das propostas metodonomológicas em que nos revemos[115] –, do Direito Administrativo, etc.[116] ... o que, aliás, a abordagem global – que, repetimo-lo, privilegiaremos – não deixará de relevar, *hoc sensu,* de enquadrar em termos suficientemente explícitos (atente-se, *v. gr.,* no que diremos sobre a importância da doutrina e da jurisprudência na modelação do direito circunstancialmente convocável, sobre a interpretação a levar a cabo também em conformidade com os princípios normativos cardeais do ramo do direito no âmbito do qual o problema judicando tiver emergido...). Por exemplo (sublinhemos agora o que há pouco silenciámos...), na esfera de um Direito Administrativo, hoje em dia e no nosso hemisfério jurídico-político, cada vez mais co-determinado, de modo indesmentível, pela integração no espaço da União Europeia e que decorrentemente apresenta um crescente carácter "multinível" (nacional mas também europeu, legislativo mas também jurisdicional... – planos estes todos que, na sua inevitável conjunção, provocam como que "um efeito caleidoscópico"[117]), assiste-se a um animado debate

---

é exactamente a mesma coisa e, com toda a probabilidade, somos nós que estamos a ver mal a questão...), conquanto não devamos esquecer que ela – como, de resto, qualquer outro princípio normativo – radica em problemas concretos. O que é somente um outro modo de sublinhar a dialéctica correlatividade de problema e sistema na modelação do direito: é cada novo problema emergente que vai reconstituindo o sistema, mas, sem contradição prática, cada novo problema só pode emergir na pressuposição do sistema.

[115] Cf., a título exemplificativo, pensando o problema nuclear da qualificação e a importância crucial da analogia (ainda voltaremos ao ponto...), o que escrevemos em *A metodonomologia...,* cit., 332 ss. n. 835. *V.* ainda Henrique António G. C. Guerra Maio, *Da qualificação em direito internacional privado. O problema da qualificação e a experimentação de critérios mobilizáveis nos quadros do DIP,* polic., Coimbra, 2013. A afirmação do texto (e muitas outras, paralelas, seriam possíveis – *v. gr.,* e para não abandonarmos a área dogmática justificativa desta nota, o reconhecimento do direito da filiação, também no quadro do Direito Internacional Privado, "como um vasto campo de experiências metodológicas, ou seja, como um laboratório de ideias novas": assim, Jacques Foyer, *apud* Nuno Ascensão Silva/Geraldo Rocha Ribeiro, "A maternidade de substituição e o direito internacional privado português", sep. dos *Cadernos do Centro de Estudos Notariais e Registais,* n.º 3, s/d., 29 s.) radica num (é corolário de um) pressuposto, que importa sublinhar num curso com a identidade deste nosso: o da consideração de cada problema concreto, atento o seu normativo-juridicamente recortado mérito específico (portanto, também axiologicamente comprometido: cf., em particular quanto a este aspecto, o muito esclarecedor estudo de Marc-Philippe Weller, "Do *Estado* para a *pessoa:* a tríade metodológica do Direito Internacional Privado do nosso tempo", trad. de Rui Pereira Dias, in *Boletim da Faculdade de Direito,* Vol. XCIV, Tomo I, Coimbra, 2018, 361 ss.), como centro de gravidade do exercício metodonomológico... o que é a marca-de-água do DIP (e deste modo fechamos o círculo discursivo).

[116] Jan Schapp sublinha enfaticamente isto mesmo no seu *Die juristische Methode als der Weg zum Verstehen und Anwenden des Rechts,* cit., 187 ss.

[117] A expressão é de Luís A. M. Meneses do Vale, que a utiliza num contexto só parcialmente outro; cf. o seu Comentário ao artigo 35.º da Carta dos Direitos Fundamentais da União Europeia, in Alessandra Silveira e Mariana Canotilho, *Carta dos Direitos Fundamentais da União Europeia comentada,* Coimbra, 2013, 415.

metodológico[118], que vem acentuar inequívocas rupturas com a perspectiva metódica tradicional – a importância polarizadora do "princípio da juridicidade" em substituição do classicamente invocado princípio da legalidade, a superação do entendimento do critério legal como um "absoluto" no exercício interpretativo, a imbricação da "questão-de-facto" e da "questão-de-direito", a multiplicação das dúvidas sobre a pertinência da dicotomia "interpretação"/ "desenvolvimento do direito", a consideração da nuclearidade do problema judicando, o aproveitamento, em termos complementares, de uma sensibilidade metodonomológica de inspiração europeia continental, centrada em critérios legislativamente pré-disponibilizados, e de uma outra de matriz anglo-saxónica, inucleada na experiência jurisdicional[119] [120]... tudo isto assente, de resto,

---

[118] De resto, demo-lo a entender, o mencionado debate não se circunscreve ao âmbito do Direito Administrativo. Pelo que a este respeita, acentuando, entre outras, as notas da complexidade crescente e da cada vez "maior qualidade" empírico-técnica exigível às decisões administrativas, cf. Suzana TAVARES DA SILVA, *Direito Administrativo Europeu*, Coimbra, 2010, 55 ss., esp.<sup>te</sup> 57 ss., 68 ss. e 75 s. E, aproveitando o ensejo, não se silencie o muito forte envolvimento da administração pública (também, especificamente, da administração tributária), nos nossos dias, com as dimensões mais imediatamente pragmáticas da realização do direito. Mencionem-se, a título exemplificativo, a censurável capitulação a – já de indesmentível linhagem teleotecnológica –, ou apenas o saudável diálogo com – ainda imbuído de uma eventual ressonância teleonomológica – (mas onde fica a fronteira que separa o deliberado abandono do direito da mais ou menos sincera preservação de uma sua ainda interpelante lembrança?...) coordenadas típicas da deriva funcionalista: a eficiência estratégica, a eficácia técnica, e respectivos corolários – a opção manifesta pelo procedimentalismo, a crença notória na racionalidade custos/benefícios, as cedências indisfarçáveis ao *Dr. Iuris Computer...* –, tudo o que, é sabido, ora fere de morte, ora mina a pouco e pouco o Estado de Direito e as suas ramificações institucionais, que se perfilam sempre mais (ou, quando menos, tendencialmente...) como irrecicláveis velharias a remover do que como estimáveis antiguidades a preservar (só marginalmente, como referentes intencionais a reconceber problematicamente e a assumir imperativamente para realizar irreticentemente...). Em suma (ou dizendo isto mesmo por outras palavras): hoje, não é indisputadamente claro o que seja, genuinamente, o direito no "híbrido" – feito de regulação, *governance,* administração electrónica, normas económico-financeiras, arbitragem, *und alles was dazu gehört* (e tudo o mais que lhe possa pertencer) ..., de origem nacional, europeia, ou mais ou menos difusa (cf. a entrevista de J. J. GOMES CANOTILHO, ao *Público,* de 25.ABR.2016, 3), a que insiste em dar-se (já abusivamente?) o nome de ... direito.
Em obras recentes dedicadas à Metodologia do Direito, em geral, colhe-se igualmente a notícia de que, circunstâncias várias (nuclearmente atinentes à relação do Direito da União com o dos Estados membros e às razões inspiradoras da jurisprudência do Tribunal de Justiça Europeu), apontam no sentido de ser "manifesta" a "necessidade" de uma "metodologia jurídica europeia". Cf., *v. gr.,* RÜTHERS/ FISCHER/BIRK, *Rechtstheorie mit Juristischer Methodenlehre,* 6.ª ed., München, 2011, 387 s. (n. m. 648 a).

[119] Sendo indesmentível a importância do poder judicial na modelação do direito da UE (se, de início, a tradição continental se impôs – não sem algumas resistências pontuais... – na CEE, a subsequente adesão do Reino Unido, da Irlanda, de Malta e de Chipre concorreu para que se passasse a reconhecer, ao lado da linha originária polarizada na lei, uma outra que tendia a atribuir um relevo acrescido, na constituição do direito europeu, à actividade das instâncias jurisdicionais da União: cf., por exemplo, Stefan PÖTTERS e Ralf CHRISTENSEN, "Das Unionsrecht als Hybridform zwischen case law und Gesetzesrecht", in *JZ,* 6/2012, 289 ss. Ou, se preferirmos: no fundo, esta foi mais uma via que – para além de ter instituído, com a mencionada tradição continental, um sistema de "vasos [amplamente] comunicantes"... – concorreu para reactivar "a [...] vocação jurisprudencial originária [do...] direito" – assim, R. ESPOSITO, *De fora...,* cit., 214 e 252), já se alerta para os defeitos de certas... virtudes. Pois não é verdade ouvirem-se vozes, muito autorizadas, contra a tentação de o Tribunal de Justiça Europeu beliscar certos aspectos das "constituições dos Estados-membros", acreditando mesmo "que pode abolir o próprio núcleo da lei fundamental alemã"?... – assim, H. M.

na assunção de pressupostos que são lugares-comuns do pensamento jurídico contemporâneo – a não redução da normatividade jurídica à legalidade, a adequada compreensão do sistema jurídico …[121], a complementaridade de *hard law* e *soft law* (por vezes enriquecidos pela "terceira via" de um *hoft law*)…[122]. Todas, afinal, notas constantemente presentes na (e, por isso mesmo, inequivocamente modeladoras da) reflexão que nos propomos. Em suma: a atenção que assim centraremos no núcleo duro da adequadamente recortada problemática metodonomológica defender-nos-á da tendência para a "centrifugalidade" *(Zentrifugalität)*, ou "diferenciação interna" *(Binnendifferenzierung)*, que aqui e ali se censura ao pensamento jurídico contemporâneo[123].

2.11. Apesar da ineliminabilidade do segmento de decisão no exercício a empreender (como já se acentuou, colimado à decisão judicativa, ou ao juízo decisório a proferir), e da importância que nele se reconhecerá à instância judicativa (paradigmaticamente, ao tribunal), à "judícia" dos juristas concretamente envolvidos (que poderemos dizer a arca do tesouro dos juridicamente intencionados *qualia*[124] de cada um – uma arca sempre aberta, para recolher decanta-

---

ENZENSBERGER, *O afável monstro de Bruxelas…*, cit., 62, invocando "Roman Herzog, constitucionalista e antigo Presidente da República Federal da Alemanha".

[120] Recorrendo a uma metáfora proposta por José H. SARAIVA, e pensando especificamente a sentença jurisdicional (que, já o percebemos, ocupará, a título paradigmático, o centro das nossas preocupações), diremos que esta apresenta, nos sistemas de *Civil Law,* um carácter predominantemente diastólico *(i. e.,* recipiente – capta a juridicidade pré-disponibilizada), e, nos de *Common Law,* um notório carácter sistólico *(i. e.,* emitente – institui a juridicidade relevante). E, bem avisadamente, o A. sublinha a coexistência necessária, "na função do juiz, qualquer que seja o tipo de ordenamento considerado", daqueles "dois movimentos" – cf. *A crise do direito,* Lisboa, 1964, 104 e 107. Por outra via (algo mais analiticamente trabalhada…), não concluímos coisa diferente na nossa *"Continentalização" do direito inglês ou "insularização" do direito continental?…,* cit., esp.[te] 191 ss.

[121] Cf. o elucidativo estudo de Ino AUGSBERG, "Methoden des europäischen Verwaltungsrechts", in Jörg Philipp TERHECHTE (Hrsg.), *Verwaltungsrecht der Europäischen Union*, Baden-Baden, 2011, 147 ss., esp.[te] 160 s. e 166 ss. Na esfera do pensamento jurídico português, *v.,* por exemplo, José Carlos VIEIRA DE ANDRADE, *O dever de fundamentação expressa de actos administrativos,* Coimbra, 1992, 14 (e, pelo que respeita a alguns dos tópicos precedentemente mencionados, 249 ss.), e Ana Raquel GONÇALVES MONIZ, *A recusa de aplicação de regulamentos pela Administração com fundamento em invalidade (Contributo para a teoria dos regulamentos),* vol., I, polic., Coimbra, 2011, 21 e 25 ss. Esta nossa Colega acentua, *expressis verbis,* que a "realização administrativa do direito […implica] um conjunto de reflexões de carácter normativo-metodológico", que se não confinam à realização do direito, em sentido estrito, porque envolvem, isso sim, a "realização do interesse público no quadro do direito" *(ibidem,* 199). Por seu turno, para uma panorâmica consideração da multiplicidade de planos em que vão irrompendo alguns dos novos rumos trilhados pelo Direito Administrativo, cf. Vital MOREIRA, "'Nova gestão pública' e direito administrativo", in *RLJ,* 142.º, n.º 3978, 2013, 173 ss., José Carlos VIEIRA DE ANDRADE, *Lições de Direito Administrativo,* 5.ª ed., Coimbra, 2017, 24 ss. e 29 ss. …

[122] Cf. Ana Raquel GONÇALVES MONIZ, *Os direitos fundamentais e a sua circunstância…,* cit., 35 e n. 108, e 38.

[123] Cf. Josef Franz LINDNER, "Einheit der Rechtswissenschaft als Aufgabe", in *JZ,* 14/2016, 697 ss.

[124] Cf., por exemplo, H. GARCIA PEREIRA, *Arte recombinatória,* cit., 30 e n. 20. Em consonância com o que se acentua no texto (teremos mais oportunidades de voltar ao tema…), já se caracterizou a judícia como a "formação do subjectivo sentimento de justiça de cada estudioso do direito" (assim,

damente a reflexão suscitada por cada nova experiência que se faz) e ao carácter argumentativo *(hoc sensu,* não demonstrativo)[125] do *logos* interveniente, a tarefa metodonomológica não se dissolverá em qualquer subjectivismo. Com efeito, nem a Faculdade é um... "frontistério" de "meditopensadores", onde se cultiva o "raciocínio injusto [...,] capaz de vencer todas as causas"[126], nem os juristas, que são o rosto daquilo que há pouco lembrámos, devem ser tomados pelos reis do blá-blá-blá, "cheios de sílabas"[127], quais "idiota[s] com queda para entrançar frases"[128], ou "malabaristas de palavras", que dominam na perfeição as "regras subtis da restrição, amplificação e suposição" inventadas pelos "nossos retóricos modernos"[129], meros heresiarcas que professam ideias extravagantes... – como é próprio de todos quantos possam ser censurados pela sua incontinência verbal e, portanto, se manifestem dispostos a substituir o *Logos* (o pensamento), que compromete, pelo *Gerede* (pelo palavreado), que apenas distrai[130]. Não se pode admitir que cedam à tentação do *Begründen können sie alles* (do fundamentar podem eles tudo ... para terem sempre razão[131]), a que um conhecido jurista alemão imputa a antipatia de que tantas vezes são alvo[132] [133].

---

Bertram Lomfeld, "Narrative Jurisprudenz", in *JZ,* 8/2019, 369. Para os eventualmente interessados, atente-se no modo muito sugestivo como o A. – cf. *ibidem,* 371 ss. – elucida graficamente e exprime sinteticamente as relações do direito com a literatura, tal-qualmente as vêem Luhmann, Habermas e Derrida; respectivamente – omitindo a reprodução dos diagramas... –, "não perturbes o meu círculo, mas irrita-me", "fala comigo", e "devora-me, eu sou um texto"...).

[125] R. Dworkin sublinha enfaticamente esta nota: cf. a sua *Justiça para ouriços,* cit., 23 s. (e 17), 38, 108 e 409 ss.

[126] Cf. Aristófanes, *As nuvens,* versos 94, 103, 115 e 890 ss. – na 2.ª ed., devida a Custódio Magueijo, Mem Martins, s./d., 22, 24 e 84 ss.

[127] Cf. António Lobo Antunes, *Comissão das lágrimas,* Alfragide, 2011, 237.

[128] Cf. Saul Bellow, *O legado de Humboldt,* cit., 247.

[129] Assim, Thomas More, *Utopia,* trad. de M. I. G. Tomás, s./d. (ed. das publicações Europa-América), 1973, respectivamente 110 e 89.

[130] Cf. G. Steiner, *A poesia do pensamento...,* cit., 204, e *Martin Heidegger,* cit., 134 ss.

[131] Estamos a pressupor, evidentemente, lá longe Aristófanes e mais recentemente Schopenhauer. Acrescente-se apenas que, nos nossos dias e mesmo no domínio da política, há quem faça ouvir a sua voz contra a mencionada impostação das coisas: o ministro (dos Verdes) alemão, Robert Habeck, por exemplo, assume-se um adepto confesso de um ... "ter-que-não-ter-razão" ("Habeck plädiert für eine politische Kultur des Nicht-recht-haben-Müssens"): cf. Volker Weidermann, "Der grüne Schwan", in *Der Spiegel,* 32/2017, 118 s.

[132] Cf., *v. gr.,* o que escrevemos em *"A imaginação...",* cit., in *Analogias,* cit., 293 ss., sob 4. E que a mencionada suspeita parece ter alastrado a outras paragens é aquilo que se infere destas linhas de João Lobo Antunes: "há algum tempo um comentário ao ensino do Direito nas escolas norte-americanas [...] referia que o que é ensinado serve sobretudo para consolidar a noção de que o 'pensamento jurídico pode justificar tudo', e ainda que as faculdades de Direito criam indivíduos que são *'smart without a purpose',* encadeados por um virtuosismo intelectual que se assume como um fim em si mesmo" – v. "Juízes (e médicos)", in *O eco silencioso,* Lisboa, 2008, 91. Ou, se preferirmos: sendo incontroverso que os juristas (e, paradigmaticamente, os juízes) se devem perfilar como criaturas racionais, não deveremos esquecer que... racionalidades há muitas e que... "[a] arbitrariedade pode tornar-se o animal de estimação da racionalidade" – cf. Saul Bellow, *O legado de Humboldt,* cit., 207.

Ao invés, o responsabilizante *officium* dos juristas implica a pressuposição/ assunção, por sua parte, das exigências prático-culturais densificantes do direito, conquanto este se não dissolva, sem resto – sem uma muito específica marca-de-contraste identitária –, naquele "englobante"[134]. Essa a razão pela qual costumamos dizer que o jurista é aquele sujeito que deverá empenhar-se permanentemente em… intersubjectivizar a sua in, eliminável subjectividade. E só conseguirá fazê-lo se, sem descanso, olhar o pensamento jurídico para saber como deve proceder, e o sistema jurídico para se não equivocar no que deve pressupor.

Em inteira consonância com a nota anterior, o exercício metodonomológico também se não perverterá num casuísmo decisionista. Na verdade, apesar da centralidade que reconheceremos ao caso concretamente judicando (o "ponto de partida" e a "perspectiva" daquele exercício)[135], nunca o consideraremos atomisticamente mas sempre em referência ao (por sua mediação…) constituendo sistema da normatividade jurídica vigente (o contexto de posição e o fundamento/critério de solução do caso). Deparamo-nos aqui, portanto, com uma bipolaridade em tudo semelhante àquela que sabemos ser constitutiva da própria *praxis*. Pois não é certo que esta é constituída (*rectius:* vai sendo constituída!…), em dialéctica correlatividade, por uma dimensão poiética e por uma outra anamnésica, por um *immer wieder* e por um *immer schon,* pelo novo e pelo pré-disponível? Ora, como teremos oportunidade de apurar, também a metodonomologia encontra na tensão problema/sistema a base da sua irreprimível deveniência. E, por isso, a (pretendida) solução prático-nor-

---

[133] Ou que capitulem à ideia peregrina de que se ocupam de "uma coisa do diabo" (a expressão "eine Sache des Teufels" é de Max WEBER – cf., por exemplo, Walter HAUPTMANN, "Wertfreie oder wertlose Jurisprudenz. Wieweit kann der Empiriker 'normative' Entscheidungen verwissenschaftlichen?", in *Rechtstheorie,* 18. Band, Heft 4, Berlin, 1987, 531), por lhes estar vedada a comprovação empírica dos juízos que são chamados a proferir. Ou, ou, ou …

[134] Lembremos, mais uma vez, Jan SCHAPP, *Die juristische Methode als der Weg zum Verstehen und Anwenden des Rechts,* cit., 202.

[135] Recorde-se M. HEIDEGGER; "O que significa o começo? Ser o ponto de partida/substrato *(Ab-grund)* da história" (cf. "Die Geschichte des Seyns", in *Gesamtausgabe, Bd. 69,* Frankfurt am Main, 1998, 98). E (deixando entre parêntesis esta mera alusão à complexa… "mecânica dos começos" – a expressão é de R. ESPOSITO: cf. *De fora…,* cit., 92) não é o problema concretamente judicando, tanto fenoménica como intencionalmente, o "ponto de partida/substrato" de uma história muito particular – daquela que se re-põe em cada exercício metodonomológico?… E a ideia-forte de que cada novo caso judicando identifica o "começo"/"ponto de partida" de cada renovado exercício metodonomológico, permite-nos afirmar, ainda com HEIDEGGER (parafraseando uma nota sublinhada pelo Filósofo "na sua hora mais infeliz" – no discurso de tomada de posse como Reitor da Universidade de Friburgo, em 27.5.1933), que "[o] começo está por acontecer. Não se encontra no passado como ente já há muito ultrapassado mas à nossa frente…" – *apud* Hans BLUMENBERG, *O risco da mulher de Trácia. Uma pré-história da teoria,* trad. de M. A. Silva e Melo e S. Urban, Linda-a-Velha, 1994, 3 e n. 1.

mativamente adequada de qualquer "caso jurídico concreto"[136] – o *endgame problem* (permita-se-nos a paráfrase...) do exercício metodonomológico – não se esgota nem na justeza estritamente problemática, nem na justeza redutoramente sistemática[137], mas, à uma, na justeza problemático-sistemática, radicada *"on the balance of [those levels]"*[138] – instauradora de uma genuína justeza judicativa[139] e (re-) constituinte do *corpus iuris*...[140]

... Constituendo *locus* de objectivação ordenada (*Ort* e *Ordnung*...) da normatividade jurídica vigente este que, no nosso hemisfério, se apresenta, por razões histórico-sociológicas e jurídico-políticas, como um sistema de legislação *(hoc sensu,* como um sistema em que o modo privilegiado de constituição daquela normatividade é o legislativo), pelo que, consonantemente, nunca cederemos, neste curso, a qualquer deletéria... pulsão "legicida"[141], aproveitando, *v. gr.,* para o imolar à ingénua tentação de uma *statute "lawlessness"*, ou para substituir um "Estado de direito democrático" por um "Estado de juízes oligárquico" – em certos termos, que na altura própria se clarificarão, e sem menoscabo do relevantíssimo papel que deverá reconhecer-se à jurisdição, *bien au contraire!*...[142]

---

[136] Cf. A. Castanheira Neves, *Questão-de-facto...,* cit., 44 e 274, e *Metodologia Jurídica...,* cit., 159 ss., esp.[te] 162.

[137] Uma e outra apenas teorético-abstractamente concebíveis como contrapostas, porque prático-concretamente elas imbricam-se, con-formando o exercício metodonomológico – como se acentuará, já a seguir, no texto.

[138] A fonte inspiradora foi-nos aqui disponibilizada por Pedro Caeiro, em *Sentido e função do instituto da perda de vantagens relacionadas com o crime no confronto com outros meios de prevenção da criminalidade reditícia (em especial, os procedimentos de confisco in rem e a criminalidade do enriquecimento "ilícito"),* sep. da *RPCC,* ano 21, n.º 2, 2011, 287 e 289 – um denso estudo daquele nosso Colega e Amigo, que pudemos ler com tanto prazer quanto benefício.

[139] Que se manifesta, também aqui, a lição de Castanheira Neves, é o que de imediato se compreenderá, compulsando, por exemplo, *O actual problema metodológico da interpretação jurídica – I,* cit., 328.

[140] O que significa que também na esfera da metodonomologia se nos impõe procurar sempre "uma solução para equações simultâneas" (cf. R. Dworkin, *Justiça para ouriços,* cit., 15) – afinal, aquela que compatibilize, em termos juridicamente logrados, as em si mesmas contrárias exigências da justeza problemática e da justeza sistemática, fundindo-as na síntese traduzida pela igualmente mencionada justeza judicativa.

[141] O adjectivo do texto que nos trouxe a esta nota está entre aspas porque o ouvimos (como uma crítica – impulsivamente formulada... com tocante magnanimidade –, que nos permitimos continuar a entender infundada), em momento inesquecível, a Orlando de Carvalho, diante de cuja memória mais uma vez nos curvamos com respeito, gratidão e saudade.
Por seu turno, acentuando a ideia de que uma das "funções da metodologia jurídica" é a de contribuir para a realização do princípio da "separação de poderes", assumindo a "vinculação à lei como imperativo constitucional" (cf., entre nós, o artigo 203.º da CR), Rüthers/Fischer/Birk, *Rechtstheorie mit Juristischer Methodenlehre,* cit., 389 (n. m. 649). Para prevenir equívocos, acrescente-se (na linha do que de imediato se sugerirá no texto – e poderá esclarecer-se no estudo indicado já a seguir...) que não estamos disponíveis para partilhar todas as consequências que os referidos AA. retiram da nota capital acabada de sublinhar...: *v.* o que pudemos escrever em *"A imaginação...",* cit., sob 5, in *Analogias,* cit., 295 ss.

[142] Cf. *infra,* esp.[te] 195 s. e 335 ss.

2.12. Em virtude da conhecida dialéctica articuladora do pensamento interveniente e do objecto pensado[143], dar-nos-emos igualmente conta da importância capital do tipo do referido pensamento, ou da argumentação privilegiada, no exercício metodonomológico – se quisermos, a solução concreta do problema judicando é também ("mas não mais do que isso"...[144]) corolário dos pressupostos acabados de sublinhar[145], pelo que se nos impõe considerá-los com o maior cuidado. Aludindo a uns quantos exemplos, alguns deles recorrentemente invocados, lembraremos que o dogmatismo conceitualista não foi capaz de vislumbrar um "furto de electricidade" em casos suscitados por uma juridicamente censurável e iniludível subtracção de "coisa móvel alheia"; que "o decretamento do arresto preventivo" exigirá a constituição do sujeito visado como arguido, se mobilizarmos exegeticamente os artigos 192.º, n.º 1, e 58.º, n.º 1, *b),* do CPP, mas já não – até por manifesta... impertinência – se relevarmos teleonomologicamente todo o quadro normativo em determinadas circunstân-

---

[143] O pensamento interveniente implica o objecto pensado, recordámo-lo, mas compromete também o sujeito que pensa, pelo que poderemos dizer, por extenso, "intellectus perficit intellectum, et intellectum est forma intelligentis" (assim, no *Liber viginti quattuor philosophorum,* XIX – aqui citado na versão bilingue, latim e italiano, devida a Paolo Lucentini, *Il libro dei ventiquattro filosofi,* 3.ª ed., Milano, 2011, 90).

[144] "[A]ber auch nicht mehr": cf. Josef Esser, *Vorverständnis und Methodenwahl in der Rechtsfindung. Rationalitätsgarantien der richterlichen Entscheidungspraxis,* Frankfurt am Main, 1970, 24.

[145] E, evidentemente, de outros mais: como é sabido, as dimensões substantiva (material) e adjectiva (processual) não se contra-põem como reciprocamente excludentes, antes são chamadas a com-pôr, em dialéctica correlatividade, a ... solução concreta do problema judicando (cf., *v. gr.,* as considerações tecidas, a propósito da "questão probatória", por Ana Mafalda Castanheira Neves de Miranda Barbosa, na sua dissertação *Do nexo de causalidade ao nexo de imputação: contributo para a compreensão da natureza binária e personalística do requisito causal ao nível da responsabilidade civil extracontratual,* Vol. II, polic., Coimbra, 2012, n.º 52, 1071 ss.). Por vezes, o reconhecimento da própria relevância jurídica radica em pressupostos de carácter adjectivo: refira-se, a título de exemplo, a chamada "perda de chance" *(grosso modo,* e nas palavras do STJ, a "frustração irremediável, por acto ou omissão de terceiro, da verificação de obtenção de uma vantagem que probabilisticamente era altamente razoável supor que fosse atingida ou [a] verificação de uma desvantagem que razoavelmente seria de supor não ocorrer não fosse essa omissão": *apud* Vera Lúcia Raposo, "A perda de chance no mandato judicial (Comentário ao acórdão do STJ n.º 824/06.5TVLSB.L2.S1, de 01-07-2014: Perda de chance – Mandato judicial – Dano indemnizável)", in *Revista do Ministério Público,* Out.Dez 2014, 253, n. 16), que em alguns ordenamentos jurídicos – *v. gr.,* no alemão – é predominantemente considerada de um ponto de vista *"jurídico-processual",* mediante recurso a *"inversões do ónus* [ou] *facilitação da prova da causalidade"* – assim, Paulo Mota Pinto, *Interesse contratual negativo e interesse contratual positivo,* Volume II, Coimbra, 2008, 1103 ss., n. 3103, esp.ᵗᵉ 1103 s.; o A. parece aderir ao mencionado entendimento – *ibidem,* 1106. *V.* ainda, deste nosso Colega, o estudo "Perda de chance processual", in *RLJ,* 145.º, n.º 3997, 2016, 174 ss., em que se revisita o ponto de vista anteriormente defendido e se toma posição sobre muitíssimos aspectos centrais da problemática em apreço (refira-se apenas um, entre tantos: o *"juízo hipotético"* – portanto, de mera probabilidade – que a questão implica, enxerta como que um *"julgamento dentro do julgamento"* e postula a relevância do *"estado da jurisprudência* (designadamente *decisões proferidas sobre casos semelhantes),* à data em que o processo teria sido decidido" – mais uma confirmação, relativamente a um tema bem difícil, da importância de uma ponderação analógica...): cf. Id., *ibidem,* esp.ᵗᵉ 184 s., 195 ss., 197 e 201.

cias ... pertinente[146]; que a preferência pelo princípio da concordância prática de duas exigências conflituantes *(v. gr.,* o direito ao bom nome de certa institução e o direito de informar por parte dos jornalistas), com o consequente respeito cumulativo pelo conteúdo nuclear de cada uma delas, conduzirá a uma solução diferente daquela a que se chegaria se optássemos, em termos disjuntivos, por uma ou por outra[147], sub-interpretando as liberdades de expressão e de informação e sobre-interpretando os direitos de personalidade[148], ou ao invés; que o juízo de conformidade à Constituição, ou de inconstitucionalidade, da "suspensão do pagamento dos subsídios de férias e de Natal, ou quaisquer prestações correspondentes aos 13.º e, ou, 14.º meses, relativos ao ano de 2012", depende do modo como o Tribunal Constitucional valorou as "razões jurídico-constitucionais" a que atendeu (ou a que deveria ter atendido...)[149]; que a atribuição de relevância probatória a um diário íntimo, "em que o seu autor se confronta com problemas existenciais e radicalmente incomunicáveis", depende da circunstância de se privilegiar, *in casu,* o combate eficiente à "cri-

---

[146] "A formulação [...] *'clara e inequívoca'* ["do artigo 192.º do CPP"...] não impede que mesmo assim se considere como certo que não será aplicável a uma medida de garantia patrimonial que abstractamente integraria o seu âmbito de aplicação". A explicitação dos pressupostos do que escrevemos no texto que nos trouxe a esta nota, ver-se-á em Hélio RIGOR RODRIGUES, "A constituição de arguido enquanto formalidade (in)exigível para o decretamento do arresto preventivo: de uma norma enganadoramente certa à certeza do dever ser (Anotação ao Acórdão do Tribunal da Relação de Lisboa de 08-10-2015, proferido no processo 324/14. OTELSB – I. L1-09), in *Julgar,* Dezembro de 2015, 11 ss., esp.[te] 22.

[147] Cf. Manuel ATIENZA, *El derecho como argumentación,* 4.ª impressão, Barcelona, 2009, 169. Exemplo da tensão a que acaba de aludir-se – *in casu,* a concordância prática dos direitos fundamentais circunstancialmente conflituantes *vs.* a absoluta "prevalência dos direitos de personalidade [direito ao repouso, ao sono e à tranquilidade]", com menoscabo do "direito de propriedade [e], sobretudo, [d]o próprio direito ao ambiente e à qualidade de vida [,...] da liberdade de iniciativa económica [... e] do[s] princípio[s] da proporcionalidade [...] e da protecção da confiança" (sendo certo que a ponderação implicada pela realização da mencionada concordância prática é compatível com a conclusão de que, em concreto, se deve conceder preferência a um dos seus pólos em total detrimento do outro...) – oferece-nos o Ac. do TC n.º 388/14, Processo n.º 175/14, 2.ª Secção, de 7 de Maio de 2014 (acedemos à versão disponibilizada *on line* do referido aresto, a que pertencem as transcrições feitas).

[148] Cf. Jónatas E. M. MACHADO, "A Glória, a Honra e o Poder – Observações sobre a liberdade de imprensa em democracia", in *RLJ,* 143.º, n.º 3984, 2014, esp.[te] 189.
Muito de recomendar (particularmente atento "[o] diálogo interjurisdicional", que nele se ensaia, ilustrado por inúmeros casos), afigura-se-nos o estudo de Joaquim de SOUSA RIBEIRO, "Encontros e desencontros entre a jurisprudência do Tribunal Europeu dos Direitos Humanos e a jurisprudência nacional", in *RLJ,* 148.º, n.º 4014, 2019, esp.[te] 167 ss. e 178.

[149] Temos em vista, como de imediato se deu conta, o controverso Ac. n.º 353/2012, Processo n.º 40/12, de 5 de Julho de 2012, do TC; as passagens transcritas foram colhidas, respectivamente, na al. b) da "Decisão" do Tribunal, e no primeiro parágrafo da "Declaração de voto" da Conselheira Maria Lúcia AMARAL – pp. 20 e 26, na versão do aresto disponível *on line.* A Constituição, recordemo-lo, é, em última análise, *"o estatuto jurídico do político"* ("[...] umas vezes mais *jurídico* [, ...] outras vezes sem dúvida sobretudo *político* [...]") – cf. A. CASTANHEIRA NEVES, "A redução política do pensamento metodológico-jurídico (Breves notas críticas sobre o seu sentido)", agora in *Digesta...,* Vol. 2.º, cit., 406 s. –, "[...] uma racionalização jurídica dos conflitos políticos" – palavras estas últimas de J. J. SOUSA RIBEIRO, em "Entrevista" ao *Expresso,* de 23 de Julho de 2016, 16 ...

minalidade grave", ou o reconhecimento "de 'um último e inviolável núcleo de conformação privada da vida inteiramente subtraída ao poder público'", que coloca o autor-homicida na mesma situação em que estaria se tivesse confiado esses registos-revelações "a um confessor"[150]; que a tensão inevitável "entre liberdade de imprensa e *reserva da vida privada*" se projecta em consequências divergentes se a articularmos com a categoria *"pessoas da história do tempo em sentido absoluto"* ou com o reconhecimento da "inviolabilidade de uma área nuclear da vida privada" a quem quer que seja, no quadro de uma *"ponderação* global da situação concreta"[151]; que a artificiosa criação, sem quaisquer restrições, de uma situação formalmente enquadrável no âmbito linguístico de determinado preceito legal, gera resultados distintos de uma impostação contraposta, já disponível para admitir a pertinência de considerações de ordem material, o carácter prático-normativo da interpretação jurídica, a relevância do instituto da fraude à lei ... – e as respectivas consequências[152].

Ronald Dworkin critica aquilo que denomina "esquizofrenia moral": a atitude de quem, *v. gr.,* "[a]poia as reduções de impostos quando está a pensar nos ricos merecedores, mas [já se opõe] às mesmas reduções quando pensa nos

---

[150] Cf. Manuel da Costa Andrade, *Sobre as proibições de prova em processo penal,* Coimbra, 1992, 35, 99 s., 147 e 200. Importantes explicitações complementares (quando não mesmo pressuponentes...) relacionadas com "a necessidade, para afirmação de uma autêntica proibição de prova, de se levar a cabo uma ponderação dos interesses em conflito no caso concreto", são aquelas que nos disponibiliza Jorge de Figueiredo Dias, no estudo "Revisitação de algumas ideias-mestras da teoria das proibições de prova em processo penal (Também à luz da jurisprudência constitucional portuguesa)", in *RLJ,* 146.º, n.º 4000, 2016, 3 ss., esp.ᵗᵉ 13 ss.

[151] Cf. Manuel da Costa Andrade, "A tutela penal da imagem na Alemanha e em Portugal", in *RLJ,* 141.º, n.º 3972, 2012, esp.ᵗᵉ 145-147. Se quisermos um exemplo paralelo, mas da esfera do Direito Civil, atente-se na "decisão do Tribunal de Justiça da União Europeia, de 13/05/2014, no caso C-131/12", relativa ao encerramento, ou não, ao grande público, de referências a determinada pessoa, entretanto falecida, e acessíveis *on line,* de que nos dá notícia J. P. Remédio Marques: cf., deste nosso Colega, "Em torno do planeamento sucessório. *O Código Civil Português e as formas alternativas de sucessão mortis causa",* in *Boletim da Faculdade de Direito,* Vol. XCIV, Tomo I, Coimbra, 2018, 103 e n. 38.

[152] De resto, outro tanto poderia dizer-se, *mutatis mutandis,* de muitas das ponderações que se impõem ao legislador (a pluralidade de fundamentos a que atende e o modo como os sopesa, revela-se determinante da solução que acaba por consagrar). Seja o seguinte exemplo: a dignidade penal que ainda tende a reconhecer-se a certos bens jurídicos não tem que traduzir-se, por razões compreensíveis *(v. gr.,* de política criminal, de coerência intra-sistemática, de direito comparado...), na inflicção de uma pena privativa da liberdade. Pense-se na honra e na sanção cominada para os crimes de difamação e de injúria – artigos 180.º s. do CP –, o que desvela, "indiscutivelmente, um privilegiamento da pena de multa em relação à pena de prisão" (assim, José de Faria Costa, in Jorge de Figueiredo Dias (Dir.), *Comentário Conimbricense do Código Penal, Parte Especial, Tomo I,* Coimbra, 1999, esp.ᵗᵉ 627 s. e 633 s.) e ... parece confirmar, quase cinco séculos volvidos, a pertinência (a presciência) dos seguintes versos de William Shakespeare: "What is honour? A word. What is that word,/honour? Air. A trim reckoning!/[...]/[...] honour is a/mere scutcheon; and so ends my catechism" ("Henry IV", Pt. 1, act V, sc. I, 136-137 e 142-143, in *The complete works,* cit., 433. Parcialmente em linha com o juízo do Dramaturgo – por isso o trazemos aqui ... –, e já mais próximo de nós, temos Schopenhauer, que propõe a seguinte definição: "a honra é, em termos objectivos, a opinião dos outros sobre o nosso valor e, em termos subjectivos, o nosso temor dessa opinião" – cf. os seus *Aforismos para a sabedoria de vida,* trad. de Jair Barboza, s./l., 2017, 65).

pobres miseráveis" e, por isso, não é mais do que "arbitrário e caprichoso"[153]. Paralelamente, também não hesitamos em censurar qualquer esquizofrenia metodonomológica: o jurista deve, seguramente, centrar o seu discurso reflexivo no problema concretamente judicando (que, na sua irredutível novidade, é como é e não como gostaríamos que fosse...) e, portanto, pautar-se sempre pela máxima segundo a qual, no fim e ao cabo, o juízo decisório, que é institucionalmente chamado a proferir, "depende do caso"[154]. Mas uma oscilação por assim dizer impressionista, como que ao sabor da pulsão dominante em cada momento, entre esta ou aquela posição de princípio (afivelando, com tanto destemor quanto falta de critério e apenas em razão do lado de que sopra o vento, a máscara aqui de normativista, ali de funcionalista e mais além de jurisprudencialista, ora aderindo às propostas da Jurisprudência dos interesses ora às do Movimento do direito livre, privilegiando umas vezes uma fundamentação prático-normativa da sentença e cedendo outras vezes a apelos consequencialistas, acolhendo quer um conceitualismo radical, quer um finalismo puro e duro, ou sincretismos semelhantes nos antípodas da pressuposição de um "filtro", denso – porque con-formado pelas interpelações problemáticas da *praxis* – e coerente – porque polarizado em articuladas exigências axiológicas que se assumem sem reservas –, esclarecidamente recortado – *i. e.,* de uma perspectiva metodonomológica, também ela problematicamente densa e intencionalmente coerente, acuradamente concebida) é, decerto, muito de reprovar.

2.13. Supomos justificarem-se ainda algumas (poucas mais) notas preambulares atinentes à exacta delimitação do núcleo duro das nossas preocupações... e à fuga para questões laterais, a que por vezes nesse âmbito se capitula, seja por ingenuidade, seja por subserviência à lógica sempre implacável, mas

---

[153] Cf. *Justiça para ouriços,* cit., 113 ss.

[154] "[D]as kommt auf den Fall an": cf. Rolf Gröschner, *Dialogik und Jurisprudenz. Die Philosophie des Dialogs als Philosophie der Rechtspraxis,* Tübingen, 1982, 6, 19, 26 ss., 91, 123, 130 – página em que se colheu a afirmação transcrita – e 187. Para não anteciparmos aqui um qualquer daqueles outros exemplos que se mencionarão ao longo do curso, a vários propósitos, e que também permitiriam ilustrar o que agora se pretende esclarecer, pensemos no seguinte: uma coisa é impor a um praticante desportivo, em nome do princípio da liberdade contratual tradicionalmente relevado, a validade de uma cláusula de opção inserta num contrato por ele subscrito, que conceda ao clube um "direito potestativo de decidir livremente [...] se o atleta ficaria [no referido clube] três anos ou se [a entidade empregadora o poderia] mandar embora no final do segundo ano", invocando, ao menos implicitamente, como que um *venire contra factum proprium;* outra, muito diferente, admitir que o mencionado praticante se possa libertar do aludido vínculo quando foi ele que "[insistiu], denodadamente, na inclusão de tal cláusula de opção no contrato, a ponto de se negar a contratar sem tal cláusula, e [vir] mais tarde [...] invocar a invalidade da mesma" – circunstâncias, estas sim, explicitamente desveladoras de um manifesto *v. c. f. p.* por parte do atleta (cf., a propósito de um problema concreto, João Leal Amado, "A insustentável leveza de uma decisão", in *RLJ,* 142.º, n.º 4012, 2018, 60 ss., esp.ᵗᵉ 65 ss. e n. 14).

nem sempre inocente, dos *media,* onde, não raro, ... "borboleta[s] intelectua[is]", incubadas num horizonte dominado pela "tirania da comunicação"[155], parecem comprazer-se em cultivar "a 'elegância do fácil'"[156].

Glosando um percuciente texto-síntese de CASTANHEIRA NEVES, divulgado numa pagela de circunstância[157], diremos que, sendo embora "difícil [...] fazer justiça à Justiça"[158], também nós vamos falar dela[159]. Acontece, porém, que quando se agita esse tema, o que via de regra está em causa ou é a sua consideração "sociológica" – os "pressupostos", as "condições" e os "efeitos sociais" da respectiva actuação –, ou o "sistema funcional" que se lhe associa – a mais ou menos eficiente (ou ineficiente...)[160] e onerosa[161] (ou nem por isso...) máquina através da qual ela opera, a respectiva "governança"[162]... –, uma e outro *data* de que empiricamente nos apercebemos quando a olhamos[163].

---

[155] Cf. as lúcidas advertências do Presidente do STJ, António HENRIQUES GASPAR, arquivadas no *Boletim da Ordem dos Advogados,* n.º 77, Abril de 2011, 30 ss., esp.^te 35. E de tantos outros, no mesmo sentido: em denúncia de um vício recorrente, não escreveu, por exemplo, o jovem jurista André Filipe MORAIS que "a Comunidade" tende, "hoje" a ver "a Justiça [...] pelas lentes da [comunicação social]" ? – cf. "Entre o areópago e o pelourinho", in *Alumni. Newsletter n.º 8,* 2016, 15.

[156] Cf. NIETZSCHE, *A origem da tragédia,* trad. de Álvaro Ribeiro, 12.ª ed., Lisboa, 2004, 158. Mas não se esqueça que há igualmente quem tenha vaticinado o contrário, *i. e.,* que "[o] escritor ou o filósofo do futuro entrarão em cena pela passadeira do jornalismo!"...: assim, R. MUSIL, *O homem sem qualidades,* I, cit., 822.

[157] Cf. *Colóquio: O poder (função) judicial e o direito. Universidade Lusófona do Porto, 21 e 22 de Abril de 2006.*

[158] Cf. R. MUSIL, *O homem sem qualidades,* I, cit., 694.

[159] E isto porque a justiça é, entre outras, poucas, mais, "[u]ma pequenina luz bruxuleante/[..., que] brilha/[,n]ão na distância [, mas a]qui/no meio de nós" (são versos de Jorge de SENA, do poema "Uma pequenina luz", in Manuel Hermínio MONTEIRO (Dir.), *Rosa do Mundo. 2001 poemas para o futuro,* Lisboa, 2001, 1570 s.), como irresgatável regulativo intencional – o que vale por dizê-la uma urgente (e mesmo vital!) exigência prática.

[160] Recordemos que a eficiência, rigorosamente recortada, se centra no apuramento dos pressupostos estrategicamente mais adequados para, num determinado quadro circunstancial, se alcançar o melhor resultado possível. Por isso a devemos saber distinguir da eficácia, que tem imediatamente que ver com os resultados susceptíveis de serem efectivamente atingidos, as mais das vezes por mediação de um certo esquema de meio-fim – cf. A. CASTANHEIRA NEVES, *Teoria do Direito,* polic., Coimbra, 1998, 167.

[161] O que se tem dito e escrito sobre "os custos da justiça" não cabe numa nota de rodapé...: cf., *v. gr.,* João Álvaro DIAS (Coord.), *Os custos da justiça. Actas do Colóquio Internacional, Coimbra, 25-27 de Setembro de 2002,* Coimbra, 2003. Para prevenir a capitulação a impostações hoje muito propaladas mas indisfarçavelmente redutoras, acentuando, ao invés e com a maior ênfase, a "exigência fundamental [...] de que a *jurisdictio* como estrutura [...] se determine sempre e sem excepção como um 'correlato funcional' da *jurisdictio* como intenção", *v.* José Manuel AROSO LINHARES, "A unidade dos problemas da jurisdição ou as exigências e limites de uma pragmática custo/benefício", nas *Actas...* acabadas de citar, 185 ss., esp.^te 283 s.

[162] "[U]ma questão política" muito importante, que se cruza, *inter alia,* com os problemas da "independência" e da "responsabilidade, ou responsabilização" dos tribunais: cf. o autobiográfico exercício de memória de LABORINHO LÚCIO, *O julgamento. Uma narrativa crítica da justiça,* Alfragide, 2012, 391.

[163] Na entrevista concedida pela Coordenadora Executiva do Observatório Permanente da Justiça Portuguesa, Conceição GOMES, ao *Boletim da Ordem dos Advogados,* n.º 73, Dezembro de 2010, 24-28, o que se considera são precisamente as (decerto, pragmaticamente relevantíssimas...) condicionantes

A nós, todavia – já o compreendemos … –, preocupar-nos-á antes o sentido (as exigências – *maxime,* de carácter principial – que assume e visa realizar[164]), e a tarefa (os problemas com que se confronta – que sejam institucionalmente da sua regedoria – e se empenha em solucionar, e o modo como deve fazê--lo) que a justiça – *hoc sensu,* o "poder-função judicial" – é, respectivamente, chamada a intencionar e a cumprir… conquanto, decerto, nas "condições" que se lhe deparam e com a "estrutura" de que dispõe[165]: "[…] a separação entre

sociológicas e o sistema funcional da justiça – a sua eficiência organizacional, a sua produtividade, os custos do serviço que presta, as sinergias que deverá saber aproveitar…

[164] Tomamos assim posição sobre a gravíssima questão de saber se (não obstante se haver já sentenciado o seu fim: "[…] agora tudo pode acabar, a civilização, a História, o sentido, a natureza. Tudo!" – assim, Saul BELLOW, *Herzog,* trad. de Salvato Telles de Menezes, Lisboa, 2014, 461) tem hoje algum sentido a pergunta pelo… sentido (cf. o que escrevemos nas *Lições…,* cit., 149-152, esp.^te 151; *v.* ainda *supra,* 41 ss. n. 36): "[o] sentido do sentido é um postulado transcendente" (assim, G. STEINER, *Presenças reais,* cit., 192), o que significa ser a respectiva pressuposição *conditio sine qua non* de tudo quanto se deva reconhecer humanamente emblemático e intencionalmente significativo. Num tempo, como este nosso, em que a linguagem prático-culturalmente cunhada é tida como uma obsolescência lastimável, "uma espécie de neandertal indistinto", porque alheio aos "algoritmos" estruturantes "dos códigos semânticos" da ciência e da técnica – da ciência feita técnica… – apenas acessíveis a um "mandarinato de especialistas" ("um [jurista] que [, sem mais,] recorre a equações [não será], quase sem excepção, alguém que recua perante o pensamento"?: cf. ID., *ibidem,* 78), o sentido não se terá "[tornado] uma Nuvem de Magalhães de possibilidades" quantitativamente infinitas, mas sem referência a qualquer (problematicamente inucleada…) axiologia intencionalmente polarizadora e intersubjectivamente comprometedora, razão pela qual *quase* "só o silêncio pode aspirar à [sua] dignidade perdida"? … E a resposta que deste modo se sugere será fruto de (mais) uma lastimável… "consciência […] tecnófoba" – *in casu,* (também) a do autor destas linhas, incapaz de compreender o "sentido" como o "jogo" emblemático do *homo ludens* (perdido na ludomania em que se esgota, mas sem compreender o profundo significado humano de "jogar jogos"…: cf. Bernard SUITS, *A cigarra filosófica. A vida é um jogo?,* trad. de Vítor Guerreiro, rev. de Aires Almeida, Lisboa, 2017, *passim;* atente-se na "Introdução" a esta obra, de Thomas HURKA, *ibidem,* 17), qual eufemismo de eleição para a implacável "estratégia" do *homo lupus* (sem pretendermos com isto "insultar os lobos"… – cf. G. STEINER, *Fragmentos…,* cit., 35) … –, ou impor-se-á como atitude indeclinável a quem seriamente se preocupe com a salvaguarda da "maravilhosa" humanidade do *homo persona,* para quem o sentido se poderá dizer a expressão paradigmática da *poiesis* inerente ao exercício da responsável liberdade que o predica (algo mais explicitamente: o sentido remete aos referentes práticos – problemático-axiológicos – intencionados nas utopias por que nos transcendemos, nas criações por que nos re-criamos, e são, portanto, no quadro da experiência histórica do existir do homem-demiurgo da sua própria realização, sinais de apelo e de tarefa, de caminho e de horizonte)?… Cf. ID., *A poesia do pensamento…,* cit., esp.^te 201-204, 212 e 220-222. O que basta para mostrar que o sentido é analisável (cf. *infra,* 179 ss. e 185 ss.), mas que analisar o sentido "não é o mesmo que desfazer uma mala de viagem"…: cf. Susan NEIMAN, *O mal no pensamento moderno…,* cit., 307.

[165] As condições sociológicas de actuação e a estrutura institucional disponível são, evidentemente, importantes (com efeito, e *v. gr.,* não é verdade que "as organizações" – *in casu* e paradigmaticamente, a organização judiciária – contribuem decisivamente para "evitar erros, pois – ao implicarem a consideração de uma muito mais extensa e decantada teia de pressupostos – pensam naturalmente mais devagar [do que os indivíduos isolados] e têm o poder de impor procedimentos ordenados [e disciplinadores]"?…: assim, Daniel KAHNEMAN, *Pensar, depressa e devagar,* trad. de P. Vidal, s./l., Temas e Debates/Círculo de Leitores, 2012, 549. O que evidentemente concorre para robustecer a confiança – essa "instituição invisível", como a denominou ARROW – das pessoas nos tribunais… pelo que não surpreende que o Presidente do STJ, há pouco convocado – cf. *supra,* n. 155 –, o Conselheiro António HENRIQUES GASPAR, tenha dito isto mesmo em entrevista que concedeu ao *Boletim da Ordem dos Advogados,* n.º 115, Junho de 2014, 20), mas co-determinam apenas em *"parte* [as] realizações a que se chegará por meio delas"; absolutizá-las seria capitular, respectivamente, a um maniqueísmo

o quê *(Was)* e o como *(Wie)* da justiça [...] não é possível"[166]. Sentido (por vezes oculto sob resmas de significações – VALÉRY não hesitou em dizê-lo "uma sombra"... todavia resplandecente, atrevemo-nos a acrescentar) e tarefa (que é mister não confundir com função ...[167]) estes[168] que, porque se não vêem, tendem a ser negligenciados[169]. Têm, ao invés, que ser pensados. Mas "[o ...] pensamento só muito devagar atravessa o rio a nado/Porque lhe pesa o fato que os homens o fizeram usar" (PESSOA/CAEIRO *dixit*[170]), e por isso está sempre pronto para se acolher ao princípio da inércia, desonerando-se do esforço que o acto que o realiza (o pensar) implica. E sendo o homem de hoje filho da modernidade – foi na "Era Moderna", recorde-se, que "os intelectuais" assumiram como "seu objectivo" o propósito de pré-escreverem todas as dimensões nucleares da prática...[171] –, não admira que se tenha afoitado a definir esse sentido, petrificando-o – *i. e.,* convertendo-o (subvertendo-o!...) em "natureza"

---

sociológico e a um "fundamentalismo institucional" (é nesta exacta medida que fazemos nossos formulações e juízos de Amartya SEN: cf. *A ideia de justiça,* cit., 134) – pois as instituições são como aqueles cavalos lentos que precisam de ser estimulados pelo aguilhão (por picadas de ferrão do "moscardo"...) de uma crítica ininterrupta (cf. PLATÃO, "Apologia de Sócrates", XVIII – in *Apologia de Sócrates. Êutifron. Críton,* trad. de Manuel de Oliveira Pulquério, Lisboa, 1972, 87; *v.* ainda Martha C. NUSSBAUM, *Sem fins lucrativos. Porque precisa a democracia das humanidades,* trad. de Hugo Barros, Lisboa, 2019, 91 e 93). A outra parte – para nós, a parte decisiva nessa realização, insistimos – é imputável à esclarecida assunção do sentido e da tarefa a que aludimos e que caracterizámos.

[166] A afirmação (que sintetiza as notas precedentemente sublinhadas no texto) é de M. R. DECKERT: cf. *Folgenorientierung...,* cit., 235.

[167] Cf. A. CASTANHEIRA NEVES, *O funcionalismo jurídico...,* cit., in *RLJ,* 136.º, n.º 3940, 2006, 17 = in *Digesta...,* Vol. 3.º, cit., 221 – onde o nosso Professor contrapõe o carácter dessorado e estritamente "instrumental" (donde, "potencialmente manipulável") da "função", à "essencial [...] 'substancialidade'" (donde, a implicar "um sentido de compromisso humanamente assumido") da "tarefa".

[168] Atente-se na seguinte conclusão lapidar de CASTANHEIRA NEVES: adequadamente vistas as coisas, "hoje [...,] o direito – compreendido no seu *originário sentido,* com denúncia das suas perversões, e assumindo constitutivamente esse sentido nas suas objectivas manifestações [e na modelação das tarefas que o predicam] – é afinal a própria justiça. Com o que o dualismo da distinção [direito *vs.* justiça, em que recorrentemente se insiste, perde toda a pertinência e deixa de ser aceitável]": cf. *Aula na Univ. Lusófona – 21 de Abril de 2012,* cit., 19 e 24. Assim também no artigo 220.º (ex-artigo 164.º) do Tratado que institui a Comunidade Europeia. O preceito, recorde-se, afirma que "O Tribunal de Justiça garante o respeito do direito na interpretação e aplicação do presente Tratado", com "o conceito 'direito' [a identificar aí a] essência da ideia de justiça da cultura constitucional europeia" (cf. o "Prefácio"/"Introdução", de Okko BEHRENDS, a Rudolf von JHERING, *Ist die Jurisprudenz eine Wissenschaft?, Jherings Wiener Antrittsvorlesung vom 16. Oktober 1868,* 2.ª ed., Göttingen, 2009, 16 e n. 17).

[169] Em paráfrase a uma passagem da *República,* de PLATÃO – a uma desalentada observação de Sócrates, que não conseguira convencer os seus discípulos Gláucon e Adimanto de que era ele, Sócrates, e não Trasímaco, com quem de momento discutia, que tinha razão –, diremos aqui, relativamente ao ponto que nos trouxe do texto a esta nota, que é assim porque se vêem melhor as grandes letras iluminadas por todos os néons, do que as pequenas letras, alumiadas por velas mortiças... e, todavia, são estas que importam: cf. Hannah ARENDT, *Responsabilidade e juízo,* trad. de Miguel Serras Pereira, Lisboa, 2007, 79.

[170] Cf. Fernando PESSOA, "O guardador de rebanhos", XLVI, in *Poesia de Alberto Caeiro,* Lisboa, 2015, 54; *v.* ainda Georges GÜNTERT, *Fernando Pessoa. O eu estranho,* trad. de M. F. Cidrais, Lisboa, 1982, 149.

[171] Cf. Saul BELLOW, *O legado de Humboldt,* cit., 37.

–, julgando assim eliminar (exorcismar?...) a problematicidade que lhe inere. O Estado de direito de legalidade formal, a redução da juridicidade a essa legalidade e a caricaturização do juiz como "la bouche qui prononce les paroles de la loi" resumiriam essa "natureza"... mas não chegaram para disfarçar a *naïveté* envolvida, nem para ilidir o sentido que é, radicalmente, "a-caminho"[172]. E daí o Estado de direito material, o *ius* claramente distinguido da *lex,* e a metodonomologia polarizada na realização histórico-concreta de uma específica validade, dogmaticamente precipitanda atentos os casos/problemas que pertinentemente a interpelam, bem diferente da subsunção silogística de espécies (os factos) a géneros (os preceitos legais) – tudo lugares-comuns do pensamento jurídico contemporâneo. Sentido e tarefa estes... "[that are] a [matter] in which [we] need more than words to find the meaning". Não que se esteja aqui – já o demos a entender... – perante a impossibilidade de ... dizer o indizível, mas as palavras necessárias só serão suficientes se traduzirem uma sabedoria experiencialmente radicada, reflexivamente decantada e normativo-juridicamente intencionada, e não meros conhecimentos livrescamente obtidos e aditivamente justapostos.

Vamos falar de justiça, dissemos. Não podendo (não devendo!) ignorar-se, nos dias que correm, o peso específico de uma muito importante monografia – *A ideia de justiça,* de Amartya SEN, já várias vezes citada[173] –, e com o intuito de reforçar as observações imediatamente precedentes, esclareçamos agora (para dissipar qualquer dúvida subsistente...) que não nos ocuparemos, neste nosso curso, da disputa entre o "institucionalismo transcendental", de inspiração contratualista, preocupado com a "justiça perfeita", radicada em hipostasiadas "instituições ideais", colimadas a uma irrealizável justiça também ideal, e a que se associam os nomes ilustres de Thomas HOBBES, John LOCKE, Jean-Jacques ROUSSEAU, Immanuel KANT, John RAWLS..., e aqueloutra concepção, também ela filha do Iluminismo, e já denominada uma "comparação centrada em realizações" efectivas, polarizada em "instituições reais" e em "comportamentos reais" de agentes igualmente reais, mais esclarecidamente empenhada "em remover as injustiças patentes do mundo que viam à sua frente"[174], e que colheu o aplauso

---

[172] Cf. Miguel BAPTISTA PEREIRA, "Experiência e sentido", in *Biblos – Miscelânea em Honra de Sílvio Lima,* vol. LV, Coimbra, 1979, 294 e 384.

[173] A propósito dos pontos privilegiados no texto, cf., por exemplo, 20 s., 42 ss., 113... Um resumo autêntico (porque da autoria do próprio Nobel) das duas orientações detidamente exploradas na monografia acabada de citar, ver-se-á em *Escolha coletiva e bem-estar social,* cit., esp.^te 429 s.

[174] "É preciso começar por injustiças que são óbvias para todos e não por grandes perspectivas históricas", adverte Saul BELLOW em *Herzog,* cit., 75. Mas (de certo modo ao invés...) também não deveremos riscar da mente o optimismo (a *docta spes*) inspirador(a) do saudável *"noch richt da*

de Adam SMITH, Jeremy BENTHAM, John STUART MILL, Karl MARX, Amartya SEN... Uma e outra – conquanto, decerto, mais deliberadamente a primeira do que a segunda, e ainda sem ignorarmos que o "institucionalismo transcendental" e a "comparação centrada em realizações" se não contrapõem nos termos... bacteriologicamente puros que privilegiámos para os caracterizar (RAWLS, por exemplo, a compasso do modo como foi atenuando a "prioridade total que originariamente conferia à liberdade", não deixou de se preocupar com "os comportamentos acertados, em [particulares] contextos políticos e morais"...[175]) – manifestam um indisfarçável pendor macroscópico e estrutural, visando a própria organização política da sociedade, globalmente considerada[176]. Por nossa parte, julgamos mais avisado preferir, neste ensejo (demo-lo já a entender em termos suficientemente claros...), uma perspectiva microscópica, centrada em problemas concretos, com uma certa índole – a cunhada pela juridicidade –, que importará solucionar assumindo e realizando essa mesma juridicidade (e, portanto, considerando os referentes intencionais e os pressupostos institucionais sintetizáveis nos princípios conformadores da *Rule of Law)*[177], para os podermos dizer decididos em termos prático-normativamente adequados, *i. e.,* em consonância com o direito (com as constituendas exigências constitutivas

---

utopia" – cf. Luís António MALHEIRO MENESES DO VALE, *O problema jurídico do acesso à saúde: entre a solidariedade e a responsividade,* polic., Coimbra, 2018, 925 e 937 – ("um mapa-múndi nem sequer merece uma olhadela se nele não figurar o país Utopia", disse-o, com palavras afiadas, Oscar WILDE – *apud* "Ernst Bloch: Etwas fehlt – Glück und Utopia. Ein Gespräch mit Theodor W. Adorno, moderiert von Horst Krüger", in Karl-Otto APEL *et alii* (Hrsg.), *Praktische Philosophie/Ethik 1,* Frankfurt am Main, 1980, 413. Na página anterior, os dois interlocutores concordam no fundamental: "a função essencial da utopia é ser uma crítica ao existente. Se nós não tivéssemos ultrapassado os limites, nem sequer nos daríamos conta de que eles eram limites" – BLOCH; "a utopia é, essencialmente, uma muito particular negação do que existe. O que existe concretiza-se sempre em termos deficientes; mas, simultaneamente e por isso mesmo, aponta para o que deve ser" – ADORNO. A utopia é assim, irredutivelmente, "aquilo que falta"; em outra passagem da p. 413, BLOCH esclarece que esse "Etwas fehlt" é uma frase da peça de Bertolt BRECHT, *Aufstieg und Fall der Stadt Mahagonny* – cf. agora a p. 484 da colectânea citada) que levou P. FEYERABEND a sentenciar que "we need a dream-world in order to discover the real world" *(apud* H. GARCIA PEREIRA, *Arte recombinatória,* cit., 99). Pressupondo o que acaba de sublinhar-se e centrando-nos na nossa quadrícula (e concedendo ainda em admitir a contraposição direito/justiça ... – cf. *supra,* n. 168), poderemos fazer nossas as últimas palavras de um ensaio recente de Andreas FISCHER-LESCANO: "a provavelmente mais importante tarefa da Filosofia do Direito é advertir contra a injustiça do direito" – "Wozu Rechtsphilosophie? Kritik des Hyper-Juridismus bei Christoph Möllers und Rainer Forst", in *JZ,* 4/2018, 170.

[175] E a RAWLS poderíamos acrescentar DWORKIN – que, recordemo-lo, contesta com veemência a contraposição proposta por SEN: cf. *Justiça para ouriços,* cit., 360 e 484 s. n. 3.

[176] Podemos invocar aqui, com indisfarçável conforto, a posição, em tudo semelhante, de CASTANHEIRA NEVES, que cataloga as propostas deste tipo como "concepções políticas da justiça": cf. *Aula na Univ. Lusófona – 21 de Abril de 2012,* cit., 24.

[177] Não sublinhou já HEIDEGGER, em diálogo com NIETZSCHE, a nota de que a justiça implica um "pensamento" comprometido com a "execução (-realização)" *(Vollzug)* de "avaliações axiológicas" *(Wertschätzungen)?...* – cf. Martin HEIDEGGER, "Nietzsches Metaphysik", in *Gesamtausgabe, Bd. 50,* Frankfurt am Main, 1990, 62 ss., esp.<sup>te</sup> 69 s.

da juridicidade) e de um modo metodonomologicamente irrepreensível (articulando os pólos do exercício judicativo-decisório – que sabemos serem o problema judicando e o sistema fundamento – com o específico tipo de raciocínio que o mencionado exercício postula – o raciocínio analógico).

2.14. Gostaríamos de acrescentar agora mais uma nota a este rol de observações preambulares. E introduzi-la-emos com a seguinte pergunta: "tudo visto e ponderado", a específica validade que o direito, como normatividade, é (irredutivelmente polarizada nas *archai* que lhe imprimem a marca-de-água, por sua vez precipitandas em ainda rarefeitas, mas já não tanto, exigências principiais fundamentantes – *v. gr.,* nos princípios transpositivos emblematicamente caracterizadores dos diversos ramos do direito – e em arrimos dogmáticos de maior densidade e de acrescida operacionalidade – as normas jurídicas legais, os precedentes da jurisprudência judicial, os modelos práticos elaborados pela doutrina…), e a sua irremissível realização histórico-concreta contrapõem-se reciprocamente ou implicam-se dialecticamente *(hoc sensu:* implicam-se em termos de esta realização – *scilicet,* de o método e o pensamento co-envolvidos, *i. e.,* de a … metodologia que a mencionada realização postula – participar na re-constituição daquela normatividade)? Naquela primeira hipótese, não passaríamos de uma como que… "defesa céptica da" metodologia – pois ela seria apenas "necessária para manter vivas as questões do significado" mas não interviria na "[solução de] problemas"[178]. Nesta segunda, reconheceríamos que a solução dos problemas juridicamente relevantes depende também do tipo de pensamento de que se lança mão para a alcançar[179], pelo que não deixaria de se assumir uma defesa comprometida da metodologia – no exercício da tarefa que é institucionalmente a sua, o jurista teria que considerar os dois planos aqui em causa (a normatividade *e* a metodologia).

Tentemos uma resposta esquemática à pergunta acima formulada – que, de resto, nos permitirá re-visitar e afinar algumas das observações anteriores.

*Grosso modo,* ao longo de toda a época pré-moderna (e com as importantes excepções que sempre se encarregam de vir confirmar a regra…), o optimismo ontológico-metafísico dominante concorreu decisivamente para que se privilegiasse a validade à questão metódica[180]: aquela era tida por acessível e esta ten-

---

[178] Cf. Susan Neiman, *O mal no pensamento moderno…,* cit., 343 s.

[179] Cf. já *supra,* 2.12, 69 ss. – aí ainda não de uma tão bem recortada perspectiva histórico-diacrónica como aquela que agora privilegiaremos.

[180] Que, todavia (insinuámo-lo já no último parêntesis do texto…), nunca se esqueceu por completo…: cf. António Manuel Hespanha, *O caleidoscópio do direito. O direito e a justiça nos dias e no mundo de hoje,* Coimbra, 2007, 612 ss.

dia a ser negligenciada. Com a modernidade, alterou-se o quadro – como que se inverteu mesmo: o método surgiu a polarizar a atenção, e a coisa *an sich* (em si) – a validade, a que aludimos – passou a ser tida por inacessível (lembre-se Kant, que só admitia o acesso ao "fenómeno", isto é, à coisa tal-qualmente se apresenta *für uns* – para nós).

Curiosamente, ou talvez não (o geral nem sempre se recorta sem desvios na esfera do particular...), no campo do direito a contraposição precedente não se manifestou nos termos (tendencialmente rígidos) em que a enunciámos. Com efeito, se o jurisprudencial-doutrinal e tópico-casuístico pensamento jurídico romano, centrado no conjunto (no par indecomponível) *ius/actio*[181], só pon-

---

[181] E a intencionar – para realizar histórico-concretamente – referentes como a *honor,* a *gravitas,* a *dignitas,* a *libertas,* a *clementia,* a *fides...* – sobretudo esta última, que já se disse ser "o centro da ordem política, social e jurídica de Roma": cf. Maria Helena da Rocha Pereira, "Raízes clássicas da União Europeia", in *de Legibus,* n.º 1, Lisboa, 2013, 20 ss.

Com diversos graus de intensidade, a complementaridade acentuada no texto sempre marcou o "mundo do direito" (paradigmático é, sob este ponto de vista, o *Common Law:* cf. o que pudemos escrever em *"Continentalização"...?,* cit., esp.ᵗᵉ nᵒˢ 24-25, 131 ss.; *v.* igualmente Fábio Konder Comparato, *A afirmação histórica dos direitos humanos,* 2.ª ed., São Paulo, 2001, 83; e, mais recentemente, a excelente síntese histórico-diacrónica e comparatística, que Sebastian A. E. Martens nos oferece no ensaio/conferência "Actio, action, Anspruch und Recht – Zum Verhältnis des Rechts zu seiner Durchsetzung", in *JZ,* 21/2016, 1021 ss.; atente-se no sentido dos versos do *Wilhelm Tell,* de Schiller, com que o A. encerra o seu estudo: quando um homem está face a face com outro, e não dispõe de qualquer meio para realizar civilizadamente o seu direito, resta-lhe a espada e o regresso ao primitivo estado de natureza – cf. *ibidem,* 1029...) e chegou mesmo aos nossos dias. Recorde-se o *"princípio da correspondência* (ou da *adequação) entre o direito e ação",* consagrado no artigo 2.º, n.º 2, do CPC (cf., *v. gr.,* o modo como Francisco Ferreira de Almeida abre o seu *Direito Processual Civil II,* polic., Lisboa, 2014, 11). Mencione-se ainda, a título complementar (e ilustrativo), "a unidade sistémica em que as normas [...] comunitárias de conflitos de leis e de jurisdições se integram [...]" (cf. Rui Manuel Moura Ramos, "Tribunal de Justiça (Grande Secção), Acórdão de 15 de Março de 2011. *(Lugar da prestação habitual do trabalho e direito internacional privado da União Europeia)",* in *RLJ,* 142.º, n.º 3981, 2013, 396), ou a ideia de que, em determinados horizontes problemáticos "o 'substantivo se esfuma [mesmo] em gradações impercetíveis até ao 'processual', [porque] a 'linha' entre eles não 'existe' [...]" *(apud* Rui Manuel Pinto Soares Pereira Dias, *Litigância societária internacional no direito da União Europeia: os pactos de jurisdição societários,* polic., Coimbra, 2015, 68 n. 104, 75 ss. ... Acrescente-se apenas que o A. também considera o ponto a que precedentemente havíamos feito alusão, invocando a lição de R. Moura Ramos – R. Pereira Dias refere-se-lhe quando pondera "as vantagens de uma correlação *forum-ius":* cf. *ibidem,* 486 ss.). A decisiva importância do prévio esclarecimento da legitimidade processual para que seja possível realizar um certo direito (exemplo: quem deve poder "considerar-se *ofendido,* nos termos e para efeitos do artigo 113.º, n.º 1, do Código Penal [e, decorrentemente], a quem assiste legitimidade para exercer o direito de *queixa,* indispensável à instauração do procedimento criminal", quando estiver em causa o crime – semi-público – de dano? Só o proprietário, ou também os "titulares das *faculdades de fruição, gozo ou uso,* distintos do proprietário"? Cf. a "Anotação" – cuja leitura muito vivamente se recomenda – de Manuel da Costa Andrade a um acórdão – de fixação de jurisprudência – do pleno das secções criminais do STJ – o Acórdão n.º 7/2011, Processo n.º 456 – 08. 3. – GAMMV – FJ, in *RLJ,* 144.º, n.º 3993, 2015, 433 ss. –, publicada no n.º da *Revista* decana, acabado de citar, 443 ss., sob o sugestivo título "Vinho novo [que se não salvou] em odre velho [que se rompeu]...") é outra manifestação da referida complementaridade. Para terminar, sublinhemos apenas que a metodonomologia se deverá reconhecer, neste âmbito, o enquadrante sintetizador dos mencionados planos substantivo e adjectivo, a que acrescenta a sua especificante marca identitária – a tematização do problema do juízo decisório (as coordenadas que o integram – aqueles planos estão, mais notoriamente, na coordenada sistema –, a racionalidade que implica, as ponderações que reclama, o objectivo que visa...).

tualmente *(v. gr.,* com CÍCERO e QUINTILIANO) se preocupou com a questão metódica, o jurisprudencial-hermenêutico e argumentativo-dialéctico pensamento jurídico medieval[182], que por seu turno compreendeu e assumiu o direito como *ratio [ivridica] scripta,* relevou aquela questão como sua emblemática coordenada epistemológica (basta atentar no peso do princípio da autoridade e na importância capital decorrentemente reconhecida aos textos – reclamantes de uma interpretação – das Escrituras, no domínio religioso, e do *Corpus Iuris Civilis,* no do direito, e no exercício da *disputatio* de *quaestiones,* que a Escolástica propôs para a Teologia e que o Pensamento Jurídico não hesitou em aproveitar). Esta última orientação – a dominante, na Europa continental, do século XIII ao século XVIII (entre nós, até à Lei da Boa Razão, de 1769[183]), ou seja, durante todo o longo período do (romano-canónico[184]) *ius commune* – mostra bem não serem, afinal, as duas mencionadas dimensões simultaneamente incompossíveis – por vezes elas apresentam-se em conjunto. Algo mais explicitamente: nesta fase, o ontologicamente fundado (que não, ainda, racionalmente construído) *ius naturale* era acessível … mas por mediação de textos (lembre-se a platónica identificação do "ser com o enunciado", assumida pela Escolástica…[185]), que importava interpretar para que se nos desvelasse. Interpretação esta que não era, portanto, circunstancialmente negligenciável – revelava-se antes autenticamente constitutiva da normatividade jurídica[186].

---

[182] Não obstante as suas diferenças – que a caracterização proposta, por extenso, para cada um deles, não deixa de relevar … –, poderíamos assim também nós globalmente aludir, com L. FERRAJOLI, a um modelo "jurisprudencial pré-moderno" de pensamento jurídico: *apud* Silvério da ROCHA CUNHA, *Teoria Jurídico-Política das Relações Internacionais,* cit., 42.

[183] Atentos pressupostos e com especificações que não importa considerar aqui, a Lei de 18 de Agosto de 1769 veio consagrar uma verdadeira "interdição de interpretar", tanto para os juízes como para os advogados: cf. Mário Júlio de ALMEIDA COSTA, *História do Direito Português,* 4.ª ed. (com a colaboração de Rui Manuel de FIGUEIREDO MARCOS), Coimbra, 2009, 400 ss., e Rui de FIGUEIREDO MARCOS, "Os cânones da interpretação iluminista e o direito romano", in Pedro RESINA SOLA (Ed.), *Fundamenta iuris. Terminología, principios e interpretatio,* Almeria, 2012, 498.

[184] A relevância do direito canónico – para além, evidentemente, da do direito romano – na modelação do *ius commune* (é essa a razão pela qual se fala em *Utrumque ius…),* a que o ideário iluminista viria pôr termo, e sublinhada a propósito de um problema dogmático que se diria nada ter que ver com isso – o da "legitimidade passiva numa acção de restituição da posse" –, ver-se-á exemplarmente esclarecida em David MAGALHÃES, "A Decretal *Saepe Contingit* (X.2, 13, 18): a importância do IV Concílio de Latrão e do Papa Inocêncio III para a disciplina da tutela possessória", in *Interpretatio Prudentium,* I, 2016, 1, 85 ss., esp.te 119 s. e 136 s.

[185] Cf. G. STEINER, *Extraterritorial…,* cit., 94.

[186] As indispensáveis explicitações complementares colher-se-ão em A. CASTANHEIRA NEVES, "Método Jurídico", agora in *Digesta…,* Vol. 2.º, cit., 283 ss.
Já agora. No plano cultural geral, recordemo-lo, a hermenêutica apresenta-se em termos algo paralelos. *Verdade e método* (a obra capital de H.-G. GADAMER) não é um título acidental: a verdade é-nos acessível, mas… por uma mediação *(hoc sensu:* o acesso à *verdade* reclama um … *método)* postulada pela finitude, pela historicidade e também pela capacidade de auto-transcensão do

A seguir tudo mudou. Tanto o normativismo moderno (quer o "racionalmente natural", quer o "formalmente racional"[187]) como o ulterior positivismo legalista (que o chamado "jusnaturalismo empírico" antecipara...[188]) vieram reduzir o direito a um dado passível de ser abordado cognitivamente. Todavia, com uma diferença: o primeiro, identificava-o com normas dedutivamente inferidas da razão humana[189]; o segundo, com imperativos prescritivamente ditados pelo poder legislativo. E se o direito se evidenciava assim nessa sua empírica objectividade, o método jurídico surgiu então para regular a lógico-apofântica (silogístico-subsuntiva) – donde, tautológica... – aplicação desses critérios (das normas e dos imperativos, a que aludimos) aos factos que se apresentassem como seus corolários lógico-objectivos[190]. Método este que, compreendemo-lo já, nem sequer problematizou o tipo de racionalidade (o modelo de pensamento – o *logos)* que deveria privilegiar – que só poderia ser aquele que (à época) se apresentava como garantidor da cientificidade que (também) o pensamento jurídico almejava[191]. Se nos é permitida a ironia da paráfrase a um *slogan* conhecido (e desculpado o tom gnómico da afirmação...), racionalidade há só uma, a axiomática[192] e mais nenhuma... Bem a sério, acrescentemos apenas que nada disto surpreende se nos lembrarmos dos princípios estruturantes do Estado de direito de legalidade formal[193] e do modo como eles se

---

homem (o homem – digamo-lo heideggerianamente – é para a morte, é no tempo, e é o único ente capaz de interrogar o ser).

[187] Os necessários desenvolvimentos explicitantes ver-se-ão em A. Castanheira Neves, *O instituto dos "assentos"...,* cit., 528 ss.

[188] Cf. a nota anterior.

[189] Como é sabido, para o normativismo moderno o direito era a lei... moderna. Atento o modo como se concebia a criação dessa lei racional, ela só se converteria em direito real se o legislador se dispusesse a intervir como instância mediadora (cf. as nossas *Lições...,* cit., 325 s.). A famosíssima asserção de Hegel, no "Prefácio" dos seus *Princípios de Filosofia do Direito,* segundo a qual "[o] que é racional, é real; e o que é real, é racional" (Was vernünftig ist, das ist wirklich; und was wirklich ist, das ist vernünftig"), uma vez "que só a ideia é real" ("daß nichts wirklich ist als die Idee") – na trad. dos referidos *Princípios...,* devida a Orlando Vitorino, 2.ª ed., Lisboa, 1976, 13; cf. ainda Gröschner, in Gröschner, Dierksmeier, Henkel, Wiehart, *Rechts- und Staatsphilosophie. Ein dogmenphilosophischer Dialog,* Berlin/Heidelberg/New York, 2000, 240 –, não é mais do que a síntese do "gigantesco empreendimento [que o Filósofo se propôs – [o] de reconciliar [razão e] realidade" – afinal, em superação daquela antinomia que H. Arendt enuncia com a lapidar afirmação de que "o [racionalismo moderno] é irreal e o realismo moderno é irracional" (cf. *A condição humana,* cit., 368).

[190] Para uma exacta caracterização da inferência subsuntiva, cf. A. Castanheira Neves, *Questão-de-facto...,* cit., 197 s. e n. 88, 204 e n. 6, 207...

[191] *V.* as nossas *Lições...,* cit., 372.

[192] Axiomático-indutiva, naquelas que depois se designaram as ciências empírico-analíticas; e axiomático-dedutiva nas posteriormente denominadas ciências do espírito (é esta, evidentemente, a trincheira do pensamento jurídico).

[193] Cf. *Lições...,* cit., 356 ss.

projectaram no (como concorreram para determinar o) tipo de racionalidade coetaneamente preferido[194].

Desta perspectiva, que dominou a arena (sobretudo) no século XIX, o pensamento jurídico só se deparava com normas/imperativos e factos empíricos, e não tinha mais do que recorrer aos esquemas operativos da lógica formal para avaliar da possibilidade de subsumir estas espécies (os factos brutos) àqueles géneros (aos critérios jurídicos). E o que isto queria, afinal, dizer era que a realização histórico-concreta do direito não se perfilava como um problema jurídico – seria quando muito um problema lógico-formal, nada mais[195] … o que, combinado com a também tradicionalmente admitida caracterização do direito como *ancilla* da política (como sua *longa manus…*), ajudará, decerto, a compreender a linhagem em que se inscreve a afirmação, ainda hoje frequentemente repetida, segundo a qual (e em referência ao binómio em que estamos centrados) as questões materiais têm natureza política, sendo as questões jurídicas desvalorizadas como meramente formais. Por outras palavras: a normativamente constitutiva mediação judicativa não era aqui problema – postulando-se apenas a existência, em planos separados, de critérios jurídicos

---

[194] Ao silogismo subsuntivo, preconizado (nomeadamente) pelo positivismo legalista, subjazem, portanto, razões ideológicas (cf. Arnaldo VASCONCELOS, *Teoria da norma jurídica,* 6.ª ed., São Paulo, 2006, 143 s.) atinentes à estrutura básica do – e às exigências intencionadas pelo – Estado de direito de legalidade formal.

[195] Hans KELSEN, por exemplo, compara o pensamento jurídico metodologicamente comprometido à Geometria, para sustentar que aquele primeiro se deve ocupar apenas de questões formais, que não de questões materiais – o conteúdo das "relações da vida" interessa ao direito *(Recht),* mas não ao pensamento jurídico metodologicamente comprometido *(Jurisprudenz).* Impressionou-o pouco a advertência de JELLINEK, que sublinhava ser essa via – a da primazia reconhecida a um "mundo de conceitos sem realidade, de formas sem conteúdo, de resultados sem valor" – aquela que condena "irremissivelmente o pensamento jurídico metodologicamente comprometido à [a degenerar na] escolástica". A tarefa do jurista deve ser equiparada à do "escultor", não à do "geómetra teórico", pois se este se ocupa apenas da determinação da "forma de um corpo" (cf. Hans KELSEN, "Hauptprobleme der Staatsrechtslehre entwickelt aus der Lehre vom Rechtssatze" (1911), in Matthias JESTAEDT (Hrsg.), *Hans Kelsen Werke,* 2 I, Tübingen, 2008, esp.[te] 185-188. O formalismo kelseniano ver-se-á, entre nós, pormenorizadamente documentado – e receamos que igualmente assumido… – por José LAMEGO, in *Três programas de análise do direito: Kelsen, Ross e Hart. Relatório com a perspectiva, os conteúdos programáticos e as opções pedagógicas de um seminário de terceiro ciclo em Teoria do Direito,* polic., Lisboa, 2016, de que tivemos a honra de ser convidados a ajuizar; explicitações complementares oferece-no-las ainda o nosso ilustre Colega em *A teoria pura do direito de Kelsen,* Lisboa, 2019), qualquer que ele seja, aquele não pode deixar de ter em conta as limitações que a específica matéria com que opera, e as constrições do singular problema que o interpela, lhe impõem – e o jurista é precisamente o sujeito a quem compete assumir e mobilizar o direito (tomando na devida conta, como é óbvio em dialéctica correlatividade, o seu sentido fundamentante e a sua serventia pragmática – quer dizer, à uma, a sua intencionalidade axiológica e teleológica) para pôr e solucionar controvérsias que têm na normatividade jurídica o seu referente. Transpondo para os nossos dias, e para o hemisfério prático de que cuidamos, o lamento crítico que CATARINA da Rússia dirigiu aos filósofos, poderemos dizer que o universo dos juristas não é o de uma folha de Excel cheia de números, que reduzem a realidade a abstracções, mas o de um particular sector do "mundo da vida", com pessoas… e os seus problemas concretos, que devam ser postos e solucionados de certo modo.

como que taxidermicamente auto-subsistentes na sua idealizada abstracção, e de factos objectivos confinados (se esquecermos BERKELEY...) à sua cognitivamente apurável *empiria*[196], no lugar da intencionalmente exigente e institucionalmente responsabilizante interposição reflexiva implicada por uma prudencial mediação judicativa (pelo juízo decisório), não teríamos mais do que um *"leeres Räsonieren"* (um raciocinar vazio)[197] – uma operação lógica (um silogismo subsuntivo), que, sem enguiços nem consumições, poderia ser levada a cabo por qualquer máquina de silogizar...[198]. Ora, todas as correntes metodonomologicamente comprometidas viabilizadas pelo finalismo iheringuiano, e que surgiram a partir de finais do século XIX (da Livre investigação científica do direito e do Movimento do direito livre à Jurisprudência dos interesses, a diversas orientações mais radicalmente sociológicas, às derivas funcionalistas de variada tendência, até à Jurisprudência da valoração e aos seus avatares, e ainda às múltiplas linhas discerníveis numa metodonomologia de inequívoca matriz argumentativa)[199], vieram mostrar, em termos insofismáveis – conquanto cada qual a seu modo e com sensibilidades e sinceridades distintas ...–, que o *punctum crucis* não era o conhecimento/aplicação, em abstracto, da lei, mas a assunção/realização, em concreto, do direito. E era assim porque a dupla

---

[196] Como se em lugar da mencionada contraposição de planos, não se devesse antes reconhecer a imbricação de um e outro... Advertência esta que se não revela só pertinente no domínio de que cuidamos – o do direito. Com efeito, e bem mais em geral, lembremos apenas que assim como há "um empirismo da Ideia" (a afirmação é de Gilles DELEUZE; cf. *Diferença e repetição,* trad. de L. Orlandi e R. Machado, Lisboa, 2000, 441), há também um idealismo do empírico (pensemos no marxismo, tal-qualmente no-lo ajudou a compreender Isaiah BERLIN: cf. *Karl Marx,* cit., 244 s.)...

[197] A expressão é de HEGEL – e de capital importância para uma rigorosa caracterização da sua proposta filosófica: cf. um esclarecimento de HENKEL, em GRÖSCHNER *et alii, Rechts- und Staatsphilosophie...,* cit., 233.

[198] ... Em que se introduzem o critério e os factos, se dá à manivela, e de pronto sai a sentença, à semelhança daqueloutra, também ela afinal ilusória, em que... "[a] massa, a água e a carne entra[m] por um lado e os ravióis prontos salta[m] do outro [...]" – cf. MO YAN, *Mudanças,* trad. – da versão inglesa – de V. Gato, Lisboa, 2012, 74. Se preferirmos registos mais ortodoxos, lembremos a exemplar posição de A. BAUMGARTEN, de que nos dá conta A. CASTANHEIRA NEVES, no ensaio *O actual problema metodológico da interpretação jurídica – I,* cit., 92 s., n. 306. Ou de Julius HATSCHEK (bem próxima da observação com que abrimos esta nota, para fechar o círculo...), que colhemos em Clara GÜNZL, "Subsumtionsautomaten und-maschinen", in *JZ,* 2019, 183 (um estudo deveras interessante, em que se chama a atenção para o modo, que se diria surpreendente, como, de há muito, tantos insuspeitos têm utilizado a categoria subsunção; cf., complementarmente, *infra,* n. 202): o juiz introduz de um lado do aparelho de julgar com que opera a moeda dos factos, e do outro sai, sem qualquer ruído e relevando os mais ínfimos pormenores, a sentença (autorizámo-nos uma tradução muito pouco ao pé da letra, donde a omissão das aspas)...

[199] Cf. as nossas *Lições...,* cit., 790 ss. – e, sobretudo, a bibliografia aí profusamente arrolada. Relativamente à marca deixada pelo finalismo de IHERING no pensamento jurídico brasileiro (em Tobias BARRETO, Clóvis BEVILÁQUA...), *v.* a obra colectiva organizada por João MAURÍCIO ADEODATO, *Ihering e o direito no Brasil,* Recife, 1996 (cf., por exemplo, o estudo, nela inserto, de José GLÁUCIO VEIGA, "Ihering, Tobias, e a nova intuição do direito", 110 ss., esp.[te] 112 ss.); e, entre nós, António BRAZ TEIXEIRA, *A filosofia brasileira do século XIX,* V. N. de Famalicão, 2011, 71 ss., e 83 ss.

crítica de que foi alvo o método jurídico – a crítica empírica e a crítica metodo-lógica[200] – pôs em evidência as três questões que, em dialéctica correlatividade, constituem o exercício metodonomológico... e que o método jurídico olimpicamente ignorou: 1.ª) o problema do caso, com a sua identidade singular e com a sua historicidade concreta – coisa bem diferente de um facto bruto reduzido a espécie de um género[201]; 2.ª) o problema do critério jurídico (*maxime*, da norma legal), eventualmente disponível ou a criar, e com uma relevância prático-normativa susceptível de ser "trazida-à-correspondência" com o problema do caso – que, portanto, se não confunde com um *corpus* semântico-sintáctico linguisticamente analisável e dedutivamente aplicável[202]; e 3.ª) o problema da

---

[200] Cf. as nossas *Lições...*, cit., 788 ss. – e, mais uma vez sobretudo, os apoios bibliográficos que, na circunstância, se privilegiaram.

[201] Se quisermos, "[o]s factos só pertencem ao problema" (assim, L. Wittgenstein, *Tractatus...*, 6.4321 – na ed. cit., 140), mas não são o problema, pois este não se reduz à pura nudez empírica dos factos, antes implica, *ab origine,* o referente que o constitui como problema (recordemos a clássica distinção entre os *nudi facti* e o *id quod interest:* cf., por exemplo, David Magalhães, "Execução específica. Alcance e limites da realização coactiva da prestação desde o direito romano", in *Boletim da Faculdade de Direito,* Vol. LXXXIX, Tomo II, Coimbra, 2013, 700 s.; o sentido muito amplo que deverá atribuir-se aos factos no quadro da problemática da chamada informação privilegiada: cf., igualmente a título exemplificativo, José Engrácia Antunes, "O dever de divulgação de informação privilegiada", in *Boletim da Faculdade de Direito,* Vol. XCV, Tomo I, Coimbra, 2019, esp.[te] 360 ss., sob III.-V. ...) – como interrogação suscitada por uma experiência concreta na pressuposição de "algo" (estamos assim, também nós, a louvar-nos em Heidegger; cf A. Castanheira Neves, *Metodologia Jurídica...,* cit., 159, a nossa dissertação *A metodonomologia...,* cit., 411... O referente a que se aludiu não poderá, portanto, dizer-se, em paráfrase a J. L. Borges, uma... abstracção que se acrescenta à realidade – é, de certo modo ao invés e complementarmente, o pressuposto que viabiliza e o papel de tornesol que confirma a emergência, com sentido, da ... realidade, com os problemas que a densificam). E daí que, sem surpresa, se possa afirmar que os factos conhecem-se e verificam-se, e consonantemente, a respectiva prova reduz-se à "neutra [constatação] da sua simples existência" (cf. Laborinho Lúcio, *O julgamento...,* cit., 37 s.); ao invés, os problemas, para virem à epifania exigem, como se sublinhou, a pressuposição tanto do mencionado referente como das ponderações práticas que se lhe associam, e, também consonantemente, a respectiva comprovação reclama uma permanente atenção a um (àquele referente) e a outras (a estas ponderações).

[202] Daí que não se nos afigure rigoroso insistir, na esfera do exercício metodonomológico, na palavra subsunção, temperando-a embora *(rectius,* subvertendo-a...) com a adição de adjectivos (ou de expressões adjectivantes...) destinadas a apagar (ou, quando menos, a disfarçar...) a sua estirpe: Tercio Sampaio Ferraz Jr. fala em "subsunção analógica" (cf. o que escrevemos em "Pj → Jd. A equação metodonomológica (as incógnitas que articula e o modo como se resolve)", in *Analogias,* cit., esp.[te] 365 s.), Miguel Teixeira de Sousa sustenta que ela implica "um juízo valorativo que utiliza como critério a analogia" (cf. a sua *Introdução ao Direito,* Coimbra, 2012, 325 s.), Jan Schapp adverte que a subsunção não deve ser tomada como uma "inferência lógica", mas como "o resumo de um trabalho valorativo do juiz" (cf. *Die juristische Methode als der Weg zum Verstehen und Anwendung des Rechts,* cit., 197)... Arthur Kaufmann (sem deixar de pagar tributo ao tropismo dominante...) sublinha inequivocamente a ideia forte que nos trouxe a esta nota, quando afirma que a "tradicionalmente designada 'subsunção' apresenta [,afinal,] a estrutura de uma analogia", que "um simples silogismo" não é bastante para "trazer-à-correspondência [...] o caso e a norma" (cf. *Analogie und "Natur der Sache"...,*cit., 37) – pelo que, para evitar equívocos ou miscigenações censuráveis (para fugir ao "círculo quadrado" de "[u]ma contradição flagrante" – as expressões são de Fernando Pessoa, e colhemo-las em "Crónica decorativa I", in *Contos completos...,* cit., 32), deveremos preferir a analogia à subsunção sempre que tivermos em vista, como aqui acontece, "a espinha dorsal do discurso jurídico" (esta última formulação é de J. Baptista Machado, *Introdução ao direito e ao discurso legitimador,* Coimbra, 1983, esp.[te] 326 e 330). *V. infra,* 222 ss.

distância que inevitavelmente[203] se cava entre o caso e o critério, que "não é uma zona de segurança, mas um campo de tensões"[204] – no fundo, o espaço/fenda em que irrompe, com todos os seus planos e as inerentes dificuldades, a (unitária) questão metodonomológica, que só poderá ser adequadamente solucionada pelo (argumentativamente – que não soriticamente ... – empreendido) juízo autónomo da realização histórico-concreta do direito.

O que significa o seguinte: num outro quadro (com pressupostos de inteligibilidade e coordenadas estruturantes decerto diferentes...), não estamos hoje, em termos como que tectónico-operativos, numa situação totalmente distinta daquela que vimos ter marcado a época do *ius commune* (é bem verdade que "[o]s movimentos [culturalmente axiais] estão sempre começados antes de começar"; e não é menos certo haver como que uma contemporaneidade no originário e um arcaísmo na actualidade – afinal, uma compreensão aposterioristicamente sedimentada pode bem ter começado por ser uma "pré-

---

[203] Em virtude dos conhecidos limites normativo-intencionais dos critérios jurídicos legais – que, para serem ultrapassados, implicam a pressuposição, atento o caso judicando, do sentido do direito e dos princípios normativos em que o referido sentido se vai projectando e densificando.
Sobre a problemática dos limites normativos da legislação, cf. as nossas *Lições...,* cit., 722 ss., esp.ᵗᵉ 724-736. Este ensejo não reclama mais do que breves palavras recapitulativas sobre cada um dos seus diversos tipos. Assim, os objectivos ocorrem quando nos vemos ante um problema indubitavelmente qualificável como juridicamente relevante e não dispomos de norma que nos oriente e parcialmente nos desonere na solução do caso. Os intencionais – caracterizemo-los agora por outras palavras ... – traduzem a ineliminável distância que separa o problema judicando do critério legal que se lhe adequa, e que impõe, para ser esclarecidamente vencida, a metodologicamente irrepreensível articulação do mencionado critério com a intenção nuclearmente predicativa e radicalmente fundamentante da própria normatividade jurídica. Os temporais evidenciam-se através das chamadas normas legais caducas e/ou obsoletas (para não insistir nos exemplos de sempre, pense-se, tendencialmente a propósito da obsolescência, no seguinte: no CP, a corrupção é um crime cometido no exercício de funções públicas – artigos 373.º ss. A Lei n.º 13/2001, de 4 de Junho, entretanto alterada pela Lei n.º 20/2008, de 21 de Abril, veio criminalizar, *inter alia,* a corrupção passiva e activa no sector privado. Todavia, e apesar das vozes que se ouvem, até hoje não foi tirada – *rectius:* até à data em que redigimos esta nota não tivemos notícias de que houvesse sido tirada!... – qualquer sentença jurisdicional com base nos referidos diplomas. Não quererá isto dizer que estamos aqui diante de leis obsoletas, *proprio sensu,* ou ineficazes, *stricto sensu?...* E será isto aceitável num domínio dogmático – o Direito Penal – em que se insiste, com muita ênfase e toda a razão, no carácter de necessidade e de subsidiariedade da respectiva intervenção, em vista das particularmente gravosas sanções que ele comina?...). Finalmente, os de validade têm que ver com a ideia forte de que as (experiencialmente radicadas) exigências jurídicas principiais, que vão sendo excogitadas, se perfilam (naturalmente atenta a particular presunção de vigência que lhes deve ser reconhecida... – cf. *Lições...,* cit., 673 s.) como referentes paramétricos da legislação futura (se quisermos: assim como o homem vai fazendo a experiência histórica de si mesmo, em diálogo, pontualmente de superação crítica, com os níveis anteriores de humanidade que tenha atingido, também o legislador, aquando da criação de novas leis, deve observar a validez jurídica previamente adquirida, ou romper fundamentadamente com ela) e da interpretação da normatividade legal coetaneamente vigente (a interpretação jurídica é sempre, também, conforme os princípios: cf. *infra,* 344 ss.).
[204] Assim, lapidarmente (se bem que a outro propósito), Th. Adorno, *Minima moralia,* II, 82 – na ed. traduzida por A. Morão, Lisboa, 2001, 129.

-compreensão do futuro" ...[205]). A específica validade predicativa do direito manifesta-se-nos acessível, mas não dispensa o nosso empenho mais apurado; os critérios que a intencionam e densificam desoneram-nos amplamente, mas não fazem tudo por nós; os problemas jurídicos concretos revelam-se-nos um pólo metodonomológico capital, mas não nos condenam a um casuísmo atomístico. Donde, a dialéctica que entretece os *relata* aqui presentes (e que justificou o paralelismo há pouco invocado): o caso concreto, polarizado no problema circunstancialmente judicando, e o (constituído ou constituendo) critério jurídico, polarizado na específica validade predicativa do deveniente sentido do direito e integrado no ... constituendo sistema jurídico[206], hão-de

---

[205] Cf., sucessivamente, Fernando Pessoa, *Prosa de Álvaro de Campos,* cit., 288, R. Esposito, *De fora...,* cit., 85, 88 e 175, e Peter Häberle, "Zeit und Verfassung", in Eduardo C. B. Bittar (Coord.), *Filosofia do Direito. Diálogos globais, temas polêmicos e desafios da justiça,* São Paulo, 2019, 204.

[206] O que reclama dois esclarecimentos 1.º) No fundo, e lançando mão, translatamente, de uma conhecida formulação de Gramsci, nós somos inevitavelmente "conformistas deste ou daquele conformismo" *(apud* Amartya Sen, *A ideia de justiça,* cit., 179 e 182), e o pressuposto que, enquanto juristas, nos cumpre assumir, o referente que, enquanto juristas, nos cumpre intencionar –... o conformismo que, enquanto juristas, nos cumpre honrar – são os objectivados no ... constituendo sistema da normatividade jurídica vigente. Carácter constituendo esse que, sem contradição, nos permite afirmar, atento o mesmo registo, que o nosso apontado e inevitável conformismo é, afinal, a marca inequívoca do nosso radical... *inconformismo.* 2.º) Como já sabemos, o sentido a que aludimos não nos atira, inermes, para fora do mundo (pelo que respeita ao sentido, em geral, acrescentaremos apenas, parenteticamente, que as exigências axiológicas que o densificam pertencem a uma "esfera particular", irredutível quer ao "espírito humano", quer à "realidade" – com efeito, "sem espírito não há vida humana autêntica, mas com excesso de espírito também não": R. Musil, *O homem sem qualidades,* I, cit., 675. Tolerando a omissão de explicitações complementares, e com Rickert e Lask, anotaremos ainda que as mencionadas exigências deverão ser procuradas "numa 'ponte' especial entre realidade e valor", ponte essa que não é mais do que o referido... "sentido" – cf. Dietmar von der Pfordten, "Gustav Radbruch – über den Charakter und das Bewahrenswerte seiner Rechtsphilosophie", in *JZ,* 21/2010, 1025). Bem ao invés, no domínio de que nos ocupamos revela-se impertinente qualquer cedência a impostações depuradas – o direito só virá à epifania se sujar as mãos na prática (protegido por uma *netwall* criteriosamente filtrante...) –, não podemos concebê-lo "em [permanente] dessincronia [...] com o compasso dos relógios terrestres" (cf. Mário de Carvalho, "Ocaso em Carvangel", in *O varandim seguido de Ocaso em Carvangel,* cit., 188) –, não subsiste nas nuvens (preservado por uma *firewall* totalmente intransponível...) –, pelo que vale também para ele a síntese lapidar de Theodor Adorno segundo a qual "Als er selbst ist er gar nicht nur er selbst" ("como ele mesmo, ele não é, de modo algum, só ele mesmo" – *apud* Sibylle Tönnies, *Der Dimorphismus der Wahrheit...,* cit., 212). Ou, insistindo na nota alegórica há pouco sublinhada: não é de todo concebível um direito... "esterilizado", porque ele manifesta, a cada instante, ... "a nostalgia de um pouco de infecção" (cf. R. Musil, *O homem sem qualidades,* II, cit., 132. Algo mais ortodoxamente, se quisermos ser autopoiéticos, diremos que factores originariamente alienígenos podem entrar na cidadela do direito pela "abertura cognitiva" do sistema jurídico – *i. e.,* pela possibilidade que este subsistema tem de se relacionar, como que bi-osmoticamente, com os outros subsistemas prático-culturais – *se* aqueles factores conseguirem passar pela porta estreita da "clausura normativa" do mencionado sistema – *i. e.,* só depois de vencerem a barreira instituída pelo "código binário" especificamente predicativo da normatividade jurídica – *Recht/Unrecht,* juridicamente conforme/juridicamente desconforme. O que, naturalmente, não envolve qualquer tomada de posição sobre o – pressuponente – problema de saber se, por essa via, se logra discernir – excogitar e tematizar – o sentido – o *fundamentum originarium* – do direito, a que aludimos e que percebemos ocupar um lugar central no exercício metodonomológico. Não logra! Pela elementar, mas decisiva, razão de que o referido sentido radica – etimologicamente: tem as suas raízes – na assunção de exigências axiológicas que instituímos na intersubjectividade que nos humaniza – e, hoje, pessoaliza – e em

ser "trazidos-à-correspondência" pela normativamente constitutiva mediação judicativa, por seu turno polarizada no juízo decisório que a reflexão metodonomológica é chamada a proferir[207]. Ou seja: o elo que liga o problema interpe-

que, por isso mesmo, nos re-vemos e, consonantemente, pretendemos sejam chamadas a animar a singularíssima ordem regulativa a que, no nosso hemisfério civilizacional, damos, há muito, o nome de direito, não em qualquer fenómeno de importação/exportação, com pagamento das devidas taxas alfandegárias. Cf., em termos pontualmente complementares, o que escrevemos nas *Lições...*, cit., esp.<sup>te</sup> 91 n. 92, 506 e n. 163, e 676 ss.). Com efeito, as razões que o direito privilegia nem sempre se podem dizer, *v. gr.* (e admitindo, com muitíssima precipitação à mistura e *inter alia*, a possibilidade de uma ética praticamente desenraizada...), eticamente conformes, o ponto de vista do direito não tem que coincidir com o da ética, (recordemos que o direito não é, na verdade, uma ética, como de pronto se infere da circunstância de não bastar a "condição ética" para que ele possa surgir. Pressupomos assim uma conhecida lição de Castanheira Neves, que de há muito tem vindo a convocar três condições constitutivas, cumulativamente necessárias, para que o direito logre manifestar-se: a "condição mundanal", a "condição antropológico-existencial" e a referida "condição ética" – cf. "O direito como alternativa humana. Notas de reflexão sobre o problema actual do direito", in *Digesta...*, Vol. 1.º, cit., 296 ss., e, por último, a sua *Aula na Univ. Lusófona – 21 de Abril de 2012,* cit. 15 ss.). É o que de imediato compreenderemos, lançando mão de um exemplo muito simples, adaptado de um outro colhido na monografia de A. Sen, acima citada *(A ideia de justiça,* 51 ss., 282, 519 e 522 s.; cf. ainda Julian Baggini, *As fronteiras da razão...,* cit., 252 s.). Imagine-se uma situação em que apenas as quatro pessoas a seguir identificadas disputam um *Stradivarius.* A primeira pretende-o por ser um virtuosíssimo violinista, o que nenhuma das outras contesta; a segunda julga dever ser-lhe entregue a preciosidade porque é de todas a mais pobre, o que as demais também irreticentemente reconhecem; a terceira sustenta a sua pretensão no facto – que, de igual modo, ninguém desmente – de ser uma conhecida coleccionadora de instrumentos musicais raros; finalmente, a quarta (aquela que, na circunstância, detém a peça) não está disposta a abrir mão do violino porque, sussurrando-se embora que o obteve por receptação, beneficia já da – *sub specie iuris* decisiva!... – prescrição do procedimento criminal, pelo que se torna agora impossível reagir juridicamente contra aquele hipotético ilícito penal. Ou, paralelamente: a argumentação "aberta" proposta, para as "questões morais", pela teoria do discurso de J. Habermas, não é transponível, sem mais, para o institucionalmente modelado âmbito específico da ponderação/solução de problemas jurídicos (assim, *v. gr.,* Tobias Herbst, "Die These der einzig richtigen Entscheidung. Überlegungen zu ihrer Überzeugungskraft insbesondere in den Theorien von Ronald Dworkin und Jürgen Habermas", in *JZ,* 18/2012, 897 s.).

[207] "As abstracções [, imediatamente – e precipitadamente... – associáveis àquele sentido nunca viajam] sozinhas" (cf. Saul Bellow, *O legado de Humboldt,* cit., 479) – fazem-no sempre na companhia de casos-problemas que lhes imprimem carácter e conferem densidade. E o direito, enquanto intersubjectivamente excogitada e responsabilizante exigência intencional praticamente radicada e historicamente realizanda, é um exemplo disso mesmo – da "fusão de horizontes" (cf. H.-G. Gadamer, *Wahrheit und Methode,* cit., 289 e *passim)* a que acaba de aludir-se. O que vale por dizer: os mencionados *relata* não apresentam uma absoluta "identidade", nem uma total "disparidade", mas uma genuína "polaridade" – "*i. e.,* uma [específica] relação cunhada por uma muito singular oposição, que não exclui, antes implica, uma estreita conexão material" entre eles (assim, Arthur Kaufmann, aqui citado *apud* Sibylle Tönnies, *Der Dimorphismus der Wahrheit...,* cit., 102)... afinal viabilizadora da intermediação metodonomológica. No fundo, e se quisermos ser hegelianos (estamos exactamente a pensar, esclareça-se, na dialéctica superação da subjectividade e da objectividade pelo "absoluto do [espírito]" – cf. G. Steiner, *A poesia do pensamento...,* cit., 95; *v.* ainda *ibidem,* 84, 91, 96 – onde são feitas advertências várias relacionadas com o "espírito" a que aludimos...), temos, também aqui, diante de nós, uma "construção triádica", em que os dois primeiros termos – o problema judicando e o constituído ou constituendo, mas circunstancialmente pertinente, sector do sistema jurídico – se vêem superados pelo/sintetizados no terceiro – o juízo metodológico que os "[traga, irrepreensivelmente,]-à-correspondência". Ou ainda, acolhendo-nos mais um pouco à mesma grande sombra: a exemplo do que Hegel disse do movimento do Absoluto, também nós poderemos afirmar, a respeito do exercício metodonomológico, que ele desenha um "círculo que em si retorna, que pre-supõe o seu início e só no fim o alcança" *(apud* G. Agamben, *A potência do pensamento...,* cit., 154). Pois não é certo que o seu início implica a pressuposição, em dialéctica correlatividade, do problema interpelante e da juridicidade interpelada, mas que só no termo do exercício *(i. e.,* no

lante à normatividade interpelada é precisamente a mediação judicativa – *i. e.,* a analogicamente estruturada, juridicamente intencionada, pragmaticamente consequente e responsavelmente assumida[208] articulação dos *termini* mencionados[209]. E atentos os pólos identificados e a mediação referida, poderemos dizer (interrompendo o *continuum* para apreender o instante…) que também aqui "[o]s rios turbulentos morrem na tranquilidade do mar"[210]. Supomos ser esta, na esfera problemática de que nos ocupamos, a via adequada para superar *(rectius,* para suspender momentânea e justificadamente…) uma nobilitante condenação ineliminável, que é uma marca do pensamento: a de que as coisas são agora assim, mas logo a seguir de outro modo… ou quase como já antes haviam sido[211], porque "uma tese pede sempre uma antítese e, na altura própria, as heresias geram a neo-ortodoxia"…[212]

2.15. Como a seu tempo dissemos[213], a metodologia *(meta-hodos-logos)* implica, até semanticamente, um … *logos.* Esta última é uma palavra complexa. Os romanos traduziram-na por *ratio* e *oratio, vox/verbum* (pensar/e falar, [dizer a] palavra[214]). Na sua assinalada complexidade, ela abarca noções como "con-

---

juízo decisório, no momento em que se alcança/fixa o critério judicativamente apurado) se dá por consumada a fusão dos dois mencionados horizontes?…

[208] "[A] aplicação da regra ao caso particular [terás] que ser tu só […] a fazê-la" – assim, Ludwig WITTGENSTEIN, *Investigações Filosóficas,* 292; na ed. de *Tratado Lógico-Filosófico. Investigações Filosóficas,* devida a M. S. Lourenço, Lisboa, 1987, 357. Mas não "sem guia", como assevera o Filósofo, porque a metodonomologia, de que é mister lançar mão, assume esse papel.

[209] Pedindo de empréstimo o bordão à Física (sem, todavia, se ignorar que ele é ainda susceptível de operar em outros domínios – *v. gr.,* no da Política…), poderemos também nós dizer que o exercício metodonomológico é mais um campo propício à intervenção do modelo explicativo instituído pelo chamado "problema dos três corpos" (cf. H. GARCIA PEREIRA, *Arte recombinatória,* cit., 132 ss.): os dois primeiros (o caso e o critério; *rectius,* o mérito problemático do caso, e a relevância, igualmente problemática, do constituído e/ou constituendo critério que lhe co-responda), na dialéctica em que se enredam na pressuposição/assunção para a realização/projecção do terceiro (a juridicidade – ainda esta tomada na sua problemática intencionalidade) – e sem contradição prática… –, reconstituem-se numa como que contínua reordenação caótica… e (já estamos em condições de bem o compreender) é nesta teia que radica o tipo de pensamento implicado por aquele exercício – a analogia.

[210] Trata-se de uma paráfrase a G. STEINER, *Fragmentos…,* cit., 22.

[211] Exemplo: a teoria da análise da linguagem não contribuiu para radicalizar, em sede de interpretação jurídica, com enorme aparato *(i. e.,* com grande sofisticação) algumas das propostas nucleares do método jurídico?… Cf. A. CASTANHEIRA NEVES, *O actual problema metodológico da interpretação jurídica – I,* cit., 107 ss.

[212] Cf. Aldous HUXLEY, *A ilha,* cit., 188.

[213] Cf. *supra,* 60 s. e 65 s.

[214] Cf. a nota ao Prólogo do "Evangelho segundo João", de Frederico LOURENÇO – na trad., de que é A., da *Bíblia. Volume I. Novo Testamento. Os Quatro Evangelhos,* Lisboa, 2016, 319 s. Também R. GRÖSCHNER o reconhece, distinguindo ainda o carácter dialógico do *logos* daqueloutro monológico da *ratio:* cf. *Dialogik und Jurisprudenz…,* cit., 12 n. 14. V. igualmente H.-G. GADAMER, *Wahrheit und Methode,* cit., 382 s.

junção"[215], "espírito", "discurso ordenador", "lógica", "enunciação performativa", "princípio imanente àquilo que significa", e até (numa acepção já "evangélica") "mistério encarnado"[216]. Neste ensejo, identificá-la-emos com o "discurso ordenador", *hoc sensu,* com o pensamento subjacente ao caminho *(hodos)* a percorrer até ao objectivo *(meta)* visado. O que de imediato patenteia o modo estreito como se articulam este método *(meta-hodos)* e aquele pensamento *(logos)* – W. Fikentscher chega mesmo a caracterizar o método (literalmente: um "caminhar [pré-ordenado à] aproximação de um fim" – *Gehen auf ein Ziel zu* –, ... "fim" este que poderemos dizer "a justiça") como um *denken über etwas* (um pensar sobre alguma coisa) [217] E mostra igualmente que a metodologia *(meta--hodos-logos)* não se esgota em si mesma, numa como que auto-contemplação narcísica. Não se lhe poderá, portanto, dirigir a crítica (míope...) que chegou a apontar-se à redução eidética, de Husserl (quem passar o tempo a aguçar o lápis rapidamente acabará com ele, sem escrever o que quer que seja...): o jurista – nos nossos dias, precipuamente centrado na solução dos casos qualificáveis como juridicamente relevantes e inapelavelmente atento à problemática metodológica, já o vimos – não será aquele "homem que pensa [sempre] a fundo [as coisas de que se ocupa,] mas [nunca leva] ao fim" a tarefa em que está empenhado...[218]

Relacionando-se assim o pensamento *(logos)* e o método *(meta-hodos)* para que a metodologia *(meta-hodos-logos)* possa emergir, importa, todavia, apurar de que tipo é a mencionada relação: o pensamento não cuida do método, prescreve o método, ou enreda-se dialecticamente com o método? Do ponto de vista do direito (como é óbvio, aquele que se nos impõe privilegiar), em que termos se articulam, afinal, os aludidos *relata?*[219] Responderemos dizendo que essa relação se foi alterando com o correr do tempo e o fluir das ideias.

---

[215] *I. e.,* "relação de uma coisa com outra" *(Sammlung).* Recordemos apenas ter sido Heidegger (aqui citado *apud* R. Scherer, *Philosophies de la communication,* Paris, 1971, 159 s.) quem, louvando-se em Heraclito, mostrou que, etimologicamente, *logos* tem (também...) que ver com a ideia de *Sammlung,* na acepção explicitada (a de "coligir", "reunir ordenadamente", "pôr lado a lado", articular de modo esclarecido ...). Cf. ainda G. Steiner, *Martin Heidegger,* cit., 93, 169 e 185.

[216] Cf. George Steiner, *Nostalgia do absoluto,* trad. de J. G. Flores, Lisboa, 2003, 38, e Id., *A poesia do pensamento...,* cit., 35. Ainda com o Ensaísta, mas acompanhando agora o seu *Martin Heidegger* (cit., 40 e 93), diremos que no horizonte das nossas preocupações não estará, decerto, o *Logos* "que diz a aurora no Evangelho de João" – "No princípio era o Verbo" (a "Palavra divina", que "se fez carne": cf., do Papa Francisco, a Carta Encíclica *Louvado sejas...,* cit., n. m. 99, p. 70) –, mas ("a uma escala humildemente microscópica"... – cf. G. Steiner, *Extraterritorial...,* cit., 94) uma sua humanamente acessível e também juridicamente muito relevante derivação.

[217] Cf. *Methoden des Rechts...,* I, cit., 22, e V, cit., 30.

[218] Cf. Saul Bellow, *O legado de Humboldt,* cit., 106.

[219] Afigura-se-nos indispensável, (também...) a este respeito, a lição de Castanheira Neves: cf. *Metodologia Jurídica...,* cit., 10-12.

Com excepções que só confirmam a regra (assinalámo-lo já[220]), foi uma "relação de imanência constitutiva" – de aproblemática diluição do método adoptado no pensamento assumido – com os pais fundadores. Nessa época, que já se disse "a fonte da nossa cosmogonia jurídica"[221], a preocupação de tematizar o *modus* reflexivo e o *iter* discursivo dos juristas só se manifestou ocasionalmente[222]. Os mais dos *iurisprudentes* romanos não se questionaram sobre o método que deveriam seguir para solucionar os casos com que se viam confrontados[223]. Faziam-no como que naturalmente, com a espontaneidade dos optimistas e a serenidade dos tranquilos, realizando as (oportunamente recordadas[224]) exigências comunitariamente agregadoras que davam sentido ao regulativo prático que iam instituindo, por mediação dos problemas concretos que pertinentemente os interpelavam. "Quando as sombras da noite começam a cair [e chega a hora de] o pássaro de Minerva [levantar voo]"[225], então sim, recebemos "ordem de busca em casa dos Antigos, para ver como é que eles fizeram"[226] – ou assumimo-nos como "espiões sem vergonha"...[227] e damo-nos conta do *caminho* que seguiram *para* levarem a cabo aquela sua tarefa[228] –, *i. e.*, do *método* (tópico-casuístico e prático-analógico) de que lançaram mão para exercerem paradigmaticamente o seu múnus. Recorrendo a um símile – que QUINTILIANO caracterizou como "um meio admirável para iluminar" as questões de que nos ocupamos[229] –, vemo-nos aqui ante um problema análogo ao do processo da especiação (ao do modo como tem lugar a efectiva constituição

---

[220] Cf. *supra*, 78 s.

[221] Em paráfrase a Livius, afirmemos o direito romano a "fons omnis publici privatique iuris": *apud* Sebastian A. E. Martens, *Actio, action, Anspruch und Recht...*, cit., in *JZ*, 21/2016, 1022 e n. 9.

[222] Por exemplo, com os discípulos romanos de Aristóteles, Marcus Tullius Cicero, Marcus Fabius Quintilianus, o autor anónimo da *Rhetorica ad Herennium...*, empenhados em discernir e apresentar sistematicamente "métodos de descoberta ou 'invenção' de todos os argumentos juridicamente adequados a um dado caso": cf. Michael H. Frost, *Introduction to classical legal rhetoric...*, cit., 2-4.

[223] Esta nota decisiva continua a ser enfaticamente sublinhada: cf., *v. gr.*, Adelaide Caravaglios, "De *verborum significatione* e *legal drafting* tra lingua e diritto", in *Interpretatio Prudentium*, I, 2016, 1, 31, e Christian Baldus, "A importância do direito romano e da tradição romanista para o direito português. Uma introdução para estudantes de direito", *ibidem*, 72.

[224] Cf. *supra*, 79 n. 181.

[225] Cf. Hegel, *Princípios de Filosofia do Direito*, cit., 16.

[226] São palavras de Martin Heidegger, in *O conceito de tempo*, ed. bilingue, devida a Irene Borges-Duarte, Lisboa, 2003, 23. Nós, hoje, ávidos de tudo querermos saber, cultivamos essa preocupação (afinal, como é que os antigos fizeram?); mas "[o]s antigos [, eles mesmos,] mal se viam a si próprios" – cf. Fernando Pessoa, *Livro do desassossego*, cit., 237.

[227] A expressão, dita pelo Escritor-personagem em referência aos escritores em geral, é de Tennessee Williams, in "Vieux Carré", mesmo a encerrar a "Cena dez": cf. *Doce pássaro da juventude e outras peças*, trad. de José Miguel Silva, *et alii*, Lisboa, 2015, 366.

[228] Cf. *supra*, 75 n. 167.

[229] *Apud* Michael H. Frost, *Introduction to classical legal rhetoric...*, cit., 91.

de uma nova espécie, que não da simples manifestação de uma outra variedade de uma espécie já conhecida), tal-qualmente o compreendem os evolucionistas: "não se consegue dizer que está a ocorrer na altura em que está a ocorrer! Só se pode, muito mais tarde, dizer que ocorreu, coroando retrospectivamente um acontecimento quando descobrimos que as suas sequelas possuem uma certa propriedade"[230]...

Diferentemente, a modernidade veio consagrar uma "relação de exterioridade construtiva" – de deliberada prescrição do método adoptado pelo pensamento assumido: quando se está perante uma disponibilidade cultural, os objectivos são revolucionariamente definidos e se concebe um projecto que se pretende impor, compreende-se que o pensamento se organize estrategicamente para atingir os fins visados. O que passa igualmente pela prescrição de um método que permita realizar o programa instituído – *hoc sensu,* de uma operatória deliberadamente construída e estritamente funcionalizada ao mencionado escopo. Donde, a coetânea centralidade da questão metódica (o *Discurso do método,* de DESCARTES, é, sem surpresa, na multiplicidade dos seus planos e na genialidade da sua concepção[231], a obra emblemática desta época...). Ora – convém lembrá-lo... –, a operatória é uma técnica[232], e a essência desta é o *Ge-Stell,*[233] que não obstante as ingénuas aparências (*scilicet,* os epifenómenos) em contrário ("a máquina [, enquanto produto da técnica,] é absolutamente dependente"...), "ameaça [...] o homem no seu próprio ser"[234]. Também *intra*

---

[230] Cf. Daniel C. DENNETT, *A ideia perigosa de Darwin. Evolução e sentido da vida,* trad. de A. A. Fernandes, Lisboa, 2001, 95. Regressando à afirmação do texto que determinou esta nota, interroguemo-nos ainda: mas porquê assim, afinal? Em derradeira análise porque "[a] lentidão da evolução é tão irritante [e os caminhos por que ela segue são tão imprevisíveis...] que se torna insuportável contemplá-la" *pari passu:* cf. agora Saul BELLOW, *O legado de Humboldt,* cit., 225.

[231] Cf., por exemplo, G. STEINER, *A poesia do pensamento...,* cit., 81 ss.

[232] Permita-se-nos um esclarecimento terminológico: a palavra grega *techne* foi traduzida, em latim, por *ars* e identifica a (poiética...) transposição de um conhecimento geral e abstracto para um caso particular e concreto (recorde-se, originariamente, o diagnóstico hipocrático, e, no quadro da metodologia jurídica hodierna, o reconhecimento do "caso particular como 'um caso de...'") – ou, aproximando-nos mais da formulação aristotélica, manifesta-se quando de uma experiência alargada se infere um entendimento geral adequado a todos os casos semelhantes (o que não deixa de implicar – ou, quando menos, de permitir entrever ... – a analogia). Por sua vez, a *técnica,* no seu sentido actual (o relevado no texto), centra-se no fazer (na produção de efeitos) e denota a "aplicação prática dos resultados de investigações levadas a cabo na esfera das ciências naturais", pelo que se não confunde com a *techne,* na sua acepção primeira: cf. H.-G. GADAMER, *Wahrheit und Methode,* cit., 298 ss., e *Hermeneutische Entwürfe,* Tübingen, 2000, 186; R. GRÖSCHNER, *Dialogik und Jurisprudenz...,* cit., 152 ss., e observações de GRÖSCHNER e de WIEHART, em GRÖSCHNER *et alii, Rechts- und Staatsphilosophie...,* cit., 65 ss.; G. STEINER, *Martin Heidegger,* cit., 177 ...

[233] Cf. Martin HEIDEGGER, "Ge-Stell", in *Gesamtausgabe, Band 79, Bremer und Freiburger Vorträge,* Frankfurt am Main, 1994, 24 ss., esp.<sup>te</sup> 32 ss. ("o *Ge-Stell* [vai aqui pensado como] a essência da técnica [na acepção moderna desta última palavra...]": assim, p. 33; *v.* ainda p. 43).

[234] Lembremos que a palavra *Gestell,* na sua significação comum – "aparato", "dispositivo" e "armação" (assim, G. STEINER, *Martin Heidegger,* cit., 179 s.; R. ESPOSITO acrescenta a estes significados o de

*iuris muros,* o expediente técnico que o método assim constitui não se perfila, necessariamente, como um factor inóquo ou como um dado inocente – pode distrair-nos do sentido que importa assumir e dos problemas que o interpelam e (re-)densificam. E, consonantemente, a deriva do espírito moderno – a hiper-valorização (quando não a absolutização…) do método[235] – não deverá fazer esquecer as esquemáticas notas precedentemente sublinhadas…

Mas há ainda uma relação de outro tipo entre os dois pólos em presença (entre o "pensamento" privilegiado e o "método" a seguir): aquela que Castanheira Neves designa uma "relação de reconstrução crítico-reflexiva" – a recíproca determinação do método adoptado e do pensamento assumido. No âmbito da prática, a acção (o modo de proceder) não espera pela reflexão (pelo afinamento de um discurso) – no referido horizonte, a urgência experienciada determina a acção, conquanto esta, em dialéctica correlatividade, se auto-reflicta[236] para se dotar de um pensamento (de uma discursividade capaz

---

"maquinação" – cf. *De fora…,* cit., 211) –, identifica o "esqueleto" que nos suporta (desde que a osteoporose o não tenha carcomido…), e o *chassis* que nos fixa um limite (nem os múltiplos "anjos da guarda" electrónicos dos automóveis modernos conseguem banir do circuito as leis da física, a que a mencionada estrutura básica está inapelavelmente submetida…); e traduz igualmente o "destino" *(Geschick)* que nos prende, e o "perigo" *(Gefahr)* que nos cerca – tudo, afinal, expressões, mais ou menos metafóricas, da ameaça referida no texto: cf. Martin Heidegger, "Die Frage nach der Technik", in *Gesamtausgabe, Band 7, Vorträge und Aufsätze,* Frankfurt am Main, 2000, esp.[te] 20 ss. Onde, assim, a surpresa da projecção na esfera política (de modo emblemático com H. Marcuse) do referido primado da técnica?… cf. Silvério da Rocha Cunha, *Conflito das interpretações e visões do mundo: Jürgen Habermas & as relações internacionais,* cit., 32 ss. e n. 80.

[235] *V.* o que, acompanhando o ensaio *Das Wesen der Sprache,* de Heidegger, pudemos escrever em "Racionalidade e metodonomologia (Nótula sobre os pólos e o sentido de uma relação de co-respondência problematicamente inucleada)", in *Analogias,* cit., 156-157.

[236] Note-se que esta reflexividade toca algo de radical – *hoc sensu,* de basilarmente (de bio-culturalmente) constitutivo de nós mesmos. Referimo-nos à ideia de que a "reflexividade humana [nos] abre um vasto campo de oportunidades para revermos os nossos objectivos, incluindo os nossos propósitos mais alargados", sendo precisamente esta "possibilidade, aberta pela evolução cultural, de instalar perspectivas novas […] no nosso cérebro [que, afinal, é uma mente – *i. e.,* e *grosso modo,* um cérebro infestado de memes, uma muito específica estrutura anátomo-biológica e químico-eléctrica parasitada por exigências metafísicas: cf. D. Dennett, *A ideia perigosa de Darwin…,* cit., esp.[te] 366 s., e o que pudemos escrever em *Pj → Jd…,* cit., in *Analogias,* cit., 319 ss., sob *a)* e *b)],* que confere à nossa espécie, e somente à nossa espécie, a capacidade de pensamento moral – e imoral", de excogitar e instituir normatividades *(v. gr.,* a normatividade jurídica), de conteúdo humanamente positivo (ou negativo…): cf. D. Dennett, *Quebrar o feitiço…,* cit., 149 s. Razão por que uma hipotética… "interdição de pensar" se perfilaria como um *alogos,* um *nonsense,* um *Unsinn* – isto é, como a expressão paradigmática da a-racionalidade e do sem-sentido. Importando ainda sublinhar que – como se insinuou e se não erramos… – o pensar radica em mais ou menos conscientemente tematizadas interpelações problemáticas – um pensar praticamente desarreigado é pura *naïveté.* Permita-se-nos, também aqui, a derivação costumeira: os frequentemente extensos solilóquios das grandes personagens da dramaturgia shakespeariana são dos mais notáveis (dos estética e intencionalmente mais bem conseguidos) exemplos de um pensamento comprometido com a prática, de uma reflexão imbricada com a acção. E Hamlet?, perguntar-se-á. Hamlet não é excepção, se superarmos o entendimento comum que o identifica como paradigma do indeciso contumaz, e o virmos… como Nietzsche o viu: como aquele que não age por ter aguda consciência da total irrelevância prática de qualquer acção. Hamlet é tal e qual "o homem dionisíaco […]: ambos penetraram com olhar profundo na essência das coisas; ambos *viram,* e estão desencantados da acção, porque não podem

de tematizar um sentido integrante e fundamentante) e para se disponibilizar um método (um caminho a seguir atentos os problemas emergentes e o objectivo visado). Logo na "Advertência" com que abre uma sua colectânea de estudos, Giorgio Agamben chama a atenção para esta ideia forte: a de que, "contrariamente à opinião comum, a reflexão sobre o método não precede [a] prática [da investigação em ciências humanas,] mas segue-se-lhe"[237]. Sem surpresa, é igualmente assim que se passam as coisas na esfera da realização judicativo-decisória da normatividade jurídica vigente. Neste âmbito, não se trata mais hoje, superadas que estão as ilusões da modernidade, de pré-escrever um método que a oriente, de fixar aprioristicamente um caminho que ela tenha de percorrer, mas de atentar na prática que esse mesmo exercício institui – de assumir, por dentro, o sentido que ele implica e os problemas que nele se põem[238] – para, aposterioristicamente *(i. e.,* uma vez vistos e ponderados esse sentido e esses problemas – uma vez inferido esse sentido atentos os mencionados problemas, e postos e solucionados esses problemas atento o aludido sentido…), excogitar para aquele exercício o método adequado[239]. Ou seja: também aqui "não é a

---

alterar em nada a essência eterna das coisas; parece-lhes ridícula ou vergonhosa a pretensão de endireitar o mundo. O conhecimento mata a acção, para agir é indispensável que sobre o mundo paire o véu da ilusão – eis o que Hamlet nos ensina". É por isso mesmo que, afinal, "Hamlet […] fala muito mais superficialmente do que age" (cf. *A origem da tragédia,* cit., 76 e 135).

[237] Cf. *Signatura rerum…,* cit., 7 s.

[238] Cf. o nosso "Transtextualidade e metodonomologia (nótula sobre o problema, o sentido e a dialéctica que os enreda)", in *Analogias,* cit., 177 ss., esp.[te] sob 2., 3., 6. e 8. Acrescente-se apenas: o menoscabo das circunstâncias, a inconsideração da realidade – *scilicet,* o esquecimento (da densidade e da historicidade) dos problemas e dos sentidos: das interrogações e das exigências que nos interpelam –, acabaria por abrir espaço, quando muito, a uma praticamente desenraizada (porque perdida num utopismo *naïf…)* "justiça ideal" (estamos a pensar no modo como Amartya Sen denunciou tentações que tais: cf. *A ideia de justiça,* cit., *passim),* "justiça poética" (a expressão, que nos atrevemos a descontextualizar, é de Saul Bellow: cf. *Herzog,* cit., 277), justiça "académica" (o A. da denúncia, que não hesitamos em parafrasear e a cujo pensamento voltaremos – cf. *infra,* 272 –, é agora Josef Esser, logo a abrir o seu *Vorverständnis und Methodenwahl…,* cit., 7), ou como quer que se lhes chame…, eventualmente inspiradas mas seguramente impertinentes. E daí que também nós possamos afirmar, em paráfrase a R. Esposito: "[a] verdadeira razão da crise do pensamento [jurídico] é a [decorrente d]a dificuldade [que esse mesmo pensamento tenha] em sair do circuito autorreferencial em que a certo ponto ele se encerrou, interrompendo a [sua] relação com a vida"… – cf. *De fora…,* cit., 96 (parcialmente na companhia do mesmo A. – *v. ibidem,* 176 s. –, seja o seguinte exemplo: alguns dos problemas, com hipotética relevância jurídica, suscitados pelas técnicas de engenharia genética, não obrigarão a repensar o tema das relações entre dois universos que nos habituámos a distinguir – o da história e o da natureza? Se, por obstinação, nos não dispusermos a fazê-lo, insistindo numa estrita contraposição dos aludidos universos, conseguiremos ajuizar criteriosamente dos mencionados problemas?).

[239] Na aludida oportunidade, G. Agamben sublinha ainda uma outra ideia, que já referimos (cf. *supra,* 61 s.): a de que "não existe um método válido em [todos os domínios]" do saber (como que mera projecção, na arena de que cuidamos, da famosa *ToE – Theory of Everything* –, herdeira da velha ideia escolástica de procurar *idem in alio* – cf. H. Garcia Pereira, *Arte recombinatória…,* cit., 145 s. … e não é, por certo, acidental que tenhamos denominado aquela em inglês e esta em latim –, e, provavelmente, mais esteticamente atractiva e epistemologicamente inebriante, do que empiricamente comprovável e intelectualmente lúcida… Aproveite-se este parêntesis para acrescentar

teoria a [modelar] a realidade, mas a realidade a [implicar] uma teoria destinada a [assumi-la]"[240].

E a imbricação pensamento/método, tão enfaticamente acentuada, não deixará de se projectar no nosso curso, tal-qualmente o concebemos. Os dois capítulos centrais da disciplina são, como dissemos, a dilucidação do tipo de pensamento (do modelo de racionalidade) adequado e a análise do "esquema metódico" (do modo de proceder) orientador da tarefa da judicativo-decisória realização do direito. Todavia, aquele tipo de pensamento não é antecipadamente pré-escrito, impondo-se unidireccionalmente a (e determinando forçosamente) este "esquema metódico" – como propugnaria o cânone moderno; nem é tendencialmente inconsiderado, podendo, mais frequentemente (o referido modelo de racionalidade e o modo de proceder co-implicado), vir a ser

----

que, mesmo de uma perspectiva estritamente tecnocrática, centrada na procura do algoritmo mais adequado – ainda que disponível para aceitar que haja um que, qual quimera ao jeito de uma rediviva pedra filosofal, se perfile como "o melhor ponto de partida que alguma vez teremos para uma teoria de tudo" ... –, se tende a reconhecer que, para um dado "conhecimento específico", o algoritmo-chave será, decerto, não um comum a todos os conhecimentos, mas sim aquele "que já tenha a maior parte desse [específico] conhecimento codificada (ou a totalidade, tornando os dados supérfluos)": cf. Pedro Domingos, *A revolução do algoritmo mestre. Como a aprendizagem automática está a mudar o mundo,* trad. de F. Silva Pereira, 3.ª ed., Lisboa, 2017, 71 ss., esp.[te] 73 e 75), "totalmente separado do contexto em que [emerge e é chamado a operar]" (assim também, por exemplo, Rüdiger Bubner, *A dialéctica como tópica. Subsídios para uma teoria da racionalidade no mundo da vida,* trad. de Inês Martins e Bernd Speidel, Porto Alegre, 2013, esp.[te] 100: "[u]m método em-si-e-para-si que não estivesse relacionado com nenhum campo da sua aplicação é dificilmente concebível". *V.* ainda a importante "Introdução" de Aroso Linhares, com o título "Em defesa de uma *intentio lectoris* inesperada", esp.[te] 15 s., sob 2)). Pelo que, como acentuámos, se nos impõe a disquisição de um método que intencione o sentido e os problemas materialmente densificadores daquele mesmo exercício, sem concessões a holismos dissolventes e/ou a paralelismos ilusórios (... que nos fariam incorrer em um muito censurável "erro de categoria" – cf. G. Steiner, *A poesia do pensamento...,* cit., 19 –, ao forçarmos a utilização, no nosso domínio, de um método pensado para e próprio de um outro, bem diferente. Sobre a inadmissibilidade de o pensamento jurídico importar um método estranho ao direito, *v.* Rudolph von Ihering, *Geist des römischen Rechts...,* 2.ª parte, 2.ª secção, § XXXVII – na 2.ª ed., cit., 296. E, já agora: não cremos que o Teorema da incompletude, de Kurt Gödel, segundo o qual – na sua expressão mais simples, evidentemente a única que nos é acessível ... – nenhum sistema formal/axiomático revela uma total autoconsistência [havendo embora uma "relação necessária entre uma determinada axiomática e as [co-implicadas] proposições indecidíveis", importa não esquecer que "o que é [afinal] decisivo é [...] como se concebe esta relação"...], possa ser invocado contra o que acabámos de afirmar. Por duas elementares – mas decisivas... – razões. 1.ª) O direito não é um sistema formal/axiomático, mas material/dialéctico; e 2.ª) no horizonte da prática em que emerge, o direito – o constituendo sistema que o objectiva – não é fechado, antes mantém relações bi-osmóticas com os demais sistemas práticos: a marca identitária do direito passa também por esta sua abertura à *Umwelt...* todavia sem perda da especificidade que o predica e autonomiza; cf. *supra,* 86 s. n. 206. Sobre a alusão a Gödel – sobre a redução do famoso Teorema da incompletude a vulgata? ... –, cf. George Steiner, "A ciência está perto dos limites?", in Id. (Coord.), *A ciência terá limites?,* Lisboa, 2008, 25 s., Jean-Pierre Luminet, "A ciência terá limites?", in G. Steiner (Coord.), *ibidem,* 251 ss., G. Agamben, *A potência do pensamento...,* cit., 309... Acerca das dificuldades e entendimentos, de imediata relevância jurídica, que aqui levamos pressupostos, cf. o que escrevemos nas *Lições...,* cit., 506 e n. 163, e em *Pj → Jd...,* cit., in *Analogias,* cit., 380 s., n. 212) – mas também, e como é óbvio, sem ignorar (no quadro do direito, não hesitando mesmo em privilegiar...) um tronco comum... na medida em que este se revele discernível.

[240] Cf. Roberto Esposito, *Bios. Biopolítica e filosofia,* trad. de M. F. da Costa, Lisboa, 2010, 44.

objecto de uma aposteriorística… pesquisa como que arqueológica – como se defenderia olhando o Direito romano clássico; é antes a crítica consideração – a empenhada auto-reflexão – deste "esquema metódico" (a problematização do modo de proceder dos juristas) que nos há-de permitir excogitar aquele modelo de racionalidade (o tipo de pensamento interveniente). Estudaremos primeiro a questão da racionalidade e só depois atentaremos no "esquema metódico"… mas este não se sucede lógico-cronologicamente àquela. Há entre ambos uma dialéctica problemático-intencional que os enreda, em termos de se dever reconhecer a mencionada racionalidade (de que falaremos em primeiro lugar) como co-determinada pelo referido "esquema metódico" (que só abordaremos depois) – e por isso dissemos ser a auto-reflexão deste "esquema metódico" que nos desvelará o modelo de racionalidade. Ou, ainda por outras palavras: não temos diante de nós a prática, na sua empírica objectividade, a prescrever unidireccionalmente o modelo de pensamento e a manifestar uma capitulação à teoria da força normativa do fáctico[241], sob a forma daquilo que poderíamos designar uma *reverse engineering*, mas um *dialectical proceeding*, que tem como instâncias polarizadoras, em estrita correlatividade, a prática criticamente reflectida e o pensamento efectivamente realizado[242]. Ilustremos a importância da prática (e do modo de proceder que ela implica) na modelação da racionalidade (do tipo de pensamento coenvolvido), com o seguinte exemplo: o carácter atípico que acabou por se reconhecer à nulidade dos chamados

---

[241] Em paráfrase a R. Musil, diremos que subjacente à mencionada teoria da força normativa do fáctico está o "paradoxo absurdo [da transformação da] situação em exigência, [da realidade] em norma, [do] ser em [dever-ser]": cf. *O homem sem qualidades*, II, cit., 111. Que se manifesta aqui a "falácia naturalística", é o que todos percebemos já (cf. o que tivemos oportunidade de escrever em *"Praxis, problema, logos,* (um olhar oblíquo sobre a respectiva intersecção)", sob 7 – in *Analogias*, cit., 255). E que a aludida falácia (que do ser – de um estado de coisas empírico – não deflui, em termos de necessidade, o que deve ser – aquilo que apenas se nos imporá fazer na pressuposição/assunção de um referente de carácter axiológico. Recorde-se o exemplo de que lançámos mão no estudo há pouco citado, apenas para acrescentarmos um ponto – que nos permitirá fazer a … ponte para uma nota atrás sublinhada: cf. *supra,* 32 s. n. 24: do facto de haver fome no Burundi, não deflui para nós, em termos constringentes, um dever moral de ajudar os respectivos habitantes… isto deixando ainda de lado a questão pressuponente de saber se, em certas circunstâncias, a melhor ajuda não consistirá, precisamente, em não os ajudar. E que esta não é uma piada de péssimo gosto – apesar de assim parecer… – é o que de imediato se compreenderá se acompanharmos, repetimos, as reflexões do Nobel Angus Deaton, in *A grande evasão…,* cit., Parte III, esp.te 356 ss. e 363 ss.) remonta a Hume, é o que poderá ver-se em R. Dworkin, *Justiça para ouriços,* cit., 29 e 431 n. 6, e 107. Também Julian Baggini (para quem "[e]stes abismos lógicos são intransponíveis") sublinha a aludida linhagem: cf. *As fronteiras da razão…,* cit., 200 s.; *v.* ainda Id., *ibidem,* 233 e 244.

[242] Será ousado vislumbrar aqui as grandes sombras de Kant – como que a presença, em simultâneo e sem contradição, do empírico e do transcendental – e de Hegel – como que a dialéctica entre pólos que, na relação em que se enredam, se anulam, se conservam e se elevam a um outro plano?… Mas (ainda por referência à problemática do texto que nos trouxe a esta nota…) já se nos afigura inteiramente pacífico reconhecer a impossibilidade de se fixar, *en avance,* o ponto de equilíbrio entre os extremos da sobre- e da subdeterminação do modelo de pensamento privilegiado pela prática empiricamente constatada.

"actos consequentes", na esfera do Direito Administrativo, decorrente "da evolução doutrinal, jurisprudencial e legal" e das muito subtis ponderações (dos valores conflituantes, dos tantas vezes divergentes interesses em presença...) que aí se impõe privilegiar *(scilicet,* as exigências da prática e do *iter* discursivo que se lhe associa), levou já a que se não hesitasse em qualificar como "metodologia prático-normativa" a perspectiva adequada para solucionar, em termos juridicamente irrepreensíveis, alguns dos delicados problemas com que, nessa sede, nos podemos vir a deparar[243].

Tudo o que nos autoriza uma conclusão breve, que enunciaremos com uma paráfrase ousada: "no início [, na fase de ouro do *Ius Romanum,* o pensamento jurídico metodologicamente comprometido] seguia em frente por um caminho a direito". Na época moderna, para não "andar às voltas e [acabar] por [se] perder em encruzilhadas"[244] sem fim, pré-escreveu um método, que absolutizou. E hoje, se não pretende dominar teoreticamente a prática, também não está disposto a capitular à pretensa força normativa do fáctico, "[dobrando-se antes] sobre si"[245] para traçar, através da *reflexio* em que deste modo se empenha, a *hodos* que semanticamente o conforma, sintacticamente o exprime e pragmaticamente o justifica[246]. Ou seja: tal como não podemos "agarrar no conteúdo de um copo de água [...] sem o copo"[247], também não conseguimos retirar o pensamento jurídico metodologicamente comprometido do continente que o modela assim e não de outro modo...

## 3. O objecto da metodonomologia e os seus núcleos temáticos fundamentais.

3.1. As relativamente pormenorizadas considerações precedentes consumiram muitas das explicitações que talvez devessem ter sido guardadas para a

---

[243] As indispensáveis explicitações complementares colher-se-ão em J. C. Vieira de Andrade, "Inconsequências e iniquidades na aplicação da doutrina da nulidade do 'acto consequente' de acto anulado", in *RLJ,* 141.º, n.º 3970, 2011, 3 ss.

[244] Cf. Píndaro, *Odes,* XI, Ant. 3 – na edição citada, 76.

[245] Cf. o que, louvando-nos em N. Hartmann, escrevemos em *Praxis, problema, nomos...,* cit., in *Analogias,* cit., 234 s. n. 1.

[246] O exercício metodonomológico implica, portanto, um pensamento sinuoso, que ciranda sem cessar daqui para ali aos avanços e recuos, e a que só advém linearidade por mediação de uma rigorosamente pressuposta unidade de sentido pertinentemente intencionada.

[247] Cf. R. Musil, *O homem sem qualidades,* II, cit., 46.

epígrafe agora aberta. Razão por que poderemos ser esquemáticos na abordagem dos pontos que nesta se incluem[248].

O objecto da metodonomologia, dissemo-lo já, é a racionalizada realização judicativo-decisória do direito[249]. E esta não é, decerto, "[a] rhapsody of words"[250] em que o sentido circunstancialmente relevante (o referente problemático-axiológico concretamente intencionado) se perde numa charada aparente, mas o modo adequado de formular a questão nuclear com que o sentido (tal-qualmente o caracterizámos) aqui nos interpela.

À exigência da racionalidade dedicar-se-á um capítulo autónomo na economia deste curso.

Olhemos, por ora, a nota seguinte: a de que o exercício metodonomológico tem que ver com a realização do direito, numa sua especial modalidade – a judicativo-decisória… que é aquela que Rudolph von IHERING visava quando, por um lado, enfaticamente esclarecia que "[a] função do direito, em geral, consiste […] em realizar-se. O que se não realiza não é direito e, ao invés, o que assim se cumpre é já direito, mesmo que não seja reconhecido como tal"[251]. "A realização é [, portanto,] a vida e a verdade do direito; ela é o próprio direito. O que não passa à realidade, o que não existe senão nas leis e sobre o papel, não é mais do que uma aparência de direito, não são senão palavras vazias ["pois estas abstracções estão muito aquém da realidade"]. Ao contrário, o que se realiza como direito é direito, mesmo que se não encontre em preceitos legais e o povo e a ciência dele se não tenham ainda dado conta"[252]. A mencionada realização judicativo-decisória é, portanto, a consumação do direito[253] – a sua

---


[248] Pontos esses que – sublinhemo-lo expressamente – reclamam o estudo atento de A. CASTANHEIRA NEVES, *Metodologia Jurídica…*, cit., 17-34.

[249] Em termos exasperadamente contidos – antecipando por junto notas que, mais ou menos explicitamente, haveremos de relevar –, o juízo decisório, em que nos centraremos, é estruturalmente um binómio, funcionalmente um tandem, conceitualmente um oximoro, discursivamente uma síntese, e intencionalmente exprime a própria *iurisdictio.*

[250] Cf. W. SHAKESPEARE, "Hamlet", act III, sc. IV, 48 – in *The complete works,* cit., 892.

[251] Cf. *Geist des römischen Rechts…*, 1.ª parte, § 4. 2. – na 6.ª ed., Leipzig, 1907, 49.

[252] Cf. ID., *ibidem,* 2.ª parte, 2.ª secção, logo na abertura do § 38 – na 2.ª ed., Leipzig, 1869, 306 (acolhemo-nos, quase na íntegra, à trad. de A. CASTANHEIRA NEVES, em *Metodologia Jurídica…*, cit., 25, e *O actual problema metodológico da interpretação jurídica – I,* cit., 12 e 346). A interpolação ousada é do § 3 da referida obra de IHERING – na citada 6.ª ed., de 1907, 28.
Refira-se a situação, de certo modo paralela, da música: mesmo quando ela está escrita, não se afigura desprovido de sentido dizer, com Pablo CASALS, que "[…] encore faut-il la faire"… – *apud* João LOBO ANTUNES, "Um neurocirurgião na Casa da Música", in *Ouvir com outros olhos,* Lisboa, 2015, 82.

[253] Em que Heinrich BÖLL reconheceu uma dimensão estética – estamos a pensar nos três primeiros e nos três últimos versos de um curto poema do Nobel, que RÜTHERS/FISCHER/BIRK escolheram para abrir a sua *Rechtstheorie…*, cit., V: "Ein Bereich der Ästhetik,/den wir noch nicht entdeckt haben,/ist die Schönheit der Rechts./ […]/ Aber – Recht und/Gerechtigkeit sind auch schön,/wenn sie vollzogen werden."

metamorfose de crisálida em borboleta, *scilicet,* de regulativo axiologicamente recortado ou/e dogmaticamente afinado em acto definitivamente cumprido. E, por outro – e em articulação com tudo o que precede!... –, quando lapidarmente acentuava que "o caso prático *[i. e.,* a respectiva autonomização, lhe mostrara] a norma jurídica a uma luz completamente outra, de uma perspectiva radicalmente diferente daquela por que [se] habituara a considerá-la"[254].

A realização, a que assim se alude, contrapõe-se, nomeadamente, à aplicação em que se comprazia o pensamento jurídico de inspiração positivista[255]. A actividade dos juízes e dos juristas na ponderação/solução dos casos concretos não se traduz na aplicação silogístico-subsuntiva dos critérios jurídicos *(maxime,* legais) pré-existentes; redensifica-os as mais das vezes, quando eles se mostram, com maior ou menor evidência, co-respondentes aos problemas interpelantes. E quando é chamada a constituí-los (quando dispuser de legitimidade para tal e se lhe impuser fazê-lo...), não os enuncia apenas; opera pragmaticamente com eles. Em qualquer das duas mencionadas situações, ela realiza, *sensu proprio,* a normatividade (a regulativa validade) predicativa daqueles critérios – assume a sua axiologia fundamentante e cumpre a sua teleologia prática (um direito disaxiológico e disteleológico não é direito...), transformando uma relevância hipotética em acto efectivo. Por isso se fala comummente (conquanto nem sempre com o sentido que já a seguir se clarificará...[256]) em "direito de juízes" *(Richterrecht)* e em "direito de juristas" *(Juristenrecht),* e se reconhece à mencionada actividade (respeitadas que sejam as exigências de qualificação e de legitimação pertinentes e as regras de procedimento devidas...) um carácter performativo, já que ela introduz no "mundo do direito" algo de novo (à semelhança, aliás, do que, *mutatis mutandis,* acontece com um preceito ou um diploma legal criado pelo órgão competente, com um acto administrativo pertinentemente exarado por certo serviço, com um contrato legitimamente celebrado pelos sujeitos do negócio...)[257], enriquecendo-o extensivamente e afinando-o intensivamente.

---

[254] Cf. R. v. IHERING, *Ist die Jurisprudenz eine Wissenschaft?,* n.º 20 – na ed. cit., 85 s.

[255] Deixemos agora entre parêntesis a decisão funcionalisticamente concebida: cf. *supra,* 44 s. n. 37.

[256] Cf., em contrapólo e a título puramente exemplificativo, RÜTHERS/FISCHER/BIRK, *Rechtstheorie...,* cit., 149 ss. e 160 s., Orlando de CARVALHO, *Teixeira de Freitas e a unificação do direito privado,* Coimbra, 1985, 83 ...

[257] Cf. A. CASTANHEIRA NEVES, *O actual problema metodológico da interpretação jurídica – I,* cit., 234 s. Já em meados dos anos 60 do século passado, José H. SARAIVA afirmara que "[...] cada nova sentença proferida constitui um ponto a acrescer na linha que define o próprio ordenamento jurídico": cf. *A crise do direito,* cit., 104; *v.* ainda ID., *ibidem,* 106.

Deflui do que acabámos de dizer que, por exemplo, também o legislador realiza, de um modo particular (nomotético, prescritivo), o direito, dentro do quadro traçado pelos parâmetros constitucionais[258] e normativo-principiais que deverá observar[259]. Todavia, assim como a *thesis* (um tendencialmente eficaz "sistema de regulamentação") se não confunde com o *nomos* (um especificamente intencionado "sistema axiológico")[260], e, consonantemente, a função legislativa (que afirma "um poder de programação politicamente constituinte") se distingue da função jurisdicional (que se manifesta como "um contra-poder [radicado n]a validade do direito")[261], os tipos de realização  histórica implicados por aquela e por esta são diferentes, e a vários níveis (o estrutural, o da índole, o da intenção...[262]). Para parafrasear Ph. HECK, o legislador não é um "criminoso obstinado", que sabe bem o que fez, mas que o silencia, em termos

---

[258] O que é particularmente evidente em certas áreas jurídico-dogmáticas. Pense-se, *v. gr.,* no Direito Penal: pois não é certo que "[...] um bem jurídico [...] criminalmente tutelável existe ali – e só ali – onde se encontre *reflectido* um valor jurídico-constitucionalmente reconhecido [...]"? Assim, Jorge de FIGUEIREDO DIAS, *Direito Penal. Parte Geral. Tomo I...,* cit., 120. Lição esta a que, por exemplo, se acolheu o Tribunal Constitucional: cf. o Acórdão n.º 179/2012, de 4 de Abril de 2012, in *DR,* 1.ª Série, n.º 78, de 19 de Abril de 2012, 2213. Acrescente-se apenas que em uma das declarações de voto que o mencionado aresto suscitou (a do Conselheiro Carlos FERNANDES CADILHA) se esclarece "que entre os valores e bens consagrados na Constituição e os bens jurídicos dignos de tutela penal não tem de existir uma relação de identidade, mas apenas uma relação de analogia material"... – *ibidem,* 2216 –, pois que, em cada um dos referidos domínios, os valores e bens a que aludimos são olhados de distintos pontos de vista e, portanto, considerados na semelhança que os aproxima não obstante a diferença que os separa (valiosas explicitações complementares podem colher-se em José de FARIA COSTA, na "Anotação" que lhe mereceu o referido Ac. do TC, e publicada na *RLJ,* 141.º, n.º 3973, 2012, sob o título *"Crítica à tipificação do crime de enriquecimento ilícito: plaidoyer* por um direito penal não iliberal e ético-socialmente fundado", esp.ᵗᵉ 252 ss., sob 4.).

[259] Que ao legislador também compete realizar a normatividade jurídica, respeitando determinados *criteria* e assumindo certos *principia,* é o que claramente nos mostra a jurisprudência do *BVerfG.* Luc J. WINTGENS alude , a este propósito, à "racionalidade do legislador" para que a "legislação" se possa dizer autêntica "legisprudência", e lembra que o Tribunal Constitucional alemão tem sublinhado, vezes sem conta, o recíproco envolvimento das funções legislativa e jurisdicional que, conquanto de diferentes perspectivas (que designa, respectivamente, "hermeneutic point of view$_l$" e "hermeneutic point of view$_j$"), participam no processo de constituição do direito (o A. distingue aqui o "judicial and [the] legislative decision-making") e con-formam um "sistema simbiótico" – cf. "Legislation as an object of study of legal theory: legisprudence", in ID. (ed.), *Legisprudence. A new theoretical approach to legislation,* Oxford, and Portland (Oregon), 2002, esp.ᵗᵉ 10, 32 ss. e 39. Entre nós, impõe-se referir Fábio CARDOSO MACHADO, *A autonomia do direito e os limites de jurisdição,* cit., 12 ss. – dissertação em que o A. se empenha em repensar "a ordem política [como] uma ordem de validade".
E que a analogia marca igualmente presença na realização legislativa do direito é o que de imediato se compreende se recordarmos que a legislação decide (ou, de uma outra perspectiva, decerto bem menos aguda, orienta a decisão de) problemas, porque assume, em referência a esses mesmos problemas, a intencionalidade problemática de fundamentantes parâmetros político-constitucionais e normativo-jurídicos que, do seu específico ponto de vista (programático, regulamentar, garantístico...), entende (nomeadamente atentas opções de política legislativa) dever privilegiar, trazendo uns e outros à correspondência (recorde-se o que pudemos escrever em *Pj → Jd...,* cit., in *Analogias,* cit., 340).

[260] Cf. A. CASTANHEIRA NEVES, *O actual problema metodológico da interpretação jurídica – I,* cit., 215.

[261] Cf. ID., *O instituto dos "assentos"...,* cit., 611.

[262] A explicitação destes pontos ver-se-á em ID., *Metodologia Jurídica...,* cit., 21-23.

de só um "juiz astuto", que o surpreenda num momento de descuido, apanhando-o em falso, conseguir perceber como as coisas se passaram, desvelando o até então escondido *iter criminis*. Por seu turno, também no âmbito problemático de que aqui cuidamos, o jurista-julgador não tem que ser um... intérprete "Sherlock Holmes"[263], capaz de decifrar os segredos mais capciosamente guardados pela instância legiferante, mas "apenas" (as aspas visam traduzir não um estatuto diminuído que se lhe reconheça, mas a especificidade da tarefa que se lhe comete !...) o metodonomologicamente esclarecido mediador dos casos interpelantes e da juridicidade interpelada, para solucionar aqueles primeiros com fundamento nesta segunda.

3.2. Pois bem. O problema que assim se recorta deixa enunciar-se, em termos inequívocos, pela palavra (tantas vezes utilizada já!...) que rigorosamente o sintetiza (num exercício de "fria" [...] engenharia [semântica]", di-la-ei, sem hesitações e com plena consciência de que se não está a propor qualquer iconoclástico *Begriffsbeben,* a "[palavra inevitável]"...[264]) – metodonomologia (o caminho – a *hodos* – racionalizadamente – porque com recurso ao *logos* que se impõe privilegiar – percorrido pela decisão judicativa – *nomos* – para esta atingir o seu objectivo – *meta:* a solução normativo-juridicamente adequada e, portanto, justa, de problemas concretos a que justificadamente se reconheça um mérito jurídico). Só que às palavras novas nunca se sabe o que acontece. Começam por "bater às portas, com aquele ar falsamente distraído que têm as palavras novas, a pedir que as deixem entrar"[265], mas nem sempre sucede que obtenham permissão e que... "a História [as leve] ao colo para casa"[266].

Como quer que seja, nesta Metodologia do Direito tematizar-se-á, insistimos, a problemática da racionalizada realização judicativo-decisória da normatividade jurídica vigente. E, dos dois segmentos daquele binómio, privilegiaremos (supomos que sem surpresa...) o juízo à decisão (recorrendo às categorias clássicas, diremos que, no exercício metodonomológico, o juízo identifica a substância e a decisão o acidente – e que, nele, ambos emergem como contrapólos eutécticos. Por outro lado, só pressupondo a precisão que

---


[263] Cf. Ernst A. KRAMER, *Juristische Methodenlehre,* cit., 160 n. 467.

[264] Cf. Fernando PESSOA, *Livro do desassossego,* cit., 218 (a mesma página em que o Poeta confessa que a "Minha pátria é a língua portuguesa"...), e Sue PRIDEAUX, *Eu sou dinamite!...,* cit., 152 (passagem em que a A. sublinha ter sido a palavra alemã de que nos socorremos criada pelo Filósofo que inspiradamente biografou).

[265] Assim, José SARAMAGO, *Viagem do elefante,* s./l., 2008, 114.

[266] Citámos agora Fernando PESSOA, *Páginas de estética e de teoria e crítica literárias,* 2.ª ed., Lisboa, 1973, 43.

antecede a abertura deste parêntesis – e que igualmente se reafirma na sua primeira parte – poderá aceitar-se o paralelismo intencionado pelo quiasmo juízo decisório/decisão judicativa...). Claro que esta última – que afirma a *voluntas*[267] com exclusão (ou com uma mais ou menos acentuada compressão...) da *ratio* – assume um papel do maior relevo em certos âmbitos problemáticos estritamente conexionados (por bons e/ou por maus motivos...) com o direito: é nela que radica o golpe-de-asa dos políticos[268], a marca-de-água dos funcionalismos, a opção entre alternativas com que se vêem amiúde confrontados os diversos legisladores... Acresce que ela é ainda passível de abordagens colimadas à respectiva predição, o que não deixa igualmente de ter interesse de perspectivas que mantêm com a nossa alguns laços de família – (irrelevando, pela razão acabada de apontar, que não colhe na circunstância, subtilíssimos registos irónico-críticos – exemplo: muitos dos habitantes de Lapúcia, "a Ilha Voadora ou Flutuante", de *As viagens de Gulliver*, "têm grande fé na astrologia judiciária"...[269]) pense-se na averiguação dos constrangimentos psico-emocio-

---

[267] Lembre-se que a vontade, rigorosamente recortada, rejeita qualquer fundamento (discursivamente apurável), ou qualquer causa (pelo que, em registo inspirado, a poderemos dizer "um elo que liga a alma ao mundo concreto" – cf. Saul Bellow, *O legado de Humboldt,* cit., 212; deixemos de lado o problema – muito discutido – de saber se a sua matriz é psicológica, ou sociológica, ou psicofisiológica...) – e daí que a decisão, que nela radica, seja a "causa total de si própria" (assim, Duns Escoto, *apud* H. Arendt, *Responsabilidade e juízo,* cit., 115. A decisão é, portanto – recorrendo a uma categoria clássica –, *causa sui...* que Espinosa disse aquilo "cuius essentia involvit existentiam"), traduzindo "um volitivo operar-fazer não discursivo, na sua mera opção entre alternativas disponíveis", por isso mesmo alheia a qualquer fundamentação argumentativa (cf. A. Castanheira Neves, *O funcionalismo jurídico...,* cit., in *RLJ,* 136.º, n.º 3940, 2006, 7 = in *Digesta...,* Vol. 3.º, cit., 205). Se quisermos, também nós poderemos repetir Carl Schmitt e afirmar que, "sob o ponto de vista normativo, a decisão promana do nada", na exacta medida em que ao "agir humano é sempre inerente um resto de indeterminação" (conquanto já não estejamos disponíveis para aceitar que só é assim porque o referido agir não cessa de "fazer troça da dedução a partir de regras gerais" – como se a racionalidade axiomático-dedutiva fosse a única concebível...): cf. Christian Graf von Krockow, *Die Entscheidung...,* cit., 154. Acrescentemos ainda que Hans Thieme assinala como mérito do Movimento do direito livre o ter vindo chamar a atenção (sob a capa da "cripto-sociologia" que o inspirava e em ruptura com o pensamento à época dominante...) para os "fundamentos irracionais do achamento jurisdicional do direito", *i. e.,* para o ineliminável segmento de decisão no exercício metodonomológico: *apud* Joachim Rückert, "Vom 'Freirecht' zur freien 'Wertungsjurisprudenz' – eine Geschichte voller Legenden", in *ZRG, GA,* 2008, 244 s.

[268] Paradigmaticamente, o discurso de Winston Churchill, na Câmara dos Comuns, no dia 13 de Maio de 1940 (e as circunstâncias que o determinaram...): "Não tenho nada para oferecer que não seja sangue, trabalho, suor e lágrimas". O "nosso objetivo" só pode ser... o que tem que ser: "vitória – vitória a todo o custo, vitória apesar de todo o terror; vitória por mais longo e árduo que seja o caminho, porque sem essa vitória, não sobreviveremos [...]" – cf. as suas *Memórias da II Guerra Mundial,* 3, trad. de Manuel Cabral, Alfragide, 2014, 30.

[269] Cf. Jonathan Swift, *As viagens de Gulliver,* trad. de Luzia Maria Martins, Lisboa, 1964, 222. A propósito da predição a que antes se aludiu, e que já a seguir ao fecho do parêntesis em que abrimos esta nota se concretizará um pouco melhor no próprio texto – e em termos bibliograficamente algo mais ortodoxos... –, atente-se, *v. gr.,* na argumentação (sem surpresa, indisfarçavelmente funcional...) que perpassa o artigo – de divulgação das capacidades do robô Ross – da autoria de Murray S. Levin e David Gallagherr, "UIA – O impacto da análise preditiva na execução da lei", in *Boletim da Ordem dos Advogados,* Junho-Agosto 2018, 68 s.

nais e sócio-empíricos susceptíveis de a determinarem, nas bases informativas e nas tabelas de preferência modeladoras das chamadas teorias analíticas da decisão, que a reduzem a resultado de um jogo em que as parcelas tidas em conta são grandezas quantitativas... Aqui e agora impõe-se-nos, sobretudo, não apagar o *quantum* de subjectividade ínsito ao acto performativo paradigmaticamente cometido ao tribunal – que é, portanto, con-formado por uma ineliminável dimensão decisória.

Mas o foco deste curso, o seu baricentro, será o juízo[270] – chamado a assimilar (ou, quando menos, a reduzir à expressão mínima, para prevenir um intolerável... adhocracismo[271] jurisdicional) o irremível resto de decisão acabado de mencionar (na ordem cósmica – *hoc sensu:* no horizonte temático – em que nos movemos, o juízo é o zénite e a decisão o nadir...), e que de há muito aprendemos a dizer uma "ponderação prudencial, de realização concreta, orientada por uma fundamentação" circunstancialmente adequada, argumentativamente convincente e normativo-juridicamente intencionada[272]. Este juízo-julgamento prático-normativo (que não o juízo-proposição lógico-apofântico...[273] ) apresenta algumas notas distintivas de carácter formal (uma controvérsia processualmente disciplinada[274], a intervenção de um terceiro imparcial...) e material

---

[270] A palavra *Urteil* (juízo, em alemão) significa também "o que origina" (cf. G. STEINER, *A poesia do pensamento...*, cit., 99) – mais literalmente ainda, a "parte" *(Teil)* "originária" *(Ur)* – (Interessante, neste quadro, é o entendimento de HÖLDERLIN, de que colhemos notícia em R. ESPOSITO, *De fora...*, cit., 35: para o Poeta-Filósofo, o juízo assenta na "originária separação *[Ur-Theilung]* do objecto e do sujeito [...]", uma relação que adiante – cf. *infra*, 134 s., sob 1.8. – não deixaremos de considerar em termos críticos...). Razão por que se nos afigura inteiramente legítimo afirmar que, *v. gr.*, o direito (centremo-nos no que aqui importa...) vem à epifania por mediação de *(i. e.*, radica originariamente em) juízos – em ponderações político-juridicamente determinadas do legislador, normativo-juridicamente intencionadas do juiz, dogmático-juridicamente polarizadas do jurista...
Por seu turno, José de FARIA COSTA, louvando-se em Jan JOERDEN, teve já oportunidade de lembrar que "qualquer juízo pressupõe ao menos três elementos : o 'objecto do juízo', o 'parâmetro do juízo' e a comparação ou confrontação entre ambos, vale por dizer, a 'realização do juízo'" (assim, na sua *Crítica à tipificação do crime de enriquecimento ilítico: plaidoyer...*, cit., in *RLJ,* 141.º, n.º 3973, 2012, 249 n. 2; o A. insiste, de novo, nestes pontos, em "O princípio da igualdade, o direito penal e a constituição", in *RLJ, 141.º*, n.º 3974, 2012, 287 n. 12). Pois bem: no juízo de que ora nos ocupamos, o objecto é o problema concretamente judicando, o parâmetro a normatividade jurídica vigente, e a aludida realização não é mais do que a comparação dos dois mencionados *relata* (comparar, recorde-se, é pôr-a-par...), responsavelmente assumida por instâncias com legitimidade para tanto (paradigmaticamente, os tribunais), a fim de os "trazer-à-correspondência" (se tal se revelar metodonomologicamente possível...).

[271] Trata-se de uma paráfrase a H. GARCIA PEREIRA, *Arte recombinatória*, cit., 127. Por outras palavras: a polarização da metodonomologia na decisão corresponderia a uma impostação distópica do exercício que nela se nos põe.

[272] Cf., por último, *Pj → Jd...*, cit., in *Analogias,* cit., 350 e n. 123.

[273] No exemplo de escola, "o homem é mortal" (sujeito e predicado unidos por uma cópula... em que se reduz a este traço unificador o núcleo mesmo da ontologia heideggeriana: a terceira pessoa do singular do presente do indicativo – G. STEINER, *Martin Heidegger*, cit., 86 e 92).

[274] Se, como dizia MARX, "o processo desaparece no produto" *(apud* H. ARENDT, *A condição humana,* cit., 182 e 364) – *in casu*, se sob o ponto de vista adjectivo, a sentença transitada em julgado põe termo

(a autonomização de um problema jurídico concreto, a pressuposição do adequadamente recortado sistema da normatividade jurídica vigente...)[275] – planos estes dois que, ao invés de se contraporem, se imbricam (refira-se, a título de exemplo, o ... Direito Processual Civil e o modo como, no seu âmbito, o sentido originário – de inspiração liberal e intenção formal – do princípio do dispositivo, se viu substituído por um outro [metamorfoseado num outro...] radicado em amplíssimos poderes de gestão processual – atinentes "aos *factos*, ao *pedido* e às provas" – e já de inequívoco conteúdo material, confiados ao juiz[276]) ... –, envolve a mobilização de argumentos que intendem a um (fundamentante – "[o] fundamento é a operação do *logos* ou da razão suficiente"[277]...) convencimento intersubjectivo[278] (as premissas, quando correctamente articuladas, suportam demonstrações...), e, na medida em que é suscitado pela experiência do confronto "com casos particulares"[279], implica um específico tipo de raciocínio – o analógico, subjacente à operatividade dos *exempla* no direito romano, ao *iudicare est componere* medieval, à comparação das *rationes decidendi* do precedente invocável e do caso ora judicando (e, complementarmente, aos expedientes da *overruling* e da *distinguishing*...[280]) no *Common Law,*

---

a e consome tudo quanto nela desaguou –, já de uma perspectiva metodológica não é assim, em virtude quer do carácter performativo que também nós reconhecemos ao exercício judicativo-decisório (atento o sentido da mencionada performatividade ...), quer da permanente reconstituição do *corpus iuris,* igualmente determinada pela referida performatividade (esta performatividade não desaparece no seu produto – marca constitutivamente esse produto).

[275] Para mais desenvolvimentos (e explicitações complementares), cf. A. Castanheira Neves, *O instituto dos "assentos"...,* cit., 434 ss. e 438 ss.

[276] Cf. Miguel Mesquita, "Princípio de Gestão Processual: o 'Santo Graal' do Novo Processo Civil?", in *RLJ,* 145.º, n.º 3995, 2015, 78 ss., e "A 'morte' do princípio do dispositivo?", in *RLJ,* 147.º, n.º 4007, 2017, 87 ss.

[277] Cf. G. Deleuze, *Diferença e repetição,* cit., 432 s.

[278] Ou seja: ao invés da decisão, que não pressupõe um discurso (cf. *supra,* 101 n. 267), o juízo tem no discurso uma sua irremissível dimensão constitutiva. Subjacente a um processo judicial – pense-se, exemplificativamente e de novo, no processo civil – há, decerto, um "jogo estratégico", uma "interacção estratégica". Mas isso não implica, cremos, que estejamos impedidos de entrever aí uma mediação discursiva: as partes podem não ter a pretensão de se convencer uma à outra ("isso já se [terá mesmo mostrado], em momento anterior, uma impossibilidade"...), mas mobilizam argumentos com o evidente propósito de convencer da respectiva bondade e concludência um interlocutor racional, *maxime* o tribunal (se quisermos, "a presença de outros está [no] juízo", que visa uma concretamente radicada "validade geral" – *Allgemeingültigkeit* – susceptível de ser intersubjectivamente reconhecida: cf. H. Arendt, *Pensar sem corrimão...,* cit., 123). Que a questão está, todavia, muito longe de ser pacífica (ela remete a uma controvérsia que tem como protagonistas Alexy e Habermas...) é o que poderá ver-se em Armin Engländer, *Diskurs als Rechtsquelle?,* Tübingen, 2002, 141 ss.

[279] Que levamos aqui pressuposta a lição de Kant é o que poderá ver-se em *Pj → Jd...,* cit., in *Analogias,* cit., 351 s. n. 127.

[280] Cf. A. Castanheira Neves, *O instituto dos "assentos"...,* cit., 59 ss., esp.<sup>te</sup> 64 s. n.134, 636 e 669, e os nossos "*Continentalização*"...?, cit., 199 s., e *Pj → Jd...,* cit., in *Analogias,* cit., 351 s. n. 126. Assim como já se disse que "[o] mesmo homem pode ser afectado, diferentemente e em momentos diferentes, pelo mesmo objecto" (trata-se de uma famosíssima passagem da *Ética,* de Baruch Espinosa, nesta formulação colhida em Irvin D. Yalom, *O problema Espinosa,* cit., 328), não surpreende que, atento o

à co-respondência a que importa trazer, em termos irrepreensíveis, os pólos problemáticos do discurso metodonomológico proposto pelo jurisprudencialismo … Em qualquer destes planos vai, decerto, pensada uma semelhança de problemas enquanto condição viabilizadora da reflexão/actividade judicativa, e daí que KANT tenha podido dizer "os exemplos" […] o andarilho do juízo"[281].

direito, afirmemos que um problema jurídico nuclearmente idêntico é susceptível, em momentos distintos, de ser pertinentemente ajuizado, em termos divergentes, pelo mesmo jurista. Aquele que só reconheça o princípio da uniformização da jurisprudência (em que o direito processual civil português vigente continua a centrar-se: cf. os artigos 686.º e 688.º ss. do CPC) terá dificuldade em compreendê-lo; mas quem não ignore o significado rigoroso do princípio da unidade do direito (a que já se abre o nosso actual direito processual penal: cf. os "recursos no interesse da unidade do direito", do artigo 447.º do CPP) entendê-lo-á facilmente...
Regressemos, porém, aos expedientes aludidos no texto (Parenteticamente: no texto alude-se ainda às *rationes decidendi* – aos fundamentos nucleares de uma dada decisão judicativa. Que se distinguem, recordemo-lo, dos *obiter dicta* – dos bordões discursivos apenas convocados *by the way*, e, portanto, laterais em referência ao juízo decisório concretamente em causa..., mas que, não obstante, podem revelar-se susceptíveis de concorrer para desvelar pré-compreensões eventualmente co-determinantes da sentença, ou do acórdão, em que o mencionado juízo venha a culminar. Ilustremo-lo com uma conhecida polémica recente, suscitada por decisões judicativas entre nós prolatadas no âmbito de certos casos de violência doméstica...), destinados a corrigir a estrita observância das regras do *binding precedent,* que se projectaria na absoluta subordinação da justiça à segurança. Para dizer apenas que, bem ao invés, e tanto quanto pudemos dar-nos conta, nos nossos dias *(scilicet,* depois do *Practice Statement,* de 1966, que libertou a *House of Lords* da vinculação aos seus próprios precedentes, da abertura, pela mesma instância jurisdicional, em 1972, a uma *prospective overruling* prenunciada por um *obiter dictum* proferido em um seu julgamento anterior, a que aludiu pela primeira vez em 2005, e que o *Supreme Court* – que substituiu a secção jurisdicional da Câmara dos Lordes em Outubro de 2009 –, pelo menos até meados de 2011, ainda não havia ousado, da frustrada *"one-man crusade"* do *Master of Rolls,* Lord DENNING, igualmente no início da década de 70 do século passado, tendente a estender ao *Court of Appeal* a faculdade que a *House of Lords* se arrogou, e há pouco referida), não se hesita, na esfera do *Common Law* inglês, em continuar a assumir a existência de uma tensão entre segurança jurídica e protecção da confiança, por um lado, e realização da justiça material, por outro (como é óbvio, quando estes dois objectivos entrarem em rota de colisão): cf. agora Sebastian A. E. MARTENS, "Die Werte des Stare Decisis", in *JZ,* 7/2011, 348 ss., esp.^te 352 ss., sob 5. A pp. 354 ss., sob III., o A. dá-nos conta dos expedientes processuais disponibilizados pelas ordens jurídicas francesa (centrados na competência da *Cour de Cassation)* e alemã (polarizados, nomeadamente, no regime do recurso de revista – *Revision* – da *ZPO;* acrescente-se que o *BGH* parece admitir, em certos termos, uma "alteração jurisprudencial prospectiva" – *prospektive Rechtsprechungsänderung...* Já agora: dos tribunais superiores alemães, e muito esquematicamente, o *BGB* e o *BFH* acentuam a possibilidade de romper com a sua própria jurisprudência, mas exigem para tanto a verificação de "fundamentos […] preponderantes [,] concludentes", ou "[…] materialmente graves", enquanto que o *BVerfG* se mostra ainda mais favorável à mencionada possibilidade, ao pôr tónica na independência do juízo institucionalmente cometido a cada órgão jurisdicional; as indispensáveis explicitações complementares poderão colher-se em Oliver KLEIN, "Zur Frage der Bindung höchster Gerichte an ihre Rechtsprechung. Bausteine zu einer Dogmatik der Rechtsprechungsänderung", in *JZ,* 2/2018, 64 ss.) – ordens jurídicas estas duas cujos tribunais não estão formalmente submetidos à regra do precedente –, com o propósito de compossibilitar as duas mencionadas exigências contrárias.

[281] Cf. *Kritik der reinen Vernunft,* B 174 – na ed. devida a Jens Timmermann, Hamburg, 1998, 273 *(v. Pj → Jd...,* cit., in *Analogias,* cit., 351 s. n. 127, e H. ARENDT, *Pensar sem corrimão...,* cit., 300, sob V., e 385 s. Ponto este que também vemos acentuado por Luiz S. CABRAL DE MONCADA, em *Autoridade e liberdade na teoria do acto administrativo. Contributo dogmático,* Coimbra, 2014, 202, nos seguintes termos: "[…] é o exemplo e não a dedução que serve de andarilho à decisão"). Recordemos ter KANT olhado analiticamente a "razão pura" *(reine Vernunft),* como "teorética" *(theoretische),* como "prática" *(praktische)* e ainda como "razão judicativa" *(urteilende Vernunft):* assim, DIERKSMEIER, in GRÖSCHNER *et alii, Rechts- und Staatsphilosophie...,* cit., 212. Naquela mesmíssima linha e arrimando-se a passa-

Pedindo algumas palavras de empréstimo a Jerome Kohn[282], "[o] juízo [...] é uma espécie de comparação, 'congelada' na balança da justiça, que pondera" a semelhança suficiente (ou a diferença insuperável...) entre o mérito problemático-jurídico do caso e a relevância problemático-jurídica do constituído ou constituendo critério circunstancial e pertinentemente submetido à experimentação metodológica, razão por que, tendo como *termini comparationis* dois *relata*[283] problematicamente cunhados e juridicamente intencionados (*i. e.*, dois termos da relação comparativa de carácter particular: o evidentemente particular caso judicando e o critério também particular porque com uma intencionalidade problemática a afinar em ordem a esse e a cada um de todos os seus demais casos –, que, na sua fenoménica diversidade, têm no direito o referente comum – o *tertium comparationis* viabilizador da respectiva fusão metodonomológica –, que o primeiro assume como instância predicativa e o

---

gens próximas da referida *Crítica da razão pura,* R. Gröschner chama por seu turno a atenção para o facto de a "grande utilidade dos exemplos [ser a de permitirem] afinar a capacidade de julgar" e de isso ser notório quer no discurso jurídico, quer (entre outros ainda) no discurso médico: tanto em um como em outro domínio não basta "compreender o geral em abstracto", é preciso apurar se um determinado "caso pertence, em concreto", ao âmbito temático circunstancialmente em causa (cf., agora, *Dialogik und Jurisprudenz...,* cit., 231 n. 13. Deverá surpreender-nos o facto de um Médico ilustre, que se habituou – também para nosso benefício... – a pensar profundamente as coisas da medicina, tenha qualificado esta última como "uma prática prudencial"?: cf. João Lobo Antunes, "Estranhas sinapses", in *Ouvir com outros olhos,* cit., 105. De resto, acrescente-se, o direito e a medicina apresentam outros muito significativos pontos de contacto, atinentes até à sua mais genuína matriz, ou *fundamentum originarium:* não sustenta, *v. gr.,* José de Faria Costa que "[o] acto de cuidar é [...] o étimo comum que fundamenta o direito e a medicina"?... – *v.* "O fim da vida e o direito penal", § 4, 4., in *Linhas de Direito Penal e de Filosofia. Alguns cruzamentos reflexivos,* Coimbra, 2005, 144 e n. 69. "Étimo comum" esse, sublinhe-se, que remete à pessoa: ora, se temos vindo a dizer o direito, irredutivelmente, o rosto jurídico da pessoa, o acto médico – esclarece ainda José de Faria Costa – também radica na pessoa ... na pessoa do doente e na "autodeterminação" que – neste nosso tempo, em que se afirma superado o paradigma hipocrático, de "pendor paternalista" – emblematicamente o dignifica. Cf. agora, do nosso ilustre Colega e querido Amigo, "Um olhar, eticamente comprometido, em redor da ética médica (Caderno de exercícios: segundo exercício)", in *RLJ,* 140.º, n.º 3965, 2010, esp.^te 72 s. sob 3.), se tem que ver com (e, portanto, se interpela) a respectiva intencionalidade problemática. Não se disse de Wittgenstein que o recurso frequente a exemplos fazia com que "o seu espírito abstracto [avançasse] concretamente"? ... *(apud* G. Steiner, *A poesia do pensamento...,* cit., 166. Com efeito, e não raro, o "abstracto [desfaz-se] em declinações de uma concretude de arrepiar"...: assim, Francisco d'Eulália, *Tantos dias, estranhos dias,* cit., 67). Como bem se percebe, também nós poderemos afirmar, *mutatis mutandis,* isso mesmo...

[282] Colhidas na sua "Introdução" ao livro de Hannah Arendt, *Responsabilidade e juízo,* cit., XXVIII.

[283] Lembremos que, num outro quadro contextual, Heidegger alude à "bipolaridade" *(Zweigliedrigkeit)* do juízo, acentuando que "entre os pólos [do juízo] há necessariamente uma relação" (cf. Martin Heidegger, "Frühe Schriften", in *Gesamtausgabe, Bd. 1,* Frankfurt am Main, 1978, 177) – "relação" esta que, da nossa perspectiva, diremos aquela que articula o problema interpelante e a juridicidade interpelada, e que o pensamento jurídico metodologicamente comprometido é chamado a assumir e a esclarecer. A mencionada relação deslaçar-se-á se, *v. gr.* (centremo-nos no universo metodonomológico), o tribunal privilegiar "uma fundamentação alternativa" àquela em que efectivamente radicou o juízo decisório que proferiu: cf. José de Faria Costa/Miguel Pedrosa Machado, "Contra-ordenações e reserva de lei", in *RLJ,* 149.º, n.º 4018, 2019, esp.^te sob os n.^os XV-XVII, 77 s.

segundo como radical fundamentante[284]), para os "trazer-à-correspondência" – para "realiza[r] o pensamento" que o mencionado juízo afinal identifica[285] –, o tipo de raciocínio implicado pelos (porque consonante com os) pressupostos apontados é, percebemo-lo sem dificuldade, o analógico[286].

Voltemos ainda ao oximoro (ao par antinómico) juízo decisório para, muito rapidamente, acentuar duas notas[287]. A primeira é a de que o referido binómio, porque radicado em argumentos (em fundamentos discursivos inter-subjectivamente assumptíveis e juridicamente intencionados, articuláveis com o exercício metodonomológico que neles se pretende louvar e que apenas se concretizam atento o problema que haja suscitado a respectiva mobilização e no termo do aludido exercício), não poderá nunca predizer-se com carácter de necessidade[288] – só aposterioristicamente será possível concluir se ele decorre, de modo sinepeico *(hoc sensu:* em termos metodonomologicamente irrepreensíveis), dos pressupostos criteriosamente seleccionados, para ser reconhecido como o único prático-normativamente adequado[289], *i. e.,* como a "justificação"-resposta que se ajusta ao caso-pergunta circunstancialmente em causa[290]

---

[284] Se quisermos (e recordando LORENZ – aqui convocado *apud* H. GARCIA PEREIRA, *Arte recombinatória,* cit., 91 ss., esp.[te] 93), diremos que o juízo jurídico, que ora nos ocupa, postula uma "atitude intensional" (polarizada na esclarecidamente recortada "identidade" do referente assumido e realizando), que não "extensional" (que se fica pela "inerência" e, portanto, por uma mera colagem de circunstância, qualquer que seja a sua razão de ser, a esse mesmo referente).

[285] Cf. agora H. ARENDT, *Responsabilidade e juízo,* cit., 170 s. Em linha com o acentuado no texto conducente a esta nota, sob o ponto de vista especificamente metodonomológico e em paráfrase a Gottlob FREGE (cf. "Über Sinn und Bedeutung", in *Cinco ensaios lógico-filosóficos,* trad. de António Zilhão, Lisboa, 2019, 71 e n. 16, 73 s. e 100), atrevemo-nos a dizer o "'juízo' a progressão do pensamento para o seu valor de [justeza]"...

[286] O carácter nuclearmente analógico do juízo metodonomológico, que se acentua no texto, é, decerto, passível de abordagens analiticamente explicitantes – cf., a título exemplificativo, aquela de que nos dá conta José Manuel AROSO LINHARES, em "'Juízo ou decisão?': uma interrogação condutora no(s) *mapa(s)* do discurso jurídico contemporâneo", in Fernando José BRONZE *et alii* (Coords.), *VI Jornadas de Teoria do Direito, Filosofia do Direito e Filosofia Social. Juízo ou decisão? O problema da realização jurisdicional do direito,* Coimbra, 2016, 245 s.

[287] Cf. A. CASTANHEIRA NEVES, *O instituto dos "assentos"...,* cit., 461 s. n. 1040, e *Metodologia Jurídica...,* cit., 32 ss.

[288] Ao invés do que aconteceria se jogássemos com premissas, observando as regras da lógica apofântica e os silogismos que nela se baseiam, hipótese em que seria sustentável chegar a conclusões apodícticas e predizíveis. Retornando ao que escrevemos no texto justificativo da abertura desta nota, acrescentaremos (com ARISTÓTELES) que "[...] nunca [deveremos] esperar mais [nem menos...] precisão no tratamento de qualquer assunto do que o permitido pela sua natureza" – *apud* Julian BAGGINI, *As fronteiras da razão...,* cit., 160.

[289] A seu tempo (cf. *infra,* 156 ss., sob 2.9.1.1.), dar-nos-emos conta de que o mencionado juízo decisório apenas tendencialmente se poderá dizer... "o único".

[290] Este ponto é, por vezes, muito esclarecidamente assinalado no âmbito de reflexões de indisfarçável pendor jurídico-dogmático: cf., a título de exemplo, Lucinda D. DIAS DA SILVA, *Processo cautelar comum. Princípio do contraditório e dispensa de audição prévia do requerido,* Coimbra, 2009, 187 ss., esp.[te] 193 – especificamente a propósito do apuramento do âmbito normativo "do segundo segmento do art. 679.º" do CPC (na redacção do DL n.º 329-A/95, de 12 de Dezembro – que corres-

(teve inteira razão S. Kierkegaard quando sentenciou não fazer qualquer sentido "considerar necessário o que é impossível"...). E a segunda reconduz-se à observação de que esses argumentos tendem a coincidir com os estratos do sistema jurídico, o que não constituirá qualquer surpresa para quem, como nós, se tenha habituado a sublinhar a capital relevância metodonomológica do mencionado acervo de bordões[291] – o *corpus iuris* é, em última análise, o pilar estruturante do juízo, o fundamento que como tal o constitui, e, decorrentemente, o garante da racionalidade (da intersubjectiva objectividade, da controlabilidade/sindicabilidade) do acto performativo institucionalmente cometido ao tribunal (ou a qualquer outra instância investida na tarefa de solucionar problemas jurídicos concretos)[292], salvando-o do arbítrio (da irracionalidade – *i. e.*, da falta de intersubjectiva objectividade, da incontrolabilidade/insindicabilidade) a que se exporia (a que estaria condenado...) se o reduzíssemos a uma decisão pura e dura.

Notas estas duas que se projectam numa terceira: a de que, no exercício metodonomológico, os dois (mencionados) termos do binómio se não contra--põem, antes co-implicam, porque cada um deles, adequadamente compreendido em referência àquele englobante, remete ao outro, de tal modo que, no limite, acaba como que por desaguar nele. A decisão, como se sabe marcada por uma radical subjectividade, não consegue deixar entre parêntesis a judícia

---

ponde, sem alterações, ao artigo 630.º, n.º 1, do mesmo diploma, reformado pela Lei n.º 41/2013, de 26 de Junho), em que a A. nunca perde de vista a importância decisiva "da anatomia do caso" concretamente judicando.

[291] Cf. as nossas *Lições...*, cit., 607 ss., esp.[te] 623 ss.; e *infra,* 175 ss., e 181 ss., esp.[te] 184 ss.

[292] O referente intencionado pelo – o fundamento da objectividade visada no – exercício metodonomológico é, portanto, o direito. Observação esta, axial, que se revela *mutatis mutandis* transponível para os demais domínios da prática. Digamo-lo com palavras de R. Dworkin: "I have no arguments for the objectivity of moral judgments except moral arguments, no arguments for the objectivity of interpretive judgments [recordemos que, para o saudoso Professor estadunidense, o direito é um *...interpretive concept:* cf., por último, o seu *Justiça para ouriços,* cit., esp.[te] 165 ss. e 412 ss.] except interpretive arguments, and so forth" – cf. *A matter of principle,* New York, 2001, 171. *V.* ainda *supra,* 93 s. n. 239.
Voltemos agora às observações de abertura desta nota para sublinhar uma articulação em que nos não temos cansado de insistir: o sistema jurídico – *locus* de objectivação da constituenda normatividade jurídica vigente – é, pois, o referente (intencional) que o juízo metodonomológico deve assumir para que possa dizer-se fundamentado (e se este juízo está institucionalmente cometido, no horizonte de um genuíno Estado de direito e em termos paradigmáticos, a um juiz, se o magistrado concretamente em causa inconsiderar o referente a que aludimos, tal-qualmente o caracterizámos – privilegiando, por exemplo, os interesses de um determinado sujeito particular –, afivelará uma máscara que não é a sua: "If he goes beyond this, he drops the mantle of a judge and assumes the robe of an advocate"... – assim, Lord Denning, *The due process of law,* London, 1980, 61). Mas a problemática da fundamentação (da sentença) tem também, como não se ignora, um importantíssimo significado jurídico-adjectivo – cf. o artigo 607.º do CPC; uma muito esclarecedora visão sinóptica da questão é aquela que nos oferece o estudo de Maria dos Prazeres Pizarro Beleza, "O dever de fundamentação das decisões judiciais no novo CPC português", in João Calvão da Silva *et alii* (Orgs.), *Processo Civil Comparado. Análise entre Brasil e Portugal,* São Paulo, 2017, 167 ss.

do decidente… judícia essa que envolve a pressuposição do sistema jurídico – uma coordenada que concorre para a inquinar com uma dimensão racionalizadora, comprometendo deste modo a decisão com o juízo. Por seu turno, esta ponderação prudencial é sempre um acto da responsabilidade do sujeito institucionalmente chamado a proferi-lo (esse sujeito não pode ser banido do circuito como factor negligenciável…) – e, nesta medida, a (intersubjectiva) objectividade que nuclearmente o predica vê-se como que contaminada por um *quantum* ineliminável de subjectividade. E daí que o oximoro juízo decisório sintetize na perfeição o núcleo do exercício de que se ocupa a metodonomologia[293]. Na sua base está, supomos, um quase paradoxo, que enunciaremos (quase paradoxalmente…) assim: será que o juízo, que deveremos saber distinguir da decisão, implica, afinal, esta última? A resposta à pergunta acabada de formular é, se não erramos, a seguinte: se não implica, não há juízo; se implica, o juízo vem à epifania. Isto porque um juízo bacteriologicamente puro é uma impossibilidade *in re ipsa*.

Para concluir este ponto, falta acrescentar (falta apenas relembrar…[294]) que o juízo-julgamento, em que temos estado centrados, apresenta dois segmentos indissociáveis, que são outros tantos morfemas da palavra met*odo*nomo*logia* (aqueles que sublinhámos), e que se implicam mutuamente: o *logos,* o pensamento, o tipo de raciocínio que se lhe adequa; e a *hodos,* o caminho, o conjunto de passos em que analiticamente se traduz. Ora, se não erramos, são os passos que devem dar-se no exercício que cumpre levar a cabo que determinam o tipo de pensamento por eles exigido, e é este último que modela aqueles primeiros. O *link* que os entrelaça é a reflexão suscitada pela dialéctica em que se enredam os dois mencionados planos, que se não apresentam como fragmentos empiricamente dessorados e mónadas incomunicáveis, antes como problemáticas juridicamente intencionadas e reciprocamente articuladas. E o mencionado juízo-julgamento não é mais, percebemo-lo agora, do que a expressão-síntese – a categoria denominadora – da trama (argumentativa) que assim se tece e a que acabámos de aludir.

Na exposição subsequente, elementares razões de ordem didáctica aconselham a que – sem ignorarmos a acentuada imbricação!… – atentemos sucessivamente na referida dimensão material – a racionalidade implicada – e naqueloutra, igualmente mencionada, de carácter formal – o conjunto de operações discursivas a realizar.

---

[293] Cf. o que pudemos escrever em *Pj → Jd…*, esp.ᵗᵉ sob 13., in *Analogias*, cit., 389 s.
[294] Cf. *supra,* 88 ss.

3.3. Antes, porém, de passarmos à consideração daquele primeiro ponto, apenas as observações indispensáveis para respondermos à seguinte pergunta: disponibilizando o legislador um "esquema metódico" – o precipuamente enunciado nos artigos 9.º, 10.º e 11.º do CC –, sobejar-nos-á legitimidade para nos afastarmos do modelo e propormos um outro? Que corresponde a questionar: qual o valor normativo do cânone metodológico legislativamente consagrado (ou, quando menos, sugerido)? Já nos ocupámos da aludida problemática[295], pelo que nos limitaremos agora a enunciar a nossa posição, em termos tópicos.

Os referidos critérios – as chamadas *leges legum* – aparecem no CC porque este era, ao tempo (continuará a ser?...), o diploma legislativo depositário de "la Constitution la plus authentique du pays"[296] [297]. Não surpreende, por isso, que haja quem qualifique os mencionados preceitos como materialmente constitucionais. Mas, sendo assim (... e quando interpretados no sentido de que

---

[295] Cf. *Lições...*, cit., 896 ss., e "Quae sunt Caesaris, Caesari: et quae sunt iurisprudentiae, iurisprudentiae", in *"Analogias,* cit., 139 ss.

[296] Assim, Carbonnier, *apud* Calvão da Silva, "Bicentenário do *Code Civil* (o Código Civil e a Europa: influências e modernidade)", in *RLJ,* 134, n.º 3930, 2002, 270.

[297] Todavia, nos ordenamentos jurídicos próximos do nosso, a mencionada inclusão está longe de constituir um lugar-comum. Desde logo, o *Code Napoléon* nada diz a esse respeito – há quem proponha a adaptação do disposto nos artigos 1156 ss., relativos à interpretação dos contratos, ao problema da interpretação das leis, para justificar, nesta sede, a bondade de uma orientação subjectivista. A Lei de Introdução ao Código Civil alemão *(EGBGB)* disponibiliza apenas, no seu artigo 2.º, um elementaríssimo "conceito de lei" – "Lei no sentido do Código Civil e desta Lei é qualquer norma jurídica" –, devendo-se a uma doutrina infindável e riquíssima e a uma jurisprudência preocupada e arguta o afinamento da problemática metodonomológica. O *ZGB* suíço contém, logo no artigo 1, uma importante alínea, que haveria de adquirir uma enorme relevância prática na Turquia – que importara o diploma nos anos 20 do século passado (cf., *v. gr.,* o que escrevemos em "O direito, a internacionalização e a comparação de sistemas jurídicos (ou a pessoalização como tarefa realizanda, a universalização como objectivo utópico e a relativização como coordenada metódica", in *Analogias,* cit., 445 ss.) –, e de inspirar o legislador português na formulação do artigo 10.º, n.º 3, do CC de 1966. O CC espanhol tem um "Título preliminar", com um capítulo I dedicado às "fontes do direito", e um capítulo II (artigos 3-5) sobre a "aplicação das normas jurídicas". Neste, a interpretação das leis surge inucleada no elemento gramatical, mas com uma abertura ao elemento histórico e à "realidade social do tempo em que são aplicadas" (art. 3, n.º 1), e o artigo 4 considera o problema da relevância da analogia em termos tradicionais e sem esquecer as normas penais (art. 4, n.º 2). O CC italiano abre com dois capítulos introdutórios, com disposições preliminares ao diploma. O primeiro é dedicado às fontes do direito; o segundo à aplicação da lei em geral. Este último refere, sem quaisquer novidades, o problema da interpretação da lei (art. 12) e o dos limites do recurso à analogia (artigos 13 e 14. Este preceito, à semelhança do CC espanhol e do Anteprojecto de Manuel de Andrade para o nosso CC, considera igualmente as leis penais). O recente CC brasileiro, de 2002, de assumida inspiração principialista (cf. Francisco Amaral, "O Código Civil brasileiro e o problema metodológico da sua realização. Do paradigma da aplicação ao paradigma judicativo-decisório", in Jorge de Figueiredo Dias *et alii, Ars Ivdicandi. Estudos em Homenagem ao Prof. Doutor António Castanheira Neves, Volume I: Filosofia, Teoria e Metodologia,* Coimbra, 2008, 33 ss., esp.ᵗᵉ 52 ss., sob 7.), coexistiu inicialmente com o Decreto-Lei n.º 4657, de 4 de Setembro de 1942, pensado para o (positivista) Código Civil de Clóvis Beviláqua, de 1916, e, desde 30 de Dezembro de 2010, vê-se acompanhado pela Lei n.º 12.376, que praticamente se limitou a redenominar aquele DL dos anos 40 "Lei de Introdução às Normas do Direito Brasileiro" – que se não pode dizer que conviva harmoniosamente com um código que reclamava uma impostação metodológica genuinamente centrada na problemática da realização judicativo-decisória do direito...

impõem ao jurista de serviço a orientação metodológica que prescrevem), tenderemos a dizê-los … inconstitucionais, pois que, como temos vindo a sustentar, o Estado de direito é aquele tipo de Estado que não só reconhece a autonomia do direito como a do pensamento jurídico comprometido com a realização judicativo-decisória da constituenda normatividade jurídica vigente – e aqueles preceitos do CC, na medida em que são prescritos pelo legislador, traduzem objectivamente um menoscabo da referida autonomia e, portanto, desrespeitam-na. Chegámos a admitir[298] que o legislador constitucional pudesse indicar, com carácter meramente declarativo, critérios que não beliscassem o reconhecimento da assinalada autonomia do pensamento jurídico responsabilizantemente chamado a desincumbir-se do exercício metodonomológico[299]. Todavia, não nos parece que isso adiantasse grande coisa. Pelo contrário, pois subsistiria, insuperada, (para além da legítima suspeita de uma contradição latente…) a óbvia transitoriedade da orientação circunstancialmente em causa, que apenas valeria enquanto se mostrasse consonante com o modo como o coetâneo pensamento jurídico metodologicamente comprometido entendesse a questão. Pelo que, "tudo visto e ponderado", temos por mais esclarecida a posição daqueles que, assumindo tratar-se aí de uma problemática da legitimidade exclusiva do pensamento jurídico, entendem não dever qualquer legislador imiscuir-se nela, ainda que com um propósito não mais do que declarativo[300]. E, se dúvidas

---

[298] No mencionado estudo *"Quae sunt Caesaris, Caesari…"*, in *Analogias,* cit., 146 ss., sob os n.ºˢ 12 ss.

[299] Note-se que a questão é igualmente susceptível de se pôr, com sentido *(mutatis mutandis…),* em âmbitos de imediata relevância jurídico-dogmática. Pense-se, a título exemplificativo, nos contratos mistos: deparamo-nos, é certo, com pontuais "indicações" legislativas ("basicamente em determinados domínios em que dadas espécies contratuais mistas são de verificação frequente" – como o "do *arrendamento,* com os arts. 1028.º, 1066.º, 1065.º e 1092.º do Código Civil"), mas o carácter metodológico do problema desaconselha *(rectius,* inviabiliza) a instituição de "um *regime geral legal dos contratos mistos":* cf. Francisco M. de B. Pereira Coelho, "O problema do regime dos contratos mistos. Distinção entre as normas ou os problemas que tocam directamente a própria prestação e as normas ou os problemas que tocam o contrato na sua unidade", in *Boletim da Faculdade de Direito,* Vol. LXXXVIII, T. II, Coimbra, 2012, 679 ss., esp.ᵗᵉ sob 1.

[300] O legislador também integra, decerto, o pensamento jurídico – também faz parte do auditório que o institui, da *Republica Jurisconsultorum* (recorremos assim ao título de uma obra do jurista napolitano, do século XVIII, Giuseppe Aurelio di Gennaro, de que tivemos notícia em Lodovico Antonio Muratori, *Dei difetti della giurisprudenza,* Milano, 1958, 58 e 101) identificativa do referido auditório argumentativo. Acontece, porém, que – como se sabe (cf. *supra,* 99 s.) – a tarefa emblemática do legislador é a realização prescritiva do direito; e que a instância tida por porta-voz do pensamento jurídico, a cada momento chamada a assumir o e a dar conta do estado da arte da juridicidade, globalmente visualizada (com articulada pressuposição das exigências principialmente modeladoras, das opções legislativamente consagradas, dos casos jurisdicionalmente resolvidos…), é a jurisprudência dogmática – na designação tradicional, a doutrina; ora estando aqui em causa o pensamento jurídico *qua tale,* cremos que deverá dar-se prevalência a este último plano de consideração das coisas, em detrimento daquele primeiro. O que significa: o legislador concorre, com a sua actividade específica, para densificar o pensamento jurídico; a doutrina, que objectiva esse pensamento, atende igualmente ao contributo do legislador; em derradeira análise, do que neste

houvesse, bastaria atentar na sorte das orientações legislativamente avançadas neste âmbito, atrás referidas a título de exemplo[301]. Qualquer que tenha sido a intenção do legislador ao enunciá-las – a da impositiva prescrição de um método, ou a de uma sua meramente declarativa indicação –, o certo é que ela nunca impediu – por pressão, em dialéctica correlatividade, das experiências problemáticas emergentes e pertinentemente interpelantes e das exigências de sentido assumidas e historicamente realizandas – que o entendimento legislativamente consagrado ou sugerido fosse revisto. O que se revela em definitivo suficiente, julgamos, para considerarmos mais criteriosa a posição afinal sufragada[302].

---

ensejo se trata é de relevar a intenção do pensamento jurídico na sua integralidade, não a do legislador na sua especificidade.

Tive oportunidade de afirmar, no lugar próprio, a minha total discordância da proposta (da "Hipótese") apresentada (recorrendo, adaptada mas rigorosamente, a uma formulação de Roscoe POUND, direi que o A. não hesita em ir "ao extremo de encarar toda a [ponderação] judicial como usurpação inconstitucional"! ...: cf., do Professor de Harvard, *Introdução à Filosofia do Direito,* trad. de Álvaro Cabral, Rio de Janeiro, 1965, 58) – que me atrevi a julgar inconcludente – por João Pedro CHARTERS DE AZEVEDO MARCHANTE, na dissertação "Das lacunas da lei, no direito português, *maxime* do disposto no art. 203.º da CRP ("Os tribunais [...] apenas estão sujeitos à lei")", Universidade de Lisboa – Faculdade de Direito, 2017: um ensaio marcado por um incompreensível, e a meu ver lamentável, formigar de equívocos, tresleituras e pirronismos, radicados em impostações bafientas de tão serôdias...

[301] Cf. *supra,* 109 n. 297.

[302] Era também já este, no fundo, o entendimento de Manuel de ANDRADE: cf. o seu *Ensaio sobre a teoria da interpretação das leis,* 2.ª ed., Coimbra, 1963, 49 ss., esp.ᵗᵉ 53.

# II. A racionalidade interveniente

## 1. A crise da (de que…) razão?

A metodonomologia, sabemo-lo, é chamada a racionalizar a decisão judicativa – a fazê-la decorrer, em termos argumentativamente convincentes e inter-subjectivamente controláveis, de fundamentos jurídicos, de carácter material e formal, pertinentemente pressupostos (o anacoluto é a sua negação…). Ora, se o primeiro segmento do binómio (a decisão) radica na *voluntas* de quem a profere – afirmando-se, portanto, em oposição à *ratio* – o segundo (o juízo), que oportunamente caracterizámos e dissemos constituir o núcleo do adequadamente recortado exercício metodonomológico[303], implica a mencionada exigência de racionalidade – perfilando-se, assim (também), como o centro das preocupações que ora nos interpelam. Basta dizer isto – reconhecer que o juízo

---

[303] Cf. *supra,* 100 ss., sob 3.2.

convoca a razão –, para se abrir diante de nós uma vasta e complexa problemática, aliás, de flagrante actualidade.

Todavia, e de início, sublinharemos algumas questões prévias – sintetizáveis nas duas afirmações seguintes: 1.ª) a razão não define o homem; e 2.ª) não há uma razão, há razões. Uma e outra permitir-nos-ão esclarecer diversos mal-entendidos e assentar em umas quantas ideias-fortes.

1.1. A nossa cultura forjou-se com base na razão: foi, com PARMÉNIDES, que o *logos* (e os seus princípios…) substituiu o *mythos* (e os seus mitologemas…), e, com SÓCRATES, que a apolínea racionalidade científica se impôs à dionisíaca sabedoria instintiva[304]. E a dada altura (na época moderna) até hipertrofiou um determinado tipo de razão em termos prescritivamente unicitários, vendo nele a sua expressão como que por antonomásia…[305]. Por seu turno, hoje, quando se fala de tantas crises (de Deus, do ser, do homem-pessoa, da Universidade, da Filosofia, do direito …) – que, provavelmente, se limitam a traduzir/prenunciar o esgotamento de um modelo civilizacional …[306] –, menciona-se igualmente uma crise da razão ("[a] razão ocidental está em crise"[307])… em paralelo, de resto *(et pour cause !…),* com a crise do normativismo, a que tempestivamente aludimos[308]. Se quisermos ser patéticos, poderemos mesmo recordar o *Farewell to reason,* de Paul FEYERABEND[309]; se optarmos por dar rédea solta a uma paradigmática expressão ideológica do mal absoluto, ser-nos-á possível instituir o paradoxo de uma "irracionalidade [totalmente] racional"[310]; se preferirmos ceder à retórica, não hesitaremos em aconselhar que se "[tirem] férias da razão"[311]; se privilegiarmos o "optimismo estratégico" (Arthur

---

[304] Cf. Friedrich NIETZSCHE, *A origem da tragédia,* cit., *passim.*

[305] … E a via adequada para realizar o programa que assumira – não já (lembremos MARX) a mera interpretação do mundo, mas o efectivo domínio dele: o saber moderno quis ser um "saber para dominar" *(Herrschaftswissen).* Cf. H.-G. GADAMER, *Wahrheit und Methode,* cit., 427. *V.* o que escrevemos nas nossas *Lições…,* cit., 322 ss.

[306] Cf. as considerações finais da nota de "apresentação", de A. CASTANHEIRA NEVES, à reimpressão da *Filosofia do Direito e do Estado,* de L. CABRAL DE MONCADA, vol. I, Coimbra, 2006.

[307] É precisamente com esta afirmação que Michel MEYER abre o n.º 1, do capítulo III, de *A problematologia. Filosofia, ciência e linguagem,* trad. de S. Fitas, Lisboa, 1991, 123 ss.

[308] Cf. *supra,* 83 ss.

[309] London, 1988.

[310] Cf. Joachim RÜCKERT, "Unrecht durch Recht – zum Profil der Rechtsgeschichte der NS-Zeit", in *JZ,* 17/2015, 795 s., sob 2.

[311] Cf. R. MUSIL, *O homem sem qualidades,* I, cit., 278.

Kaufmann[312]), entreveremos até uma "luz do outro lado da razão"[313]… Mas, neste ensejo, o que pretendemos acentuar é que no nosso hemisfério cultural há (sempre houve !…) várias razões – nas palavras de Amartya Sen: "[s]e a racionalidade fosse uma religião, haveria de ser uma religião muito aberta"…[314] –, que a axiomática razão moderna está (ela sim!) em crise, e que essa crise (como, de resto, sempre acontece…[315]) suscitou o aparecimento (a reabilitação transformada e/ou a poiética excogitação), dir-se-á que compensatória, de renovados e/ou novos tipos de razão, juridicamente mais pertinentes, ou, quando menos, mais tentadores. O que legitima a conclusão de que a apontada crise da razão moderna (e do normativismo que a assumira, insistimos) foi, para a metodonomologia, uma crise libertadora, porque lhe veio disponibilizar … razões talvez mais adequadas à sua especificidade. Ou, por outras palavras: há muito que o pensamento jurídico metodologicamente comprometido se dera conta de que diferentes tipos de racionalidade (para além da lógico-apofântica) geram "ventos" susceptíveis de fazer girar os "seus pequenos moinhos"[316] – e, como veremos, são, de facto, "outras […] as racionalidades que enformam hoje[317] a decisão […] judicial"[318].

---

[312] Cf. *Gerechtigkeit – der vergessene Weg zum Frieden. Gedanken eines Rechtsphilosophen zu einem politischen Thema,* München, 1986, 130 s.

[313] Assim, G. Steiner/R. Boyers (Org.), *George Steiner em The New Yorker,* cit., 291.

[314] Cf. *A ideia de justiça,* cit., 275. Se preferirmos acompanhar Julian Baggini, diremos que há um "[e]cletismo racional"…: cf. *As fronteiras da razão…,* cit., 177 ss.

[315] Pois não é certo que "em tempos de crise […] damos por nós [como que] encostados à parede" (cf. H. Arendt, *Responsabilidade e juízo,* cit., 111), e essa perplexidade dolorosamente experienciada leva-nos a procurar outros caminhos, que possam substituir-se àquele que diante de (e para) nós se fechou? E por isso há muito se reconhece (precisamente no domínio de que nos ocupamos…) "que [a] crise [de um determinado sentido das coisas] só é superável por uma crítica" – por uma reflexão instituinte de um novo sentido para essas mesmas coisas –, e que, implicando aquela primeira esta segunda, igualmente se afirme que "a crise não é mais do que a implícita antecipação da explícita superação da crítica" (assim, A. Castanheira Neves, *Questão-de-facto…,* cit., 62 e n. 6; cf. ainda Id., "Entre o 'legislador', a 'sociedade' e o 'juiz' ou entre 'sistema', 'função' e 'problema' – os modelos actualmente alternativos da realização jurisdicional do direito", in *Digesta…,*Vol. 3.º, cit., 162 s.). Ou, em síntese: no preciso quadro intencional relevado no texto, também nós não hesitamos em reconhecer "[a] necessidade de uma crítica da razão para a salvar[mos]": cf. Silvério da Rocha Cunha, *Conflito das interpretações e visões do mundo: Jürgen Habermas & as relações internacionais,* cit., 15 s.

[316] Cf. José H. Saraiva, *A crise do direito,* cit., 96.

[317] Cerca de meio século volvido sobre a obra de J. H. Saraiva, acabada de citar.

[318] Assim, Laborinho Lúcio, *O julgamento…,* cit., 417. Acrescentaremos apenas que a nossa plena concordância com as palavras transcritas não nos impede de reconhecer que, no seu importante testemunho, não se vê suficientemente bem recortada a capitalíssima problemática da racionalidade que afinal quadra à decisão judicativa. Decerto porque não era essa uma preocupação do ilustre A. – ter acentuado enfaticamente que ela não deveria ser a silogístico-subsuntiva (apesar de não constituir uma novidade) já se revela meritório.

1.2. Antes de muito elementarmente apresentarmos essa ... cartografia das razões – privilegiando, como é óbvio, as mais emblemáticas –, perguntemo--nos: mas, afinal, o que é a razão? O *logos* – que é *ratio* e *oratio*, *vox/verbum*, já o lembrámos[319] ... – "assimila a palavra à razão"[320], pois pretende desvelar o sentido do que se diz. Por outro lado, a "razão" *(ratio)* tem que ver com a ideia de "relação" *(relatio)*[321], na medida em que implica uma cadeia de proposições que se conexionam umas com as outras para garantir a solidez do raciocínio ensaiado[322], a coerência do discurso empreendido e a pertinência da conclusão arriscada. Não surpreende, assim, que nos primórdios da nossa cultura se associasse a *ratio* ao esforço realizado, ao conhecimento diligentemente obtido, empenhadamente alcançado. E compreende-se igualmente bem que a razão, tal como a temos vindo a caracterizar, não fique na intimidade da alma (recorde-se PLATÃO[323]) – ela é intersubjectiva. Mais: a razão é discursiva, justificativa e comunicativa – discorre por etapas, por mediações sucessivas, até ao resultado, e quer justificar o que alcança e comunicar o que esclarece. Deste modo, a razão almeja a concludência, e como esta postula uma argumentação[324], pode ser contraditada – o diálogo prático é frequentemente perpassado por divergências ... "[p]ois nenhum pensamento se contenta [só consigo], e [mesmo] os melhores,/[q]uando pensam [os problemas – *v. gr.*,os problemas jurídicos], de escrúpulos/[s]e misturam, e [ao argumento]/opõem [o argumento]"[325].

---

[319] Cf. *supra*, 88.

[320] Cf. G. STEINER, *A poesia do pensamento...*, cit., 14.

[321] Cf. *supra*, 89 n. 215.

[322] Não será por acaso que HEIDEGGER privilegia tantas vezes a palavra latina *ratio* (em detrimento da palavra alemã *Vernunft)* – que, "com as suas ressonâncias aristotélicas", como que sugere a primazia do rigor científico face a platónicas idealizações metafísicas: cf. G. STEINER, *Martin Heidegger*, cit., esp.[te] 63 e 70.

[323] Hannah ARENDT, invocando o *Teeteto* (o diálogo sobre o conhecimento), do Ateniense, caracteriza o *dianoeisthai*, o ponderar uma questão, como o "discurso que a alma mantém consigo própria acerca de qualquer assunto que esteja a considerar", dizendo-o, em suma, um ... *dialegesthai*, um "falar intimamente de uma coisa": cf. *Responsabilidade e juízo*, cit., 82. *V.* ainda *ibidem*, 74 n. 1, onde se sublinha a "prioridade" desta reflexão relativamente àquele exercício – do *dialegesthai* ante o *dianoeisthai*. E em *A condição humana* (na ed. cit., 89), a A. recorda que SÓCRATES e PLATÃO viam a essência do pensamento "no diálogo entre 'eu e eu mesmo'", no "diálogo [do...] homem [...] consigo mesmo" (cf. ID., *ibidem*, 357).

[324] Também Amartya SEN acentua inequivocamente o carácter argumentativo da racionalidade: cf. *A ideia de justiça*, cit., 254 ss. Se quisermos recorrer a uma contraposição proposta por Arthur SCHOPENHAUER, diremos que a razão, para além de uma dimensão "lógica", centrada na "reflexão", apresenta uma dimensão "dialéctica", polarizada na "discussão" (dimensão esta segunda mais originária do que a primeira...): cf. *Die Kunst, recht zu behalten...*, cit., 89 ss.

[325] Trata-se de uma paráfrase a W. SHAKESPEARE, "Richard II", act V, sc. V, 11-14 – in *The complete works*, cit., 407. Para nos penitenciarmos do atrevimento, transcrevemos, já a seguir, intocados, os versos sublimes: "For no thought is contented: the better sort,/As thoughts of things divine, are intermix'd/ With scruples, and do set the word itself/Against the word". Aproveitámos, adaptadamente, a tradução de Miguel SERRAS PEREIRA, in G. STEINER, *A poesia do pensamento...*, cit., 95 n. 34.

O que vale por dizer que, no mencionado diálogo prático (ou, *mutatis mutandis,* naqueloutro  polarizado nos igualmente referidos problemas jurídicos), tudo dependerá, afinal, da razão (-argumento) que deva reconhecer-se como circunstancialmente mais adequada e convincente (em termos habermassianos, como a melhor razão, como o melhor argumento): há razões "mais fortes ou mais ponderosas do que outras"[326], mas só em concreto (atenta a controvérsia prática ou jurídica em causa) será possível identificar a merecedora de tal qualificação. E é também por isso que aquilo que concludentemente se sustenta no aludido discurso não vale apenas subjectivamente, mas antes transubjectivamente – tem uma objectividade (não empírico-analítica, claro, mas) como que intersubjectiva, radicada nas exigências de sentido que se empenha em assumir e colimada à solução dos problemas que pertinentemente a convocam[327].

A identificação dos contrários também ajuda a recortar melhor a categoria que nos preocupa. Como contrapólos da razão temos, *inter alia,* a precipitação, por excesso de ingenuidade ou por negligência, a obstinação, por falta de abertura ou por dogmatismo, e vícios análogos…[328].

Já o compreendemos: a razão ganhou uma importância capitalíssima na nossa cultura[329] – não se disse há muito, e repetiu *ad nauseam,* o homem um

---

[326] Cf. Joseph Raz, *Practical reason and norms,* New York, 1999, 25.

[327] Os pressupostos e as intenções densificadoras desta objectividade da e na intersubjectividade, a que já aludimos (cf. *supra,* esp.te 107 s. Mais do que a bissectriz entre os tradicionalmente distinguidos conhecimento estritamente objectivo e aqueloutro meramente subjectivo, cada um deles "em lados opostos, e [em apenas diferentes] graus [de oposição relativa]" – à Thomas Nagel, portanto: cf. Julian Baggini, *As fronteiras da razão…,* cit., 148 ss. –, o que levamos aqui pensada é a objectividade possível atentas as condicionantes de carácter situacional – quanto ao tema, aos interlocutores, ao auditório, ao tempo… – intervenientes e que modelam/instituem a mencionada intersubjectividade), ajudam-nos a compreender a lucidez do "refractário" Donald Barthelme quando imputa a Thomas Brecker a afirmação de que "[n]unca deparei com uma objectividade desinteressada" … – cf., de D. Barthelme, *40 histórias,* cit., 310.

[328] Mas já não a emoção, como tradicionalmente se sustentava – as investigações levadas a cabo no campo das neurociências (entre outros, pelo nosso António Damásio, que tivemos oportunidade de convocar em tantos escritos… Do A., cf., por último, *A estranha ordem das coisas…,* cit., 145 ss.; por todos os demais, refira-se, por exemplo, Julian Baggini, *As fronteiras da razão…,* cit., 105 ss.) mostram-no-lo insofismavelmente. Com efeito, hoje sabe-se bem que as emoções não são os "cavalos selvagens da alma", a que aludia Platão (talvez as possamos dizer, agora aristotelicamente, aquelas "coisas [como a ira, a calma, a afeição, o ódio…] que fazem variar as pessoas no que respeita aos seus juízos"…:cf. José de Sousa e Brito, "Teoria aristotélica das emoções e acção moral", sep. de Maria Fernanda Palma *et alii* (Coords.), *Emoções e crime. Filosofia, ciência, arte e direito penal,* s./l. e s./d., ed. Almedina, 16). Ligadas, como estão, aos neurónios cerebrais ricos em dopamina – aos denominados "neurónios da previsão" (de recompensas) –, elas constituem uma dimensão inelimenável da razão prática. Ou, voltando à alegoria platónica: os mencionados "cavalos não agem a seu bel-prazer" …: cf. Jonah Lehrer, *Como decidimos,* trad. de M. E. F. Moura, Alfragide, 2010, esp.te 52 s., 58, 77, 104, 116, 130, 148, 178, 251, 254 e 260.

[329] Que também poderíamos olhar, com proveito, para outros hemisférios culturais, é o que nos ensina Amartya Sen quando chama a atenção para as preocupações que animaram o pensador indiano Akbar, que, em finais do século XVI, propôs uma "demanda em busca da razão" com o propósito de superar a prejudicialíssima "terra pantanosa da tradição", o que viria a encontrar eco, já

"animal racional" ?...; não asseverou LOCKE, numa tentativa de identificação de um *non plus ultra,* que "a razão [...] era a voz de Deus no homem"?...[330]. Todavia, o homem não é (nunca foi!...) só razão: "[a] razão não basta, [porque] as coisas decisivas passam-se para além dela"[331] – "nos [...] momentos [em que nos alçamos à] mais [alta] sabedoria, pensamos com a ajuda de uma faculdade especial, situada acima [da razão]"[332]. E por isso se não hesitou já em aconselhar "um certo desdém pela razão humana"[333], e mesmo em sublinhar "que o racionalismo *[hoc sensu:* a afirmação da razão sem mais, com inconsideração das restantes dimensões predicativas do homem] representa o apogeu da loucura"[334]. O que o caracteriza é o específico *software* genético-memético que o equipa (os fisicalistas neodarwinistas acentuam-no exemplarmente[335]), que lhe permite transcender o empírico-biológico e interrogar o sentido axiológico (aquilo que fundamenta a abertura de um caminho por onde conscientemente nos pro-jectamos) e o amor originário ("Der Mensch ist, ehe er ein *ens cogitans* oder ein *ens volens* ist, ein *ens amans*"[336]), *"summa summarum,* do corpo e da alma"[337], e que faz dele o único ente capaz de "experienciar a existência como problemática"[338]. Nesta acepção, também nós o devemos reconhecer "um excesso" e nos atrevemos a dizê-lo "sobrecriatural"...[339].


1.3. De resto – permita-se-nos a insistência –, o homem nunca foi só razão. Os filósofos gregos, que a inventaram e propuseram (não foi por acaso que HEIDEGGER, sempre tão atento ao legado helénico, disse ser a filosofia "a verda-

---

no nosso tempo, por exemplo em matéria religiosa, na "constituição secular que a Índia adoptou em 1949" – AKBAR propugnava "uma sociedade multicultural secular e tolerante": cf. *A ideia de justiça,* cit., 77 ss., esp.[te] 79 s.

[330] Cf., do Filósofo inglês, "Do Governo. Livro I: Primeiro Tratado [do Governo Civil], § 86 – in *Dois Tratados do Governo Civil,* trad. de Miguel Morgado, s./l. (Edições 70/Público), 2017, 82.

[331] Assim, R. MUSIL, *O homem sem qualidades,* I, cit., 434.

[332] Cf. ID., *O homem sem qualidades,* II, cit., 131 s. Ou, se preferirmos a companhia de Fr. NIETZSCHE: "Reduzido à racionalidade, 'o homem [...] não passa de um bibliotecário e de um corrector de manuscritos, que miseravelmente vai ficando cego com a poeira dos livros e os erros de impressão'" – cf. *A origem da tragédia,* cit., 146, e Sue PRIDEAUX, *Eu sou dinamite!...,* cit., 116.

[333] Foi HUME – aqui convocado *apud* G. STEINER, *A poesia do pensamento...,* cit., 74 – quem o fez.

[334] Cf. Saul BELLOW, *O legado de Humboldt,* cit., 39 s.

[335] Cf. o que escrevemos em *Pj → Jd...,* cit., esp.[te] sob I – in *Analogias,* cit., 311 ss.

[336] "Mais do que um ente que pensa, ou um ente dotado de vontade, a criatura humana é um ente capaz de amar": assim, Max SCHELER – *apud* G. AGAMBEN, *A potência do pensamento...,* cit., 253.

[337] Cf. G. STEINER, *Fragmentos...,* cit., 18.

[338] Assim, ID., *Martin Heidegger,* cit., 121.

[339] Cf. Miguel BAPTISTA PEREIRA, "Meditação sobre a liberdade" (de 1957), agora in *Estudos. Revista do Centro Académico de Democracia Cristã,* nova série n.º 10, Coimbra/2008-2013, 203.

deira guardiã da razão"[340]...), conheciam bem o mistério e o instinto gravados no e co-instituintes do mito[341], e quando quiseram sondar o mistério e aplacar o instinto – *i. e.*, quando pretenderam pensar em conjunto esses dois pólos contrários, na tentativa de os compossibilitar – criaram a tragédia[342] – que, consonantemente, explora uma modalidade de conflito "em que 'as duas partes' [assumem posições verosímeis e sustentáveis]" (HEGEL)[343]. Por outras palavras: no tempo de HOMERO, como eram vistos os homens? "Eram brinquedos que alegravam os deuses"[344]. E o que é que a razão veio permitir? Segundo PLATÃO, o uso da lógica, implicado pela procura da racionalidade, "[levou] os humanos a pensar como os deuses"[345].

Na Grécia antiga (e sem ignorarmos o *continuum* "entre as cosmogonias míticas e filosóficas" – o que, todavia, não significa "que os primeiros filósofos gregos (...) nada mais fizeram do que repetir as lições do mito numa termi-

---

[340] *Apud* G. STEINER, *Martin Heidegger,* cit., 63.

[341] A "função do mito", como sublinha Paul RICOEUR (in Jean-Pierre CHANGEUX e Paul RICOEUR, *O que nos faz pensar?,* trad. de I. Saint-Aubyn, Lisboa, 2001, respectivamente, 288 e 287), é a de "coordenar a ordem do mundo com a ordem do mandamento ético", "[servindo-se] do imaginário para explorar o imperscrutável". E esta afirmação, quase banal, não deve ser remetida para os primórdios da nossa civilização, em termos de ficar aprisionada, em exclusivo, a esses tempos inaugurais. Sem olharmos os inúmeros elos da cadeia que une o então e o agora, lembremos, já próximo de nós e a título exemplificativo, o antropólogo estruturalista Claude LÉVY-STRAUSS – o seu propósito de submeter os fenómenos sociais a uma abordagem lógica, e a sua compreensão do homem como um "primata mitopoiético", não serão as chaves do... "mito-lógico" que tanto o preocupou ?... – cf. W. FIKENTSCHER, *Methoden des Rechts...,* I, cit., 135 ss., ID., *Modes of thought. A study in the anthropology of law and religion,* 2.ª ed., Tübingen, 2004, 85, e G. STEINER, *Nostalgia do absoluto,* cit., 37 ss.

[342] Recorde-se NIETZSCHE, que viu a tragédia como o resultado da cumulativa afirmação do mistério apolíneo, centrado na ordem dos deuses olímpicos, e do instinto dionisíaco, centrado nas pulsões das criaturas comuns – como corolário da "aliança fraterna das duas divindades" mencionadas (a "estimulação recíproca" de Apolo e Diónisos), que não (radicalmente...) da "luta do herói contra o destino", ou da "vitória da lei moral universal"... (cf. *A origem da tragédia,* cit., *passim,* Sue PRIDEAUX, *Eu sou dinamite!...,* cit., 115...). No seu último livro, António DAMÁSIO traduz as "forças caprichosas" con-formadoras do nietzscheano "instinto dionisíaco" para a linguagem do nosso tempo, identificando-as com aquela que poderemos designar a homeostasia mais primordial. A pouco e pouco, como sublinha o neurocientista, o substrato natural, a que assim se alude, tem vindo a ser comprimido pela nossa outra parte cultural (Nietzsche diria: pela nossa costela apolínea). Mas a "alquimia poderosa" que desse jeito se institui impede que se elimine do circuito aquele segmento originário (cf. *A estranha ordem das coisas...,* cit., 313 ss.).

[343] *Apud* G. STEINER, *A poesia do pensamento...,* cit., 105.

[344] Assim, Friedrich NIETZSCHE, *A genealogia da moral...,* cit., 60. Poucas páginas volvidas *(ibidem,* 86 s.), o Filósofo da desocultação não hesita em afirmar que os gregos "[se serviam] dos seus deuses [...] para gozar pacificamente da sua liberdade"... Ou, algo mais detidamente: nos alvores de uma humanidade ainda (como hoje, mas noutros termos...) à procura do(s) seu(s) caminho(s), os "deuses foram inventados [FREUD *dixit...]* para servir três funções: para exorcizar os terrores da natureza, para nos reconciliar com a crueldade do destino [razão por que "negociar com os deuses é uma maneira de tentar controlar o destino"... – cf. *supra,* nota 342] e para nos compensar do sofrimento que a própria civilização impõe" – cf. Susan NEIMAN, *O mal no pensamento moderno...,* cit., 257 e 355.

[345] *V.* J. LEHRER, *Como decidimos,* cit., 116.

nologia modificada" ...[346]), o *logos* (a exigência de racionalidade –e, portanto, nuclearmente, de uma fundamentação adequada e suficiente –, que se lhe associa, rastejou primeiro como uma "mosca [ainda] áptera"[347], mas elevou--se depois como uma teia-nuvem tecida por insectos outros que foi cobrindo progressivamente quase tudo...) acabou por triunfar. A pressuposição de tudo quanto se revelasse circunstancialmente pertinente, que ele implica, e a harmonia ínsita ao holismo coetaneamente dominante tiveram consequências. Em articulação com a isonomia (a igualdade na lei) e a isocracia (a igualdade no poder) – e no quadro da ideia de democracia, que elaboraram –, não surpreende que os gregos tenham acentuado o relevo da isegoria (da igualdade no falar)[348]... o que esteve na origem do reconhecimento, a todos, do direito de exporem os seus argumentos na ágora (como silenciar a "loquacidade" do homem grego[349] e o carácter poliédrico da argumentação prática?...). Mas tudo tem as suas perversões, e esta recusa das verdades dogmáticas também as teve. Basta lembrar a "dialéctica erística" dos sofistas (as "acrobacias verbais"[350] pré-ordenadas a garantir que numa disputa argumentativa se tenha sempre razão[351]), que Matthew ARNOLD denunciou em dois versos lapidares do seu *Empedocles on Etna* ("Before the sophist-brood hath overlaid/The last spark of man's consciousness with words"[352]), e que foi a base do relativismo (sintetizável na divisa *alles kann, nichts muss...).*

1.4. Também na Idade Média a razão não esteve sozinha em campo. BOÉCIO (talvez por ter conhecido bem o *Organon* aristotélico, que traduziu parcialmente) ainda disse o homem "substância indivisa de natureza racional".

---

[346] Tudo o que seria mister considerar se as circunstâncias nos impusessem uma abordagem mais fina desta complexa problemática... Cf. Victor Raúl da COSTA MATOS, *Originalidade e novidade da filosofia. A propósito das teses de F. M. Cornford*, Coimbra, 1972, 113 ss.

[347] *Apud* Silvério da ROCHA CUNHA, *Teoria Jurídico-Política das Relações Internacionais,* cit., 53.

[348] Cf. Maria Helena da ROCHA PEREIRA, *Raízes clássicas da União Europeia,* cit., 16. Não terá sido seguramente por acaso que W. FIKENTSCHER viu (também) na isegoria um prenúncio dos (contemporâneos) direitos fundamentais: cf., deste nosso Professor, *Der Gegensatz von Grundwerten und "täglichen Dingen" bei der Entstehung der modernen Demokratie,* cit., esp.te 5 e 22. E que Silvério da ROCHA-CUNHA (acompanhando H. ARENDT) a associou ao "tesouro da tradição democrática " que remonta a esses tempos primordiais: cf. *Crítica da razão simplificadora. Escritos sobre poder & cidadania numa era de compressão,* V. N. Famalicão, 2015, 183...

[349] Cf. G. STEINER, *Sobre a dificuldade e outros ensaios,* cit., 101.

[350] Cf. ID., *A poesia do pensamento...,* cit., 67.

[351] Cf. Arthur SCHOPENHAUER, *Die Kunst, recht zu behalten...,* cit., *passim.*

[352] *Apud* G. STEINER, *A poesia do pensamento...,* cit., 45 (na nota 8 desta mesma página, Miguel SERRAS PEREIRA propõe a seguinte tradução: "Antes que a raça dos sofistas asfixie / Em palavras a luz da consciência humana". Ousemos agora nós traduzir, não literalmente, a máxima alemã logo a seguir mencionada: tudo é possível, nada tem que ser).

Mas a influência que nele exerceu a obra de S. Agostinho e o empenho com que cultivou a temática da eternidade levaram-no a assumir a fé como outro pilar do seu pensamento. O Bispo de Hipona procurou aceder à razão (à "verdade e à clareza") "no horizonte da fé", e o "quase" racionalista "intelectualismo" tomista[353] assentou igualmente na complementaridade ("sem confusão e sem separação", segundo "a fórmula do Concílio de Calcedónia"[354]) da filosofia e da teologia, *i. e.,* da razão e da fé[355]. De resto, esta tentativa de conciliar *ratio* e *fides,* de reconhecer a dialéctica em que uma e outra se enredam, é ainda hoje acentuada pela Igreja, e em termos cada vez mais abertos[356] [357].

---

[353] Cf. L. Cabral de Moncada, *Filosofia do Direito e do Estado,* vol. I, cit., respectivamente, 86 e 78.

[354] Colhemos este esclarecimento em João Lobo Antunes, "O discurso que Bento XVI não chegou a pronunciar na Universidade de La Sapienza, em Roma", in *Ouvir com outros olhos,* cit., 169.

[355] Mas não se pense que esta elementar observação genérica (o envolvimento da razão com a fé) é suficiente para caracterizar o modo como a razão foi relevada na Idade Média (relativamente à fé, bastará recordar a capitalíssima importância do Cristianismo e da Igreja na modelação da mundividência medieval). É o que de pronto compreenderemos chamando a atenção para os dois pontos seguintes: 1.º) em finais do século XI, inícios do século XII, teve lugar aquilo que já se designou a "nova idade da razão" – a *ratio* tornou-se "ambivalente", pois se apresentava um "cunho divino, ao permitir ao homem a descoberta da última razão das coisas", assumia "também um cunho instrumental e arbitrário, ao autonomizar o homem que pensa permitindo-lhe usar a razão contra a razão"; e 2.º) um pouco mais tarde, a influência árabe veio determinar "uma abertura para o empírico, para a natureza", e a razão não deixou de ser marcada por essa viragem (cf. Mário Santiago de Carvalho, *A síntese frágil. Uma introdução à filosofia (da patrística aos conimbricenses),* Lisboa, 2002, 136. Num quadro contextual decerto diferente – especificamente centrado no apuramento da importância do "de fora" na modelação de qualquer horizonte cultural –, R. Esposito pôde, justificadamente, afirmar que "[o] próprio Ocidente, como se foi configurando, nasce da progressiva apropriação daquilo que não estava dentro das suas fronteiras, como o Médio Oriente [...]": cf. *De fora...,* cit., 98.).

[356] Lembrámo-lo nas *Lições...,* cit., 387 s., n. 34, invocando a Carta Encíclica *A fé e a razão,* de João Paulo II, e sublinhamo-lo agora compulsando a *Luz da fé,* do Papa Francisco (n.os m.ais 2, 3 e 32-34 – na ed. cit., págs. 8 s. e 39 ss.), onde expressamente se afirma (em contrapólo da visão moderna, que fez "o homem [...] orgulhoso da sua razão" e que quando muito reservava "para a fé [aquele espaço que] a razão não podia iluminar" – o domínio remetido para o, por isso mesmo designado, "Deus das lacunas": cf. Marcus du Sautoy, *O que não podemos saber...,* cit., 26 s. ...) a "fecunda sinergia entre fé e razão, que se foi desenvolvendo no decurso dos séculos até aos nossos dias". Na sua ainda mais recente Carta Encíclica *Louvado sejas...,* cit., o Papa Francisco reconhece, em sentido paralelo, a importância das "sínteses entre fé e razão": cf. n. m. 63 – na ed. anteriormente compulsada, p. 46. Ao invés, a hipertrofia de qualquer delas em detrimento absolutizado da outra não proporcionaria benefício algum – "[p]assar dos fantasmas da fé para os espectros da razão é somente ser mudado de cela"...: cf. Fernando Pessoa, *Livro do desassossego,* cit., 53. Compreende-se, por isso, a tese de G. Agamben, segundo a qual a "revelação" manifesta "a sua heterogeneidade em relação à razão" ("[não se] tem fé com a razão": cf. Fernando Pessoa, *Livro do desassossego,* cit., 31. *V.* também – em linha com o que já a seguir nos dirá o Filósofo italiano... –, *ibidem,* 160: "A meio caminho entre a fé e a crítica está a estalagem da razão. A razão é a fé no que se pode compreender sem fé; mas é uma fé ainda, porque compreender envolve pressupor que há qualquer coisa compreensível"– neste sentido há, portanto, uma ... "fé na razão": cf. agora H. Arendt, *A condição humana,* cit., 340, e Julian Baggini, *As fronteiras da razão...,* cit., 217; A. este último que, pouco depois – *ibidem,* 265 –, não deixa de advertir que "nada é mais irracional do que uma fé injustificada na razão"...), mas, enquanto "desvelamento" – de um sentido, que não de qualquer objecto –, concorre igualmente (com salvaguarda da fronteira que as separa, a fim de que ambas possam subsistir...) para "a criação da razão": cf. *A potência do pensamento...,* cit., 25 ss. e 31. Muito enriquecedoras sobre o ponto, afiguram-se-me igualmente (entre tantas outras, decerto...) as reflexões de Marcus du Sautoy, na circunstância em diálogo com

1.5. E, neste nosso tempo, a razão continua a dividir o palco da mente com outras instâncias – a sensibilidade, o espírito... A sensibilidade[358] releva na arte, que repousa num compromisso individual do artista[359] – Th. ADORNO não hesitou em dizê-la "uma reserva natural de irracionalidade"...[360]. Por seu turno,

---

John BARROW, no livro *O que não podemos saber...,* cit., 268 ss., em que o A. não deixa de considerar o problema da intersecção da ciência e da religião.

[357] Por outro lado (trazendo, em nota, a quadrícula de que especialmente nos ocupamos a este debate...), remonta a esse tempo há muito passado a estreita relação do direito com a Igreja: o Direito Canónico constituiu "o primeiro sistema jurídico ocidental moderno", a canonística esteve na origem da "jurisprudência ocidental", há coordenadas axiológicas básicas do direito que surgiram nessa época, e estruturas conformadoras de certos ramos do direito que apareceram por essa altura (no Direito das Coisas, no Direito Matrimonial, no Direito das Sucessões, mesmo no Direito Penal – *v. gr.,* os princípios "ne bis in idem", "in dubio pro reo"...): cf. Josef ISENSEE, "Christliches Erbe im organisierten Europa", in *JZ,* 15/16/2015, esp.ᵗᵉ 752, sob 3.

[358] Que, enquanto tradução de uma experiência pessoal interior e em termos estético-políticos, tivera já indesmentível relevância por meados do século XIX...: cf. Isaiah BERLIN, *Karl Marx,* cit., 154 s.

[359] Porque será que só o homem pode ousar a criação artística? Porque às outras espécies falta a capacidade reflexiva susceptível de ... lhes "[permitir] a exploração da faculdade combinatória dos seus próprios sentidos" – cf. D. C. DENNETT, *Quebrar o feitiço...,* cit., 110 e 251.

[360] Cf. *Experiência e criação artística,* trad. de A. Morão, Lisboa, 2003, 127. Note-se, porém. Esta ideia, amplamente partilhada (recordemos CROCE, COLLINGWOOD...), de que a arte é expressão da "personalidade" do artista, ou das suas "emoções" (de que a arte é um "ínfimo fragmento de Impressão puramente pessoal [, resultante de um] vasto e penoso processo de Não-Pensamento"... – a expressão, marcada por uma ironia muito fina, é de E. E. CUMMINGS: cf. *O quarto enorme,* trad. de José Lima, Porto, 2017, 308), está longe de ser pacificamente aceite. Karl POPPER, por exemplo, sustenta que "a teoria expressionista da arte é vazia", porque é "trivial, não informativa, confusa e inútil" (cf. *Busca inacabada...,* cit., 91 e 102; "a arte expressionista é uma contradição nos termos", diz-nos H. ARENDT em *A condição humana,* cit., 406 n. 88). O Filósofo vienense propugna uma teoria objectivista da arte. O artista, qualquer artista , tem um *problema* a resolver (Philip ROTH afirmou isto mesmo relativamente a cada romance que vai escrevendo...): um músico, se está a compor um minuete tem um problema, se a obra que o convoca é uma sinfonia tem um problema diferente. Ora, entende POPPER, a solução adequada (não se dizia classicamente a arte *recta ratio factibilium?:* cf. Umberto Eco, *Aos ombros de gigantes. Lições em La Milanesiana 2001-2015,* trad. de Eliana Aguiar, Lisboa, 2018, 41) destes problemas concretos implica exigências e apresenta especificidades (impõe a pressuposição de referentes e determina a exposição a constrangimentos) que ultrapassam em muito a mera expressão de emoções (o que, trivialmente, ninguém poderá inibir-se de fazer...) – cf. *Busca inacabada...,* cit., 99.
Em articulação com a centralidade do problema igualmente neste âmbito, gostaríamos ainda de acentuar a nota de que a criação artística radica em subtilíssimos jogos metafóricos (cf. Hermann HESSE, *Narciso e Goldmund,* trad. de J. Bouza da Costa, Alfragide, 2016, 193 s., 306 e 333) – na combinação de contrários, na assemelhação de diferenças, na transposição de planos, na conotação de denotações... (tudo o que nos permitimos sintetizar na inspirada advertência de Paul KLEE, lida algures, segundo a qual "Kunst gibt nicht das Sichtbare wieder, sondern macht sichtbar" – "a arte não reproduz o visível, mas desvela"... A obra de arte não "[imita] o mundo real", antes traduz a epifania de um sentido – de um sentido que nos manifesta o espírito, que nela "se faz verbo, forma, cor [...,] som"...: cf. Maria Manuela SARAIVA, "O primado da percepção e a concepção da obra de arte em Husserl", in Gustavo de FRAGA *et alii, Perspectivas da Fenomenologia de Husserl,* Coimbra, 1965, 104 ss.) – e, nesta medida, tem, também ela, um carácter exemplarmente analógico (pois não é a metáfora uma analogia ?...; sobre este ponto, e por todos, cf. Gottlieb SÖHNGEN, *Analogie und Metapher. Kleine Philosophie und Theologie der Sprache,* Freiburg/München, 1962).
Finalmente, se quisermos retornar ao binómio arte/irracionalidade, que nos trouxe a esta nota, lembremos, exemplificativamente, a "irracionalidade concreta", plena de sentido, que DALÍ se empenhou em "materializar" na sua inspirada obra surrealista – as expressões entre aspas são de um ensaio do próprio Pintor – *La conquista de lo irracional,* de 1935. Cf. Robert DESCHARNES/Gilles NÉRET, *Salvador Dalí. La obra pictórica,* Köln, 2018, 265.

o espírito é a "inteligibilidade incarnada"[361] que transcende o mundo – e não será isso, afinal, que (para além da razão, conquanto não contra ela...) verdadeiramente "nos autonomiza e define"[362] [363], permitindo-nos ir tematizando o sentido da vida ?... Em uma síntese demasiado apressada, diremos que a razão discorre fundamentadamente, a sensibilidade opta discricionariamente e

---

[361] Compreendendo o espírito como "inteligibilidade incarnada", estamos do mesmo passo a sublinhar a ideia forte de que o não pensamos uma categoria pura, desenraizada – muito ao invés, "o espírito [vai sempre construindo] o seu ninho [com] ervas e palhas apanhadas pelos caminhos [do] tempo [...]": cf. R. Musil, *O homem sem qualidades,* I, cit., 715. E ainda (e sobretudo) a reconhecer que "o corpo humano" é, decerto, "Matéria", mas *matéria pessoal",* pois "'o natural no homem é abrir-se ao trans-natural'": cf. Anselmo Borges, "Sobre o corpo e a esperança em Pedro Laín Entralgo", in J. A. Pinto Ribeiro (Coord.), *O homem e o tempo.* Liber Amicorum *para Miguel Baptista Pereira,* Porto, 1999, 53 ss., esp.ᵗᵉ 73, 75 e 84. Por outras palavras: o homem é, decerto, "espírito e vontade, mas é também natureza" (a afirmação é de Bento XVI e foi retomada pelo seu sucessor, o Papa Francisco: cf., deste último Pontífice, a recente Carta Encíclica *Louvado sejas...,* cit., n. m. 6, p. 8); mas o que especificamente o predica é a "novidade" implicada pelo seu modo de ser – sujeito singular, com capacidades de "reflexão, [de] raciocínio, [de] criatividade [...], de liberdade e responsabilidade", que o distinguem dos demais "sistemas abertos", e que o fazem "transcende[r] o âmbito físico e biológico" (cf. Id., *ibidem,* n.ᵒˢ m.ᵃⁱˢ 81, 118 e 235, pp. 58, 83 e 154).

[362] Cf. A. Castanheira Neves, *Questão-de-facto...,* cit., 64 n. 1.
Importa não confundir espiritualidade e bondade moral (uma confusão, todavia, recorrente. Há, como é sabido, criaturas muito dotadas – e, nomeadamente, senhoras de uma racionalidade poderosa ... se aceitarmos "definir a racionalidade [...] como uma promoção inteligente do interesse pessoal" –, que, com a sua "inteligência má" – com a sua platonicamente inconcebível "inteligência má"...: cf. Victor R. de C. Matos, *Originalidade e novidade da filosofia...,* cit., 157 –, não passam de monstros inumanos . Mas ao dizermos isto visamos já a "razoabilidade", que "[tende] a exigir algo mais [da pessoa concretamente envolvida, atento o problema circunstancialmente em causa,] do que a mera racionalidade": cf. Amartya Sen, *A ideia de justiça,* cit., 273 e 275, nota *. Pense-se, exemplificativamente – acompanhando ainda o mesmo A., na obra acabada de citar, mas logo na abertura do capítulo 15, 425 s. –, no "elaborado estratagema" congeminado por Sidney Quarles, o protagonista da novela de Aldous Huxley, *Ponto contra ponto,* para justificar à mulher umas enigmaticamente frequentes deslocações a Londres. Não obstante, Rachel Quarles foi capaz de apurar o que se escondia por detrás dos empenhados estudos, "no Museu Britânico", de uma antiga "dinastia imperial indiana" ...), contrapondo-a[s] a materialismo. Um materialista confesso, como D. C. Dennett, *v. gr.,* não hesita em assumir uma... espiritualidade preocupada em "abordar as complexidades do mundo, tanto as suas glórias como os seus horrores, com uma atitude de curiosidade humilde, reconhecendo que, por mais profundamente que vejamos, somente arranhamos a superfície, encontraremos mundos dentro de mundos, belezas que não poderíamos antes imaginar e as nossas preocupações mesquinhas reduzir-se-ão às *dimensões correctas,* não tão importantes como isso, no esquema geral das coisas" (cf. *Quebrar o feitiço...,* cit., 242 ss., sucessivamente, 244 e 243). E um outro A., que (também) afirma "não [ter] qualquer crença no sobrenatural", diz a espiritualidade (a expressão paradigmática da *re-flexio* de que o homem é capaz "sobre si [mesmo]", "sobre a sua própria situação") a marca-de-contraste dos humanos, e sustenta que o "território do espírito" é "um produto *cultural,* de modo nenhum uma dádiva do mundo natural": o "nicho [ou reino] da alma" – "o nicho ao qual a espécie humana está *biologicamente* adaptada" e, portanto, onde cada um dos seus membros poderá *"[dar] o seu melhor"* (cf. Nicholas Humphrey, *Poeira da alma...,* cit., 10 s., 187 ss. e 242).

[363] Lembremos Jorge Luis Borges (uma sua contraposição exemplar): "[s]e a minha carne humana assimila carne brutal de ovelhas, quem impedirá a mente humana de assimilar estados mentais humanos?" – cf. "A doutrina dos ciclos", in *Obras completas, I, 1923-1949,* trad. de J. C. Barreiros, Lisboa, 1998, 403. Substituindo (superadoramente) a mencionada contraposição por uma síntese, diremos que o "homem é mais do que as suas 'características', mais do que todas essas emoções, anseios, gostos e construções [racionais...,] mais do que essa nuvem de partículas, essa mera factualidade. Se analisarmos a fundo o compreensível, chegaremos à conclusão de que só o incompreensível nos esclarece" ...: assim, Saul Bellow, *Herzog,* cit., 381.

o espírito intui fulgurantemente[364]... Ou, tolerando uma paráfrase a Amartya Sen: "o comportamento real" nem sempre se poderá afirmar um "comportamento [imaculadamente] racional"...[365].

1.6. Aludimos atrás à crise da razão[366] – uma crise de que apenas se não dará conta quem seja "um verdadeiro D. Quixote do princípio da racionalidade"[367], e que resultou da circunstância de, na época moderna, a razão ter sucumbido à sua própria soberba, assumindo-se como instância autónoma e exclusiva do agir humano[368] (que, aliás, incompreendeu ...). A (ora indutiva, ora dedutiva, mas sempre axiomática – já o recordámos...[369]) razão moderna – a "'res cogitans', que é um 'ego cogito'"[370], a *raison raisonnante* do "indivíduo humano"[371] (que cremos poder dizer a versão iluminista da "Natureza naturante" que remonta aos pré-socráticos...[372]), o "conjunto dos princípios supe-

---

[364] Ou (, atentas duas das três instâncias a que se alude no texto, e) se quisermos lançar mão de uma dicotomia explorada em obra recente: o espírito, compreendido tal-qualmente o caracterizámos, implica a intervenção do nosso "Sistema 1" – "opera automática e rapidamente" –, a razão traduz a actuação do nosso "Sistema 2" – implica "cálculos [bem mais esforçados e] complexos". Uma vez, porém, que estamos a falar de racionalidade, talvez valha a pena advertir que o "Sistema 2" a não identifica esgotantemente como que por antonomásia, impondo-se-nos antes compreendê-la *também* co-instituída pelo "Sistema 1" (as necessárias explicitações complementares colher-se-ão em Daniel Kahneman, *Pensar, depressa e devagar,* cit., esp.te 31 ss. e 546 ss. Cf., complementarmente, Julian Baggini, *As fronteiras da razão...,* cit., 128 ss., 132 ss. e 144 s.).
Por seu turno, pelo que respeita ao *Blitz* predicativo do acto mencionado ("intui fulgurantemente", escrevemos no texto que nos trouxe a esta nota), só mais uma muito breve observação: se o discurso estruturado *(hoc sensu,* racional) implica a palavra para vir à epifania, a intuição, *qua tale* (deixemos entre parêntesis a problemática da aporia da linguagem, a que fizemos referência noutro contexto...: cf. "Transtextualidade e metodonomologia (nótula sobre o problema, o sentido e a dialéctica que os enreda)", in *Analogias,* cit., 180 s. Em termos parafrásticos e sob a forma de uma pergunta: haverá "uma possibilidade de pensamento para lá das proposições" enunciativas?...: cf. G. Agamben, *A potência do pensamento...,* cit., 28), "'engarrafada ao sair da fonte', [...] não pode exprimir-se por meio de signos linguísticos", em última análise inadequados para apreenderem "as vagas da consciência" que nuclearmente a identificam (cf. G. Steiner, *A poesia do pensamento...,* cit., 126; v., porém, Id., *Extraterritorial...,* cit., 98 s.).

[365] Cf. *A ideia de justiça,* cit., 250. Autorize-se-nos a convocação de uma síntese inspirada: "[n]ão é possível superarmos racionalmente a nossa irracionalidade fundamental. O mais que podemos fazer é aprender a arte de ser razoavelmente irracionais" (trata-se de uma máxima dos ficcionados "'Comentários sobre o que são as coisas e sobre o que seria razoável fazer com elas', da autoria do Rajá Velho", in Aldous Huxley, *A ilha,* cit., 58 e 276).

[366] Cf. *supra,* 114.

[367] Assim, R. v. Ihering, *Geist des römischen Rechts...,* cit., 1.ª parte, § 1 – na 6.ª ed., Leipzig, 1907, 6.

[368] Sobre o rigoroso significado da acção prática – que aqui vai pressuposto, em superação, precisamente, das aporias que deveremos saber apontar à mundividência moderna –, cf. o que pudemos escrever nas nossas *Lições...,* cit., 389 ss.

[369] Cf. *supra,* 81 n. 192.

[370] Cf. João Maria André, "Racionalismo e afectividade. Sobre os princípios estruturadores das paixões em Descartes e em Espinosa", in J. A. Pinto Ribeiro (Coord.), *O homem e o tempo.* Liber Amicorum *para Miguel Baptista Pereira,* Porto, 1999, 284.

[371] Cf. L. Cabral de Moncada, *Filosofia do Direito e do Estado,* vol. I, cit., 199.

[372] Cf. Miguel Baptista Pereira, *Experiência e sentido,* cit., 364.

riores" a que Kant deu o nome *Vernunft*[373] e que se afirma "[n]um mundo em que […] a razão se faz de bêbeda e canta com ar dionisíaco, mas é [sempre] razão 'pura'"[374]… – pretendia-se sem pressupostos e assentava em três postulados[375]: 1.º) a verdade[376] e o valor[377] são acessíveis à razão; 2.º) só a razão per-

---

[373] Cf. L. Cabral de Moncada, *Filosofia do Direito e do Estado,* vol. I, cit., 254, n. 1.

[374] Cf. G. Deleuze, *Diferença e repetição,* cit., 421.

[375] Alguém disse: "[s]e os postulados devem ser inquestionáveis, é importante que sejam incompreensíveis" *(apud* D. C. Dennett, *Quebrar o feitiço…,* cit., 188). Acontece, porém, que os postulados já a seguir referidos no texto são bem compreensíveis (e falaciosos) e, decorrentemente, questionáveis *(rectius,* inconcludentes)…

[376] Esta alusão à verdade obriga-nos a remeter para uma (muito redutora!…) nota de rodapé alguns (entre tantos, e fugindo dos mais frequentemente explorados – os atinentes às *Wahrheitstheorien…)* problemas mais ou menos sérios, *inter alia:* não será a verdade apenas… a mentira num mundo ao contrário (tal como – para repetir, adaptadamente, um verso de Herberto Helder – "o errado é sempre o certo [de outra coisa]". Ou, em termos algo mais ortodoxos: pensando a "transmutação de todos os valores", que veio propor, não pôde Nietzsche sentenciar "[…] até hoje chamou-se verdade à mentira"?…: cf. *Ecce homo,* cit., 162; *v.* ainda *ibidem,* 172. Surpreende-nos-á, assim, que Nietzsche tenha defendido que "aquilo a que chamamos verdade não é mais do que a derradeira máscara do erro"?…: *apud* R. Esposito, *De fora…,* cit., 167)?; não poderá pensar-se uma… "verdade no interior da mentira" (recorde-se Proust…)? (cf. G. Steiner, *A poesia do pensamento…,* cit., 196); ao invés (e como que pressupondo a *Ethica,* de Espinosa: "sane sicut lux seipsam et tenebras manifestat, sic veritas norma sui, et falsi est". Na trad. proposta por Joaquim de Carvalho *et alii,* Lisboa, 1992, 247: "do mesmo modo que a luz se faz conhecer a si mesma e faz conhecer as trevas, assim a verdade é norma de si mesma e da falsidade" … Não deixe de acrescentar-se que colhemos a alusão em Søren Kierkegaard, *Prefácios,* trad. de Susana Janic, Lisboa, 2018, 112 n. 199), não deverá reconhecer-se sentido ao paradoxo de que a mendacidade integra o horizonte do verdadeiro? (cf. José Barata-Moura, "Que fazer com a mentira?", in António Pedro Barbas Homem *et alii* (Coords.), *O perfil do juiz na tradição ocidental,* Coimbra, 2009, 223 ss., esp.[te] 238 ss., § 6); já agora, e olhando por junto as perguntas anteriores, não será a insinuada miscigenação, em qualquer delas, dos pólos verdade e mentira, a razão pela qual, "com excepção do Zoroastrismo, […] nenhuma das principais religiões […] tenha alguma vez incluído o acto de mentir, como tal, entre os pecados mortais" (cf. H. Arendt, *A condição humana,* cit., 400 n. 36; se trocarmos religiões por culturas, talvez se nos impusesse acrescentar como excepção à mencionada regra geral a "sociedade inuíte" – cf. Julian Baggini, *As fronteiras da razão…,* cit., 231; não deixemos, porém, de acrescentar que Tomás de Aquino condenou… "como pecado mortal a mentira *danosa"* – *apud* Umberto Eco, *Aos ombros de gigantes…,* cit., 255 s. No âmbito específico do direito – afinal, é este o domínio que primacialmente nos interessa… –, não deverá, em outras situações, reconhecer-se relevância à mentira? Como exemplo da justeza de uma resposta afirmativa à pergunta acabada de formular, remetamo-nos, sem mais explicitações, para Manuel Carneiro da Frada, *A responsabilidade dos administradores perante os credores entre o direito das sociedades e o direito da insolvência,* sep. do IV Congresso de Direito da Insolvência, Coimbra, 2017, 196, sob. 6.)? E, num outro plano: terá a verdade, ainda hoje, um estatuto epistemológico indisputado (lembre-se, por exemplo, Karl Popper. Se, classicamente, "a contemplação do observador" – era esse o significado originário de *teoria…; v.,* igualmente, H.-G. Gadamer, *Wahrheit und Methode,* cit., 51 – traduzia um "contemplar a verdade" – cf. H. Arendt, *A condição humana,* cit., 357 e 369 ss. –, e se, com o racionalismo moderno, a "teoria [se] tornou […] hipótese e o sucesso da hipótese [se] tornou […] verdade" – cf. Id., *ibidem,* 344 –, com o racionalismo crítico, a sempre admissível falsificação de uma hipótese não significa mais do que a eliminação de um erro – cf. as nossas *Lições…,* cit., 99 s. –, ou seja, pelo menos com o racionalismo crítico, a verdade saiu de cena. Em rigor, já havia saído antes; pois não veio Nietzsche advertir que… "não existem factos [outro modo de designar a verdade, segundo a tradicional teoria da correspondência – *adaequatio rei et intellectus* – … que o Filósofo, sem surpresa, não aceitou] mas apenas interpretações"… o que não pode deixar de provocar, como efeito inevitável, um "embaciamento da realidade"?: cf., sucessivamente, Umberto Eco, *Aos ombros de gigantes…,* cit., esp.[te] 137 – *v.,* porém, *ibidem,* 140 ss. –, Sue Prideaux, *Eu sou dinamite!…,* cit., 325, 377 e 460 – e, complementarmente, 87, 90, 152, 212, 419, 437 e 446; e R. Esposito, *De fora…,* cit., 126…)?; será a verdade apenas um correlato apendicular do poder (pense-se em Foucault: cf. *v. gr.,*

mite aceder à verdade e ao valor; e 3.º) esta razão é a predicativa do sujeito cartesiano, intencionalmente objectiva e sistematicamente demonstrativa, que esteve na base das físico-matemáticas ciências empírico-analíticas[378] – quando se lhe subjuga, sem reservas que o defendam, o homem perturba-se e torna-se, sem surpresa, "louco de razão"[379]...

Ora, sublinhámo-lo oportunamente[380], foi este particular tipo de razão, a "apolínea razão pura"[381] (na sua forma mais elaborada, "a da universalidade

---

Julian Baggini, *As fronteiras da razão...,* cit., 167 s.)?; não haverá verdades inacessíveis, ou, quando menos – se for aceitável a distinção... – inexprimíveis (que talvez aconselhem a tomada à letra do título de Gianni Vattimo, *Adio alla verità,* Roma, 2009)?; aquele que actualmente se tende a designar o mundo (alternativo...) da verdade virtual, da pós-verdade, não será o mundo que se apropria do substantivo, mas que lhe acrescenta um adjectivo ou um prefixo perversores do respectivo significado para fazer dele significante dessa mesma perversão?... Finalmente, atente-se nestas linhas – preciosas! – de Miguel Baptista Pereira (escritas sob pressuposições bem distintas daquelas que permitiram a W. O. Quine asseverar que todas as verdades são empíricas...): "a verdade [...] é a presença incondicionada na condição, é acontecimento absoluto no relativo, é acesso do fundamento ao fundado, é em si mesma já crítica do próprio aparecimento" – cf. *Experiência e sentido,* cit., 396.

[377] Não sabemos nós, de há muito, as exigências axiológicas – *breviter,* os valores – marcadas por uma historicidade irremissível, inviabilizadora da respectiva consideração fora de um determinado quadro cairostópico? ...

[378] Como se sabe, esta ciência-técnica (... que atingirá o seu paroxismo quando nos transmutarmos em *cyborgs* – em "híbridos que integram o natural e o construído": cf. H. Garcia Pereira, *Arte recombinatória,* cit., 147. António Damásio não hesita em perguntar se a crescente "hibridização humano--máquina" – *A estranha ordem das coisas...,* cit., 271 – não será um prenúncio disso mesmo?... ) tem como expressão axiológica limite o banimento da ... axiologia: o niilismo. Todavia, a acentuação e o reconhecimento deste ponto decisivo não nos impõe qualquer "[invectiva] contra a civilização" – não nos obriga a afivelar a máscara (e a habitar a cabana) do Heidegger de Todtnauberg... (cf. Elżbieta Ettinger, *Hannah Arendt e Martin Heidegger,* trad. de I. C. Silva, Lisboa, 2009, 80, 109 e 129; e entre nós, e por último, António Cortés, *A interpelação do direito justo. Uma temática para a disciplina de Filosofia do Direito,* polic., Lisboa, 2017, esp.[te] 98 ss.).

[379] Cf. Francisco d'Eulália, "Pode galopar a loucura", in *66 poemas e onze repetições,* Porto, 2013, 51. "O pensamento limitado a proposições lógicas, [...] ou a factualidades demonstráveis – significaria a loucura": o pensamento humanamente emblemático é "contrafactual" (assim, G. Steiner, *Dez razões (possíveis) para a tristeza do pensamento,* cit., 33).

[380] Cf. *supra,* 114.

[381] A expressão é de A. Castanheira Neves, na sua "Evocação do Doutor Luís Cabral de Moncada" in *Boletim da Faculdade de Direito,* Vol. LXXXIX, Tomo II, Coimbra, 2013, 557. A já suficientemente compreendida (não o duvidamos...) linha inspiradora deste curso, articulada com o *topos* acabado de acentuar, autorizam-nos (não sem uma muito significativa cedência a um tropismo redutor...) a sintetizar o nosso pensamento atinente à problemática que agora nos ocupa, nos seguintes termos: nem só o racionalismo apolíneo, nem só a impulsividade dionisíaca, nem só ainda o arquimédico ponto de equilíbrio entre ambos ("[fazendo] um pouco do sangue de Dioniso correr nas veias orgânicas de Apolo"... – G. Deleuze, *Diferença e repetição,* cit., 420; Sue Prideaux diz-nos que é precisamente isso que acontece no *Tristan und Isolde,* de Wagner... – cf. *Eu sou dinamite!...,* cit., 114. Em suma: convém não esquecer que "Apolo cura as feridas dionisíacas, mas a cura é passageira, as feridas reabrem"... – assim, Maria Filomena Molder, *Símbolo, analogia e afinidade,* cit., 50), pois há outros vectores (já de carácter transubjectivo – nomeadamente os atinentes à ... intersubjectiva objectividade da constituenda normatividade jurídica vigente) a considerar aqui...
Por seu turno, se quisermos voltar ao juízo decisório (que está no centro do exercício metodonomológico e já considerámos – cf. *supra,* 100 ss.) diremos (em linha com o precedentemente sublinhado...) não ser ele um acto puramente racional – *hoc sensu,* exclusiva manifestação do *logos* –, pois que nele intervêm também as paixões da alma – o *pathos* (cremos que não será inteiramente inadequado aludir assim ao segmento decisão...). E é por isso que o referido juízo decisório só pode

do imperativo categórico", mas que breve se perverteria em "entendimento" – "cujas categorias se transformaram, pela ciência e pela técnica, em estruturas de poder", densificadas por "interesses" geridos estrategicamente...[382] [383]), assim imperialista por tender a não admitir qualquer outra instância[384] – já se aludiu ao "'monstro' da razão absoluta"[385] e à "jaula de ferro"[386] em que ele acabou encarcerado... –, que entrou em crise, quando se mostraram primeiro claudicantes e depois indefensáveis os postulados que a sustentavam.

Limitemos a justificação do que acaba de dizer-se a alguns tópicos (inconsiderando desta feita a menção de há pouco à sensibilidade e ao espírito...).

Reconheceu-se, por um lado, que a razão não dá uma garantia segura de acesso à verdade[387] e ao valor: a razão é sempre condicionada na perspectiva (do sujeito) – não se concebia a razão moderna dentro do homem? ... – e no contexto (situacional) – dizer essa razão a mesma em Atenas, em Constantinopla e em Jerusalém resiste ao teste crucial do confronto com a realidade ?... – pelo que não há verdades definitivas, nem valores intemporais, mas apenas interpretações de verdades sempre em aberto e de valores expostos a uma contínua... *Umwertung* (NIETZSCHE *dixit)*. Por outro lado, não podem hoje ignorar-se vias alternativas de acesso à verdade e ao valor – nos nossos dias seria inaceitável ceder a um "cientismo" puro e duro[388], imputando-lhe um "efeito de tornique-

---

conceber-se como acto de um ente em que cultura e natureza se fundem inconsutilmente – *i. e.,* do homem – ... ideia esta última que remonta ao pensamento estóico (cf. G. AGAMBEN, *A potência do pensamento ...,* cit., 78 s.).

[382] Cf. Miguel BAPTISTA PEREIRA, *Experiência e sentido,* cit., 399.

[383] Não acentuou J. HABERMAS a degenerescência da "utopia iluminista" na "ideologia burguesa"?...: cf. Silvério da ROCHA CUNHA, *Conflito das interpretações e visões do mundo: Jürgen Habermas & as relações internacionais,* cit., 39.

[384] É esta, de facto, a ... tendência dominante do Iluminismo, que, portanto, lhe imprimiu a marca-de-contraste – mas nada de exageros. Isaiah BERLIN, por exemplo, mostrou ter havido, "também [nessa época,] uma gama de diferentes espécies de correntes que eram contra-racionais" (cf. Amartya SEN, *A ideia de justiça,* cit., 75); ou que, permitimo-nos observar, faziam apelo a outros tipos de razão – lembremos o *sensus communis,* tão encarecido por G. B. VICO, e que Th. VIEHWEG e H.-G. GADAMER haveriam de relevar...

[385] Cf. G. STEINER, *A poesia do pensamento...,* cit., 140.

[386] *Apud* Silvério da ROCHA CUNHA, *Teoria Jurídico-Política das Relações Internacionais,* cit., 98 e 117.

[387] VOLTAIRE, um dos grandes vultos da Modernidade, considerava, muito compreensivelmente ao invés, a verdade filha da razão: cf. o seu "Elogio histórico da razão", in *O sonho de Platão e outros contos,* trad. de C. Cardoso, Lisboa, 2007, 19 ss. Era, aliás, por isso que VOLTAIRE concebia a razão e a verdade (mãe e filha) escondidas num poço sempre que as circunstâncias históricas lhes fossem adversas, só saindo do esconderijo quando não corressem perigo de vida ao andar pelo mundo...

[388] *I. e.,* à "crença de que todos os problemas significativos podem ser resolvidos através de meios científicos, e de que é até por poderem ser resolvidos cientificamente que têm significado, pelo que não se devem professar convicções que não preencham esta condição" – são palavras do filósofo polaco Leszek KOLAKOWSKI, *apud* Laura BOSSI, "Um limite da ciência: em busca da imortalidade", in G. STEINER (Coord.), *A ciência terá limites?,* Lisboa, 2008, 224. Ou: "[d]izer que a ciência é a única base para a crença justificada não é uma afirmação científica. É antes *cientismo.* O cientismo, contudo,

te"[389], e "pôr de lado os imensos tesouros de saber e sabedoria contidos nas tradições de todas as culturas antigas e nos ensinamentos das grandes religiões mundiais"[390], ou privilegiar apenas o "modo de pensamento" mais próximo do padrão ocidental e subverter a complexidade das antropologicamente tão interpelantes realidades "biculturais"[391], ou relegar inapelavelmente para a esfera do irrelevante os supostos delírios da parapsicologia[392], ou negar precipitadamente a influência da astrologia "sobre os níveis mais fundamentais e 'orgânicos' da consciência"[393] … Note-se, porém: não obstante haver "matéria[s] negra[s] da razão"[394] … "para contestar a razão [é, sem contradição…,] necessário oferecer […] razões que fundem uma tal contestação"[395], ou apurar "[…] em que desrazão mergulha [a razão]"[396] – seja arriscando "uma aposta pascaliana"[397] na comprovação aposteriorística do por enquanto incomprovado, seja apelando a uma "dialéctica negativa" capaz de destruir inapelavelmente a razão, tal-qualmente nos habituámos a compreendê-la… [398]. Se não estivermos disponíveis para dar este último passo, que elimina a razão do circuito reflexivo, deveremos

---

é uma posição filosófica a favor da qual se tem de argumentar" – assim, Julian Baggini, *As fronteiras da razão…*, cit., 49 s.; cf. ainda *ibidem*, 57 s., 220 ss., 227 s., e 313 sob 25. Como se de há muito se não denunciasse esta "tentação gnóstica"…

[389] *Scilicet*, admitindo que a afirmação do cientismo o exaspere exponencialmente. Colhemos a expressão do texto em Joseph E. Stiglitz, *O preço da desigualdade*, cit., 328.

[390] Assim, Paul Feyerabend, *Contra o método*, trad. de M. S. Pereira, Lisboa, 1993, 174 n. 16; *v.* ainda *ibidem*, 208. Se o ponto se revestisse, aqui, da uma importância axial, supomos que se nos imporia também compulsar Schelling…

[391] Cf. W. Fikentscher, *Modes of thought…*, cit., esp.^te 473 ss.

[392] Cf. Wolf Singer, "Desafios e implicações filosóficas das neurociências", igualmente in G. Steiner (Coord.), *A ciência terá limites?*, cit., 104 s.; *v.* ainda G. Steiner/R. Boyers, (Org.), *George Steiner em The New Yorker*, cit., 345-351, esp.^te 348 (onde se invoca o importante contributo de Arthur Koestler). Seria, decerto, … "irracional chamar a isto [à parapsicologia] 'racional'" (cf. Imre Lakatos, *Falsificação e metodologia dos programas de investigação científica*, trad. de E. P. T. M. Mendes, revista por Artur Morão, Lisboa, 1999, 147 n. 357), mas nada impede que se lhe reconheça importância.

[393] Cf. George Steiner, *As lições dos mestres*, trad. de R. P. Cabral, Lisboa, 2005, 123 s., e *Nostalgia do absoluto*, cit., 55 s. e 58 ss. Como não lembrar aqui o capítulo XXV de *O príncipe*, de N. Maquiavel – onde o A. ainda concede "que a fortuna seja senhora de metade das nossas obras [; só que, antecipando a Modernidade, não hesita em reclamar] que nos deixe governar, mais ou menos, a outra metade" …: na trad. de F. P. Rodrigues, s./l., 1972, 129?… E, mais perto de nós, Schopenhauer, quando denuncia o subjectivismo deploravelmente subjacente à sobrevalorização da astrologia – cf. os seus *Aforismos para a sabedoria de vida*, cit., 147 e 189 s. ?…

[394] Cf. G. Steiner, "A ciência está perto dos limites?", in Id. (Coord.), *A ciência terá limites?*, cit., 26. Ao contrário do que já se insinuou, admito que não haja "unicórnios no jardim da razão"; mas que esse jardim não é apenas o canteiro-abrigo de uma fauna ortodoxa e pré-catalogada, afigura-se-me, mais do que provável, indiscutível…

[395] Cf. Amartya Sen, *A ideia de justiça*, cit., 80 e 93.

[396] Cf. G. Deleuze, *Diferença e repetição*, cit., 436.

[397] A expressão é de G. Steiner, *Extraterritorial…*, cit., 102 (e o Ensaísta assevera ainda que "o jogo fascinava Pascal": cf. agora *Fragmentos…*, cit., 44).

[398] Estamos, evidentemente, a pensar no título de uma monografia clássica de Theodor Adorno. Mas não só. M. Horkheimer e Th. W. Adorno aludem, em obra conjunta igualmente epocal, à inevitável

perceber que os dois caminhos inicialmente mencionados não nos confrontam com qualquer "dilema"[399], antes traduzem uma daquelas saudáveis tensões que fazem da *praxis* o nosso "mundo da vida"...

Com Descartes admitiu-se (negligenciemos afinamentos que seria inteiramente despropositado trazer aqui) que o último transcendental do homem era a razão – e uma razão que não fosse mais "a concubina da sua credulidade"[400]: (... essa "irmã bastarda da fé"[401]) a dúvida empenhadamente assumida para ser superada *(de omnibus dubitandum est)*, isto é, a "indeterminação autodeterminada" em ordem a que se alcançasse, de modo "clare et distincte"[402],

---

"auto-destruição do iluminismo" – mundividência (fortemente comprometida com a problemática da razão, já o sublinhámos...) que não hesitam em reconhecer marcada por uma insuperável *"petitio principii"*: se, por um lado, a exigência de liberdade é indissociável do pensamento moderno, por outro esse pensamento projectou-se em "concretas formas históricas" e em "instituições sociais" que contêm em si mesmas a semente do seu próprio aniquilamento (cf. *Dialektik der Aufklärung...,* cit., 3). Ousemos a pergunta: não será sempre assim que as coisas, afinal, se passam? Os sucessivos estádios que a humanidade vai conseguindo atingir, a liberdade, institucionalmente sedimentanda, viabilizadora desse seu ininterrupto caminhar, e a dialéctica que anima a história, não determinarão, *nolens, volens,* que de cada um daqueles patamares se acabe por passar necessariamente para um seguinte, ou por evolução – elevando-se o homem a um plano superior –, ou por involução – regredindo o homem a um nível inferior, até ao limite da sua queda "numa nova espécie de barbárie" (cf. Id., *ibidem,* 1), e sem ignorar que estes dois extremos se não excluem totalmente? ... *Neste sentido,* não estará cada um de nós condenado a rever-se numa das últimas reflexões de Mathieu, de um conhecido romance de Sartre: "[n]inguém entravou a minha liberdade, foi a minha vida que a bebeu"?... – cf. Jean Paul Sartre, *Os caminhos da liberdade. I – A idade da razão,* trad. de S. Milliet, rev. por M. A. M. Costa, 2.ª ed., Amadora, 1976, 361.

[399] *I. e.,* com uma alternativa em que os dois termos são, ambos, inaceitáveis (recorde-se Cícero, *De inventione,* Lib. I, XXIX, 45 – na ed. bilingue, devida a G. Achard, Paris, 1994, 98: "Complexio est in qua utrum concesseris reprehenditur, ad hunc modum: 'Si improbus est, cur uteris? si probus, cur accusas?'"). Cf. ainda Michel Meyer, *A problematologia...,* cit., 125.

[400] A expressão é de Galileu, e colhemo-la em H. Arendt, *A condição humana,* cit., 339, e 399 n. 31. Recorde-se, a propósito, que uma das ideias fortes da Filósofa, nomeadamente na obra acabada de citar – cf., *v. gr.,* 339, 361, 373 ... –, é a de que foi "um instrumento feito pela mão do homem – o telescópio" –, e não a razão, que esteve na base da modernidade. O que levou a criatura humana "ao novo conhecimento" e a ousar um novo paradigma "não foi a contemplação, nem a observação, nem a especulação, mas a entrada em cena do *homo faber,* da actividade de fazer e de fabricar" (se quisermos, pormenores comprobatórios – ou, quando menos, indiciadores da agudeza – da afirmação de H. Arendt oferece-no-los, em profusão, Marcus du Sautoy, in *O que não podemos saber...,* cit., 215--241, ... e 254 s.). Permita-se-nos: da presente era digital (que tem no dígito – e na técnico-produtiva e, portanto, funcional quantificação que intenciona... sobretudo em virtude da respectiva projecção algorítmica, e inerentes, e ainda em grande parte insuspeitadas, possibilidades abertas pela desmaterialização subjacente – o seu étimo fundante, a sua raiz nutritiva e o seu sentido demiúrgico) não deverá afirmar-se (e exponencialmente!) outro tanto?...

[401] A expressão é de Agustina Bessa-Luís: cf. *Santo António,* cit., 151.

[402] Cf. uma intervenção de Gröschner, em Id. *et alii, Rechts- und Staatsphilosophie...,* cit., 159.

a "certeza" almejada[403], a "verdade" que abria as portas à "felicidade"[404], pressupunha "o sujeito cartesiano"[405], reclamava a razão axiomática[406], e o genial francês (que volveu a transcendência em "rescendência" – HEIDEGGER – e que, consonantemente, reduziu Deus, decerto *un Dieu caché*[407], a "garante da racionalidade"[408]) haveria de concorrer, não sem alguns "pesadelos"[409], para a transformar numa das bandeiras da modernidade.

Mas as coisas foram mudando. Para MARX, por exemplo, é "o trabalho (e não a razão) [que] distingue o homem dos outros animais" – o homem é um *animal laborans*[410]. NIETZSCHE "viu na faculdade de prometer (a 'memória da vontade', como ele lhe chamou) a verdadeira diferença que distingue a vida humana da vida animal"[411]. E hoje – nomeadamente na linha da viragem que se operou em HEIDEGGER, depois da Segunda Guerra Mundial[412] – men-

---

[403] *Rectius:* a dúvida relativa ao que se conhece, e que, por mediação do exame crítico, viabiliza a certeza esclarecida. Por extenso, demos a palavra a Karl JASPERS e recordemos, em termos histórico-diacrónicos, as atitudes propiciatórias da reflexão filosófica na pré-modernidade, na época moderna e no nosso tempo: "[d]o espanto resulta a pergunta e o conhecimento, da dúvida relativa ao que se conhece decorre o exame crítico e a certeza esclarecida, e da comoção do homem e da consciência da sua finitude *(Verlorenheit)* a pergunta por si mesmo" – cf. *Was ist Philosophie? Ein Lesebuch,* 2.ª ed., München, 1982, 39. *V.* ainda H. ARENDT, *A condição humana,* cit., esp.[te] 338 ss.

[404] Cf. João Maria ANDRÉ, *Racionalismo e afectividade...,* cit., 283.

[405] Cf. Michel MEYER, *A problematologia...,* cit., 123.

[406] Cf. Samuel TAYLOR COLERIDGE, *Biographia Literaria (excertos),* ed. devida a Jorge Bastos da Silva, Porto, 2012, 84.

[407] Cf. H. ARENDT, *A condição humana,* cit., 400 n. 34.

[408] Cf. G. STEINER, *Martin Heidegger,* cit., 109 s. *V.* a decisiva passagem de uma das *Méditations,* de DESCARTES – a quinta –, transcrita por H. ARENDT em *A condição humana,* cit., 401 n. 42: "Ainsi je reconnais très clairement que la certitude et la vérité de toute science dépend de la seule connaissance du vrai Dieu: en sorte qu'avant que je le connusse, je pouvais savoir parfaitement aucune autre chose". *V.* ainda Julian BAGGINI, *As fronteiras da razão...,* cit., 42.

[409] A explicitação do que nos limitámos a insinuar, ver-se-á em H. ARENDT, *A condição humana,* cit., esp.[te] 342 e 344 s.

[410] Não sem alguma "contradição" à mistura, acrescente-se, na medida em que o seu projecto – "o [...] elemento utópico do marxismo" ... – é o de "uma sociedade na qual este poder [o trabalho], o maior e mais humano de todos, já não é necessário"... Cf. H. ARENDT, *A condição humana,* cit., 112, 126 s., 129, 141, 154 s., 162 n. 14, 166 notas 36 e 39, 173 n. 83, e 301 n. 8. Por seu turno, em *Pensar sem corrimão...,* cit., 22, 23, 25, 105, 202..., a Filósofa acentua a nota de que MARX definiu o labor (que é mister não confundir com o trabalho: cf. ID., *ibidem,* esp.[te] 20) como "o metabolismo entre o homem e a natureza". *V.* ainda ID., *ibidem,* 198 ss., esp.[te] 201 s.

[411] Cf. ainda ID., *ibidem,* 298.

[412] Cf. G. STEINER, *Martin Heidegger,* cit., 167 ss. O Ensaísta chega mesmo a afirmar (em *A poesia do pensamento ...,* cit., 209) que se descortina em HEIDEGGER uma "mística da linguagem" – pois não é certo ter o Filósofo sustentado (em inteira consonância intencional – não resistimos a observar... – com a primeira parte do conhecido verso de PESSOA, "[v]ive-nos a vida, não nós a vida [...]": cf. o poema "Epitáfio XII", in *Poemas ingleses,* ed. bilingue devida a Jorge de Sena, Lisboa, 1974, 121; contra, note-se, Bernardo Soares – no seguinte fragmento do *Livro do desassossego,* cit., 384: "Vive a tua vida. Não sejas vivido por ela". Se nos dispusermos a trocar este nosso Poeta-Filósofo por um ... Filósofo académico, poderemos acentuar, com DEWEY, uma dialéctica entre as duas mencionadas

ciona-se a linguagem[413] como esse *a priori* predicativo do homem[414] [415]: que, por isso, já se disse "instituição primordial ou instituição das instituições"[416]. O homem é *zoon phonanta*[417], é (aristotelicamente) um *zoon logon ekhon* ("um ser vivo dotado de fala")[418]: "só através da linguagem o homem se faz [...]"[419], "[...] por isso lhe foi dada a ele, ao homem semelhante aos deuses, [...] o mais perigoso dos bens, a língua, para que ele, criando, destruindo, e afundando-se,

---

impostações: *apud* R. Esposito, *De fora...,* cit., 65) que "Das Wort hat den Menschen" (que é "a palavra [que] possui o homem)?... – *apud* G. Steiner, *A poesia do pensamento...,* cit., 208; *v.* igualmente Id., *Martin Heidegger,* cit., 156, 163 e, de novo, 167 ss. Não terá sido provavelmente muito diferente a razão que levou Hegel a integrar a "linguagem" (ao lado de outras "grandes instituições" como a "família, [a] sociedade, [o] Estado [e o] direito" – todas elas "formas do espírito", que reconhecemos como ... "espírito", sem que todavia se possam "correspondentemente dizer pensadas por uma consciência subjectiva") no "espírito objectivo": cf. Hans-Georg Gadamer, *Hermeneutische Entwürfe,* cit., 103.

[413] Uma alusão à (longa) história da "revolução da linguagem" poderá colher-se em G. Steiner, *Extra-territorial...,* cit., 90 ss., sob 4 ss.

[414] Hannah Arendt também entende ser a linguagem – e não a razão ou a consciência – a marca distintiva do homem de todas as restantes espécies animais. Ou, por outras palavras e em termos algo mais precisos: a nossa mente sofisticada e a "linguagem [complexa]" que ela possibilitou (com a sua "capacidade de representar", a sua "profundidade de análise" e a sua "capacidade de simbolização") – cf. António Damásio, em "Entrevista" concedida ao *Expresso,* de 8 de Junho de 2019, 22 s. – estruturam a memória que herdamos e que reconstituímos quando dela nos servimos... e (ousando intrometer-nos um pouco mais no circuito discursivo...) viabilizam as analogias que arriscamos e por mediação das quais nos vamos projectando.

[415] "A simples nomeação linguística implica a existência [de um ser,] e esse ser é a linguagem": assim, G. Agamben, *A potência do pensamento...,* cit., 27. Deixemos de lado o difícil problema de saber como caracterizar o mencionado transcendental (um *a priori* racional irredutível à densidade ontológica do transcendente): "como uma consciência pura sem nenhuma experiência" (Kant)?; "como uma experiência sem consciência nem sujeito" (Deleuze)? ... – *v.* G. Agamben, *ibidem,* 333.

[416] Assim, Miguel Baptista Pereira, *Prefácio à edição portuguesa de Termos Filosóficos Gregos de F. E. Peters,* cit., XXII.

[417] Cf. G. Steiner, *Os livros que não escrevi,* trad. de M. S. Pereira, Lisboa, 2008, 239 s.; e ainda *A poesia do pensamento...,* cit., 24 ss. "L'uomo come tale è un essere-che-parla", acentua-o também Joseph Ratzinger no seu *L'elogio della coscienza. La verità interroga il cuore,* Sienna, 2009, 157. Por isso se disse já a voz a "prótese perfeita do pensamento"... (cf. R. Esposito, *De fora...,* cit., 139).

[418] Que deu em latim, com algum equívoco, a sempre repetida expressão *animal rationale...:* cf. H. Arendt, *A condição humana,* cit., 42. *V.* ainda R. Esposito, *De fora...,* cit., 176.

[419] "[... M]as tem de ser já humano para inventar a linguagem" – *apud* G. Steiner, *A poesia do pensamento...,* cit., 209. Algo mais detidamente (e sempre guiados por G. Steiner: cf., desta feita, *Extra-territorial...,* cit., esp.^te 80, 84 s., 118, 124, 129 ss., 165, 169...) ... e retomando noutros termos pontos ainda agora aflorados: "a *linguagem* [que "parece ser um fenómeno único, sem qualquer analogia significativa no mundo animal" e que se vai constituindo com base numa muito particular "gramática generativa" – Noam Chomsky] e o *homem* existem correlativamente", "são interdependentes": somos (disse Herder) *"ein Geschöpf der Sprache* (uma 'criatura de linguagem')", e daí que, quando pomos o problema da emergência da linguagem, uma vez "que pensamos em termos verbais, torna-se impossível acedermos a um estado de coisas anterior à palavra" – entramos "num processo circular, num jogo de espelhos", no labirinto de uma aporia (cf. o que nós próprios pudemos escrever em *Transtextualidade e metodonomologia...,* cit., sob 4., in *Analogias,* cit., esp.^te 180 ss.). Em suma: "quando nos interrogarmos sobre o quando e o como da linguagem, estamos, de facto, a pôr a questão das origens [e da salvaguarda...] da humanidade do homem".

[...] dê testemunho do que é"[420] e manifeste o seu pensamento[421] – "[a] linguagem [permite, decerto,] mascarar o pensamento" ("la parole a été donnée a l'homme pour déguiser sa pensée"...), mas é o *medium* indispensável"[422] para o manifestarmos[423], e, "muito [provavelmente, é ainda] a alavanca que permitiu o desenvolvimento das outras capacidades" humanas ("as nossas capacidades aritméticas, [...] as nossas capacidades morais"...)[424]. Guardemo-nos, todavia, de absolutizações precipitadas – no plano das questões-limite, que estamos a aflorar, toleram-se mal pontos finais, pelo que (e por exemplo) não deve surpreender-nos que Karl Kraus tenha já anunciado... a "morte da linguagem"[425].

1.7. Na quadrícula da Metodologia do Direito – é esta a nossa casa ... –, a razão axiomática moderno-iluminista projectou-se no silogismo judiciário. Por seu turno, o tropismo linguístico, a que igualmente aludimos, deu nela origem a uma redução consonante do exercício judicativo-decisório. Ali, a demonstração intencionada acabou por revelar-se impossível. Aqui, a inconsideração do referente juridicidade descaracterizou por completo o exercício em análise[426].

---

[420] Trata-se de uma lúcida afirmação de um Poeta atormentado – de Hölderlin (em paráfrase a uma conhecida referência de Hesíodo à justiça, atrás recordada?... – cf. *supra,* 38 n. 27): cf. "No bosque", in *Poemas,* cit., 489. Ou, se quisermos: "a pulsação [...] do ser consciente" na sua expressão "mais essencialmente human[a]", temo-la na linguagem (cf. G. Steiner, *Sobre a dificuldade e outros ensaios,* cit., 95 s., 130, 133 e 264), que por isso tradicionalmente se dizia "voz articulada" *(apud* G. Agamben, *A potência do pensamento...,* cit., 79)... viabilizadora do discurso.

[421] Cf. A. Castanheira Neves, *O actual problema metodológico da interpretação jurídica – I,* cit., 273 ss., onde o nosso Professor sublinha, para além da unidade linguagem-pensamento relevada no texto (a linguagem é "condição constitutiva e o [modo de manifestação do pensamento]"), a unidade linguagem-experiência ("a linguagem é a [...] expressão inteligível da experiência") e a unidade linguagem-comunicação (a linguagem emerge numa "comunidade linguística" e projecta-nos num diálogo com os outros).

[422] Assim, K. Jaspers, *Was ist Philosophie?...,* cit., 284; *v.* ainda Id., *ibidem,* 309, 329 e 337.

[423] Cf. L. Wittgenstein, *Tractatus...,* 4.002 e 5.61 – na ed. devida a M. S. Lourenço, cit., 52 e 115 (note-se que o último fragmento citado foi objecto de uma tropelia parafrástica que mal o deixa entrever; o que nele exactamente se lê é que "não podemos *dizer* aquilo que não podemos pensar"...). Se bem vemos, justifica-se igualmente recordar aqui outros dois fragmentos próximos do *Tractatus:* o 4 ("O pensamento é a proposição com sentido" – *ibidem,* 52), já atrás convocado *(supra,* 30 n. 17), e o 4.01 ("A proposição é uma imagem da realidade. A proposição é um modelo da realidade tal como nós a pensamos" – *ibidem,* 53. Cf. ainda G. Steiner, *Extraterritorial...,* cit., 96. Na esfera do pensamento jurídico, como não lembrar o "real construído", a que insistentemente alude José de Faria Costa?... – cf., por exemplo, "O direito, a fragmentaridade e o nosso tempo", in *Linhas de Direito Penal e de Filosofia. Alguns cruzamentos reflexivos,* Coimbra, 2005, 12). Não foi, decerto, por acaso que o nosso Vergílio Ferreira, tão fortemente marcado, em tantos pontos, (sobretudo) por Heidegger (mas também por Wittgenstein), tenha reconhecido o estatuto de irredutível da linguagem e decidido abrir uma das suas importantes colectâneas de reflexões ensaísticas com a afirmação de que "[n]ão se pode pensar fora das possibilidades da língua em que se pensa"... (cf. *Pensar,* Lisboa, 1992, 9).

[424] Cf. Noam Chomsky, *Mudar o mundo. Noam Chomsky e David Barsamian analisam as grandes questões do século XXI,* trad. de R. D. Lopes, Lisboa, 2014, 140.

[425] *Apud* G. Steiner, *A poesia do pensamento...,* cit., 154.

[426] Detida e concludentemente, sobre o primeiro ponto, A. Castanheira Neves, *Questão-de-facto...,* cit.; sobre o segundo, Id., *O actual problema metodológico da interpretação jurídica – I,* cit.

Mas se o pólo aglutinador destas considerações é a razão, o "[...]movimento irracional [e de reconstrução da racionalidade...] que assombra o nosso tempo como um pássaro nocturno que se perdeu no dia"[427] não tem hesitado em voar por outros espaços. Ilustremo-lo, exemplificativa e esquematicamente, com a invocação do *bios* – que deveremos saber distinguir da *zoe...*[428] –, que (aproveitando sobretudo o estimulante *apport* do fisicalismo neodarwinista[429]) ousámos explorar em estudo anterior, para que nos remetemos[430]. Aludimos assim a uma muito complexa orientação epigenética[431], que veio propor a inversão da famosa máxima cartesiana – em lugar do *cogito, ergo sum,* "existo, logo penso"[432] – ... que HEIDEGGER, recordámo-lo oportunamente[433], com um fundamento bem distinto (o proporcionado pela radicalidade da sua ontologia, centrada na "interpretação do *Dasein* humano"[434]), já havia assumido. Se, porém, nos perguntarmos se essa via – que podemos dizer aberta pelo *biologi-*

---

[427] Cf. R. MUSIL, *O homem sem qualidades,* I, cit., 714.

[428] Cf. o que pudemos escrever em *Pj → Jd...,* cit., in *Analogias,* cit., 339 n. 79. Acrescentemos apenas que ARISTÓTELES dizia ser o *bios,* "de certa forma, uma espécie de *praxis" (apud* H. ARENDT, *A condição humana,* cit., 122 s.); consonantemente, R. ESPOSITO recorda que G. AGAMBEN distingue *zoe* – "vida indiferenciada", ou "vida nua", na expressão de PIRANDELLO –, de *bios* – "forma de vida qualificada" – (cf. *De fora...,* cit., 159 ss., esp.[te] 161 e 181)...

[429] Esta chave de leitura veio, digamos, confirmar empírico-analiticamente (permitiu como que validar cientificamente) certas ideias-fortes do hodierno discurso metodonomológico – *v. gr.,* a centralidade da analogia nesse quadro: cf., de novo, *Pj → Jd...,* cit., esp.[te] sob 2., in *Analogias,* cit., 328-340.

[430] Referimo-nos ao estudo mencionado nas duas notas precedentes, em especial sob I – in *Analogias,* cit., 311-354.

[431] Tomamos aqui a palavra no sentido explicitado por Wolfgang FIKENTSCHER, segundo o qual os fenómenos extragenéticos – *lato sensu,* a cultura, nas suas diversíssimas manifestações – "também pertencem à biologia": cf., deste nosso Professor, "Rechtsethologische Bedeutung neuerer Ergebnisse der Epigenetik", in Martin USTERI (Hrsg.), *Gene, Kultur und Recht,* Bern, 2000, 23 ss., esp.[te] 37, sob V.

[432] Cf., de António DAMÁSIO, *O erro de Descartes,* trad. de D. Vicente e G. Segurado, Mem Martins, 1995. Tentemos clarificar brevissimamente o entendimento do A., relativamente ao núcleo mesmo da questão em apreço (do nosso, pragmaticamente interessado, ponto de vista...), por referência à sua última obra a que tivemos acesso: o comportamento humano, e as criações que se lhe devem – entre elas, decerto, o direito – têm na cultura (cuja deveniência radica na selecção cultural), e na sua autonomia, um dos seus fundamentos; um outro remete à selecção natural, que se vai sedimentando geneticamente; planos estes dois que, "num abraço inseparável", instituem, como calibrador adequado, como regulador indispensável, um muito complexo mecanismo homeostático – *rectius,* homeodinâmico... –, que é o suporte básico de uma subsistência, também comunitária, em equilíbrio sempre instável. Cf. *A estranha ordem das coisas...,* cit., logo nos "Inícios", 15 ss., sob II, e depois 41 ss., 72 s., 76, 78 s. ..., e *passim,* esp.[te] 229 ss. e 236; atente-se, a pp. 240 s., na interpretação, consonante com a mencionada homeostasia, que DAMÁSIO propõe para uma célebre definição de cultura de Samuel von PUFENDORF...
E se quisermos lançar uma ponte da mencionada compreensão das coisas para uma das ideias fortes deste curso (concedendo em estremar os campos em presença – quando, na realidade e como vimos, eles afinal se imbricam...), ousaremos ainda a seguinte observação: analogicamente, poderá dizer-se que a ... analogia está para o direito assim como a homeostasia está para a vida (também para a vida cultural, não se esqueça...): viabiliza a sua emergência, assegura a sua subsistência e disciplina a sua deveniência.

[433] Cf. *supra,* 47 e n. 48.

[434] Assim, Oskar BECKER – *apud* G. AGAMBEN, *A potência do pensamento...,* cit., 255.

*cal turn* – impõe uma recompreensão *de fond en comble* do exercício judicati-vo-decisório, a nossa resposta terá que ser negativa[435]. Os concretos problemas juridicamente relevantes, que determinam esse exercício, e o sentido do direito, que esse exercício, em última análise, intenciona, não se podem dizer adequa-damente tematizados e esclarecidos pela impostação em apreço. Mesmo que concedamos em integrar o direito no mencionado pano de fundo – no *bios* –, isso não chega para pôr devidamente (muito menos, para solucionar conclu-dentemente !…) a questão metodonomológica.

1.8. Em conclusão. A axiomática razão moderna, baseada na relação sujei-to-objecto (aquela em que "o sujeito cognoscente age de modo receptivo, sem se imiscuir no processo cognitivo, emergindo assim o conhecimento como 'puramente objectivo'"[436]) e de índole demonstrativa – donde, tradicionalmente comprometida com a intelecção da verdade como correspondência: *adaequatio rei et intellectus* –, que nunca conseguiu impor-se em regime de monopólio, entrou, há muito, em crise. Essa crise, como sempre se verifica, determinou a excogitação e/ou viabilizou a abertura de caminhos até então ignorados ou de há muito esquecidos – por alguns dos quais foram avançando, com diferentes graus de elaboração (e se tolerarmos o contrapólo…), outros tipos de racio-nalidade, umas novas, as demais apenas mais ou menos extensamente recons-truídas –, pois o colapso de um "cálculo racional" não implica a recusa de "uma atitude racional"… [437]. Dentre elas, têm para nós um  particular significado as enquadráveis na categoria "razão prática", entretanto consagrada – que pressu-põem uma relação sujeito-sujeito (ao invés, aquela em que o sujeito "não está fora do [mencionado processo] antes é seu elemento con-figurador"[438]) e uma compreensão da verdade como "uma pretensão de validade discursivamente validável" [439], em que os interlocutores visam não a objectividade empírico-

---

[435] Recomendando as maiores cautelas, Robert Weimar, "Neuroscience before the gates of jurispru-dence", in Martin Uster (Hrsg.), *Gene, Kultur und Recht,* cit., 39 ss. Atentemos no estudo acabado de citar, *ibidem,* 51: "Neuroscientific findings will contribute to an increasingly differentiated unders-tanding of the conditions under which juridical decision-making takes place and of the particular role the corresponding procedures play for the juridical actor, even if an explanation along the lines of a reduction to neural structures and processes will ultimately only be possible in a very restricted sense". Cautelosas são também, entre nós, as palavras finais de João Lobo Antunes, no seu estudo "As neurociências e o direito", in Fernando Alves Correia *et alii* (Orgs.), *Estudos em Homenagem ao Prof. Doutor José Joaquim Gomes Canotilho,* Volume I, Coimbra, 2012, 93 s.

[436] Colhemos a caracterização em Arthur Kaufmann, *Analogie und "Natur der Sache"…,* cit., 77.

[437] Parafraseamos assim Hans Küng, *Uma boa morte,* cit., 128.

[438] Cf. Art. Kaufmann, ainda na passagem referida na penúltima nota.

[439] Nestes precisos termos, e em referência ao pensamento de Habermas, António Martins, "De Peirce a Habermas. Sobre a(s) teoria(s) intersubjectiva(s) da verdade", in *Biblos. Miscelânia em honra de*

analítica mas a objectividade possível no contexto situacional em que são chamados a agir e para a interpelação problemática a que devem dar resposta, a razoabilidade intersubjectiva nas circunstâncias ocorrentes e para o caso que os convoque[440], a controversialmente apurada "verdade prática", naquele lugar, e naquele tempo, para aquela questão (a que for). Intencionam para tanto os referentes de sentido, e lançam mão dos fundamentos e dos critérios pertinentes (que remetem, todos eles, em última análise, para uma ética dialógica da responsabilidade[441] e se perfilam como humanamente conformes apoios orientadores das ponderações prudenciais que se lhes vão exigindo) – que, todavia e sem contradição prática, mobilizarão divergentemente para os problemas concretos com que se vêem confrontados, se, porventura (como não raro acontece), forem distintas as suas perspectivas de posição e de valoração desses mesmos problemas. A sua índole é, portanto, argumentativa. Se não erramos, o "canivete suíço"[442] de que *sub specie rationis* carecemos no exercício metodonomológico deverá procurar-se na esfera desta "razão prática".

# 2. Uma cartografia das racionalidades (mero esboço)[443]

2.1. Aproveitando explicitações recuperadas, a outro propósito, por Daniel C. DENNETT[444], em termos propositadamente esquemáticos (mas, neste momento, já não elípticos) e antecipando aquilo que temos por decisivo no domínio de que cuidamos (o da realização judicativo-decisória do direito), lembremos que "[a exigência] metodológic[a] da racionalidade" impõe a

---

*Sílvio Lima,* vol. LV, Coimbra, 1979, 435 ss., esp.[te] 441. Entre tantos outros testemunhos, que poderiam invocar-se, também R. ALEXY sublinha identificar a "verdade", para HABERMAS, uma "pretensão de validade": cf. a sua *Theorie der juristische Argumentation,* Frankfurt am Main, 1978, 137 s.

[440] John RAWLS articula igualmente "razão prática" e "razoabilidade", e acentua que a ideia normativa de razoabilidade só pode ser caracterizada "em cada caso": cf. *A lei dos povos,* trad. de L. C. Gomes, Coimbra, 2000, 96.

[441] Vale a pena recordar um apotegma que SARAMAGO nos deixou nos seus *Cadernos de Lanzarote:* "se a ética não governar a razão, a razão desprezará a ética" (aqui citado *apud* Fernando GÓMEZ AGUILERA, "Um livro inacabado, uma vontade firme" – um dos posfácios ao póstumo *Alabardas, alabardas. Espingardas, espingardas,* do Nobel, Lisboa, 2014, 104).

[442] A expressão é de Daniel C. DENNETT, *A ideia perigosa de Darwin,* cit., 494.

[443] Explicitações complementares colher-se-ão em A. CASTANHEIRA NEVES, *Metodologia Jurídica...,* cit., 34 ss.; cf. igualmente o que escrevemos em "Racionalidade e metodonomologia (nótula sobre os pólos e o sentido de uma relação de co-respondência problematicamente inucleada)", in *Analogias,* cit., 151 ss., esp.[te] 157-163 sob 3., e 164-176.

[444] Cf. *A ideia perigosa de Darwin,* cit., 507 s.

cumulativa consideração *a)* do "que devemos pensar", e *b)* de "como" devemos fazê-lo. Ora a resposta a estas duas questões complementares, do nosso particular (e pragmaticamente interessado) ponto de vista (neste ensejo, ainda parcialmente antecipada...) é a seguinte: *a')* impõe-se-nos pensar o caso-problema concretamente judicando e o *(rectius:* em articulação com o) mais ou menos amplamente constituído e/ou constituendo critério/fundamento que, dada a respectiva intencionalidade problemática, hipoteticamente se lhe ajusta – é esta a dimensão noemática da racionalidade metodonomologicamente adequada; e *b')* cumpre-nos fazê-lo de modo a que os dois mencionados pólos sejam "trazidos-à-correspondência" em termos prático-argumentativamente concludentes e normativo-juridicamente pertinentes, *i. e.,* por uma mediação judicativa radicada numa inferência analógica – identificamos assim a dimensão noética da racionalidade metodonomologicamente adequada.

2.2. Antes de olharmos algumas das racionalidades disponíveis, aludindo àquelas que deveremos saber considerar superadas e/ou impertinentes, e detendo-nos mais um pouco nas que comummente se dizem de carácter prático, acentuemos, a abrir, três notas prévias.

A primeira, é a seguinte. Se até ao Iluminismo o pensamento jurídico foi solucionando os problemas de que se ocupava com um (nem sempre tematizado) método próprio, com a Modernidade cedeu à tentação de procurar fora de si[445] o método de que, obviamente, carece para se desincumbir da tarefa que é institucionalmente a sua. Por isso, quando o pensamento jurídico quis ser ciência, não hesitou em lançar mão do método postulada (e falaciosamente...) viabilizador da cientificidade almejada – o axiomático(-dedutivo). E por isso também, quando se deu conta da impertinência dessa opção, não resistiu a ceder a tentações da moda para ilidir as censuras da desatenção, da incultura, do autismo..., ainda que à custa da sua identidade e da sua especificidade.

Lembrámos oportunamente[446] – é esta a segunda nota – que a exigência de racionalidade tem que ver com a ideia de relação – a *ratio* é também... *relatio* entre os pressupostos (materiais e formais) circunstancialmente (e, espera-se, também pertinentemente...) relevados e a conclusão alcançada, *maxime,*

---

[445] Cf., a título de exemplo, a menção de Celso Lafer, em *Norberto Bobbio: trajetória e obra,* São Paulo, 2013, 181 s. – o Mestre italiano veio contrapor uma específica *logica legalis* à tentação a que se alude no texto...

[446] Cf. *Racionalidade e metodonomologia...,* cit., in *Analogias,* cit., 164, e *supra,* 89 n. 215, e 116.

a sentença proferida[447]. Ora, a mencionada relação é apenas outro modo de designar a criticibilidade – *hoc sensu*, a intersubjectivamente sustentável objectividade – da referida sentença. O que sugere (o que verdadeiramente impõe) uma advertência que nunca deveremos esquecer – e em que, por isso, insistiremos[448], retomando, do mesmo passo, um ponto ainda agora acentuado noutros termos... Assim como Hilary PUTNAM chamou a atenção para a impertinência de fazer radicar em "razões que não são parte da matemática" a "explicação [...] da objectividade da matemática", ou em "razões que não são parte da ética", a "explicação [...] da objectividade da ética"[449], também nós poderemos dizer que seria inteiramente destituído de senso fazer radicar em... razões que não são parte do direito – e, em particular, da metodonomologia adequadamente recortada – a objectividade visada no exercício judicativo-decisório. O que (algo mais detidamente) significa o seguinte (e privilegiemos ainda aqui, *mutatis mutandis,* explicitações de H. PUTNAM): implicando o referido exercício uma reflexão de carácter prático, decerto que nele se não podem deixar de assumir "valorações" e "convicções" postuladas pela prática; mas dizendo ele mais directamente respeito ao direito e ao problema que pertinentemente o interpela, é justamente esse problema rigorosamente compreendido como "caso jurídico concreto" e a constituenda (por mediação do referido problema) normatividade jurídica vigente que o jurista envolvido no exercício deve intencionar para levar a sua carta a Garcia.

A terceira nota preliminar é como que a conclusão que tiraremos em versão antecipada. Radicando as interpelações que, nomeadamente no horizonte do "mundo do direito", se nos dirigem, em problemas, deverá ser, evidentemente, a esse nível – o problemático – que se impõe excogitar reflexivamente, para instituir poieticamente, o tipo de racionalidade conforme ao exercício metodonomológico e o respectivo fundamento. O que (pressupostas as explicitações precedentes, e) por junto, nos permite afirmar: *a)* a racionalidade que quadra àquele exercício "ou é problematológica ou não é"; *b)* há-de ser, assim, ao nível

---

[447] Uma inferência conclusiva será racional quando se puder dizer "sinepeica" (cf. W. FIKENTSCHER, *Synepëik und eine synepëische Definition des Rechts,* cit., esp.$^{te}$ 59 s. e 63) – *hoc sensu,* quando daquele fundamento pertinentemente mobilizado se chegar àquela consequência adequadamente obtida ("A ratione ad rationatum valet consequentia" = "eine Schlußfolgerung verläuft von der Begründung zum Begründeten": cf. Arthur SCHOPENHAUER, *Die Kunst, recht zu behalten...,* cit., "Kunstgriff" 33, 77). E esta observação metodologicamente capital não deixa de ter importantíssima relevância dogmática: lembremos que a "oposição" entre "[o]s fundamentos [e...] a decisão" implica a "nulidade da sentença" – cf. o artigo 615.º, n.º 1, *c),* do CPC.

[448] Cf. *supra,* 93 s. n. 239.

[449] *Apud* Amartya SEN, *A ideia de justiça,* cit., 83 s. – em texto e em nota.

da "problematologia [que se] evidencia a [mencionada] racionalidade"[450]; e *c)* o fundamento da racionalidade interveniente no exercício judicativo-decisório é o axiológico-problematicamente densificado sentido específico autonomizante da juridicidade. Por outro lado, implicando a racionalidade a ideia de relação, importará não perder de vista os *relata* em causa no exercício metodonomológico. São eles, sabemo-lo também já, o caso jurídico interpelante e o sistema jurídico interpelado (nomeadamente, aquele seu sector mais imediata e pertinentemente convocado pelo caso judicando). *Termini* estes dois que, portanto, será mister articular, atenta a respectiva intencionalidade problemática. O que nos autoriza a acrescentar às observações anteriormente feitas, uma outra: a de que *d)* esta racionalidade problematicamente radicada é, afinal, uma racionalidade... analógica, pois a analogia consiste, na quadrícula de que nos ocupamos – recordemo-lo –, em "trazer-à-correspondência", de modo metodologicamente irrepreensível, o mérito problemático-jurídico do caso e a relevância problemático-jurídica do sector do *corpus iuris* circunstancialmente em causa, *i. e.,* a intencionalidade problemática de cada um dos dois termos em presença, atento o *tertium comparationis* que, não obstante a diferença que os separa, tanto um como outro assumem, em comum, como referente.

2.3. O que lembrámos, mesmo no âmbito deste curso, sobre o método jurídico, é bastante para nos desvelar a impertinência da racionalidade axiomático-dedutiva. A lógica apofântica, radicada na "simplicidade" dos seus "primeiros princípios"[451] – os princípios da identidade, da não contradição, do terceiro excluído e da razão suficiente[452] –, "usa o vazio para pensar o pleno" (assim, BERGSON[453]. Não disse L. WITTGENSTEIN que "[a] Lógica está *antes* de qualquer experiência de que algo é *assim",* que ela é "de facto a ordem a priori do mundo [,...] que *precede* toda a experiência"?...[454]) e é, decerto, estruturante de todo o discurso que se pretenda concludente. Nada de excessos, porém. Por exemplo, HUSSERL disse a lógica formal a "ciência da ciência", a "teoria de todas as ciências possíveis", e articulava-a *(rectius:* afirmava-a coincidente) com uma ontologia formal, instituindo ambas a (husserliana) *mathesis universalis:* a significação unívoca dos juízos da primeira emergia a par do "objecto implicado

---

[450] Cf. Michel MEYER, *A problematologia...,* cit., 123 ss., esp.ᵗᵉ 125 s.

[451] Cf., de novo, A. CASTANHEIRA NEVES, *Aula na Univ. Lusófona – 21 de Abril de 2012,* cit., 15.

[452] Cf. *supra,* 46 s.

[453] *Apud* G. STEINER, *A poesia do pensamento...,* cit., 186.

[454] Cf., respectivamente, *Tratado Lógico-Filosófico,* 5.552, e *Investigações Filosóficas,* 97 – na ed. citada, 112 e 252.

nessa significação", de que se ocupava a segunda ("o *cogito,* exige sempre o *cogitatum*..."), de tal modo que "a lógica formal é, desta perspectiva [e diferentemente do que atrás escrevemos...], uma 'lógica ontológico-formal'"[455]. Como quer que seja, "[exercitarmo-nos na solução de] problemas formais é um bom treino para fazer frente a problemas que não são simplesmente formais"; o que vale por dizer que se devemos rejeitar "o *imperialismo* da lógica", conducente a um "julgamento mecânico, no sistema do juiz carimbo" – a lógica não determina as premissas, limita-se a articulá-las –, cumpre-nos do mesmo passo repudiar qualquer radical *"antilogicismo"*[456], no limite susceptível de dar cobertura à arbitrariedade mais descomedida – um juiz misólogo seria uma contradição nos termos. Tudo o que também nós, juristas, não deveremos esquecer (duas fracções de um determinado imóvel não podem ser, simultaneamente, iguais e uma maior do que a outra[457]; "se uma norma foi objecto de revogação tácita deixou de existir e não pode, obviamente [e "simultaneamente"], ser recusada por desconformidade à Constituição"[458] [459]...). Todavia, a razão interveniente no exercício metodonomológico não é esta *ratio* pura e dura (silogístico-subsuntiva e, portanto, demonstrativa[460]) da modernidade (como se sabe, centrada

---

[455] Cf. Júlio Fragata, *O conceito de ontologia em Husserl,* cit., 17 ss., esp.te 31 ss.

[456] Cf. Manuel Atienza, *El derecho como argumentación,* 4.ª impressão, Barcelona, 2009, 81 e 178, e José H. Saraiva, *A crise do direito,* cit., 108.

[457] Cf. o Acórdão do STJ, de 8 de Julho de 1997, in *BMJ,* 469, esp.te 550 s.

[458] Transcrevemos passagens do Acórdão n.º 522/2006, Processo n.º 110/2006, de 26 de Setembro de 2006, do TC, in *DR,* 2.ª série, Parte D, de 10 de Novembro de 2006, 25101, sob II, 2.1.

[459] E não deveremos igualmente esquecer os vícios susceptíveis de afectar a concludência de um silogismo. Pense-se no famoso *quaternio terminorum* (a abusiva introdução de um quarto termo na cadeia silogística. Seja o seguinte exemplo:
A raposa tem quatro patas
<u>Heidegger é uma raposa</u>
Heidegger tem quatro patas
O qualificativo da premissa menor – a raposa como metáfora...– é de Hannah Arendt: cf. Elżbieta Ettinger, *Hannah Arendt e Martin Heidegger,* cit., 40. A fazer fé nas Escrituras, o primeiro homem des-qualificado – e pelo próprio Jesus Cristo – como "raposa" terá sido Herodes: cf. o *Evangelho segundo S. Lucas,* 13, 32...) e, em paráfrase (simplificada) a um caso muito conhecido (em que "coisa móvel" aparece na premissa maior no seu sentido jurídico, e na menor em uma acepção translata, juridicamente espúria; cf. a alusão que lhe fizemos, *supra,* 69), exemplifiquemo-lo assim:
Quem subtrair "coisa móvel" alheia comete o crime de furto
<u>A electricidade não é uma "coisa móvel"</u>
Quem subtrair electricidade não comete o crime de furto.

[460] Sirva-nos de exemplo a seguinte afirmação, colhida no Acórdão da RL, de 4 de Julho de 2007, Processo n.º 4048/2007-4: "[...] o despacho recorrido está elaborado como um silogismo lógico, característico da decisão judiciária, em que as premissas invocadas conduzem necessariamente à decisão tomada" – p. 3 da respectiva versão *on line,* a que tivemos acesso.
Já acentuámos, em repetidas ocasiões, o carácter anestesiante desta impostação das coisas. E é assim porque ela radica numa muito simplificada compreensão do direito – a de que a juridicidade e a legalidade são sinónimos –, e postula que o único raciocínio credível é o lógico-dedutivo, especialmente o silogístico-subsuntivo – reduzindo a racionalidade ao modelo que o cientismo moderno, com a sua ânsia de demonstrar verdades, veio impor. Este retrato grosseiro do mundo do direito,

apenas em apurar a compossibilidade sintáctica das proposições articuladas[461], e sempre axiomática, conquanto indutiva no empirismo e dedutiva no racionalismo estrito), mas o *intellectus* afinado (ou contaminado…) por uma dimensão outra (designemo-la ponderação argumentativa) e em referência a uma determinada interpelação problemático-intencional (sinal da respectiva transitividade…), que a torna praticamente conforme, em extensão, e judicativamente operativa, em serventia[462]. Como é sabido, o normativismo moderno e o positivismo legalista encareceram a objectividade, a neutralidade e a impessoalidade da mencionada racionalidade axiomática – e mais aquele do que este, pois se o normativismo a utilizou para pensar a criação e a aplicação do direito *(hoc sensu,* da lei), o positivismo reservou-o para a última das referidas questões.

2.4. Como que a meio caminho do plano deslizante que nos leva do direito às suas alternativas, temos a racionalidade teorética, que re(con)duz a problemática de que cuidamos aos objectos temáticos (mas não serão "[o]s próprios objectos […] pensamentos corporizados"?…[463]) de disciplinas particulares com que se não hesita em confundir o direito. Exemplos: o juiz está condicionado por determinados constrangimentos psicológicos e/ou sociológicos. Pois bem: esclareçamo-los psicológica e/ou sociologicamente *(i. e.,* observando as exigências metódicas propugnadas pela psicologia e/ou pela sociologia) e ficaremos em condições de pré-dizer com segurança as sentenças que o magis-

---

com apagamento da sua extrema complexidade (tanto a nível das expressões paradigmaticamente tradutoras da respectiva emergência, como no plano das dimensões que constitutivamente o estruturam) e do pensamento chamado a realizá-lo judicativo-decisoriamente, importando-o de fora em lugar de o propor na imanência dos seus problemas (dos problemas que são o seu objecto vivificante e, em dialéctica correlatividade, daqueles outros que ele intenciona pressuponentemente e que modelam o seu sentido predicativo), centra-se numa realidade ilusória, que os saudosos da aludida mundividência gostariam que ainda hoje subsistisse, mas que afinal já se esfumou.

[461] "Ora, o que constitui a compossibilidade parece-nos ser unicamente isto: a condição de um máximo de continuidade para um máximo de diferença" (assim, G. Deleuze, *Diferença e repetição,* cit., 421) – pense-se, no domínio de que nos ocupamos, na subsunção de factos empíricos a uma norma geral e abstracta: aqueles são o correlato lógico-objectivo da hipótese do preceito. Ou, convocando igualmente, e em paralelo, o contrapólo: "[t]oda a gente concorda em reconhecer que a incompossibilidade é irredutível ao contraditório e que a compossibilidade é irredutível ao idêntico" (cf. Id., *ibidem).*

[462] Ainda a propósito da contraposição *ratio/intellectus:* este último pode dizer-se eminentemente qualitativo, aquela primeira marcadamente quantitativa. Não surpreende, assim, que Paul Klee tenha consagrado um quadro aos limites da razão teorético-científica *(Grenzen des Verstandes,* de 1927, que integra a colecção da *Pinakothek der Moderne,* de Munique) – uma minuciosíssima composição geométrica, que se traduz num exercício analítico levado ao quase infinito –, mas já não (tanto quanto sabemos…) da razão prático-cultural.

[463] Cf. Saul Bellow, *O legado de Humboldt,* cit., 290.

trado acabará por proferir[464] (uma racionalidade deveras interessante para qualquer advogado charlatão[465]...). Sem nos atrevermos ao excesso de considerar "[...] sagrado [o] instinto de não ter teorias..."[466], e deixando na sombra questões muito debatidas (os diversos tipos desta racionalidade teorética, as várias concepções da verdade, os procedimentos a que aludimos...), lembremos o seguinte: as teorias (*in casu:* as teorias das reduções psicológica e sociológica da metodonomologia) intencionam a compreensão da verdade como correspondência aos objectos (atente-se na palavra e no empirismo que indisfarçavelmente lhe subjaz...) de que se ocupam, e por isso se dizem "espelhos da natureza", "versões copiadas da verdade", "espelhos perfeitos da realidade"[467]. Com efeito, "o espelho reflecte certo; não erra porque não pensa"... (PESSOA/ CAEIRO[468]). Perguntemo-nos, todavia: as coisas são como são, ou apenas (e sem questionarmos a pertinência, na esfera de que nos ocupamos, da relação sujeito-objecto – "o núcleo da denominada teoria do conhecimento hegeliana", que o Filósofo alemão colhera em ESPINOSA e que este concebera a partir de fontes judaicas medievais...[469]) como nós as vemos? Ou ainda: não será que, como CÈZANNE, só poderemos encontrar a realidade se nos aventurarmos *dentro* de nós mesmos?[470] É que, se pensarmos bem, e como advertiu Henry JAMES, a

---

[464] Não se ouve falar hoje, cada vez mais insistentemente e como que no anseio da aparição de um Calcas redivivo, em "justiça preditiva"?... Não se menciona a existência de "árvores de decisão" ("o algoritmo de aprendizagem automática mais utilizado") que, em 2002, conseguiram "[prever] corretamente três em cada quatro decisões do Supremo Tribunal dos EUA"? – cf. Pedro DOMINGOS, *A revolução do algoritmo mestre...,* cit., 110 ss., esp.<sup>te</sup> 113.; *v.* ainda *supra,* 101 s. e n. 269. Mas não silenciemos a pergunta circunstancialmente decisiva: porventura "la justice prédictive [des] *legaltech* [...] serait-elle encore humaine?"... – cf. Antoine GARAPON, "Les enjeux de la justice prédictive", in Eduardo C. B. BITTAR (Coord.), *Filosofia do Direito. Diálogos globais, temas polêmicos e desafios da justiça,* São Paulo, 2019, 17 ss. e 27. No fundo – *v.,* complementarmente, *infra,* n. 578, e páginas 204 ss. – , estamos aqui diante de uma justiça *by design,* com os chamados *proxies* e demais preditores a substituírem-se a uma genuína ponderação prudencial problemático-sistematicamente inucleada, numa tentativa de padronizar o singular e de pré-formatar o que há-de vir, com menoscabo da irremissível novidade da prática humana, que se não hesita em sacrificar nas aras/em re(con)duzir ao continente da previsibilidade que uma ferramenta técnica supostamente garantirá.

[465] Que o problema da importância de ser possível pré-dizer uma decisão jurisdicional nem sempre tem que ser valorado em termos negativos, é o que de pronto se compreenderá se, por exemplo, recordarmos a alusão oportunamente feita à chamada perda de chance: cf. *supra,* n. 145; ou os esforços daqueles que se empenham em tratar informaticamente os chamados casos jurídicos padronizáveis...

[466] Cf. Fernando PESSOA, *Livro do desassossego,* cit., 213.

[467] As expressões são de Jonah LEHRER, *Proust era um neurocientista,* trad. de A. Carneiro, Alfragide, 2009, 33 e 49.

[468] Aqui citado *apud* Georges GÜNTERT, *Fernando Pessoa. O eu estranho,* cit., 148.

[469] Cf. W. FIKENTSCHER, *Methoden des Rechts...,* IV, cit., 627 e n. 619.

[470] Cf. J. LEHRER, *Proust era um neurocientista,* cit., 138. Ou, quando menos (parafraseando Gao XINGJIAN e insistindo na imagem de há pouco: cf. *A montanha da alma,* trad., da versão francesa, de C. Alvim de Brito, Lisboa, 2001, 385), se nos dispusermos a entrar dentro do espelho: "se não [entrarmos] no

realidade "não tem uma janela, mas um milhão [; e em] cada uma delas encontra-se uma figura com um par de olhos"...[471]

2.5 Por seu turno, e *grosso modo,* a racionalidade finalística, teleotecnológica, é a predicativa das alternativas ao direito (a da economia – lembre-se a *Law and Economics* –, a da política – recorde-se o *Critical Legal Studies Movement* –, etc.). Neste âmbito, e sempre muito linearmente, o jurista é o táctico encarregado de escolher, no terreno, o meio adequado para que se cumpra o programa de fins congeminado pelos estrategas, proferindo, desse jeito, a decisão mais conveniente (os bordões, de carácter cognitivo e optativo, disponibilizados pelas chamadas teorias empírico-analíticas da decisão, podem revestir-se aqui de algum préstimo, mas a ajuda que eles oferecem é, *ratione materiae,* puramente ilusória...). Será, todavia – e por exemplo –, que a sentença mais vantajosa em termos de custos/benefícios, ou mais conforme os efeitos políticos defendidos, é, necessariamente, a normativo-juridicamente mais adequada?... Sabe-se bem o que originou esta deriva polarizada na inconsideração do sentido predicativo do direito: o relativismo, tão do nosso tempo (creio ter sido na *Pinakothek der Moderne,* de Munique, que li uma máxima de William EGGLESTON, vertida em alemão, que não hesito em dizer a divisa do relativismo: "Nichts erschien wichtiger oder unwichtiger als irgendetwas Anderes"...[472]), e a desistência em excogitar fundamentos porque a mundividência hodiernamente triunfante compraz-se em negá-los ("[p]retender encontrar apoios [seguros] nesta permanente fluidez dos fenómenos [tipificadora do mundo contemporâneo] é tão difícil como espetar um prego no repuxo de uma fonte"[473]...).

2.6. Em directa (e sintética) referência às três perspectivas anteriormente consideradas, a nossa memória (o *acquis* de que já dispomos) autoriza-nos outras tantas conclusões, que enunciaremos assim: o direito não é premissa, mas argumento; o direito não é objecto, mas problema; o direito não é instrumento estrategicamente concebido e tacticamente manipulável, mas específica exigência de sentido problemático-dogmaticamente densificanda e histórico-concretamente realizanda. Para os normativismos, as derivas teoré-

---

espelho, não [conseguiremos compreender o que quer que seja e limitar-nos-emos a ter] piedade de [nós] próprio[s] em pura perda"...

[471] Cf., de novo, J. LEHRER, *Proust era um neurocientista,* cit., 181.

[472] "Nada parece mais importante ou menos importante do que qualquer outra coisa"... *V.,* complementarmente, *supra,* 120 e n. 352.

[473] Cf. R. MUSIL, *O homem sem qualidades,* I, cit., 595.

ticas e os funcionalismos, a que aludimos, "Todo o [...] discurso do sentido/ [Foi...] degradado/Num horrível e mecânico grasnido"[474]. Ao invés, a memória há pouco invocada permite-nos afirmar que o sentido predicativo do direito é apenas outro modo de designar o fundamento que lhe serve de base (pois não é certo reconduzirem-se ambos à compreensão que, *sub specie iuris*, hoje temos de nós mesmos, ou seja – para insistir na alegoria a que nos habituámos a recorrer... –, às faces modeladoras do rosto jurídico da pessoa?...[475]). E a respectiva tematização não é um exercício bizantino de "convivência galante com o indizível"[476] – não é um devaneio de ociosos, nem um tique de pedantes –, mas um imperativo indeclinável e uma necessidade irrecusável para os juristas (lembremos que o "fundamento" é sempre também "condição"...[477]) que assumam ser a tarefa que lhes está institucionalmente confiada a gravíssima responsabilidade (profissional, política e até ético-moral) da realização judicativo-decisória do direito.

2.7. É, pois, na pressuposição do que acaba de recordar-se que importa pensar a problemática da racionalidade metodológico-juridicamente adequada – que, portanto, permita fundamentar rigorosamente a mediação judicativa conformadora do exercício metodonomológico.

Di-la-emos, também nós, uma racionalidade prática – porque centrada em problemas que intencionam certas exigências de sentido, e implicante de uma dialógica convocação de argumentos circunstancialmente admissíveis por parte dos sujeitos onerados com essa incumbência. A racionalidade prática, nunca nos cansaremos de o acentuar, tem um carácter argumentativo *(hoc sensu, não*

---

[474] São versos de W. H. Auden, transcritos por H. Arendt em *Responsabilidade e juízo*, cit., 9.

[475] Esse *fundamentum inconcussum* não poderemos hoje vê-lo (a exemplo do jusnaturalismo) no ser – pois o ser não é acessível à consciência sem mediações –, nem (como o jusracionalismo) na razão – que, ainda há pouco o sublinhámos, é sempre transitiva, pois tem que pensar alguma coisa (cf. *supra,* 140) –, nem no contrato *(hoc sensu,* no contrato social moderno, um mero acordo de vontades individuais) – já que o contrato só vincula se radicar numa normatividade que lhe confira obrigatoriedade –, nem na vontade política (foi assim com o positivismo legalista) – se a *voluntas* é *causa sui,* a validade é uma exigência axiológica que nos interpela para vir a ser eventualmente assumida –, mas numa "autotranscendência de sentido", decerto "de constituição humana ["da responsabilidade da autonomia cultural humana"], mas que não obstante ao homem indisponivelmente vincula", uma vez que ele vai fazendo a experiência de si próprio, que se projecta em valores, que não são mais do que expressões da sua própria humanidade e de que não deverá abdicar (ou que não deverá inconsiderar – pois é sempre pensável a respectiva revisão superadora...) em experiências futuras, se não quiser negar-se a si próprio. Explicitações complementares colher-se-ão em A. Castanheira Neves, *Aula na Univ. Lusófona – 21 de Abril de 2012,* cit., 21-23.

[476] Cf. Günter Grass, *Escrever depois de Auschwitz,* trad. de A. Topa, Lisboa, 2008, 26.

[477] Não chamou Hegel a atenção para a dualidade de *Grund* (fundamento) e *Bedingung* (condição), na medida em que um e outra se implicam reciprocamente? – cf. G. Agamben, *A potência do pensamento...,* cit., 138 s.

demonstrativo). O contínuo *rationes reddere* que a identifica (o "pedir e dar razões" em que ininterruptamente nos envolvemos, o perguntarmos – e perguntarmo-nos – incessantemente "porquê") é sinal distintivo do nosso modo de ser[478]. E, se não perdermos de vista o enquadramento histórico das coisas, logo nos daremos conta de que não podendo prescindir-se, no discurso intersubjectivamente significativo, de uma qualquer garantia de controlabilidade, a comprovada impertinência (por inadequação ao objecto) do modelo axiomático-dedutivo haveria de abrir as portas à sua alternativa como que natural – ao *logos* dialéctico. Em libérrima paráfrase a CÍCERO, atrevemo-nos a dizer que se o tipo de razão absolutizado pelo ideário moderno intendia à demonstração de uma verdade necessária, a racionalidade argumentativa não visa mais do que a concludente fundamentação de que "uma coisa é plausível"[479].

Como bem se perceberá – já preliminarmente o referimos em termos parciais[480] – esta mudança de paradigma abriu espaço à intromissão no circuito de umas quantas suspeitas. Aludimos oportunamente ao subjectivismo e ao casuísmo. Impõe-se-nos agora mencionar o procedimentalismo e a aleatoriedade vulgarmente associados à argumentação. Contra a primeira ("[...o] 'procedimentalismo puro' [...] vigora – a formulação é de J. Rawls – 'quando não há critério independente para o resultado justo, e em vez disso existe um processo correcto ou equitativo que permite que o resultado, seja ele qual for, será igualmente correcto e equitativo desde que o processo tenha sido adequadamente

---

[478] Cf. o que, louvando-nos em D. DENNETT, pudemos acentuar em *Racionalidade e metodonomologia...*, cit., sob 3. – in *Analogias*, cit., 160. E se não simpatizarmos com o fisicalismo neodarwinista de D. DENNETT, invoquemos, no mesmíssimo sentido, o insuspeito Amartya SEN, que aderindo à posição daqueles que rejeitam "uma compreensão das operações [mentais] de nível 'superior' [... redutoramente] explicada à luz das leis que governam aqueles seus pormenores que formam um nível 'inferior', e a [...] 'visão predominante entre os biólogos [segundo a qual] uma explicação mecânica das funções vitais é equiparável à sua explicação em termos de física e de química'", não deixa, todavia, de incluir a aptidão ou faculdade de "argumentar" – de "raciocinar [para] divergir ou concordar" – (ao lado das de "entender [e] simpatizar") entre aquelas que verdadeiramente nos predicam "enquanto seres humanos" e que estão, por exemplo, na base do nosso "apego à liberdade", da nossa "busca da justiça", etc. (cf. *A teoria da justiça*, cit., 538 ss.).
Por outro lado, acrescente-se ainda, mesmo quando se propõe um diferente entendimento das coisas (pois há sempre impostações alternativas ao dispor...), não deixa de se vislumbrar, em fundo, a observação decisiva que sublinhámos no texto determinante da abertura desta nota. Adam SMITH, por exemplo, afirma que a "'propensão de negociar, permutar e trocar uma coisa por outra' [é o que] distingue os homens dos animais" ("'[n]unca ninguém viu um cão trocar um osso com outros cães honesta e propositadamente'") – cf. H. ARENDT, *A condição humana*, cit., 200 e 220 n. 27 –, mas é óbvio que por detrás do aludido negociar... há, manifestamente, razões que se trocam.

[479] Cf. *De inventione*, Lib. I, XXIX, 44 – na ed. cit., 98. E se já se acentuou a "normatividade da razão", importa igualmente lembrar que ela remete ao peso dos argumentos neste âmbito específico (assim, Julian BAGGINI, *As fronteiras da razão...*, cit., 235 ss., esp.^te 237).

[480] Cf. *supra,* 65 ss.

seguido"[481]) milita o específico sentido predicativo da normatividade jurídica, que concorre para densificar intencionalmente e para fundamentar materialmente as ponderações metodonomológicas. E, contra a suspeita do carácter aleatório do controlo interveniente, afirma-se a garantia instituída pela metodonomologia – que, quando esclarecidamente compreendida e no horizonte de um verdadeiro Estado de Direito, deve ser chamada a assumir, de modo autonomamente responsável, a mencionada tarefa (que ousaremos qualificar como homeostática – pois do que se trata é de assegurar a ordem adequada num domínio em que, sem ela, reinaria a desordem aniquiladora[482]), erigindo-se, destarte, em crítico-problemática dimensão constitutiva da histórico-concreta realização judicativo-decisória do direito[483]. Ora, se bem vemos, a refutação por junto das quatro mencionadas suspeitas deixa reconduzir-se, em última análise, a um único *topos,* há muito conhecido – ao juízo-julgamento. Pois (e sucessivamente) não é o sistema jurídico (que opusemos ao subjectivismo e ao casuísmo) o referente (intencional) do juízo decisório e o horizonte de posição e o parâmetro de solução do caso judicando? E (olhando agora o procedimentalismo) não é o sentido do direito o fundamento último desse juízo? E (atentando por fim na suspeita da aleatoriedade) não é a metodonomologia o *campus* temático polarizado no juízo?

2.8. Relativamente às principais modalidades inventariadas da racionalidade prática, seremos pouco mais do que esquemáticos.

De tipo procedimental, temos a racionalidade tópico-retórico-argumentativa, a que se associam, *inter alia,* os nomes ilustres (e as propostas relevantes) de Theodor VIEHWEG, de Chaïm PERELMAN e de Robert ALEXY[484]. Sem insis-

---

[481] *Apud* A. CASTANHEIRA NEVES: cf. os marcantes ensaios do nosso Professor, que arrolámos em *Pensamento Jurídico (Teoria da Argumentação),* cit., 18, n. 1. O procedimentalismo emergiu, recorde-se, quando se começou a duvidar da possibilidade de "posições materialmente fundamentantes" (cf. A. CASTANHEIRA NEVES, *Metodologia Jurídica...,* cit., 46 e 71), quando "[e]m vez do conceito do Ser [, se passou a pôr a tónica n]o conceito de Processo" (cf. H. ARENDT, *A condição humana,* cit., 364). Na esfera do direito, demo-nos conta, noutro ensejo, que faz todo o sentido pensar ainda hoje, em termos materiais, o fundamento último da normatividade jurídica (cf. as nossas *Lições...,* cit., 171 ss. e 459 ss.).

[482] Cf. António DAMÁSIO, *A estranha ordem das coisas...,* cit., 57; *v.* ainda *supra,* 133 n. 432.

[483] Assim o escrevemos, quase palavra por palavra, no *Relatório* académico citado na nota penúltima nota, 17 ss. – que acompanharemos ainda mais um pouco nas linhas que imediatamente se seguirão.

[484] Cf., por exemplo, o que já pudemos acentuar em *As margens e o rio...,* n.os 10 e 11, agora in *Analogias,* cit., 100-109. Outras propostas poderão ver-se sumariamente referidas em *Pensamento Jurídico (Teoria da Argumentação),* cit., 32 ss.

tir agora em pormenores de que nos ocupámos em outras oportunidades[485], sublinharemos apenas os seguintes pontos.

À tópica, de Th. Viehweg, o pensamento jurídico metodologicamente comprometido deve, sobretudo, a refutação do entendimento do sistema como uma estrutura lógico-dedutiva, e a acentuação da centralidade dos problemas concretos na procura dos "lugares comuns" *(topoi)* reclamados para o respectivo domínio, que deram nome à orientação e que se polarizam na ideia de consenso (uma categoria consabidamente sociológica – portanto, potencialmente capaz de minar a juridicidade...).

Por seu turno, a *nouvelle rhétorique,* de Ch. Perelman, chamou a atenção para a especificidade da *argumentation* relativamente à *démonstration,* para a importância do auditório (o prático-regulativo "auditório universal" e os pragmático-preceptivos "auditórios particulares"), do dever de "tolerância" e da máxima *audiatur et altera pars* (consabidamente modeladores do *agon* judiciário), e para a distinção do (erístico) "persuadir" *(persuader; überreden)* e do (dialéctico) "convencer" *(convaincre; überzeugen)*[486]. E trouxe ainda (da física mecânica) para o discurso prático o "princípio da inércia": ao que nos habituámos a fazer, com bons resultados, deverá reconhecer-se uma virtualidade desoneradora[487], e as exigências da igualdade, da previsibilidade e da estabilidade justificam-no prático-normativamente em termos suficientes. O "princípio da inércia" desonera assim, de modo significativo, a instância judicativa que a ele pertinentemente se acolha (mas não até ao extremo-limite de a isentar do dever de fundamentar adequadamente os juízos decisórios que profira!...). Como bem se compreende, "em vista da confiança que a estabili-

---

[485] Cf., para além do estudo que abre a nota precedente, as nossas *Lições...,* cit., 825 ss.

[486] Cf. R. Gröschner, *Dialogik und Jurisprudenz...,* cit., 174 ss. (permitimo-nos sublinhar a importância das notas 67 ss.). Escusado seria sublinhá-lo: é o convencimento que a proposta assumida neste curso intenciona. Para a persuasão, que lhe contrapusemos, são, evidentemente, múltiplos os caminhos possíveis: sirva-nos de exemplo aquela "espécie de 'cláusula geral'", criada *"por via jurisprudencial,* [...] que os Juízes *manuseariam* consoante a moda político-económica (e, por que não dizê-lo, segundo as suas próprias convicções [na] matéria [circunstancialmente em causa])", a que se refere M. Nogueira Serens, no importante estudo "T.J.U.E. – Acórdão de 20 de Dezembro de 2017 *(O fraccionamento do direito à marca e o princípio do esgotamento)",* in *RLJ,* 147.º, n.º 4010, 2018, 324 s.

[487] Como não lembrar a *vis inertiae* do hábito, a que aludiu Nietzsche (cf. *A genealogia da moral...,* cit., 17; *v.* ainda D. Dennett, *A ideia perigosa de Darwin,* cit., 464), e a lapidar afirmação de Fernando Pessoa, segundo a qual "[n]unca encontrei argumentos senão para a inércia" (cf. *Livro do desassossego,* cit., 209)?...
Nos casos em que pertinentemente nos acolhermos ao princípio da inércia manifestar-se-á um como que *blackboxing* metodonomológico; utilizámos o termo numa acepção em tudo paralela àquela que poderemos ver esclarecida em Amartya Sen, *Escolha coletiva e bem-estar social,* cit., 336 e n. 218 – *i. e.,* a solução recorrente e pacificamente privilegiada, para um certo tipo de casos, por razões (com fundamentos formais e materiais) que nem sequer se antolha necessário tematizar, faz com que tenda a ficar na sombra (como que fechado numa "caixa preta") o *iter* discursivo a ela conducente.

dade da jurisprudência [não deixa de criar, qualquer alteração à mencionada estabilidade implica uma reforçada exigência de fundamentação]" – este é outro corolário do "princípio da inércia". E as razões determinantes da referida alteração podem ser de diversa ordem: modificação do quadro legislativo, ou dos "factos", ou das "concepções" normativo-juridicamente relevantes, ou um "melhor conhecimento do direito" ou da "decisão legislativa", ou o propósito de evitar as desvantagens apontadas à "jurisprudência anterior", ou a assunção de novas exigências ético-jurídicas…[488].

R. ALEXY tem insistido na ideia forte de que o (argumentativo) discurso metodonomológico é um "caso especial" *(Sonderfall)* na esfera mais ampla da argumentação prática geral[489]. Nas suas próprias palavras[490]: "It is a matter of a special case because the claim to correctness in legal discourse is distinct from that in general practical discourse for it is not concerned with what is correct within the scope of a specific legal system". A referida especialidade é determinada pelas vinculações normativas, de tipo substantivo (os parâmetros intencionais implicados, as coordenadas metodológicas a observar, os critérios legais, dogmáticos e jurisdicionais, de carácter material, pertinentes) e adjectivo (as regras de procedimento a considerar), que o exercício judicativo-decisório não pode deixar de tomar em conta. A argumentação relevante no plano metodonomológico é, portanto, *sub specie iuris* – é uma argumentação que tem como referente o direito (que intenciona a normatividade jurídica vigente e considera as suas objectivações paradigmáticas). Isto mesmo transparece claramente de uma "Declaração de voto" – a do Conselheiro Paulo MOTA PINTO, que aqui convocamos a título exemplificativo – aposta ao Acórdão n.º 617/2006, do TC[491], quando nela se esclarece que a "concordância prática" (entre os valores circunstancialmente em conflito: o da protecção da vida intra-uterina, constitucionalmente tutelada, e o da "liberdade da mulher grávida" ou do "livre desenvolvimento da [sua] personalidade") postula a assunção do "ónus da

---

[488] Cf. Lorenz KÄHLER, *Strukturen und Methoden der Rechtsprechungsänderung*, 2.ª ed., Baden-Baden, 2011, 15 e 80 ss.

[489] Sobre o ponto, muito detidamente e do próprio A., *Theorie der juristische Argumentation*, cit., 261 ss. Acentuando alguns aspectos nucleares da mencionada diferença, José de SOUSA E BRITO, *O que é o positivismo jurídico. Como se autodefine e como se auto-suspende*, cit., 201 ss.

[490] Que recolhemos em "Uma conferência interpelante", in *Boletim da Faculdade de Direito*, vol. LXXXVIII, T. II, Coimbra, 2012, 509.

[491] Processo n.º 924/2006, de 15 de Novembro de 2006, in *DR*, I Série, de 20 de Novembro de 2006, 7970 (18-19).

argumentação *jurídica*[492] dirigido a fundamentar o tipo de concordância a que chega, sob pena de se esgotar numa mera 'fórmula vazia'"[493].

Tentemos um resumo. A racionalidade ajustada às exigências da metodonomologia não deverá ser uma estrita racionalidade tópico-retórico-argumentativa. Impedem-no as especificidades do exercício metodonomológico – *breviter*, a respectiva vinculação ao direito e, portanto, às coordenadas materiais e procedimentais (não da argumentação prática geral, mas) da normatividade jurídica (ponto este que, como sublinhámos, ALEXY acentua de modo particularmente claro)[494]. Todavia, e sem contradição prática com o que acaba de dizer-se, a racionalidade conforme ao exercício metodonomológico apresenta uma ineliminável dimensão tópico-retórico-argumentativa, porque o juízo decisório em que converge o referido exercício implica a procura de argumentos (juridicamente relevantes) que devam considerar-se adequados, atento o problema concretamente judicando. Se (por instantes...) nos dispusermos a tolerar uma paráfrase (a uma afirmação de SÓCRATES, arquivada no *Górgias*, de PLATÃO, e a uma explicitação de Hannah ARENDT[495]): os argumentos práticos gerais não podem ser "fixados com elos de ferro", porque se "movem rodando"... enquanto se trocarem; os argumentos metodonomologicamente relevantes mostram que o discurso judicativo-decisório[496] é argumentativo (*scilicet*, não demonstrativo), mas não implicam que ele se perca num sem-fim (por direitas contas, esta nota também predica o discurso prático geral...[497]),

---

[492] O itálico é nosso.

[493] O que basta para mostrar que o aborto, enquanto gravíssimo problema humano e jurídico, não é simplesmente *Une affaire de femmes* (para recordar o título do filme de C. CHABROL, que não a complexa temática dele, de que inspiradamente nos falou, há anos já, Teresa P. BELEZA), nem uma "pura questão de consciência" (como bem acentuou, por ocasião de um referendo convocado a seu propósito, Assunção ESTEVES: cf. "O aborto, a tragédia grega e o coro", in "Espaço Público", 7, do jornal *Público*, de 13.JAN.2007), nem – para o reconduzirmos agora a analogias exemplares (e, portanto, a um referente discursivo a que somos particularmente sensíveis) – se revela susceptível de ser em definitivo esclarecido com a ajuda de uma lógica binária, sustentado "que o aborto é como o homicídio", ou comparando-o antes "à apendicectomia" (cf. R. DWORKIN, *Justiça para ouriços*, cit., 104)...

[494] Seja o seguinte exemplo, colhido em dissertação que as circunstâncias proporcionaram *(rectius:* determinaram) que lêssemos atentamente: a admissibilidade de um certo pacto de jurisdição societário implica uma específica argumentação normativo-jurídica, não uma comum argumentação prático-discursiva. Cf. Rui PEREIRA DIAS, *Litigência societária internacional no direito da União Europeia...*, cit.

[495] Em *Responsabilidade e juízo*, cit., 78.

[496] O discurso prático é uma "conexão de acções [reflexivas]" *(Handlungszusammenhänge)* em que se examina a verdade ou a justeza das afirmações que o constituem; no discurso metodonomológico, os bordões legais, dogmáticos e jurisdicionais (mais rigorosa e amplamente: os estratos componentes do sistema jurídico) assumem um importantíssimo papel: cf. R. ALEXY, *Theorie der juristische Argumentation,* cit., 224.

[497] Com efeito, no discurso prático geral, um interlocutor só está obrigado a aduzir um novo argumento em abono do que sustenta se o seu argumento inicial tiver sido refutado por um contra-argumento pertinente: cf. ID., *ibidem,* 244.

pois há um momento (que compete à metodonomologia fixar, com observância do princípio *festina lente...*) em que nele se suspende o ir e vir da argumentação – exactamente quando o problema judicando e o sistema fundamento se puderem dizer concludentemente "trazidos-à-correspondência"[498]. O jurista a quem seja confiada a tarefa judicativo-decisória não deve afivelar a máscara de Zenão de Eleia (estamos a pensar naquele seu paradoxo segundo o qual a seta nunca atingia o alvo porque havia ainda um resto da distância a vencer que adiava sempre mais um pouco esse instante ...) – a sua morada não é a "Avenida do Impasse, na cidade capital de Rien-à-faire"...[499].

2.9. O tipo de racionalidade prática de carácter material mais insistentemente convocado pelo pensamento jurídico metodologicamente comprometido é o hermenêutico – por isso mesmo, demorar-nos-emos nele um pouco mais.

A que se deverá esta atracção? Supomos que à circunstância de a hermenêutica (refundada, entre outros, por M. Heidegger e por H.-G. Gadamer) se centrar na problemática da compreensão de significantes culturais, algumas vezes textualmente enunciados, que se manifestam num determinado contexto de significação (para Gadamer, a compreensão não tem que ver com o conhecimento objectivo de um certo dado, mas com o processo da esclarecida integração deste na cadeia de uma tradição instituída pela "fusão de horizontes" do passado e do presente[500]). Qual o significado dos referidos significantes? – é esta a pergunta a que a hermenêutica pretendeu vir dar resposta. E tanto basta para de imediato se perceber que a metodonomologia tenha julgado encontrar na proposta a que aludimos o seu paradigma[501].

---

[498] Ou, privilegiando um bordão heterodoxo: "[...] as [...] 'razões' [em que se louva um tribunal não são] fórmulas [...] química[s, apodicticamente gravadas] num quadro preto da escola" (cf. Saul Bellow, *O legado de Humboldt,* cit., 372), mas argumentos invocáveis em referência a uma concreta controvérsia jurídica, atentas as constituendas exigências constitutivas da juridicidade e, portanto, discutíveis tanto na sua pertinência como na sua suficiência.

[499] Cf. Bernard Suits, *A cigarra filosófica...,* cit., 112.

[500] Cf. *Wahrheit und Methode,* cit., 289 e 293.

[501] A hermenêutica, já o reconhecemos (cf. *Lições...,* cit., 826 n. 281), pode ser vista como uma "filosofia" (preocupada em dilucidar o sentido do "compreender [enquanto radical] modo de ser da própria existência" humana), ou como "método" (centrado na definição dos "cânones [...] por que se haveria de guiar a interpretação de textos" das diversas "ciências do espírito") – e é fundamentalmente como método que ela nos interessa aqui. Mas talvez se deva dizer a hermenêutica, nuclearmente, uma "filosofia transcendental", na exacta medida em que cuida do apuramento das "condições de possibilidade da compreensão do sentido, em geral" (na linha de Art. Kaufmann, são estas palavras de M. R. Deckert, *Folgenorientierung...,* cit., 227). Entre nós, para uma ampla consideração das orientações implicadas na (e dos problemas atinentes à) recepção (e reconstrução...) da hermenêutica por parte do pensamento jurídico, cf. José Lamego, *Hermenêutica e Jurisprudência,* Lisboa, 1990.

Só que esta viragem para a hermenêutica do pensamento jurídico metodologicamente comprometido assenta num duplo equívoco: num equívoco de GADAMER e num equívoco dos juristas empenhados nessa viragem. O Filósofo confessava-se sempre surpreendido, é verdade, quando se dava conta do entusiástico acolhimento das suas propostas pela comunidade dos juristas, mas não deixou de atribuir uma "significação exemplar" à interpretação jurídica para a hermenêutica, pressupondo uma inadequada impostação textual do referido problema – quando a interpretação jurídica não é um exercício hermenêutico--exegético mas prático-normativo (CASTANHEIRA NEVES[502]). E os juristas, em lugar de esclarecerem este equívoco relativamente a um dos problemas capitais de que se ocupam, toleraram-no – dispuseram-se, aparentemente sem má consciência de maior, a conviver com ele[503].

Não será, por isso, demasiado arriscado afirmar, cremos, que os defensores, hoje, da tese hermenêutica, nesta sede, sejam, tendencialmente, os saudosos da polarização do discurso metodonomológico na "norma-texto" (ou, se preferirmos, no "texto-norma"[504]) – *i. e.,* num discurso (sem dúvida bem mais sofisticado do que o do "método jurídico" – desde logo porque a "concretização" hermenêutica, viabilizadora de uma muito maior margem de manobra para o jurista de serviço[505], não se reduz à "aplicação" silogística... –, mas ainda) basicamente centrado no apuramento da significação textual de um enunciado linguístico. Ao invés, por nossa parte – sem negarmos a evidência de que o "dado empírico" interpretando se nos oferece sempre em "expressões textuais"[506] – sustentamos que um critério jurídico *(maxime,* uma norma legal) é o resultado da tensão (que nela se manifesta e que faz dela um... critério jurídico) entre uma particular intencionalidade problemática e uma também particular exigência axiológica, e será o critério normativo-jurídico assim compreendido que deverá ser "trazido-à-correspondência" com o caso judicando, atento o respectivo e rigorosamente recortado mérito específico (também ele entretecido, em dialéctica correlatividade, por uma particular relevância problemática e igualmente por uma particular exigência axiológica). Que intervém aqui (ineliminavelmente...) uma mediação linguística, nada tem de surpreendente,

---

[502] Cf. "Interpretação jurídica", agora in *Digesta...,* Vol. 2.º, cit., 336 ss., esp.[te] 347 s., sob 4. *a).*

[503] Cf. os apoios bibliográficos arrolados nas nossas *Lições...,* cit., 827 n. 288.

[504] Cf. o que pudemos escrever em *Pj →Jd...,* cit., in *Analogias,* cit., 386 ss.

[505] HABA, por exemplo, não hesitou em dizer a hermenêutica uma "metafísica versão moderna do Movimento do direito livre", que nada mais faz do que degradar a "ciência do direito" numa "jurisprudência dos sentimentos"... – *apud* A. W. Heinrich LANGHEIN, *Das Prinzip der Analogie als juristische Methode...,* cit., 191.

[506] Cf. A. CASTANHEIRA NEVES, *O actual problema metodológico da interpretação jurídica – I,* cit., 328.

se recordarmos que, no "mundo da vida" da criatura humana, é à linguagem que cumpre enunciar os pensamentos *(in casu,* o pensamento prático-normativo) que se pretende comunicar, e traduzir as experiências *(in casu,* a experiência judicativo-decisória) que se impõe levar a cabo[507]. Mas essa ineliminável mediação linguística nada tira, nem nada acrescenta, ao ponto fundamental que não quisemos deixar de acentuar neste ensejo.

À hermenêutica associam-se, todavia, *topoi* categoriais (a recíproca imbricação todo/parte, o referente, a pré-compreensão, o círculo hermenêutico ou a espiral hermenêutica...), que não dispensam duas palavras.

O cânone da totalidade, ou a recíproca imbricação todo/partes. Na linha da célebre máxima de HUMBOLDT, segundo a qual "[n]a primeira entre todas as palavras [...] 'é afirmada e ressoa já a totalidade da linguagem'"[508], não repetem os juristas, desde R. STAMMLER, que "quando se aplica um parágrafo de um código, não só se aplica todo o código, como se faz intervir o pensamento do direito em si mesmo"[509]?... O todo não é uma grandeza apurável como resultado da soma aritmética de partes rigorosamente recortáveis *en avance,* mas uma caleidoscópica com-posição aberta, constituída pelo ininterrupto pulsar das mencionadas entidades que a integram – problemas interpelantes e exigências interpeladas, sempre em dialéctica correlatividade e sobre o pano de fundo da historicidade predicativa dos referidos pólos –, que reciprocamente se potenciam por mediação daquele mesmo pulsar sem fim. E daí que a parte, como intuiu SCHLEIERMACHER, só possa ser compreendida através da pressuposição da totalidade que ela integra. Ou, se quisermos parafrasear W. BENJAMIN: as estrelas e as constelações estão relacionadas entre si, não se opõem umas às outras...

Sobre o referente. O exercício metodonomológico, é certo, envolve a consideração de dois referentes: um, é o referente problemático – o caso concretamente judicando; o outro, o referente intencional – a juridicidade pertinentemente interpelada[510]. Sem esquecermos o primeiro, é sobretudo neste segundo que se atenta quando se menciona a categoria referente. Como lembrámos em certa oportunidade, louvando-nos em W. SCHAPP[511], o direito é uma *Wozuding*

---

[507] Cf. agora ID., *ibidem,* 273 ss. *(v. supra,* n. 421).

[508] *Apud* G. STEINER, *A poesia do pensamento...,* cit., 209. Acrescente-se apenas que, pensando os organismos vivos – e não o é também, a seu modo, o sistema jurídico?... –, o Ensaísta alude, num outro estudo, à existência de "um processo de retroacção constante através do qual as 'partes' e o 'todo' interagem" – cf. *Extraterritorial...,* cit., 198.

[509] Cf., *v. gr.,* A. CASTANHEIRA NEVES, *Interpretação jurídica,* cit., in *Digesta...,* Vol. 2.º, cit., 374.

[510] Cf. ID., *O actual problema metodológico da interpretação jurídica – I,* cit., 251 ss., esp.<sup>te</sup> 264 ss.

[511] Cf. *praxis, problema, nomos...,* cit., in *Analogias,* cit., 244 ss.

(uma "coisa-para-que"). *Das Ding* é outro modo (para além de *die Sache* – lembre-se *die Sache Recht*, "a coisa direito", de que nos fala J. HRUSCHKA"[512]) de dizer, em alemão, "a coisa"[513]. Pois bem. Convocando M. HEIDEGGER, perguntemo-nos agora pela "coisidade" *(Dingheit)* dessa "coisa"[514]. Cremos que a resposta só pode ser o irredutível nela – a sua *quidditas* identitária, o sentido que a predica, recortando-a na sua singularidade e que, portanto, faz da mencionada "coisa" aquilo que ela é (que a constitui de certo modo – *scilicet*, também com essa dimensão e não sem ela, na exacta medida em que uma das marcas predicativas da hermenêutica gadameriana é "a negação de [qualquer] ponto de vista meta-situado" – "die Leugnung eines 'überstandpunktlichen Standpunktes'"[515]): uma normatividade polarizada em exigências específicas, radicalmente densificantes de uma intersubjectividade humanamente significativa e histórico-concretamente realizanda, por mediação de problemas que pertinentemente a convocam, por encontrarem nessa normatividade o fundamento que intencionam tanto para a sua emergência (condição de possibilidade) quanto para a sua solução (parâmetro de juízo). Ora, se não erramos, o referente intencional, a que aludimos, é isto mesmo[516].

Acerca da pré-compreensão. A dimensão que irredutivelmente a constitui é, supomos, a "historicidade" que nos predica – a irremissível "presença do passado"[517] em cada situação que vivemos, em cada experiência que fazemos. A novidade inerente a cada uma destas situações/experiências é, decerto, um factor de "estranheza" (de confronto com o desconhecido). Mas a referida historicidade introduz no circuito, como contrapeso, um factor de "familiaridade" (de pertença a um horizonte de sentido)[518], e é este último que viabiliza a tematização superadora da "estranheza" inicial. Daí que, quem não tiver um mínimo de formação numa determinada área tenda a estar impedido de pôr e de tentar resolver problemas que tenham que ver com esse particular

---

[512] Cf. *A metodonomologia...*, cit., 323 s.

[513] "'Coisa' [...] nomeia, na realidade, 'o que está em causa', aquilo de que se trata no direito (e na linguagem)": assim, Giorgio AGAMBEN, *Nudez*, trad. de Miguel Serras Pereira, Lisboa, 2010, 34.

[514] Cf. "Das Ding", in *Gesamtausgabe, Band 7, Vorträge und Aufsätze*, Frankfurt am Main, 2000, 169 ss.

[515] Cf. A. W. Heinrich LANGHEIN, *das Prinzip der Analogie als juristische Methode...*, cit., 193.

[516] Por outras palavras: sem o mencionado referente, os problemas a que fizemos alusão nem sequer poderiam emergir recortados, e o referente em causa vai sendo re-constituído por mediação daqueles problemas. Lembremos, paralelamente *(ut pictura poesis...)*, algumas gravuras de M. C. ESCHER, sobretudo as da série *Metamorfoses*, em que a figura desenhada se vai distinguindo, de um modo progressivamente mais nítido, do fundo de contraste – sem este, nem seria possível descortinar aquela –, e os papéis apontados aos *relata* (o de figura e o de fundo de contraste) vão-se trocando, como que a traduzir, no plano estético, a total fusão dos dois citados horizontes.

[517] Cf. H.- G. GADAMER, *Wahrheit und Methode*, cit., 266.

[518] Cf. ID., *ibidem*, 278 s.

domínio do saber (que se perfilará, para si, como uma *no-go-area…*) – aquele que não satisfizer esta exigência padecerá de acatalepsia. E foi tudo isto que pressupusemos quando, pensando o exercício metodonomológico, afirmámos ser a judícia a experiencialmente radicada pré-compreensão das constituendas exigências constitutivas da juridicidade[519].

Finalmente, o círculo ou a espiral ("um círculo que sobe sem nunca conseguir fechar-se", ou "um círculo virtual que se desdobra a subir sem nunca se realizar"…[520]) hermenêutica. "Os movimentos do espírito não são os de uma seta [que se feche num círculo vicioso – como que intencionalmente pleonástico na autofagia em que se consome], mas o de uma espiral ao mesmo tempo ascendente e descendente como a das escadas da biblioteca de Montaigne"[521], ou como a linha (a voluta) que se desenha, com superlativa elegância, no pináculo da torre da igreja de Sant'Ivo, contígua ao claustro das antigas instalações da *La Sapienza*, no coração de Roma, ou (cronologicamente já mais próximas de nós) como a da inspirada geometria das rampas interiores do museu *Guggenheim*, em Nova-Iorque…, ou da cúpula de vidro do *Reichstag*, em Berlim… No fundo, e em síntese, a diferença entre aquele círculo e esta espiral é aquela mesma que separa "um *vitium*, um defeito e uma falta, [de] uma *virtus*, uma *dynamis* e uma potência infinita"…[522]. E é essa a razão pela qual, acompanhando o mesmo A.[523] – e recuperando a primeira das quatro notas que estamos a considerar… –, se afirmará que "o ir e vir da parte ao todo nunca é um regresso […] ao mesmo ponto: em cada volta, alarga […] o seu raio e descobre uma perspectiva mais alta de onde abre um novo círculo [.A] curva que o representa não é, como tantas vezes foi repetido, uma circunferência, mas uma espiral que amplia continuamente as suas espiras". Do nosso pragmaticamente interessado (porque metodonomologicamente comprometido) ponto de vista, todavia, o movimento em causa não se prolonga infinitamente (como, talvez, se tenha sugerido). Muito ao invés, ele suspende-se quando os pólos em presença se puderem concludentemente dizer "trazidos-à-correspondência" de um modo irrepreensível. Como não lembrar aqui, então, o *"Hin- und Herwandern des*

---

[519] Cf., por exemplo, *"A imaginação no quadro da judicativo-decisória realização do direito"…*, cit., sob 6., in *Analogias,* cit., 304 ss.

[520] Cf. Fernando Pessoa, *Livro do desassossego,* cit., 115.

[521] Assim, G. Steiner, *Presenças reais,* cit., 43.

[522] Cf. G. Agamben, *A potência do pensamento…*, cit., 292.

[523] Cf. Id., *ibidem,* 124.

*Blicks...*"[524], de K. ENGISCH, e o labor reflexivo conducente ao *"hermeneutische Umkehrpunkt"* (ao "ponto de retorno hermenêutico"), de W. FIKENTSCHER[525]?

A exemplo do que vimos acontecer, *mutatis mutandis,* com a racionalidade tópico-retórico-argumentativa, também a hermenêutica – apesar de não dever ser considerada a racionalidade que se adequa às exigências do exercício metodonomológico esclarecidamente recortado (a hermenêutica não tematiza o juízo em que se polariza a metodonomologia, porque não pensa a específica, constituenda e histórico-problematicamente realizanda validade que predica e fundamenta o direito. Preocupa-se apenas com a compreensão do significado, decerto também historicamente condicionado, dos constituídos significantes culturais que considera. E, por isso, a hermenêutica passa ao lado do *punctum crucis* do referido exercício)[526] – não deixa de lhe disponibilizar (sempre com salvaguarda das reservas que deveremos saber colocar à interdisciplinaridade... polimática[527]) importantes "factores de inteligibilidade" (recordem-se as categorias a que aludimos e o seu significado especificamente jurídico – que igualmente sublinhámos...)[528]. Em paráfrase a S.[to] AGOSTINHO *(credo ut intelligam)*

---

[524] *... zwischen Obersatz und Lebenssachverhalt"* ("o ir e vir do olhar entre a premissa maior e a relação material da vida"): cf. *Logische Studien zur Gesetzesanwendung,* Heidelberg, 1943, 15. *V.* ainda o que escrevemos em "Breves considerações sobre o estado actual da questão metodonomológica", in *Analogias,* cit., 20.

[525] Cf. *Methoden des Rechts...,* IV, cit., 194 ss.

[526] Muito elementarmente: a hermenêutica releva apenas a concretização/reposição de significantes histórico-culturais *(maxime,* de carácter textual) que se vão aplicando em enquadramentos circunstanciais distintos; trata-se, portanto, de uma aplicação que traduz uma "produção histórica de efeitos" nas circunstâncias que concretamente se verificarem (diferente, ainda assim, da aplicação propugnada, nomeadamente, pelo positivismo legalista, que radica na subsunção de factos-espécies a normas-géneros). Mas inconsidera a real possibilidade da realização/constituição de uma dada normatividade atentos problemas que pertinentemente a intencionem (uma como que *Vollendung,* por assim dizer *praeter* hegeliana – o cumprimento das exigências circunstancialmente axiais, uma tarefa que se re-põe e nos interpela em cada nova circunstância ocorrente e sempre vinculada à singularidade que a predique, nunca como algo que se leva a cabo de certo modo e uma vez por todas), que se revela susceptível de implicar a própria superação (por caducidade ou por obsolescência) do objectivamente pré-disposto. Ora, quando se irreleva esta dimensão das coisas, não se recorta devidamente o exercício judicativo-decisório – e daí o *"deficit* metodológico" que CASTANHEIRA NEVES censura à hermenêutica. Cf., do nosso Professor, *O actual problema metodológico da interpretação jurídica – I,* cit., 411, e "Por um outro pensamento jurídico. Comentário a 'Uma Tópica Jurídica – Clareira para a Emergência do Direito', de Antônio Carlos Nedel", in *Boletim da Faculdade de Direito,* Vol. LXXXI, Coimbra, 2005, 16.

[527] Cf. *Pj →Jd...,* cit., in *Analogias,* cit., 330 n. 64.

[528] Cf., outra vez, a "recensão-comentário" de A. CASTANHEIRA NEVES, atrás citada: *Por um outro pensamento jurídico...,* 5 s. Se quisermos, os "factores de inteligibilidade" que mencionámos, são, via de regra, "nómadas e não sedentári[os] ou fix[os]" (cf. G. DELEUZE, *Diferença e repetição,* cit., 429), pelo que não surpreende haver um inestancável "nomadismo de conceitos que migram de um domínio para outro" – o que não é mais do que a reafirmação, em termos diferentes, de uma preocupação inspiradora de Raimon LLULL, no longínquo século XIII, da *Ars Combinatoria* de LEIBNIZ, mais tarde... (cf. H. GARCIA PEREIRA, *Arte recombinatória,* cit., 158 s.). Para precisar o nosso entendimento, acrescentemos apenas que, no ensaio que começámos por convocar, e na passagem citada, o nosso Professor adverte contra a tentação da interdisciplinaridade: "[o]s saberes devem [, decerto, e como logo a

e a Descartes *(intelligo ut credam*[529]), diremos, portanto (repetindo-nos[530]), que o exercício metodonomológico se volve num *intelligo ut iudicem...* Ou, se preferirmos: há, inequivocamente, "uma *dimensão* hermenêutica (uma intencionalidade compreensiva, que não explicativa ou tecnológica)" na realização judicativo-decisória do direito. O que, todavia, não significa que esta deva ser considerada "um *acto* hermenêutico (um acto estritamente hermenêutico na sua específica índole problemática e no seu cumprimento metódico)"[531].

2.9.1. Aproveitemos o ensejo para reconhecer, também nós, que um muito importante A., frequentemente remetido para a trincheira dos adeptos da hermenêutica, deverá antes ser considerado – *once upon a misunderstanding...* – (mais) um daqueles que concorreram para que se compreendesse o exercício metodonomológico em termos prático-normativos. Referimo-nos a Ronald Dworkin. Vejamo-lo esquematicamente[532].

A concepção do direito, por parte do saudoso Professor estadunidense, como uma unidade de sentido *(law as integrity)* tem indisfarçáveis laços de família com o modo como a hermenêutica compreende o problema da co-implicação das partes e do todo[533], a que nos referimos, e conduziu-o, como que naturalmente, a ver na aludida co-implicação a chave "da validade final, ou da última 'justificação', das concretas decisões jurídicas"[534]. Todavia, a importância axial que no seu pensamento se atribui ao caso concretamente judicando[535] (o *Common Law* é a sua matriz...) e à intelecção do direito como uma *community*

---

seguir também não deixámos de acentuar] ser articulados entre si, mas ao mesmo tempo [para prevenir indesejáveis entropias] distinguidos na sua recíproca autonomia, de maneira a não perderem as suas características constitutivas" (foram palavras agora de R. Esposito, *De fora...*, cit., 78).

[529] Cf. W. Fikenstscher, *Methoden des Rechts...*, I, cit., 112 s.

[530] Cf. *"A imaginação no quadro da judicativo-decisória realização do direito"...*, cit., in *Analogias*, cit., 304.

[531] Assim, A. Castanheira Neves *O actual problema metodológico da interpretação jurídica – I*, cit., 51 s. e 425 ss.

[532] Detidamente, cf. o Posfácio – com o título: "EXCURSO: Dworkin e a interpretação jurídica – ou a interpretação jurídica, a hermenêutica e a narratividade" –, de A. Castanheira Neves, ao seu ensaio *O actual problema metodológico da interpretação jurídica – I*, cit., 349 ss.

[533] Um todo que pode incluir mais do que um único sistema jurídico ... – por exemplo, "normas de direito *nacional e europeu*": cf. Rui Pereira Dias, *Litigância societária internacional no direito da União Europeia ...*, cit., 32 e n. 10, e 51.

[534] Cf. A. Castanheira Neves, *O actual problema metodológico da interpretação jurídica – I*, cit., 442 ss.

[535] José de Sousa e Brito sublinha igualmente, e de modo enfático, este ponto: cf. o seu *Sources, Recognition and System of Law*, polic., s./l. e s./d., 5 – comunicação apresentada pelo A., no dia 26.4.2017, ao "Primeiro encontro luso-polaco de Teoria do Direito e Metodonomologia", realizado na Faculdade de Direito da Universidade de Coimbra.

*of principles*[536], logo desvela que estamos ante uma proposta de tipo prático-
-normativo (prático, porque centrada em problemas concretos; e normativo,
porque polarizada nas exigências axiológicas que inervam os referidos princípios). Por outro lado, a estrutura (trifásica) do (elementar) esquema metódico
que nos oferece, deixa entrever, nas suas diferenças, importantes semelhanças
com a daqueloutro que já inspirou as nossas *Lições de Introdução ao Direito*[537],
e que também não hesitaremos em assumir desta feita – o "modelo metódico"
pormenorizadamente desenvolvido por CASTANHEIRA NEVES em toda a sua
relevantíssima obra metodológica[538]. O *pre-interpretive stage,* que marca o início do percurso judicativo-decisório, tem que ver com a selecção dos critérios jurídicos ajustados à especificidade do caso. O *interpretive stage,* que se
lhe segue, visa apurar o resultado da densificação dos mencionados critérios,
atentos os "fins e princípios" do sistema jurídico. Finalmente, o *post-interpre-
tive stage* intende ao afinamento dos "'materiais juridicamente mobilizáveis'",
corrigindo os "resultados" menos conseguidos que a "prática anterior" tenha
eventualmente alcançado[539]. Mesmo esta quase caricatural apresentação é
suficiente para mostrar que a proposta de DWORKIN acentua a prioridade do
caso, a imbricação deste, e *ab origine,* com o direito, a "questão de direito em
abstracto" a implicar, em dialéctica correlatividade, a montante, a "questão de
facto" e, a jusante, a "questão de direito em concreto" – tudo, sem surpresa,
sobre um pano de fundo tecido, como já sublinhámos, pela mundividência
inspiradora do *Common Law* (com efeito, e para além da assinalada prioridade
do caso – o sistema do *Common Law* é frequentemente dito de *case law…*–, nas
fases "interpretativa" e "pós-interpretativa" fundem-se indisfarçavelmente duas
das regras básicas da interpretação do *statute law* – dos critérios jurídicos legais
–, naquele hemisfério: a *golden rule,* que adverte contra os resultados absurdos
e contra as inconsistências lógico-formais e/ou incoerências prático-normativas de um hipotético exercício interpretativo; e a *mischief rule,* que impõe a não
frustração do específico *telos* da norma interpretanda[540]).

---

[536] Cf. A. CASTANHEIRA NEVES, *O actual problema metodológico da interpretação jurídica – I,* cit., 353 e
n. 1085.

[537] Cit., 875 ss., esp.te 931 ss.

[538] Cf. esp.te *Metodologia Jurídica…,* cit., 155 ss.

[539] Cf. ID., *O actual problema metodológico da interpretação jurídica I,* cit., 355 ss.

[540] Sobre estes últimos pontos, cf. ID., *ibidem,* 365 ss. e notas 1096 e 1099, e as nossas *Lições…,* cit.,
807 n. 213, e 899 n. 69.

2.9.1.1. E ousaremos ainda acrescentar um apontamento, algo mais extenso, relativo a uma ideia que R. Dworkin discutiu e que nem sempre vemos adequadamente compreendida. Referimo-nos à conhecida tese da *one right answer,* particularmente interpelante, "sobretudo" em relação aos chamados *hard cases*[541].

Haverá uma única solução *jurídica* adequada para o problema *jurídico* concreto que tenha suscitado o exercício metodonomológico?

Foi R. Dworkin quem veio propor "a figura da *'one right answer'*", para os *hard cases,* logo no seu *Taking rights seriously.* Nessa colectânea de estudos de meados dos anos 70 do século XX, o saudoso Professor estadunidense propugnava, em crítica ao positivismo jurídico de Hart, que os "casos difíceis" (segundo o entendimento tradicional, aqueles que, ao invés dos "casos fáceis"[542], se não deixam subsumir, em termos inequívocos, a uma norma do sistema, e

---

[541] O advérbio é de A. Castanheira Neves: cf. *O actual problema metodológico da interpretação jurídica –I,* cit., 359; daí, as aspas...

A distinção casos fáceis/casos difíceis foi enfrentada, entre outros (uma informação mais pormenorizada – e criteriosamente seleccionada ... – oferece-no-lo o importante estudo de Aroso Linhares, adiante referido) por Hart (c. f. são casos rotineiros, que se apresentam como o correlato lógico-objectivo de um critério legal ou de um precedente; c. d. – que, em termos históricos, talvez remontem aos "casos perplexos" de Leibniz. Assim, expressamente, Stephan Meder, atenta a dissertação *De casibus perplexis,* de 1666, de Leibniz: cf., do Professor de Hannover, o estudo "Letztes Universalgenie oder erster globaler Denker? Leibniz' Idee einer Rechtsreform", in *JZ,* 22/2016, 1075 e n. 20 – reclamam as mais das vezes uma opção entre critérios alternativos), por Alexy (c. f. são resolvidos por subsunção lógica; c. d. por ponderação argumentativa), por Posner (os casos rotineiros são silogisticamente solucionáveis, os *nonroutine cases* implicam o recurso a múltiplos *non-legal factors),* por Barak (que acrescentou à dicotomia os casos de dificuldade intermédia – entre uns e outros), por Atienza (que introduziu uma quarta categoria – os casos trágicos, que mais do que perante uma alternativa, colocam o juiz perante um verdadeiro dilema), e, claro, pelo próprio Dworkin (em termos que consideraremos muito elementarmente no texto).

Entre nós, é hoje indispensável o ensaio de José Manuel Aroso Linhares, *O binómio casos fáceis/casos difíceis e a categoria de inteligibilidade sistema jurídico. Um contraponto indispensável no mapa do discurso jurídico contemporâneo?* Coimbra, 2017. Em síntese – decerto temerária, atenta a riquíssima densidade do citado ensaio –, enunciaremos a posição do nosso ilustre Colega e querido Amigo (que nos alerta para as reservas que, em seu entender, merecem as duas grandes orientações comummente adoptadas na matéria – a de uma crítica nem sempre esclarecidamente concebida a um formalismo inaceitável, e a de uma via argumentativa mais pertinente mas insuficientemente calibrada) nos seguintes termos: a indiscutível pluralidade de "graus de facilidade/dificuldade que se podem detetar" na prática judicativa não põe em causa "o sentido unitário do esquema metódico" – centrado na dialéctica problema/sistema –, antes "[deixa] intocado" esse núcleo duro e essa marca-de-água do exercício metodonomológico, tal-qualmente o recorta o jurisprudencialismo de Castanheira Neves: cf., esp.ᵗᵉ, p. 180.

[542] Recorde-se ainda que contraposição "casos fáceis"/ "casos difíceis" é também mobilizada em outros âmbitos temáticos – por exemplo, na prefiguração de certas situações com que podemos ver-nos confrontados, susceptíveis de objectivar uma tentação que nos assalta, e a nossa possível resposta às mencionadas interpelações: cf. Daniel C. Dennett, *A liberdade evolui,* trad. de J. Beleza, Lisboa, 2005, 216; ou implicitamente pressuposta em determinadas situações da vida familiar, de que se ocupa – que pre-ocupa... – o pensamento teológico: cf., do Papa Francisco, a Exortação Apostólica *Amoris laetitia,* n. m. 305, na ed. cit., p. 205; ou, sob uma designação paralela ("problemas fáceis" *vs.* "problemas duros"), entrevemo-la na esfera de certos "estudos sobre a consciência" – estamos exactamente a pensar na proposta de David Chalmers, de que nos dá conta António Damásio: cf. *A estranha ordem das coisas...,* cit., 222 ss. ...

para os quais o jurista só disporia de um mal delimitado "quadro de decisão", vendo-se frequentemente remetido para uma opção entre critérios, que ele próprio levaria a cabo orientado pela/confiando-se à sua *discretion)* admitiam, afinal, uma resposta objectivamente inequívoca, pois o que neles estava em causa era o apuramento de um "vago e indeterminado [...] direito pré-existente", suporte da pretensão controvertida – tarefa seguramente ao alcance do sobredotado juiz Hércules (à semelhança do platónico rei-filósofo, um autêntico juiz-filósofo), conquanto não do juiz-médio Herbert (que, ao contrário de Hércules, tenderá a privilegiar, para os casos difíceis, o nem sempre esclarecido juízo do homem comum). Aquele "juiz maximamente competente"[543], "metáfora de [...] modelo de um jurista que, pelas suas excepcionais qualidades de conhecimento, de juízo e outras indispensáveis [...]"[544], conseguiria realizar essa exigente tarefa, de modo iniludível, sem ter que remetê-la para o rol (apaziguador, mas não mais do que isso...) das meras boas intenções[545]. Em *Law's empire,* que apareceu cerca de dez anos volvidos, DWORKIN manteve-se fiel à tese da possibilidade da *one right answer,* que surgiu então a identificar a firme convicção subjectiva na resposta a uma "questão geral de interpretação", com relevância jurisdicional ou de qualquer outro tipo (atinente a "textos literários, práticas sociais [,] regras morais"...).

No início dos anos 90, do século passado, em *Faktizität und Geltung,* J. HABERMAS, visando precipuamente o *Taking rights seriously,* refutou a (inspirada, mas imaginosa...) ideia de DWORKIN de que a "resposta correcta" poderia ser obra de um juiz isolado, ainda que com as extraordinárias capacidades do paradigmático Hércules, sustentando antes só poder esperar-se essa *right answer* do empenhamento sério de uma "comunidade discursiva" em

---

[543] Cf. José de SOUSA E BRITO, "O que é o positivismo jurídico. Como se autodefine e como se auto--suspende", in *Revista da Faculdade de Direito da Universidade de Lisboa,* Vol. LI, n.ºs 1 e 2, 2010, 194.

[544] Cf. A. CASTANHEIRA NEVES, *O actual problema metodológico da interpretação jurídica – I,* cit., 360. Explicitemo-lo em paráfrase a John STUART MILL (... por mediação de Saul BELLOW: cf. *O legado de Humboldt,* cit., 287): "se as tarefas do *durum genus hominum* [...] fossem realizadas por um agente sobre[dotado]" – *scilicet,* se o juiz-comum possuísse, por inteiro, as capacidades daquele juiz-modelo – então, assim como "deveria ser pouco aquilo a que o Homem pudesse dar valor no Homem", também seria negligenciável qualquer distinção entre criaturas superlativas e, decorrentemente, tornar-se-iam dispensáveis instâncias com que estamos habituados a conviver e a que reconhecemos a maior importância (sistema de recursos, inspecções judiciais, Conselho Superior da Magistratura...), e também tribunas críticas as mais diversas, algumas com muito prestígio e inegável merecimento (Faculdades de Direito, associações de juristas, revistas da especialidade...). Como quer que seja, à alegoria poderá reconhecer-se sempre o papel de referente regulativo, pela elementar razão de que "[o] homem [tanto o homem-comum como o homem-juiz...] normalmente não sabe que tem de acreditar que é mais do que é, para poder ser o que é" (são palavras de R. MUSIL, *O homem sem qualidades, I,* cit., 684).

[545] Recorremos ao condicional porque importa não esquecer que nem o Hércules propriamente dito estava a salvo de que Ônfale lhe surgisse no caminho...

que todos os interlocutores participem livremente, em condições de perfeita igualdade e sem quaisquer constrangimentos (a chamada "situação discursiva ideal") – o que, evidentemente, veio transformar a objectividade empírica (o A. que já a seguir identificaremos – e que, nem sempre fielmente, temos vindo a acompanhar – qualificá-la-ia como "ontológica"...), originariamente predicativa da *(rectius,* imputada à) "resposta correcta", em ... objectividade na e da intersubjectividade, na acepção precedentemente explicitada (a objectividade dialogicamente apurável num e praticamente relevante para um certo auditório argumentativo[546]).

Nos nossos dias, vemos Tobias Herbst a defender um entendimento estritamente subjectivo da tese da "única resposta correcta". Mas a mencionada impostação subjectiva não se dilui, para Herbst, em qualquer subjectivismo, pois a aleatoriedade que macula este último, tornando-o metodonomologicamente inservível, não se manifesta num âmbito em que o factor determinante é constituído pelos imprescindíveis "fundamentos jurídicos" (que, por isso mesmo, se impõe seleccionar criteriosamente para fazer intervir judiciosamente...) que se revelem circunstancialmente pertinentes e constituam uma justificação suficiente e concludente (como já sabemos[547], tem-se em vista a concludência aposteriorística, que não a evidência apriorística...) para a decisão judicativa[548].

Por nossa parte, limitar-nos-emos a acrescentar que uma orientação adequadamente concebida – suporte decisivo da mediação judicativa implicada pelo rigorosamente recortado exercício metodonomológico... que envolve, decerto, a mobilização dos referidos "fundamentos jurídicos" – é aqui chamada a desempenhar o importantíssimo papel de articular congruentemente as exigências materiais e procedimentais *in concreto* realizandas. Se quisermos, cada uma das posições (muito) sumariamente apresentadas acaba por captar um perfil do exercício metodonomológico, globalmente visualizado. Assim, o R. Dworkin de *Taking rights seriously* como que chama a atenção para a grave responsabilidade institucional do jurista decidente, determinante do seu maior empenhamento e só acessível aos que estejam em condições de recorrer a uma judícia de larguíssimo espectro. Por seu turno, o Dworkin de *Law's empire* e T. Herbst pode dizer-se que acentuam – com diferenças que agora nos autorizaremos a silenciar, mas com a comum refutação de um subjectivismo

---

[546] Cf. *supra,* por exemplo, 107 s., 116 s., 134 s. e 143 ss.

[547] Cf. *supra,* 106 s.

[548] Cf. Tobias Herbst, *Die These der einzig richtigen Entscheidung...,* cit., in *JZ,* 18/2012, 891 ss., e as nossas *Lições...,* cit., 191 ss.

*à outrance...* – a nuclearíssima importância da exigência de uma fundamentação concludente, *i. e.*, a relevância metodonomológica do sistema jurídico. Finalmente, J. HABERMAS não deixa de sugerir – evidentemente, no quadro do seu entendimento da disquisição e realização de validades no horizonte prático do "mundo da vida" – a indispensabilidade de um diálogo permanente e aberto de cada jurista com o pensamento jurídico tomado como o seu auditório de referência, pois só desse modo conseguirá superar eventuais hesitações argumentativas e/ou vencer inaceitáveis pulsões subjectivísticas. Poderá prescindir-se de qualquer destas notas numa adequada impostação do exercício metodonomológico?...

Todavia (e assim retornamos, para o fechar, ao início deste ponto...), não deveremos esquecer que o oximoro "juízo decisório" implica o reconhecimento de que o último segmento do binómio (a decisão) é ineliminável do circuito discursivo ... não obstante ele se apresentar (con-) fundido com vectores integrantes do outro segmento (o juízo) – pense-se, *v. gr.*, na judícia[549]. Como quer que seja, a aludida ineliminabilidade, no exercício metodonomológico, do segmento decisão introduz no mencionado exercício um *quantum* de subjectividade insusceptível de ser reduzido pela objectividade do juízo e não raro impeditiva da disquisição de uma incontroversa *one right answer* (exemplifique-se com aqueles acórdãos de uniformização de jurisprudência, proferidos pelo STJ, em que a instância jurisdicional se divide quase ao meio...[550]). Nem é tanto, pois, por não haver um juiz Hércules (o regulativo intencional, enquanto expressão alegórica de uma utopia saudável – do superlativo – para qualquer juiz[551]), ou pelo facto de cada juiz real ser como que um híbrido de Hércules e Herbert, ora mais próximo de um, ora do outro dos dois aludidos paradigmas, que a tese

---

[549] Cf. o que pudemos escrever em *Pj → Jd...*, cit., sob 13 ß, Jm, in *Analogias,* cit., 389.

[550] V., a título de exemplo, o que escrevemos *infra,* 335 ss.... E poderíamos mencionar outras situações equiparáveis. Seja a seguinte: como se "[determina a] pena em caso de concurso quando as penas aplicadas aos vários crimes forem umas de prisão e outras de multa" – deverão essas penas "ser cumuladas materialmente [por terem] diferente natureza", ou deverá "[optar-se] pela pena única conjunta segundo o princípio do cúmulo jurídico"? Também aqui, tanto quanto nos demos conta, as divergências a nível doutrinal e jurisprudencial são indisfarçáveis. Cf. Maria João ANTUNES, "Determinação da pena e concurso de crimes punidos com penas de diferente natureza", in *RLJ,* 144.º, n.º 3992, 2015, 410 ss.
De resto (voltemos ao texto que nos trouxe a esta nota...), não é só no campo do direito que as coisas são assim. Também no da filosofia se acentua, por vezes, algo de semelhante: lembre-se, exemplificativamente, o papel atribuído por Julian BAGGINI ao "discernimento" e a decorrente impossibilidade de se apurar, relativamente a qualquer hipotética questão abordada em termos racionais, "apenas uma resposta" – cf. *As fronteiras da razão...,* cit., 82 ss. (com bastante frequência), esp.[te] 180 s.

[551] Ilustremo-lo com a seguinte afirmação de LORD DENNING (que não hesitámos em descontextualizar ...): "Such are our standards. They are set so high that we cannot hope to attain them all the time" – cf. *The due process of law,* cit., 61.

da única solução válida se nos afigura de refutar. É, isso sim (como, de resto, sublinhámos), em virtude da ineliminabilidade do segmento decisão (com a inerente subjectividade) no circuito metodonomológico que fica excluída a existência, "no domínio normativo  [, de...] critérios para a 'única solução justa'"[552] e, decorrentemente, a possibilidade de uma (estrita) *one right answer.* Ou – se preferirmos ver assim as coisas, não sem algum paradoxo à mistura... –, é esse segmento que faz com que, para um juiz concreto e irrepreensivelmente empenhado no exercício do seu múnus – que, insiste-se, não é Herbert... mas também não é Hércules –, haja apenas (num dado momento e para um certo caso...) "uma única solução válida" (assim nos aproximamos e distanciamos de T. HERBST) Em resumo: se o juízo consumisse totalmente a decisão, seria defensável uma (como que objectiva) *one right answer;* centrando-se o exercício metodonomológico no binómio juízo decisório, e dado o carácter subjectivo (e a ineliminabilidade, repete-se) deste último segmento, a referida tese revela-se insustentável... ou é apenas passível de ser aceite na acepção mencionada[553].

---

[552] Assim (mas num quadro contextual muito outro...), M. R. DECKERT, *Folgenorientierung...,* cit., 235.

[553] Ainda por outras palavras: a tese da única resposta válida, já o escrevemos (cf. *supra,* 157 s. n. 544), perfila-se como um regulativo intencional (é seguramente concebível prefigurar, como "ideia regulativa", a existência de uma "decisão judicativa o mais possível correcta", mas deveremos dizer "adeus à tese de uma [...] única decisão judicativa correcta". Quando muito, a "instância competente" poderá, em sede de recurso, fixar a orientação que acabará por impor-se e se perfilará, em termos institucionais, como a "única correcta": assim, Wolfgang HOFFMANN-RIEM, "Zwischenschritte zur Modernisierung der Rechtswissenschaft", in ID., *Offene Rechtswissenschaft...,* cit., 119, sob 2. Também A. CASTANHEIRA NEVES vê na *right-answer thesis* "um princípio regulativo": cf. *O actual problema metodológico da interpretação jurídica – I,* cit., 358 s.)... insuficiente para nos libertar da máscara de Sísifo que a vida (também a vida de juristas...) nos obriga a afivelar, como um objectivo – um objectivo utópico que parece estar ali mesmo ao nosso alcance, mas afinal, qual arco-íris, se nos apresenta sempre algo mais além (em sentido kantiano, recordemo-lo, o "regulativo" é "um princípio da razão [prática] que orienta a reflexão e o pensamento, e que guia [o processo tendente à obtenção de] conhecimentos, mas que não pode ser visto como objectivamente existente": assim, A. W. Heinrich LANGHEIN, *Das Prinzip der Analogie als juristische Methode...,* cit., 28 e n. 60). Ou, abandonando o aconchego do expediente alegórico: a subjectividade da decisão relativiza (corrompe...) inapelavelmente a objectividade do juízo absolutizado, e terá sempre que ser sem menoscabo daquele segmento do binómio identificativo do exercício metodonomológico que a controvérsia deverá ser dirimida – e não é exactamente isto que nos mostra, em termos institucionais e *mutatis mutandis,* uma sentença de um juiz singular, um acórdão de um tribunal colectivo, o sistema de recursos ?... A tese da única solução válida – tomada à letra e, portanto, reduzida a uma caricatura – acaba por fundar-se, se não erramos, num certo racionalismo determinista – naquele que (se manifesta antipódico do tipo de racionalidade adequado ao exercício judicativo-decisório, e) nos remete para uma razão única, igual em todas as criaturas humanas, e que não hesita em asseverar que "[a] razão está sempre certa. Para qualquer questão ["de física ou de matemática [...,] de ética e de política, da vida pessoal e social"] há só uma resposta verdadeira [...] Uma vez encontrada, pôr em prática uma solução é matéria de mera aptidão técnica [...]" (cf. Isaiah BERLIN, *Karl Marx,* cit., 62). Hoje, porém, tem-se aguda consciência de que a razão não é uma faculdade isolada e, portanto, ab-soluta, no complexíssimo sistema da mente humana (uma rede de estruturas muito diferenciadas na sua complementaridade...). Articula-se (em termos de verdadeira fusão, que não de simples justaposição) com outras mais – sintetizemo-las todas estas na categoria emoção –, em equilíbrio irremissivelmente instável e, portanto, de um modo inviabilizador de universalizações irrestritas. Não há duas criaturas humanas que se possam dizer predicadas por um conjunto igual das referidas faculdades – todas

Na verdade, como poderá dar-se por garantido que "tomamos o único caminho correcto no meio de [tantos] desvios" possíveis?...[554]

2.10. Outra modalidade de racionalidade prática, de carácter material, que tem merecido a atenção do pensamento jurídico metodologicamente comprometido, é a racionalidade narrativa. Tal como a racionalidade hermenêutica, a narrativa centra-se também no "mundo [humano] da vida" – "a existência do homem está aí em jogo"...[555] –, não na objectividade empírica de factos: o "'fio da narrativa' [é] feito da mesma matéria do fio da vida"[556] – afinal, o fio do novelo do "mundo das histórias"[557], e daí a importância dos "precedentes" quer para o jornalista que se dá conta de uma "história nova", quer para o jurista que se depara com um "caso jurídico" igualmente novo...[558]. Mas há diferenças entre ambas. Numa simplificação decerto excessiva, diremos a hermenêutica como que o pano de fundo em que é susceptível de emergir, com sentido, uma

---

têm histórias de vida distintas, todas são, na sua semelhança, criaturas diferentes. E daí que não deva causar surpresa – antes seja inteiramente natural – que todas possam divergir relativamente a muitas das questões práticas com que se confrontem, sem que seja legítimo concluir que as que se pronunciam de certo modo merecem mais crédito do que aquelas que se pronunciam de um outro, ou vice-versa. Ora, na esfera do direito – que, com especificidades, integra o universo da prática –, não pode deixar de ser assim também. O carácter radicalmente argumentativo *(hoc sensu,* não demonstrativo) do discurso jurídico e (no âmbito especificamente metodonomológico e como acima sublinhámos) a centralidade da judícia (tal-qualmente a temos vindo a compreender) no exercício judicativo-decisório, não nos autorizam outra conclusão. A tese da *one right answer* – literalmente entendida, repetimos – implica o menoscabo de tudo o que acabámos de (re-)acentuar e reconhecer. Merece respeito como profissão de fé e/ou como corolário de uma utopia. Mas não nos parece que seja uma posição crítico-reflexivamente sustentável. Permita-se-nos o recurso, também aqui, a uma daquelas sínteses inspiradas, que insistimos em pedir de empréstimo aos suficientemente dotados para as formular: "cada um via as coisas exactamente como se haviam passado, cada um as via com um critério idêntico ao outro, mas cada um via uma coisa diferente, e cada um, portanto, tinha razão" (assim, Fernando Pessoa, *Livro do desassossego,* cit., 181).
Por outro lado, se privilegiarmos a perspectiva dos destinatários das decisões judicativas (como se sabe, estas últimas devem igualmente assumir a preocupação de convencer os mencionados destinatários da respectiva justeza) não chegaremos a uma conclusão diferente. Com efeito, e via de regra – digamo-lo em poucas palavras –, "por muito cuidadosa e metodicamente exemplar que tenha sido a fundamentação carreada, nunca conseguirá o aplauso também daqueles que tenham perdido a acção" (cf. Franz Bydlinski, *Grundzüge der juristische Methodenlehre,* 2.ª ed., Wien, 2012, 23).

[554] Cf. Schopenhauer, *Aforismos para a sabedoria de vida,* cit., 114.

[555] Cf. Heinz Zahrnt, "Die hermeneutische Methode", in Karl-Otto Apel *et alii* (Hrsg.), *Praktische Philosophie/Ethik 2,* Frankfurt am Main, 1981, 351.

[556] Cf. R. Musil, *O homem sem qualidades,* I, cit., 827.

[557] Cf. António Damásio, *A estranha ordem das coisas...,* cit., 134 ss. E não tem nada de extravagante a convocação, a este propósito, da lição do Neurocientista – por detrás dela, neste contexto, está fundamentalmente a caracterização da "mente" como "rede" constituída pelos "elos" que formam a "cadeia" [...] dos pensamentos" (cadeia esta aberta à contínua entrada no circuito de "derivações novas")...

[558] Cf. Kieran McEvoy, "Newspapers and crime: narrative and the construction of identity", in John Morison and Christine Bell (Eds.), *Tall stories? Reading law and literature,* Aldershot/Brookfield USA/Singapore/Sydney, 1996, 182.

qualquer experiência narrativa – a hermenêutica é o "englobante" do "aconte-cimento" em que pontualizadamente se centra a experiência narrativa; alego-ricamente, a hermenêutica está para a narrativa como a grande angular para o buraco da fechadura[559].

Quando olhámos *die Sache Recht*[560], demo-nos conta da importância do referente (nomeadamente, do referente intencional) no quadro da raciona-lidade hermenêutica. Para a racionalidade narrativa, talvez se possa admitir que ela tolera o apagamento/supressão do próprio narrador, porque não releva mais do que "[o]s acontecimentos [, tal] como se produziram [e] à medida que apareceram no horizonte da história. Ninguém fala aqui [...] O tempo fun-damental está no aoristo, que é o tempo do acontecimento fora da pessoa do narrador"[561]. Mas não cremos que ela inconsidere o referente: irreleva, admi-timo-lo, o horizonte intencionado, mas não o acontecimento pontualizado[562], e este acontecimento emerge discursivamente (e experiencialmente) enqua-drado, porque "a realidade é muda se não for o referente de um discurso"[563], *i. e.*, se a reduzirmos à sua imediata e estrita empiria. E não será mesmo que, por esta via (a que acabámos de assinalar) e por aqueloutra relativa à óbvia emer-gência da histórica (contada ?), dos factos (narrados ?), na esfera do "mundo da vida" (a que de início aludimos) se entreabre um postigo por onde se intromete o mencionado referente intencional? Ora, nós já vimos[564] que, no âmbito no exercício metodonomológico, além do referente problemático (o caso concre-tamente judicando), há ainda o referente intencional (a juridicidade pertinen-temente interpelada)...

Como quer que seja, no direito, o campo por excelência da narratividade é a questão da prova. Mas a história que se conta, os factos que se narram, sendo aí alguma coisa, não são tudo, nem apreendem o fundamental. Os dados rela-

---

[559] As explicitações indispensáveis ver-se-ão em A. CASTANHEIRA NEVES, *O actual problema metodológico da interpretação jurídica – I,* cit., 394 ss.

[560] Cf. *supra,* 151 s.

[561] Assim, Miguel BAPTISTA PEREIRA, *Experiência e sentido,* cit., 370.

[562] Atente-se no paralelo com a "semântica narrativa", de inspiração analítico-linguística, em que o referente normatividade jurídica nunca se manifesta, porque tudo se reduz a factos empíricos linguisticamente traduzidos: ao facto-acontecimento linguisticamente enunciado e ao facto-norma linguisticamente formulado, sem qualquer abertura ao trans-factual, ao meta-físico – *scilicet,* a exigências de sentido pressupostas como horizonte intencionado e *(hoc sensu)* como referente interrogado. Cf. A. CASTANHEIRA NEVES, *O actual problema metodológico da interpretação jurídica – I,* cit., 269 s. n. 881.

[563] São palavras de Oswald DUCROT, que colhemos em A. CASTANHEIRA NEVES, *ibidem,* 271. Tem-se em vista, portanto, a realidade narrativamente abordada, não a ficção narrativa – ou seja, aquela que... "constrói um *mundo possível"* (cf. Umberto ECO, *Aos ombros de gigantes...,* cit., 261 ss.).

[564] Cf. *supra,* esp.<sup>te</sup> 151.

tados não são tudo, porque, *v. gr.*, impõe-se por vezes arriscar inferências abdutivas (como as de SHERLOCK HOLMES[565]: "[...] aquele cujas pegadas/Mostram às avessas as passadas [...]"[566], pois do que aí se trata é de, a partir de um certo resultado – *v. gr.*, do corpo de um homem que aparece morto –, tentar descobrir como é que as coisas se passaram – *v. gr.*, apurar quem o matou –, como que rodando o filme dos acontecimentos, numa espécie de "alquimia ao contrário"[567]– em vez da descrição linearmente progressiva da causa para o seu efeito, ensaia-se uma investigação problematicamente retrospectiva do efeito para a sua causa... –, caminhando do fim para o princípio[568], ou procedendo, não raro, como um algebrista de excelência, que desconhecendo embora algumas das incógnitas consegue resolver a difícil equação...[569]). E eles não apreendem o fundamental, que é o sentido da prova como problema jurídico. *Sub specie iuris,* di-la-emos a juridicamente intencionada dilucidação de uma intersub-

---

[565] Também nós as poderíamos dizer manifestações "de um 'raciocínio de Sherlock Holmes'": a formulação é de M. TARUFFO, *apud* Maria José CAPELO, "T. R. C., Acórdão de 22 de Junho de 2010 *(Os factos notórios e a prova dos danos não patrimoniais)",* in *RLJ,* 143.º, n.º 3985, 2014, 301.

[566] Trata-se de fragmentos dos versos 27 s., do Canto primeiro, do Poema "Fogo pálido", do fictício John Francis Shade – cf. o romance homónimo de Vladimir NABOKOV, trad. de Telma Costa, Lisboa, 2014, 30. A abdução, que Charles S. PEIRCE se empenhou em afinar, está na base de um "pensamento conjectural", viabilizador da *"reductio ad unum* de uma pluralidade" ("elementos aparentemente desconexos", articulados por abdução por investigadores criminais, mas igualmente por médicos – exemplo: *A* sofreu uma violenta cólica renal; para se concluir que padecia de hiperparatiroidismo foi mister despistar uma série de outras causas possíveis –, historiadores e cientistas em geral, mecânicos de automóveis – seja, também aqui, um exemplo: havia ar em excesso no circuito de alimentação de determinado automóvel; não denunciando os sensores informáticos qualquer anomalia no motor, foi por exclusão de partes que se chegou à conclusão de que o problema tinha a sua origem na fadiga do tensor da corrente de distribuição – ..., podem ver-se reconduzidos a um todo congruente). Cf. Umberto ECO, *Os limites da interpretação,* trad. de José Colaço Barreiros, Lisboa, 1992, 267 s. Note-se que o A. acentua a estreita relação de família da abdução com a analogia *(v. ibidem,* 174 s.) – o que também nós não deixámos de fazer: cf. as nossas *Lições...,* cit., 936 ss.

[567] Cf. David MOURÃO-FERREIRA, "In memoriam memoriae" (1962), agora in *Obra poética, 1948-1988,* 3.ª ed., Lisboa, 1997, 186.

[568] Cf. as nossas *Lições...,* cit., 936. A inferência abdutiva não deixa de se aproximar (mas também de se distinguir...) do abstraccionismo subjacente ao "raciocinador" Abílio Fernandes Quaresma, dos (policiários) "contos intelectuais", de Fernando PESSOA.

[569] A alegoria foi-nos sugerida por SCHOPENHAUER, *Aforismos para a sabedoria de vida,* cit., 161. Para retornar à situação há pouco exemplificativamente aludida: se não aparecer o cadáver, poderá afirmar-se, com total segurança (recorramos ao refrão que António LOBO ANTUNES repete, quase do princípio ao fim – segundo o A., "sem exagero mais de cem vezes"... até à pág. 213 –, no seu recente *A última porta antes da noite,* Alfragide, 2018) – um registo psicótico, em que o narrador vive até ao fim perseguido por tormentos reais ou imaginados, por experiências realizadas ou temidas, por tentativas consumadas ou frustradas, por...), que "sem corpo não há crime"?... Para se compreender que a prática jurisdicional não tem hesitado em afrontar, de modo esclarecido, as dificuldades que aqui se pressupõem, cf., por exemplo, o Acórdão do STJ, de 20.04.2006 (Processo 06P363 – atinente ao conhecido e arrepiante caso Joana Cipriano), centrado "[n]a ponderação entre os riscos da impunidade e do erro judiciário", e, mais recentemente e relevando igualmente a mencionada ponderação, no quadro do recurso à chamada prova indiciária ou indirecta, os Acórdãos (que recaíram sobre o tristemente célebre e macabro caso da "Máfia de Braga") do TRP, Processo n.º 881/16.6JAPRT.P1, de 17.10.2018, e do STJ, Processo n.º 881/16.6JAPRT-X.S1, 3.ª Secção (Criminal), de 18.06.2019 (neste último, porque paginado, cf., *v. gr.,* pp. 303 s., 354 ss., 380 e 434).

jectivo-comunicativamente significativa verdade prática[570]. Ilustremo-lo com um exemplo, centrado na problemática da admissibilidade (ou não ...), e em que termos (com que amplitude...), do aproveitamento, para um "crime de conexão", "fora do catálogo" (catálogo este que institui "o padrão e a medida da proporcionalidade querida pelo legislador e, como tal, imposta ao intérprete e aplicador"), de conhecimentos fortuitamente obtidos através de escutas autorizadas – os chamados "conhecimentos da investigação", em que, note-se (e de uma óptica estritamente narrativa este pormenor não é despiciendo...), se não sai do "mesmo 'pedaço histórico da vida'" ("em nome da suspeita de um crime de organização criminosa para a prática de *Furto de automóveis*" autorizam-se escutas que vêm a revelar que a citada associação pratica "também crimes de *Fraude fiscal*")[571]. Como é evidente, a mera abordagem narrativa da questão inconsidera de todo as pertinentes e concretamente realizandas exigências normativo-jurídicas que permitem relevar os (ou vedam a relevância dos...) referidos "conhecimentos fortuitos" que a investigação patenteou[572]. Uma história bem contada não resolve só por si um problema jurídico...

2.11. Finalmente, duas breves palavras sobre a racionalidade teleológica – também ela uma modalidade de racionalidade prática de carácter material. Já tivemos oportunidade, em múltiplos ensejos, de distinguir a teleotecnologia, inteiramente de repudiar, da genuína teleonomologia[573], que nunca deveremos

---

[570] Cf. *Lições...*, cit. 971. Sobre o ponto, consideramos, ainda hoje, imprescindíveis os esclarecimentos de A. CASTANHEIRA NEVES, in *Questão-de-facto...*, cit., 479-484.

[571] As indispensáveis explicitações complementares colher-se-ão em Manuel da COSTA ANDRADE, "O regime dos 'conhecimentos da investigação' em processo penal – Reflexão a partir das escutas telefónicas", in *RLJ*, 142.º, n.º 3981, 2013, 352 ss., esp.te 359, 365, 369, 371, e 377, § 6.

[572] Se não erramos, são essas exigências que determinam as reservas que se opõem àquilo que já se designou um "estado de necessidade de investigação", em que há uma "compressão da liberdade" e uma sobrevalorização "[d]os interesses polarizados pela perseguição penal", no limite susceptível de converter/degradar "o delinquente em inimigo e o direito penal em direito penal de inimigos"...: cf. ID., *Sobre as proibições de prova em processo penal,* cit., 67 s., sob 2. (Por outras palavras: o direito preocupa-se muito com os meios que consagra. A tal ponto que poderemos afirmar, em paráfrase a H. ARENDT – cf. *Pensar sem corrimão...*, cit., 119 s. –, que todo o meio estimável em ordem a um fim inadmissível "torna o mundo factualmente um sítio melhor, enquanto tod[o o meio inadmissível em ordem a um fim estimável] torna-o factualmente pior"...).
E (já agora...) são essas mesmas exigências que me distanciam da proposta, quanto ao ponto, de Antonio SÁ DA SILVA: cf. *Destino, Humilhação e Direito...*, cit., esp.te 353 ss., 359 ss., 361 ss., 372 ss., 377 ss., 386 ss. e 399 ss. Não tive oportunidade (apesar de ela me ter sido proporcionada...) de intervir publicamente nas provas de Doutoramento do Colega acabado de mencionar. Mas colhi a impressão – eventualmente precipitada ... – de que, durante elas (tive a honra de integrar o respectivo Júri), SÁ DA SILVA temperou a posição que defendera por escrito e se aproximou um pouco daquela em que também eu me re-vejo...

[573] Com esta expressão, recorde-se, pretendemos acentuar a nota decisiva segundo a qual, bem vistas as coisas *(i. e.,* não subvertendo o sentido da juridicidade, que desde o início nos empenhámos em assumir para vir a realizar cumpridamente, e que o *nomos* traduz, mas também não ignorando

perder de vista. O primeiro queima o direito nas aras da deriva sociológica aberta por IHERING, que mina a normatividade jurídica sem apelo nem agravo[574]. A segunda inscreve-se também no finalismo iheringuiano, mas polariza o direito na intencionalidade problemático-axiológica que como tal o constitui.

Saber se os fins espúrios ao direito, de um qualquer teleotecnologismo, devem ser chamados, por um como que *forward-looking,* a completar/corrigir, ou a substituir/ocupar o lugar da concepção metodológica inspiradora deste curso (ao invés, relevante das intenções práticas especificantes da normatividade jurídica, a considerar imperiosamente na reflexão judicativo-decisória), é uma importante e complexa questão[575], de notória actualidade (atente-se na pressão cada vez maior que a sociologia, a economia, a ecologia... exercem sobre o direito), de que sublinharemos apenas alguns aspectos, como que pressuponentes. Permitir-nos-emos antecedê-los 1) da pergunta capital, que tudo sintetiza (antecipando a nossa resposta...), e que formularemos com uma "frase lapidar" – aquela que (obviamente, num quadro contextual muito outro...) o cronista RUI DE PINA imputa ao Infante D. PEDRO, Duque de Coimbra: justificar-se-á, porventura, "trocar boa capa por mau capelo"?[576]. E 2) de um exemplo formulado em termos deliberadamente interrogativos (e com omissão da referência a uma questão prévia e, por mediação desta, a coordenadas também eventualmente predicativas do mérito do problema – que, como se sabe, no momento em que escrevemos divide instâncias jurisdicionais relevantes: o TRP opõe-se ao "arrendamento a turistas", o STJ admite-o...): absolutizando-

---

que o direito está radicalmente comprometido com uma ética da responsabilidade, que o *telos* não deixa de indiciar), os fundamentos (pertinentes...) e as consequências (com eles consonantes...) se co-implicam reciprocamente, pois as consequências hão-de sê-lo sempre de um fundamento, este há-de pro-jectar-se inevitavelmente naquelas (que se manifesta aqui e presença de Amartya SEN, é o que nos não atrevemos a desmentir: cf. *A ideia de justiça,* cit., 62 ss., esp.[te] 65; *v.* ainda ID., *ibidem,* 303, n.*, onde o Nobel, acompanhando Philip PETTIT, escreve: "o consequencialismo é a teoria segundo a qual a maneira para se dizer se uma particular escolha é a escolha certa para ter sido feita por um determinado agente, consiste em olhar para as consequências relevantes dessa mesma decisão, olhar para os efeitos relevantes da decisão sobre o mundo"). Quando, *v. gr.,* se tematiza o problema do acesso à saúde, percebe-se que a reflexão deve situar-se "no encontro das intenções jurídica, política e social", e que a referida teleonomologia *(inter alia:* o empenho em "cumprir valores como fins, e [em] justificar efeitos como exigências") se revele a perspectiva a encarecer: assim, exemplarmente e entre nós, Luís A. M. MENESES DO VALE, *O problema jurídico do acesso à saúde...,* cit., esp.[te] 76, 86, 666 s., 893-895, 983, 985... (por imediata menção aos pólos levados ao título do ensaio – solidariedade e responsividade – e, sem os confundir, reconhecendo uma dialéctica correlatividade – uma "mútua religação", nas palavras do ilustre Colega e querido Amigo – entre ambos, cf. 126-129, sob 4., 132, sob d., 214, 837 e 908; e a exposição *more allegorico* da tese defendida ver-se-á *ibidem,* 909 ss., sob 1.1. ...).

[574] Lembre-se a *Ergebnisjurisprudenz* (jurisprudência dos resultados) que o Movimento do direito livre (também inspirado por IHERING...) pretendeu instituir: cf. Arthur KAUFMANN, "Freirechtsbewegung – lebendig oder tot? Ein Beitrag zur Rechtstheorie und Methodenlehre", in *JuS,* 1965, 1 ss.

[575] Que se verá adequadamente esclarecida em A. CASTANHEIRA NEVES, *Metodologia Jurídica...,* cit., 196 ss.

[576] *Apud* Jaime CORTESÃO, *Os descobrimentos portugueses,* vol. IV, Lisboa, 2016, 397 e 401.

-se o fim económico-social da promoção do arrendamento de curta duração a turistas, não deveria o TRP ter admitido a pretensão de um condómino nesse sentido, em vez de, com base nos artigos 1418.º e 1422.º, do CC, se lhe ter oposto?[577]

Quando afirmamos, como o fazemos, a preferência pela tese da fundamentação prático-normativa do acto metodonomológico por excelência, que é a sentença jurisdicional[578], não estamos a absolutizar um seu imaculado equilí-

---

[577] Privilegiámos, no texto, um exemplo colhido no mundo económico-social. Se preferirmos um outro, retirado do universo político, bastará lembrar a polémica suscitada pelo caso do (ex-) Vice-Presidente de Angola, Manuel Domingos Vicente (cf. o Acórdão da 9.ª Secção do TRL, de 10 de Maio de 2018, relativo ao Processo n.º 333/14.9TELSB-U.L1 – na versão *on line* do aresto, a que pudemos aceder, atente-se particularmente no que se escreve a pp. 21 ss., sob II., onde se identificam e ponderam as questões com que o Tribunal se confrontou: a da reclamada "imunidade à jurisdição portuguesa" – a que a Relação deu uma resposta negativa: *v.* esp.<sup>te</sup> pp. 38-41 –, e a da delegação do "processo [...] nas autoridades judiciárias da República de Angola" – que o mesmo Alto Tribunal entendeu deferir: pp. 42-56. Quanto a este último ponto, recomenda-se vivamente a leitura das considerações relacionadas com a problemática da amnistia – e do eventual abuso do instituto ... –, e com a argumentação do "Sr. Procurador-Geral da República de Angola" sobre a impossibilidade de se pronunciar *"a anteriori"* acerca de uma pergunta específica que lhe fora dirigida pela sua Homóloga portuguesa, porque a resposta adequada... "depende de cada caso concreto [...]").

[578] O exercício metodológico implica assim uma *"race-to-the-bottom"* (uma "corrida ao fundamento" – colhemos a expressão em Philipp Reimer, "Richtlinienkonforme Rechtsanwendung: Spielräume und Bindungen nach mitgliedstaatlichen Recht", in *JZ,* 19/2015, 918, n. 137) da solução normativamente adequada para o caso concreto judicando – o "esquema metódico", que a seu tempo se considerará (cf. *infra,* sob III, 175 ss.), está precisamente colimado à disquisição do referido fundamento. E, já agora: se no centro das nossas preocupações estivesse a prescrição legislativa, tenderíamos a concordar com K. Larenz quando sustenta que se deve "deixar ao legislador a responsabilidade pelas consequências": cf. *Metodologia da ciência do direito,* 3.ª ed., cit., 208 s. e 516 s.; atente-se entre nós, a título meramente exemplificativo, nas considerações expendidas por Alexandre de Soveral Martins, a propósito do PER, no seu estudo/"Anotação" "Os direitos de defesa e de contraditório entre o Tic e o Tac", in *RLJ,* 147.º, n.º 4014, 2019, 192 ss.; no artigo 629.º, n.º 3, *a),* do CPC... Também Franz Bydlinski chama a atenção para a problemática das consequências, sublinhando a sua enorme importância no plano da legiferação (que tem ao dispor um arsenal de investigações empíricas susceptíveis de prevenir a cedência a uma racionalidade económica apenas aparente, que mina a eficiência em que pretende louvar-se, de esclarecer dúvidas e de superar dificuldades que seria impossível conseguir vencer sem esses apoios – a relevância, a jusante, das consequências envolve, por vezes e *v. gr.,* a consideração, a montante, da etiologia... Um exemplo – atinente a um domínio específico, hoje na ordem do dia: fará sentido ajuizar das desvantagens dos automóveis convencionais, equipados com motores de combustão, relativamente aos movidos a electricidade – fará sentido tentar dirimir *das Duell Auspuff gegen Steckdose...* –, relevando apenas os mais ou menos elevados níveis de $CO_2$ emitidos pelos primeiros (os segundos, como se sabe, não libertam dióxido de carbono)? Ao invés (e uma vez que a redutora contraposição precedente não passa de um *Werbeslogan...),* não deverão ser ponderados (mas em que termos, exactamente?...) outros factores: os custos reais das fases de produção e de utilização daqueles dois tipos de veículos (pois "a questão central é: têm os automóveis eléctricos, contabilizado todo o seu ciclo de vida, uma vantagem ecológica relativamente aos veículos com motores de combustão?"), a percentagem de energia renovável incorporada na produção de electricidade, o tempo de vida das baterias, os custos da sua produção – com recurso, nomeadamente, a cobalto e a lítio... provenientes de países problemáticos – e os custos ambientais do respectivo desmantelamento, o maior peso dos veículos eléctricos relativamente aos convencionais equiparáveis, a sua muito menor, conquanto crescente, autonomia?... Contas estas todas, e outras mais, que não deixam de ser feitas em Estados em que a legislação regulamentadora é submetida – aqui queríamos chegar... – a um "processo racional", tecnicamente informado e democraticamente sindicável – como, *v. gr.,* acontece na Alemanha. Mas já não, e tanto quanto nos pudemos dar conta, na China... que, todavia, importa cerca de 30 a 40%

dos automóveis produzidos na Alemanha. Cf. o muito esclarecedor artigo de Marcus Schurig, "Die $CO_2$-Reduktion muss vom Verbrennungsmotor kommen" – elaborado a partir de uma entrevista concedida ao A. pelo Prof. Thomas Koch –, in *Sport Auto, 4/2018,* 46 ss.) e a sua como que filtrada relevância no quadro da realização judicativa da normatividade jurídica (mais evidente no direito patrimonial do que no direito pessoal e muitas vezes implicada pela interpretação teleológica): cf. *Grundzüge der juristische Methodenlehre,* cit., 59 s. (Note-se, parenteticamente – com o mero propósito de prevenir uma eventual inferência precipitada … –, que também os tribunais deverão dispor de gabinetes de assessoria técnica, como se compreende de importantíssima relevância, por exemplo em processos de elevada complexidade económico-financeira, que lhes sejam cometidos…). Acrescentemos apenas, *more allegorico,* o seguinte (com o intuito de acentuar, de modo talvez mais vívido, as enormes dificuldades na matéria, sobretudo para a jurisprudência judicial): as mencionadas consequências podem ser (mais ou menos) próximas, ou (mais ou menos) remotas. E se as primeiras apresentam, relativamente às que se não vêem nesse mesmo instante, e como sentenciaria o queirosiano *Amigo da Imparcialidade,* "a [enorme] vantagem de se poderem ver […]" de imediato (cf. Eça de Queiroz, *Notas contemporâneas,* Lisboa, s./d. – Edição "Livros do Brasil" –, 77), as segundas escapam aos mais e só seriam detectadas pelas antenas de um *Depp Blue* (uma sofisticada ferramenta técnica, que não uma animada inteligência prática, em que *"gadgets* electrónicos" – cf. Silvério da Rocha Cunha, *Teoria Jurídico-Política das Relações Internacionais,* cit., 91 – de ponta tomam o lugar do sentido a assumir e a realizar; com efeito, o *Depp Blue,* de 1997, e os bem mais recentes *Alpha Go* e *Alpha Go Zero,* são capazes de gerir as inúmeras variáveis de sistemas com regras pré-determinadas, mas – ainda?... – não estão aptos a relevar como deve ser a imprevisibilidade e a novidade de situações problemáticas complexas como aquelas que densificam uma *praxis* humanamente exemplar. Há, é claro, a inteligência artificial; mas será uma inteligência desincorporada – decerto concebida por humanos, com redes digitais que exponenciam as capacidades das sinapses neuronais e sem outras fragilidades que não sejam as avarias sempre possíveis em instrumentos técnicos … – autenticamente humana, e, portanto, capaz de juízos humanos *proprio sensu* – será possível replicar *in silico* a complexidade do juízo *in vivo?* Pois não tende a reconhecer-se que "[s]em corpo não há mente" – a "pessoa", escreve H. Küng, é "uma unidade psicossomática": cf. *Uma boa morte,* cit., 63; *v.* ainda *supra,* 123 n. 361; nela, "história e natureza [… entretecem-se] numa forma que não apenas não é possível desatar, mas que ganha sempre nova intensidade": assim, R. Esposito, *De fora...,* cit., 176; *sub specie iuris,* acrescentemos ainda por nossa conta o risco, a mencionada categoria ético-axiológica é, hoje, a instância mais radicalmente fundamentante do sentido predicativo do direito: cf. as nossas *Lições...,* cit., 480 e 489 ss., e *infra,* 187 ss. - e que sem o muito específico substrato a que assim se alude os processos mentais não podem ter lugar?; que as experiências mentais estão na base de todos os universos culturalmente significativos – e, portanto, também da "ética", da "moral" e … da "justiça"?: cf. António Damásio, *A estranha ordem das coisas...,* cit., esp.<sup>te</sup> 27, 45, 99, 149, 170, 178 ss., 195, 203 ss., 229 ss., 273 s., 276 ss., 278 ss., 281 ss., 326 ss. e 330 s.; ainda mais recentemente, e em linha com as observações precedentes, o Neurocientista afirma haver na IA "uma competência sem conhecimento", por falta de "mente" e de "consciência" – cf. a já referida "Entrevista" que concedeu ao *Expresso,* de 8 de Junho de 2019, 23. Os próprios corifeus da IA – como se sabe, nos nossos dias uma matéria de estimação da estatística… – não reconhecem que um hipotético "cientista automatizado incorpóreo" não conseguirá fazer "algo de significativo – primeiro temos de lhe dar algo semelhante a um cérebro real, ligado a sentidos reais, permitir-lhe que cresça no mundo, talvez até que tropece de vez em quando"?... – cf. Pedro Domingos, *A revolução do algoritmo mestre...,* cit., 117. Tudo isto é certo, mas, em contrapólo, também se poderia invocar, *v. gr.,* a "Singularidade", de Ray Kurzwell – o estádio/ponto de viragem em que todas as capacidades das nossas criações técnicas ultrapassam as dos seus próprios criadores: nesta precisa direcção, e por exemplo, não se sustenta já hoje que "[a]s obras [genuinamente] geradas por computador não têm autoria humana"? Reconhece-se que nelas "existem [, decerto,] contributos humanos". Mas adverte-se que elas surgem "pela [mera] execução do programa de computador sem o controlo expressivo requerido pela criação humana". Admite-se apenas que se trata de "[produtos] facultad[o]s pelo funcionamento do programa de computador quando devidamente instruído", mas não mais... cf. José Alberto Coelho Vieira, *Direito de autor. Relatório,* polic., Lisboa, 2018, 93 s. Por seu turno, uma esclarecedora chamada de atenção para alguns problemas que num sector deste novo mundo emergente - o dos robôs, considerando a série de complexas questões que estas cada vez mais quase animadas e autónomas coisas/instrumentos põem aos seus criadores, fabricantes, fornecedores e utilizadores – suscita ao direito civil, em vista da Resolução de 16 de Fevereiro de 2017, do Parlamento Europeu, oferece-no-la António Pinto Monteiro, "'Qui facit per alium, facit per

brio interno, de todo alheio à vida que gira lá fora. Se o fizéssemos, estaríamos a defender uma orientação "[p]erfeitamente errada por estar total e excessivamente certa"...[579] "O determinismo [subjacente ao silogismo judiciário de um pensamento jurídico dessoradamente formal] está morto"... conquanto a respectiva "certidão de óbito ainda não tenha sido lavrada"[580]. A alternativa dos funcionalismos, já o vimos[581], risca o direito do mapa, colocando em seu lugar um qualquer instrumento/ferramenta socialmente regulativo outro (mesmo que, com abuso, lhe demos o mesmo nome...). É entre o alheamento do social, dos normativismos, e a diluição no social, dos funcionalismos, que vem inscrever-se (não como bissectriz euclidiana, porque o plano geométrico em que ela emerge é outro...) a orientação jurisprudencialista em que dissemos rever-nos – e esta revela-se-nos um patamar a que se tem vindo a aceder subindo muitos degraus, e nem sempre de modo linear.

Se nos perguntarmos pela razão basicamente determinante da extrema dificuldade (quando não da impossibilidade) manifestada pelas múltiplas tentativas ensaiadas para explicitar, de modo concludente, uma posição *juridicamente* esclarecida sobre a relevância que deve reconhecer-se aos fins/efeitos (que obriga a considerar a intencionalidade prático-problemática da realizanda normatividade jurídica vigente, em articulação com os fundamentos axiológicos que a inervam, de que se podem dizer correlatos[582]), cremos que todas

---

se' – será ainda assim na era da robótica?", in *RLJ,* 148.º, n.º 4015, 2019, 200 ss. –, e demais futuros/ visões equiparáveis, como aqueles em que, num plano que também não deixámos de considerar, se fala em "corpo[s] sem consciência", em "consciência[s] enclausurada[s]" ... cf. agora Marcus du Sautoy, *O que não podemos saber...,* cit., 20 e 320; *v.,* todavia, Id., *ibidem,* 375, 379 ss., 400 ss. e 474 s.) especialmente programado para o efeito ... (cf., pressuponentemente, o que escrevemos em *A metodonomologia (para além da argumentação),* cit., in *Analogias,* cit., 207 s. E, complementarmente, cremos que ainda hoje se revela muito de aconselhar a leitura de duas páginas de Hannah Arendt, escritas em 1958: aquelas em que a A. não hesita em qualificar como "estéril" a discussão de saber "se [é] o homem [que] deve 'ajustar-se' à máquina ou [, ao invés,] se [são] as máquinas [que] devem ajustar-se à 'natureza' do homem" – a necessária adaptação do homem ao ritmo da máquina não implica, com carácter de necessidade, qualquer servidão do homem à máquina...; e em que adverte: "[n]as condições actuais, é tão insensato descrever este mundo de máquinas em termos de meios e fins como sempre o foi indagar da natureza se ela produziu a semente para fazer a árvore ou se fez a árvore para produzir a semente" – como se sabe, não é raro tocarem-se os extremos... Cf. *A condição humana,* cit., 186 s. e 190 s.; *v.* ainda Id., *ibidem,* 391, e *Pensar sem corrimão...,* cit., 208). Sintetizemos a ideia forte desta nota com um juízo-advertência (retirado da *Antígona?...)* que lemos no *Neues Museum,* de Berlim: "Staunliches waltet viel, und doch nichts erstaunliches als der Mensch"...

[579] Cf. Aldous Huxley, *A ilha,* cit., 92 s. Atente-se (sem mais esclarecimentos, perdoe-se-nos...) nas considerações em tudo paralelas inspiradoras da justificação da preferência pelos "sistemas impuros", em detrimento daqueles outros "puros", expendidas por Amartya Sen, in *Escolha coletiva e bem-estar social,* cit., 328.

[580] Cf. M. R. Deckert, *Folgenorientierung...,* cit., 1, e 33 e n. 101.

[581] Cf. *supra,* 44 s. n. 37.

[582] Encontramo-nos, também aqui, com a lição dos dois Mestres que, no âmbito da metodonomologia, mais nos marcaram: W. Fikentscher e Castanheira Neves. Cf., do nosso Professor de Coimbra,

elas radicam num ponto comum decisivo: o de se privilegiar a (redutoramente compreendida) interpretação da lei, em detrimento da (adequadamente recortada) realização judicativo-decisória do direito[583].

De resto, a própria orientação que encarece o problema da interpretação não deixou de se confrontar com a questão que ora nos ocupa. Assim, a preferência, nesta sede, por uma interpretação objectivo-teleológica (que se reconduz à ideia de que se deve substituir a primazia conferida à perspectiva do legislador, típica da orientação subjectivista tradicional[584], pela do intérprete, característica das orientações objectivistas) concorreu, decerto, para acentuar a importância reconhecida aos fins/efeitos. Todavia, o pensamento jurídico tem vindo a olhar, às vezes com reservas (sempre que se dá conta do sistema de vasos comunicantes que põe em relação o sociologismo e a juridicidade – quando aquele sobe, esta desce, e vice-versa, e o ponto de Arquimedes entre as duas forças é insusceptível de ser fixado *en avance,* porque depende do problema que se considera, das exigências que se impõe assumir, do contexto de emergência de um e de outras…), as consequências/resultados (*Folgen/Wirkungen*)[585], excepto em dois domínios: em matéria de interpretação constitucional[586] e na interpre-

---

*Metodologia Jurídica…,* cit., esp.<sup>te</sup> 205, quando, em paráfrase ao saudoso Professor de Munique, escreve: "[…] a consideração daquele resultado não é um *critério,* mas o próprio *objectivo* e o *sentido* da metodológica realização do direito".

E já agora: com o que acentuámos no texto, pretendemos exactamente dizer que o direito tem os seus fins próprios – que o direito tem carácter autotélico –, não cedendo a quaisquer fins estranhos à normatividade jurídica – o direito não tem carácter heterotélico. E que é o direito, assim compreendido afinal por referência ao seu sentido predicativo, que o pensamento jurídico metodologicamente comprometido *(scilicet,* o pensamento que pensa a normatividade jurídica para a realizar judicativo-decisoriamente) deve assumir, com os seus *instrumenta* específicos, polarizados nessa mesma normatividade, para se desincumbir esclarecidamente da tarefa que é institucionalmente a sua: tal "[c]omo o lapidário de diamantes, [também o jurista] é o artesão cujas ferramentas são da mesma substância sobre a qual trabalha" – o direito (cf. G. Steiner, *Extraterritorial…,* cit., 96).

[583] Com a ênfase proporcionada pela "Conclusão" da sua monografia, M. R. Deckert sublinha a importância do problema de que ora cuidamos não só em matéria de interpretação jurídica (a que aludiremos, já a seguir, no texto), mas também na esfera do "desenvolvimento [transistemático] do direito" *(Rechtsfortbildung):* cf. *Folgenorientierung…,* cit., 233 s. *(v.* ainda Id., *ibidem,* 60 s.).

[584] Este último adjectivo foi-nos imposto pela consabida existência de um subjectivismo… teleológico (pense-se, exemplificativamente, na Jurisprudência dos interesses): cf., ainda a este propósito, M. R. Deckert, *Folgenorientierung…,* cit., 43 s. e 233.

[585] Sem nos embrenharmos na complexa problemática que nos limitaremos a tangenciar (as indispensáveis explicitações – e pensadas de uma perspectiva metodonomológica exemplarmente elaborada – colher-se-ão em A. Castanheira Neves, *O actual problema metodológico da interpretação jurídica – I,* cit., 123 ss.), diremos (pressupondo, muito simplificantemente, as propostas do filósofo da linguagem J. R. Searle) o consequencialismo tendencialmente perlocutório, na medida em que sublinha os resultados, releva os efeitos; e o teleonomologismo tendencialmente ilocutório, por ser como que marcado por uma intencionalidade… intensional, *hoc sensu,* por um propósito subjectivo objectivamente consistente.

[586] Talvez, também, de interpretação jurídico-administrativa (cf., apenas com intuito exemplificativo – porque o problema concretamente visado é muito específico –, Dulce Margarida de Jesus Lopes, *Eficácia, reconhecimento e execução de actos administrativos estrangeiros,* polic., Coimbra, 2015,

tação do Direito Europeu. Naquela, em virtude da sua decisiva dimensão "política"[587]. Nesta, atento o relevo que a "eficiência" (o *effet utile*) tem na esfera da interpretação do direito da União[588]. E, na verdade, uma e outra (a política e a eficiência) medem o respectivo sucesso pelas consequências/resultados mais ou menos extensamente inspiradores quer do Direito Constitucional, quer do Direito Europeu[589].

---

44 s.) – pelo menos se aceitarmos compreender o Direito Administrativo nos termos propostos por uma orientação hoje com não poucos adeptos...

Mas regressemos ao Direito Constitucional, apenas para dizer que o relevo das consequências, nessa esfera, leva por vezes o legislador a intervir como que preventivamente para o promover. Mencione-se, a título de exemplo, o bem conhecido artigo 282.º, n.º 4, da CR, e – já agora... – o alcance que lhe foi maioritariamente (pois houve três dissensões quanto ao ponto) conferido pelo TC, no Acórdão n.º 353/2012, Processo n.º 40/12, de 5 de Julho de 2012 (recorde-se a al. b) da "Decisão": "Ao abrigo do disposto no artigo 282.º, n.º 4, da Constituição da República Portuguesa, determina-se que os efeitos desta declaração de inconstitucionalidade não se apliquem à suspensão do pagamento dos subsídios de férias e de Natal, ou quaisquer prestações correspondentes aos 13.º e, ou, 14.º meses, relativos ao ano de 2012") – cf. esp.te páginas 20-24, da versão *on line* do aresto, a que pudemos aceder. Pode ainda (e todavia...) *v. gr.,* impor-se "a necessidade de [se] introduzir[em] restrições à simples ponderação das consequências": como se sabe, "a estrutura básica [do princípio] da proporcionalidade em sentido estrito [a que frequentemente se acolhe a jurisprudência constitucional] é de tipo *consequencialista"*, o que é susceptível de as implicar – cf. a "Declaração de voto" do Conselheiro Gonçalo de ALMEIDA RIBEIRO ao Acórdão n.º 225/2018, de 24 de Abril de 2018, do TC, esp.te p. 92 (da versão *on line,* a que pudemos aceder)...

[587] Exemplo: numa situação de "estado de necessidade económico-financeiro" – algo situado entre o "estado de necessidade constitucional" (cf. o artigo 19.º da CR) e o "'estado de necessidade' administrativo" (cf. o artigo 3.º, n.º 2, do Código de Procedimento Administrativo) – não deverá ser permitida "a adopção de medidas que sirvam de suporte a uma adequada repartição dos custos da sustentabilidade, no quadro dessa situação de excepção" ... que obviamente implicam a tomada em conta dos prováveis efeitos/resultados das referidas medidas? Cf. José CASALTA NABAIS "Uma futura revisão constitucional?", in *RLJ,* 145.º, n.º 3999, 2016, esp.te 310 s., sob 3.2.

[588] Cf. M. R. DECKERT, *Folgenorientierung...,* cit., 51 s. No fundo, e na linguagem do direito europeu, o *effet utile* é uma coordenada do elemento teleológico da interpretação jurídica. Se não erramos, também José LAMEGO (que associa o mencionado *effet utile* a uma "interpretação extensiva dos Tratados [...] promovida pelo Tribunal de Justiça") comungará deste entendimento (cf. a sua "Lição" *A articulação entre o Direito da União Europeia e os sistemas jurídicos dos Estados-Membros,* polic., s./l. mas Lisboa, e s./d. mas 2017, 15 s.).

[589] Recordemos, a título exemplificativo e a respeito deste último, a seguinte afirmação de Koen LENAERTS, (ao tempo) Vice-Presidente do Tribunal Europeu de Justiça, em entrevista concedida ao *Diário Económico,* de 3 de Dezembro de 2014, p. 7: "Claro que estamos conscientes do impacto potencial das nossas decisões a nível político, económico, financeiro, de estabilidade financeira, cultural, ético, religioso, social, etc. [...] Estamos conscientes do contexto, desde logo porque as partes que argumentam o caso chamam a atenção para isso. Fazem aquilo a que os advogados chamam o método de interpretação consequencialista: 'se interpretarem desta forma, por favor saibam que as consequências serão, x, y e z'. Um argumento destes não tem o objectivo de assustar os juízes. É um argumento legal e é o melhor argumento que ganha. [...]". Observações estas que só confirmam a relação umbilical do consequencialismo com o utilitarismo (cf., especificamente sobre este ponto, António CORTÉS, *A interpelação do direito justo...,* cit., 60 s.; de uma outra perspectiva, mas igualmente de modo enfático, Amartya SEN, *Escolha colectiva e bem-estar social,* cit., 407 ss.). Poderíamos ainda alargar os horizontes e, de uma mais ampla perspectiva comparatística, encarecer a disponibilidade que, *v. gr.,* o pensamento jurídico norte-americano sempre manifestou em relação ao reconhecimento da importância dos efeitos – em termos culturais gerais, já Alexis de TOCQUEVILLE acentuava o mencionado tropismo (cf. R. ESPOSITO, *De fora...,* cit., 64 s.).

Já referimos a importância da distinção metodonomologia/interpretação da lei na esfera da problemática que nos ocupa – a do apuramento do exacto sentido da teleonomologia. Cremos que não menos relevante, neste âmbito, é não perder de vista a historicidade nuclearmente predicativa da juridicidade. E, se não erramos, estes dois pontos (aquela distinção e a historicidade ainda agora mencionada), quando devidamente articulados, projectam-se em notas que não poderemos deixar de reconhecer capitais naquele mesmo quadro problemático – pois as notas a que assim aludimos constituem, afinal, coordenadas modeladoras do exercício judicativo-decisório, tal-qualmente o temos vindo a compreender. Pense-se, *v. gr.*, na prioridade atribuída ao caso judicando – que emerge hoje, com a sua singularidade concreta, com as dimensões jurídicas que o direito lhe imprime também hoje, e não como mera re-posição inalterada de um caso intencionado ontem – num ontem mais ou menos longínquo –, de certo modo, pelo legislador (os resultados interpretativos decorrentes da eventual obsolescência e/ou caducidade de normas legais, ou os determinados por uma não correspondência suficiente, diacronicamente verificada, entre um caso e um critério, mostram-no claramente); nas exigências axiológicas densificantes da juridicidade, que são mais ou menos estáveis, mas que têm, inapelavelmente, no tempo uma sua dimensão constitutiva basilar (a erosão com que este as marca pode reconfigurá-las muito levemente, alterá-las significativamente, ou eliminá-las pura e simplesmente); ou em expressões particulares e (mais ou menos notoriamente) combinadas do que acabámos de acentuar (a progressiva autonomização de elementos interpretativos extra-textuais – fins, interesses, valores –, desde que foram convocados, respectivamente e de modo inequívoco , por R. v. IHERING, Ph. HECK e M. v. RÜMELIN; o relevo apontado ao "âmbito [de realidade] da norma", por Fr. MÜLLER; a "interpretação [também] conforme os princípios", afinada por CASTANHEIRA NEVES; a caracterização da interpretação jurídica como um exercício arqueoteleológico, em que não nos temos cansado de insistir...).

2.12. A malha foi-se apertando[590], sucessiva e suficientemente, para nos permitir afirmar agora que conseguimos capturar, na rede assim fadigosamente tecida, aquela que, já sem surpresa, poderemos designar a racionalidade

---

[590] Em paráfrase a Amartya SEN (cf. *Escolha coletiva e bem-estar social,* cit., 237), na circunstância articulada com a alegoria de uma memória autobiográfica, que não vem ao caso esclarecer: os diversos modelos de racionalidade até ao momento arrolados não parecem ter forças para matar o dragão que nos persegue, pelo que não podemos dar por finda a procura do São Jorge capaz de o fazer. Mas estamos prestes a encontrá-lo...

metodonomologicamente conforme: uma racionalidade prática e, portanto, argumentativa, que assume uma acuradamente estruturada pré-compreensão das constituendas exigências constitutivas do direito, imprescindível quer para o apuramento do mérito do caso judicando, quer para o esclarecimento dos estratos do sistema fundamento circunstancialmente pertinentes, atenta a respectiva intencionalidade problemática. A mencionada racionalidade mostra-se, assim, noematicamente centrada, em dialéctica correlatividade, nos dois referidos pólos, e noeticamente colimada a "trazer-à-correspondência" esses dois pólos, em termos metodologicamente irrepreensíveis[591]. Apenas deste modo se realizará a almejada justeza judicativa, que entendemos como a síntese da justeza problemática *(hoc sensu:* a solução justa, olhando apenas o caso sem atender ao sistema) e da justeza sistemática *(hoc sensu:* a solução justa, olhando apenas o sistema sem atender ao caso)[592]. Di-la-emos, em suma, uma racionalidade problemático-sistematicamente estruturada[593], argumentativo--analogicamente dinamizanda e normativo-juridicamente intencionada[594].

---

[591] Em Husserl, recordemo-lo, o *noema* tem carácter "objectivo" – "manifesta-se tal como é em si e por si mesmo"; a *noesis* é o "acto apreensivo [...] correspondente"; de modo que aquele (o *noema)* "não se dá sem esta última [a *noesis]; dá-se nela* e *funda-se* nela". E também aqui poderemos dizer que "[a] unidade noético-noemática é uma unidade de 'sentido'" – de sentido do exercício metodonomológico –, "em que a noesis tem prevalência sobre o noema, na medida em que faz que o noema seja dado", e este prevalece sobre aquela, na medida em que é o noema que disponibiliza à noesis o correlato material de que esta carece para se manifestar. Cf. Alexandre F. Morujão, "O problema da História na Fenomenologia de Husserl", in Gustavo de Fraga *et alii, Perspectivas da Fenomenologia de Husserl,* Coimbra, 1965, 45 ss., esp.[te] 47 s.

[592] No exercício do seu múnus, o jurista não se encontra, portanto, face a um qualquer dilema (rigorosamente, perante uma escolha entre duas possibilidades, qualquer delas má. Ilustremo-lo com o clássico – e trágico – exemplo de Édipo: se não conseguisse responder à Esfinge, seria por ela devorado; como logrou decifrar o enigma que o monstro lhe apresentara, deu-se conta de que a sua vida era uma sucessão de horrores – matara o pai, Laio, e desposara a mãe, Jocasta) – só justeza problemática, ou só justeza sistemática –, mas frente a uma tensão dialéctica, superável pela síntese em que culmina: a traduzida pela mencionada justeza judicativa.

[593] No ensaio *O binómio casos fáceis/casos difíceis...,* cit., Aroso Linhares caracteriza paralelamente a "racionalidade jurídica [...] como uma dialéctica entre *práticas de estabilização* e de *realização"* (cf. p. 173 s.) – *i. e.,* entre arrumação/ordenação sistemática e interpelação/agitação problemática.

[594] Tentemos dizê-lo ainda por outras palavras, cingindo-nos ao circunstancialmente decisivo. Os juristas, tal como os temos vindo a compreender, não poderão operar com "[...] inteligências/como um pé-de-cabra, afiadas, sem maneiras" (cf. Seamus Heaney, "Do cantão das expectativas", in *Da terra à luz...,* cit., 391). Se não erramos, deverão fazê-lo com um muito específico tipo de raciocínio, chamado a articular os problemas judicandos e a juridicidade fundamento, nos exactos termos a que já aludimos e que tentaremos esclarecer cumpridamente ao longo do curso. Em paráfrase ao modo como Percy B. Shelley abre um seu conhecido ensaio (cf. *Defesa da poesia,* trad. de J. Monteiro-Grillo, 4.ª ed., Lisboa, 2001, 35 s.), sublinharemos a ideia de que o segmento noético da muito específica e complexa racionalidade prática há-de ser capaz de articular semelhanças e diferenças, trazendo-as a uma como que *Aufhebung* hegeliana – na medida em que o mencionado exercício é chamado a fundir, na síntese do juízo decisório, o problema judicando e o constituído, ou constituendo, critério/ fundamento que se lhe adeque, não obstante esses dois pólos subsistirem fenomenicamente como unidades discretas (cf. *infra,* 176 s., notas 596 e 597).

# III. A equação metodonomológica

O que acabámos de acentuar é bastante para nos apercebermos do árduo caminho que se abre diante de nós.

Concentremo-nos então, a partir de agora, na análise da tarefa que assim se nos depara. 1) Começaremos por olhar os dois referidos pólos. 2) Dedicaremos a seguir a nossa atenção ao específico tipo de raciocínio chamado a articulá-los. 3) Deter-nos-emos, logo após, numa interpolação que se nos afigura pedagogicamente exemplar. 4) Finalmente, tentaremos (entre)ver o exercício que deste modo se estrutura e dinamiza, como que em acção.

Assim:

## 1. Os pólos do exercício judicativo-decisório

O sistema e o problema são as dimensões noematicamente irredutíveis da racionalidade metodológico-juridicamente adequada, o que vale por dizê-los (repetindo a epígrafe) os pólos do exercício judicativo-decisório. E abrem-se a uma dialéctica entre eles (que não é mais do que o exercício acabado de mencionar...), bem compreensível se lembrarmos que os problemas, para serem esclarecidamente postos e adequadamente resolvidos, exigem a pressuposição do sistema; e que este se redensifica continuamente por mediação daqueles.

Um e outro são pólos contrários (se fossem contraditórios, a referida dialéctica seria impossível...), e, quando considerados em abstracto, parecem excluir-se reciprocamente. Com efeito, o sistema, na sua ideia pura, exclui a contingente[595] interrogação desintegrante, como que dominada pela entropia de uma força centrífuga, que se associa ao problema; e este último, reduzido a si mesmo, exclui a unitária racionalização integrante, como que dominada pela homeostasia de uma força centrípeta, que se associa ao sistema[596]. Ou seja: estes dois pólos contrários estão colimados à síntese[597]implicada pela realização

---

[595] O contingente foi por Aristóteles identificado com o que "tanto pode ser como não ser" – cf. G. Agamben, *A potência do pensamento...,* cit., 246. Nesta linha, N. Luhmann caracterizou-o como aquilo "que não é nem necessário nem impossível" – *apud* Analise Becker, *O problema ecológico e o problema do direito em perspectiva crítica unitária,* polic., Coimbra, 2009, 55 n. 166. Cf. ainda Ana Mafalda C. N. de Miranda Barbosa, *Do nexo de causalidade ao nexo de imputação...,* cit., vol. II, 751.

[596] Se aceitarmos identificar o sistema absolutizado com uma "ordem sufocante" e o problema discreto como um "caos destrutivo" (cf. D. Dennett, *A ideia perigosa de Darwin,* cit., 217), poderemos dizer o exercício metodológico a dialéctica articuladora desses dois pólos – do pólo "caos destrutivo" (e o problema sê-lo-ia se o considerássemos atomisticamente, com total irrelevância do respectivo contexto de emergência) e do pólo "ordem sufocante" (e o sistema não passaria de uma estrutura deste tipo se nos recusássemos a transcendê-la, vivificando-a com a agitação metabólica que lhe é insuflada pela contínua emergência de problemas). Por outras palavras: em *Was ist Metaphysik?,* Heidegger começou por sustentar "que o ente nunca é sem o ser" *(das niemals aber ein Seiendes ist ohne das Sein),* para depois inverter os termos da proposição e afirmar que "o ser nunca é sem o ente" *(das Sein nie ist ohne das Seiende)* – acolhemo-nos, na circunstância, a explicitações de G. Steiner, *Martin Heidegger,* cit., 25 e 120. No horizonte do pensamento jurídico metodologicamente comprometido (que, repetimos, tem como pólos o problema jurídico interpelante e o sistema jurídico interpelado), diremos, parafraseadamente (e para bem se compreender a extrema ousadia da – a grosseira tresleitura subjacente à ... – paráfrase, cf. Id., *ibidem,* 67 s., 74 ss. ...), que não há um *ou* o outro, mas antes um *e* também o outro – a dialéctica em que um e outro se enredam implica a articulação de ambos, pois se o sistema é o contexto de emergência e o referente de solução do problema , este último é o substrato material e o factor dinamizante daquele primeiro. E daí que também nós possamos afirmar que qualquer tentativa de separar os dois mencionados *relata* constitua "uma espécie de jogo fútil" (cf., de novo, Id., *ibidem,* 194).

[597] Como não recordar, uma vez mais, o tríplice significado da *Aufhebung* hegeliana: *Hinaufhehen/ hochheben* (levantar), *Zunichtemachen/vernichten* (anular) e *Aufbewahren/bewahren* (conservar)? – cf. Orlando de Carvalho, *Critério e estrutura do estabelecimento comercial. I – O problema da empresa como objecto de negócios,* Coimbra, 1967, 827 e n. 245, H. Arendt, *Pensar sem corrimão...,* cit., 49, e uma observação de Henkel, em Gröschner *et alii, Rechts- und Staatsphilosophie...,* cit., 240 – que, portanto, intenciona uma consumação, que não um aniquilamento (a dialéctica implica, em simultâneo, um consumir e um consumar...), e que poderemos dizer, em termos alegóricos, uma fagacitose prático-cultural; ou, decerto melhor, digamo-la antes "uma desativação que conserva aquilo que aliena na forma da sua exclusão"... (palavras estas últimas de R. Esposito, *De fora...,* cit., 209). (Parenteticamente e em termos interrogativos: não haverá uma analogia entre a dialéctica, de Hegel, e o contraponto, de Bach ?... Se nos é permitido o atrevimento de um outro... paralelismo, acrescentemos que a dialéctica racional subjacente à síntese hegeliana tem uma como que antecipação fantasiosa – todavia, advirta-se, sem qualquer cedência a miscigenações inadmissíveis: cf. *infra,* n. 864 – na .. "operação alquímica", com as fases, ou os estádios, promitentes da transmutação almejada por via das manipulações empreendidas, tudo a culminar no objectivo ficcionado, que como tal a consumaria:

judicativo-decisória do direito, pelo que constituem como que um "paradoxo de oponentes indissoluvelmente conjugados"...[598] Ainda por outras palavras: quando absolutizados, sistema e problema parecem opor-se. Todavia, sob o ponto de vista metodonomológico, um e outro enredam-se numa exemplar "relação [com] reciprocidade"[599], numa paradigmática *dialectica oppositorum* – a teia judicativo-decisória. Se na teia de aranha é importante não esquecer o ... aracnídeo[600], naqueloutra que mencionámos é mister não ignorar os fios que a tecem, o fiador de serviço e o que dele se espera: a afirmação (assunção/exploração) da dialéctica em que se enredam os referentes circunstancialmente em causa (o problema judicando e a juridicidade fundamento) e as operações reflexivas que essa mesma dialéctica impõe ao jurista circunstancialmente encarregado da tarefa ("[...] ocultar a sua pessoa" e o múnus que se lhe comete pode ter ressonâncias filosóficas exaltantes, mas é um erro...[601]). E para recordar o tipo de raciocínio articulador dos pólos do exercício judicativo-decisório, di-lo-emos perpassado por uma como que "magia analógica"[602].

No referido exercício tudo vai gravitar à volta da mencionada dialéctica problema/sistema. Mais do que simples objecto, o caso/problema perfila-se aí como autêntico *"prius"* discursivo: o exercício metodonomológico é como que antecedido de uma experiência epifânica – da emergência do caso; e as perguntas que o referido exercício postula são determinadas por esse mesmo caso – que é, portanto, a "perspectiva" relevante nesse perguntar. Ora o caso irrompe no contexto do sistema e as perguntas que o caso determina são feitas ao sistema. Se quisermos, os casos/problemas "[actuam] como catalisadores ou 'reagentes significantes'"[603] dos diversos estratos do sistema jurídico, instituindo/concretizando o seu significado prático-normativo. Ou ainda: também aqui se pode dizer "que o molecular *[i. e.,* o problema] tem a capacidade de fazer comunicar *o elementar* [a partícula molecular – o aludido problema] e *o*

---

da decomposição inicial, passando pela sublimação intercalar, até à suposta – porque oculta sob segundos sentidos sempre indecifráveis, que são segredos em definitivo nunca revelados... – e aludida transmutação. Cf. Umberto Eco, *Aos ombros de gigantes...,* cit., 159 ss.; para que se não imputem responsabilidades a quem não as tem, esclareça-se que o referido paralelismo é nosso, não do celebrado A. italiano...).

[598] Cf. Aldous Huxley, *A ilha,* cit., 447.

[599] Cf. Victor R. da C. Matos, *Originalidade e novidade da filosofia...,* cit., 137 s.

[600] Trata-se de uma paráfrase a Winston Churchill: cf. as suas *Memórias da II Guerra Mundial,* 3, cit., 159.

[601] Cf. Victor R. da C. Matos, *Originalidade e novidade da filosofia...,* cit., 77.

[602] Cf. Fernando Pessoa, *Livro do desassossego,* cit., 251.

[603] Cf. José Cardoso Pires, "Dinossauro Excelentíssimo", in *A república dos corvos. Contos,* 4.ª ed., Alfragide, 2010, 104.

*cósmico* [o todo – o mencionado sistema –, garantindo] um continuum [entre ambos]"[604].

Basta dizer isto para de imediato se compreender que estamos num contraste evidente com a visão normativística do direito (fiquemo-nos por este contraponto...), da perspectiva metódica (a circunstancialmente relevante) centrada na simples aplicação lógico-dedutiva das normas legais. A concepção das coisas que o normativismo privilegiava era redutivamente linear (só das normas para os factos), meramente dedutiva (pois que falaciosamente se pretendia cumprida no silogismo subsuntivo) e estritamente unidireccional (porque não atendia à possibilidade de qualquer dialéctica de recíproca explicitação entre os dois mencionados pólos). Os factos, a que acabámos de aludir, são diferentes dos casos/problemas acima considerados. Os primeiros são apenas situações empírico-sociais em coerência apofântica com normas legais, como que correlatos/extensões lógico-objectivos da hipótese de prescrições legislativas – "os factos só são factos quando não são postos em questão"[605], *i. e.*, quando os não referimos a qualquer... referente. Ao invés, os casos jurídicos são problemas práticos *ab origine* cunhados pelo direito, infungíveis na identidade singular que os predica e irredutíveis à prescritiva normatividade geral de qualquer critério pré-objectivado.

A mencionada centralidade do caso no exercício judicativo-decisório é imediatamente compreendida se nos dispusermos a recuperar algumas ideias fortes em que já assentámos, e a antecipar esquematicamente outras, não menos importantes, que viremos a esclarecer oportunamente. Lembremos, em primeiro lugar, a índole do juízo decisório: a ponderação prudencial que ele implica não é determinada pelo caso concreto? Pensemos, a seguir, na problemática – relevantíssima, no horizonte de um sistema de legislação, como o nosso – da selecção da norma adequada: não é a pergunta, que o caso sempre traduz, que suscita a procura, no âmbito do sistema, de um critério jurídico *(maxime,* de uma norma legal) susceptível de lhe dar a resposta normativo-juridicamente devida, atenta a respectiva intencionalidade problemática? Mencionemos, em terceiro lugar, a experimentação a que o exercício metodonomológico submete o critério hipoteticamente tido por adequado, e que há-de permitir ultrapassar os mais ou menos patentes limites intencionais que o aludido critério sempre apresentará: porventura será pensável essa experi-

---

[604] Cf. Gilles Deleuze/Félix Guattari, *Mil planaltos. Capitalismo e esquizofrenia 2,* trad. de Rafael Godinho, Lisboa, 2007, 392.

[605] Cf. Michel Meyer, *A problematologia...,* cit., 255.

mentação sem a atenta consideração do caso? Finalmente, olhemos aquelas que temos vindo a designar as situações ornitorrinco[606]: em vista da inconcludência do princípio universal negativo[607] (que garantia uma total tranquilidade de alma ao normativismo, mas implica a inaceitável inconsideração do sentido predicativo da juridicidade), não reconhecemos também nós que a tensão que nelas se manifesta entre os (intercambiáveis) "limites da juridicidade" e "espaço livre do direito" só poderá ser concludentemente superada se nos centrarmos no caso?[608]

---

[606] Cf., *v. gr., Racionalidade e metodonomologia...,* cit., in *Analogias,* cit., 173 s., e *Praxis, problema, nomos...,* cit., igualmente em *Analogias,* cit., 257 ss., sob 8.
Caracterizemos, muito esquematicamente, essas situações ornitorrinco. Quando os factos desmentem as teorias, deveremos acompanhar Hegel e concluir, com o mais filosófico dos desalentos, ... "tanto pior para os factos" (cf. o que pudemos escrever nas nossas *Lições...,* cit., 108 e n. 61. Esta posição, que diremos hegeliana, marca presença em outros domínios: por exemplo – e, evidentemente, sem pretendermos ajuizar da sua justeza nesse outro âmbito ...–, em "ciência económica", a propósito dos efeitos de uma eventual subida do salário mínimo, e da perspectiva – enunciada em termos muito ácidos... – do Nobel James Buchanan. Cf., do também Nobel Angus Deaton, *A grande evasão,* cit., 233), ou assumir a (esclarecida!) sabedoria popular, segundo a qual "contra factos não há argumentos" (e se esta, por demasiado prosaica, nos não satisfizer, sempre poderemos, bem mais ortodoxamente, fazer nossa a seguinte afirmação de N. Hartmann: "O facto tem mais peso do que a teoria, e quando a teoria contradiz os factos, são estes que arrancam a teoria dos seus gonzos" – *apud* A. Castanheira Neves, *Questão-de-facto...,* cit., 279, n. 2) ?... Cf. *infra,* 351 ss.

[607] Segundo o referido princípio, digamo-lo muito esquematicamente, "fora das regras de direito positivo não existe direito algum": cf. Franz Bydlinski, *Grundzüge der juristische Methodenlehre,* cit., 79 s. Ou, algo mais extensamente e recorrendo à (e relembrando a) clássica formulação de Zitelmann: "enquanto a ordem jurídica *não* ligar a um certo facto uma determinada consequência jurídica, esta não poderá ocorrer; ou seja, só a ordem jurídica tem força para conferir a referida consequência a esse facto" – *apud* A. W. Heinrich Langhein, *Das Prinzip der Analogie als juristische Methode...,* cit., 118. A crítica fundamental ao *allgemeine negativen Satz* tem que ver com a inconcludência do tipo de pensamento jurídico (assumidamente positivístico e indisfarçavelmente formal) subjacente à sua emergência e à sua afirmação. Todavia, antes mesmo de se ter dado esse passo capital, opuseram-se-lhe algumas importantes objecções. Nomeadamente, a de que ele não passa de um "produto da fantasia [...] porque a falta de uma decisão positiva não tem [, necessariamente,] o significado de uma regulamentação negativa": o "plano", o "espírito", ou a "axiologia da ordem jurídica" bastam para transmutar um "nada" num "ser", uma não relevância formal numa relevância material, um sinal negativo num outro positivo – e a aplicação por analogia das normas jurídicas, com o objectivo de integrar lacunas, quando passou a ser admitida, prova-o em termos suficientes. Por outro lado, acrescenta-se, a comummente aceite proibição da denegação da justiça faz com que a estrita observância do "princípio universal negativo" implique afinal, e como que paradoxalmente, a prolação de uma decisão jurídica (cf. Id., *ibidem,* 120 ss.). Aliás, mesmo da perspectiva da lógica proposicional, o princípio universal negativo (que, recordemo-lo, está na base da convicção ingénua segundo a qual é juridicamente permitido tudo o que não for legalmente proibido – e, portanto, de que a ordem jurídica é plena, ou seja, não tem lacunas...) é errado. Com efeito, e como de imediato se compreende, se a hipótese *p* implica a consequência jurídica *R,* isso não significa que toda e qualquer hipótese *não-p* esteja "a priori" impedida de implicar a referida consequência jurídica *R* (cf. Jörg Neuner, *Die Rechtsfindung contra legem,* München, 1992, 50 s. e 128. Para uma detida refutação do princípio universal negativo, v. A. Castanheira Neves, *Metodologia Jurídica...,* cit., 210 ss.; algumas páginas volvidas, o nosso Professor esclarece ainda que o *argumentum a silentio* não passa de uma variante como que algo mais sofisticada daquele princípio – cf. *ibidem,* 225).

[608] Cf. *Pj →Jd...,* cit., in *Analogias,* cit., 380 s. n. 212.
Parafraseando uma imagem já utilizada em comentário a uma passagem do "Prólogo", da Ludwig Wittgenstein, ao seu *Tractatus Logico-Philosophicus* – cf., na ed. cit., 27-28 –, poderemos dizer os "limites da juridicidade" os contornos de uma ilha, e o "espaço livre do direito" as fronteiras do

Com o propósito de realizar a justeza judicativa há pouco referida[609], o exercício metodonomológico, polarizado no caso, "expande [o sistema jurídico] como uma nascente"[610]: aproveita a sua abertura, explora a sua dinâmica e disciplina o seu desenvolvimento. E sendo o caso concretamente judicando, já o acentuámos, o ponto de partida daquele exercício, poderemos dizer que o problema que como tal o constitui submete o também mencionado contra-pólo a uma flexão, que (por isso mesmo...) deixa formular-se num heterodoxo, mas significativo, *twist the system!*[611]

Como afirmámos ao introduzir este ponto, consideraremos primeiro os dois pólos do exercício judicativo-decisório. Começaremos pelo sistema (afinal, se o caso/problema é o *"prius"* do exercício, ele não vem à epifania sem a pressuposição de um mais ou menos explicitamente recortado referente... que já integra o sistema, pelo que um e outro – o caso/problema e o necessário referente sistemático – co-instituem uma unidade de sentido, comparável, como em outro ensejo nos atrevemos a sustentar, ao paradoxo... do ovo e da galinha[612]. E é a inextricável complementaridade subjacente ao paradoxo que nos tem permitido afirmar, sem contradição prática, que não obstante o problema

---

oceano. Ora, como se sabe, o horizonte físico que assim alegoricamente se convoca não é estático, mas dinâmico: o pendular movimento das marés (a água a avançar terra adentro, esta a emergir daquela...) é bastante para mostrar a permanente intercambialidade (que mencionámos no texto) desses dois espaços contíguos ao jeito de confins reciprocamente estremados, que portanto se revelam simétricos antónimos, ou inversos proporcionais, ou complementos opostos um do outro. Ou, se preferirmos (e retornando à mencionada intercambialidade): o que está para além dos "limites da juridicidade" é o "espaço livre do direito" (o que está fora do dentro é o fora), e a inversa é igualmente verdadeira ("o que está fora do fora [é...] o dentro" – cf. R. Esposito, *De fora...*, cit., 157).

[609] Cf. *supra*, 172.

[610] Rilke, *apud* G. Agamben, *A potência do pensamento...*, cit., 104 s.

[611] Os problemas, que agitam como que metabolicamente a ordem pré-existente, perfilam-se, as mais das vezes, como controvérsias que dividem as pessoas (seja o seguinte exemplo: da perspectiva do empregado cumpridor, o seu direito a férias é um tempo todo seu, que ele poderá gerir como bem entender – inclusive, ocupando-se numa outra actividade, mesmo remunerada, que o retempere psicologicamente, "[devendo, por isso,] assumir-se como um direito subjectivo, *tout court,* do trabalhador [...]". Da óptica do patrão também cumpridor, e ao invés, o direito a férias é um tempo incompatível com o desempenho de qualquer actividade susceptível de desgastar fisicamente o trabalhador; constitui "um direito-dever ou direito funcional", titulado, decerto, pelo trabalhador, mas destinado a proteger um interesse "[...] como que contitulado pelo trabalhador e pelo empregador". Cf. o artigo 247.º do Código do Trabalho, e a história do empregado Carlos e do patrão Sr. Cunha, inspiradamente narrada – e explorada... – por João Leal Amado, em "Direito a férias: direito-dever ou direito subjectivo? (baseado em factos inverídicos mas verosímeis)", in *Questões Laborais,* XXI – n.º 45 – 2014, 381 ss.). Mas nem por isso os deveremos desvalorizar. Pelo contrário, dir-se-á. São eles que pro-jectam (e, neste sentido, redensificam e enriquecem) a normatividade jurídica. À semelhança do mal, na perspectiva de Hegel. Pois, para o Filósofo – recordemo-lo com Hannah Arendt (cf. *Responsabilidade e juízo,* cit., 114) –, "o mal, enquanto negativo, é a força poderosa que atravessa a dialéctica do devir, e em cuja filosofia os malfeitores, longe de serem como o joio no meio do trigo, chegam a aparecer como agentes de fertilização do campo". *V.,* complementarmente, as nossas *Lições...,* cit., 219 ss., esp.te 223 s.

[612] Cf. *Pj →Jd...,* cit., in *Analogias,* cit., 340 ss., sob 3.

integrar já o sistema[613], o exercício metodonomológico tem como pólos... o problema e o sistema) – em relação ao qual nos limitaremos a sublinhar alguns pontos, que se nos afiguram nucleares[614].

1.1. Assim como deveremos sempre lembrar-nos que "uma selva [...] infinita [... é] de árvores" e que "uma nação [...] forte [...]é de homens [– de] homens de humana condição"[615], importa nunca esquecer que o sistema jurídico é feito de problemas juridicamente relevantes – "[o problema] é [...] uma dimensão do sistema e até mesmo o seu horizonte, o seu foco"[616] –, pelo que também aqui se pode dizer que a "complexidade organizada" radica na "simplicidade primordial"[617]. Etimologicamente (com frequência, as palavras não enganam, antes desvelam...), *syn-istemi* designa um com-posto, um todo constituído por partes que se articulam[618]. "[U]m sistema não é outra coisa senão a subordinação de todos os aspectos [de certo] universo a um qualquer deles"[619] – tratando-se do *corpus iuris*, esse aspecto polarizador é, evidentemente, o identificante do sentido do direito... que, por isso mesmo, nunca deverá perder-se de vista. Também aqui vale a afirmação de que "um todo sistematicamente organizado não pode ser 'reduzido' às suas partes elementares, mas apenas 'dissecado' nas partes que o compõem"[620]... e daí que o jurista que não pressuponha uma adequada compreensão do sistema jurídico – de modo particular, a esclarecidamente recortada unidade de sentido que o predica – esteja "em

---

[613] Cf. *infra*, 185 ss., sob 1.1.2.1.

[614] Para outros desenvolvimentos (que são pressupostos de inteligibilidade do que se dirá a seguir...), cf. as nossas *Lições...*, cit., 607-681, e bibliografia aí arrolada.

[615] Cf. Jorge Luis Borges, "O outro Whitman" (Discussão, 1932), trad. de J. C. Barreiros, in *Obras completas, I, 1923-1949*, s./l., 1998, 216.

[616] Assim, G. Deleuze, *Diferença e repetição*, cit., 444.

[617] Cf. R. Dawkins, *apud* o nosso estudo *Pj →Jd...*, cit., in *Analogias*, cit., 345 n. 102. E é essa a razão pela qual o sistema jurídico – como, de resto e *mutatis mutandis*, qualquer outro sistema prático – é um "sistema móvel", constituindo como que um "[terreno movediço] de geometria variável". Acrescente-se ainda que aquilo que se acabou de afirmar pensando o sistema jurídico como um todo, vale igualmente para qualquer uma das partes que o integram: cf., tomando como exemplo o sistema da responsabilidade civil, as considerações expendidas por Ana Mafalda C. N. de Miranda Barbosa, *Do nexo de causalidade ao nexo de imputação...*, cit.,Vol. II, esp.te 987, e 991 n. 2121.

[618] Cf. Tercio Sampaio Ferraz Jr., *Direito, retórica e comunicação*, São Paulo, 1973, 133 ss.

[619] Cf. Jorge Luis Borges, "Tlön, Uqbar, Orbis Tertius", II, in "Ficções" (1944) – *Obras completas, I, 1923-1949*, cit., 453.

[620] Assim, G. Steiner, *Extraterritorial ...*, cit., 198. E, praticamente logo após, o Ensaísta explicita a ideia recorrendo a uma imagem muito sugestiva: "[a] lupa poderá fazer-nos ver as fibras da tela, mas só por meio da distância, através de um processo subtil de selecção intuitiva, o olhar poderá reconstruir o quadro enquanto todo dotado de sentido".

situação paralela [à daquele] que conhece o alfabeto mas que, quando escreve, ignora as palavras formadas pelas letras"[621].

Nestas considerações introdutórias, diremos ainda o sistema jurídico um conjunto móvel em agitação permanente, uma "caosplexidade" (pedindo o neologismo de empréstimo à teoria da ciência[622]), um "caleidoscópio instável" (se optarmos por parafrasear José SARAMAGO[623]). E uma "rede rizomática de possibilidades"[624] experiencialmente radicadas, problematicamente inucleadas, juridicamente intencionadas e analogicamente dinamizandas – respectivamente (é no horizonte do "mundo da vida" que essas possibilidades emergem), porque elas manifestam-se sempre como problemas que interpelam (prescritivamente) o legislador, (judicativamente) os tribunais[625], (discricionariamente) a administração, (racionalmente) a doutrina, e (pragmaticamente) os particulares, porque todas as mencionadas possibilidades assumem como seu referente o sentido nuclear da juridicidade, e porque todas vão surgindo como réplicas que, com semelhanças e diferenças e em dialéctica correlatividade, afinam (em graus diversos, da redensificação pontual à ruptura superadora) o *statu quo ante*. Na acepção acabada de explicitar e relevada a actuação articulada dos aludidos actores/autores, também nós poderemos dizer – recorrendo a uma inspirada alegoria (de DWORKIN), hoje clássica[626] – que o sistema jurídico se vai re-constituindo como uma *chain novel,* identificando como que *the chain of law*[627].

---

[621] "[S]imilis eris eius, qui scit quidem literas sed ei scripturo verba non suppetant, in quae literae coeant": cf. Giambattista VICO, *Institutiones Oratoriae,* ed. devida a G. Grifó, Napoli, 1989, 50.

[622] Cf. John HORGAN, "O fim da ciência: uma reconsideração", in George STEINER (Coord.), *A ciência terá limites?,* Lisboa, 2008, 187.

[623] Cf., do Nobel, *Alabardas, alabardas. Espingardas, espingardas,* cit., 23.

[624] Levamos aqui, evidentemente, pressupostas as "características [...] de um rizoma". Sobre o ponto, cf. G. DELEUZE/F. GUATTARI, *Mil planaltos...,* cit., 21 ss., esp.te 25 ss. e 43 ss.

[625] Jan SCHAPP sustentou mesmo (nos *Hauptprobleme der juristische Methodenlehre)* que o direito se manifesta *(hoc sensu:* se precipita) em casos (-problemas), quer pensemos a sua objectivação legislativa, quer a sua objectivação jurisdicional (cf. o que escrevemos em *A metodonomologia...,* cit., 150 ss. e 169 ss., e em *Praxis, problema, nomos...,* cit., sob 5.3.2., in *Analogias,* cit., 251 ss.) E a aludida precipitação leva-nos ainda a recordar o significado mais imediato da palavra alemã *der Fall* (o caso) – "queda", e a conotação teológica que patenteia: cf., sobre este último ponto, G. STEINER, *A poesia do pensamento...,* cit., 170.

[626] Cf., entre nós e por todos, A. CASTANHEIRA NEVES, *O actual problema metodológico da interpretação jurídica – I,* cit., 355 n. 1093, 368 ss. e 440.

[627] Na pressuposição do que se sublinha no texto, atrevemo-nos a sugerir a leitura do anexo 67, da já mencionada dissertação de Antonio SÁ DA SILVA, *Destino, Humilhação e Direito...,* cit., Volume II, 640 ss. Já agora, é na exacta pressuposição do que se acentua no texto (e não pagando tributo a uma deriva funcionalista...) que também nós podemos igualmente sustentar que o direito é... *"itself self-revising"* – cf., desta feita, Fábio CARDOSO MACHADO, *A autonomia do direito e os limites da jurisdição,* cit., 247. Ou, se preferirmos e ainda com este nosso Colega, que a mencionada pluralidade

Por outro lado, acentuámo-lo repetidas vezes, o sistema jurídico (não o sistema unicitariamente unidimensional, fechado e constituído apenas por normas legais, do normativismo, nem o autopoieticamente concebido subsistema – jurídico – exposto a um relacionamento permanente com os – demais – subsistemas práticos contíguos, do funcionalismo, mas o sistema unitariamente pluridimensional, aberto[628] – pelos problemas que o inervam[629] –, material – porque o sentido do direito e os princípios normativos incluem-se entre os seus estratos –, e de "histórica reconstituição regressiva" – atento o seu carácter prático, em que o novo se vai incrustando no velho, em que cada situação emergente concorre para redensificar a tradição subjacente –, do jurisprudencialismo) é uma das instâncias decisivas (a outra é o pensamento jurídico, enquanto auditório enquadrante) para que o jurista consiga intersubjectivizar a sua ineliminável subjectividade ("subjectividade" e "não objectividade" são coisas diferentes...[630]), na medida em que lhe disponibiliza o que deve pressupor tanto para a posição como para a solução dos problemas que *ex officio* o interpelam (o pensamento jurídico diz-lhe como deve proceder para se desincumbir adequadamente dessas suas tarefas)[631].

---

de actores/autores legitima agora a alusão a um como que "everybody-made-law" – *ibidem,* 432 e 468 n. 1416 (pelo que respeita à citada alegoria de Dworkin, 432 s. e 459)...

[628] Recorde-se apenas que já na sua clássica monografia de 1935, *Die Einheit der Rechtsordnung,* Karl Engisch distinguia a *Geschlossenheit* (a fechada coerência sistemática, de inspiração positivista) da *Einheit* (da aberta unidade resultante dos elementos normativos e teleológicos que integram um adequadamente compreendido *corpus iuris):* cf. Léontin-Jean Constantinesco, *Traité de Droit Comparé,* t. III, Paris, 1983, 180, n. 5.
Ou, se preferirmos: a historicidade e a extraponência que nos predicam articulam "valoração" e "tempo", e, decorrentemente, fazem de qualquer sistema culturalmente significativo (e, portanto, também do sistema jurídico) um sistema aberto – assim, W. Fikentscher, *Methoden des Rechts...,* IV, cit., 120.

[629] O sistema jurídico é aberto em permanência pelos novos problemas que vão irrompendo sem cessar. E, como que compensatoriamente, vai apresentando uma estabilidade (o sistema jurídico é, afinal, uma estabilidade dinâmica...), ora mais forte (pense-se nos princípios transpositivamente predicativos dos grandes domínios jurídico-dogmáticos, sobretudo dentro do mesmo ciclo histórico-cultural – conquanto estes *essentialia* estejam também ex-postos à erosão do tempo –, e até nas estruturas legais que traduzem como que um *acquis* dogmático), ora mais frágil (exemplifiquemo-la com a conclusão de R. M. Moura Ramos, no estudo que dedicou ao problema da "admissibilidade dos recursos de anulação interpostos pelos particulares", no âmbito do Direito Europeu, atentas as dúvidas que continuam a pôr-se nesse quadro e para as quais se não divisa uma resposta susceptível de concludentemente as remover. Nas palavras do nosso ilustre Colega e querido Amigo, "[...] o sistema não terá atingido ainda o seu ponto de equilíbrio [...]": cf. Rui Manuel Moura Ramos, "O Tribunal de Justiça e o acesso dos particulares à jurisdição da União após as alterações decorrentes do Tratado de Lisboa", in *RLJ,* 145.º, n.º 3996, 2016, 130 ss., esp.<sup>te</sup> 144 ss., sob 5. E ainda com o esclarecimento de João Carlos Loureiro, segundo o qual – decerto, por razões de política legislativa – "[o] legislador português consagrou [...] diferentes soluções ao longo dos anos, admitindo ou excluindo as pessoas colectivas com escopo lucrativo no que toca ao apoio judiciário": cf. "Pessoas colectivas com fins lucrativos e apoio judiciário", in *RLJ,* 147.º, n.º 4008, 2018, 176).

[630] Cf. H. Arendt, *A condição humana,* cit., 406 n. 88.

[631] Já o havíamos acentuando: cf. *supra,* 67.

Observação esta última que reclama um esclarecimento complementar, em que de há muito nos habituámos a insistir, de um modo formalmente paradoxal[632] mas intencionalmente inequívoco. O de que o sistema jurídico pode não ser suficiente (na sua pré-disponível objectivação, entenda-se) para permitir solucionar o problema judicando, mas tem que ser suficiente (na sua relevância material, esclareça-se) para se conseguir pôr esse mesmo problema: o critério reclamado pelo problema do caso pode ter que ser inovadoramente constituído pelo julgador (se for possível reconhecer-lhe legitimidade para tanto...), mas sem a devidamente esclarecida e circunstancialmente pertinente pressuposição de referenciais fundamentos normativo-jurídicos mínimos, ainda que acabados de irromper no sistema, não será seguramente concebível a posição do aludido problema. Por outras palavras: se para esta posição podemos admitir a máxima rarefacção (dada a natural indeterminação dos mencionados fundamentos nascentes), para aquela solução exige-se a máxima densificação (uma vez que o indispensável critério terá que mostrar-se apto a ser "trazido-à-correspondência" com o problema judicando, fundindo-se estes dois pólos, por mediação do exercício metodonomológico, na norma judicativamente apurada).

1.1.1. Sobre a relevância metodonomológica do sistema jurídico, limitar-nos-emos neste ensejo a recordar que o mencionado exercício visa fundamentar a semelhança que aproxima, *sub specie iuris,* dois pólos fenomenicamente diferentes: o mérito problemático do caso judicando e a relevância problemática do constituído e/ou constituendo estrato do sistema jurídico que se lhe adequa. O *locus communis* dos dois referidos pólos – intencionalmente semelhantes na sua ôntica diferença – é a própria juridicidade. O que – aproveitando parcialmente (muito parcialmente...) uma inspirada formulação de G. Deleuze...[633] – nos autoriza a dizer a normatividade jurídica vigente "o sistema em que o diferente se refere ao diferente por meio [de um *fundamentum relationis* – de um *tertium comparationis* – circunstancialmente adequado]": não afirmou Arthur Kaufmann, com a concordância de Castanheira Neves, que "o direito implica [...] sempre [...] uma 'igualação de não-iguais segundo

---

[632] "[N]o domínio da normatividade jurídica" problemático-dogmaticamente radicada – pense-se, a título de exemplo particularmente elucidativo, na normatividade jurídica penal –, "o paradoxo" é, talvez, o "pior" dos males e, portanto, muito de evitar (cf. José de Faria Costa, na anotação que lhe mereceu o artigo 139.º do CP, in Jorge de Figueiredo Dias (Dir.), *Comentário Conimbricense do Código Penal, Parte Especial, Tomo I,* Coimbra, 1999, 130, sob § 8). Mas de uma perspectiva (como esta nossa, na circunstância) não problemático-dogmaticamente radicada e antes reflexivo-argumentativamente comprometida, o recurso ao paradoxo afigura-se-nos (pela transparência que se lhe associa e pela concludência que ele possibilita) um expediente inteiramente legítimo.

[633] Cf. *Diferença e repetição,* cit., 440.

o critério de um ponto de vista tido por essencial"?...[634] E acrescentemos ainda que o sistema jurídico se projecta na (concorre para a) modelação da "judícia" que vamos sendo capazes de fazer intervir no cumprimento do nosso *officium*, quer dizer, na conformação da constituenda memória da juridicidade que vamos instituindo e com que vamos operando na esfera do exercício metodonomológico – para o jurista, a judícia é, portanto, "o nada que [fica] depois do vento norte ter varrido a erudição", "o que permanece na [inquieta] areia da [sua] memória quando as águas do passado recuam"[635]... Memória essa em que cada um tem (e de que cada um tira) a sua parte, e que (alegoricamente) é como que "o rasto da baba do caracol da história"[636] do pensamento jurídico, quer porque (subjectivamente) vai sendo depositada pelos demiurgos desse particular domínio do saber (pelos juristas), com o empenhamento de quem se dispõe a deixar um sinal visível do seu labor durante um tempo côngruo, quer porque (objectivamente) tem a consistência bastante para não ser removida por um aguaceiro mais denso ou por um vento mais forte. Em termos sinópticos, e recorrendo à linguagem dos nossos dias, atrevemo-nos a caracterizar a judícia "como motor de busca de memórias"[637] pertinentes no quadro de cada concreto exercício judicativo-decisório.

1.1.2. Olhemos doravante, de modo igualmente muito esquemático, os estratos do sistema jurídico.

1.1.2.1. Em síntese preliminar, diremos que o *corpus iuris* integra problemas, fundamentos e critérios[638]. O confronto com interpelações problemáticas,

---

[634] Cf., respectivamente, *Analogie und "Natur der Sache"...*, 2.ª ed., cit., 26, e *Metodologia Jurídica...*, cit., 270.

[635] Cf., sucessivamente, Francisco d'Eulália, *Tantos dias, estranhos dias*, cit., 66, e António Lobo Antunes, *Até que as pedras se tornem mais leves que a água*, Alfragide, 2017, 120 e 140.

[636] Cf. R. Musil, *O homem sem qualidades*, I, cit., 589.

[637] Cf. António Damásio, *A estranha ordem das coisas...*, cit., 345, n. 6. *V.* ainda *ibidem*, esp.^te 140 ss., onde o A. sublinha expressamente não estar aqui em causa apenas a "recordação do passado" – a "previsão do futuro" (pensemos, da nossa pragmaticamente interessada perspectiva, naquele que cada problema judicando vem objectivar) tem também lugar no "processo criativo" circunstancialmente em análise...

[638] Supomos não ser substancialmente outro o entendimento de Günther Jakobs. Se compreendemos bem a conferência que proferiu em Coimbra, no dia 17.2.2012 (subordinada ao tema *Contribuciones a la imputación como sistema),* para o ilustre penalista alemão o sistema jurídico é um "contexto consistente" de fundamentos e critérios jurídicos, uns e outros perpassados pelo adequadamente recortado sentido específico do direito, e a realizar histórico-concretamente por mediação de "juízos jurídicos" – *hoc sensu,* de juízos metodonomológicos – implicados por problemas que os reclamam. Se quisermos, são estes os "nós cruciais" da teia conformadora (cf. Julian Baggini, *As fronteiras da razão...*, cit., 40 ss., esp.^te 44) do sistema jurídico: se os cortarmos, a teia colapsa; se os mantivermos,

dotadas de hipotética relevância jurídica, estimula (acorda e põe em funcionamento) a capacidade reflexiva que temos vindo a afinar ao longo do processo
de hominização, levando assim à excogitação de fundamentos que intencionalmente lhes co-respondam (note-se, porém: 1) por muito radicalmente novo
que seja o problema interpelante, sem a pressuposição de um referente pertinentemente intencionado nem sequer teria sido possível pôr esse problema; e,
por isso, 2) por muito radicalmente novo que seja o problema interpelante, ele
não institui, só por si, uma realidade jurídica outra). A rarefacção (o carácter
indeterminado e a labilidade) dos mencionados fundamentos (tabuletas indi-
cativas da direcção a seguir, que não itinerários minuciosos dos passos a dar)
e a pragmática da vida impõem, por natural (e saudável) economia de esforço
(para nos desonerarmos do que for possível e nos pouparmos a consumições
evitáveis), a progressiva sedimentação dos mencionados fundamentos em critérios mais imediatamente operativos (pensemos, exemplificativamente, na
disjuntiva projecção dos princípios normativos em normas jurídicas legais).
À sedimentação a que deste modo se alude, subjaz, portanto, uma relação semelhante àquela que articula os termos da tríade a que inicialmente nos referimos:
se é sempre por mediação dos problemas concretamente emergentes que se
vão, excogitando primeiro, e mobilizando depois, princípios (-fundamentos)
com uma intencionalidade axiológico-problemática que lhes co-responda, são
aqueles problemas e estes princípios que vão paulatinamente concorrendo, e
pelas apontadas razões de economia de esforço e de operatividade, para a elaboração de normas (-critérios) com uma intencionalidade problemático-axiológica que igualmente co-responda aos referentes que essas normas (-critérios)
assumem (em dialéctica correlatividade, a jusante, os problemas que elas pragmaticamente visam, e, a montante, os fundamentos que normativamente as
legitimam). Tudo o que sintetizaremos nas afirmações conclusivas de que o
sistema jurídico se vai constituindo (experiencialmente) *bottom up*, que não
congeminando (nefelibaticamente) *top down*, e segundo uma dinâmica de
matriz analógica.

Ainda antes da referência aos vários estratos do sistema jurídico, diremos
que, sob o ponto de vista metodonomológico, todos eles actuam complementarmente e em dialéctica correlatividade[639] (é esta, portanto, uma dialéctica

---

a teia continuará de pé (saber se a referida teia é conforme a compreensão do direito que entendemos adequada, ou nem por isso, é questão diferente...).

[639] E daí que, por exemplo, uma determinada alteração num dos segmentos do sistema possa repercutir-se num outro que não tenha sido formalmente modificado: a alteração do regime da maternidade de substituição, no direito interno, pode bem repercutir-se na esfera do Direito Internacional

includente, que não excludente...) por mediação dos e atentos os problemas que pertinentemente os convoquem: não se perfilam, uns perante os outros, como mónadas sem quaisquer janelas, mas como parâmetros conjuntamente indispensáveis à reflexão implicada pelo juízo a proferir; e, neste juízo, não se amontoam num qualquer *"patchwork* normativo"[640], antes com-põem uma teia que o jurista de serviço, num exercício de superlativa responsabilidade pessoal e institucional, é chamado a tecer[641].

1.1.2.2. O primeiro estrato do sistema é, a nosso ver, o sentido do direito. Na mera alusão que lhe faremos, permitir-nos-emos começar – perdoe-se-nos o desvio... – por uma *blague:* é-nos, seguramente, muito mais acessível o sentido do que podemos dizer, do que aquilo que podemos dizer do sentido[642]. Sem surpresa, porque "[o] sentido [...] é o verdadeiro *loquendum,* aquilo que não pode ser dito no uso empírico e só pode ser dito no uso transcendente"[643], razão pela qual, por outro lado, "[n]ão é de admirar que seja mais fácil dizer o que o sentido não é do que dizer aquilo que ele é"[644].

Centrando-nos no que importa e pressupondo tudo quanto escrevemos a este propósito[645], julgamos dever acentuar, muito sinteticamente[646], o seguinte. Se os "sentidos identificam rigorosamente as referências espiritualmente culturais que convocam o transcender da realização humana"[647], e se o "direito é

---

Privado, mesmo que o sistema de regras de conflito tenha permanecido intocado – cf. Nuno Ascensão Silva/Geraldo Rocha Ribeiro, *A maternidade de substituição e o direito internacional privado português,* sep. dos "Cadernos do Centro de Estudos Notariais e Registais", 3, esp.te 63 ss.

[640] Colhemos a expressão em Rui Pereira Dias, *Litigância societária internacional no direito da União Europeia...,* cit., 501.

[641] Um bom exemplo da multiplicidade de planos integrantes de uma normativo-juridicamente cumprida fundamentação do acto jurisdicional (e que o Tribunal competente, por boas ou más razões, nem sempre convoca na totalidade ...) oferece-no-lo a "Anotação", de José Casalta Nabais, a um Acórdão de 10 de Maio de 2017, do STA (no caso, para além da mobilizada fundamentação legal, manifestava-se também pertinente o "princípio constitucional da protecção da confiança legítima", a que, todavia, o Tribunal entendeu não dever aludir...), que o nosso ilustre Colega intitulou "A representação da Administração Tributária pelo Representante da Fazenda Pública no processo de execução fiscal para a cobrança de portagens", e que foi arquivada na *RLJ,* 147.º, n.º 4010, 2018, 305 ss.

[642] Cf. G. Steiner, *Sobre a dificuldade e outros ensaios,* cit., 262.

[643] O sentido não se pode apreender fisicamente, apenas se consegue tematizar reflexivamente – e sabe-se ser muito mais difícil comunicar aos outros o pensado do que o visto ...: cf. Schopenhauer, *Aforismos para a sabedoria de vida,* cit., 102.

[644] Assim, G. Deleuze, *Diferença e repetição,* cit., 262.

[645] Cf., em especial, as nossas *Lições...,* cit., 171 ss. e 459 ss., *Transtextualidade e metodonomologia...,* cit., in *Analogias,* cit., 177 ss., e, neste guião, *supra,* 41 ss. n. 36, e 74 n. 164.

[646] Na tentativa de escaparmos à crítica de que estamos a incorrer em censurável *aquas in mare fundere...*

[647] Assim, A. Castanheira Neves, "O direito hoje: uma sobrevivência ou uma renovada exigência", in *RLJ,* 139.º, n.º 3961, 2010, 210.

justamente um dos modos [e emblemático do nosso universo civilizacional] do transcender-se o homem a si próprio"[648], o sentido do direito poderá dizer-se ( por mediação de uma como que circularidade autorreflexiva...) o caminho sempre aberto da deveniência da normatividade jurídica *qua tale*, a compasso do também irreprimível dever-de-vir-a-ser do próprio homem. Algo mais por-menorizadamente: o sentido do direito é o problematicamente radicado refe-rente predicativo, enquanto regulativo intencional, da normatividade jurídica *(ab imo ad summum...)*, o conjunto das constituendas *archai* irredutivelmente constitutivas da juridicidade. Olhando esta questão tal-qualmente pensamos que ela deve hoje ser vista – também do sentido podemos dizer que ele "não se impõe, mas propõe-se" ...[649] –, identificámo-lo já, repetidas vezes, com o rosto jurídico da pessoa... que também nos não temos cansado de reconhecer modelado, em dialéctica correlatividade, por uma face de liberdade (autono-mia) – suporte dos direitos que podemos opor aos outros – e por uma outra de responsabilidade (tradutora da inserção comunitária de cada um) – suporte dos deveres que temos para com os outros: o homem-pessoa é como que no intervalo entre ele só e tudo o resto (os outros, o mundo e o que mais houver...) – e esta fronteira não separa mas une, não divide mas multiplica, não contra-põe mas funde... Assim entendido como o *pneuma* do sistema jurídico, como o sopro/energia que o anima, como a arquitrave que o sustenta, percebe-se que o sentido do direito perpasse todos os demais estratos[650] [651], permitindo as sinapses entre eles e fazendo do *corpus iuris* "um imenso *continuum* coesivo"[652], uma muito complexa *seamless web*[653]; e que seja ainda esse mesmo sentido que,

---

[648] Assim também ID., *Questão-de-facto...*, cit., 908.

[649] Cf., do PAPA FRANCISCO, a Exortação Apostólica *Amoris laetitia,* n. m. 288 – na ed. cit., p. 190.

[650] Tolerando uma simplificação decerto excessiva, poderemos dizer o sentido "[o] espaço C", de ECO, algo "como o éter, [interposto] para encher um intervalo 'vazio'" (cf. U. ECO, *Os limites da interpretação,* cit., 251) e que permite erradicar o *horror vacui* que se afirma também no plano do culturalmente significativo. Autorize-se-nos ainda a insistência numa alegoria já antes explorada (cf. *supra,* 182): o sistema jurídico tem a estrutura de um rizoma – é constituído como que por várias escamas (/estra-tos), que se dispõem (/implicam) segundo uma particular unidade de sentido –, não a inconsistência de um amontoado de folhas soltas – que se juntam porque sim, ou desjuntam por igual razão...

[651] Se abdicarmos de interrogar o sentido quando beneficiamos do amparo proporcionado por qualquer uma das suas várias objectivações-densificações dogmáticas, corremos o sério risco de amputar a qualquer destas últimas a melhor parte – aquela que só se nos manifesta na transcensão do enunciado linguístico que a formule. E, atento o que sublinhámos (que o referido sentido marca sempre presença no exercício metodonomológico), não se infira da afirmação precedente que quando um arrimo dogmático se mostra disponível aquele último apoio não tem que ser interrogado... (tudo o que melhor se compreenderá depois das considerações que viremos a dedicar à interpretação jurídica – *infra,* 279 ss., – e ao exercício judicativo-decisório – *infra,* 300 ss.).

[652] Assim – conquanto que a outro propósito... –, G. STEINER, *Extraterritorial...,* cit., 198.

[653] Colhemos a metáfora (que nos permitimos descontextualizar...) em Sebastian A. E. MARTENS, *Actio, action, Anspruch und Recht...,* cit., in *JZ,* 21/2016, 1027.

em última análise, cunha a unidade de carácter intencional *(scilicet,* os histo-ricamente devenientes pólos axiológico-práticos – portanto, já com uma con-sonância problemática… – que a vão constituindo) dadora de identidade ao mencionado sistema[654] (fazendo dele uma *unitas multiplex…),* que ao jurista de serviço (que se não mascare de filisteu[655] …) cumpre pressupor e assumir se quiser estar à altura da grave responsabilidade do seu *officium* ("nada se faz bem sem consciência do sentido último daquilo que se faz"…[656]). Aproveitando (transliteralmente…) uma proposta defendida na esfera da teoria da lingua-gem, diremos que se os princípios normativos (aquele outro dos seus estratos que traduz uma primeira tentativa de densificar a rarefacção ínsita ao sentido) identificam as *deep structures* do sistema jurídico – os apoios mais próximos dos critérios que o integram –, o sentido específico do direito remete às respec-tivas *deep deep structures* – ao fundamento último quer destes critérios, quer daqueles apoios. Note-se, porém: o carácter experiencialmente radicado[657] (que não nefelibaticamente postulado) que temos insistido em apontar ao mencio-

---

[654] Em paráfrase à "Ode a Santa Cecília", de Nicholas Brady (século XVII), diremos ser o sentido do direito que "[faz], das Partes muitas [do sistema], perfeita harmonia" (ou, quando menos, que lhes confere a harmonia juridicamente indispensável …): *apud* Marcus du Sautoy, *O que não podemos saber…,* cit., 108.

[655] … À Schopenhauer – para o Filósofo, o filisteu é, em rigor, o "homem *sem necessidades espirituais",* indiferente a quaisquer *"idealidades",* continuamente "ocupad[o] com uma realidade que não é realidade"…: cf. *Aforismos para a sabedoria de vida,* cit., 45 ss.

[656] A expressão é de António Cortés: cf. *A interpelação do direito justo…,* cit., 13. Com efeito, sem a pressuposição do adequadamente recortado sentido do direito – fazemos intervir aqui, portanto, uma "pretensão de validade do [referido] sentido" *(Sinngultigkeitsanspruch)…* – não é possível pensar concludentemente a problemática da fundamentação *(breviter,* da "inferência de alguma coisa a partir de uma outra coisa" – entendimento este que "não remonta apenas ao racionalismo clássico do século XVII, porque é, afinal, tão velho como a [própria] lógica formal"…) implicada pelo *(rectius,* nuclear no) juízo decisório – o mencionado sentido é, por assim dizer, o transcendental do exercício metodonomológico (para uma consideração analiticamente detida das muitas linhas com que cosemos as brevíssimas palavras precedentes, cf. K.-O. Apel, *Transcendentale Reflexion und Geschichte,* cit., esp.te 16 ss. e 96 ss.). Poderemos mesmo dizer que só se pode passar do plano descritivo ao prescritivo *(scilicet,* do horizonte factual ao normativo) por mediação de um sentido assumido e realizando, atentas as concretas interpelações problemáticas que pertinentemente o intencionem.

[657] A experiência, sublinhemo-lo, é, etimologicamente, um "passar através" – um caminho que pode caminhar-se "de modo superficial" (analítico-descritivamente), ou "de modo problemático" (crítico--reflexivamente): cf. Danilo Castellano, "De la experiencia jurídica al derecho", in Miguel Ayuso (Ed.), *Utrumque ius. Derecho, derecho natural y derecho canónico,* Madrid/Barcelona/Buenos Aires/São Paulo, 2014, 20. Na experiencialmente radicada constituição do sentido do direito, a que se alude no texto (e o mesmo vale, *mutatis mutandis,* para os princípios normativos, que se considerarão a seguir), é este último *modus* que se releva. Se quisermos recorrer à linguagem poética para enunciar a mencionada radicação em problemas das exigências fundamentantes, lembremos estes dois versos da Nobel Gabriela Mistral (que me atrevo a dizer ditados pelo seu tão característico telurismo…): "Cuando sueño la Cordillera,/camino por desfiladeros" – do poema "Cosas", 6, in Alfonso Calderón, *Antología poética de Gabriela Mistral,* 2.ª reimp. da 16.ª ed., Santiago de Chile, 2017, 108.

nado sentido[658] significa que ele se não dilui numa rarefacção sem densidade[659]. Essas estruturas de maior profundidade manifestam-se (esbatidas mas não ausentes...) nos planos mais acessíveis – sem surpresa, porque sabe-se bem haver uma "profundidade escondida na superfície"...[660].

Sob o ponto de vista metodonomológico, o sentido do direito é o último apoio susceptível de permitir arriscar a posição como juridicamente relevante, e a solução juridicamente adequada, de um problema que irrompa na (irremissivelmente mal traçada) fronteira – no limite mesmo – da juridicidade, naquele *campus* por onde ela se vai, ainda muito hesitantemente, espraiando[661]. Recorrendo ao exemplo de sempre, e olhando o passado que já foi futuro – no horizonte da prática, a tendencialmente irrefutável comprovação empírica, intencionalmente demonstrativa, cede o lugar à meramente eventual confirmação da hipótese, intencionalmente argumentativa...[662] –, atente-se nos primei-

---

[658] Também do sentido do direito se poderá assim dizer que ele vai emergindo "sob os variegados invólucros das concretas relações da vida" ("unter der bunten Hülle der concreten Lebensverhältnisse") – cf. R. v. Ihering, *Geist des römischen Rechts...,* 1.ª parte, 6.ª ed., Leipzig, 1907, 28 s. –, que ele identifica como que uma transcendência na imanência. E como o referido sentido tem carácter axiológico, poderemos concordar com a afirmação de Marx segundo a qual "os ideais morais 'só se tornam valores na sua relação social'" *(apud* H. Arendt, *A condição humana,* cit., 205).
A acentuada imbricação autoriza-nos ainda a acrescentar o seguinte, em paráfrase a versos belíssimos: quando "[temos] a experiência mas falh[a]mos o sentido/[Só] o acesso ao sentido re[con] stitui a experiência/Numa diferente forma, para além de todo o sentido [...]" (cf. T. S. Eliot, "As Dry Salvages", II, "Quatro Quartetos", trad. de G. Cunha, in *Poemas escolhidos,* ed. bilingue, Lisboa, 2016, 183) – o que por junto traduz aquilo mesmo em que nos não temos cansado de insistir: que a experiência sem o sentido é um dado bruto, e o sentido sem a experiência uma ilusão irrelevante, pois só a intersecção de ambos dá referente intencional à experiência (fazendo desta uma experiência humanamente – que pode ser juridicamente... – significativa) e densidade material ao sentido (fazendo deste um sentido praticamente – e o direito integra este horizonte... – radicado). Mas, todas as contas feitas, no princípio está a experiência (cf. a nota seguinte).

[659] Por outro lado, a historicidade que o predica é apenas um modo de chamar a atenção para a (acima referida) deveniência do mencionado sentido. Há, portanto, transmutações do sentido – já o dissemos: os *essentialia* estão igualmente ex-postos à erosão do tempo. Mas elas radicam na experiência problemática... que, todavia – acentuámo-lo já ... –, implica, em dialéctica correlatividade (como condição de possibilidade, que tem que ser, ela própria, possibilitada...), o plano da (por aquela mesma razão, revisível...) axiologia fundamentante... e assim se fecha, aqui, o círculo discursivo.

[660] Colhemos a expressão em Hermann Broch – exactamente, na bela "Introdução" do Escritor à *Carta de Lorde Chandos,* de Hugo von Hofmannsthal, cit., 17. Mas Broch dá-nos aí conta de que a referida expressão é do próprio Poeta.

[661] Essa tão estreita quanto titubeante linha fronteiriça tem, não obstante, duas margens que constantemente se alter(n)am, porque são, em permanência, o resultado da tensão decorrente da presença, no mencionado cenário, de duas forças contrárias: a dos "limites da juridicidade" (aquela área que acaba de ser ocupada pelo direito – ocupação esta que pode ser uma re-ocupação...) e a do "espaço livre de direito" (aquela zona ainda não invadida pelo direito – ou que o direito entendeu dever abandonar...). Ora, se não erramos, quanto mais sobre essa estreitíssima linha se nos puserem as interpelações problemáticas, tanto melhor se afinará e projectará o sentido pressuposto. A explicitação do que aqui está implícito, ver-se-á nas nossas *Lições...,* cit., 506 e n. 163, e em *Pj→Jd...,* cit., in *Analogias,* cit., 380 s., n. 212 – e na bibliografia arrolada nesses dois registos; no âmbito deste curso, cf. *infra,* 351 ss., sob 4.1.2.5.

[662] No mencionado horizonte, e como não deixámos de sugerir, é mais seguro colher os "'pontos críticos' [exemplares – *hoc sensu:* as ocorrências paradigmáticas...] em retrospectiva" (cf. Kazuo

ros confrontos, ainda muito nebulosos, por parte dos tribunais (nomeadamente franceses e belgas[663]), com situações problemáticas que vieram a ser exactamente recortadas e identificadas como de abuso do direito[664]. Não deixemos de acrescentar que se nestas situações-limite o sentido do direito é chamado a intervir explícita e imediatamente na posição e solução de problemas radicalmente novos, naquelas em que estejam em causa casos-problemas rotineiros (afinal, os mais frequentes) ele intervém, também a esses dois níveis, em termos apenas implícitos e mediatos. E, como é óbvio, entre um e outro destes dois extremos há uma infinidade de situações intermédias, em que a intervenção do sentido do direito se aproxima ora mais do primeiro, ora mais do segundo.

1.1.2.3. Os princípios normativos (as projecções primordiais das *archai* radicalmente constitutivas da juridicidade e sintetizadas no sentido do direito) foram por nós detidamente considerados nas *Lições de Introdução ao Direito*[665]. Neste ensejo, limitar-nos-emos a recordar que eles também concorrem, e com densidade acrescida relativamente ao sentido do direito (se o sentido é apenas um caminho com uma determinada direcção, os princípios introduzem já alguma sinalização complementar nesse caminho...), para modelar a unidade predicativa do sistema[666], que (como qualquer outro estrato do *corpus*

---

Ishiguro, *Os despojos do dia,* cit., 182), do que arriscar a sua identificação no momento presente...

[663] Cfr. Ana Mafalda Castanheira Neves de Miranda Barbosa, *Lições de responsabilidade civil,* Coimbra, 2017, 182 ss.

[664] Se olharmos para este exemplo com olhos de ver, compreendendo que toda "a nossa sabedoria retrospectiva" é, sem contradição prática, "também [premonitória]" (cf. H. Arendt, *Responsabilidade e juízo,* cit., 46), logo perceberemos serem considerações análogas que hão-de permitir pôr e solucionar adequadamente, hoje, os chamados "problemas principais" (todos aqueles problemas que devem ser considerados juridicamente relevantes, apesar de emergirem para lá do domínio das expressões dogmaticamente adquiridas e estabilizadamente objectivadas do direito, e implicarem, portanto, uma genuína *Rechtsfortbildung).* Mencionem-se, mais recentemente, a "questão genética" e a "questão ecológica" e acompanhem-se, a propósito, as fundamentantes explicitações de A. Castanheira Neves, em *O direito interrogado pelo tempo presente na perspectiva do futuro,* cit., 72 ss. e 74 ss.
Por outro lado, e a título de *obter dictum,* acrescentemos que a figura do abuso não releva apenas no plano do direito material – podemos também confrontar-nos com situações de abuso, que devem ser sancionadas, "no plano jurisdicional" (cf., *v. gr.,* Rui Pereira Dias, *Litigância societária internacional no direito da União Europeia...,* cit., 457 ss. e 462 ss.), na esfera do direito processual (cf., igualmente a título exemplificativo, Pedro de Albuquerque, *A boa fé e a responsabilidade por litigância da má fé, abuso de direito e responsabilidade civil em virtude de atos praticados no processo arbitral,* sep. de "Arbitragem comercial. Estudos comemorativos dos 30 anos do Centro de Arbitragem Comercial da Câmara de Comércio e Indústria Portuguesa", Coimbra, s./d., 913 ss., esp.<sup>te</sup> 919 ss.)...

[665] Cit., esp.<sup>te</sup> 627 ss.

[666] Quando se sustenta que essa unidade se manifesta consistente "ao nível dos princípios", *i. e.,* por referência "às opções axiológicas, aos postulados normativos e princípios jurídicos constituintes do sistema como seus fundamentos" (assim, A. Castanheira Neves, *A unidade do sistema jurídico: o seu problema e o seu sentido,* Coimbra, 1979, respectivamente, 105 e 95 = *Digesta...,* Vol. 2.º, cit., 174 e 166), não se está a proferir uma afirmação anódina, despida de relevância prático-normativa. Pense-se, *v, gr.,* no argumento a *majore ad minus* mobilizado por José de Faria Costa para criticar um

*iuris...*[667]) apresentam uma mais ou menos notória deveniência irredutível[668], que são muitas vezes transversais a vários ramos do direito[669], e que (quando se

---

Decreto da Assembleia da República (n.º 37/XII) que visava punir o crime de enriquecimento ilícito. Aquele nosso ilustre Colega e querido Amigo sublinha, a dada altura, na "Anotação" que lhe mereceu o Acórdão n.º 178/2012 – Processo n.º 182/12 –, de 4 de Abril de 2012, do TC (cf. *DR,* 1.ª série – n.º 78 –, de 19 de Abril de 2012, 2206 ss.; e José de Faria Costa, "Crítica à tipificação do crime de enriquecimento ilícito...", cit., in *RLJ,* 141.º, n.º 3973, 2012, esp.ᵗᵉ 263 s., sob 11. e 12.), que o direito civil, para sancionar o enriquecimento sem causa com a obrigação de restituir (cf. artigos 473.º ss., do CC), exige não só a "comprovação do enriquecimento" como também a "identificação de uma concreta vítima a suportar sem qualquer razão juridicamente aceitável o referido sacrifício patrimonial"; ao invés, o direito penal, para cominar a pena criminal para o enriquecimento ilícito, segundo o "regime [...] estabelecido no [mencionado] Decreto" do Parlamento, bastar-se-ia com a "comprovação da posse ou do domínio do património sem origem lícita determinada e incompatível com os rendimentos legítimos do arguido", sem qualquer menção à "exigência de comprovação da ausência de justa causa e do [correlativo] empobrecimento alheio". Ora se o direito civil não abre mão desta última exigência, o direito penal, que recorre, como se sabe, a sanções comparativamente mais graves, terá, "por maioria de razão", que a fazer sua, sob pena de... "ruptura da [...] unidade axiológica" da "ordem jurídica globalmente considerada".
Sem dizermos mais nada (a política criminal não está seguramente no foco das nossas preocupações...), acrescentemos apenas que por razões bem conhecidas – e graves! – o problema do enriquecimento ilícito continua a agitar as águas do (justificadamente inquieto...) pensamento jurídico penal português.

[667] Cf. *supra,* notas 628 e 629.

[668] Quer dizer: as exigências principiais a que se alude no texto não traduzem qualquer ab-soluto (por isso mesmo...) historicamente incondicionado. Ao invés, também elas – como, de resto, qualquer criação cultural ainda que atinente aos chamados *essentialia...* – estão permanentemente ex-postas à erosão do tempo (digamos que o grau da mencionada ex-posição sobe à medida que se desce a ordem dos estratos do sistema, tal-qualmente a apresentámos: os *marginalia* são muito mais facilmente fustigados pelo vento que sopra do que os referidos *essentialia; v.,* de novo, *supra,* n. 629. Supomos passar por aqui o modo adequado de atenuar – que não de suspender ... – uma enobrecedora condenação irreprimível, que é uma constante do pensamento: a de que as coisas são agora assim, mas logo a seguir já nem tanto... ou, outra vez, quase como antes haviam sido. Ilustremos esta última afirmação com o seguinte exemplo, colhido na ágora da metodonomologia: a teoria da análise da linguagem veio radicalizar, com enorme aparato, ou seja, com grande sofisticação, algumas das propostas nucleares, em sede de interpretação jurídica, ... do positivismo legalista: cf., por todos, A. Castanheira Neves, *O actual problema metodológico da interpretação jurídica – I,* cit., 107 ss. Afinal, a deveniência é uma das expressões da nossa própria sombra – por cima da qual nunca conseguiremos saltar, de que não nos libertaremos mesmo que a tenhamos vendido ao diabo...). É o que de imediato se compreende se recordarmos a compressão, a partir de dada altura sofrida pelo (até aí todo-poderoso...) princípio da autonomia privada (ou da autodeterminação dos contraentes), em virtude da emergência do princípio da confiança (colimado à protecção de certo tipo de expectativas) na esfera do direito contratual (cf. Manuel António de C. P. Carneiro da Frada, *Teoria da confiança e responsabilidade civil,* cit., 66 ss. Como é sabido, o princípio da confiança também releva no âmbito da responsabilidade civil extracontratual – por exemplo, em matéria de circulação rodoviária. E é igualmente sublinhada a sua importância em outros domínios jurídico--dogmáticos – mencione-se o direito penal: cf., por todos, Sónia Mariza Florêncio Fidalgo, *O princípio da confiança no direito penal. Implicações na dogmática do facto negligente,* polic., Coimbra, 2015, 56 ss. e *passim);* ou as experiências feitas em outras paragens e o que, ao mais alto nível e profundamente, já se escreveu entre nós sobre a estrutura de um processo penal (ou, *mutatis mutandis,* contra-ordenacional...) que, "sem afectar o núcleo essencial dos direitos fundamentais e da posição jurídico-processual do arguido" (observe-se complementarmente, e ainda na esfera do processo penal, que também se alude hoje, e em termos críticos, ao chamado "abuso de garantias fundamentais": cf., *v. gr.,* Miguel Tedesco Wedy, *Eficiência como critério de otimização da legitimidade do direito penal e seus desdobramentos em processo penal,* polic., Coimbra, 2011, 379 s. e n. 843) e sem pôr em causa o direito ao recurso, se abra à admissibilidade de "acordos sobre a sentença" (cf., sobre este último exemplo, Jorge de Figueiredo Dias, *Acordos sobre a sentença em processo penal. O "fim" do Estado de Direito ou um novo "princípio"?,* Porto, 2011, esp.ᵗᵉ 31 ss., 93 ss., 101 ss. e 111 ss. *V.* ainda

devam reconhecer justiciáveis[670]…) operam metodologicamente por mediação dos casos/problemas que pertinentemente os intencionem. Sem a interpelação proporcionada pela emergência dos referidos casos/problemas, os mencionados princípios não se realizariam judicativo-decisoriamente e permaneceriam mera *law in the books* – especiosas subtilezas intelectuais, sem relevância pragmática e sem significado prático-normativo. Mas quando ocorrem casos/problemas que os interpelam, levantam-se inúmeras dificuldades. Consideremos,

Flávio SERRANO ROQUES, "A sentença penal consensualizada – uma nova abordagem metodológica?", in *de Legibus*, n.º II, 2014, 129 ss., onde o A. alude a Orientações das Procuradorias-Gerais Distritais, de Lisboa e de Coimbra, e ao Ac. do TRC, de 27.02.2013, tributários da mencionada lição daquele nosso Professor, e ao Ac. do STJ, de 10.04.2013, e à Directiva n.º 2/2014 da PGR, em sentido inverso. Como é óbvio, no âmbito do processo civil, os chamados "negócios processuais" levantam menos dificuldades – já se disse mesmo que traduzem "uma nova operatividade do *princípio do dispositivo* enquanto expressão da *autonomia privada* no processo […]" – explicitações complementares colher-se-ão em J. P. REMÉDIO MARQUES, "Negócios processuais e o processo executivo português", in *Boletim da Faculdade de Direito*, Vol. XCIV, Tomo II, Coimbra, 2018, 1053 ss., donde se retiraram as transcrições precedentes)…

[669] E podem mesmo perfilar-se como transpositivos relativamente a cada um deles, como seus princípios-âncora *(i. e.,* como princípios que exprimem as problematicamente radicadas coordenadas axiológico-normativas que neles se intencionam, que estruturalmente os modelam desse preciso ponto de vista. Pense-se, por analogia, nas "lojas-âncora [, enquanto] pontos estratégicos do conjunto [que é um centro] comercial": cf. J. de M. ANTUNES VARELA, "A teoria e a prática na formação do direito", in *Lusíada. Série de Direito*, n.º 1, Março, 1991, 27). Atente-se, *v. gr.,* no princípio da boa fé. Estamos habituados a associá-lo ao Direito Privado, particularmente ao Direito Civil (cf., entre outros, os artigos 227.º, n.º 1, e 762.º, n.º 2, do CC). Mas vemo-lo igualmente vigente em outros domínios. Por exemplo, em Direito Administrativo, no âmbito dos contratos administrativos: o Código dos Contratos Públicos eleva a princípio fundamental a exigência de que "o contrato constitui, para o contraente público e para o co-contratante, situações subjectivas activas e passivas que devem ser exercidas e cumpridas de *boa-fé* e em conformidade com os ditames do interesse público, nos termos da lei" – di-lo a primeira norma do capítulo do mencionado diploma dedicado à execução do contrato: cf. Pedro GONÇALVES, *Cumprimento e incumprimento do contrato administrativo,* sep. de "Estudos de contratação pública, I", Coimbra, 2008, 574. Em Direito Fiscal, em matéria de contratos e acordos fiscais, de procedimento administrativo tributário – e daí que haja normas de direito tributário que prevêem o dever de boa fé tanto para os sujeitos passivos como para a administração fiscal: cf. Diogo LEITE DE CAMPOS, *Boa fé e segurança jurídica em direito tributário,* sep. da "ROA", 68 – I, Lisboa, 2008, esp.te 131 ss. Mesmo em Direito Penal: atente-se, *v. gr.,* no disposto pelo artigo 180.º do CP…

[670] A justiciabilidade deverá considerar-se verificada quando o princípio circunstancialmente em causa se puder dizer susceptível "de uma aplicação objectiva" em juízo, adequadamente controlada: cf. A. CASTANHEIRA NEVES, *O instituto dos "assentos"…, cit.,* 181 ss. e 460 ss., e *Metodologia Jurídica…,* cit., 235 s. … Sem a mencionada justiciabilidade (que, como quer que seja, importará não sobrevalorizar… – o que assim nos limitamos a subentender, ver-se-á esclarecido em Luís A. M. MENESES DO VALE, *O problema jurídico do acesso à saúde…,* cit., 577), a exigência hipoteticamente em causa não se perfilará como um autêntico princípio normativo-jurídico – afinal, apenas um outro modo de sublinhar a efectiva relevância metodonomológica deste estrato do sistema … Sirva-nos de exemplo o esforço empreendido por Manuel A. CARNEIRO DA FRADA para fundamentar, e em termos jurisdicionalmente operativos, a responsabilidade civil das agências de *rating* num *jus cosmopoliticum* – nas "estruturas [principiais] comuns subjacentes aos diversos ordenamentos jurídicos, [as mais das vezes] escondidas sob a superfície de formulações normativas diferentes e de tradições dogmáticas distintas", que o nosso ilustre Colega e querido Amigo não hesita em designar "uma *ordem jurídica extralegal imanente ao Direito Privado,* na qual este mesmo Direito Privado se compreende e legitima", uma "ordem jurídica extralegal [polarizada nos] princípios fundamentais constituintes de *uma autêntica e válida ordem de Direito":* cf. *A responsabilidade civil das agências de notação do risco* (Rating). *Ensaio de construção dogmático-crítica,* Coimbra, 2018, em particular o § 5.º, esp.te 73 ss.

exemplificativamente e em termos esquemáticos, algumas delas, privilegiando o ponto acabado de sublinhar.

O princípio da igualdade integra, decerto, o núcleo duro da juridicidade. Já se não compreende de modo formal, a significar uma de todo insuficiente "igualdade ante a lei", mas material, a exigir uma "igualdade perante o direito"[671]. E a respectiva pressuposição, nestes termos, legitima, em seu nome, um juízo crítico sobre critérios legais que, eventualmente, o irrelevem (*v. gr.* determinante de uma interpretação colimada à realização de uma verdadeira "igualdade perante o direito"). O que concorreria, decerto e por exemplo, para superar uma situação conhecida e que originou, não há muito, uma intervenção do Provedor de Justiça: os pais que tenham os filhos em escolas que assegurem, elas próprias, o transporte dos alunos, podem levar esse encargo à rubrica despesas de educação, que beneficia de um tratamento fiscal relativamente vantajoso; o que, todavia, a Administração Tributária considera vedado àqueles outros cujos filhos frequentem estabelecimentos de ensino que tenham contratado esse serviço de transporte com uma empresa rodoviária.

Numa acção de investigação de paternidade deverá privilegiar-se o princípio da salvaguarda dos direitos de personalidade do investigante, o da defesa dos direitos de personalidade do investigando, ou o da protecção dos direitos patrimoniais deste último?[672]. E a que princípio se deverá conceder primazia – e com que consequências ... – se a acção for de impugnação de paternidade?[673]

---

[671] Cf. as nossas *Lições...,* cit., 433 ss.

[672] Cf. o Acórdão n.º 23/2006 – Processo n.º 885/2005 –, do TC, de 10 de Janeiro de 2006, in *DR,* I Série-A, de 8 de Fevereiro de 2006, 1026 ss.
Que o problema continua a justificar uma mais aprofundada reflexão e talvez reclame uma "intervenção legislativa" susceptível de dar uma resposta satisfatória a algumas questões que continuam a pôr-se no seu âmbito, é o que nos mostra o elucidativo estudo de Joaquim de SOUSA RIBEIRO, "A inconstitucionalidade da limitação temporal ao exercício do direito à investigação da paternidade", in *RLJ,* 147.º, n.º 4009, 2018, 214 ss.: cf., esp.ᵗᵉ, a "Conclusão", *ibidem,* 238 (complementarmente, veja-se ainda, do mesmo ilustre A., "Encontros e desencontros entre a jurisprudência do Tribunal Europeu dos Direitos Humanos e a jurisprudência nacional", cit., in *RLJ,* 148.º, n.º 4014, 2019, esp.ᵗᵉ 160 e n. 26). *V.,* já antes, as dúvidas formuladas por Jorge MIRANDA, no ponto V de "Responsabilidade intergeracional", in *Lisbon Law Review,* 2016/2, 147 ss. Se quisermos (e em termos interrogativos): fará sentido insistir aqui na fixação de um prazo?; não será a referida fixação susceptível de reabrir o problema a que o Acórdão mencionado – e, depois e por causa dele, a intervenção do legislador – pretenderam vir pôr cobro – o da duvidosa conformidade constitucional de um regime que prescreva um qualquer limite temporal à possibilidade de esclarecer a historicidade pessoal?...

[673] Cf. agora o Acórdão n.º 589/2007 – Processo n.º 473/2007 –, da 3.ª Secção do TC, de 28 de Novembro de 2007, in *DR,* 2.ª Série – n.º 13 –, de 18 de Janeiro de 2008, 2519 ss. Ponderações – e afinamentos – complementares colher-se-ão, *v. gr.,* no Acórdão n.º 446/2010, Processo n.º 195/10, da 2.ª Secção do TC, de 23 de Novembro de 2010, in *DR,* 2.ª Série – n.º 249 –, de 27 de Dezembro de 2010, 62557 ss., no Acórdão n.º 441/2013, Processo n.º 428/12, da 1.ª Secção do TC, de 15 de Julho de 2013, in *DR,* 2.ª Série – n.º 189 –, de 1 de Outubro de 2013, 29903 ss. ...

Há princípios normativos que se tornam particularmente evidentes num quadro histórico-concreto e prático-problemático susceptível de potenciar essa sua ... evidência. Ilustremo-lo assim: a circunstância de o novo CPC ter acabado com o "aclaramento" da sentença enquanto "incidente processual autónomo" ("agora, uma tal solicitação haverá de ser feita e só é cabida nos termos do n.º 1, alínea *c)*, do artigo 615.º [do] Código", ou seja, "mediante a dedução de um incidente de 'arguição de nulidade' da decisão"), não significa que um tribunal esteja impedido de o fazer, ao abrigo de "um princípio [normativo], acolhido pelo nosso direito processual comum, consagrando a admissibilidade da aclaração de decisões judiciais insusceptíveis de recurso"[674].

Os princípios normativos, já o acentuámos, são convocados pelo problema que concretamente nos interpela, atenta a sua ... densidade específica. Todavia, o princípio circunstancialmente em causa, ainda que claramente identificado, nem sempre é fácil de recortar exactamente. Exemplifiquemo-lo com a seguinte cadeia de dúvidas. Aplicar-se-á o "novo elenco legal dos títulos executivos aos documentos [particulares que, no passado, eram como tal reconhecidos]"? A resposta a esta pergunta (relevante para o Direito Processual Civil, Direito Transitório, Direito Constitucional – foi, evidentemente, de uma perspectiva centrada em questões de constitucionalidade que o Tribunal Constitucional considerou o problema...) implicará um ponderação entre razões de "interesse público" (nomeadamente, a de "evitar execuções injustas") e de "interesse particular" (nomeadamente, a de saber quando deve "[manter-se] a força executiva do documento que titula o crédito"), ou entre "a protecção da confiança do credor [e ...] a protecção da confiança do devedor", sendo à luz da ponderação destas duas exigências conflituantes (de carácter particular) que deverá apurar-se o mencionado interesse... público? Será que o TC, ao subordinar, no caso concreto, a confiança do devedor à do credor, incorreu, ele próprio, em violação do princípio constitucional da igualdade?[675]

1.1.2.4. Também já olhámos, com o cuidado suficiente (para uma abordagem básica...), as normas jurídicas legais[676] – que, sob o ponto de vista metodológico (e igualmente em termos elementares...), não implicam expli-

---

[674] Assim, José Manuel M. Cardoso da Costa, em "Anotação" ao conhecido Acórdão n.º 468/2014, de 18 de Junho de 2014, do TC, in *RLJ*, 144.º, n.º 3988, 2014, 57 ss., esp.ᵗᵉ 64 s., sob 7.

[675] Cf. Miguel Teixeira de Sousa, "Títulos executivos perpétuos? – [Anotação ao] Ac. do Tribunal Constitucional n.º 847/2014, de 3.12.2014, Proc. 537/14", in *Cadernos de Direito Privado*, n.º 48, 2014, 12 ss.

[676] Cf. as *Lições...*, cit., 650 ss. Afinal, por conhecidas razões histórico-culturais e político-sociológicas, o nosso é um sistema de legislação...

citações substancialmente distintas de algumas daquelas que dedicámos aos princípios normativos. Basta recordar o modo como nos habituámos a caracterizar a interpretação jurídica – um exercício arqueoteleológico[677], pois o que nele está em causa é, atento o caso judicando, apurar, em dialéctica correlatividade, os fundamentos axiológicos do critério interpretando e os objectivos práticos que com ele se visa realizar – para de imediato o compreendermos. O que não raro postula laboriosas ponderações, que pressupõem uma acurada maturação das dimensões que entretecem a juridicidade (a que precisamente estamos a aludir[678]) e se projectam em infinitas considerações (que oportunamente se expenderão[679]). Apenas dois exemplos, que poderiam multiplicar-se *ad nauseam* (muitíssimos outros encontram-se dispersos pelas páginas destes apontamentos, porque são nelas referidos a vários propósitos; e cada Senhor Estudante será igualmente capaz, não se duvida, de acrescentar uns quantos mais ao rol) e que mostram bem como os critérios legais ganham, a nível do juízo que visam orientar – portanto, metodonomologicamente –, uma problematicidade que se esbate quando os reduzimos a parâmetros orientadores de um comportamento[680]. 1.º) A reserva de propriedade, a que se refere o artigo 409.º do CC, poderá ser "estabelecida a favor do terceiro financiador"? 2.º) O princípio do *numerus clausus,* consagrado no artigo 1306.º do CC, impedirá a constituição, entre nós, da chamada "propriedade fiduciária" – *i. e.,* da "propriedade adquirida sob condição resolutiva do cumprimento de determinada obrigação, que" a referida condição visa garantir?[681]

1.1.2.5. A jurisprudência judicial[682], por seu turno, reconstitui as mais das vezes o sistema da normatividade jurídica vigente – nomeadamente, o sistema

---

677 Cf., por último, *supra,* 172.

678 Nesta tematização do sistema jurídico.

679 Cf., para além de outras, as referidas *infra,* 316 ss., esp.ᵗᵉ 323 ss.

680 Cf. as nossas *Lições...,* cit., 653 s.

681 Cf. Francisco M. de B. Pereira Coelho, "Ainda a cláusula de reserva de propriedade a favor do financiador", in *RLJ,* 143.º, n.º 3982, 2013, respectivamente, 50 s., e 48 s. n. 34.

682 Temos em vista, claro está, a actividade especificamente jurisdicional dos tribunais, centrada na decisão judicativa de problemas jurídicos concretos. E a caracterização, assim rigorosa, do sentido estrito da jurisprudência é importante, pois, como se sabe, por vezes comete-se aos tribunais, em termos normativo-juridicamente – e até constitucionalmente... – impertinentes, o encargo, manifestamente *ultra vires,* de produzir legislação: pense-se, por exemplo, nos antigos assentos, do direito português, e nas súmulas, do actual direito brasileiro. Sobre estes dois institutos, e por todos, cf. A. Castanheira Neves, *O instituto dos "assentos"...,* cit., e Antonio Carlos Torres de Siqueira de Maia e Pádua, *Recusa à sistematicidade axiomática na tradição romano-germânica e a jurisdição como meio do pluralismo jurídico na República Federal Brasileira,* polic., Lisboa, 2014. Acentuemos apenas, aproveitando a lição do nosso Professor (cf. *O instituto dos "assentos"...,* cit., 661 n. 1623), que é de sinal contrário o itinerário prescritivo (sobre a assim admitida prescritividade das súmulas, *v.,*

legal[683] –, e (cf. os artigos 8.º, n.º 3, do CC, e 629.º, n.º 2, *c)* e *d),* 686.º, n.º 3, 687.º, n.º 2, e 688.º, n.º 1, do CPC…) disponibiliza orientações estabilizadas[684], com uma "unidade" de sentido[685], muito importantes para a solução do problema concretamente judicando[686]. Mas, perante as chamadas situações ornitorrinco

---

todavia, ID., *O problema da constitucionalidade dos assentos (Comentário ao Acórdão n.º 810/93 do Tribunal Constitucional),* Coimbra, 1994, 120 s. = in *Digesta…,* Vol. 3.º, cit., 375; cf., não obstante, o que nos atrevemos a escrever nas *Lições…,* cit., 703 n. 65) num e noutro instituto (um "erro inverso, mas com resultados análogos"…): nos assentos, do caso infere-se por generalização a norma abstracta; nas súmulas, fixa-se uma interpretação em abstracto antes e sem ter que atender ao caso concreto.

[683] A exemplo do que acontece na esfera do Direito Administrativo, em que se fala de um "princípio da contra-corrente", a propósito da inequívoca vinculação, em certos casos, da lei ao regulamento (cf. Ana Raquel GONÇALVES MONIZ, *A recusa…,* cit., vol. I, 54 ss. e n. 154), poderá aludir-se também, em sede metodonomológica, a uma outra modalidade do princípio da contra-corrente – àquela que se traduz aqui na ideia de que a lei é continuamente remodelada (afinada, corrigida, por vezes mesmo superada) pela jurisprudência (judicial, mas igualmente dogmática), o que não passa de um corolário da consabida superação do paradigma positivista.

[684] Por vezes, bem difíceis de alcançar… Sirvam-nos de exemplo as hesitações, ao nível dos próprios acórdãos de uniformização da jurisprudência, acerca da questão de saber quem deve ser considerado terceiro para efeitos de registo predial: cf. uma apresentação sintética do problema em Mónica JARDIM, "Dupla venda em acção executiva, os artigos 5.º, n.º 4, e 17.º, n.º 2, do Código do Registo Predial e o artigo 291.º do Código Civil – Ac. do STJ de 30.9.2014, Proc. 3959/05, anotado [...]" pela nossa referida Colega, in *Cadernos de Direito Privado,* n.º 48, 2014, 47 ss., esp.[te] 51 ss., (uma mais detida abordagem da questão, oferece-no-la a A. no estudo "Revisitando o art. 291.º do Código Civil", in *Boletim da Faculdade de Direito,* Vol. XCIII, Tomo I, Coimbra, 2017, 119 ss.). *V.* ainda CALVÃO DA SILVA, "Coligação negocial em fraude à lei, ofensiva dos bons costumes ou simulada: a interpretação restritiva do acórdão uniformizador de jurisprudência n.º 4/98 do STJ ou o abuso do direito de terceiro contratar com o promitente-vendedor", in *RLJ,* 137.º, n.º 3950, 2008, 303 ss., esp.[te] 312 ss., sob 7. e 8.; Luís COUTO GONÇALVES, "A (des)articulação entre os princípios da consensualidade e da publicidade dos direitos reais", esp.[te] sob 1.2. e n. 10, in *Código Civil de 1966. Novos desafios,* ed. da Escola de Direito da Universidade do Minho, Braga, 2017, 72 ss.…

[685] Articulando esta unidade com aquela estabilidade (e de uma perspectiva juscomparatística, que também já explorámos: in *"Continentalização" do direito inglês…?,* cit., n[os] 29 ss., pp. 194 ss.; *v.* igualmente *supra,* n. 280), cf., *v. gr.,* Sebastian A. E. MARTENS, "Die Werte des Stare Decisis", cit., in *JZ,* 7/2011, 348 ss. – o A. recorda, logo a abrir, que a comumente designada "doutrina do precedente" tem origem no "muito antigo e muito vago" princípio (explicitamente enunciado apenas nos séculos XVII-XVIII, mas com raízes no *Bracton's Notebook,* de meados do século XIII…) *stare decisis, quieta non movere* (devemos manter-nos junto do decidido e não agitar aquilo que se tenha estabilizado), durante muito tempo determinante de uma prática judiciária (de um *mos iudicorum)* marcadamente formal.

[686] Exemplos: 1.º) Aquando da "apreciação da conformidade com a Constituição da interpretação [...], subjacente ao acórdão recorrido [do TR de Coimbra], das normas indicadas pelos recorrentes segundo a qual é considerado extemporâneo um recurso de decisão penal condenatória, interposto para além do prazo de 30 dias, não obstante a fixação de prazo diferente por decisão de primeira instância não recorrida", o TC, no Acórdão n.º 3/2013, Processo n.º 735/12 – 3.ª Secção –, de 9 de Janeiro de 2013, louvando-se nos "princípios da segurança e da tutela da confiança decorrentes do princípio do Estado de Direito plasmado no artigo 2.º da Constituição", concedeu "provimento aos recursos", e invocou, em abono dessa sua "decisão", uma extensa jurisprudência anterior, do próprio Tribunal, no mesmo sentido (cf. *DR,* 2.ª Série, n.º 31, de 13 de Fevereiro de 2013, 6276 ss., esp.[te] sob 6., 6285 s.) 2.º) Outro tanto poderia dizer-se relativamente à indesmentível relevância das "tendências jurisprudenciais em matéria de interpretação de instrumentos contratuais e de leis e tratados de protecção de investimento", no quadro das "arbitragens internacionais [...,] embora [neste âmbito] não exista [uma] regra de precedentes" (cf. J. C. VIEIRA DE ANDRADE e R. de FIGUEIREDO MARCOS (Coords.), *Direito do Petróleo,* cit., 428).

da sua esfera de competência[687], também a pode constituir inovadoramente (e estamos a pensar, inclusive, na normatividade jurídico-constitucional[688]). E esta relevantíssima actividade da mencionada instância não deve ser compartimentada da assumida pela

1.1.2.6. jurisprudência dogmática[689], nos nossos dias, não raro, com uma índole transfronteiriça, porque atenta às por vezes muito estreitas relações entre os diversos domínios jurídicos[690], e centrada na fadigosa procura, para os problemas jurídicos, de argumentos (desejavelmente) concludentes, não na

---

[687] Cf. esp.te *infra,* 351 ss.

[688] Cf., por exemplo, a instituição, pelos Tribunais constitucionais de alguns países – "[e]m graus distintos [,] por vias metódicas diferenciadas, [...] em muitos casos [...] sem claro suporte constitucional ou legal (ou, mesmo, em contradição com o que resulta dos textos normativos)" – "de modelação dos efeitos da declaração de constitucionalidade". *V.,* entre nós, o artigo 282.º, n.º 4, da CR, e Joaquim de Sousa Ribeiro, "O diferimento da eficácia no tempo da declaração de inconstitucionalidade", in *RLJ,* 145.º, n.º 3998, 2016, 266 ss., esp.te 278. E se é certo que, as mais das vezes, é "em matérias de natureza financeira ou fiscal, designadamente para obstar à obrigação de reembolso de verbas recebidas pelo Estado", que se tem "feito [...] uso desta faculdade de modelação temporal dos efeitos" (cf. Id., *ibidem,* 267, sob 2.), a verdade é que também no âmbito de importantes questões de carácter eminentemente pessoal se pode recorrer ao mencionado expediente (cf., *v. gr.,* a alínea g) da "Decisão" do TC, no já conhecido Acórdão n.º 225/2018, de 24 de Abril de 2018, sobre a "gestação de substituição" – p. 84 da versão *on line,* a que tivemos acesso. Complementarmente – e, de certo modo, em contrapólo... – ao ponto *C* do Acórdão – pp. 64 ss., esp.te p. 81, sob o n.º 80, e p. 84, alíneas d) e e) da "Decisão" tirada –, vejam-se as passagens da "Declaração de voto" de alguns Conselheiros, quando alertam para a situação dos dadores de gâmetas e embriões que realizaram a sua doação "na expectativa da confidencialidade da dádiva"... – cf. *ibidem,* por exemplo pp. 117, 121 s., 123 e 128).

[689] Sem a habitual separação, com ponto final parágrafo – antes deste jeito sequencial, com o que pretendemos sinalizar a estreitíssima complementaridade das duas mencionadas jurisprudências (a jurisdicional e a doutrinal).

[690] Exemplifiquemo-lo (entre tantos outros tópicos que poderíamos privilegiar...) com o intenso (porque indispensável...) "diálogo" entre a doutrina penal e a doutrina constitucional: cf., *v. gr.,* José de Faria Costa, *Noções fundamentais de direito penal...,* 4.ª ed., cit., 115 ss. e 127. E com a desconsideração (ou o levantamento) da personalidade jurídica colectiva (entretanto – em meados de 2019 – invocado pelo Tribunal da Comarca de Lisboa para fundamentar o arresto de alguns bens da órbita patrimonial do empresário Joe Berardo). Este instituto (de criação doutrinal e de quando em vez mobilizado pela jurisprudência) pode dizer-se um corolário do princípio da boa fé e, *grosso modo,* autoriza a que se irreleve a personalidade (e a inerente autonomia patrimonial) de uma pessoa colectiva quando esta não for mais do que um biombo (razão por que também se alude aqui a um "levantamento do véu"...) atrás do qual se pretende colocar alguém com o propósito de escapar a responsabilidades que, *in nomine iuris,* deveria assumir e honrar. Se quisermos, é uma forma *sui generis* de sancionar a fraude à lei – talvez melhor, de combater a fraude ao direito por manipulação da lei, na exacta medida em que a criatura solertemente concebida não passa de um como que *alter ego* do fraudante (não é mais do que um seu heterónimo de protecção...), pois o mencionado estratagema, se fosse autorizado a intervir no circuito das ocorrentes relações juridicamente relevantes de modo formal e em estrita consonância com as regras tradicionais, salvaguardaria o agente de dissabores (poupando-o a muito pesados *incommoda,* e reservando apenas para ele, com menoscabo da correlatividade circunstancialmente inabdicável, os bem mais deleitosos *commoda...*): cf. Armando Manuel Triunfante/Luís de Lemos Triufante, "Desconsideração da personalidade jurídica – sinopse doutrinária e jurisprudencial", in *Julgar,* n.º 9 – 2009, 131 ss. (a posição dos AA. é particularmente restritiva – reservando a autêntica desconsideração para hipóteses muito específicas, recortadas com base na clássica analogia *iuris: v. ibidem,* 140 –, uma vez que lhe assinalam uma "natureza supletiva", um "carácter subsidiário"...: *v.* de novo *ibidem,* 140 s., e 145).

autoritária afirmação, para as querelas doutrinais, de verdades (supostamente) irrefutáveis. Ao invés daquela época em que os académicos olhavam os aplicadores com o desdém de uma falaciosa superioridade, e estes últimos censuravam àqueles primeiros as minudências conceituais em que eles se compraziam (digamo-lo, socorrendo-nos de – mas descaracterizando parcialmente… – uma célebre contraposição do *Geist…,* de IHERING[691]: os práticos não subiam do plano de uma elementar *niederen Jurisprudenz,* os teóricos não desciam daqueloutro de uma sublime *höhere Jurisprudenz…),* hoje uns e outros têm aguda consciência da complementaridade das tarefas de que se ocupam[692] (por junto, da judicativa e racionalizada realização histórico-concreta do direito)[693]

---

[691] Cf. R. v. IHERING, *Geist des römischen Rechts…,* cit., 2.ª parte, 2.ª ed., Leipzig, 1869, 341 ss., esp.te 371; *v.* ainda W. FIKENTSCHER, *Methoden des Rechts…,* III, cit., esp.te 225.

[692] Por isso, assim como se afirma (é um mero exemplo…) que "[u]m princípio interpretativo", doutrinalmente proposto, determina por vezes a emergência de "[u]ma regra jurídica jurisprudencial" (nestes termos, pensando uma situação paradigmática, J. SINDE MONTEIRO, "Direito dos seguros e direito da responsabilidade civil – Da legislação europeia sobre o seguro automóvel e sua repercussão no regime dos acidentes causados por veículos. A propósito dos Acórdãos Ferreira Santos, Ambrósio Lavrador (e o.) e Marques de Almeida, do TJUE", in *RLJ,* 142.º, n.º 3977, 2012, 98 s., sob 9. e 10.), também deverá reconhecer-se a relação determinante de sentido inverso – mas sobretudo, insistimos, a dialéctica de recíproco benefício, inevitável e saudavelmente decorrente da actuação das duas mencionadas instâncias.

[693] À dogmática *(Rechtsdogmatik) – i. e.,* à doutrina *(Rechtslehre) –,* já o recordámos –, não se aponta, portanto, hoje, um carácter conceitual e de autoridade, mas antes de fundamentação e prático--normativo: cabe-lhe sobretudo enunciar (excogitar e propor) bordões regulativos – compromissos arqueoteleonomológicos que o direito talvez deva assumir e empenhar-se em realizar, e que cumprirá à jurisdição ir porventura experimentando, e à legislação eventualmente consagrar. Da doutrina espera-se, portanto, agora, nomeadamente, a elaboração de critérios jurídicos por que se devam orientar os tribunais na solução daqueles problemas que o legislador ainda não tenha considerado, ou entenda mesmo não dever considerar. Sirva-nos de exemplo, entre tantos outros (a relação obrigacional complexa, a doutrina da base do negócio, os contratos com eficácia de protecção para terceiro, a doutrina da liquidação do dano de terceiro, a responsabilidade pela confiança, a doutrina da *culpa in contrahendo,* a indemnização de clientela do distribuidor comercial, as cartas de conforto – alguns deles, como é sabido, entretanto "[…] integrados na ordem jurídica *por via legislativa […]":* cf. António PINTO MONTEIRO, "Interpretação e o protagonismo da doutrina", in *RLJ,* 145.º, n.º 3995, 2015, 66 ss., esp.te 74 ss., sob 5. II.; *v.* ainda, pressupondo conjuntamente as jurisprudências doutrinal e jurisdicional, A. CASTANHEIRA NEVES, *Metodologia Jurídica…,* cit., 217 e 227 s.), o dos conflitos (positivos e negativos) de qualificações (cf., por todos, A. FERRER CORREIA, *Lições de Direito Internacional Privado, I,* Coimbra, 2000, 225 ss.). E se o que se disse visa o passado, também olhando o futuro (um futuro a cada dia que passa mais presente…) poderíamos afirmar algo de semelhante: atente-se, *v. gr.,* na "digitalização da sociedade" e nas variadíssimas áreas do direito em que o referido fenómeno se manifesta, interpelando, particularmente (não obstante as múltiplas intervenções legislativas que, também neste domínio, não cessam de aumentar), … a "jurisprudência judicial e a discussão científica *[hoc sensu,* a doutrina]" – cf. Gerald SPINDLER, "Digitale Wirtschaft – analoges Recht: Braucht das BGB ein Update?", in *JZ,* 17/2016, 805 ss. – com as novas figuras jurídicas, e os correspondentes enredos problemáticos, que vão surgindo sem cessar *(blockchain, smart contracts…).*
Seja ainda uma derradeira situação exemplar que também nos permite convocar combinadamente a doutrina e a jurisprudência: a regra da repartição do risco (artigo 796.º do CC) e a da alteração das circunstâncias (artigo 437.º, n.º 1, ainda do CC) podem perfilar-se ambas como potencialmente susceptíveis de intervenção em referência ao mesmo caso concreto. Uma e outra (a doutrina e a jurisprudência) concordam em que, nessa hipótese, se conceda prevalência (deixemos entre parêntesis a questão de saber em que termos exactamente…) à mencionada regra de repartição do risco sobre o igualmente aludido regime da alteração das circunstâncias (as indispensáveis explicitações

– de resto, o sistema jurídico só se nos apresenta acabado (sem contradição prática: na sua irreprimível deveniência!...) em resultado da actuação articulada destes dois conjuntos de actores.

Os tribunais colhem, assim, na doutrina muitas das razões fundamentantes em que se louvam, e esta recebe daqueles grande parte da experiência problemática que reflecte[694]. O que não significa, sabemo-lo bem, que ambos dêem os mesmos passos, ao mesmo tempo. Seja, a este último propósito, o seguinte exemplo: deve, ou não, admitir-se a "possibilidade de cumulação da resolução do contrato [por incumprimento] com uma indemnização pelo interesse no cumprimento"? Ou melhor: na hipótese de resolução de um contrato por incumprimento, deve o lesado ser colocado "na situação em que estaria se o contrato tivesse sido cumprido" (correspondendo a indemnização – pelos tradicionalmente designados lucros cessantes – ao chamado interesse contratual positivo), ou tão-só "na situação em que estaria se não tivesse sequer celebrado o contrato" (em que a indemnização visava apenas ressarcir o lesado dos danos – emergentes, ainda na linguagem tradicional – que correspondessem ao chamado interesse contratual negativo)?[695] Vencidas algumas hesitações, a jurisprudência judicial mais recente, em diálogo com propostas doutrinais que por último se têm pronunciado sobre a questão, acabou por pender[696] para a tese

---

complementares ver-se-ão em CALVÃO DA SILVA, "Anotação" ao Acórdão de 10 de Outubro de 2013, do STJ, in *RLJ,* 143.º, n.º 3986, 2014, esp.ᵗᵉ 368 s., sob 2. Para se ajuizar criteriosamente da [im-]pertinência da mencionada primazia, atento o problema concretamente em causa – não se esqueça que o adequadamente recortado problema judicando é sempre o elemento determinante do juízo metodonomológico... –, cf. o Acórdão acabado de referir, sob 5., no n.º citado *Revista* decana, esp.ᵗᵉ 360 s.; mas também todo o restante argumento de CALVÃO DA SILVA. E ainda a muito cuidada ponderação de Paulo MOTA PINTO, in "Contrato de *swap* de taxas de juro, jogo e aposta e alteração das circunstâncias que fundaram a decisão de contratar", in *RLJ,* 144.º, n.º 3988, 2014, 27 ss., esp.ᵗᵉ 39 ss. e, particularmente, 50 ss.).

[694] Podem, de resto, surgir problemas evitáveis quando uma e outra se ignorem reciprocamente – ilustremo-lo, a propósito do exacto recorte de um certo "bem jurídico digno de tutela penal", com as reflexões críticas de Anabela MIRANDA RODRIGUES a um Acórdão do TC, em "Sobre o crime de importunação sexual", in *RLJ,* 143.º, n.º 3987, 2014, 430 ss. Como podem ainda subsistir diferenças no modo como determinado problema é ajuizado por uma e por outra – exemplifiquemo-lo com as posições divergentes do TRG e de João LEAL AMADO (caducidade do contrato de trabalho *vs.* despedimento por justa causa), relativamente ao caso de um jogador de futebol a quem fora aplicada uma pena de suspensão de seis meses por ter agredido um árbitro: cf., do nosso ilustre Colega e querido Amigo, "Quem não pode jogar não pode trabalhar?", in *RLJ,* 148.º, n.º 4017, 2019, 395 ss.; o aresto do referido Alto Tribunal ver-se-á igualmente no mencionado número da *Revista* decana, 380 ss....

[695] Atente-se na clareza desta síntese de Manuel de ANDRADE: "[]s]ão coisas bem diferentes [a] responsabilidade pela não formação do contrato *(interesse contratual negativo)* e a responsabilidade pelo seu não-cumprimento *(interesse contratual positivo):* cf. *Teoria Geral da Relação Jurídica,* vol. II, Coimbra, 1964, 136.

[696] No Acórdão de 21 de Outubro de 2010, Processo n.º 1285/07, do STJ – *v.* a nota seguinte.

que preconiza a cumulação da resolução do contrato por incumprimento com a indemnização do chamado interesse contratual positivo[697].

1.1.2.7. A realidade (não, decerto, a empiricamente bruta, mas a juridicamente significativa, que nem sempre se recorta em termos facilmente inteligíveis[698], por vezes obtenha consagração legislativa...[699]), com a sua específica densidade problemática (axiológico-normativamente intencionada), é outro importantíssimo estrato do *corpus iuris:* se o direito visa marcar, em certos termos, o "mundo da vida", se pretende realizar-se nele, não pode ignorar as tensões que fazem esse mundo assim e não de outro modo. A título exemplificativo (e omitindo pormenorizações complementares[700]), é a densidade predicativa da realidade que permite que se compreenda ser o quadro legal, em matéria de tributação, "das actividades de pesquisa, desenvolvimento e produção de petróleo" (a chamada "fase *upstream*"), diferente do da (ulterior) "fase *downstream*", atinente à "refinação do petróleo e [à] comercialização e distribuição dos produtos petrolíferos"[701]. Como é igualmente essa complexa realidade que está na

---

[697] Cf. Paulo Mota Pinto. "S.T.J., Acórdãos de 12 de Fevereiro de 2009 [ainda revelador de algumas hesitações] e de 21 de Outubro de 2010 [que inequivocamente consagrou a orientação mais adequada, a que se alude no texto]", in *RLJ,* 140.º, n.º 3986, 2011, 300 ss., esp.[te] 315 ss.; *v.* ainda Licínio Lopes Martins, *Empreitada de obras públicas. O modelo normativo do regime do contrato administrativo e do contrato público (em especial, o equilíbrio económico-financeiro),* Coimbra, 2014, 650 s.
E se o problema não decorrer do incumprimento de um contrato, mas da "ruptura das negociações preparatórias de um contrato"? A responsabilidade pré-contratual, assim emergente, implica apenas a indemnização do dano resultante da "lesão da confiança na celebração do negócio" (interesse contratual negativo), ou daquele que resulta do "incumprimento de um dever de conclusão do negócio" (interesse contratual positivo)? Na resposta a esta questão, e tanto quanto nos demos conta, a "doutrina" e [a] jurisprudência portuguesas" coincidem em fazer "[prevalecer] o critério da indemnização do dano de confiança" (interesse contratual negativo): cf. o Acórdão do STJ, de 31 de Março de 2011, Processo 3682/05.3TVSLB.L1.S1, in *RLJ,* 141.º, n.º 3974, 2012, 309 ss., e a "Anotação" concordante que o aresto mereceu de M. J. Almeida Costa/Henrique Sousa Antunes, *ibidem,* 323 ss.

[698] Exemplo: certas práticas do Direito Bancário do nosso tempo, adoptadas sob a capa de uma transparência crescentemente reclamada, acabam, bem ao invés, por revelar-se de uma opacidade superlativa, decerto potenciada pela sofisticação dos *instrumenta* técnicos que implicam – pelos "padrões de exigência particularmente apertados no que respeita ao *domínio da disciplina jurídica* aplicável à sua actividade negocial [... a] que os bancos estão sujeitos" (assim, Carolina Cunha, "Quando querer é poder: David, Golias e o conhecimento pelo Banco da vontade real do sócio-avalista que cede a sua quota", in *RLJ,* 148.º, n.º 4015, 2019, 266 e n. 61.

[699] Exemplifiquemo-lo com "[a]s especificidades do erro na contratação eletrónica": cf. Mafalda Miranda Barbosa, "Erro na formação do negócio jurídico e contratação eletrónica", in *Boletim da Faculdade de Direito",* Vol. XCIII, Tomo I, Coimbra, 2017, 177 ss., esp.[te] 197 ss.

[700] Algumas das quais poderão ver-se nas nossas *Lições...,* cit., 662 ss.

[701] As explicitações indispensáveis colher-se-ão em José Casalta Nabais/Marta Costa Santos, "A tributação da exploração petrolífera em Portugal", in *RLJ,* 145.º, n.º 3996, 2016, 146 ss., esp.[te] 154 ss. e 160 ss. E, ainda na área do Direito Fiscal, poderiam arrolar-se outros exemplos. Seja mais o seguinte, propositadamente formulado em termos interrogativos: nas chamadas actividades de investigação e desenvolvimento, a distinção entre uma fase de pesquisa ou investigação, e uma outra de "aplicação das descobertas derivadas da [mencionada] pesquisa [...]", ou fase de desenvolvimento, deve, ou não, ter consequências a nível tributário (pense-se na admissibilidade, ou não, e em que

base do "novo Direito das inundações", que se vai objectivando em critérios centrados no "planeamento do risco de inundação" em resultado, também, de uma capacidade de fazer previsões meteorológicas em termos cada vez mais sofisticados e precisos[702]. Olhando agora a tão penalizante situação que o nosso País tem vivido, é também ela que explica que o outrora inquestionado princípio do não-retrocesso se tenha visto comprimido (erradicado?...) pelo princípio da sustentabilidade do Estado, que o princípio da confiança tenha passado a articular-se com o princípio da justiça intergeracional[703]... Na esfera particular de que nos ocupamos, é também essa realidade que subjaz ao *Normbereich* (ao "âmbito [de realidade] da norma"), para que Fr. MÜLLER veio chamar a atenção, e que não poderá deixar de ser considerado um dos segmentos capitais do processo de "concretização" / "construção" da "norma de decisão judicativa" em que, da perspectiva do A., culmina o exercício metodonomológico[704]. No plano judicativo, é do mesmo modo a "primazia [conferida à] realidade", em detrimento de mais ou menos engenhosas "estipulações" contratuais (tendentes a ... tapar o sol com uma peneira), que levou um tribunal londrino a qualificar como *dependent worker* ("uma categoria intermédia", próxima do genuíno trabalhador subordinado, e "que merece a (e carece da) protecção das leis do trabalho [...]"), e não como mero *independent contractor* (profissional independente), um motorista da Uber (atento o artigo 10.º do CT, outro tanto faria, muito provavelmente, um tribunal português)[705]. E, se não erramos, é ainda a realidade jurídica que inspira certos bordões procedimentais (o desrespeito de determinadas praxes administrati-

---

regime, da "capitalização das despesas")?: cf. Daniel TABORDA/José Ricardo AGUILAR, "Inovações na fiscalidade da inovação: o regime fiscal da I&D", in *Boletim da Faculdade de Direito,* Vol. XCII, Tomo I, Coimbra, 2016, 91 ss., esp.[te] 95 ss.

[702] Cf. Alexandra ARAGÃO, "Ensaio sobre a prospectividade no Direito Administrativo do Ambiente", in *Conferências Fezas Vital e Rogério Soares. Cadernos do Centenário,* Coimbra, 2016, 96 ss. e 109 ss.

[703] Cf., *v. gr.,* Rui Manuel MOURA RAMOS, "Situação e desafios da protecção dos direitos fundamentais na União Europeia", in *RLJ,* 146.º, n.º 4000, 2016, 53, sob 10. (e bibliografia aí citada).

[704] Cf. o que já escrevemos, por exemplo, em *O direito, a internacionalização e a comparação de sistemas jurídicos...,* cit., in *Analogias,* cit., 448. *V.* ainda *infra,* 269 s.

[705] Cf. João LEAL AMADO/Catarina GOMES SANTOS, "A Uber e os seus motoristas em Londres: *mind the gap!",* in *RLJ,* 146.º, n.º 4001, 2016, 111 ss., esp.[te] 125 ss.
A distinção dependentes/independentes (especificamente, entre auxiliares de um e de outro tipo) é, recorde-se, bem conhecida no quadro do Direito Civil. E, em certos casos, pode suscitar dificuldades acrescidas: se, por exemplo, fizermos intervir, no circuito problemático, robôs, em matéria de responsabilidade contratual *(v.* os artigos 800.º, n.º 2, e 809.º, do CC) deverão eles ser equiparados aos primeiros ou aos segundos – mas com que particulares exigências relativamente aos pressupostos, e com que exactas consequências na determinação do regime jurídico adequado?... Cf. António PINTO MONTEIRO, *"Qui facit per alium...",* cit., in *RLJ,* 148.º, n.º 4015, 2019, 200 ss., esp.[te] 208 ss., sob III. Ou (com o simples propósito – permita-se-nos... – de aumentar um pouco mais a complexidade): como deverá dirimir-se a questão aqui em debate se aceitarmos "[...] conceber os seres humanos como meros 'robôs biológicos'"? – colhemos a expressão em Julian BAGGINI, *As fronteiras da razão...,* cit., 193.

vas pode envolver a preterição do princípio da legalidade), algum *soft law* (cuja violação é susceptível de originar uma negligência criminalmente punível)[706]...

1.1.2.8. Há muito que nos habituámos a parafrasear um *slogan* típico dos tempos de exasperação de certos voluntarismos politicamente determinados: direito há só um, o que possa dizer-se vigente e mais nenhum. Pois bem: os vários estratos do sistema jurídico, a que recapitulativamente aludimos e que constituem modos distintos de objectivação do direito (tanto pela sua origem normativa, quanto pela sua índole específica), beneficiam, sem surpresa, de presunções de vigência consonantes com a identidade de cada um[707]. As referidas presunções são, evidentemente, ilidíveis (para as presunções legais, e como se sabe, é essa a regra: atente-se no artigo 350.º, n.º 2, do CC[708]) [709]. E, conquanto umas tenham mais peso do que outras[710], a verdade é que qualquer

---

[706] Cf. as nossas *Lições...*, cit., 670 e n. 216 – e bibliografia aí convocada.

[707] Cf., sobre o ponto, *ibidem,* 672 ss.

[708] Trata-se de uma regra com uma enorme importância prática, pois é sobre o interessado em ilidi-las (é, por exemplo, àquele que tem interesse em refutar que "o registo definitivo constitui presunção não só de que o direito existe, [...] mas, ainda, de que pertence ao titular inscrito [...]": cf. Mónica Jardim, *Efeitos substantivos do registo predial. Terceiros para efeitos de registo,* Coimbra, 2013, 493 s.) que recai o ónus da prova.

[709] Exemplos de presunções legais *iuris et de iure* – inilidíveis – e *iuris tantum* – ilidíveis – poderão colher-se em J. Baptista Machado, *Introdução ao direito e ao discurso legitimador,* cit., 111 ss. Uma explicitação da *ratio* subjacente às mencionadas presunções poderá ver-se, por exemplo, em Pedro de Albuquerque, *A vinculação das sociedades comerciais anónimas e por quotas,* Vol. I, Lisboa, 2017, 987 s. n. 5749.
Privilegiando um certo entendimento das coisas – que não discutiremos aqui... –, haverá ainda presunções como que hesitantes, oscilantes, ziguezagueantes *(scilicet,* ora *iuris tantum,* ora *iuris et de iure),* como aquela com que poderá ver-se confrontado um trabalhador atingido pelo infortúnio dos salários em atraso: a presunção de que beneficia, se entender resolver o contrato, "começará por ser relativa, com base no Código Civil [cf. o respectivo artigo 799.º, n.º 1], converter-se-á em absoluta após 60 dias de mora, por força do n.º 5 do art. 394.º do CT... e voltaria a converter-se em relativa após 90 dias de mora". Cf., para o que aqui nos limitamos a pressupor, João Leal Amado, "Falta de pagamento da retribuição e resolução do contrato pelo trabalhador: a questão do *timing",* in *RLJ,* 145.º, n.º 3996, 2016, 166 ss., esp.ᵗᵉ 170.

[710] Jan Schapp, por exemplo, esclarece que a vinculatividade de uma norma jurídica legal é superior à de um critério jurídico disponibilizado pela jurisprudência, quer judicial, quer dogmática (lembremos Montaigne: "[...] les loix se maintiennent en credit, non par ce qu'elles sont justes, mais par ce qu'elles sont loix. C'est le fondement mystique de leur authorité; eles n'en ont poinct d'autre" – cf. *Essais,* Livre 3, XIII; na ed. devida a Alexandre Micha, Paris, 1996, 283. Acrescente-se apenas que a ideia fundamental subjacente ao que acaba de sublinhar-se ainda hoje se manifesta – mais ou menos explicitamente e mais ou menos pertinentemente, não é este o ponto na circunstância em causa ... – em sede jurisdicional. Ilustremo-lo com a seguinte passagem da "Declaração de voto", da Conselheira Maria de Fátima Mata-Mouros, ao polémico Acórdão n.º 413/2014, Processo n.º 14/2014, de 30 de Maio de 2014, do TC: "Não cabe ao Tribunal Constitucional apreciar a bondade da opção elegida pelo legislador democraticamente legitimado – apenas ajuizar se as medidas são conformes à Constituição" – cf. o n.º 6 da mencionada "Declaração de voto"; *v.* igualmente o seu n.º 5. Ou com estoutra nota, que visa, conjuntamente, as mencionadas jurisprudências judicial e dogmática: se havia dúvidas, na doutrina e nos tribunais portugueses, mesmo depois da posição assumida pelo TJCE, quanto à admissibilidade de um "direito de oposição do trabalhador", em sentido amplo, à transmissão do seu contrato de trabalho, elas foram dissipadas pela Lei n.º 14/2018, de 19 de Março

delas disponibiliza... "uma dupla abertura"[711] – a da inércia e a da inovação, sendo certo que a primeira nunca deverá impor-se por estritas razões de economia de esforço, e que a segunda implicará sempre a (mais ou menos fadigosa...) assunção do ónus da contra-argumentação.

1.1.2.9. Em brevíssima síntese, diremos que o sistema jurídico se nos apresenta como uma *Gestaltung* – como uma com-posição de elementos em que o todo é mais do que a mera soma das partes, discretamente consideradas. E é assim porque o sentido do direito não se nos revelou apenas mais um elemento (/estrato) que venha acrescentar-se aos restantes, e que se situe no mesmo plano em que todos eles se encontram, sem qualquer diferença, mas o étimo da dialéctica que os enreda, da dinâmica que os projecta e da intenção que os predica.

1.2. Voltemos agora a nossa atenção para o pólo quântico *(hoc sensu:* o atinente ao segmento/partícula mais circunscrito) do exercício judicativo-decisório.

Sublinhámos já, repetidas vezes, que o caso/problema jurídico concretamente judicando é o "ponto de partida" e a "perspectiva" da reflexão metodonomológica – e esta está longe de ser uma afirmação anódina. Mas não capitulemos ao "distúrbio" da "satisfação prematura [de toda a] curiosidade"[712] – tentemos avançar, para maior segurança, passo a passo...

1.2.1. A categoria problema recortar-se-á mais exactamente se a confrontarmos com outras a que por vezes aparece associada (com o propósito de

---

– cf. João Leal Amado, "Transmissão da empresa e contrato de trabalho: algumas notas sobre o regime jurídico do direito de oposição", in *RLJ,* 147.º, n.º 4010, 2018, 290 ss.) – exemplo: a vinculatividade de uma norma constitucional é superior à de um critério disponibilizado pelo TC (e, por isso, merece censura o modo como, não raro, este órgão jurisdicional – mas também o legislador, mediante o recurso a falsas leis interpretativas, em claro abuso do brocardo *Roma locuta causa finita* – tem vindo a sabotar o artigo 103.º, n.º 3, da CR, que, em 1997, consagrou o princípio da não retroactividade dos impostos: cf. José Casalta Nabais, "Notas a respeito das leis interpretativas e impostos retroactivos", in *RLJ,* 147.º, n.º 4008, 2018, 140 ss., esp.te 152 ss., sob 3.) –, que este tem mais força do que um modelo prático excogitado pela doutrina, etc.: assim, em *Einführung in das Bürgerliche Recht: Auslegung und Anwendung der Rechtssätze,* cit., in *Methodenlehre und System des Rechts,* cit., 46.

[711] Cf. J. J. Gomes Canotilho, "Cláusulas de rigor e Direito Constitucional", in *RLJ,* 141.º, n.º 3971, 2011, 90. Acrescente-se apenas que a "dupla abertura", a que aludimos (e o modo como, logo a seguir, a exploramos no texto...), se mostra inteiramente consonante com a caracterização do homem como um... *animal paradójico,* porque permanentemente exposto ao desafio de ter que optar ou pela "segurança" dos caminhos conhecidos, ou pela "criatividade" postulada pelo rasgar de caminhos novos – v. Silvério da Rocha-Cunha, *Paradoxes of modernity in international political theory. Inquiries into the nature of certain problems (Critique of Simplifying Reason III),* V. N. Famalicão, 2017, 41 – (como também insinuámos, sem exclusão da possibilidade de trazer a uma razoável concordância prática os dois mencionados tropismos contrapostos...).

[712] Cf. D. Dennett, *Quebrar o feitiço...,* cit., 95.

"explicar bem o que uma coisa é, convém deixar claro o que a coisa não é"...[713]): mistério, enigma, aporia... [714]

O mistério[715] é não o apofático *quoad nos* (o inefável, mas inteligível), mas o apofático *quoad se* (o inefável, não meramente para nós, mas como tal)[716] – "[o mistério] apenas [tem] significado", sentenciou em certa ocasião, com a sua heterodoxa lucidez, E. E. CUMMINGS[717] ... e é esse significado que não raro suscita um nosso profundamente convicto *credo quia absurdum:* ante o *mysterium tremendum* a linguagem emudece e as tentativas de uma formulação verbal (ensaiadas, nomeadamente, por filósofos e por teólogos[718]) não passam, na mistagogia envolvida ou no misterianismo implicado, de analogias frutes. Ou então, com não pequena arrogância à mistura, transmutam-se na sua própria negação e dão origem a imprecações como esta, famosa, de RIMBAUD: "Le grand ciel est ouvert! Les mistères sont morts..." O linguista Noam CHOMSKY dividiu as questões que intrigam a humanidade em "problemas", que podem ser resolvidos, e "mistérios", que não é possível resolver[719]. Para o filósofo Gabriel MARCEL, se eu estou imerso no mistério, tenho, ao invés, a possibilidade de olhar de fora qualquer problema[720]. Nesta linha, poderá ainda afirmar-se que

---

[713] Cf. António DAMÁSIO, *A estranha ordem das coisas...,* cit., 152.

[714] Diferente desta é a questão que consiste em recortar, para contrapor, as "coisas que sabemos que sabemos", os "desconhecidos conhecidos", "os conhecidos desconhecidos", e, no limite, os "desconhecidos desconhecidos" – que tem interpelado, nomeadamente, filósofos e epistemólogos, e que, por isso mesmo, nos permitiremos deixar aqui apenas aludida: cf. Marcus du SAUTOY, *O que não podemos saber ...,* cit., 23.

[715] O L. WITTGENSTEIN do *Tractatus...* designava-o o "místico". Lembremos os versículos capitais: 1.1. ("O mundo é a totalidade dos factos [...]"), 1.2. ("O mundo decompõe-se em factos"), 6.44. ("O que é místico é *que* o mundo exista, não *como* o mundo é") e 6.522. ("Existe no entanto o inexprimível. É o que se *revela,* é o místico") – na ed. cit., 29 e 140 s.
Claro que poderá sempre riscar-se o mistério (o místico) do circuito reflexivo. Basta, por exemplo, que nos disponhamos a responder em conformidade à seguinte pergunta de D. DENNETT: haverá mistérios ou puras manifestações de uma nossa "irreparável ignorância"?... (cf. *A ideia perigosa de Darwin,* cit., 389).

[716] Cf. D. DENNETT, *Quebrar o feitiço...,* cit., 190 s. Se quisermos uma (igualmente inspirada!) formulação paralela, di-lo-emos um outro nome – um eufemismo, em "versão rosa"... – para designar o absoluto (assim, Francisco d'EULÁLIA, *Tantos dias, estranhos dias,* cit., 40).

[717] Cf. E. E. CUMMINGS, *eu: seis inconferências. Conferências Charles Eliot Norton 1952-1953,* trad. de C. Rego Pinheiro, Lisboa, 2003, 33.

[718] Cf. Marcus du SAUTOY, *O que não podemos saber...,* cit., 476.

[719] *Apud* D. DENNETT, *A ideia perigosa de Darwin,* cit., 381.

[720] Ou, nas suas próprias palavras (que colhemos em Mário SANTIAGO DE CARVALHO, "O argumento antropológico. Henrique de Gand e Santo Anselmo", in *Philosophica,* 34, 2009, 308 n. 61): "Que é pois o mistério? Por oposição ao mundo problemático que, como se disse, está diante de mim, o mistério é alguma coisa a que estou ligado, não parcialmente por algum aspecto determinado e especializado, mas inteiramente, enquanto realizo uma unidade que por definição nunca pode apreender-se a si própria e só pode ser objecto de criação e fé. O mistério faz desaparecer a fronteira entre o 'em-mim' e o 'perante-mim', que há pouco podia ser recuado, mas sem deixar de reconstituir-se a cada momento da reflexão".

o mistério é como que "uma 'última pele' [...] do si-próprio que não podemos descrever porque não podemos sair dela"[721] – por isso se disse já o mistério uma das possíveis expressões do indizível para o ser falante que é o homem[722]. Por seu turno, a aporia (G. MARCEL falaria em enigma[723]...) é como que um problema insolúvel: sabemos que teríamos que caminhar (reflexivamente) para o resolver, mas na procura do caminho enredamo-nos numa teia que no-lo esconde[724]. Insistindo na articulação acabada de sublinhar, reconheceremos, também nós, que os problemas são simultaneamente aporéticos e euporéticos: se a sua emergência "nos mostra onde o caminho se interrompe", o esforço implicado pela respectiva solução "[indica-nos] igualmente [...] onde procurar o novo caminho a seguir"[725].

1.2.2. Alusão feita a estas distinções, (con-)centremo-nos doravante nos problemas.

---

[721] Cf. G. STEINER/R. BOYERS (Org.), *George Steiner em The New Yorker,* cit., 361. Já agora: "a razão é uma faculdade humana moldada e limitada pelos seus hospedeiros" (assim, Julian BAGGINI, *As fronteiras da razão...,* cit., 147), que, por isso mesmo (a possibilidade de moldar e limitar radica na distância que se reconhece existir entre o agente e a sua acção...), pode ser abordada em termos analiticamente explicitantes (cf. *supra,* cap. II). Ao invés, o mistério permanece inacessível a qualquer tentativa desse tipo, porque nele (tal-qualmente o caracterizámos no texto que nos trouxe a esta nota...) não há uma distância semelhante àquela a que aludimos.

[722] Cf., invocando um ensaio de Max KOMMERELL sobre KLEIST, G. AGAMBEN, *A potência do pensamento...,* cit., 210. Ou, privilegiando um outro registo: "[o] mistério é desprovido de tempo; contudo, a intemporalidade assume a forma do Aqui e Agora"; "a essência do mistério é, e continuará a ser, o presente intemporal"; e é essa "supressão do tempo no mistério que [...] liberta o pensamento de todo e qualquer escrúpulo lógico ou racional [...]" – assim, Thomas MANN, *José e os seus irmãos. I...,* cit., 37 e 39 – ... e que do mesmo passo viabiliza a respectiva epifania.

[723] O enigma (admitindo a respectiva existência... Cf. L. WITTGENSTEIN, *Tractatus...,* 6.5. "[...] O *enigma* não existe. Se se pode de todo fazer uma pergunta, então também se *pode* respondê-la" – na ed. cit., 141) traduz uma interpelação que fica a meio caminho entre o problema (uma questão "que mais tarde ou mais cedo o homem pode resolver") e o mistério ("uma realidade na qual se crê, mas cuja intelecção racional estará para sempre vedada ao homem"), e a significar aquelas "questões que nunca serão completamente resolvidas, mas de cuja solução racional o homem se vai aproximando cada vez mais, ainda que apenas assintoticamente" (assim, Anselmo BORGES, *Sobre o corpo e a esperança em Pedro Laín Entralgo,* cit., in J. A. PINTO RIBEIRO (Coord.), *O homem e o tempo.* Liber Amicorum *para Miguel Baptista Pereira,* cit., 66). Acrescentemos apenas – para o lembrar... – que a (inevitavelmente mal traçada...) fronteira entre o enigma e o mistério foi sondada por GÖDEL, que logrou mostrar que... "existirão sempre perguntas irrespondíveis" (cf. Apostolos DOXIADIS/Christos H. PAPADIMITRIOU/Alecos PAPADATOS/Annie di DONNA, *Logicomix,* cit., 290; trata-se – nunca nos cansaremos de o dizer... – de uma "novela gráfica" imperdível!).

[724] Entre tantas outras (cf., *v. gr.,* João Maurício ADEODATO, *Filosofia do Direito. Uma crítica à verdade na ética e na ciência,* São Paulo, 1996, 84 ss.), mencionemos a aporia do ser: "o ser fornece suporte a todo o discurso menos ao que fazemos sobre ele (o qual não nos diz nada que não soubéssemos já no próprio momento em que começámos a falar dele)". Com efeito, "o ser não acrescenta nada àquilo a que se atribui [...] E é natural: se o ser é horizonte de partida, dizer de qualquer coisa 'que é' não acrescenta nada ao que já se deu por evidente pelo próprio facto de nomear essa qualquer coisa como objecto de discurso" (cf. U. ECO, *Kant e o ornitorrinco,* cit., 35).

[725] Assim, A. CASTANHEIRA NEVES, *Questão-de-facto...,* cit., 79 s.

Falar de problemas é considerar dificuldades circunscritas, objectivadas, recortadas, para as quais há, mais ou menos acessível, uma solução. Numa acepção dialéctica (originariamente aristotélica), os problemas identificam aquelas questões que se apresentam como "alternativas abertas" – havendo, portanto, sempre argumentos a favor de qualquer um dos seus termos[726]. Mas – insistimos –, com maior ou menor dificuldade e mais ou menos controvérsia, é possível pensar para eles uma resposta adequada[727].

Um problema (tanto em geral, como, *v. gr.,* um problema jurídico) radica na perplexidade suscitada por uma experiência concreta que se faz. Perplexidade para a qual não divisamos imediatamente uma resposta. Todavia, essa resposta é possível – conseguiremos encontrá-la mediatamente, se dispusermos da capacidade necessária e nos empenharmos o suficiente[728]. Quando uma certa experiência nos resiste e coloca "[à nossa] frente" como que um "obstáculo" que importa transpor, ou uma "dificuldade" que é mister superar[729], dando origem àquilo que ARISTÓTELES designou um "nó do espírito" (susceptível de provocar desde simples "cócegas"[730] meníngeas até às mais dolorosas comoções

---

[726] Cf. H.-G. GADAMER, *Wahrheit und Methode,* cit., 358.

[727] Contra o sentenciado pelo Poeta (e já admitido por Juristas...), e com PENROSE, temos para nós que "[t]odos os problemas são [– ou, quando menos: todos os problemas algo simplificantemente caracterizados como o fizemos no texto tenderão a ser... –] solúveis": cf., respectivamente, Fernando PESSOA, *Livro do desassossego,* cit., 110, 266 e ainda 386, Nuno ASCENSÃO SILVA/Geraldo ROCHA RIBEIRO, *A maternidade de substituição e o direito internacional privado português,* cit., 63 s., e Marcus du SAUTOY, *O que não podemos saber...,* cit., esp.^te 271 e 335 s. (o irrefutável *ignoramus et ignorabimus* tem que ver com enigmas, não com problemas: cf. ID., *ibidem,* 434 ss., e *supra,* 206).

[728] No discurso de agradecimento do "Prémio Pessoa 2013", com que fora agraciada, Maria Manuel MOTA afirmou a dada altura: "[a] solução (o fogo) apareceu primeiro. E o problema (aliás, o sem--número de problemas que foram solucionados pelo fogo) depois, no que podemos chamar de lógica reversa". Com todo o respeito, não cremos que as coisas se passem exactamente assim. O que "[aparece] primeiro" é a mais ou menos indefinida experiência com que nos deparamos – uma perplexidade que nos sobressalta, uma surpresa que nos interpela, uma novidade que nos desafia... – o fogo não tem que ser a solução; pode ser o problema!... O esforço reflexivo que essa "aparição" determina, conduz, num primeiro momento, à posição do problema – à respectiva tematização, recortando-o com nitidez naquele seu, originariamente caótico, contexto de emergência; e depois, por mediação dos apoios circunstancialmente pertinentes (disponíveis ou constituendos), à tentativa (nem sempre lograda ...) de adequadamente o solucionarmos. De resto, logo a seguir, a Cientista galardoada confirma que também entende as coisas deste modo. Nas suas próprias palavras, ape-nas perturbadas por interpolações (que se pretendem) explicitantes: "No exemplo do parasita [da malária]: primeiro descobrimos que ele atravessa células deixando um rasto de material seu por onde passa [a experiência que se faz]. Depois é que fomos perceber que, [recortando o problema e] interferindo nesse processo, talvez seja possível contribuir para controlar uma doença que mata mais de meio milhão de crianças por ano [, tentando solucionar o mencionado problema]": cf. Maria Manuel MOTA, "O poder do acaso em mentes diversas e informadas", in *Atual,* n.º 2171, do *Expresso,* de 7 de Junho de 2014, 42 ss., esp.^te 44.

[729] Explicitações complementares colher-se-ão em Luís A. M. MENESES DO VALE, *O problema jurídico do acesso à saúde...,* cit., 76 s. e 471; por seu turno, uma projecção do referido esclarecimento, atenta já uma das teses da dissertação, poderá ver-se na p. 889.

[730] Colhemos a palavra em SCHOPENHAUER, *Aforismos para a sabedoria de vida,* cit., 40.

mentais...), estamos diante de um problema. O problema é, assim, a experiência de uma resistência – da resistência posta pela experiência às exigências que pertinentemente se pressupõem: quando as referidas exigências (mandamentos irrenunciáveis, princípios norteadores da opção preferível, critérios orientadores da acção concreta, expectativas acalentadas...) chocam com a realidade – quando nesta se não mostram transparentemente cumpridas aquelas pressuposições, quando a realidade as contesta ou recusa –, deparamo-nos com uma questão, que (por "manter abertas as possibilidades de sentido"...[731]) nos leva a formular uma pergunta[732] para enunciar a dúvida que nos assalta[733], e temos um problema, que é a perplexidade de carácter constitutivamente cultural que experienciamos . "[S]ó a resistência objectiva da realidade nos alerta para"[734] a emergência de um problema. E daí que – sublinhava-o já PLATÃO – um problema manifeste um saber do não-saber: se tudo nos fosse transparente (como para os deuses), ou se tudo se nos apresentasse opaco (como para os ignorantes), não teríamos problemas[735]. O que se sabe (ou conhece) é a pressuposição que se mobiliza, a exigência que se assume; o que se não sabe (ou ignora) origina a interrogação que se formula atenta a desafiante experiência que se faz e que pertinentemente remete àquela pressuposição. Notas estas duas (cumulativamente necessárias para a posição de um problema[736]) que inspiram a ideia forte segundo a qual "o saber implica um risco [o risco inerente a uma sempre possível correcção das respostas arquivadas] e o não-saber uma possibilidade [a possibilidade aberta por qualquer pergunta que esclarecidamente se arrisque]"[737].

---

[731] Cf. H.-G. GADAMER, *Wahrheit und Methode,* cit., 357.

[732] Bom exemplo de um exercício jurídico constituído por uma série de perguntas que se vão formulando e a que se tenta responder, oferece-no-lo o já nosso conhecido estudo de Hélio RIGOR RODRIGUES, *A constituição de arguido...,* arquivado em *Julgar,* Dezembro de 2015, 11 ss.

[733] Pergunta essa que, naturalmente, reclama uma resposta. Na esfera da ficção é, decerto, concebível "[dar] uma resposta a esta resposta". No domínio do praticamente significativo, todavia, não se "responde a respostas", mas a "questões". Cf. G. DELEUZE/F. GUATTARI, *Mil planaltos...,* cit., 151.

[734] Cf. R. MUSIL, *O homem sem qualidades,* I, cit., 785.

[735] Cf. A. CASTANHEIRA NEVES, *Questão-de-facto...,* cit., 80. Se quisermos parafrasear Leo STRAUSS *(apud* Fábio CARDOSO MACHADO, *A autonomia do direito e os limites da jurisdição,* cit., 82), acrescentaremos que problemas se põem apenas àqueles que, como o homem comum, se podem dizer "um *in-between being,* entre os brutos e os deuses"...

[736] Se os dois mencionados segmentos (a pressuposição e a interrogação) fossem inteiramente transparentes, a ilusão (pois estaríamos ante uma miragem...) da certeza precludiria a posição do problema; se eles se mostrassem ambos intangíveis, seria o défice subjacente que conduziria ao mesmo resultado. João MAURÍCIO ADEODATO alude, a este propósito, a uma "[a]poria da consciência do problema": cf. *Filosofia do Direito...,* cit., 86.

[737] Cf. Wolfgang HOFFMANN-RIEM, "Wissen als Risiko – Unwissen als Chance", in ID., *Offene Rechtswissenschaft ...,* cit., 131 ss.

1.2.3. Compreende-se, por isso, que quem mais sabe *(scilicet,* aquele que é capaz de mobilizar mais pressuposições) consiga formular mais (e novas) perguntas e pôr mais (e novos) problemas[738]. E, na esfera do direito[739], é também assim. O jurista mais bem preparado (aquele que dispuser de uma "judícia"[740] mais alargada) consegue recortar (por vezes, de modo surpreendente porque com enorme subtileza – pense-se nos lampejos característicos de um grande advogado), no todo indiferenciado das situações-acontecimentos com que se

---

[738] Seja o seguinte exemplo: a cosmologia newtoniana é diferente da einsteiniana. Newton sustentava um espaço e um tempo absolutos. Einstein assumiu novos pressupostos e contrapôs àquela impostação das coisas um universo finito, mas ilimitado. Algumas experiências (ligadas ao fenómeno dos eclipses solares) vieram comprovar o acerto da previsão de Einstein. Mas o Nobel, com assinalável humildade científica, sempre admitiu que a concepção do seu também genial predecessor era uma muito boa aproximação à sua própria teoria (para além deste significativo reconhecimento, aquela concepção manteve ainda assinaláveis préstimos – *v. gr.,* a NASA continuou a recorrer à Física de Newton "para calcular as forças no lançamento e as trajectórias orbitais do vaivém espacial": cf. D. Dennett, *A ideia perigosa de Darwin...,* cit., 100) – que, aliás, poderia vir a ser superada por "uma teoria ainda mais geral" (o resultado negativo dos "testes de radar" contribuiu para falsificar – ou, quando menos, para abalar – a teoria da gravitação de Einstein...). É, de resto, desta exemplar atitude anti-dogmática que Popper tira, logo em 1919, a conclusão de que a verdadeira atitude científica é uma atitude crítica (o racionalismo só tem sentido como racionalismo... crítico), sempre aberta à possibilidade da emergência/disquisição de novos pressupostos, que (decorrentemente) não procura "verificações, mas testes cruciais; testes que [podem] *refutar* a teoria testada, embora nunca [possam] estabelecê-la *[scilicet:* demonstrá-la]": cf. Karl Popper, *Busca inacabada...,* cit., 58-60 e 66 s.

[739] Como, de resto (demo-lo já a entender...), em qualquer outra. Pense-se, *v. gr.,* na medicina: não deve surpreender que "os médicos mais novos [, por terem menos conhecimentos e menos experiência, apresentem] mais dificuldades em resolver situações em que não possam mobilizar uma regra pré-disponível, estando, consequentemente, mais sujeitos aos erros de conhecimento" (assim, Sónia Fidalgo, *Responsabilidade penal por negligência no exercício da medicina em equipa,* Coimbra, 2008, 30). A observação precedente tangencia a complexa problemática do "cuidado devido" para efeitos de negligência – nesta matéria, o referido cuidado deve ser individualmente apurado ou objectivamente fixado?... Cf., sobre a questão e por todos, J. de Figueiredo Dias, *Direito Penal. Parte Geral. Tomo I,* 2.ª ed., *...,* cit., 866 ss., esp.^te 871 ss.

[740] Cf., por exemplo (e de novo...), o que escrevemos em *A imaginação...,* cit., sob 6. (in *Analogias,* cit., 304 ss.), e em *Pj→Jd...,* cit., sob 11. (in *Analogias,* cit., 378 s.). Acrescentemos apenas que o próprio Savigny a relevou, dando-lhe, todavia, outros nomes – *die Kunst* (a arte), ou *der Tact* (o tacto) –, esclarecendo que só "o exercício próprio" permitirá afinar os referidos predicados, "que nos ensinam a encontrar o caminho correcto [... e são] a única protecção contra deslizes [que podemos sempre cometer]" – cf. agora Joachim Rückert, "Vom 'Freirecht' zur freien 'Wertungsjurisprudenz' – eine Geschichte voller Legenden", in *ZRG, GA,* 2008, 245 e n. 209.
Ainda sobre a judícia. Há sem dúvida "caminho[s] que se desvanece[m] nas nossas costas, à medida que o[s] percorremos" (assim, Mário de Carvalho, *Ocaso em Carvangel,* cit., XII – in *O varandim seguido de Ocaso em Carvangel,* cit., 182). Mas aqueles que caminhamos para pôr e resolver os problemas que nos vão interpelando são bem diferentes – identificam uma memória, decerto constituenda por mediação das aludidas, e continuamente emergentes, experiências problemáticas, mas igualmente, e sem contradição prática, sempre disponível para por ela nos orientarmos e parcialmente desonerarmos nos fadigosos passos que as referidas interpelações da vida nos impõem sem cessar. Ou, se nos dispusermos a ousar mais uma paráfrase (agora, a Thomas Mann, *José e os seus irmãos. I...,* cit., 297): a judícia perfila-se como um sempre afinável horizonte "do Regresso Impossível". Com efeito, uma vez acedido um certo patamar no apuramento da juridicidade, poderemos seguir em frente, nessa direcção, até ao extremo-limite do imperceptível *en avance,* ou, ao invés, pôr terminantemente em causa o sentido predicativo e a pertinência mesma da normatividade jurídica, *qua tale,* mas não poderemos, seguramente, apagar os passos que demos e que nos conduziram ao mencionado patamar.

depara, muitos mais problemas juridicamente relevantes do que um seu homólogo menos bem preparado.

A emergência e a tematização de um problema pode determinar – ou, no mínimo, concorrer para viabilizar – uma mudança de perspectiva, um rasgo inovador (que, quando concludentemente protagonizado por um juiz, em oposição ao pensamento dominante – se há pouco privilegiámos os advogados, olhemos agora os juízes... –, poderá até implicar uma sua mais rápida promoção aos tribunais superiores[741]), uma alteração no modo como, em certo sector da realidade culturalmente significativa, se passa a compreender "a coisa" de que aí se cuida (exemplo: a autonomização do problema do abuso do direito, a que ainda há pouco se aludiu[742], originou uma recompreensão da categoria dogmática direito subjectivo). Há, decerto, uma tipificação de problemas[743], que vai oferecendo precedentes (a regra é aqui o parátipo, não o holótipo ...)[744] [745], ao disponibilizar um saber de experiência feito (o saber é,

---

[741] Cf. Georg von WANGENHEIM, *Die Evolution von Recht. Ursachen und Wirkungen häufigkeitsabhängigen Verhaltens in der Rechtsfortbildung,* Tübingen, 1995, 87 s. (um livro deveras difícil, de que muito provavelmente perdemos a melhor parte, pois a argumentação é não raro desenvolvida com uma grande sofisticação matemática, e não a conseguimos acompanhar...).

[742] Cf. *supra,* 190 s.

[743] É o que acontece quando estamos perante "o mesmo" problema... que importa não confundir com um problema "igual" a um outro: "o mesmo" – *das selbe* –, nesta sua rigorosamente recortada acepção, só tem sentido "quando a diferença [que o predica] é pensada"; ao invés, "[o] igual *(das gleiche)* liga-se sempre ao sem-diferença, para que tudo coincida nele." Cf. Martin HEIDEGGER, "... Dichterische wohnet der Mensch...", in *Gesamtausgabe, Band 7, Vorträge und Aufsätze,* Frankfurt am Main, 2000, 189 ss.
De uma perspectiva jurídica, com base em esmeradas explicitações analíticas polarizadas na problemática em que se centra, cf. os valiosos esclarecimentos disponibilizados por J. M. AROSO LINHARES, in *O binómio casos fáceis/casos difíceis...,* cit., 3., 113 ss.

[744] Que nada têm que ver com – e que, por isso, não legitimam a cedência a – qualquer jurisprudência de *copy paste.* Como se sabe, o que acaba de escrever-se não é fruto de uma imaginação delirante, mas o corolário de um flagelo indisfarçável. Sobre os efeitos deletérios do *copy paste,* na esfera de que aqui cuidamos, que vão do absurdo do *Kitsch* (excrescências e adiposidades sem conta: recorde-se a denúncia de Maria José MORGADO, na sua coluna "Justiça de Perdição", no *Expresso* de 10 de Junho de 2016, 26) a vícios susceptíveis de ferirem irreparavelmente um acto formalmente jurisdicional, será necessário acrescentar alguma coisa?...

[745] Deixando de lado a perversão (a que aludimos na nota anterior), sublinhemos lapidarmente um ponto fundamental relacionado com a observação do texto que nos trouxe a esta nota: "há repetição quando as coisas se distinguem *in numero,* no espaço e no tempo, permanecendo o seu conceito *[hoc sensu:* o referente intencionado] o mesmo (o que complementarmente significa: 1.º) "elementos idênticos só se repetem na condição de uma independência dos 'casos' [...]"; e, 2.º) "diz-se que as coisas se repetem quando diferem sob um conceito que é *absolutamente* o mesmo" – cf. G. DELEUZE, *Diferença e repetição,* cit., 430 s. e 452). Se quisermos recorrer à alegoria (e sem abandonarmos a companhia do A. acabado de convocar...), a repetição desvela-nos "um mesmo Oceano [o pólo unificador] para todas as gotas [para uma cópia de partículas diferentes]" ...: cf. ID., *ibidem,* 478. Também aqui se pode, portanto, afirmar que se "a individuação produz diferença, a diferença produz comparação" ...: cf. Thomas MANN, "As cabeças trocadas. Uma lenda indiana", in *As três últimas novelas,* trad. de G. Lopes Encarnação, Porto, 2015, 10.

no fundo, o conjunto dos problemas postos e resolvidos…[746]), que nos poupa à fadiga de um esgotante sem-fim interrogativo (com efeito, "nós não podemos estar sempre a repensar ininterruptamente tudo o que o pensamos e o que os outros pensam"[747] – no horizonte da prática não estamos condenados a "começar do zero" […, a recuar ao] início dos tempos ou [ao] início do conhecimento": "[re-] começamos [, isso sim, *in] medias res*"[748], o que nos desonera muito significativamente). Lembre-se, a título exemplificativo, o acervo de experiências arquivado no (e disponibilizado pelo) Registo Nacional de Cláusulas Abusivas, no âmbito das chamadas cláusulas contratuais gerais[749]: o ginásio que se arroga a faculdade de alterar livremente o valor da anuidade; a seguradora que exige a realização de todos os pagamentos devidos nos seus escritórios; o banco que estipula impenderem sobre o beneficiário todas as despesas judiciais e extrajudiciais implicadas pela boa cobrança dos créditos de capital, juros e encargos legal e contratualmente devidos… Ou, paralelamente, as críticas que se fazem ouvir quando, sem um fundamento suficiente (ou, quando menos, com um fundamento de duvidosa concludência…), se rompe com uma prática jurisprudencial testada, afinada e estabilizada e se "dá *um passo de gigante* na […]" abordagem do problema concretamente em causa[750].

1.2.4. Mas se os problemas postos e resolvidos[751] se vão tipificando ou seriando[752], atendendo às mais ou menos extensas "semelhanças de família"

---

[746] … E tende a crescer com o "girar [d]a manivela bayesiana" *(i. e.,* à medida que o saber previamente adquirido vai sendo confirmado/enriquecido por novas experiências problemáticas entretanto empreendidas). Cf. Pedro Domingos, *A revolução do algoritmo mestre…,* cit., 174. Todavia, sem esquecer nunca que a insistência na "imitação e [na] repetição [, que deste modo se enfatiza, pode toldar] a razão" (ousámos agora parafrasear Thomas Mann, *José e os seus irmãos. I…,* cit., 213) – a já nossa conhecida (cf. *supra,* 172 s., sob 2.12.) razão modeladora do adequadamente recortado exercício metodonomológico.

[747] Recordemos o belíssimo original alemão, de Thomas Bernhard: "[…] wir dürfen nicht ununterbrochen […] alles, was wir denken und was andere denken […] immer wieder durchdenken […]" – *apud* G. Steiner, *A poesia do pensamento…,* cit., 150 e n. 76.

[748] Cf. Bernard Suits, *A cigarra filosófica…,* cit., 264 s.

[749] Cf. os artigos 34.º e 35.º do Decreto-Lei n.º 446/85, de 25 de Outubro.

[750] Colhemos a expressão transcrita na "Declaração de voto" da Conselheira Maria Lúcia Amaral, no controvertido Acórdão n.º 413/2014, Processo n.º 14/2014, de 30 de Maio de 2014, do TC – cf., esp.ᵗᵉ, o respectivo n.º 4; a situação intencionada é a dirimida pelo referido aresto.
"Sem um fundamento suficiente", escrevemos no texto. Razão pela qual poderá "ser sistemicamente disfuncional" que um tribunal de primeira instância divirja de um outro de última instância, conquanto na ausência de "um princípio rígido de *stare decisis*" – as expressões reproduzidas, que descontextualizámos, são de Jónatas E. M. Machado: cf. "A responsabilidade dos Estados Membros da União Europeia por atos e omissões do Poder Judicial", in *RLJ,* 144.º, n.º 3991, 2015, 284 – nada o impeça… desde que assuma e satisfaça o exigente ónus da contra-argumentação, em virtude da consabida "presunção de justeza" de que beneficiam as orientações jurisdicionais reiteradamente observadas.

[751] Postos paradigmaticamente pelos advogados, e resolvidos, também paradigmaticamente, pelos juízes – se aceitarmos olhar a questão pela perspectiva das máscaras profissionais mais habitual-

que apresentem[753], o certo é que a experiência concreta é sempre mais rica, na medida em que lhe inere uma mais ou menos alargada (e inelimitável!) margem de novidade, instituinte de uma maior ou menor marca diferenciadora[754]: a vida não se desenrola em circuito fechado, "[o] novo acontece sempre à revelia da esmagadora força das leis estatísticas e da sua probabilidade"[755], "é 'o infinitamente improvável que ocorre regularmente'"[756] (LAPLACE "acreditava não ser [a teoria da probabilidade] mais do que senso comum reduzido a cálculos"...[757]) , pelo que "[n]ão *podemos* inferir os acontecimentos futuros dos acontecimentos presentes"[758] – ou, alargando um pouco mais o arco temporal, *"[the] future will not copy fair [the] past"*[759]; ao invés, está cheio de *unknown unknowns* (RUMSFELD)[760]. As mencionadas novidades, mesmo as

---

mente afiveladas. Cf., por exemplo, Manuel A. CARNEIRO DA FRADA, *Direito Civil. Responsabilidade civil. O método do caso,* Coimbra, 2006, 136, sob 34.

[752] A clarificação do que aqui nos limitamos a subentender, poderá ver-se no nosso *Praxis, problema, nomos...,* cit., in *Analogias,* cit., esp.[te] 239 s. e 248 s.

[753] Cf. L. WITTGENSTEIN, *Investigações Filosóficas,* I parte, 1-5 – na ed. cit., 171 ss. Pense-se, como símile mais-que-perfeito, no plano estético (facilmente transponível, *mutatis mutandis,* para aqueloutro de que cuidamos...), nas minuciosas e inspiradas composições geométricas de M. C. ESCHER, da série *Círculo limite* – tentativas de definir (ou, quando menos, de tocar...) o infinito, em que as mesmíssimas figuras se repetem, enredadas, com todo o rigor, até ao extremo mínimo da própria possibilidade figurativa, com uma mera diferença de escala, mas sem perda de qualquer dos pormenores identificativos de cada uma.

[754] Entre os problemas vai-se assim tecendo uma rede de semelhanças (e de diferenças...) cujas malhas permitem apanhar (ou não...) os novos problemas a cada instante emergentes... Se quisermos, estamos aqui como que confrontados com o conhecido teorema de BAYES: a solução de novos casos de certo tipo consonante com aquela que para ele tem vindo a impor-se reforça a presunção da respectiva justeza (cf. *supra,* 202 ss., sob 1.1.2.8.); na hipótese inversa, essa presunção enfraquece. E é o duplo olhar que assim se nos impõe assumir em permanência que, por exemplo (privilegiemos esse lado da questão...), impede que o reconhecimento da relevância da inércia seja sinal de capitulação a um conservadorismo mal-avisado (cf. Francisco d'EULÁLIA, *Tantos dias, estranhos dias,* cit., 31; *v.* ainda *infra,* notas 783 s.).

[755] Cf. H. ARENDT, *A condição humana,* cit., 226.

[756] Cf. ID., *ibidem,* 299 e 368.

[757] *Apud* Pedro DOMINGOS, *A revolução do algoritmo mestre...,* cit., 170.

[758] Assim, L. WITTGENSTEIN, *Tractatus...,* 5.1361. No segundo segmento deste versículo, o Filósofo acrescenta: "A crença no nexo causal é [aqui – permitimo-nos interpolar...] a *superstição":* cf. o seu *Tratado Lógico-Filosófico. Investigações Filosóficas,* (na ed., que temos vindo a citar) 85. *V.* ainda o que escrevemos em *Pj →Jd...,* cit., sob 5. e n. 132, in *Analogias,* cit., 353 s.

[759] Trata-se de uma paráfrase ao primeiro verso do soneto XLII, de Elizabeth BARRETT BROWNING, *Sonetos portugueses,* ed. bilingue, com trad. de Manuel Corrêa de Barros, Lisboa, 1991, 94.

[760] É justamente por ser assim, cremos, que o nosso Professor, pensando o problema... dos problemas passíveis de emergir e de deverem reconhecer-se juridicamente relevantes, pôde escrever: "[...] um plano, sendo embora projecto de futuro, não suspende a permanente projecção futura e [...] a ordenação positiva, sendo histórica, não suspende a história [...]" – A. CASTANHEIRA NEVES, *Metodologia Jurídica...,* cit., 224 (se "é orgulho luciferino pretender exprimir finitamente o infinito" – assim, Umberto ECO, *Aos ombros de gigantes...,* cit., 118 –, atrevemo-nos a dizer que não o será menos tentar interromper o ininterrupto curso da história e inconsiderar as imprevisíveis novidades com que esta tantas vezes nos surpreende... É que, como bem se sabe, "[o]s tempos mudam, [e], no fundo [, tudo está preso a essa sua irremissível deveniência]" – ousamos, deste modo, uma paráfrase

mais inesperadas, não serão, talvez, os "abismos do improvável" *(Abgründe des Unwahrscheinlichen)* que tanto atraem os matemáticos[761], porque têm que emergir em linha com um sentido, decerto deveniente, mas susceptível de ser verosimilmente pressuposto. De qualquer modo, constituirão sempre interpelações mais ou menos surpreendentes, porque as novidades são isso mesmo. E daí que se possa afirmar que, não obstante as por vezes notórias semelhanças com os até à data conhecidos, os novos problemas, predicados como são pela sua radical concretude, apresentam sempre um mais alargado conjunto de nervuras que os distinguem dos precedentes – havendo, entre uns e outros, uma irremissível *similitudine dissimile,* eles são ... "vastamente [o]s mesmo[s] diferentissimamente"[762], pois emergem em termos antroposcairos-topicamente balizados, *i. e.,* entre determinadas pessoas, num certo momento histórico, num dado lugar onde e modo assim[763]. Ou, por outras palavras: a

---

antinómica à seguinte passagem de um belo livro de Robert Menasse; "Os tempos mudam, mas no fundo apenas o que está solto se desprende do intemporal": cf. *A capital,* cit., 308). Razão pela qual um jurista que padeça de (ou se não empenhe seriamente em tentar corrigir uma sua hipotética) "miopia histórica" (a expressão é de H.-G. Gadamer, *Wahrheit und Methode,* cit., 358), pretendendo "[esmagar] o ímpeto do futuro no sulco do passado" (nas palavras de R. Esposito, *De fora...,* cit., 92), deverá ser motivo de grande preocupação...

[761] Cf. Georg Diez, "Halt im Unhaltbaren", in *Der Spiegel,* de 22.4.2013, 119.

[762] Cf. Fernando Pessoa, *Livro do desassossego,* cit., 365. Se quisermos, mesmo quando os problemas parecem "iguais [eles são, na verdade,] incrivelmente individuais" (cf. R. Musil, *O homem sem qualidades,* I, cit., 459) – recorrendo à singularíssima terminologia heideggeriana, di-los-emos "particularidades ontológicas" *(apud* G. Steiner, *Sobre a dificuldade e outros ensaios,* cit., 214). Nesta linha – e continuando a recorrer ao bordão sempre inspiradamente disponibilizado pela Literatura ... –, permita-se-nos que convoquemos a seguinte passagem das "Notas para a recordação do meu mestre Caeiro", de 1931, de Álvaro de Campos: "[...] Toda a coisa que vemos, devemos vê-la sempre pela primeira vez, porque realmente é a primeira vez que a vemos. E então cada flor amarela é uma nova flor amarela, ainda que seja o que se chama a mesma de ontem. A gente não é já o mesmo nem a flor a mesma. O próprio amarelo não pode ser já o mesmo [...]" (in Fernando Pessoa, *Prosa crítica e ensaística,* Lisboa, 2015, 84. Cf. ainda o que escrevemos *supra,* 103 s. n. 280). E estoutra, de António Lobo Antunes: em duas situações sucessivas, as circunstâncias modeladoras de um caso/problema podem, decerto, replicar-se – elas "são [, portanto,] as mesmas de então só que o então acabou--se" (cf. *Até que as pedras se tornem mais leves que a água,* cit., 344); pois não é esse então "o veloz instante", tão impossível de imobilizar como "o rio [, no seu] movimento incessante"?... (cf. Ovídio, *Metamorfoses,* XV, 176 ss. – na trad. de Paulo Farmhouse Alberto, Lisboa, 2018, 369). Essa a razão por que, relativamente aos problemas, não poderemos nunca poupar-nos ao esforço de uma muito séria analítica minuciosa. Ou, por outras palavras: a "queda em precipícios cada vez mais minúsculos, não é realmente hostil ao problema" (assim, Jorge Luis Borges, "A perpétua corrida de Aquiles e da tartaruga", in "Discussão" (1932) – cf. *Obras completas, I, 1923-1949,* trad. de J. C. Barreiros, Lisboa, 1998, 253) – viabiliza, isso sim, a rigorosa tematização do problema. Daí que não deva surpreender--nos (ousemos uma paráfrase a Edward Lorenz) que dois problemas imperceptivelmente diferentes possam reclamar soluções consideravelmente diferentes...: cf. Marcus du Sautoy, *O que não podemos saber...,* cit., 60 (se quisermos recorrer à linguagem da matemática, diremos dever imputar-se à teoria do caos a afirmação acabada de fazer...: cf. Id., *ibidem,* 58 ss.). E para reconduzirmos a um quadro jurídico mais ortodoxo a observação acabada de fazer, recorde-se o artigo 629.º, n.º 2, *d),* do CPC, e a posição do STJ quanto ao ponto: cf., por exemplo, o parágrafo final, da n. 18, da "Anotação" de Alexandre Libório Dias Pereira, publicada sob o título "Da invalidade da patente na arbitragem necessária relativa a medicamentos genéricos", in *RLJ,* 147.º, n.º 4008, 2018, 205.

[763] Cf. as nossas *Lições...,* cit., 887, e *Pj→Jd...,* cit., in *Analogias,* cit., 348 e n. 115.

emergência dos problemas é sempre co-determinada por um acaso ineliminá-vel[764], por uma constelação de circunstâncias *en avance* imprevisível – eles têm uma dimensão como que estocástica ... – [765], que, por exemplo, concorre para os contrapor aos conceitos[766] (... se limita a concorrer, note-se bem, porque a mencionada contraposição radica nuclearmente na identidade singular apenas predicativa dos problemas[767]), e terá implicado a superação da Jurisprudência

---

[764] Apenas co-determinada, note-se bem: "o destino [...] baralha as cartas, e nós jogamos" (a "síntese" – inspirada! – é de Schopenhauer: cf. os seus *Aforismos para a sabedoria de vida,* cit., 164). Se quisermos a confirmação disto mesmo num horizonte dominado por pressupostos antropológico--culturais muito outros, é ver os versos – sublimes! – de Manoel Monteiro, transcritos por Antonio Sá da Silva, na sua dissertação *Destino, Humilhação e Direito...,* Volume I, cit., 102 e 137.

[765] Co-determinada, permita-se-nos a insistência. Porque – acolhendo-nos a uma contraposição recorrentemente utilizada, na tentativa de explicitar um pouco melhor o que nos trouxe a esta nota ... – o acaso, a que aludimos ("[t]odos os dias acontecem no mundo coisas que não são explicáveis pelas leis que conhecemos das coisas"... – cf. Fernando Pessoa, *Livro do desassossego,* cit., 324; sobre este acontecer – "passivo" – e o modo como ele se envolve com o agir – "activo" –, cf. Wilhelm Kamlah, "Widerfahrnis und Handlung", in Karl-Otto Apel *et alii* (Hrsg.), *Praktische Philosophie/Ethik 1,* Frankfurt am Main, 1980, 89 ss., esp.<sup>te</sup> 90 e 91), enreda-se, no horizonte do mundo da vida ora em causa, com a necessidade – *hoc sensu,* com a suficiente tematização do pressuposto indispensável à irrupção de qualquer problema: o "por algo" viabilizador da pergunta que traduz a respectiva posição (cf. *infra,* 219 s.). E, como bem se sabe, se esta necessidade é sempre cognoscível ... excepto para os tolos, o acaso é sempre insondável ... excepto para os adivinhos. Se não erramos, sem a mencionada dialéctica o homem *(v. gr.,* o homem-jurista...) nunca poderia assumir-se como "redentor do acaso" ...: cf. Fr. Nietzsche, *Ecce homo,* cit., 139.

[766] V. o que, acompanhando Schopenhauer, pudemos escrever em *Pj →Jd...,* cit., in *Analogias,* cit., 331 e n. 66: "os conceitos nascem justamente do facto de fazermos abstracção das diferenças" (assim, A. Schopenhauer, *Die Kunst recht zu behalten,* cit., 16, n. 7; no mesmo sentido se pronuncia H. Arendt em *Pensar sem corrimão...,* cit., 222) ... sempre predicativas dos mencionados problemas (e mesmo que pretendamos colher algum conforto da hegeliana "paciência" dos conceitos – *hoc sensu,* da estabilidade que eles garantem, decorrente da sua quase sempre longa permanência no tempo –, importará não esquecer que a referida estabilidade tende para a ... rigidez cadavérica, mostrando-se em desarmonia com a permanente ... agitação metabólica que anima tudo o que se manifesta à sua volta – os problemas jurídicos com a sua ineliminável singularidade, os diversos modos de objectivação do direito com a sua pragmática intencionalidade, e uns e outros com a sua radical historicidade...). De uma perspectiva juridicamente comprometida, também nós diremos, portanto, que "quando atinge a [sua] auto-realização última, o conceito articulado aniquila a singularidade vital [como percebemos, a marca-de-água dos problemas ...] daquilo que concebe": assim, G. Steiner, *A poesia do pensamento...,* cit., 94. Sintetizemos o ponto capital com a lapidar afirmação de Martin Kriele de que "nenhum caso [-problema] é idêntico a qualquer outro": cf. *Theorie der Rechtsgewinnung...,* cit., 269. Ou, se preferirmos (e com rigor acrescido): não há, decerto, dois problemas "exatamente iguais"; não obstante, eles podem ser "relevantemente iguais" (é mais uma paráfrase a Amartya Sen, *Escolha coletiva e bem-estar social,* cit., 248).

[767] Cf. as nossas *Lições...,* cit., por exemplo nas páginas 783, 808 e 824.
Seja o seguinte exemplo: imagine-se um contrato misto "[...] de fornecimento [...] *com obrigação de montagem."* Como facilmente se compreende, essa realidade jurídica concreta nem sempre se apresenta nos mesmos termos. É, *v. gr.,* possível distinguir, relativamente ao último segmento indicado – e na terminologia alemã ... – "a *'Aufbau',* a *'Zusammenbau'* e a *'Einbau'* – em que o 'peso' relativo da montagem é progressivamente maior [...]": cf. Francisco M. de Brito Pereira Coelho, *Contratos complexos...,* cit., 301 n. 726. E ainda estoutro: críticas dirigidas por um trabalhador à entidade patronal na sua página pessoal do *Facebook* legitimam, ou não, um despedimento por justa causa? Depende dos exactos contornos do problema (cf. *supra,* 72 n. 154) e (decorrentemente...) da ponderação a levar a cabo, na situação concreta, de vectores não raro "em rota de colisão" – amigos que fazem parte de uma esfera estritamente privada ou de uma "esfera pública ou semi-pública", "liberdade de expressão e direito de crítica" que importa articular/compossibilitar com o "dever de respeito e urbanidade",

dos interesses, e até da Jurisprudência da valoração, por uma Jurisprudência da ponderação *(Abwägungsjurisprudenz)* – apenas um outro nome para uma genuína *Juristenjurisprudenz* (se preferirmos, para uma atribuição aos juristas, e de modo especial aos juízes, da última formulação, do afeiçoamento decisivo, do critério normativo circunstancialmente relevante[768]), centrada numa "comparação de grupos de casos" *(Fallgruppenvergleich)* e determinante de um discurso noeticamente polarizado na analogia e no *argumentum a contrario*[769] (ou, se preferirmos, na semelhança e na diferença...), *i. e.,* de uma autêntica *iurisprudentia analogica*[770].

Não obstante a importância desoneradora dos vários apoios estabilizados e disponíveis (e das inércias que eles correlativamente viabilizam...), nunca deveremos abdicar, como juristas, de tentar pôr sempre cada problema na sua autonomia (cuidado com as precipitações, pois "os precedentes podem inspirar e invalidar ao mesmo tempo"...[771]). Não deveremos receá-lo, porque se assumirmos, em termos esclarecidos, a tarefa que é institucionalmente a nossa, impõe-se-nos, por um lado, reconhecer que "a rotina do [...] pensamento [...] é insuportável"[772] – afinal, "[...] o pensamento só pensa com a diferença [...]"[773], pelo que procurar um "refúgio e [um] repouso do pensar no já pensado"[774] é uma ingenuidade muito de lastimar ...–, e, por outro e consonantemente, assumir a lucidez e a responsabilidade de um permanente *"Hindenken zum Anfang"* (de um "pensamento que caminh[e sempre] em direcção ao começo"[775] – *i. e.,* em

---

pré-existência "na empresa de um conflito laboral agudo" imputável ao empregador e determinante de uma "reacção" por parte do trabalhador com o estatuto de "delegado sindical" e, portanto, com deveres de intervenção de uma "latitude maior", amplificadora da "liberdade de expressão e [d]o direito de crítica" a que se aludiu, ou paz laboral inopinada e injustificadamente perturbada "por um trabalhador comum" ... (cf. a "Anotação" a um Acórdão da Relação de Lisboa, de João Leal Amado – sob o título "Enredado: o *Facebook* e a justa causa de despedimento" –, in *RLJ,* 145.º, n.º 3994, 2015, 57 ss.).

[768] Trata-se de uma paráfrase à *Verlagerung letzter Normprägund auf den Richter,* de que Josef Esser falou no já longínquo ano de 1960 – recorda-no-lo, agora, Joachim Rückert, "Interessenjurisprudenz, Verfassungswandel, Methodenwandel, Juristenjurisprudenz?", in *JZ,* 20/2017, 971 s.

[769] Cf. Id., *ibidem.*

[770] Recordamos a tese – e o título por inteiro... – da nossa dissertação *A metodonomologia...,* cit. Por seu turno, a última expressão do texto é do setecentista Johannes Jacobus Hoefler; mas só a expressão, sublinhe-se, não (nomeadamente...) as pressuposições assumidamente jusnaturalistas inspiradoras da sua obra *Jurisprudentiae analogicae fundamenta,* de 1742 (cf. Norberto Bobbio, *L'analogia nella logica del diritto,* Torino, 1938, esp.ᵗᵉ 69).

[771] São palavras de G. Steiner, in *Os livros que não escrevi,* cit., 211. É que, no horizonte de que nos ocupamos, há, decerto, padrões que se multiplicam e que nessa ampliação se redensificam; mas um caso concreto nunca se repete, igual, na sua exacta concretude...

[772] Assim G. Steiner, *A poesia do pensamento,* cit., 148.

[773] Cf. G. Deleuze, *Diferença e repetição,* cit., 438.

[774] Cf. Victor R. de C. Matos, *Originalidade e novidade da filosofia...,* cit., 11.

[775] Cf. G. Steiner, *A poesia do pensamento...,* cit., 43. "[E]m cada começo [como que sentiremos] em nós uma força mágica que nos protege e ajuda a [decidir judicativamente]". Trata-se de uma paráfrase

direcção ao caso) – e, "neste sentido", também nós poderemos dizer que "[...] cada jurista deve ser um anarquista"[776]... Tal como o cientista (sublinhou-o Thomas KUHN) tem que "ver a natureza de maneira diferente [para que] o novo facto [surja como] um facto científico"[777], também o jurista tem que dispor-se, em permanência, a relevar noutros termos a pertinentemente pressuposta normatividade jurídica vigente, ou a recortar diferentemente o mérito das experiências concretas que o interpelam (lembrem-se os já convocados[778] expedientes ingleses da *overruling* e da *distinguishing,* e a tensão entre justiça e estabilidade, correcção e repouso...[779] – entre "confiabilidade" e "previsibilidade", por um lado, e "decisão judicativa materialmente adequada", por outro[780] – para que abrem), para ser capaz de dar efectivos saltos em frente[781] – para conseguir captar, com a sua lupa específica (a da juridicidade) novos problemas que devam considerar-se (afirmemo-lo com o esperanto do nosso tempo) *new judicial sprouts...* Só uma *swing jurisprudence,* como esta que assim se propõe (ao relativizar o princípio da inércia e ao implicar, como que compensatoriamente, a assunção do – bem pesado! – ónus da contra-argumentação...) – e a com ela consonante séria observância da máxima *iurisprudentia semper reformanda...*[782], pode abalar a rotina e ilidir a suspeita da redução do direito

---

a dois belíssimos versos de Hermann HESSE, que nos atrevemos a traduzir liberrimamente, e que de seguida, em acto de contrição, transcreveremos no original e por extenso: "Und jedem Anfang wohnt ein Zauber inne, / Der uns beschützt und der uns hilft, zu leben" – cf. o poema "Stufen", in *Die Gedichte,* II, Berlin, 1977, 676.

Se quisermos juntar pontas só aparentemente deixadas soltas, cf. (em complemento do que escrevemos no texto que nos trouxe a esta nota, atente-se no que sublinhámos *supra,* 211 ss.) a distinção que H. ARENDT estabelece entre "o início *(Anfang)* e o princípio *(Ursprung)*", com o propósito de acentuar (irrelevemos aqui o enquadramento em que o faz...) que um e outro estão "não apenas [...] correlacionados entre si, mas [que são] coevos" – *apud* R. ESPOSITO, *De fora...,* cit., 61 e 70.

[776] Ousámos desta feita uma paráfrase a W. FIKENTSCHER. Cf., do nosso saudoso Professor de Munique, "Anarchie und Rechtswandel", in Andreas HELDRICH *et alii* (Hrsg.), *Konflikt und Ordnung. Festschrift für Murad Ferid zum 70. Geburtstag,* München, 1978, 475.

[777] *Apud* Jonah LEHRER, *Proust era um neurocientista,* cit., 60.

[778] Cf. *supra,* 103.

[779] Colhemos as expressões em Dulce LOPES, *Eficácia, reconhecimento e execução de actos administrativos estrangeiros,* cit., 449 s. Cf. ainda Fábio CARDOSO MACHADO, *A autonomia do direito e os limites da jurisdição,* cit., 432 ss.

[780] Cf. Oliver KLEIN, *Zur Frage der Bindung höchster Gerichte an ihre Rechtsprechung...,* cit., in *JZ,* 2/2018, 70, sob 3.

[781] A *overruling* e a *distinguishing* – e as suas refracções nos sistemas jurídicos europeus continentais, hoje lugares comuns nas ponderações implicadas pelo exercício judicativo-decisório, tal-qualmente o compreendemos – instituem (permita-se-nos o recurso ao tropo...) verdadeiros anacolutos metodonomológicos, pois se o ponto de vista que agora se privilegia rompe formalmente com o anterior, o adequadamente recortado sentido da (globalmente considerada) problemática em apreço reclama *(scilicet,* impõe fundamentadamente) essa ruptura.

[782] Parafraseámos assim Jodocus van LODENSTEIN – *apud* Oliver KLEIN, *Zur Frage der Bindung höchster Gerichte...,* cit., 70, sob V.

a uma construção anafórica – numa palavra, contestar, em termos concludentes, o conservadorismo que tantas vezes (impertinentemente!) se censura ao pensamento jurídico[783] [784]. Ou, sintetizando tudo isto (por mediação de uma paráfrase ousada…) na pergunta clássica: "[Iurisprudentes], quae causa subegit/Ignotas temptare vias?"[785] E a resposta não tem que ver (como na citada obra-prima co-fundadora da nossa cultura multi-milenar) com a execução de uma estratégia bélica e de um desígnio civilizacional[786], mas com a realização da normatividade jurídica – ou seja, e em dialéctica correlatividade, com a historicidade que a dinamiza, as exigências que a inervam e os problemas que a densificam… problemas estes que, na sua ineliminável *"diferença"*, podem, ou não, *"justificar"* uma "diferente consequência jurídica"[787].

---

[783] Se o conservadorismo prefere "o familiar ao desconhecido [...] e o tentado ao não-tentado" (trata-se de fragmentos da definição de Michael OSKESHOTT, que todos repetem…), um pensamento jurídico genuinamente inucleado em problemas situa-se nos antípodas de semelhante impostação, em virtude da irreprimível (e já sublinhada) novidade predicativa dos mencionados problemas. Acrescente-se que não é apenas esta criteriosa disponibilidade para re-ver o mérito de cada problema judicando e/ou a relevância problemática da normatividade jurídica circunstancialmente mobilizada que nos permite contestar a tradicional censura de que o pensamento jurídico é conservador. Pressuponentemente (e, portanto, a montante daquela primeira observação), deverá ainda mencionar-se um outro ponto, que legitima a mesmíssima conclusão. O de que sendo o direito, irredutivelmente (quantas vezes o lembrámos já?...), o rosto jurídico da pessoa, e apresentando esse rosto, em dialéctica correlatividade, duas faces (a da liberdade, que identifica a autonomia da pessoa, e a da responsabilidade, que traduz a sua inserção comunitária), não surpreende – antes se impõe! – que o pensamento jurídico nunca hesite em pôr a tónica naquela dimensão radical da pessoa (e radicalmente constitutiva do direito…) que, circunstancialmente, se manifeste em perda. Assim, num tempo como este nosso, dominado por uma deriva neoliberal (com o individualismo egoístico de um descabelado *primo mihi* – a perversão da autonomia e o menoscabo da responsabilidade…), compete ao pensamento jurídico afirmar (contra aquilo que ele naturalmente faria se fosse conservador…) a necessidade de reabilitação das exigências *in concreto* votadas ao ostracismo, ou, no mínimo, subalternizadas (a liberdade e/ou a responsabilidade)… sem esquecer os respectivos corolários principiais (nomeadamente, os princípios normativos transpositivamente caracterizadores dos diversos domínios jurídico-dogmáticos).

[784] Por outro lado, e se bem vemos, o carácter compensatório apontado ao ónus da contra-argumentação, que sobrecarrega aquele que estiver empenhado na abertura de um caminho novo, e que defende o circuito discursivo da cedência ao conservadorismo, não traduz qualquer absolutização do contrário do referido conservadorismo (seria o erro inverso…), antes se limita a exprimir a dialéctica subjacente a uma prática de rosto humano e o modo como ela deve ser assumida.

[785] Cf. VERGÍLIO, *Eneida*, VIII, 112 s. – na ed. devida a Paul Lejay, Paris: Hachette, s./d., 628. Atente-se na tradução proposta por Luís M. G. Cerqueira, *et alii* (no caso, por Cristina Abranches Guerreiro), da referida epopeia, Lisboa, 2016, 202: "[juristas], que razão vos impele a tentar caminhos desconhecidos?"

[786] Na *Eneida,* recorde-se, os inquiridos não são os juristas, mas "uma embaixada de chefes dardânios [...,] filhos de Tróia [, empenhados em] pedir auxílio militar" … depois da conquista, pelos Gregos, da sua cidade-natal. "Daqui provêm a raça latina [...] e as muralhas da grandiosa Roma", pois a "tão difícil empresa [que o mencionado auxílio viabilizou, consistiu em] fundar o povo romano": cf. VERGÍLIO, *Eneida*, I, 5-7 e 33 – na citada versão latina, 235 s. e 239; na tradução identificada, 15 e 16.

[787] Cf. Martin KRIELE, *Theorie der Rechtsgewinnung…*, cit., 165. Acrescente-se apenas que as dissensões/ rupturas, a que assim também se alude, tendem a aguçar a "especial curiosidade" de uma "opinião pública", sempre ávida de abalos que tais…: *v.* agora Rolf LAMPRECHT, *Richter contra Richter…*, cit., 121.

Tinha inteira razão São Tomás de Aquino quando asseverou que "[q]uanto mais se desce ao particular, tanto mais aumenta a indeterminação"[788]. Ao problema – a expressão emblemática do particular, em virtude da identidade singular que o predica – inere, portanto, uma irremissível margem de indeterminação. Que não deverá nunca perder-se de vista, sob pena de o não recortarmos na sua especificidade, diluindo antes esta última marca, mais ou menos notoriamente, na estrutura de padrões pré-disponíveis (*v. gr.,* na hipótese de critérios legais[789]) e, no limite, de a recusarmos mesmo quando ela resiste a essa diluição e, não obstante, apresenta ainda um mérito que intenciona, com surpreendente originalidade, com ruptora novidade, a normatividade jurídica[790]. Sintética e parafrasticamente: os casos/problemas não são "como aqueles 'corpos de pobre' [...] 'que cabem bem na roupa de toda a gente'"[791], antes implicam, isso sim, a cuidadosa atenção à sua identidade singular, determinante – sempre! – de uma norma judicativamente apurada.

Em suma, e sem obsessões nem maniqueísmos: tal-qualmente a compreendemos, a metodonomologia perfila-se diante de nós – permita-se-nos mais esta paráfrase...[792] – como um "projecto de responsabilidade", entretecido, em dialéctica correlatividade, por experiências problemáticas que intencionam um sentido, e por exigências de sentido problematicamente radicadas. A judícia – o normativo-juridicamente polarizado saber de experiência feito – a que vamos acedendo, vê-se constantemente interpelada por novos problemas, que vão reconstituindo esse experiencialmente sedimentado pano de fundo. Ora é "à luz" da mencionada judícia – mas "também à luz daquilo que nos parece" inerente a cada nova experiência – que nos vamos afoitando a recortar, nas situações-acontecimentos com que somos confrontados, os "casos jurídicos concretos"... que importará solucionar por mediação de um exercício judicativo-decisório muito dependente dos dois apontados bordões – do disponi-

---

[788] *Apud* Papa Francisco, *Amoris laetitia,* n. m. 304 – na ed. portuguesa a que acedemos, e já citada, p. 204. Cf. ainda *ibidem,* n. 348, já na p. 205. Na literatura jurídica mais recente, e entre nós, cf. Fábio Cardoso Machado, *A autonomia do direito e os limites da jurisdição,* cit., 313.

[789] Atente-se na abertura do n. m. da citada Exortação Apostólica, mencionada na nota precedente, e igualmente na página nela referida: "É mesquinho deter-se a considerar apenas se o agir de uma pessoa corresponde ou não a uma lei ou norma geral [...]". Cf. ainda os seus n.os m.ais 2, 49 e 300 ss. – na ed. cit., pp. 5, 36 e 199 ss. Acrescentemos apenas ter São Tomás reconhecido uma importância capital às "coisas concretas" – e, decorrentemente, na esfera do direito, à "singularidade de cada caso" e ... ao "logos [...] '*ana-logos*'": cf. Alain Papaux, *Introduction à la philosophie du "droit en situation",* Bruxelles/Paris/Zurich/Bâle, 2006, 82 ss. e 98 s.

[790] Cf., por último, *supra,* 179.

[791] Cf. Eça de Queiroz, *A correspondência de Fradique Mendes,* cit., 131.

[792] Agora a R. Dworkin: cf. *Justiça para ouriços,* cit., 116.

bilizado pela judícia e do excogitado em directa referência a cada problema circunstancialmente judicando.

1.2.5. Como é óbvio, os problemas caracterizam-se pelos domínios em que emergem e cujas dimensões estruturantes intencionam. A nós interessam-nos não aqueles que implicam a pressuposição das leis da física ou da matemática, mas os que intencionam pertinentemente a normatividade jurídica. O que significa que os problemas jurídicos que nos interpelam não são apenas (como sustentam os normativismos) os factos-espécies subsumíveis à hipótese das normas-géneros – de que, portanto, se possam dizer correlatos lógico-objectivos[793] –, mas, muito mais amplamente, todos os histórico-concretos "nós do espírito" que têm como referente o direito: os aludidos problemas não estão, pois, mumificados no âmbar das normas jurídicas[794]; vão antes emergindo, como focos de irreprimível novidade, no espaço aberto e propício a que aludimos.

Recorrendo, também nós e de novo[795], à conhecida tríade proposta por HEIDEGGER, lembraremos que o perguntar identificativo de um problema é, conjuntamente, um *Gefragte,* um *Befragte* e um *Erfragte.* Ou seja (e respectivamente): um problema implica sempre um "perguntar algo" ("aquilo que se pergunta" – nos problemas de que cuidamos, importa esclarecer a sua relevância jurídica), "a algo" ("aquilo a que se pergunta" – a situação-acontecimento que é mister interrogar por ser nela que o problema irrompe), "por algo" ("aquilo por que se pergunta" – o referente de sentido circunstancialmente pressuposto[796], que permitirá qualificar o problema concretamente em causa como, por exemplo, um problema de física, ou de matemática, ou de … direito). Sem

---

[793] E quando o não sejam exactamente deparar-nos-íamos com dificuldades insuperáveis – ou que apenas poderiam ser ultrapassadas recorrendo a expedientes pouco recomendáveis. Exemplo: se pretende fazer-se entrar no País, vinda de França, uma múmia egípcia … que, todavia, não figura como "artigo de pauta" na Alfândega portuguesa e não é seguramente equiparável a um … "arenque defumado", que já integra o rol, resta confiar a solução do problema a "um 'empenho' do Ministério da Fazenda" (que, segundo o inspirado registo aqui privilegiado, surtiu bem)…: cf. EÇA DE QUEIROZ, *A correspondência de Fradique Mendes,* cit., 25 s. e 31. Ou, se preferirmos um outro mais recente e colhido na experiência jurisdicional alemã: "resíduos de cremação desfeitos em pó" *(pulverigen staubartigen Verbrennungsrückstand)* são, certamente, "cinzas" *(Asche).* E "fragmentos de dentes de ouro" *(Zahngoldbruchstücke),* alegadamente colhidos "nas cinzas" *(in der Asche),* e que se projecta vender por €30.000 o quilo, sê-lo-ão também? …– cf. Christian BECKER/Jule MARTENSON, "Asche zu Asche, Staub zu Staub – Wortlaut, möglicher Wortsinn und Sprachspielabhängigkeit von Bedeutung. Überlegungen anlässlich von BGH, Beschluss v. 30.6.2015 – 5 StR 71/15", in *JZ,* 15/16/2016, 779 ss., esp.[te] 785.

[794] Trata-se de uma paráfrase a Robert Louis STEVENSON: cf. "A conversa e os conversadores", in ID., *Apologia do ócio,* trad. de Rogério Casanova, 2.ª ed., Lisboa, 2018, 38.

[795] Cf. *A metodonomologia…,* cit., 411 ss.

[796] Quando se pergunta, (intencionalmente) sonda-se o sentido…

esta pressuposição que se intenciona, não estaremos em condições de recortar (de primeiro entrever para depois identificar...), numa determinada situação-acontecimento histórico, um problema (por exemplo) juridicamente relevante. E é assim porque "a vida nada constrói sem arrancar de outro lugar qualquer as pedras de que precisa"[797]. Por outras palavras: um problema juridicamente relevante só poderá emergir como tal atenta a juridicidade que se vai (problematicamente) constituindo – *i. e.*, e sempre sem contradição prática, na pressuposição do (por sua mediação...) constituendo sistema da normatividade jurídica vigente. Inspiradamente (e aproveitando para reafirmar notas várias vezes sublinhadas): para o jurista, o problema é "a chave do domínio do" exercício metodonomológico; "[faltar-lhe-á, todavia,] a porta" que se lhe adequa – ou aquela não passará "[d]a chave de uma porta desconhecida" ...[798] –, se não tiver acedido a uma suficientemente acurada tematização do sistema jurídico (dos estratos que o compõem e da dialéctica que os enreda, dos problemas que o dinamizam e do sentido que os predica...).

1.2.6. Acabámos de o acentuar uma vez mais: também aqui, no *Alpha* (no problema) está o *Omega* (o sistema) – "[i]n my beginning is my end [...]"[799], e "[t]he end is where we start from [...]"[800]. O jurista parte da situação, que começa por se lhe apresentar em termos ainda difusos. Pressupõe a juridicidade – o referente circunstancialmente relevante, enquanto ponto de vista pertinentemente privilegiado[801] –, volta à situação de que partira e, neste espiralado ir e vir prático-normativo (que não hermenêutico-narrativo...), vai a pouco e pouco recortando o *(i. e.,* arriscando a posição do) problema jurídico nela (eventualmente...) existente[802] – "[é] o facto de ser 'posto' (e, então, de ser referido às suas

---

[797] Cf. R. Musil, *O homem sem qualidades,* I, cit., 150.

[798] Trata-se de duas paráfrases a Fernando Pessoa: a primeira, a "Eu, o Doutor", in Id., *Contos completos...,* cit., 103; e a segunda, a "O marinheiro: drama estático em um quadro", in Id., *ibidem,* 160.

[799] Cf. T. S. Eliot, "East Coker", I, "Four Quartets", trad. de G. Cunha, in *Poemas escolhidos,* ed. bilingue, Lisboa, 2016, 162.

[800] Cf. Id., "Little Gidding", V, "Four Quartets", trad. de G. Cunha, in *Poemas escolhidos,* cit., 204.

[801] Cf. A. Castanheira Neves, *O actual problema metodológico da interpretação jurídica – I,* cit., 251 ss., esp.[te] 256.

[802] A situação tem, por exemplo, que ver com as irritantes avarias que se sucedem num automóvel recém-comprado. O problema é, concretamente, o de saber se a aceitação tácita, por parte do consumidor, da reparação do bem defeituoso, preclude, ou não, o seu direito de exigir a respectiva substituição. Imagine-se o seguinte quadro (real – Acórdão do STJ, de 17 de Dezembro de 2015): um "automóvel [novo,] de marca conceituada" (Mercedes-Benz, rezam os autos), apresentou, desde a sua entrega ao comprador, deficiências várias, que o representante foi reparando, a expensas suas. Aquando da última ida à oficina (a 11.ª, "em menos de dois anos"), o comprador levantou o automóvel, depois de reparado, mas pretendeu, logo após, a substituição do bem por desconformidade com o contrato. Pode fazê-lo, ou fechou-se-lhe essa via (prevista no artigo 4.º, n.º 1, do DL

condições, de ser plenamente determinado) que constitui a positividade do problema"[803]. A posição do problema é assim o primeiro passo da sua exacta qualificação dogmática como, *v. gr.*, um problema de causa de exclusão da ilicitude penal, de responsabilidade civil extracontratual… e, posteriormente (e o advérbio, na medida em que sugere um depois cronológico, não traduz a dialéctica complementaridade deste momento com aqueloutro que já a seguir mencionaremos…), da sua precisa identificação concreta (Alceu que matou Bernardo em legítima defesa, Caetano que causou culposamente um dano a Deolindo …). Teremos, só então, um "[…] *caso jurídico concreto* [: é] um 'caso' porque nele se põe um *problema;* é 'concreto' porque esse problema se põe numa certa *situação* e para ela; é 'jurídico' porque desta emerge um *sentido jurídico,* o problemático sentido jurídico que o problema lhe refere e que nela ou através dela se assume e para o qual ela se individualiza como situação […]"[804].

Dissemos já o direito, hoje, na sua expressão basilar, o rosto jurídico da pessoa[805] e compreendêmo-lo como o (problematicamente radicado e problematicamente realizando) conjunto de fundamentos/critérios que, neste nosso hemisfério cultural, as pessoas (assumindo a liberdade e a responsabilidade que, em dialéctica correlatividade, irredutivelmente as predicam, e recorrendo às mediações indispensáveis e admissíveis) têm vindo a instituir[806] para tentarem dar resposta lograda à pergunta prática que, sob várias formas, as circunstâncias continuamente lhes vão dirigindo (como repartir o mundo que se tem que com-partilhar em termos humanamente consonantes?). Poderemos agora ousar a conclusão de que estaremos perante um problema de direito quando se nos impuser reconhecer que todos os pressupostos acabados de mencionar se manifestam presentes (a afirmação, em societária interacção, de pessoas; os princípios da *Rule of Law* viabilizadores do efectivo exercício, por sua parte, da liberdade e da responsabilidade que lhes modelam o rosto jurídico[807]; uma

---

n.º 67/2003, de 8 de Abril) por, nesse momento, "o bem se encontra[r já] em conformidade com o contrato, reposta pelo vendedor através da reparação"?…: cf. António Pɪɴᴛᴏ Mᴏɴᴛᴇɪʀᴏ/Jorge Mᴏʀᴀɪs Cᴀʀᴠᴀʟʜᴏ, "Direitos do consumidor em caso de falta de conformidade do bem com o contrato", in *RLJ,* 145.º, n.º 3997, 2016, 232 ss., esp.ᵗᵉ 237 ss.

[803] Assim, G. Dᴇʟᴇᴜᴢᴇ, *Diferença e repetição,* cit., 426.

[804] São palavras de A. Cᴀsᴛᴀɴʜᴇɪʀᴀ Nᴇᴠᴇs: cf. *Questão-de-facto…,* cit., 274.

[805] Cf., neste guião e por último, *supra,* n. 783.

[806] O demiurgo *(grosso modo,* o criador) do direito é o homem (neste nosso tempo, o homem-pessoa…). Etimologicamente – e, como bem se percebe, muito significativamente … –, demiurgo é "um homem que trabalha para o povo" (assim, H. Aʀᴇɴᴅᴛ, *A condição humana,* cit., 200).

[807] Se os mencionados princípios (de carácter substantivo e adjectivo), em lugar de microscópico-juridicamente polarizados, em termos estritos, se misturarem, de modo notório, com (mais ou menos extensamente dominantes…) exigências também macroscópico-politicamente intencionadas, o problema (pense-se, em especial, naquele tipo de problemas, igualmente atinentes à partilha do

concreta controvérsia prática, atinente à partilha do mundo, que as interpela), sendo então mister "trazer-à-correspondência", de modo metodologicamente irrepreensível, o mérito do problema que assim se nos depara com a intencionalidade problemática do(s) constituído(s) ou constituendo(s) e pertinente(s) fundamento(s)/critério(s) a que também aludimos – é este, afinal, o *officium specificum* do jurista[808].

É centrando-o no caso (que emerge no quadro do sistema e implica a respectiva reconstituição...) que o exercício metodonomológico deverá ser pensado[809]. E se, como se nos impõe enquanto juristas, formos capazes de o fazer – *i. e.*, se conseguirmos assumir, com inteireza, as exigências do nosso múnus –, não nos sentiremos reduzidos a "espectros de equidade e justiça", que se limitam a iludir-se com "a reminiscência" de uma esfiadíssima "ideia" do direito[810], antes nos reconheceremos em condições de realizar histórico-concretamente a constituenda normatividade jurídica vigente ... ou, quando menos, de o tentar seriamente, sem nos auto-condenarmos, logo no início, ao fracasso. Para decidir judicativamente importa partir do "caso jurídico concreto", recortando-o em termos precisos e relevando, com o máximo rigor, o seu mérito singular[811].

---

mundo, que opõem um grande número de pessoas a outro grande número de pessoas – *v. gr.,* o problema da Catalunha, em Espanha...) implica já (desloca-se para) outro horizonte – o da luta política –, onde o direito ainda fará ouvir a sua voz, mas sobretudo como instância crítica (cf., sobre este último ponto, as nossas *Lições...,* cit., 305 s.).

[808] Nem seria necessário sublinhar que se revela patente, também aqui, a lição inspiradora de Castanheira Neves. Que, por isso, entendemos dever recordar por extenso, sem glosas nem interpolações poluidoras (pois é, evidentemente, abusivo qualquer propósito de... "levar corujas para Atenas" – trata-se da passagem de uma fala de Edine, na Comédia em três actos, *O indeciso,* de Hugo von Hofmannsthal, II, 2; na ed. devida a Ludwig Scheidl, Coimbra, 2006, 71): "estaremos perante um problema de direito – ou seja, um problema a exigir uma solução de direito –, se, e só se, relativamente a uma concreta situação social estiver em causa, e puder ser assim objecto e conteúdo de uma controvérsia ou problema práticos, uma inter-acção humana de exigível correlatividade, uma relação de comunhão ou de repartição de um qualquer espaço objectivo-social em que seja explicitamente relevante a tensão entre a liberdade pessoal ou a autonomia e a vinculação ou integração comunitária e que convoque num distanciador confronto, já de reconhecimento (a exigir uma normativa garantia), já de responsabilidade (a impor uma normativa obrigação), a afirmação ética da pessoa (do homem como sujeito ético)": cf. *O direito interrogado pelo tempo presente na perspectiva do futuro,* cit., 71; v., já antes, *Metodologia Jurídica...,* cit., 233.

[809] Se não erramos, (por exemplo) os artigos 6.º e 547.º do CPC assumem isto mesmo (obviamente, da perspectiva que neles se privilegia...).

[810] Cf. Saul Bellow, *O legado de Humboldt,* cit., 243 – curiosamente, uma passagem em que está em causa um processo de divórcio, com um tribunal, um juiz e advogados...

[811] E daí que (para dar apenas dois exemplos muito simples, já levados ao nosso STJ): 1.º) Deve o possuidor dar conta àquele que pretende tomar de arrendamento um certo imóvel que é apenas usufrutuário? Depende do problema concreto: sim, se for de presumir que o interessado no arrendamento o ignora; não, na hipótese inversa. 2.º) Outro tanto se diga, *mutatis mutandis,* nomeadamente sobre a revelação, pelo obrigado ao preferente, da identidade de um terceiro interessado no bem circunstancialmente em causa, em situações de exercício de um direito de preferência; também aqui só caso a caso, e atentas, do mesmo modo, as exigências da boa fé, se poderá concluir pela

Mas não nos poderemos eximir ao esforço analítico de "anatomizar o pensamento em fatias fininhas"[812], em ordem a esclarecer – como tantas vezes sublinhámos – os passos que o jurista de serviço deve dar, desde o seu confronto inicial com o caso até à respectiva solução normativo-juridicamente adequada. O que nos autoriza a repetir uma nota há muito antecipada: a de que o "esquema metódico", na sua estrutura básica (a *hodos* constituída pelos passos a que aludimos[813] ...) – e sem qualquer redutivismo algébrico à mistura ... (porque será que "a decomposição matemática de um texto literário [... desemboca] em conclusões banais – ou inúteis pelo seu esoterismo"?[814]) –, é como que a expressão algorítmica do exercício metodonomológico. Recorrendo a uma conhecida expressão de K. Marx, diremos que a esclarecida tematização e o domínio do mencionado algoritmo pode, decerto, "abreviar ou mitigar as [...] dores de parto"[815] da tarefa cometida ao mencionado jurista. Todavia, não o desonera de qualquer segmento da responsabilidade implicada pela normativamente constitutiva mediação judicativa, que lhe está institucionalmente confiada.


## 2. O operador noético


Há, porém, uma questão preliminar, para que chamámos frequentemente a atenção, e que não deveremos omitir.

O algoritmo metodonomológico tem uma dimensão noemática (no mencionado algoritmo, pensa-se *o quê?)* e uma outra noética *(como* é que se pensa isso que se nos impõe aí pensar?). O que temos de pensar, sabemo-lo há muito, é a relação em que se enredam o problema judicando e o sistema fundamento (os dois pólos do exercício judicativo-decisório, que acabámos de caracterizar sumariamente). E o particular tipo de pensamento de que deveremos lançar mão para nos desincumbirmos, em termos adequados, da referida e exigente tarefa, é, também já o dissemos, o analógico.

---

existência do dever de se revelar a identidade do referido terceiro (ser, ou não, esse conhecimento fundamental para a formação da vontade do preferente).

[812] Trata-se de uma fala de Sócrates – do Sócrates de Aristófanes... –, em *As nuvens,* do Comediógrafo, versos 740 s. (na 2.ª ed., devida a Custódio Magueijo, cit., 74).

[813] Cf. *supra,* 108.

[814] Cf. G. Steiner, *Extraterritorial...,* cit., 157.

[815] *Apud* Isaiah Berlin, *Karl Marx,* cit., 138. A metáfora "dores de parto" é também *(v. gr.)* utilizada, em acepção inteiramente paralela, na *Carta Encíclica Louvado seja. Sobre o cuidado da casa comum,* do Papa Francisco, Prior Velho, 2015, n. m. 80, p. 57.

Olhemos então, de imediato, este tipo de pensamento[816].

2.1. A analogia toca o mais fundo de nós. Com efeito, se somos caracterizáveis como "um primata dotado da capacidade de usar metáforas"[817], sabendo-se que a específica linguagem que só nós possuímos (que nos permite formular e comunicar o pensamento que pensamos) é "um exército de metáforas em movimento" *(ein bewegliches Heer von Metaphern)*[818], e que as metáforas são analogias[819], nada tem de surpreendente afirmar que a analogia está memeticamente gravada no núcleo do nosso modo de ser[820]. E daí – transitando agora para a nossa quadrícula ... – que já se tenha afirmado que a "exclusão do raciocínio analógico do pensamento jurídico [implicaria uma] desumanização radical do direito"...[821]. Explicitemo-lo, tentando uma articulação do que precede e do que se seguirá, nos seguintes termos: a matriz axiológica da deveniência do direito é a pessoa e a sua matriz metódica a analogia. O direito devém por ser uma criação da pessoa, em que esta inevitavelmente se re-cria, e a pessoa é na medida em que vai sendo; e o direito devém ainda porque a memória cultural em que materialmente se funda a especificidade que o predica é o resultado

---

[816] Cremos ser este o lugar sistematicamente adequado para o abordar. E a referida convicção é fruto de uma experiência pedagógica de muitos anos.

O nosso Professor sempre ensinou que o exercício metodológico, globalmente visualizado, implica contínuas ponderações analógicas. Mas, na sua *Metodologia Jurídica ...* (em que sublinha, e bem enfaticamente, a nota acabada de acentuar!), Castanheira Neves trata da analogia como sub-alínea da problemática da "realização do direito por autónoma constituição normativa". Muitos Estudantes – que, digo-o com pena, não têm o hábito de frequentar atenta e assiduamente as aulas *(ma faute,* seguramente)... –, quando interrogados sobre se esse tipo de raciocínio não é igualmente relevante no quadro da "realização do direito por mediação da norma", tendem a responder em termos negativos. São marginalmente atraiçoados pela impressão colhida do confronto com o "Índice" do livro de texto (conhecem melhor o índice do livro, do que o livro e o pensamento que nele exemplarmente se expõe...). Mas, sobretudo, pagam tributo à inércia que não raro os embala (afinal, o CC reserva a analogia para a integração das lacunas – um problema com indisfarçável matriz positivista: sobre este último ponto, cf. Id., *Questão-de-facto...,* cit., 279 e n. 3; e que admitem ter laços de família com aqueloutro do "desenvolvimento transistemático do direito"...).

[817] Assim, G. Steiner, *A poesia do pensamento...,* cit., 16. Recordemos que a *meta-fora* é, etimologicamente, uma trans-ferência – a transposição, de um domínio para outro, de uma determinada palavra, atribuindo-lhe um novo significado.

[818] São palavras de Nietzsche, aqui citadas *apud* K. Jaspers, *Was ist Philosophie?...,* cit., 288; *v.* ainda *ibidem,* 308.

[819] Cf., por todos, Gottlieb Söhngen, *Analogie und Metapher. Kleine Philosophie und Theologie der Sprache,* Freiburg/München, 1962. A metáfora é, aristotelicamente, "uma analogia entre coisas dissemelhantes" – a formulação é de Jorge Luis Borges: cf. "A metáfora", in *Obras completas, I, 1923--1949,* trad. de J. C. Barreiros, Lisboa, 1998, 396.

[820] No seu tempo, e a seu modo, Cícero não deixou de o sublinhar: cf. Antonio Sá da Silva, *Destino, Humilhação e Direito...,* Vol. I, cit., 73 e 295.

[821] É este o juízo de R. M. Unger – *apud* Ana Margarida Simões Gaudêncio, *Entre o centro e a periferia. A perspectivação ideológico-política da dogmática jurídica e da decisão judicial no critical legal studies movement,* Rio de Janeiro, 2013, 71 n. 97.

da ininterrupta dialéctica entre as problemático-intencionalmente radicadas situações que se experienciam e tradições que se herdam, e a analogia tem que ver com isso mesmo – com semelhanças que se detectam nas diferenças que vão pontuando a contínua intersecção das referidas situações e tradições.

2.2. Dito isto, ousemos algumas observações como que introdutórias.

É a analogia que, qual fio de Ariadne, nos guia nas labirínticas e múltiplas encruzilhadas do "mundo da vida"[822]: da teologia – qual a matriz dos conhe-

---

[822] Decisivo, sob este ponto de vista, afigura-se-nos o "Prólogo" – que inspirou o título do livro... – de Douglas Hofstadter & Emmanuel Sander, in *Die Analogie. Das Herz des Denkens,* trad. de S. Held, 2.ª ed., Hamburg, 2014, 17-54.

E já agora. Aproveitando os títulos, em inglês e em alemão (e francês), da obra capital, acabada de citar (explicitemo-lo: a versão em língua inglesa – a originária, estadunidense – foi publicada em 2013, com o título *Surfaces and essences: analogy as the fuel and fire of thinking.* Por seu turno, a tradução francesa, ainda de 2013, terá inspirado a tradutora alemã, pois surgiu com o título *L'analogie. Coeur de la pensée.* Por nossa parte, fixámo-nos na edição alemã, porque foi aquela a que tivemos acesso), diremos a analogia "o combustível e o fogo do pensamento", o seu verdadeiro "coração", quase a sua *characteristica universalis* (não abdicámos do advérbio, por também nós entendermos que esse irredutível absoluto de Leibniz, "[permanecerá, para sempre,] um enigma"... ou uma miragem: cf. Pedro Eiras, *Bach,* Porto, 2014, 76). Se quisermos seleccionar uma sua passagem, entre tantas outras possíveis, diremos que a analogia é a "pedra angular [da] capacidade do nosso espírito que nos permite abrir a arca do tesouro da sabedoria fundada em todo o nosso passado" (cf. D. Hofstadter & E. Sander, *Die Analogie...,* cit., 38. A analogia já se disse uma das mais importantes "muletas do espírito humano", sem a qual – acompanhemos, também nós, Kant – experienciaríamos uma insegurança muito maior: cf. as últimas palavras de A. W. Heinrich Langhein, in *Das Prinzip der Analogie als juristische Methode...,* cit., 219, em que o A. retoma o que já havia sublinhado *ibidem,* p. 30), constituindo "o núcleo mais central do nosso pensamento" (cf. D. Hofstadter & E. Sander, *Die Analogie...,* cit., 48). No fundo, a dialéctica situação/tradição, em que radica a historicidade predicativa do universo praticamente significativo, é ela própria a matriz da inferência analógica: cada situação que se experiencia, cada interpelação problemática que se nos depara, é um dos vectores da sua possível emergência com sentido; a intencionalidade problemática dos arrimos disponíveis e/ou constituendos, e circunstancialmente pertinentes, é o bordão capaz de assimilar a mencionada interpelação, e perfila-se como o outro pólo daquela inferência; por fim, o referente comum àquela situação-problema e à intencionalidade problemática deste apoio, é o *tertium comparationis* viabilizador da articulação dos *relata* em presença (o *tertium comparationis* é o "ponto comum, [... a] referência [que viabiliza a interligação]" – cf. Hermann Hesse, *Viagem ao país da manhã,* trad. de Mónica Dias, Lisboa, 2016, 40 – dos pólos mencionados, perfilando-se, portanto, como verdadeiro *fundamentum relationis.* Na retórica jurisdicional, atribui-se, por vezes, ao bordão um significado algo mais amplo, mas ainda paralelo, reconhece-se, compreendendo-o como o momento decisivo a ter em conta na situação concreta, ou como os factores na circunstância relevante, que importa saber distinguir daqueles outros *in casu* negligenciáveis – *v.,* por exemplo, o Acórdão n.º 134/2019, Processo n.º 716/18, de 27 de fevereiro de 2019, do TC, na versão electrónica, a que conseguimos aceder, sob II, 11.) – e são precisamente estes os pressupostos da analogia, que não é mais do que (quantas vezes o sublinhámos já?...) o "trazer-à-correspondência" dois problemas que, não obstante a sua diferença fenoménica, intencionam um referente comum (o "terceiro [termo, viabilizador] da comparação [daqueles dois *termini* particulares]"). Com uma nota mais (trata-se de um ponto que também acentuaremos no texto: cf. *infra,* 231 s.): ao invés da actividade cognitiva, empiricamente concebida, que (quando reduzida a si mesma...) não viabiliza passos em frente por se esgotar na apreensão de *data,* o discorrer por analogia abre espaço a uma "criatividade" inestancável (Kant viu na analogia "a fonte originária de toda a criatividade" – cf. D. Hofstadter & E. Sander, *Die Analogie...,* cit., 40; e G. Deleuze não hesitou em afirmar: "[...] a analogia é a matéria lógica da repetição e dá-lhe um *sentido* distributivo" – cf. *Diferença e repetição,* cit., 432), facultando o acesso ao novo na acção concreta e na reflexão prática, na medida em que aquilo que se sabe melhor (as intencionalidades problemáticas suficientemente testadas e passíveis de serem erigidas em padrões de "medida" – sobre

cidos binómios *analogia entis/analogia fidei* e *analogatum princeps/analogata secundaria?*; ao "seguimento" activo do Crucificado, em ocasiões de indizível sofrimento, nomeadamente na iminência da morte, em lugar de uma meramente passiva "imitação" de Cristo, nas aludidas situações, não estará subjacente uma ... analogia?[823] ... – à literatura – como não lembrar André BRETON e os jogos de metáforas da poesia surrealista?...; da medicina, *lato sensu* – o exercício do diagnóstico não implicará um tipo de raciocínio marcado pela analogia?...[824] –, a tantos dos seus sub-sectores (convoquemos, exemplificativamente, a virologia e Louis PASTEUR, quando afirmou acreditar que "através da analogia e da experimentação [haveria de ser capaz de] descobrir uma cura para a raiva"[825]); da inferência que imediatamente se associa à lógica apofântica

---

o medir que subjaz ao esclarecimento do "desconhecido" a partir do "conhecido", cf. M. HEIDEGGER, "... *Dichterische wohnet der Mensch...", cit., in *Gesamtausgabe, Band 7, Vorträge und Aufsätze*, cit., 198 ss., esp.te 202 s.) permite(m) incursões exploratórias por horizontes (por interpelações) problemáticos (as) que mais ou menos extensamente se ignoram (assim, insistentemente, KANT – atente-se nas inúmeras passagens do Filósofo arroladas por A. W. Heinrich LANGHEIN no seu *Das Prinzip der Analogie als juristische Methode...*, cit., 28 ss. A. este último que, mais adiante – quando se confronta com o importante contributo de Art. KAUFMANN para o esclarecimento da analogia: cf. *ibidem*, 186 s. –, afirma expressamente ser a "'extensio' a marca-de-água *[Herzstück]* da analogia": cf. ainda *ibidem*, 189. V. igualmente D. HOFSTADTER & E. SANDER, *Die Analogie...*, cit., 67 ss.; Miguel BAPTISTA PEREIRA, "Introdução à tradução portuguesa [, da autoria de J. Torres Costa e A. M. Magalhães,] de *Metáfora viva*", de Paul RICOEUR, Porto, 1983, XXIV s.; Nuno JÚDICE, "O demónio da analogia", in *Jornal das Letras, Artes e Ideias*, ano XXXIII, n.º 1119, de 21 de Agosto a 3 de Setembro de 2013, 25; Pedro DOMINGOS, *A revolução do algoritmo mestre...*, cit., 202 ss. ...). Analogicamente, a ... analogia é a premissa oculta de qualquer proposição – *hoc sensu*, o não-dito (radicado na dialéctica que, em permanente deveniência, entre-tece experiências problemático-culturais realizadas e experiências problemático-culturais realizandas, e deste modo) estruturante de qualquer dizer. Na esfera do direito, por exemplo (aquela que sobretudo nos interessa considerar), é a analogia que subjaz à posição de qualquer problema novo (que implica a necessária assunção/pressuposição do adequado "por algo" viabilizador da referida posição, mas) para cuja solução se impõe a excogitação/mobilização de um fundamento/ critério que, atenta a respectiva intencionalidade problemática, se mostre capaz de concludentemente o assimilar, *i. e.*, de o "trazer [, de modo metodonomologicamente irrepreensível]-à-correspondência" com a (como bem se sabe, sempre mais ou menos amplamente constituenda por mediação dos problemas que se vão pondo e solucionando...) normatividade jurídica vigente. Razão pela qual (e recorrendo a um estudo anterior... – cf. *Pj → Jd...*, cit., in *Analogias*, cit., esp.te 356 ss. e 389 s.) poderemos sintetizar o que temos vindo a escrever dizendo a analogia a ... "álgebra" do exercício metodonomológico (trata-se de uma paráfrase à tese daqueles que, como MARX, viam no "carácter [...] revolucionário e disruptivo das categorias fundamentais de Hegel [...] 'a álgebra da revolução'": cf. Isaiah BERLIN, *Karl Marx,* cit., 89).

[823] Cf., das fontes primordiais, e como mero exemplo, "Sabedoria, 13" – na ed. da *Bíblia*, devida a Frederico Lourenço, Vol. IV, Tomo I, *Antigo Testamento, Os Livros Sapienciais,* Lisboa, 2018, 231 ("[...] Pois a partir da grandeza e da beleza das coisas criadas/O Criador delas, por analogia, é discernido [...]"); e, relativamente ao tópico a seguir privilegiado, a título de igual modo exemplificativo, Hans KÜNG, *Uma boa morte,* cit., 129 s. Deixemos de lado (sem o ignorarmos...) o problema de saber se a igualmente aludida "imitação" não configura (lembre-se S. Agostinho...) "o pecado da [...] soberba"...: cf. H. ARENDT, *Pensar sem corrimão...*, cit., 272.

[824] Cf., por exemplo, R. GRÖSCHNER, *Dialogik und Jurisprudenz...*, cit., 84, 123 n. 82, 148, 151 ss., e 231 n. 13; *v.* ainda as nossas *Lições...*, cit., 937 n. 179.

[825] Cf. uma sua entrevista, vinda a lume em 1882, e recentemente republicada entre nós, por iniciativa do *Expresso*, 1.º volume da colecção as *Grandes Entrevistas da História, 1865-1899,* s./l., 2014, 52.

(a dedução não radicará na analogia?...[826]) – e da estrutura básica de outros tipos de lógica...[827] – às disciplinas apontadas como paradigmas das ciências exactas: a matemática (lembre-se POINCARÉ, que disse ver na "analogia", "em primeira linha", o "guia" orientador do "caminho" a percorrer "passo a passo" nas suas investigações[828]) e a física (subjacente à celebérrima fórmula $E = mc^2$ – "a energia é igual à massa multiplicada pela velocidade da luz ao quadrado" –, de EINSTEIN, não estará também a ideia forte de que "massa e energia são fenómenos análogos, estreitamente relacionados um com o outro"?[829]; até ao direito, em que, sem surpresa, mais detidamente nos centraremos (recorde--se apenas, por ora, a já tantas vezes sublinhada raiz analógica do ajuizar jurídico)... Todos estes domínios do saber, e os demais que poderíamos convocar, remetem pressuponentemente, se não erramos, à "inteligência criativa", de que nos fala António DAMÁSIO[830] – uma faculdade radicada em combinações, com diversos graus de elaboração (incluindo a possibilidade de abertura ao novo...), de memória e de experiência, atentos os problemas que aquela vai arquivando e que esta continuamente põe, na tentativa de ir estabelecendo desoneradores

---

[826] Cf. o que pudemos escrever nas nossas *Lições...,* cit., 767 n. 76. *V.* agora, complementarmente e com base numa argumentação muito mais elaborada, Pedro DOMINGOS, *A revolução do algoritmo mestre...,* cit., *passim,* esp.[te] 100, 105 ss., 129 ss., 201 ss. ...

[827] Foi, por exemplo, a analogia (a re-combinação do diverso numa unidade, a co-respondência de problemas por mediação de um sentido) que esteve na base da recuperação da importância de parâmetros qualitativos em superação daqueles outros redutora e mecanicisticamente quantitativos (como nos distanciámos do clássico apotegma de RUTHERFORD, segundo o qual "qualitative is nothing but poor quantitative" – sinal de capitulação a uma quantofrenia deletéria...), permitindo, do mesmo passo, a excogitação de uma lógica mais subtil, capaz de enunciar linguisticamente, apreender cognitivamente e enquadrar formalmente a complexidade, a variabilidade e a indefinição dos mundos humanamente significativos (irredutíveis à dicotomia um ou zero, tudo ou nada...), marcados pela fluidez *(fuzzyness)* e pela "granulação" (as unidades constitutivas do real são "grânulos", com "fronteiras" mal traçadas...) das grandezas com que tem que operar – a lógica *fuzzy:* cf. H. GARCIA PEREIRA, *Arte recombinatória,* cit., 112 ss., e as nossas *Lições...,* cit., 906 s. n. 96. Na esfera da normatividade jurídica, e *v. gr.,* em lugar da estrita contraposição *hard law/soft law,* sublinha-se por vezes o carácter *harder* ou *softer* do direito – mais um *continuum* em linha deslizante do que uma sequência de pólos fixos (cf. *supra,* 65 e n. 122). Outro exemplo, ainda do âmbito do direito, temo-lo no modo como a chamada "doutrina tipológica" recorta "cada contrato (típico)", centrando-o numa "'imagem global' ([mas] relativamente fluida) – pelo que um dado contrato em concreto estaria, sim, *mais ou menos próximo* desse modelo consoante o grau em que nele estivessem presentes determinados 'índices' (daquela imagem global)", e sublinhando, por isso mesmo, "serem muitas vezes *fluidas as fronteiras entre os tipos*" – cf. Francisco M. de BRITO PEREIRA COELHO, *Contratos complexos...,* cit., 299 s. e 302.

[828] Cf. D. HOFSTADTER & E. SANDER, *Die Analogie...,* cit., 580, Marcus du SAUTOY, *O que não podemos saber...,* cit., 50...

[829] Cf. D. HOFSTADTER & E. SANDER, *Die Analogie...,* cit., 599 ss., esp.[te] 640.

[830] Pensando em "inúmeros organismos vivos, entre eles os seres humanos"...: cf. *A estranha ordem das coisas...,* cit., esp.[te] 107 ss. *V.* ainda o que escrevemos em *Pj →Jd...,* cit., in *Analogias,* cit., esp.[te] 333 ss.

(e homeostaticamente muito relevantes[831]…) paralelismos, equivalências, continuidades, semelhanças, correspondências – *breviter,* analogias… – entre eles.

Mas não haverá, pelo que concerne à analogia (como atrás reconhecemos[832], o "combustível e o fogo do pensamento", "a faísca", "a quilha e coluna vertebral do nosso pensamento", o "tecido [conjuntivo da] cognição humana"[833]…) em que estamos centrados, ameaças no horizonte? Julgamos que sim. Antes de relembrarmos mutações detectáveis no campo do próprio direito (ou que invocam o seu nome com menoscabo do seu sentido…), convoquemos dois planos extra-jurídicos, que nos disponibilizam outros tantos exemplos do perigo a que aludimos. 1.º) A tradicional "arquitectura da linguagem", comprometida com um discurso (formalmente consistente e materialmente coerente…[834]) de fundamento a consequência, que encontra na relação analógica dos pólos que pretende "trazer-à-correspondência" o título que o legitima, porque lhe confere a almejada concludência (o fundamento há-de ter, não obstante a sua elasticidade, uma intencionalidade determinável e susceptível de permitir, em termos discursivamente estruturados, a consequência tirada, com a particular intencionalidade que a predica), não estará a ser posta em causa, *v. gr.,* pela "retirada da palavra" do circuito comunicativo, substituída pelo signo, pelo "abecedário binominal", etc.? 2.º) No campo da música, as composições clássicas, com o seu "desenvolvimento encadeado" (recordemos o modo como se articulam os diferentes andamentos de uma sinfonia clássica, com as numerosas variações à volta do tema, sempre reconhecível – *i. e.,* com múltiplas glosas ao mesmo mote… e não há também entre aquelas e este uma relação de analogia, que por assim dizer os funde e justifica a afirmação de que por vezes "o 'tema' [é] já a variação"[835]?…), terão alguma coisa que ver com "a livre escolha das sequências" que marca certas obras "de Stockhausen ou de John Cage"?[836] Assentando a analogia na ideia de relação – *rectius,* de um muito singular tipo de relação (o da semelhança na diferença)… –, se essa relação for substituída por partículas apenas justapostas, num isolamento de contíguos, sem qualquer conexão, a analogia poderá subsistir? … 3.º) E, na quadrícula de que primordialmente nos ocupamos (a da metodonomologia), as "alternativas ao direito", já inven-

---

[831] Recordemos que há também uma "homeostasia cultural": cf. António DAMÁSIO, *A estranha ordem das coisas…,* cit., 51,73…

[832] Cf. *supra,* n. 822.

[833] Cf. Pedro DOMINGOS, *A revolução do algoritmo mestre…,* 203.

[834] Cf. A. CASTANHEIRA NEVES, *O actual problema metodológico da interpretação jurídica – I,* cit., 357 ss., sob 2), e n. 1099 (da primeira página mencionada).

[835] Cf. DELEUZE/F. GUATTARI, *Mil planaltos…,* cit., 392.

[836] Cf. G. STEINER, *Extraterritorial…,* cit., 115 s.

tariadas (às do poder, da ciência, da política, da ética, da teocracia, tenho, de há uns anos a esta parte, vindo a acrescentar aquela que designo a ordem de rapacidade do capital financeiro[837]. As mencionadas alternativas significam, por junto, aquilo que há muito não hesito em reconhecer: o direito não está inscrito, com carácter de necessidade, na ordem cósmica; só vem à epifania se, num exercício de liberdade responsável, nos empenharmos na respectiva emergência, se lhe "dissermos que sim"[838]), não implicarão pensamentos com uma estrutura noética diversa daquele que nos habituámos a privilegiar, e se nos revela imanente à por nós assumida intelecção da normatividade jurídica – um pensamento prático-problemático de índole analógica? Pois não é verdade que, nessas alternativas, a relação do mérito problemático do caso judicando com a relevância problemática do(s) – constituído(s) e/ou constituendo(s) – fundamento(s)/critério(s) circunstancialmente adequado(s), na pressuposição do referente comum aos dois, em que tanto temos insistido – relação que se traduz numa como que assonância de carácter intencional –, se vê substituída (alternativa da ética, exclusive...) por uma outra, seja de carácter instrumental, ajustando os meios aos fins, seja de carácter funcional, segundo o esquema função/efeitos, em ambas com total menoscabo (alternativa da ética, inclusive...) do constituendo referente postulado pela perspectiva de compreensão das coisas em que confessámos rever-nos?...

2.3 A analogia implica o diferente – com a identidade dinâmica, a novidade surpreendente e o "por algo" intencionado que o predicam –, não o diverso – com a fragmentação estilhaçada, a justaposição monádica e a inconsideração de qualquer referente que o caracterizam[839]. Mas a analogia implica ainda a "ideia de semelhança" – a analogia é uma "concórdia discordante", uma semelhança na diferença ...[840] –, que leva os juristas a sublinhar com frequência que

---

[837] Cf. *supra,* n. 25, esp.^te^ p. 36 s.

[838] Trata-se de uma paráfrase a *Umwertung aller Werte,* de NIETZSCHE – cf. a nossa dissertação *A metodonomologia ...,* cit., 231 e n. 586.

[839] Cf. Miguel BAPTISTA PEREIRA, *Prefácio à edição portuguesa de Termos Filosóficos Gregos de F. E. Peters,* cit., X.

[840] Recorde-se, sucessivamente, OVÍDIO, *Metamorfoses,* I, 433 – na ed. citada, 47 –, que nos autorizámos a parafrasear, e, outra vez por extenso, o título da nossa dissertação de 1991: *A metodonomologia entre a semelhança e a diferença (Reflexão problematizante dos pólos da radical matriz analógica do discurso jurídico),* cit. Ilustramos aqui a analogia, tal-qualmente a olhámos no texto, com as patentes semelhanças e as inequívocas diferenças do velho contrato de associação em participação e do novo mecanismo do investimento em capital de risco, para que nos alerta Filipe CASSIANO DOS SANTOS em "O direito comercial na actualidade e o sentido de um (novo) código mercantil – os casos paradigmáticos dos contratos de associação e de capital de risco e do interesse na tutela do crédito", in *RLJ,* 149.º, n.º 4018, 2019, 33 ss.

a analogia "possibilita passar do semelhante ao semelhante, do particular ao particular"[841].

E a analogia viabiliza a progressiva instituição de uma "rede"[842] *(v. gr.)* normativo-jurídica, na medida em que vai disponibilizando co-respondências de sentido entre problemas concretos e a intencionalidade problemática dos constituídos e/ou constituendos fundamentos/critérios que se lhes adequam, e esta malha assim tecida não é mais do que a expressão metodonomologicamente apurada do deveniente *corpus iuris* vigente, de que será sempre possível partir para tentar tematizar novas experiências paralelas quando as circunstâncias no-lo impuserem (ainda voltaremos a este ponto…). Ou, insistindo na imagem, mas por outras (algo mais detidas) palavras (que implicam um pequeno desvio à afirmação precedente…): se o exercício metodonomológico, tal-qualmente o compreendemos, se pode dizer a rede de sustentação do juízo decisório, a analogia permite atar os nós dessa rede, pois é ela que articula os (tantas vezes identificados já) *relata* do mencionado juízo, "trazendo-os-à-correspondência"[843]. A analogia não é uma "autoilusão profilática"[844] (uma mezinha preventiva de dificuldades não mais que aparentes – e, portanto, uma pretensiosa inutilidade), mas um indispensável bordão terapêutico (um apoio sem o qual, como juristas, não conseguiremos pôr nem solucionar os problemas que realmente nos interpelam – e, portanto, uma crucial necessidade). Ou ainda (insistindo num ponto capital…), em registo mais próximo do primeiro (e menos perturbado pelas alegorias de que nos socorremos…): a analogia é a estrutura noética

---

[841] Assim, expressamente – acolhendo-se à lição de ATIENZA –, Alfonso GARCÍA FIGUEROA, *Principios y positivismo jurídico. El no positivismo principialista en las teorias de Ronald Dworkin y Robert Alexy*, Madrid, 1998, 179 s.

[842] Cf., paralelamente, R. DWORKIN, *Justiça para ouriços,* cit., 109.

[843] Se quisermos, a normativo-juridicamente intencionada analogia metodonomológica é o "fio de azeite" (cf. Suzana TAVARES DA SILVA, "O *Tetralemma* do controlo judicial da proporcionalidade no contexto da universalização do princípio…", cit., in *Boletim da Faculdade de Direito,* Vol. LXXXVIII, T. II, Coimbra, 2012, 641 n. 6) que transforma *duas* entidades discretas em *uma* outra coisa (ou, dando preferência a um outro bordão: se abandonarmos as esferas da poesia… e da construção civil, em que a palavra é mais frequentemente utilizada no seu significado imediato, para, convertendo-a em metáfora, explorarmos a respectiva serventia num outro domínio – a do exercício de que cuidamos –, diremos que a analogia é, no quadro então da metodonomologia, o rípio indispensável – a ponte, a soldadura, a dobradiça… "que permite que uma parte se ligue à outra" –, na exacta medida em que a encontramos subjacente à esclarecidamente tematizada, e no texto referida, articulação do problema interpelante com a juridicidade interpelada. Cf. Umberto ECO, *Aos ombros de gigantes…*, cit., esp.[te] 297 ss.; na circunstância, acrescente-se, ECO louva-se sobretudo em Luigi PAREYSON). Como é sabido, na esfera do direito a "correspondência entre realidades heterogéneas" é também relevante de outras perspectivas. Lembremos, a título exemplificativo, o ressarcimento dos chamados danos não patrimoniais (ou dos danos patrimoniais indirectos – *v. gr.*, a violação de direitos de personalidade como o bom nome, o crédito…) através da "[atribuição de] um equivalente pecuniário ao lesado…": cf. o artigo 496.º do CC, e Filipe de ALBUQUERQUE MATOS, "A compensação do dano não patrimonial do proprietário por morte de animal de estimação", in *RLJ,* 144.º, n.º 3993, 2015, esp.[te] 479 e 500.

[844] Cf. G. STEINER, *Dez razões (possíveis) para a tristeza do pensamento,* cit., 44.

da juridicamente intencionada (problemático-sistematicamente polarizada e judicativamente mediatizada) teia argumentativa que (entre-)tece o algoritmo ("um toque de [matemática] no pensamento [jurídico]" não o subverte...[845]) metodonomológico (temos vindo a designar assim, recordemo-lo, os passos que o jurista deve dar desde o seu confronto inicial com um caso que pertinentemente o interpele, até à prático-normativamente adequada solução desse mesmo caso). E importa ainda não esquecer que – como sublinhámos logo no início do curso[846] – os pretensos "universais" do exercício judicativo-decisório são-no apenas na pressuposição de uma *certa* compreensão da juridicidade e de uma ... por ela implicada, *certa* compreensão da metodonomologia: são "universais" situados num determinado horizonte, porque dependentes da janela de que são vistos, são "universais históricos"[847]. Recorrendo a uma proposta de Frank WILCZEK para o domínio da física, poderemos dizer que o algoritmo a que aludimos instaura, na esfera de que cuidamos, uma "simetria" – *sc.,* uma "alteração sem modificação" *(Änderung ohne Veränderung)*[848] –, na medida em que propõe sempre o mesmo *modus operandi,* mas com observância das inevitavelmente contingentes circunstâncias concretas com que cada problema judicando nos confronta. Esse algoritmo não é, portanto, "um andaime que [...] nada [tem] a sustentar a não ser a [...] própria [estrutura em que consiste]"[849]. Muito ao invés, o sentido do direito – as *archai* e os *tele* que o inervam – e os corolários implicados pela sua realização problemático-concreta (a operatória que envolve e as ponderações que reclama) cunham-no intencionalmente, predicam-no identitariamente, modelam-no pragmaticamente e densificam-no historicamente. Há, portanto (transitemos da matemática para a linguagem...), uma "gramática jurídica"[850] que, no horizonte da metodonomologia, implica a consideração de todos os planos ainda agora mencionados.

A analogia poderá ser, é verdade, "uma noção [...] escorregadia"[851], mas é essa, decerto, a razão pela qual ela se adequa tão bem à constante mobilidade quer da prática globalmente visualizada, quer do direito esclarecidamente recortado, decorrente da irreprimível novidade que numa e noutro permanen-

---

[845] Cf. António Lobo Antunes, *Da natureza dos deuses,* 2.ª ed., Alfragide, 2015, 388.

[846] Cf. *supra,* esp.^te 40 ss.

[847] Cf. G. Steiner, *Extraterritorial...,* cit., 100 s. e 118.

[848] Sob o título "Die Welt ist ein Kunstwerk", cf. a entrevista concedida pelo Nobel ao semanário *Der Spiegel,* de 8.8. 2015, 104 ss.

[849] Cf. H. Broch, *A morte de Virgílio,* cit., 224.

[850] Cf. A. Castanheira Neves, *O actual problema metodológico da interpretação jurídica – I,* cit., 232 s.

[851] Cf. George Steiner, *As lições dos mestres,* trad. de R.P. Cabral, Lisboa, 2005, 38.

temente irrompem e nos interpelam, em inteira consonância com a agitação metabólica que, sem cessar, anima os dois referidos horizontes (a analogia tem precisamente que ver com a prática e o direito em acto de realização – e uma e outro são, como ainda agora sublinhámos, horizontes em permanência realizandos…). O que é só por si bastante para mostrar, como tantas vezes acentuámos já[852], que a analogia não tem apenas préstimo para ratificar o pré-experienciado ainda carecido de fundamentação legitimadora (a analogia não se limita a *recapitular* o passado) – permite também sondar o experienciando e discernir para ele o fundamento exigível (a analogia *virtualiza* igualmente o futuro[853]). Ou seja, a analogia tem um inequívoco poder heurístico (H. MINKOWSKI alude a uma como que "aptidão [heurística]" – *Treppenwitz* – da analogia[854]) – uma capacidade para antecipar questões novas, ajudando-nos a pôr e a solucionar os problemas que elas suscitam.

2.4. No quadro de manifestações primevas da reflexão analógica já se perguntou: "[q]ual o elemento oculto que a analogia visa esclarecer?" E, atento o mesmo pano de fundo, respondeu-se que, *v. gr.*, "[p]ara Heraclito, pensar analogicamente é […] fazer que cada ente apareça, seja compreendido, a partir do sentido"[855]. Pois bem: se transmigrarmos da Grécia clássica para o nosso tempo e para o mundo do direito[856], e quisermos responder àquela pergunta sem ignorar o assinalado contributo inaugural de HERACLITO, diremos que a

---

[852] Cf., *v. gr.*, o que escrevemos em *Pj →Jd…*, cit., in *Analogias*, cit., 315, e por último, neste guião, *supra*, 225 s. n. 822.

[853] Neste parêntesis, e no imediatamente anterior, ousámos uma paráfrase (demasiado atrevida, receamos…) a Victor R. da C. MATOS, *Originalidade e novidade da filosofia…*, cit., 52. E a "dupla abertura ao passado e ao futuro", que neles se sublinha, traduz do mesmo passo uma consonância com a historicidade predicativa quer da "pessoa humana", quer do direito…, cf. ID., *ibidem*, 57.

[854] Cf. o seu histórico ensaio "Espaço e tempo", in H. A. LORENTZ, A. EINSTEIN e H. MINKOWSKI, *Textos fundamentais da física moderna. I volume. O princípio da relatividade,* trad. de Mário José Saraiva, 5.ª ed., Lisboa, 2001, 98, e 114 nota 2). Atento o que se sublinha no texto, também nós poderemos dizer que "[a] heurística é um atalho cognitivo", de que não hesitaremos em lançar mão se nos dermos conta de que "[funciona] bem muitas mais vezes do que mal"…: cf. Julian BAGGINI, *As fronteiras da razão…*, cit., 134. Por seu turno, Jan Henrick KLEMENT vê nela um "expediente para a descoberta de perguntas [problemas] e para a aproximação a [respostas] soluções", dizendo-a, decorrentemente, um "ponto de apoio" *(Platzhalter)*, uma "arte de descoberta" *(Erfindungslkunst):* cf. *Verantwortung. Funktion und Legitimation eines Begriffs im Öffentlichen Recht,* Tübingen, 2006, 46 ss. *(v.,* entre nós, Luís A. M. MENESES DO VALE, *O problema jurídico do acesso à saúde…*, cit., 675 s.)…

[855] Assim, Maria Luísa COUTO SOARES, "As origens do pensamento analógico no Ocidente. Notas para a constituição de uma *ethologia transcendentalis* a partir de Heraclito (540-470 a. C.) e de Píndaro (518-438 a. C.)", in PÍNDARO, *Odes,* tradução, prefácio e notas de António de Castro Caeiro, Lisboa, 2010, 191 ss., esp.^te 193 e 197.

[856] Esclareça-se que, logo nos alvores da nossa cultura, e por referência ao direito (um direito ainda diluído no holismo coetaneamente dominante, está bem…: cf. *supra*, n. 27), a analogia não deixou de marcar presença: pois não sustentava, por exemplo, ARISTÓTELES que a pena deveria ser proporcional – *hoc sensu,* análoga (o Estagirita deu à analogia o nome de proporção: cf. o que escrevemos

analogia identifica o modo como se articulam a relevância problemática dos e o referente intencionado pelos *relata* do exercício metodonomológico (respectivamente, o caso judicando e os pertinentes fundamentos/critérios do sistema jurídico circunstancialmente em causa), perfilando-se assim como o *originarium* do pensamento jurídico metodonomologicamente comprometido – "o simples em que se atinge a última e a mais profunda inteligibilidade" das coisas e que aquele pensamento se tem encarregado de sobredeterminar e, portanto, de tornar complexo[857].

2.5. Comprimindo agora algumas das observações capitais até ao momento arroladas (e convocando um apoio improvável – ou talvez não, porque o A. em causa pretendeu ocupar-se de tudo...), anotaremos que a "[a]nalogia [...] é a relação de semelhança e concordância de diferentes"[858] – a analogia ocupa o espaço que se abre entre a igualdade ponto por ponto e a diferença em todos os pontos, retirando àquela primeira o seu excesso e a esta segunda o seu defeito. Mais rigorosamente (e como também já se nos evidenciou em vários ensejos...), ela é o radical noético da actividade mental: o tipo de racionalidade implicado pela posição de problemas (pressupostos sentidos...), pela disquisição de sentidos e das respectivas projecções estabilizadoras (intencionados problemas...) e pela dialéctica articulação de uns e outros, "[trazendo-os-pertinentemente--à-correspondência ...]" – na analogia não está em causa a mera "igualdade" formal da relação que ela implica (a diferença também a com-põe...), mas a "interioridade" material dessa relação *(hoc sensu,* a esclarecida consideração dos rigorosamente recortados – e identificados – termos da aludida relação)[859] –, em ordem à solução dos primeiros com base nos segundos. Ou, por palavras só parcialmente outras: a dialéctica complementaridade, por referência a um dado *tertium comparationis,* entre as semelhanças que com-põem e as diferenças que contra-põem os problematicamente inucleados *termini relationis*

---

em "O problema da *analogia iuris...",* cit., in *Analogias,* cit., 267) – ao facto sancionável? Cf. José de Sousa e Brito, "Vergeltung als relativer Strafzweck bei Plato und Aristoteles", in Jan C. Joerden und Kurt Schmoller (Hrsg.), *Rechtsstaatliches Strafen. Festschrift für Keiichi Yamanaka,* Berlin, 2017, 402 (recorde-se que a mencionada proporcionalidade é ainda hoje uma – apenas uma ... – das notas habitualmente sublinhadas na caracterização das sanções jurídicas: cf. as nossas *Lições...,* cit., 63).

[857] Cf. A. Castanheira Neves, *Aula na Univ. Lusófona – 21 de Abril de 2012,* cit., 15.

[858] Cf. Laurence Sterne, *A vida e opiniões de Tristram Shandy.* Parte primeira, volumes I-IV, trad. de Manuel Portela, Lisboa, 1997, 177. Para uma mais ortodoxa acentuação da extensa linhagem em que se inscreve o que se sublinha no texto, v. Arthur Kaufmann, *Analogie und "Natur der Sache"...,* cit., 18 ss. (A. W. Heinrich Langhein transcreve as várias afirmações a que assim se alude, e que convergem no ponto – fundamental – relevado no texto: cf. *Das Prinzip der Analogie als juristische Methode...,* cit., 188).

[859] Parafraseamos assim G. Deleuze, *Diferença e repetição,* cit., 89 n. 5, e 429.

concretamente comparandos – entre as coordenadas que aproximam e aquelas outras que separam os *relata* problemáticos circunstancialmente em causa – é a analogia. Pelo que não surpreende que a analogia – *i. e.* (insistamos...), a dialéctica em que se enredam os problemas interpelantes e a intencionalidade problemática dos referentes de sentido que, por mediação daqueles primeiros, se vão excogitando e instituindo – seja (reacentuemo-lo ...) a raiz noética da prática ... e, portanto, também do direito. E se a reconhecemos assim no centro do mundo que nos preocupa, não deveremos estranhar que ela irradie para as regiões-chave desse mesmo mundo aqui em causa, modelando-as matricialmente. Aludimos, está bem de ver, ao específico pensamento implicado pelo rigorosamente concebido exercício metodonomológico, aos passos em que este último se analisa e ao juízo-julgamento em que aqueles dois primeiros planos se fundem e cumprem. Os problematicamente inucleados pólos do mencionado exercício – a analogia é um *same level reasoning*...[860] – contrapõem-se fenomenicamente, mas, sob o ponto de vista metodológico, fundem-se no juízo decisório: em paráfrase a uma afirmação com que nos confrontámos noutro ensejo[861], *"analogy 'is the unity of diversities'"*. Ou, algo mais extensamente: se o direito se polariza em problemas e se estes se tipificam pelas semelhanças e diferenças que apresentam, o operador tendente a dominar metodonomologicamente a tensão que assim nos interpela é a analogia, que justamente consiste em apurar as semelhanças que aproximam e as diferenças que separam os pólos problemáticos circunstancialmente comparandos. E esta axialidade da analogia (a analogia revela-se-nos um operador experiencialmente inferido, que não um mantra fideisticamente postulado!) pode bem dizer-se uma constante na (longa...) história do pensamento jurídico metodologicamente comprometido, não obstante as notórias diferenças que (também a respeito da analogia!...[862]) a referida diacronia patenteia: os *exempla* do (casuístico-prudencial) direito romano, o *iudicare est componere* do (hermenêutico-dialéctico) direito medieval, a caracterização kantiana do juízo (num tempo em que o pensamento jurídico capitulou, com o normativismo moderno-iluminista, à absolutização da racio-

---

[860] Cf. A. Castanheira Neves, *Metodologia Jurídica...*, cit., 245, 259 e 263, António Braz Teixeira, *Breve tratado da razão jurídica,* Sintra, 2012, 216, as nossas *A metodonomologia...*, cit., 441 n. 1068, e *Lições...*, cit., 937...

[861] Ao lermos o estudo de Nuno Ascensão Silva, "'Desenvolvimentos recentes do direito europeu da família e das sucessões' – algumas notas", in *Lex Familiae. Revista Portuguesa de Direito da Família,* n.º 8, 63.

[862] Cf. o que, a este específico propósito, escrevemos em "O problema da analogia *iuris* (Algumas notas)", cit., in *Analogias,* cit., esp.ᵗᵉ 267 ss.

nalidade axiomático-dedutiva), o modo como oportunamente propusemos que ele deva ser hoje em dia compreendido[863], provam-no suficientemente[864].

2.6. *Sub specie iuris* (é esta a perspectiva que se nos impõe privilegiar – e que temos privilegiado...),

2.6.1. a analogia centra-se em (tem por "objecto") problemas – no mérito problemático do caso concretamente judicando (o comummente designado caso-*tema)* e na relevância problemática do constituído e/ou constituendo fundamento/critério jurídico que lhe co-responde (fundamento/critério este que intenciona um caso paradigmático já cunhado pela normatividade jurídica e por ela solucionado – um caso exemplar já portador de direito, e que por isso se designa caso-*foro*[865]).

2.6.2. Acompanhando a grelha analítica proposta no livro de texto[866], e muito esquematicamente, diremos agora que o sentido da analogia remete ao princípio da inércia: como oportunamente acentuámos, à mobilização do que se sabe para sondar aquilo que se ignora – nota esta confirmadora dos (atrás assinalados[867]) carácter desonerador e aptidão heurística da analogia... que conjuntamente (e todavia...) postulam uma mediação judicativa para que a inferência analógica se possa considerar *in concreto* justificada.

---

[863] Explicitações complementares colher-se-ão no nosso *Pj→Jd...,* cit., in *Analogias,* cit., 350 ss. Pelo que especificamente respeita à menção feita ao direito romano, cf. por último, entre nós, Fábio Cardoso Machado, *A autonomia do direito e os limites da jurisdição,* cit., 167 s.

[864] E, de modo particular, a impertinência metodonomológica do axiomático-dedutivo silogismo subsuntivo, concludentemente patenteada pelo hodierno pensamento jurídico prático-normativo (problemático-sistematicamente polarizado) não nos atira, inermes, de regresso ao paradigma alquímico das analogias precipitadas, indiferentes às constrições da realidade (cf. o que escrevemos em *Pj→Jd...,* cit., in *Analogias,* cit., 353 n. 131) – como advertiu o Poeta, é aconselhável "[não brincar] com o fogo das analogias misteriosas" ... (cf. Fernando Pessoa, *Livro do desassossego,* cit., 211) –, mas acabou por trazer de novo a analogia para o centro do exercício judicativo-decisório (como recordamos no texto, foi esse tipo de raciocínio que imprimiu carácter à discursividade jurídica desde os seus primórdios...), todavia, num quadro intencional muito outro (a história nunca se repete em termos paleontológicos: mesmo quando se recuperam "pedras" do passado, elas são expostas, no momento da aludida recuperação, a um horizonte circunstancial bem diferente...), ao (re-)propor um discorrer de problema a problema atento ao referente de sentido coetaneamente assumido e realizando, nos antípodas de qualquer mais que suspeita *chimaera doctorum* (colhemos a expressão, que nos permitimos descontextualizar, em N. Bobbio, *L'analogia...,* cit., 58).

[865] Pense-se (entre tantas outras palavras, com o mencionado radical) em Lúcifer (o portador da luz), enóforo (o portador do vinho), fósforo (o portador da chama) signífero (o portador da bandeira), metáfora (o portador de um certo significado que se transporta de um campo semântico para outro)...

[866] Cf. A. Castanheira Neves, *Metodologia Jurídica...,* cit., 245 ss.

[867] Cf. *supra,* 146 e 231 s.

2.6.3. Por outro lado, a analogia não tem "índole" lógico-formal mas meto-dológico-argumentativa – *rectius,* prático-normativa[868]. Com efeito, vimo-lo, a analogia implica *relata* que apresentam semelhanças e diferenças. Ora, só é possível privilegiar as semelhanças (e afirmar a analogia), ou as diferenças (e refutar a analogia), atento o problema que concretamente se nos ponha, invo-cando "razões" *(i. e.,* argumentos) circunstancialmente pertinentes[869] e profe-rindo o correspondente juízo *(v.,* neste sentido, *mutatis mutandis,* o artigo 10.º, n.º 2, do CC) – logicamente (conquanto não, decerto, teleonomologicamente!) é, pois, sempre possível optar ou pela analogia, ou pelo argumento *a contra-rio*[870]. Seja o seguinte exemplo, que nos habituámos a convocar: o cão e o leão

---

[868] Por nossa parte, cf. (a título puramente exemplificativo...) *A metodonomologia...,* cit., 555 ss., *Lições...,* cit., 936 ss., *A metodonomologia (para além da argumentação),* cit., in *Analogias,* cit., esp.ᵗᵉ 205 ss. ... Se o quisermos dizer de outro modo, sem acuradas ponderações de carácter teleológico e/ou axiológico não é possível dirimir a questão que nos trouxe a esta nota (ou muitas outras que se nos põem na esfera da argumentação jurídica metodonomologicamente comprometida...): cf., agora Pedro de ALBUQUERQUE, *Assistência financeira nas sociedades comerciais,* s./l. e s./d., mas Lisboa, 2018, 165 ss., sob VII (atente-se também na remissão aí feita para a extensa n. 114 – na monografia citada, 44 ss. –, em que o ilustre Colega não hesita em tomar uma posição esclarecida relativamente a alguns dos pressupostos de inteligibilidade da orientação em que se revê).

[869] Notas estas que, observe-se, nada têm de novo: assim, e por exemplo, em finais do século XVIII e a propósito da analogia, THIBAUT acentuou a ideia de que "a semelhança do caso radica apenas na igualdade do fundamento" – *apud* A. W. Heinrich LANGHEIN, *Das Prinzip der Analogie als juristische Methode...,* cit., 57 e 58 s., sob cc). E, muito tempo volvido, Th. HELLER – que dedicou um importan-tíssimo estudo à problemática da analogia (estudo esse que explorámos empenhadamente na nossa dissertação *A metodonomologia...,* cit.: *v.* esp.ᵗᵉ 568 ss., em que nos atrevemos a censurar ao A. a cedência a pré-juízos normativísticos, decorrentes da sua adesão a algumas das propos-tas da Jurisprudência dos interesses – de uma *Interessenjurisprudenz* já/só parcialmente redimida pela *Wertungsjurisprudenz:* HELLER releva quer o "pensamento fundamental da lei", quer mesmo os "critérios de valor juridicamente" pertinentes, atentos os casos-*relata* e a "comparação" por estes implicada...) –, não hesitou em radicá-la numa "metalógica do direito", polarizada na "axiologia jurídica", no "sentido" mesmo da normatividade circunstancialmente relevante – cf., de novo, A. W. Heinrich LANGHEIN, *Das Prinzip...,* cit., 147 ss.

[870] A afirmação, quase por estas exactas palavras, é de Arthur KAUFMANN – cf. *Analogie und "Natur der Sache"...,* cit., 36. E merece a inteira concordância de Martin KRIELE – cf. *Theorie der Rechtsgewinnung...,* cit., 206 s. Sobre o ponto, *v.* ainda A. W. Heinrich LANGHEIN, *Das Prinzip der Analogie als juristische Methode...,* cit., 189 – LANGHEIN sublinha que o "decisivo [na opção pela inferência analógica ou pelo argumento *a contrario]* é [, como escreve o próprio KAUFMANN na página citada logo na abertura desta nota] a escolha do tertium comparationis sob o qual os termos comparandos são considerados" (não ensinou já KANT que "não se pode concluir por analogia com menoscabo do tertium comparationis"? – na bela linguagem da sua época: "man kan nach der analogie nicht ultra tertium comparationis schließen": *apud* LANGHEIN, *ibidem,* 29. E é neste exacto sentido que – continuando a acompanhar a lição do Filósofo, convocada por LANGHEIN – se diz ainda que "na analogia o que se exige é apenas a identidade, *par ratio,* do fundamento: "wird bey der analogie nur die identitaet des Grundes, par ratio, erfordert"; cf. ID., *ibidem).* Sirva-nos de exemplo o problema da "exclusão de sócios de *socie-dades anónimas".* Nenhum preceito do CSC se lhe refere directamente. O respectivo artigo 242.º, que visa as sociedades por quotas, poderá, como alguns sustentam, aplicar-se, "por analogia e com as necessárias adaptações", às anónimas, ou as especificidades – as características densificadoras do tipo (sublinhe-se, parenteticamente – e em termos só parcialmente laterais ... –, a centralidade que Art. KAUFMANN atribui à problemática do tipo no modo como recorta a analogia: o "sentido" comum-mente intencionado pelos *relata* – o *tertium comparationis* – é, para o A., a "natureza das coisas", e o pensamento nesta radicado é um ... "pensamento tipológico [, pois] o tipo identifica a mediana entre o geral e o particular [, constituindo assim] um concreto comparativamente instituído, um

são análogos – se quisermos, integram o mesmo "círculo de semelhança"[871] – se o problema em causa for o de saber se são animais vertebrados, mas já o não são se o problema for antes o da possibilidade de os catalogar como animais domésticos[872]. Ou, transitando do mundo da zoologia para o do direito e a título exemplificativo: 1) O contrato aleatório e o contrato sob condição são, bem se sabe, realidades distintas (nomeadamente porque "[a]quele é um contrato puro e simples, de que a álea constitui elemento essencial ou intrínseco. Pelo contrário, a condição configura-se como elemento acidental ou cláusula acessória dos negócios jurídicos, que pode existir ou não [...]"). Mas "[j]á se tem salientado [...] a analogia entre o contrato aleatório e o contrato condicio-

---

universal in re". Recorde-se de novo, por extenso, o título do importantíssimo ensaio que dedicou ao tema: *Analogie und "Natur der Sache". Zugleich ein Beitrag zur Lehre vom Typus,* cit., 44 ss., esp.[te] 44 e 47. Por seu turno – e a propósito de Kaufmann... –, A. W. Heinrich Langhein, sem esconder o seu desacordo, observa que o legislador nunca conseguirá apreender conceitualmente, em termos esgotantes, um tipo – o tipo é caracterizável, mas não definível, admite uma mais ou menos lograda aproximação, mas não mais do que isso...: cf. *Das Prinzip der Analogie als juristische Methode...,* cit., 190 e 196) – destas últimas, impedem-no, como também já ouvimos (ainda que em termos prudentemente interrogativos...)? O problema em causa é, decerto, basicamente o mesmo: o da exclusão do sócio de uma sociedade comercial. Mas os distintos sectores do "mundo do direito" implicados (ali, uma sociedade por quotas; aqui, uma sociedade anónima) tolerarão, ainda que "com as necessárias adaptações", que se ponha e resolva o problema em termos tendencialmente paralelos, ou opor-se-lhe-ão, por concorrerem para a instituição/pressuposição de um (por intencionarem um) diferente *tertium comparationis,* de um outro fundamento discursivo (recorde-se: se não estiverem em causa acções nominativas, será relativamente fácil a um sócio de uma anónima, em risco de exclusão iminente, furtar-se à referida sanção, alienando as suas acções; ou, uma vez excluído, adquirir novas acções e "reingressar na sociedade")? Cf. Jorge Manuel Coutinho de Abreu, *Curso de Direito Comercial. Volume II, Das Sociedades,* 2.ª ed., Coimbra, 2007, 440 ss. Em suma (e voltando ao nosso ponto): impor-se-nos-á aqui a analogia ou o argumento *a contrario?... V.* ainda o que escrevemos na nota 886.

[871] Recorde-se que a ideia de círculo (aqui, o "círculo de semelhança", a significar o conjunto constituído por entes, com determinados predicados comuns, de um certo ponto de vista: cf. *A metodonomologia...,* cit., 443, e *Lições...,* cit., 940, e 946 e n. 212) tem projecções várias no horizonte do pensamento jurídico. Mencionem-se, *v. gr.,* o "círculo hermenêutico" (afinado, em particular, por H.-G. Gadamer – cf. *Wahrheit und Methode,* cit., 250 ss. –, que se transmuta, geometricamente, em espiral, e, como oportunamente assinalámos, é mobilizado, com frequência, em sede metodonomológica: cf. *supra,* 148 ss., esp.[te] 152 s.), o "círculo de perigo" ou "círculo de perigosidade" (uma categoria a que recorre a dogmática civilística, por exemplo para imputar a lesão, atento o artigo 490.º do CC – cf. Ana Mafalda C. N. de Miranda Barbosa, *Do nexo de causalidade ao nexo de imputação...,* cit., Vol. II, 1299 s.)...

[872] A ("variável") "premissa latente" em causa é, assim, o elemento determinante para que se possa concluir pela analogia entre os *relata,* ou pela falta dela: cf. A. W. Heinrich Langhein, *Das Prinzip der Analogie als juristische Methode...,* cit., 189. Seja o seguinte exemplo (radicado num caso concreto e que formularemos em termos interrogativos): nos espectáculos desportivos, as sanções previstas para as agressões cometidas contra os agentes desportivos intervenientes são bem mais duras do que as cominadas para as agressões perpetradas contra o público em geral. Em certa partida de futebol, um dos jogadores da equipa visitante atingiu violentamente um *steward* de serviço. Deverá o agredido ser integrado no primeiro círculo *(i. e.,* ser equiparado a um agente desportivo), ou no segundo *(i. e.,* ser indiferenciadamente remetido para o conjunto público)? Ou, atenta a projecção no caso do princípio *odiosa restringenda,* deverá ele ser considerado um *tertium genus,* a remeter como que para um espaço situado entre os dois mencionados círculos (susceptível de implicar uma forte atenuação do primeiro quadro sancionatório – aproximando-o do seu limite mínimo –, ou um não menos forte agravamento do segundo – elevando-o até às proximidades do seu limite máximo)?...

nal, sempre que o risco se refira à existência da obrigação de prestar e não unicamente ao quantitativo da prestação"[873]. 2) "Entre o boicote e a discriminação existem, é verdade, diferenças [, que...] não obstam, todavia, a que aquele seja há muito considerado como uma subespécie desta". No quadro do Direito da Concorrência, acentua-se que ambos "[constituem], a um tempo, uma prática anticoncorrencial e um acto de concorrência desleal", pelo que se admite dever aplicar-se-lhes, "[conjuntamente, o regime] da defesa de liberdade de concorrência e [... o] da concorrência desleal"[874]. 3) Em termos interrogativos e num outro quadro dogmático: em caso de "justa causa de resolução" de um contrato por parte da Administração, e de "resolução do contrato por alteração anormal e imprevisível das circunstâncias não imputável a decisão do contraente público (nem a qualquer outra entidade)", a "eventual compensação" ao co-contratante não deverá merecer igual tratamento em virtude da "analogia [problemática] das [duas mencionadas] situações"?[875]. Ou: com que exacta amplitude se deverá defender "a aplicação analógica do regime de reconhecimento judicial previsto no Código de Processo Civil às decisões de autoridades administrativas estrangeiras com incidência sobre situações privadas"?[876] 4) Mencione-se ainda o conhecido problema dos chamados cigarros electrónicos – concretamente, as dúvidas que se levantaram quando se pretendeu regulamentar a respectiva utilização em espaços públicos. Não sendo eles (em particular, os seus efeitos nocivos) tão bem conhecidos como os (dos) cigarros comuns, deveriam, sob o referido ponto de vista, ser-lhes equiparados ou deles distinguidos? Por outras palavras: da mencionada perspectiva, insiste-se, uns e outros integram um mesmo círculo de semelhança, ou círculos de diferença? (O artigo 4.º, n.º 3, da Lei n.º 63/2017, de 3 de Agosto, decidiu naquele primeiro sentido –

---

[873] Assim, Mário Júlio de ALMEIDA COSTA, *Direito das Obrigações,* 11.ª ed., Coimbra, 2008, 371 n. 1. Como é óbvio, qualquer que seja a área jurídico-dogmática que privilegiemos, os exemplos poderiam multiplicar-se. Uma vez que as considerações que nos trouxeram a esta nota se situam no âmbito das relações obrigacionais, acrescentemos estoutro: o atinente à questão de saber se alguns dos problemas que certos AA. se dispõem a remeter hoje para um *tertium genus,* con-formado pela responsabilidade contratual e pela delitual, não deverão ser afinal enquadrados naquela primeira, por se revelarem mais fortes (nomeadamente atenta a confiança subjacente aos *termini comparationis* em presença) as semelhanças do que as diferenças entre as hipóteses problemáticas circunstancialmente intencionadas e a mencionada responsabilidade contratual. Cf. Mafalda MIRANDA BARBOSA, "Entre a racionalidade financeira e a racionalidade jurídica: a medida de resolução à luz da jurisprudência portuguesa", in *Boletim de Ciências Económicas,* Vol. LXI, Coimbra, 2018, 99-102.

[874] As indispensáveis explicitações complementares colher-se-ão em M. NOGUEIRA SERENS, "As admoestações sobre a titularidade do direito de patente como actos de concorrência desleal (As soluções da jurisprudência e da doutrina alemãs)", in *de Legibus,* III, 2015, 105 s. n. 83.

[875] Cf. Licínio LOPES MARTINS, *Empreitada de obras públicas...,* cit., 560 ss., esp.ᵗᵉ 562 ss. e 687.

[876] Cf. Dulce LOPES, *Eficácia, reconhecimento e execução de actos administrativos estrangeiros,* cit., 247 e n. 692.

equiparando, portanto, nomeadamente para efeitos da "[p]roibição de fumar em determinados locais", os "cigarros eletrónicos", e alguns "produtos" mais, àqueles que nos permitimos designar "cigarros comuns")…

As duas notas precedentes permitem afirmar que o fundamento da analogia é a exigência da igualdade enquanto expressão do princípio da universalidade subjacente à ideia de justiça[877] (nos termos da aludida exigência, lembremo--lo, o igual deve decidir-se igualmente na exacta medida da sua igualdade; e o desigual deve decidir-se desigualmente na exacta medida da sua desigualdade). Dois exemplos simples (assentes, respectivamente, na igualdade e na desigualdade acabadas de convocar) mostram-no bem: 1) O cônjuge e o companheiro sobrevivo devem ser tratados do mesmo modo relativamente ao problema de saber quem tem "legitimidade para pedir a compensação dos danos não patrimoniais por morte da vítima"[878]. 2) As "exigências próprias da instituição militar justificam que os nela integrados se rejam por um estatuto específico, com deveres de comportamento e limitações de direitos a que não está sujeita a generalidade dos cidadãos". São essas exigências (sintetizáveis na nota de que uma igualdade *caeteris paribus* não exclui, antes impõe, uma "obrigação de

---

[877] As mais das vezes que se "fala em justiça pensa-se em igualdade"… (assim – de uma perspectiva macroscópica… – Markus Dettmer/Cornelia Schmergal, "Das ist nicht fair", in *Der Spiegel,* 31/2017, 32. Se não erramos, da mencionada perspectiva macroscópica a igualdade só poderá considerar-se realizada no plano escatológico – quando o tempo se tiver esgotado e se tudo se tiver cumprido, pois só então poderá dizer-se de cada um: este é "aquele que de muito não abundou e que de pouco não careceu"… – Paulo, *2.ª Carta aos Coríntios,* 8; na ed. cit., 288).
Acrescente-se ainda (e em termos algo mais ortodoxos), que o rigorosamente recortado "sentido *material* do *princípio da igualdade*" não marca só presença (como, de resto, a formulação aberta do texto – a alusão "à ideia de justiça" – logo indicia…) no âmbito da realização jurisdicional do direito, de que primacialmente nos ocupamos no curso. Pode ser também chamado a operar, e em termos não menos decisivos, na esfera da sua realização legislativa – pensemos, exemplificativamente, na Lei n.º 19/2018, de 14 de Agosto, e em algumas das reflexões fundamentantes em que este renovador diploma se louvou (a título complementar, note-se apenas que não deixou então de se acentuar a importância da preferência por "medidas adoptadas *casuisticamente*", ou bem atentas "à *situação concreta* de cada deficiente, *adequando* as medidas a adoptar a cada caso concreto"…): cf. António Pinto Monteiro, "Das incapacidades ao maior acompanhado – Breve apresentação da Lei n.º 49/2018", in *RLJ,* 148.º, n.º 4013, 2018, esp.ᵗᵉ 79 e 81.
Como mera curiosidade, refira-se terem já sido inventariadas… 108 acepções, mais ou menos claramente distinguidas, da exigência da igualdade, entre as quais se encontram aquela que já a seguir se mencionará parenteticamente no texto, a atinente à chamada igualdade de oportunidades, a relacionada com a admissibilidade, mesmo no plano constitucional e tanto entre nós como na Alemanha, de discriminações positivas e negativas, etc.: cf. Johanna Croon-Gestefeld, "Piketty und die Rechtswissenschaft im 21. Jahrhundert", in *JZ,* 7/2019, 343 (estudo em que a A. começa por sintetizar as teses centrais defendidas, no seu relativamente recente *bestseller,* pelo *rock-star* economist – *ibidem,* notas 2 e 28 – francês). Pela sua importância, recorde-se a observação enquadrante deixada *supra,* 194.
[878] Cf. o artigo 496.º, n.º 2, do CC, e Maria Manuel Veloso, "Danos não patrimoniais", in *Comemorações dos 35 anos do Código Civil e dos 25 anos da Reforma de 1977, Vol. III, Direito das Obrigações,* Coimbra, 2007, esp.ᵗᵉ 523 ss., sob III. Como se sabe, o actual n.º 3 veio a ser acrescentado ao mencionado preceito em 2010, atenta a jurisprudência do TC.

diferenciar"[879]) que determinam, *inter alia,* "o particular regime do direito de queixa ao Provedor de Justiça" por parte de um militar. Mais especificamente: um militar só deverá poder apelar ao Provedor de Justiça (relativamente à instituição militar, "uma instância externa de controlo") depois de a "cadeia hierárquica de comando", em que está integrado, se ter pronunciado definitivamente sobre a "decisão que [concretamente] o afecte"[880].

O carácter tendencialmente formal do fundamento da analogia (não vimos nós, ainda agora, que ele remete ao princípio da igualdade, e não é este princípio, na sua mais imediata significação, um princípio formal?) e a índole específica do exercício metodonomológico (que visa a justeza judicativa, oportunamente caracterizada[881] e como sabemos ínsita ao particular tipo de racionalidade que o referido exercício deverá assumir) implicam a necessidade da disquisição de um critério material, rigorosamente prático-normativo, que supra o apontado carácter tendencialmente formal do fundamento da analogia e permita realizar em concreto a também assinalada índole específica do exercício metodonomológico. A semelhança problemática dos *relata* é, decerto, indispensável[882]. Mas ela não dispensa uma complementar (e decisiva!) ponderação judicativa – o teste crucial a que aquela semelhança terá que submeter-se e a que deverá

---

[879] Cf. o que, acompanhando Maria da Glória GARCIA, pudemos escrever nas nossas *Lições...*, cit., esp.[te] 434 e n. 171.

[880] Cf. o Acórdão n.º 404/2012, Processo n.º 773/11, de 18 de Setembro de 2012, do TC, in *DR*, 1.ª série, n.º 194, de 8 de Outubro de 2012, 5554 ss., esp.[te] 5560 s., sob 6.6.

[881] Cf. *supra*, 172 s.

[882] Sobre este plano da questão, três exemplos: 1.ª) A dimensão ora em causa – o carácter problemático da analogia – manifesta-se, paradigmaticamente, no quadro do apuramento dos chamados "direitos de 'natureza análoga' aos direitos, liberdades e garantias". Pois não acentua GOMES CANOTILHO (cf. *Direito Constitucional e Teoria da Constituição*, 5.ª ed., cit., 402 s.) que a mencionada "tarefa [...] deve procurar, em cada caso concreto, a analogia relativamente: (1) a cada uma das categorias (direitos, liberdades e garantias) e não em relação ao conjunto dos direitos, liberdades e garantias; (2) a cada uma das espécies  sistematizadas na constituição (direitos, liberdades ou garantias) de natureza pessoal; direitos, liberdades ou garantias de participação política; direitos, liberdades ou garantias dos trabalhadores)"?... 2.º) Outro tanto se deverá dizer, se não erramos, se pensarmos o problema da qualificação dos actos de comércio. É certo que Jorge M. COUTINHO DE ABREU admite essa qualificação com base nas analogias *legis* e *iuris...* "tradicionalmente" entendidas (sobre este ponto específico, cf. *infra*, 243, sob 2.7.); mas, depois de referir múltiplas exemplificações desse seu entendimento, não deixa de propor uma "definição de atos de comércio objetivos" em que, se vemos bem, ecoa (perdoe-se-nos a sinestesia...) a mencionada analogia problemática: são actos de comércio objectivos *"os factos jurídicos voluntários (ou os atos, simplesmente) previstos em lei comercial e análogos"* (cf., deste nosso Colega e Amigo, o *Curso de Direito Comercial*, vol. I, 10.ª ed., Coimbra, 2016, 89 ss., sob 3.1.3., esp.[te] 92 e 100). 3.º) Ainda no quadro do direito societário, as "situações de subcapitalização" não são todas equiparáveis – pelo que agora importa, não se podem considerar todas problematicamente semelhantes (há, *v. gr.,* que distinguir aquelas, manifestas, imputáveis a uma conduta reprovável "dos sócios, nem que seja a título de negligência", de outras insusceptíveis de uma censura análoga), razão por que não implicam todas as mesmas responsabilidades para os sócios: cf. Armando Manuel TRIUNFANTE/Luís de Lemos TRIUNFANTE, *"Desconsideração da personalidade jurídica..."*, cit., in *Julgar*, n.º 9 – 2009, 142, sob 3)...

resistir para que possa reconhecer-se, *sub specie methodonomologiae,* uma analogia entre os *termini comparationis*[883]. Só assim (só apurando devidamente se "a *semelhança [existente] é relevante"...*[884]) será possível assumir, para realizar, a exigência que o referido princípio intenciona em termos materiais, em vez de se capitular a uma sua redutora impostação formal...

A ineliminabilidade da referida ponderação judicativa – e também a assinalada índole metodológico-argumentativa, que não lógico-formal, da inferência analógica de que cuidamos...[885] – autoriza(m)-nos a afirmar que a conclusão pela analogia a nível problemático não impõe, só por si, uma decisão judicativa com ela conforme[886]. Ou seja: o que importa é apurar se a "semelhança [problemática] antecipa [, ou não,] os termos que [judicativamente] se asseme-

---

[883] A complementaridade – *rectius,* a "correlatividade" – destes "dois momentos" (do *"momento da analogia problemática* e [do] *momento da analogia judicativa")* é exemplarmente sublinhada por A. Castanheira Neves, in *Metodologia Jurídica...,* cit., 261 s. No mesmo sentido, e mais recentemente, cf. Ana Mafalda C. N. de Miranda Barbosa, *Do nexo de causalidade ao nexo de imputação: contributo para a compreensão da natureza binária e personalística do requisito causal ao nível da responsabilidade civil extracontratual,* polic., Coimbra, 2012, Vol. I, 38, 338 n. 780, e 524 n. 1152; Vol. II, 795, 887, 890, 1081 s. n. 2287, 1238 e 1291, e (acentuando enfaticamente a "analogia material" como pressuposto necessário da "analogia judicativa") "Direito à autodeterminação da identidade de género e responsabilidade civil. *Reflexões em torno da Lei n.º 38/2018, de 7 de Agosto",* in *Boletim da Faculdade de Direito,* Vol. XCIV, Tomo II, Coimbra, 2018, esp.[te] 1146 s. e n. 125. Em síntese: as "analogias problemáticas" centram-se na relevância jurídica autonomamente reconhecida aos *relata* em causa; as indispensáveis – e, afinal, também analógicas... – ponderações judicativas encarregar-se-ão de as confirmar (e dar-se-á, *a simile,* ao caso-tema a mesma solução excogitada para o caso-foro), ou não (e dar-se-á, *a contrario,* ao caso-tema solução diferente daquela que se havia proposto para o caso-foro).
Ou, recorrendo a um paralelismo já tantas vezes invocado: o sistema jurídico inglês – nomeadamente, o sentido da *ratio decidendi* e o modo como a regra do *binding precedent* é "tão ductilmente" afinável por mediação dos expedientes da *overruling* e da *distinguishing* – releva, e em termos emblemáticos, as dimensões problemática (a "analogia problemática") e judicativa (a "autónoma e constitutiva ponderação do julgador [que] concorre no juízo analógico") a que se alude no texto : cf. A. Castanheira Neves, *O instituto dos "assentos"...,* cit., 63 ss. e n. 134.

[884] Cf. Martin Kriele, *Theorie der Rechtsgewinnung...,* cit., 166. Se quisermos, e parafraseando uma proposta terminológica de G. Frege (cf. "Kritische Beleuchtung einiger Punkte in Ernst Schröders Vorlesungen über die Algebra der Logik", in *Cinco ensaios lógico-filosóficos,* cit., esp.[te] 135 e 143), dir-se-á que só a exigível ponderação judicativa permitirá concluir se uma dada analogia problemática é, ou não, manca.

[885] Cf. *supra,* 235 ss.

[886] Explicitações complementares – atinentes ao modo como se articulam os argumentos por analogia e *a contrario* – colher-se-ão em *A metodonomologia...,* cit., 564 s. e n. 1230. Digamo-lo ainda de outra maneira – de um jeito tributário da lição de Canaris e da síntese que dela nos disponibiliza A. W. Heinrich Langhein (cf. *Das Prinzip der Analogie als juristische Methode...,* cit., esp.[te] 162): a irrefutável pertinência do *argumentum a contrario* (o que acontece quando o rigorosamente apurado âmbito de relevância de um determinado critério jurídico, com a consequência que se lhe associa, não assimila inequivocamente o também rigorosamente apurado mérito específico do caso ora judicando) exclui, claro está, a analogia; mas a fundamentada recusa daquele primeiro não implica, sem mais, o recurso à analogia, pois esta tem as suas exigências próprias. Se o *argumentum a contrario* se nos não impuser com carácter de necessidade, como o recurso à analogia postula a determinação de uma prático-normativamente suficiente "semelhança jurídica" entre os *relata* de circunstância, a conclusão só pode ser a de que entre ambos – entre os argumentos *a contrario* e por analogia – permanece em aberto "um espaço relativamente alargado".

lham"[887], pois só então – *scilicet,* só quando se reconhecerem cumulativamente verificadas estas duas condições – poderá sustentar-se (da perspectiva metodonomológica, insistimos…) a analogia. Alguns exemplos (apenas esquematicamente arrolados): 1.º) A igualdade subjacente a uma analogia problemática e a complementar ponderação judicativa indispensável para se poder afirmar, em sede metodonomológica, uma analogia efectiva, manifestam-se presentes, se não erramos, na "igualdade ponderada" que se visa com a chamada "nova fórmula" proposta pelo Tribunal Constitucional alemão em ordem a uma cumprida realização da intencionalidade normativa de certos direitos fundamentais (fórmula essa que implica "uma redução da margem de livre conformação do legislador", se revela mais exigente do que o tradicional princípio da "proibição do arbítrio", postula um "teste de correspondência" e – é isso que sobretudo aqui nos interessa … – não dispensa a consideração das circunstâncias que se mostrem *in casu* importantes)[888]. 2.º) O artigo 5.º da Lei n.º 23/96, de 26 de Julho, exclui "a responsabilidade contratual da empresa prestadora do serviço de abastecimento eléctrico", se a respectiva interrupção se tiver ficado a dever a um caso fortuito ou de força maior. E se o facto tiver decorrido "da actuação inesperada de um terceiro estranho à relação contratual"? A jurisprudência e a doutrina entendem que se deverá então também concluir pela exclusão da responsabilidade, quer porque a última "factualidade [hipotizada] se integra na alusão aos casos fortuitos", quer porque um juízo judicativo tenderá a confirmar a inequívoca analogia problemática entre as situações circunstancialmente comparadas[889]. 3.º) A extensão aos diversos contratos de distribuição comercial do regime legalmente previsto para a agência não deve pensar-se em termos automáticos, sem uma ponderação que envolve a especificidade de cada um deles. Porquê? Porque a mobilização da analogia na esfera prático-normativa, quando adequadamente compreendida, nunca dispensa o momento judicativo, centrado no "caso jurídico concreto" com que circunstancialmente nos vemos confrontados[890].

---

[887] Trata-se de uma paráfrase a G. Agamben, *A potência do pensamento…,* cit., 292.

[888] Para as indispensáveis explicitações complementares, cf. o n.º 11 da "Declaração de voto" da Conselheira Maria de Fátima Mata-Mouros, e o n.º 3 da "Declaração de voto" da Conselheira Maria Lúcia Amaral ao muito discutido Acórdão n.º 413/2014, Processo n.º 14/2014, de 30 de Maio de 2014, do TC – aresto a que acedemos *on line.*

[889] Cf., mais desenvolvidamente, Mafalda Miranda Barbosa, *Liberdade vs. Responsabilidade. A precaução como fundamento da imputação delitual? Considerações a propósito dos* cable cases, Coimbra, 2006, 12 ss. e n. 8, e 39 e n. 57.

[890] Nisto convergem, entre nós – não obstante as diferenças que os separam … –, A. Pinto Monteiro, *Contrato de agência,* 7.ª ed., Coimbra, 2016, 63 ss., esp.te 67, e 148 ss., esp.te 150, e "Revisitando a lei da agência 30 anos depois", in *RLJ,* 146.º, n.º 4001, 2016, 79 s., e Fernando A. Ferreira Pinto, *Contratos*

2.7. Sobre as modalidades da analogia, autorizamo-nos uma mera remissão para reflexões oportunamente expendidas em texto autónomo[891]. Neste ensejo, diremos apenas o seguinte: pressupondo que a analogia é (assim a entendemos também) um raciocínio uninivelado, do ponto de vista tradicional, nem a analogia *legis,* nem a analogia *iuris,* são verdadeiras analogias, porque aquilo que em qualquer delas está em causa é uma relação lógica género/espécie (a relação norma-premissa maior/factos-premissa menor, na analogia *legis;* e a relação princípio geral de direito-premissa maior/factos-premissa menor, na analogia *iuris).* Ao invés, da perspectiva assumida neste curso, os *relata* situam-se no mesmo plano (a relevância problemática da norma-critério jurídico e o mérito do problema concretamente judicando, na analogia *legis;* e a relevância problemática do princípio normativo e o mérito do problema concretamente judicando, na analogia *iuris)* e, na sua heterogeneidade, intencionam um referente comum (a juridicidade, objectivada no… constituendo sistema jurídico vigente, é, portanto, o *tertium comparationis),* pelo que devem ser ambas consideradas analogias. E ainda: desta nossa perspectiva, como os fundamentos e os critérios jurídicos implicam sempre, mais ou menos imediatamente, o sentido do direito (que já sabemos ser a matriz predicativa da unidade axiológico-problemática do sistema jurídico globalmente visualizado[892]) – assim necessariamente envolvido no circuito… –, por direitas contas toda a analogia é, afinal, analogia *iuris.*

2.8. Tudo o que sublinhámos legitima algumas observações complementares, na tentativa de esclarecer outros tantos equívocos recorrentes. Mencionaremos duas.

1.ª) Sem ponderações argumentativas – problematicamente centradas, juridicamente intencionadas e judicativamente afinadas – não será possível a opção, no quadro de certa controvérsia que a implique, entre o *argumentum a simili* e o *argumentum a contrario:* do critério, instituído por um regulamento académico, que imponha aos Senhores Estudantes inscritos num determinado regime de avaliação de conhecimentos  o dever de frequentarem as aulas teóricas, não poderá, decerto, inferir-se, em termos normativo-juridicamente

---

de distribuição. Da tutela do distribuidor integrado em face da cessação do vínculo, Lisboa, 2013, 93 ss. – a p. 95 menciona-se a orientação paralela defendida por Menezes Cordeiro, para quem importa sempre "verificar […], caso a caso […,] se existe analogia" –, 288 ss., 390 ss., 419 ss. e 724 ss.

[891] Cf. O problema da analogia *iuris,* cit., in *Analogias,* cit., 265 ss.

[892] Cf. *supra,* 188 s.

fundamentados e *a contrario,* que eles não têm o dever de frequentar as aulas práticas...

2.ª) A tradicional dicotomia interpretação extensiva/analogia (...tradicionalmente, a primeira consiste em imputar ao critério interpretando um sentido que vai para além da respectiva letra, e a segunda em imputar-lhe um sentido que vai para além da vontade do legislador[893]) é hoje um *nonsense*. A partir do momento em que o pensamento jurídico metodologicamente comprometido se deu conta de que a distinção capital não era a que contrapunha a problemática da interpretação da lei à da integração das lacunas – aquela, radicava na delimitação da relevância directa da norma jurídica interpretanda, atentas a sua letra e o seu espírito (espírito chamado a operar dentro dos limites traçados com observância do sentido negativo da letra da lei... que falaciosamente se postulava ser o elemento autonomamente determinante do exercício interpretativo); esta, tinha que ver com a delimitação da relevância indirecta de uma dada norma jurídica  (se ela regulava directamente – *i. e.,* insiste-se, atentas a sua letra e o seu espírito – as espécies que emergiam como corolários lógico--objectivos da sua hipótese, também deveria ser chamada a regular indirectamente – por analogia *legis* ou *iuris,* quer dizer, isoladamente ou em articulação com outras susceptíveis de permitirem a inferência de um princípio geral de direito e, portanto, na acepção comum destes expedientes – as espécies omissas semelhantes[894]) [895] –, mas a que articulava a problemática da realização judica-

---

[893] Assim, A. W. Heinrich Langhein, *Das Prinzip der Analogie als juristische Methode...,* cit., 63. Ph. Heck, por exemplo, reconduzia a tradicional dificuldade em distinguir a interpretação extensiva da analogia à (tradicional...) recusa do reconhecimento de um sentido normativo do critério jurídico interpretando que extravasasse a letra da lei. Ora, a Jurisprudência dos interesses era assumidamente contrária a esta impostação das coisas – a Escola de Tübingen propunha que se privilegiasse o sentido decorrente dos historicamente investigados interesses causais da norma, em detrimento do significado literal do preceito – mais uma dívida que o pensamento jurídico metodologicamente comprometido tem para com a *Interessenjurisprudenz*. Cf. Id., *ibidem,* 169; e, complementarmente, o que escrevemos nas *Lições...,* cit., 806 ss. e 809 ss.

[894] Isto, claro está, quando passou a aceitar-se a existência de lacunas. Somló, por exemplo, já no século XX (rigorosamente: no início da sua segunda década), adepto confesso como era de um positivismo estrito (cf. A. Castanheira Neves, *Questão-de-facto...,* cit., 278 ss.), ainda as negava, com base na ideia de que o juiz, se não estivesse autorizado a desviar-se da letra da lei, colheria desta ou uma injunção ou uma proibição, pelo que não faria qualquer sentido admiti-las – cf. A. W. Heinrich Langhein, *Das Prinzip der Analogie als juristische Methode...,* cit., 170.

[895] Tributário deste ponto de vista é ainda a distinção muito dubitativamente proposta por J. Baptista Machado. Com efeito, articular a "interpretação extensiva" com o "espírito" da norma interpretanda – e, portanto, com uma sua "aplicação [ainda] directa" ao caso judicando –, e a "aplicação analógica" com o mérito dos casos omisso e previsto – e, portanto, com a criação para o caso lacunoso "duma norma [apenas] *paralela* à que regula o dito caso análogo" –, como propugna – "não sem hesitações" – o saudoso Professor (cf. as suas *Lições de Direito Internacional Privado,* Coimbra, 1974, 100 s., n. 1), não se nos afigura sustentável, pela elementar – mas decisiva ... – razão de que se na rigorosamente caracterizada interpretação extensiva o que está em causa é a restauração do equilíbrio letra/espírito tomada a norma na sua postulada e falaciosa auto-suficiência significante,

tivo-decisória do direito por mediação do sistema e a da "autónoma constituição normativa" (a do "desenvolvimento transistemático do direito"), e quando se percebeu que a interpretação jurídica, rigorosamente compreendida, tinha um carácter arqueoteleológico e era perpassada por contínuas ponderações ... analógicas, de pronto se lhe passou a imputar um sentido bem mais amplo, que (recuperando o significado romano da *interpretatio,* que integrava quer a "interpretação", na sua acepção comum – em alemão, *Auslegung* –, quer o "desenvolvimento" [do direito] – em alemão *[Rechts] Fortbildung* –, como não deixou de acentuar, repetidas vezes, o próprio Savigny[896]) consumiu a apontada, e clássica, distinção[897], e segundo o qual a norma em questão assimila afinal directamente todos os casos que apresentem um mérito problemático susceptível de ser "trazido-à-correspondência", em termos metodologicamente irrepreensíveis, com a relevância problemática do mencionado critério jurídico[898] [899]. Exemplifiquemo-lo com o artigo 812.º do CC, que consagra "um

---

na "aplicação analógica" libertada das grilhetas em que a aprisionara a tradicional integração das lacunas e articulada com o esclarecidamente recortado exercício metodonomológico, do que se trata é de perceber que a relação caso-norma implica sempre o irrepreensível apuramento de uma co-respondência suficiente entre o mérito problemático do primeiro e a relevância problemática da segunda, na pressuposição de um terceiro termo viabilizador da referida comparação – afinal, uma constante da reflexão judicativo-decisória.

[896] Cf. M. Kriele, *Theorie der Rechtsgewinnung...,* cit., 71 s. A ideia forte sublinhada por Savigny e referida no texto, é também muito nítida em outro A. clássico. Norberto Bobbio escreve a data altura, a propósito da analogia: "[é] criação, tal como é criação qualquer actividade espiritual, que se não limite a repetir mecanicamente um acto precedente, mas que antes, refazendo-o o renova, repensando-o o desenvolve, recriando-o o modifica; é criação, tal como é criação a própria interpretação" – cf. *L'analogia...,* cit., cap. XI, 132 ss. (a passagem traduzida colhemo-la logo na p. 133).

[897] Se Walter Sax pôde escrever que "a analogia desagua necessariamente [na ...] interpretação teleológica" *(apud* A. W. Heinrich Langhein, *Das Prinzip der Analogie als juristische Methode...,* cit., 180 e 184), por nossa parte atrevemo-nos a acrescentar que a inversa não é menos verdadeira, na exacta medida em que só conseguirá distinguir-se uma da outra admitindo pressupostos inconsonantes com uma esclarecidamente afinada compreensão do exercício judicativo-decisório.
Mas retornemos à observação de abertura desta nota: W. Sax sustenta o que nela se afirma... em articulação com um aspecto capital do seu entendimento da analogia – que, todavia, já não merece a nossa concordância. Referimo-nos à sua ideia (tributária, sem disfarce, de pré-juízos normativísticos e manifestamente redutora) de que na base da analogia está um "princípio teleológico" – o "fim" determinante do "sentido da lei" *(Gesetzessinn)* é que nos dirá se o preceito em causa deve, ou não, ser chamado a regular o caso omisso, se a "não regulada espécie juridicamente semelhante" deve, ou não, subsumir-se (a palavra exacta é, afinal, esta...) àquele preceito (cf. Id., *ibidem,* esp.[te] 182 ss.). Por nossa parte (já o acentuámos em diversos momentos), compreendemos a analogia em termos diferentes: na base da analogia está, para nós, um princípio ... teleoaxiológico – aquele que inerva o sentido do direito, pois sem a pressuposição de um suficientemente bem recortado sentido do direito não se nos antolha possível pensar o *tertium comparationis* indispensável para que o raciocínio analógico venha à epifania, tal-qualmente ele deve ser caracterizado.

[898] Ou, repetindo palavras que uma vez escrevemos: *"o limite da interpretação* [pois é disso que se trata...], no quadro de um sistema do tipo do nosso, é determinado pela intersecção do caso/problema com a norma/critério – *rectius,* pela dialéctica correlatividade do rigorosamente recortado mérito jurídico do caso com a também rigorosamente recortada relevância jurídica da norma, que figurativamente se identifica com a bissectriz resultante da metodonomologicamente irrepreensível articulação dos dois mencionados pólos. São estes os termos em que também nós recusamos

*princípio* [normativo...] destinado a *corrigir excessos* ou *abusos* decorrentes do *exercício da liberdade contratual"*, que radica em compreensíveis razões de "ordem pública" (donde, *v. gr.,* "a nulidade de qualquer estipulação em contrário" ...[900]), e que por isso mesmo deverá relevar não só em sede de cláusula penal, mas de *"todas as [...] penas convencionais"* – *"sinal, [...] compensação de imobilização, [...] pena independente, [...] multa penitencial"* (pense-se nas *"cláusulas de rescisão"* dos desportistas)...[901].

2.9. Finalmente, impõe-se-nos olhar uns quantos problemas particulares, ainda atinentes à operatividade metodonomológica da analogia.

---

a cedência a qualquer pulsão sobreinterpretativa; todavia, em lugar das conhecidas limitações *reader-oriented, author-oriented,* ou *text-oriented* (cf., *v. gr.,* Francisco J. Laporta, *El imperio de la ley. Una visión actual,* Madrid, 2007, 173 s.), defendemos antes, no sentido explicitado, numa posição *methodonomologic-oriented"* – cf. "A responsabilidade, hoje (Algumas considerações introdutórias)", in Fernando Alves Correia *et alii* (Orgs.), *Estudos em Homenagem ao Prof. Doutor José Joaquim Gomes Canotilho, Vol. I, Responsabilidade: entre passado e futuro,* Coimbra, 2012, 189, n. 21; *v.* ainda (entre tantos outros, a título de exemplo ) Alain Papaux, *Introduction à la Philosophie du "droit en situation",* cit., 201 ss., esp.[te] 205. Considerações estas que nos autorizam a subscrever a (na medida em que conferem evidente sentido à) seguinte afirmação de M. Kriele: "em muitos casos, o fim da interpretação é não só remover uma falta de clareza, mas também, e até mesmo antes de mais, criá-la": cf. *Theorie der Rechtsgewinnnung...,* cit., 224. E que, de certo modo ao invés, nos levam a torcer um pouco o nariz (perdoe-se-nos o plebeísmo) à seguinte afirmação de José de Faria Costa/ Bruno de Oliveira: "o limite do teor literal da norma incriminadora é resultado de um complexo processo discursivo, que envolve não só pontos de vista gramaticais, mas também pontos de vista sistemáticos, históricos e teleológicos" – cf. "A interpretação em Direito Penal: um *multiversum",* in *RLJ,* 146.º, n.º 4001, 2016, 103.

[899] Quer dizer: os problemas da interpretação e da integração não se contrapõem, como sustentava o pensamento tradicional, antes se apresentam... inconsutilmente ligados. Acrescente-se que também tende a reconhecer-se um *continuum* entre os (do mesmo passo...) tradicionalmente distinguidos problemas da interpretação e da integração das declarações negociais: cf. Filipe Cassiano dos Santos, "Aval, livrança em branco e denúncia ou resolução de vinculação – anotação ao Acórdão de Uniformização do STJ de 11-12-2012", in *RLJ,* 142.º, n.º 3980, 2013, 323 n. 27; *v.* ainda os artigos 236.º - 239.º do CC.

[900] Cf. Rui Manuel Moura Ramos, "S.T.J. (1.ª Secção) Acórdão de 14 de Março de 2017 *(Reconhecimento de sentença arbitral estrangeira e ordem pública internacional)",* in *RLJ,* 146.º, n.º 4003, 2017, esp.[te] 300 s.

[901] Assim, António Pinto Monteiro, *Cláusula penal e comportamento abusivo do credor,* Coimbra, 2008, esp.[te] 515, sob 5.2.1., e *Sobre as "cláusulas de rescisão" dos jogadores de futebol,* Coimbra, 2009, esp.[te] 259 s., sob IV; cf. igualmente Id., "Cláusula penal pura ou exclusivamente compulsória", in *RLJ,* 141.º, n.º 3972, 2012, esp.[te] 196 s., sob 4. (ainda que – em consonância com o que se acentua no texto ... – com a reserva determinada pelo sentido que – se calhar precipitadamente ... – julgamos ir pressuposto quando o ilustre A. propugna a "[aplicação do art. 812.º do CC], se não directamente, ao menos por analogia" ...). E, já agora: sobre a controvertida delimitação dos âmbitos de relevância dos artigos 811.º, n.º 3, e 812.º, n.º 1, do CC (imagine-se um "caso concreto [em que] a pena não [é] 'manifestamente excessiva'. Mas [se] ela [exceder] 'o valor do prejuízo [resultante do incumprimento da obrigação principal'], não [será] a cláusula penal proibida pelo n.º 3 do art. 811.º, apesar de a pena não ser susceptível [de redução] ao abrigo do n.º 1 do art. 812.º? *Este é o problema"),* cf. Id., "Artigo 811.º, n.º 3, do Código Civil: 'requiem' pela cláusula penal indemnizatória?", in *RLJ,* 142.º, n.º 3976, 2012, 67 ss., esp.[te] 70, sob II, e 77, sob IV, "O duplo controlo de penas manifestamente excessivas em contratos de adesão – diálogos com a jurisprudência", in *RLJ,* 146.º, n.º 4004, 2017, esp.[te] 317 ss., sob 5., e "A cláusula penal perante as alterações de 1980 e de 1983 ao Código Civil", in *RLJ,* 147.º, n.º 4006, 2017, esp.[te] 7 ss.

2.9.1. Começaremos por uma alusão à compatibilidade, ou não, da analogia com a realização da intencionalidade prático-normativa do adequadamente recortado princípio da legalidade criminal.

2.9.1.1. Antes, porém, recordaremos que o discorrer por analogia (que, dissemo-lo, permite aceder ao que importa sondar a partir do previamente explorado[902], e) – que marca presença racionalizante em todas as áreas da prática[903] –, é igualmente (não deveríamos preferir o advérbio inevitavelmente ?…) aproveitado no domínio jurídico-dogmático de que agora nos ocupamos.

Lembremos a abrir, com FIGUEIREDO DIAS, que na esfera do Direito Penal a analogia é chamada a intervir logo ao nível da sua caracterização mais elementar e, por isso, verdadeiramente decisiva, ou da possibilidade mesma da emergência com sentido deste ramo do direito. Com efeito, o Direito Penal deverá hoje dizer-se centrado na "tutela subsidiária […] de bens jurídicos dotados de dignidade penal […]"[904]. Ora, continua o nosso Professor, "um bem jurídico político-criminalmente tutelável existe ali – e só ali – onde se encontre *reflectido* um valor jurídico-constitucionalmente reconhecido […]. O que por sua vez significa que entre a ordem axiológica jurídico-constitucional e a ordem legal – jurídico-penal – dos bens jurídicos tem por força de verificar-se uma qualquer relação de mútua referência. Relação que não será de 'identidade', ou mesmo só de 'recíproca cobertura', mas de analogia material[905], fundada numa essencial *correspondência de sentido e* – do ponto de vista da sua tutela – *de fins*"[906].

---

[902] Cf. *supra,* 225 s. n. 822.

[903] Cf. ainda *supra,* 225 ss., sob 2.2.

[904] Cf. *Direito Penal, Parte Geral, Tomo I…,* 2.ª ed., cit., 114.

[905] No seu precioso livro, FIGUEIREDO DIAS grafa a expressão "analogia material" a *bold.*

[906] Cf. ID., *ibidem,* 120. Sobre este "'paradigma' do direito penal das ordens jurídicas democráticas" – "do direito penal democrático hodierno" –, "suscetível de se traduzir abreviadamente pela fórmula segundo a qual *todo o direito penal é um direito do bem jurídico penal",* que deverá "ser considerado também um 'princípio constitucional implícito'", *v.* por último, deste nosso Professor, "O 'direito penal do bem jurídico' como princípio jurídico-constitucional implícito (à luz da jurisprudência constitucional portuguesa)", in *RLJ,* 145.º, n.º 3998, 2016, 250 ss.
Se acompanharmos José de FARIA COSTA, não teremos que desdizer o que acabámos de acentuar, mas impõe-se-nos reescrever as afirmações precedentes, sobretudo em dois pontos: num primeiro, para sublinhar a ideia de que entre os dois mencionados âmbitos normativos "o que se pode identificar é apenas uma tendencial relação de convergência entre os bens jurídico-constitucionais e os bens jurídico-penais, que pode muito bem ser afastada pela prerrogativa da avaliação do legislador ordinário – como mostra, *v. g.,* a protecção penal da memória de pessoa falecida"; e, num segundo (imediatamente decorrente de uma fina compreensão do sistema jurídico – *maxime,* do sistema da normatividade jurídica penal), para encarecer a nota de que, "no plano material", as relações de "supra-infra ordenação" não se verificam apenas do Direito Constitucional para o Direito Penal, pois podem também decorrer, ao invés, "da ordem penal para a ordem constitucional" – cf. "Sobre

Por outro lado, invoca-se hoje o *"princípio da analogia"* para fundamentar a culpa jurídico-penal de entes colectivos, "na medida em que eles são [...] 'obras do homem' e, nesta medida, 'obras da sua liberdade'"[907]. Como também se sublinha "que em direito penal colectivo nos deparamos substancialmente [...] com delitos que possuem uma *natureza análoga* à da categoria dos delitos de perigo abstracto"[908], delitos estes últimos que o pensamento jurídico penal não hesita em admitir, apesar da nebulosidade que os predica.

Mais ainda. A extensão teleológica é comummente reconhecida como um corolário da interpretação correctiva, tal-qualmente a propôs a Jurisprudência dos interesses; e sabe-se igualmente que tanto àquele resultado interpretativo como à proposta metodológica da Escola de Tübingen subjazem inelimináveis ponderações analógicas[909]. Pois bem: o pensamento jurídico penal mais quali-ficado (estamos exactamente a aludir à lição de FIGUEIREDO DIAS) não hesi-tou em recorrer à mencionada extensão analógica para que se não frustrasse a finalidade visada pelo artigo 107.º do CP (versão originária, de 82), e o legis-lador acabou mesmo por acolher a referida proposta – donde, a substituição da expressão "prática de um crime", no n.º 1 daquele preceito, pela menção da "prática de um facto ilícito típico", no n.º 1, do artigo 109.º do CP (que, com a alteração introduzida ao diploma pelo DL n.º 48/95, de 15 de Maio, passou a corresponder à norma primitiva)[910].

E não será também (como, de resto, já lembrámos) uma "analogia material" que justifica a recondução do "facto da consciência [ao] erro sobre a ilicitude não censurável" – cf. o artigo 17.º, n.º 1, do CP –, susceptível de excluir a culpa e

---

o objecto de protecção do direito penal: o lugar do bem jurídico na doutrina de um direito penal não iliberal", in *RLJ,* 142.º, n.º 3978, 2013, sob 2.2., esp.[te] 162.

[907] Assim, Jorge de FIGUEIREDO DIAS, "O papel do direito penal na protecção das gerações futuras", in *Boletim da Faculdade de Direito,* Volume comemorativo, Coimbra, 2003, 1133.

[908] Cf. ID., *ibidem,* 1136 – o primeiro itálico é nosso.

[909] Para o que aqui nos limitamos a pressupor, cf. as nossas *Lições...,* cit., 804 e n. 202, 810 s. e 919 ss. V. ainda Pedro de ALBUQUERQUE, *A vinculação das sociedades anónimas e por quotas,* Vol. I, cit., 768.

[910] Seria muito interessante apurar – confessamos não ter tido oportunidade de o fazer... – se, *medio tempore* (isto é: se entre o momento em que o  pensamento jurídico penal foi confrontado com a mencionada proposta hermenêutica de FIGUEIREDO DIAS e o da entrada em vigor do também invocado artigo 109.º, n.º 1, do CP), a prática jurisdicional a acolheu ou ignorou...Sobre o ponto, para os indispensáveis esclarecimentos complementares, cf. Pedro CAEIRO, *Sentido e função do instituto da perda de vantagens relacionadas com o crime...,* cit., sep. da *RPCC,* ano 21, n.º 2, 2011, esp.[te] 306 s. V. ainda as detidas considerações de A. M. ALMEIDA COSTA, a propósito da "[e]xtensão teleológica do art. 262.º" do CP, in Jorge de FIGUEIREDO DIAS (Dir.), *Comentário Conimbricense do Código Penal. Parte Especial, Tomo II,* Coimbra, 1999, 762 ss. (cf., quanto ao n.º 1 do mencionado preceito, esp.[te] §§ 9-11, 765-767; e, a respeito do seu n.º 2, §§ 12-14, 767 s.).

a punibilidade do agente, atenta a semelhança normativamente suficiente entre um e outro?[911].

A própria jurisprudência judicial tem dado passos neste sentido. Sirva-nos de exemplo o (controvertido) Acórdão do STJ, de 13 de Julho de 2011, tirado por maioria e que mereceu uma "Anotação" concordante de José de FARIA COSTA[912], em que se sustenta a pertinência "de uma analogia material entre os crimes negligentes de resultado e a *ratio* que preside ao tratamento jurídico-penal da figura do crime continuado". Se no crime continuado se reduz a "uma unidade criminosa diferentes condutas que, não fora o condicionalismo exterior da sua realização, sempre poderiam ser valoradas separadamente", outro tanto deverá acontecer, atento "o princípio da culpa enquanto princípio estruturante de um direito penal do facto", quando a conduta do agente haja produzido, por negligência, mais do que um resultado *(v. gr.,* mais do que uma morte) – hipótese em que, portanto, o agente deverá ser punido por um só crime de homicídio, e não, em concurso, por tantos crimes de homicídio quantas as mortes produzidas[913].

Nas últimas situações prefiguradas, a analogia intervém para fundamentar uma "interpretação *bonam partem*", isto é, de acordo com o princípio interpretativo das chamadas "normas excludentes (de justificação ou de exculpação)" – e, portanto (e em estreita articulação com a intencionalidade reconhecida ao princípio *nullum crimen),* projecta-se num benefício para o agente[914]. Como quer que seja, o que havíamos afirmado é que a analogia – e a analogia material! – opera também na esfera do Direito Penal. O que inteiramente se confirmou.

2.9.1.2. Tentemos doravante – em cumprimento do propósito manifestado logo a abrir e centrados na analogia – considerar o problema da compatibilidade do mencionado tipo de raciocínio com a intencionalidade prático-normativa (e, portanto, metodonomologicamente paradigmática) do princípio da legalidade criminal[915].

---

[911] Cf. o que, louvando-nos em FIGUEIREDO DIAS, escrevemos nas nossas *Lições...,* cit., 421 s. n. 134.

[912] Publicada, sob o título "O uno, o múltiplo e os crimes negligentes", in *RLJ,* 141.º, n.º 3970, 2011, 59 ss., esp.ᵗᵉ 67.

[913] Para se ajuizar criteriosamente do problema, vale a pena ler quer o Acórdão maioritariamente votado (no número da *Revista* decana, citado na nota anterior, 18 ss.), quer o "Voto de vencido" do Conselheiro Raúl BORGES *(ibidem,* 31 ss.).

[914] Cf. José de FARIA COSTA, "Construção e interpretação do tipo legal de crime à luz do princípio da legalidade: duas questões ou um só problema?", in *RLJ,* 134.º, n.º 3933, 2002, 361.

[915] Que, entre nós e como se sabe, vale também para as medidas de segurança: cf. os artigos 1.º e 2.º do CP, e, *inter alia,* Maria João ANTUNES, "Beleza dos Santos e Eduardo Correia. Obra única e original", in *Conferências Beleza dos Santos e Eduardo Correia. Cadernos do Centenário,* Coimbra, 2016, 49 s.

2.9.1.2.1. Uma vez que a evolução do direito português quanto ao ponto é conhecida (ou, quando menos, mais facilmente apurável...), lembremos apenas, a título complementar[916], que no hemisfério jurídico de língua alemã, a proibição da analogia em Direito Penal foi legislativamente consagrada, pela primeira vez, em 1787, no Código Penal austríaco, do Imperador José II, com o deliberado objectivo de privilegiar "a vontade do seu legislador em detrimento do arbítrio da judicatura". A legislação prussiana adoptou este princípio em 1794. Em 1813, chegou a altura de o Código Penal do reino da Baviera, da autoria de v. FEUERBACH, o fazer, mas através do expediente da proibição de "qualquer interpretação e comentário da lei", que, assinalámo-lo noutro ensejo, havia (de novo...) sido imposto na França coeva[917]. Em 1851, o Código Penal prussiano proibiu explicitamente a analogia. Posteriormente, o prestígio de Franz v. LISZT – que, no início do século XX, disse ser "o Código Penal a 'magna charta' do criminoso" e o princípio *nullum crimen...* "o baluarte do cidadão contra o poder do Estado" – concorreu para o reconhecimento da protecção da confiança e da segurança jurídica como razões determinantes da proibição da analogia, e para a consagração constitucional do princípio, alguns anos volvidos (em 1919), no artigo 116 da Constituição da República de Weimar. A "ditadura nacional-socialista" não hesitaria em revogá-lo, logo em 1933, e em 1935 consagrou legislativamente (no § 2 do *StGB)* a possibilidade de a sanção penal se basear não apenas num preceito legal em vigor, mas igualmente no "são sentimento do povo"[918]. Em 1945, as forças de libertação proibiram a incriminação por "analogia" ou por referência ao "sogenannte gesunde Volksempfinden", e o artigo 103, 2, da *GG,* veio novamente atribuir dignidade constitucional à "proibição da analogia" em Direito Penal[919].

---

[916] Acompanhando Bernd RÜTHERS/Clemens HÖPFNER, "Analogieverbot und subjektive Auslegungsmethode", in *JZ,* 2005, 22.

[917] Cf. A. CASTANHEIRA NEVES, *Questão-de-facto...,* cit., 545 s. n. 78.

[918] Trata-se de um conceito notoriamente "patético", até semanticamente tributário do carácter do nazismo como "doutrina de salvação" *[hoc sensu,* terapêutica curativa] (o nazismo como "movimento" que nenhuma lei seria capaz de acompanhar; a inconstante vontade do *Führer,* que se chegou a projectar num imperativo categórico consonante com a mencionada inconstância... poderão ver-se lapidamente acentuados por H. ARENDT em *Pensar sem corrimão...,* cit., 82 ss.), centrada em defender a "pureza da [...] raça ariano-alemã", que *impunha* o recurso à analogia (na acepção tradicional do expediente ...– que também nós temos, decerto, por inaceitável, e por uma dupla ordem de razões: porque implica o menoscabo de exigências de sentido capitais para a salvaguarda de um Direito Penal do facto e da culpa, e porque traduz uma subversão dos termos da exacta relevância jurídica do raciocínio analógico) – "[...] das Analogie*gebot* nach 'gesundem Volksempfinden' [...]" –, tanto no Direito Penal como no Direito Processual Penal: cf. Joachim RÜCKERT, *Unrecht durch Recht...,* cit., in *JZ,* 17/2015, 793, 795 e 802. *V.,* entre nós e por exemplo, José de FARIA COSTA, *O princípio da igualdade, o direito penal e a constituição,* cit., in *RLJ,* 141.º, n.º 3974, 2012, 289 e n. 19.

[919] Especialmente sobre estes últimos passos, cf., entre nós, COSTA ANDRADE, "O princípio constitucional 'nullum crimen sine lege' e a analogia no campo das causas de justificação", in *RLJ,* 134.º, n.ᵒˢ 3924 e 3925, 2001, 76 s.

Tudo o que concorre para mostrar que a referida proibição visa, conjuntamente, reforçar a "legitimidade democrática" dos Parlamentos e a "segurança dos cidadãos contra [hipotéticos] arbítrios do poder", e autoriza a afirmar que essa proibição (importará, porém, esclarecer em que sentido preciso…) é uma das traves-mestras do princípio do Estado de Direito.

2.9.1.2.2. Uma tentativa de reconduzir o problema da tradicionalmente designada proibição da analogia, em Direito Penal, aos quadros de uma disputa clássica no âmbito da interpretação jurídica (à controvérsia objectivismo/subjectivismo) – por isso (atenta a manifesta importância da interpretação jurídica no horizonte do exercício metodológico) a trazemos aqui … –, foi ensaiada, há não muito, por Bernd RÜTHERS/Clemens HÖPFNER[920]. Conhece-se o sentido da mencionada disputa e não se ignora igualmente a defesa empenhada, por parte de B. RÜTHERS, da orientação subjectivista: insistindo na síntese da sua proposta (que já tivemos oportunidade de considerar detidamente[921]), a opção pelo objectivismo perverteria a interpretação *(Auslegung,* em alemão – literalmente, o tirar para fora da norma interpretanda o que está dentro dela), transformando-a no seu oposto (na terminologia alemã, numa *Einlegung* – de novo literalmente, no introduzir na norma interpretanda o que está fora dela, *maxime,* os pré-juízos do decidente de circunstância)[922], e atentaria, do mesmo passo, contra dimensões capitais do Estado de Direito (princípio democrático, princípio da separação de poderes…), uma vez que "qualquer norma jurídica é" sempre, postuladamente, "uma partícula normativa da deveniente política jurídica" *("ein Stück normativ 'geronnener Rechtspolitik'").* Como é igualmente sabido, o objectivismo centra o exercício interpretativo na letra da lei – por extenso: naquilo que a letra foneticamente diz *(Wortlaut)* e no sentido que a letra semanticamente revela *(Wortsinn)*[923] –, e o subjectivismo no fim da norma interpretanda assumido pelo legislador historicamente autor dela. Por seu turno, a proibição da analogia em Direito Penal tem directamente que ver com a protecção da confiança daquele a quem se imputa um ilícito criminal. Omitindo explicitações complementares, facilmente se compreende que, na perspectiva do objectivismo, a referida garantia (a protecção da confiança) pode ter-se, via de regra, por assegurada se o tribunal não ultrapassar os limi-

---

[920] Cf. *Analogieverbot und subjektive Auslegungsmethode,* cit., 21 ss.

[921] Em *"A imaginação…",* cit., in *Analogias,* cit., sob 5., 295 ss., esp.ᵗᵉ 298.

[922] Cf. *Analogieverbot…,* cit., 23. Complementarmente, *v. infra,* n. 1097.

[923] Cf. Christian BECKER/Jule MARTENSON, *Asche zu Asche, Staub zu Staub…,* cit., in *JZ,* 15/16/2016, 779 s.

tes da letra da lei[924]. Não assim para o subjectivismo, uma vez que o "fim da norma", frequentemente ligado à "origem histórica" do preceito incriminador, nem sempre se revela acessível ao "cidadão médio".

Para esta orientação subjectivista – a propugnada por Rüthers e por Höpfner também para o âmbito normativo aqui em causa –, a realização judicativo-decisória do Direito Penal, que co-envolve a assunção do mencionado princípio da protecção da confiança, desenrola-se, por isso, em três momentos sucessivos, todos indispensáveis para que o aludido propósito possa ser alcançado. No primeiro, trata-se de discernir a *ratio legis* do preceito, o fim de norma interpretanda para o legislador historicamente autor dela. No segundo, importa esclarecer se o mencionado "fim [originariamente] histórico da norma" ainda se deve reconhecer como válido no momento presente, em que o referido critério está a ser mobilizado[925]. Finalmente, no terceiro momento, é mister apurar se esse fim entra em rota de colisão com as exigências densificantes do princípio da protecção da confiança (que introduz no circuito discursivo do subjectivismo a letra da lei...) – hipótese em que intervirá a "proibição da analogia", que assim se poderá dizer o "exemplo emblemático" *(Paradebeispiel)* daquele princípio.


2.9.1.2.3. Por seu turno, a tematização, em termos algo diferentes daquele que temos vindo a propugnar, da problemática da realização judicativo-decisória do direito – não tanto do sentido global que atribuímos à metodonomologia, mas, isso sim, do carácter irredutivelmente analógico que reconhecemos ao exercício interpretativo –, leva Figueiredo Dias (que, como já sublinhámos[926], não hesita em propor, na esfera do Direito Penal, uma perspectiva metodológica centrada na "dialéctica [...] problema/sistema"[927], acrescentando ainda

---

[924] Ou o "sentido literal possível" ou "o 'mínimo de correspondência verbal'" a que se refere o n.º 2 do art. 9.º do Código Civil [...]" – cf. Leal Henriques e Simas Santos, "O princípio da legalidade em direito criminal", in *Revista do Ministério Público*, Ano 7.º, Janeiro-Março 1986, n.º 25, 88.

[925] Pense-se no seguinte exemplo, muito simples: o "conceito de honra", como se sabe "nuclear [nos] crimes de difamação, injúria e calúnia", não se tem visto progressivamente comprimido – não tem vindo a ganhar um outro sentido teleológico – pela entretanto ampliada esfera de relevância atribuída à com ele interferente liberdade de expressão?...: cf. José de Faria Costa, "Construção e interpretação do tipo legal de crime à luz do princípio da legalidade: duas questões ou um só problema?", in *RLJ*, 134.º, n.º 3933, 2002, 364 *(v.* ainda Id. e Susana Aires de Sousa, em "Anotação" ao Acórdão do TRC, de 2 de Maio de 2007, in *RLJ*, 144.º, n.º 3990, 2015, 212, sob III. – que os Ilustres Colegas intitularam "A interpretação do tipo legal de crime à luz do princípio da legalidade: reflexão a propósito dos bens alimentares perigosos para a saúde e vida humanas"); e Jorge de Figueiredo Dias, *Direito Penal. Parte Geral, Tomo I...,* cit., 190, § 23.

[926] Cf. *supra,* 62 s. e n. 114.

[927] A importância nuclear da mencionada dialéctica e o esclarecimento de que a observância do princípio da legalidade criminal não nos atira, inermes, para os braços de um (há muito perimido...)

dever assumir-se aquele problema como "o ponto de partida", e impondo-se mesmo, para este nosso Professor, em hipotéticas situações-limite, privilegiar "a 'justiça do caso' [...] a considerações puramente sistemáticas") a ensinar que, em derradeira análise, o que importa é saber "distinguir uma interpretação jurídico-penalmente permitida de uma outra proibida", pois a contraposição interpretação/analogia não passa de ... "uma questão terminológica desinteressante"[928] [929]; B. RÜTHERS e C. HÖPFNER (seguros da bondade do subjectivismo a que se acolhem... mas sem se darem conta das aporias a que se encontram expostas as chamadas "soluções mistas ou complementares" – segundo as quais, à "delimitação *formal* dos 'sentidos verbais possíveis' havia de seguir-se, e para actuar no quadro definido pelo primeiro, o critério e a delimitação *material* da 'político-jurídica decisão valoradora do legislador'"[930] –, que aquele subjectivismo, afinal, integra) a sustentarem a "definitiva [inadmissibilidade], em Direito Penal, de uma aplicação de normas em prejuízo do agente para lá do permitido pela letra da lei[931] [932], independentemente de saber se isso se leva a cabo já por analogia / desenvolvimento do direito [assim, para o objectivismo], ou, nos quadros do método subjectivista, ainda por interpretação"[933]; COSTA ANDRADE (apesar de reconhecer que "a *solução dogmática* de CASTANHEIRA NEVES, [a]lém do mais pela sua exigência de integração sistemática [,permite] níveis mais alargados de segurança" do que o comum das orientações alinhadas

---

"positivismo exegético" são as notas inspiradoras do já citado estudo de Hélio RIGOR RODRIGUES, "A constituição de arguido...", in *Julgar,* Dezembro de 2015, 11 ss.

[928] Cf. *Direito Penal. Parte Geral, Tomo I...,* cit., 32 s. e 191.

[929] Com Karl POPPER (cf. *Busca inacabada, autobiografia intelectual,* cit., 166), permitir-me-ei, muito respeitosamente, dizer: o desinteressante é o aproblemático; e a observação do meu eminente e querido Professor é, sob o ponto de vista metodonomológico, altamente problemática. Não que impeça ou dificulte a cumprida realização da intencionalidade normativa do princípio da legalidade criminal. Mas impede, ou dificulta, pensamos, a sua cumprida fundamentação, por postular que é metodologicamente possível distinguir interpretação e analogia, quando... o não é (cf. *supra,* 244 ss.).

[930] Assim, A. CASTANHEIRA NEVES, *O princípio da legalidade criminal. O seu problema jurídico e o seu critério dogmático,* Coimbra, 1988, 132 ss. e n. 340 = in *Digesta...,* Vol. 1.º, cit., 448 ss. e n. 340.

[931] Assim também Jörg NEUNER, ao defender que qualquer decisão jurisdicional e desfavorável ao arguido, na esfera do Direito Penal, que ultrapasse os limites da letra da lei é, em geral, inadmissível, por traduzir uma violação do princípio democrático e do princípio da segurança jurídica: cf. *Die Rechtsfindung contra legem,* cit., 134 ss., esp.<sup>te</sup> 138.

[932] Questão pressuponente aqui (que o ponto referido no texto, que nos trouxe a esta nota, de toda inconsidera...) é a de saber se a "letra da lei" estabelece algum limite irrefutável. Cremos que assiste inteira razão a DECKERT (e a SCHLEHOFER e Art. KAUFMANN...) quando sublinha(m) que "hoje, a opinião dominante é a de que se não pode afirmar a existência de um sentido literal indiscutível", pelo que o "sentido natural da letra da lei não fixa qualquer limite absoluto à interpretação". Bem ao invés, é o pensamento jurídico que se encarrega de ir determinando, por mediação de cada novo exercício interpretativo, implicado por cada novo caso concretamente judicando, o mencionado limite (destarte, sempre em aberto, porque em permanente reconstituição...que é apenas outro modo de aludir ao sem sentido da preocupação). Cf. M. R. DECKERT, *Folgenorientierung...,* cit., 40 ss.

[933] Cf. *Analogieverbot und subjektive Auslegungsmethode,* cit., 24.

com a crítica da impostação tradicional) a confessar a sua crença na "distinção entre *interpretação* da lei e aplicação *analógica*" e a admitir o recurso ao "significado literal possível [...] para determinar as fronteiras da interpretação"[934]; FARIA COSTA (não obstante as muito pertinentes advertências que faz: a "interpretação [...] é também aplicação"[935]; a admissibilidade da dúvida de saber se é possível "afirmar uma nítida distinção entre interpretação analógica e interpretação extensiva"... Ou o que não hesita em subscrever irreticentemente: estamos agora a pensar na ideia forte de CASTANHEIRA NEVES, segundo a qual "a analogia [...] mais não é que a explicitação normativa, ou o decisivo modo de explicitação do autêntico sentido normativo-jurídico da norma, já porque a analogia é metodologicamente um elemento da interpretação, já porque a interpretação é normativamente também um resultado da analogia"[936]) a insistir na nota da "proibição da analogia" em Direito Penal (sem, todavia, ser lícito esquecer que, da perspectiva do A., o que deste modo se visa é "proibir que os espaços de não incriminação, queridos assim pelo legislador, possam ser preenchidos por um qualquer juízo de raiz analógica")[937]...

Os – importantes – estudos revisitados (de FIGUEIREDO DIAS, RÜTHERS/HÖPFNER, COSTA ANDRADE e FARIA COSTA) apresentam uma nota em comum: a de que a analogia vai neles quase sempre tomada (aquele primeiro advérbio é *ad hominem* – tem como destinatário FARIA COSTA...) na sua acepção habitualmente privilegiada – como contrapólo da interpretação e expediente-base do chamado "desenvolvimento do direito" *(Rechtsfortbildung)* – nomeadamente, do direito legislativamente enunciado –, em ordem a alargá-lo e espaços que ele, semântica ou teleologicamente, não cobre[938]. Por nós – acentuámo-lo

---

[934] Cf. O princípio constitucional *"nullum crimen sine lege"...*, cit., sucessivamente, 74 e 72.

[935] Ou, em termos analiticamente mais cuidados: supomos poder sustentar que se detecta no pensamento do A. a insistência num *continuum* interpretação axiológico-teleologicamente polarizada/ afinamento dogmaticamente rigoroso do tipo legal/aplicação-realização metodologicamente esclarecida do Direito Penal... *continuum* esse em que nunca se perdem de vista as exigências implicadas pelo princípio da legalidade criminal. Atente-se na seguinte afirmação conclusiva de um estudo recente, que não deixa de confirmar a justeza da passagem do texto que determinou a abertura desta nota: "Sim, interpretar o direito é conhecer e realizar o direito" – cf. José de FARIA COSTA/Bruno de OLIVEIRA, "A interpretação em Direito Penal: um *multiversum*", cit., *in RLJ*, 146.º, n.º 4001, 2016, 111.

[936] Cf., todavia, *O princípio da igualdade, o direito penal e a constituição*, cit., in *RLJ*, 141.º, n.º 3974, 2012, 289, sob 4., onde o A., de certo modo ao invés (mas circunscritamente no quadro da determinação do âmbito de relevância do princípio da igualdade...), acentua uma marcada contraposição entre a "interpretação hermeneuticamente textual" e "a interpretação analógica", para admitir aquela primeira e refutar esta segunda.

[937] Cf. *Construção e interpretação do tipo legal de crime...*, cit., respectivamente, 365 e 361, e Noções fundamentais de direito penal *(Fragmenta iuris poenalis)*, 4.ª ed., Coimbra, 2015, 132 ss., esp.ᵗᵉ n. 166, e ainda 219, sob 8.4.2.

[938] Ainda de outro modo: se quisermos reduzir o problema com que nos confrontamos à sua expressão mais simples, diremos que a razão determinante da impostação das coisas que se nos afigura

vezes sem conta –, vêmo-la antes como a estrutura noética do discurso comprometido com a realização judicativo-decisória do direito *(scilicet,* como uma reflexão de problema a problema – do mérito problemático do caso judicando à relevância problemática do constituído ou constituendo critério jurídico circunstancialmente adequado –, por referência a um esclarecidamente assumido e pertinente *tertium comparationis),* razão por que a analogia identifica, no fim e ao cabo, o núcleo da própria interpretação jurídica, que se manifesta irremissivelmente presente, por isso mesmo, também no âmbito do Direito Penal[939] (muito embora aqui, atento o corolário *sine lege praevia* do princípio da legalidade criminal, se não possa aceitar que a norma incriminatória venha a ser aposterioristicamente criada – *i. e.,* o referido critério perfila-se aí sempre como constituído, conquanto dogmático-jurisdicionalmente afinável, nunca como constituendo, excepção feita ao afinamento ainda agora admitido...). A específica discursividade interpretativa, a que assim se alude, é chamada a assumir exigências muito particulares, entre elas as que se sintetizam no adequadamente recortado princípio da legalidade criminal[940] (pois não é verdade serem as coordenadas poiético-experiencialmente excogitadas e dogmático-jurisdicionalmente estabelecidas – *in casu,* as exigências estruturantes do princípio da legalidade na esfera do Direito Penal – uma dimensão nuclear a ter em conta no exercício metodonomológico implicado pelas normas penais incriminadoras?...[941]). Pelo que importa saber em que termos é que, sem abrir mão dos apontados lugares-comuns da metodologia jurídica dos nossos dias (nomeadamente, da ideia forte de que se não mostra hoje possível distinguir interpretação e analogia, porque aquela é perpassada por contínuas ponderações analógicas), se há-de realizar a intencionalidade normativa do princípio *nullum crimen...* –

---

inadequada radica em uma insistência na contraposição interpretação/integração, tal como é tradicionalmente concebida, e na reserva, para este último domínio, da analogia... igualmente compreendida em sentido tradicional.

[939] Sublinha-o enfaticamente, e por exemplo, Faria Costa, quando recorda que "os tipos legais de crime e as outras normas jurídico-penalmente relevantes são mesmo *open textures*": cf. *O princípio da igualdade, o direito penal e a constituição,* cit., in *RLJ,* 141.º, n.º 3974, 2012, 295.

[940] Que as exigências principiais intencionadas no artigo 29.º, n.º 2, da CR, também concorrem para densificar...

[941] Cf. o que escrevemos em *A metodonomologia...,* cit., 522 n. 1181.
A título exemplificativo, se há pouco aludimos ao corolário *sine lege praevia* do princípio da legalidade criminal, privilegiemos agora um outro seu corolário – *sine lege stricta* – e perguntemo-nos apenas se, atendendo ao disposto no Estatuto de Roma do Tribunal Penal Internacional e no Estatuto do Tribunal Penal Internacional para a ex-Jugoslávia (em termos que nos dispensaremos de pormenorizar), será admissível a punição de um superior hierárquico quando o seu subordinado "não é autor do crime, mas mero participante na sua comissão"?... – as indispensáveis explicitações complementares ver-se-ão em Ana Isabel Rosa Pais, *O direito penal internacional e a responsabilidade dos superiores hierárquicos,* Coimbra, 2013, 133 s.

um princípio de que só abdicará quem estiver disposto a prescindir do próprio Estado de Direito, com todos os inevitáveis (uma causa tem sempre consequências …) e inquietantes (porque civilizacionalmente arrasadores …) efeitos (perda do sentido do Direito Penal tal-qualmente nos habituámos a compreendê-lo, com as suas complementares "função de espada" e "função de escudo"[942], menoscabo da eminente dignidade ética da pessoa, se inconsiderarmos a dialéctica articuladora das duas referidas funções…).

Ora, é na pressuposição do que acaba de acentuar-se (*maxime:* em vista da já aludida impossibilidade de, em termos metodológicos, se distinguir concludentemente a interpretação da analogia, uma vez que aquela primeira, quando adequadamente entendida, radica – insista-se – em ineliamináveis ponderações analógicas, e atenta ainda a evidente circunstância de as normas penais incriminadoras terem, também elas, que ser … interpretadas[943]) que a resposta dogmática, ensaiada por CASTANHEIRA NEVES (que, muito esquematicamente, se pode apresentar assim: "a incriminação concretamente imputada" só pode ter o seu "fundamento numa pressuposta norma criminal positiva"[944]; por seu turno, o julgador – evidentemente, sem abdicar da sua responsável autonomia judicativo-decisória, mas também, por isso mesmo, sem ceder à tentação de correcções justicialistas (que o mesmo é dizer: ao "abuso do [seu] poder interpretativo")…[945] – não deve perder nunca de vista a prévia, ainda que naturalmente revisível, determinação "dogmático-jurisprudencial" dos tipos de crime[946] com que concretamente se confronte[947], nem a rigorosa "adequação sistemática" da

---

942 Cf. Anabela MIRANDA RODRIGUES, "Direito penal europeu pós-Lisboa – um direito penal funcionalista?", in *RLJ,* 146.º, n.º 4004, 2017, esp.<sup>te</sup> 331.

943 Cf. A. CASTANHEIRA NEVES, *O princípio da legalidade criminal…,* cit., esp.<sup>te</sup> 132 s. = in *Digesta…,* Vol. 1.º, cit., esp.<sup>te</sup> 448 ss.

944 A integração de uma "lacuna de punibilidade" sem "uma intervenção legislativa" colocaria em crise o princípio da legalidade criminal – como é sabido, "parâmetro fundamental da interpretação do tipo legal de crime" (assim concluem José de FARIA COSTA e Susana AIRES DE SOUSA a atrás citada "Anotação" que lhes mereceu um Acórdão do TRC, de 2 de Maio de 2007, in *RLJ,* 144.º, n.º 3990, 2015, 205 ss., esp.<sup>te</sup> 212 ss. e 215).

945 Cf. José de FARIA COSTA/Bruno de OLIVEIRA, "A interpretação em Direito Penal: um *multiversum",* cit., in *RLJ,* 146.º, n.º 4001, 2016, 96 (a expressão mencionada entre parêntesis é de N. BOBBIO: cf. *L'analogia…,* cit., 195).

946 Que são, é sabido, tipos-garantia, ou tipos-protecção (cf. a lapidar afirmação de COSTA ANDRADE, que nos permitimos transcrever já nas nossas *Lições…,* cit., 49 n. 54: "o tipo vale pelo que incrimina e, nessa medida, protege; como vale outrossim pelo que *não incrimina e, nessa medida, igualmente protege");* mas que não são blocos petrificados, imunes a uma (normativo-juridicamente admissível) redensificação doutrinal e jurisdicional.

947 Note-se que, também a este nível, se não hesita, por vezes, em caminhar um caminho que tem permitido trazer o pensamento jurídico de bloqueios certos e sabidos para aberturas precedentemente insuspeitadas. Pense-se, *v. gr.,* nas "verdadeira[s] lacuna[s] de punição" que, em certos tipos de crimes, puderam ser superadas mediante uma ulterior recompreensão, mais fina, do bem jurídico circunstancialmente tutelado. Cf. Mafalda MIRANDA BARBOSA, *Liberdade vs. Responsabilidade…,* cit.,

decisão judicativa que proponha[948]; e, paralelamente, importa ainda que esteja assegurada a "garantia institucional" traduzida pelo *contrôle* jurisprudencial da unidade do direito, a que" devem ser chamados os supremos tribunais – entre nós, "o Supremo Tribunal de Justiça"[949]), ganha, se bem vemos, inteira concludência e se impõe irrefragavelmente.

Concede-se que, a nível dos resultados, as diferenças entre as duas orientações precedentemente contrapostas não sejam tão notórias assim. Mas compreender-se-á que, no quadro de uma reflexão atinente à metodonomologia, como aquela em que estamos envolvidos, não se atenda apenas à *meta* visada, mas igualmente à normativo-juridicamente consonante *hodos* discursivo-argumentativamente percorrida... e por isso a relevámos tão enfaticamente[950]. Também aqui, portanto, os fins tidos em vista não devem legitimar o recurso a todos e quaisquer meios...

2.9.2. O problema da relação das normas excepcionais com a analogia – o problema do artigo 11.º do CC ... – não é mais do que o resultado de um tributo que alguns continuam a pagar a um equívoco há muito denunciado. CABRAL DE MONCADA reservava a proibição da analogia para as normas genuinamente excepcionais... que, todavia, admitiam a *"interpretação extensiva* [e, *a fortiori,* a interpretação] *declarativa lata"* (e o eminente Professor recortava, muito rigorosamente, esses resultados interpretativos tradicionais[951]). Por seu turno, Manuel de ANDRADE, com o intuito de minimizar os efeitos gravosos da insistência na orientação tradicional, propunha uma muito cuidadosa distinção das normas excepcionais e das especiais (estas últimas – *v. gr.,* as de

---

284 ss. n. 512, e bibliografia aí citada; acrescente-se apenas que a A. não deixa, a esse propósito, de distinguir as coordenadas norteadoras de uma reflexão adequada nas esferas do Direito Penal e do Direito Civil – há, no âmbito daquele primeiro, "condicionantes e limitações que [não] oneram o" segundo: *v.* agora ID., *Do nexo de causalidade ao nexo de imputação ...,* cit., Vol. II, 821 n. 1804, 867 ...

[948] Pela sua importância (na exacta medida em que concorre para recortar as coisas com uma muito maior precisão – nomeadamente, para evidenciar a prioridade, no limite, do problema judicando, e a complementaridade de planos que, por precipitação, poderíamos tender a contrapor em termos fundamentalistas...), cf., de novo, o que sublinhámos *supra,* 62 s. n. 114.

[949] Cf. A. CASTANHEIRA NEVES, *O princípio da legalidade criminal...* cit., 153 ss., esp.[te] 155 ss. = in *Digesta...,* cit., Vol. 1.º, cit., 464 ss., esp.[te] 466. Cf. ainda as nossas *Lições...,* cit., 422 n. 134.

[950] *V.* as veementes considerações, em tudo paralelas, de José de FARIA COSTA, na "Anotação" que lhe mereceu o Acórdão n.º 179/2012 – Processo n.º 182/12, publicada sob o título *"Crítica à tipificação do crime de enriquecimento ilícito: plaidoyer* por um direito penal não iliberal e ético-socialmente fundado",* cit., in *RLJ,* 141.º, n.º 3973, 2012, 252, sob 3.

[951] Cf. as suas importantes *Lições de Direito Civil (Parte Geral),* Coimbra, 1932, 158 s. e n. 2, e 171 e n. 1 Mais recentemente, esclarecimentos complementares poderão colher-se em Pedro de ALBUQUERQUE/ Miguel Assis RAIMUNDO, *Direito das Obrigações. Contratos em especial. Volume II. Contrato de empreitada,* 2.ª ed., revista, Coimbra, 2013, 176 ss. n. 731.

direito comercial relativamente às de direito civil[952] – já admitiriam aplicação analógica) e uma interpretação restritiva da norma geral (que contribuiria para alargar compensatoriamente o âmbito da norma excepcional eventualmente correspondente)[953]; e não deixou de projectar as suas reservas a esse entendimento tradicional no artigo 10.º, V, do Anteprojecto do CC, dos anos 50 do século passado, de sua autoria, que rezava: "As normas penais, assim como, *em princípio,* as normas excepcionais não comportam extensão analógica. Umas e outras, todavia, admitem interpretação extensiva"[954]. E o próprio Ph. HECK não deixou de concorrer para a clarificação do ponto ora em análise, chamando a atenção para o facto de o brocardo *singularia non sunt extendenda* não passar de uma "definição nominal": desde que a um dado preceito se possa contrapor um outro mais geral, esse preceito é logicamente passível de ser qualificado como excepcional; por outro lado, do referido (e assim determinado...) carácter excepcional do preceito em causa deflui, por força do brocardo, a impossibilidade da sua aplicação analógica. Ora, este modo de ver as coisas é típico da Jurisprudência dos conceitos, razão por que se lhe não deve reconhecer qualquer relevância normativa ou heurística. Quando muito, concede HECK, poderá atribuir-se-lhe (como, de resto – permitimo-nos acrescentar –, aos demais brocardos de que o pensamento jurídico continua a lançar mão) o estatuto de "mnemónica hermenêutica" *(hermeneutische Eselsbrücke)*[955] – um bordão de apoio, susceptível de facilitar a tarefa daquele que deva assumi-la, mas que o não desonera completamente, pois que nunca faz tudo por ele[956].

---

[952] Cf. J. M. COUTINHO DE ABREU, *Curso de Direito Comercial,* Vol. I, 10.ª ed., cit., 42 e 58. A referida especialidade pode, por exemplo, determinar uma redução teleológica de preceitos de direito civil quando em causa estiver um problema de direito comercial: cf. Rui PEREIRA DIAS, *Litigância societária internacional no direito da União Europeia...,* cit., 385. (Deixemos entre parêntesis o problema de saber se o direito comercial deve ser qualificado como "especial" em vez de "excepcional", como apenas "singular" ou antes como um direito rigorosamente "autónomo" ...: cf. N. BOBBIO, *L'analogia...,* cit., 167 ss., esp.ᵗᵉ sob 3. e 4.).

[953] Cf. *Teoria Geral da Relação Jurídica,* II, Coimbra, 1964, 323 n. 2. *V.* ainda A. PINTO MONTEIRO, *Cláusula penal e indemnização,* Coimbra, 1990, 212 n. 460.

[954] Cf. "Fontes de direito, vigência, interpretação e aplicação da lei", in *BMJ,* n.º 102, Janeiro – 1961, 141 ss., esp.ᵗᵉ 145, e 151 s., sob 8. Será que a supressão *(i. e.,* a não passagem para a formulação final do artigo 11.º do CC) do inciso do Anteprojecto, que nos permitimos sublinhar, se ficou a dever a "uma excessiva prudência legislativa" – no limite, à "ideia inaceitável de uma como que menoridade da nossa judicatura para a [excessivamente] arrojada [...] solução [...] correcta", que a obrigava a ter que distinguir o trigo do joio?... (as palavras transcritas – inteiramente consonantes com o, bem anterior, juízo de Manuel de ANDRADE: cf. *Fontes de direito...,* cit., in *BMJ,* n.º 102, 152 – são de A. CASTANHEIRA NEVES: cf. *Metodologia Jurídica...,* cit., 275).

[955] Cf. A. W. Heinrich LANGHEIN, *Das Prinzip der Analogie als juristische Methode...,* cit., 169 s.

[956] Lembre-se – paralelamente, em tempos bem mais recentes e na esfera de uma problemática muito específica (a do reconhecimento de actos administrativos estrangeiros) – o modo como Dulce LOPES argumenta para vencer uma hipotética capitulação ao brocardo (que sintetiza a opção excepcional pela recusa do referido reconhecimento, pois que o princípio-regra é, ao invés, o do "acolhimento

Em suma: se não estivermos perante uma norma verdadeiramente excepcional (exemplo: uma medida legislativa prescrita para uma situação de catástrofe climatérica, e bem compreensível nesse quadro, não deverá, evidentemente, ser utilizada fora desse preciso contexto), ou nos não movermos num domínio jurídico-dogmático que imponha particulares constrangimentos (pense-se na importância do tipo legal em matéria de Direito Penal[957]) e se devermos reconhecer que "proced[e]m no caso [ora judicando] as razões justificativas" do mencionado critério jurídico[958], nada obsta a que aquele preceito "comport[e] aplicação analógica"[959]. A (sempre indispensável!) mediação judicativa, particularmente exigente quando esteja em jogo o princípio da igualdade de tratamento, impedir-nos-á de tomar a nuvem por Juno – concorrerá para que "não se subvertam os [...] regimes jurídicos [justificadamente] excepcionais"[960], isto é, será via de regra suficiente para que se não deixe entrar pela janela o que se pretendeu evitar... fechando a porta.

Clarificado o problema, o que hoje se nos manifesta, em termos genéricos, é ou uma mais ou menos afoita adesão ao entendimento propugnado, ou uma cada vez mais fina insistência no esforço já empreendido por Moncada e por Andrade, e a que aludimos.

Relativamente àquela primeira linha, quatro exemplos: 1.º) Há quem não hesite em defender a aplicação analógica da tutela possessória a todos os direitos pessoais de gozo (*v. gr.*, uma servidão pessoal) que confiram poderes materiais sobre a coisa que constitui o seu objecto em termos de posse, não obstante comummente se sustentar o carácter excepcional das normas que, quanto ao

---

de decisões estrangeiras") *exceptio est strictissimae interpretationis:* cf. *Eficácia, reconhecimento e execução de actos administrativos estrangeiros,* cit., 446 s. Num outro quadro – o do apuramento da competência jurisdicional internacional em "determinadas matérias societárias" –, atente-se no que Rui Pereira Dias (mais linearmente...) escreve a propósito do artigo 24.º, n.º 2, do Regulamento de Bruxelas Ia (cf. *Litigância societária internacional no direito da União Europeia...,* cit., 488; *v.,* complementarmente, *ibidem,* 33 e n. 11)...

[957] Cf. A. Castanheira Neves, *Metodologia Jurídica...,* cit., 276, e José de Faria Costa, Noções fundamentais de direito penal *(Fragmenta iuris poenalis),* 4.ª ed., cit., 203 ss., esp.[te] 204, § 6 (e remissão aí feita).

[958] Cf. o artigo 10.º, n.º 2, do CC.

[959] Cf. o artigo 11.º, do CC.

[960] Cf. A. Castanheira Neves, *Questão-de-facto...,* cit., 265 s. n. 24, e *Metodologia Jurídica...,* cit., 275. No mesmo sentido, Ana Mafalda C. N. de Miranda Barbosa, *Do nexo de causalidade ao nexo de imputação...,* Vol. I, cit., 37 s. n. 65, e 337, "Breves reflexões em torno do art. 127.º do Código Civil", in *Boletim da Faculdade de Direito,* Vol. XC, Tomo II, Coimbra, 2014, 707 n. 43 – em que a A. considera uma questão a que já havíamos aludido nas nossas *Lições...,* cit., 919 s. n. 142 –, e, mais recentemente, nas suas *Lições de responsabilidade civil,* cit., 30 s. n. 39 – a propósito da aplicabilidade de normas reguladoras de um determinado tipo contratual a um certo contrato atípico, ainda que se qualifiquem essas normas como excepcionais, desde que se "conclua pela existência de uma intencionalidade problemática análoga entre os dois"; contra (e reportando-se expressamente a um outro estudo desta nossa Colega), Filipe Albuquerque Matos, "Culpa exclusiva do condutor...", cit., in *Cadernos de Direito Privado,* n.º 48, 2014, 37 s. e n. 52.

ponto, equiparam apenas "alguns detentores" aos possuidores[961]. 2.º) São, ou não, taxativos *(hoc sensu,* excepcionais) os casos de indignidade sucessória mencionados no artigo 2034.º do CC? O artigo 11.º do CC deverá ser chamado a intervir nesse âmbito, sem restrições, ou deverá antes admitir-se que certas situações, muito particulares – temos especialmente em vista aquelas arroladas, por exemplo, por OLIVEIRA ASCENSÃO[962] –, são também susceptíveis de implicar a sanção da indignidade? 3.º) Não será aplicável por analogia (a uma situação concreta, atinente "à forma que deve ser respeitada para a ratificação" de certo acto societário, sobre a qual o CSC nada diz) o artigo 268.º, n.º 2, do CC, ainda que se entenda ser esta uma "norma excecional"?[963] 4.º) Atente-se no problema de saber se a chamada indemnização da clientela, admitida no contrato de agência, é extensível aos demais contratos de distribuição[964]. F. FERREIRA PINTO começa por pronunciar-se "decisivamente contra" a referida possibilidade, para, logo a seguir, depois de qualificar o mencionado instituto como de *"cariz marcadamente excepcional"* e de reconhecer a pertinência das críticas que se dirigem ao artigo 11.º do CC (e não obstante as hesitações desveladas pela *analogia legis* a que pretende acolher-se…), a admitir… desde que "a *razão de decidir* seja [, no caso-tema,] precisamente a mesma"[965].

Para ilustrar a segunda orientação mencionada, apenas dois: 1.º) Porventura o tradicionalmente invocado "carácter 'excepcional' das disposições [do CC: é o caso dos artigos "491.º, 492.º, n.º 1, e 493.º, n.º 1, e ainda [do]art. 807.º, n.º 2 –

---

[961] Cf. o que escrevemos nas nossas *Lições…*, cit., 961 s. n. 261, e bibliografia aí convocada. A que deverá agora acrescentar-se Pedro de ALBUQUERQUE, *Contratos em especial – I. Relatório sobre o programa, os conteúdos e os métodos de ensino,* polic., Lisboa, s./d., mas 2018, 157 ss., esp.[te] sob X (temos em mente as considerações expendidas pelo ilustre Colega e a seu ver justificativas de aplicação "do artigo 934.º do Código Civil às situações de ausência de reserva da propriedade", não obstante o entendimento comum de que o preceito, ao "surgir como uma limitação, *i. e.,* com carácter restritivo, dos artigos 801.º, 802.º e 886.º", se perfila como "uma norma excecional").

[962] A que nos limitaremos a aludir: para além da situação expressamente prevista no artigo 2209.º, n.º 2, do CC, não deverá ser igualmente considerado indigno aquele que souber "quem é o detentor do testamento e se recus[e] obstinadamente a indicá-lo […]" ? – cf. José de OLIVEIRA ASCENSÃO, *Direito Civil. Sucessões,* 5.ª ed., Coimbra, 2000, 139. Por outro lado, o artigo 2034.º, *c),* do CC, não contempla a situação em que alguém tenha autenticamente suprimido (não apenas influenciado) a vontade alheia: se *A* tiver hipnotizado o autor de um testamento – a hipnose implica a supressão da vontade –, levando-o a revogá-lo, deverá, ou não, ser afastado por indignidade? … – cf. ID., "As actuais coordenadas do instituto da indignidade sucessória", in *O Direito,* ano CI, 1969, 292. O nosso emérito Professor responde afirmativamente às duas perguntas (Esta nota resultou de uma conversa de corredor com A. SANTOS JUSTO. Agradecemos, sensibilizados, a disponibilidade do nosso ilustre Colega e querido Amigo).

[963] Cf. Alexandre de SOVERAL MARTINS, "Um, dó, li, tá? De quantos/de que gerentes se faz a vinculação de uma sociedade por quotas?", in *RLJ,* 146.º, n.º 4000, 2016, 60 s., esp.[te] 68 s. e n. 23.

[964] Cf., a título complementar, o que sublinhámos *supra,* 242 s. e n. 890.

[965] Cf. a sua importante monografia sobre os *Contratos de distribuição…,* cit., 724 ss. V., todavia, A. PINTO MONTEIRO, *Revisitando a lei da agência 30 anos depois,* cit., in *RLJ,* 146.º, n.º 4001, 2016, 81 n. 36.

"[... preceitos] em que a lei *agravou* a posição do obrigado a indemnizar, e nos quais, por isso, não seria justo obrigá-lo a reparar o dano que sem o seu facto se teria igualmente verificado"] que atribuem relevância à causa virtual [...]" torna indefensável a "posição [daqueles que sustentam] que a causa virtual [poderá ser igualmente chamada a relevar] nas hipóteses de responsabilidade objectiva [...]"? Estamos a pensar, de modo muito particular, em F. M. PEREIRA COELHO – de resto, são deste nosso querido Professor as palavras transcritas, que colhemos na "Nota prévia" à ("cuidada") reimpressão da sua memorável dissertação de Doutoramento[966]. Acrescente-se apenas que PEREIRA COELHO não questiona – pelo menos na mencionada "Nota prévia" ... – o sentido habitualmente atribuído ao artigo 11.º do CC. Nas suas próprias palavras: "[...] embora a responsabilidade fundada na culpa seja a regra (art. 483.º, n.º 2), pode dizer-se que o que é excepcional é a subsistência da obrigação de indemnizar não obstante a verificação hipotética do dano, justificada, quando haja dolo ou mera culpa, pela função sancionatória e preventiva da responsabilidade civil". No fundo, estamos ainda aqui perante um dos expedientes (oportunamente referidos[967]) de que o pensamento tradicional se socorria para minimizar os efeitos normativo-juridicamente inaceitáveis do sentido habitualmente assinalado ao artigo 11.º do CC: o da rigorosa delimitação do âmbito da excepcionalidade. 2.º) Deixando de lado questões circunstancialmente negligenciáveis *(v. gr.,* a cedência ao entendimento tradicional, que admite o sentido da distinção interpretação extensiva/analogia[968]), A. PINTO MONTEIRO[969] alude à questão da admissibilidade da "aplicação analógica" de normas excepcionais, em diálogo com ANTUNES VARELA e atendendo ao disposto pelo artigo 812.º, n.º 1, do CC[970]. Ante a regra da liberdade contratual – que defere aos contraentes amplos poderes tanto na modelação dos seus contratos, como na fixação do montante da indemnização devida em caso de incumprimento –, a "intervenção do tribunal", prevista no citado preceito, para "controlar o montante [manifestamente excessivo] da pena" convencional, só poderia ter, *prima facie,* carácter excepcional. Todavia, não é assim – sustenta aquele nosso Colega e Amigo. Em seu juízo, o mencionado artigo 812.º, n.º 1, do CC, é, ao lado de outros (dos artigos 437.º, 227.º e 762.º, n.º 2, e 334.º, do mesmo diploma), expressão para-

---

[966] Cf. *O problema da causa virtual na responsabilidade civil,* Coimbra, 1998, esp.ᵗᵉ 5, 7 e 12 – a versão originária é de 1955.

[967] Cf. *supra,* 257 s.

[968] Cf. *supra,* 244 ss.

[969] Cf., sobre a observação levada ao parêntesis do texto, *Cláusula penal e indemnização,* cit., 209.

[970] Cf. ID., *ibidem,* 207-212. E, a título complementar, uma vez mais o que escrevemos *supra,* 244 ss.

digmática "do sopro *ético-jurídico* que o legislador insuflou no Código Civil" e, nessa medida, *"expressão de um princípio mais geral,* conforme a vários outros consagrados no Código Civil – designadamente ao princípio da *boa fé* –, que condicionam o princípio da liberdade contratual", razão por que não deverá qualificar-se como "uma norma excepcional". Ou, se nos acolhermos à lição de Vasco LOBO XAVIER, também convocada por PINTO MONTEIRO[971]: "o art. 812.º [...] é uma norma excepcional em face do art. 405.º [..., mas] está conforme [...] a outras normas (ao art. 762.º, n.º 2, designadamente)". Donde se infere que PINTO MONTEIRO (apesar da alusão ao ensino de Manuel de ANDRADE e de Karl ENGISCH[972]) não discute propriamente o brocardo consagrado no artigo 11.º do CC; procura antes, isso sim, recortar com o máximo cuidado o sentido da categoria "norma excepcional". O que não sendo, evidentemente, de pouca monta, não resolve a questão nuclear com que nos confrontámos.

Finalmente, não deixe de acrescentar-se, ainda nos deparamos com posições em que os dois aludidos tipos de argumentação se combinam. Sirvam-nos de exemplo considerações de Francisco RODRIGUES ROCHA, a propósito de um interessante caso concreto (em que nos não deteremos...), atinente ao artigo 673.º do C. Comercial: "De facto [escreve o A.], não pode dizer-se que o artigo 673.º do CCom seja uma norma excepcional, na medida em que se trata de um prazo de caducidade e esta não é excepcional em relação à prescrição" – está aqui em causa, portanto, a preocupação subjacente à orientação referida em último lugar. E o nosso Colega acrescenta logo a seguir: "Mas mesmo que o fosse, não parece impossível aplicá-la extensiva ou até analogicamente" – e o que assim se manifesta é uma abertura (a título subsidiário, mas no caso sem consequências por razões eventualmente atendíveis...) à pertinência da orientação mencionada a abrir[973].

2.9.3. Sobre (o sentido d)a relevância da analogia na esfera das regras de conflitos[974], remetemo-nos para o que há muito sustentamos a esse res-

---

[971] Cf. *Cláusula penal e indemnização,* cit., 212 n. 460. Se quisermos acrescentar um outro exemplo àquele que já a seguir se mencionará no texto, atente-se nos artigos 322.º, 1 e 325.º-B, do CSC, tal-qualmente se lhes refere Pedro de ALBUQUERQUE, em *Assistência financeira nas sociedades comerciais,* cit., 165.

[972] Na mencionada (na nota anterior) nota 460 da sua dissertação.

[973] Cf. "Dos prazos de exercício de direitos em matéria de abalroação", in *Lisbon Law Review,* 2016/1, 95 ss., esp.ᵗᵉ 97 s.

[974] E inconsiderando outros pontos para que se tem vindo a chamar a atenção. Exemplo: na sua dissertação, já algumas vezes convocada, Rui PEREIRA DIAS afirma não ter "quaisquer dúvidas" em reconhecer uma *"analogia de sentido* que permite retirar subsídios desta análise do princípio da autonomia privada [que precedentemente ensaiara], pensada primacialmente para a *escolha de lei,*

peito[975]. Sinteticamente, pensamos que o Direito Internacional Privado de estrutura conflitual se propõe resolver os concretos problemas jurídicos plurilocalizados de que se ocupa, do seguinte modo: o caso interpelante suscita a intervenção de uma norma de conflitos do foro que o intenciona; a referida norma de conflitos, através do elemento de conexão circunstancialmente relevante, convoca um determinado ordenamento jurídico material; e é no âmbito deste ordenamento jurídico material que se impõe encontrar o critério que, cumulativamente, assimile o problema judicando e responda à pergunta posta pela norma de conflitos do foro. O que significa estar aqui em causa o apuramento, em simultâneo, de duas co-respondências *(i. e.,* de duas ... analogias – no fundo, estamos aqui também perante autênticas "analogia[s] de remissão"...[976]): a co-respondência entre o problema posto pelo caso e a intencionalidade problemática do mencionado critério da *lex causae;* e a co-respondência entre as intencionalidades problemáticas da norma de conflitos do foro (devidamente recortada. *Scilicet,* a interpretação – e, portanto, a determinação da intencionalidade problemática – da norma de conflitos do foro não deverá ser feita, como sustenta o pensamento tradicional, *lege fori,* mas na esclarecida pressuposição das exigências principiais que inervam o DIP) e do critério material acabado de referir[977] [978].

2.9.4. A encerrar, acrescentemos ainda que a observância de cuidados paralelos aos oportunamente referidos é bastante para nos defender de uma precipitada capitulação à tese segundo a qual deverá ter-se por inadmissível a "aplicação por analogia do direito supletivo", por se não afigurar "razoável vincular

---

outrossim para a *escolha de foro":* cf. *Litigância societária internacional no direito da União Europeia...,* cit., 139 ss.

[975] Cf. *A metodonomologia...,* cit., 332 ss. n. 835.

[976] Cf. J. Baptista Machado, *Introdução ao direito e ao discurso legitimador,* cit., 107.

[977] Assim nos aproximamos... e distanciamos da posição defendida por J. Baptista Machado: cf. as suas *Lições de Direito Internacional Privado,* Coimbra, 1974, esp.^te 100 s. n. 1, e 152 s. e n. 2.

[978] O Direito Transitório, sabemo-lo, apresenta igualmente um carácter conflitual: cf. o que escrevemos nas nossas *Lições...,* cit., esp.^te 839 s. e n. 14. No seu âmbito, do que se trata é de "trazer-à-correspondência" a intencionalidade problemática do princípio de direito intertemporal a privilegiar (co-determinante da preferência por uma das normas em efectiva concorrência) com a intencionalidade problemática do critério jurídico adequadamente seleccionado, e a intencionalidade problemática deste último com o mérito problemático do caso concretamente judicando (sem surpresa, o factor decisivamente co-determinante da opção pela lei velha ou pela lei nova, que remete ao aludido princípio – e assim se fecha o círculo discursivo...). Se quisermos, manifesta-se-nos aqui uma modalidade particular da interpretação conforme os princípios *(v. infra,* 344 ss., esp.^te 348 ss.), que se traduz na (mencionada) selecção da norma conforme os princípios ... e o caso.

as partes a preceitos que só por analogia são aplicáveis"[979]. Com efeito, no quadro de um exercício metodonomológico centrado no rigoroso apuramento, em dialéctica correlatividade, do mérito do caso judicando e da relevância do(s) critério(s) jurídico(s) pertinentemente mobilizável (eis), em que se atribui à analogia um sentido bem diferente daquele que o pensamento tradicional lhe imputa (se este último a dilui nas mal recortadas analogias *legis* e *iuris* tomadas como expedientes a que se recorre para resolver o problema – também ele mal-avisadamente concebido… – da integração das lacunas, da perspectiva que temos por correcta a analogia é o tipo de raciocínio subjacente à co-respondência a estabelecer, em termos metodonomologicamente irrepreensíveis, entre os apontados *relata* do referido exercício), a apriorística afirmação de posições rígidas poderá ver-se infirmada por ponderações implicadas pelo e constitutivas do juízo decisório. Imagine-se, por exemplo, que a "aplicação por analogia" da norma supletiva se traduz, em concreto, numa vantagem para o sujeito circunstancialmente em causa, ou que, traduzindo-se embora numa desvantagem para ele, a referida desvantagem se deve considerar *in casu* suficientemente justificada por um princípio jurídico *(v. gr.,* o da boa fé, o da *"justa causa"*[980]) colimada à salvaguarda da *fairness* nas relações negociais – *breviter,* em consequências que o mencionado sujeito deveria, *in nomine iuris,* aceitar se nelas tivesse pensado. Em hipóteses como estas fará sentido insistir na regra da estrita inadmissibilidade da "aplicação por analogia do direito supletivo"? Não se reconduzirão também elas (perguntemos, na tentativa de alargar a ponte em direcção ao entendimento preconizado pelo nosso Colega Cassiano dos Santos) a resultados decorrentes de uma esclarecida "interpretação do

---

[979] As palavras são de Filipe Cassiano dos Santos – cf. "Aval, livrança em branco e denúncia ou resolução de vinculação…", cit., in *RLJ,* 142.º, n.º 3980, 2013, 323 n. 27 – que, todavia, e se bem vemos, não faz seu o entendimento que elas imediatamente traduzem. O que o nosso mencionado Colega defende é que se não devem fazer intervir as normas supletivas nos termos lineares em que a orientação positivista o sustenta. Desta última perspectiva, recordemo-lo, as normas supletivas, quando existentes, serão chamadas a intervir tão depressa nos deparemos, nos termos tradicionais, com uma lacuna – *in casu,* desde que os contraentes não hajam dedicado qualquer cláusula à questão em apreço, *i. e.,* quando o contrato for expressamente omisso em relação ao ponto controvertido. Ao invés, Cassiano dos Santos propugna que se deve ser particularmente criterioso na interpretação do contrato circunstancialmente em causa, não vislumbrando uma lacuna antes de se dar justificadamente por encerrada essa exigente e indispensável tarefa preliminar. (A título de *obiter dictum,* acrescente-se apenas que uma norma supletiva pode "exercer ainda […] uma função interpretativa [, quando] servir também para esclarecer o juiz acerca do sentido a atribuir a cláusulas obscuras ou duvidosas das declarações […]": são palavras de A. Ferrer Correia, *Erro e interpretação na teoria do negócio jurídico,* Coimbra, 1939, 272, n. 1. Cf. *infra,* as considerações finais deste n.º e o esclarecimento que levámos à n. 982).

[980] Cf. J. Baptista Machado, *Introdução ao direito e ao discurso legitimador,* cit., 98.

264

contrato"? Por outras palavras: se da adequada interpretação do contrato resultar a pertinência da relevância de uma norma supletiva, não deverá ela ser chamada a intervir – sem perder por isso, o seu carácter de... norma supletiva? Se, como se nos impõe, compreendermos correctamente a interpretação, não deveremos reconhecer que a mencionada intervenção assenta, lembrámo-lo já, em inelimináveis ponderações analógicas (aquelas que justamente permitem estabelecer a exigível co-respondência entre o mérito problemático do caso posto pelo contrato concretamente em causa e a relevância, também problemática, do aludido critério jurídico)?

Atento o problema que (exemplificativamente...) privilegiámos, sintetizaremos o nosso pensamento nestes termos: a "aplicação", ou não, de uma norma supletiva radicará sempre em ponderações analógicas (atente-se na seguinte formulação de Francisco Manuel de Brito Pereira Coelho, que temos por rigorosamente exacta: "[a] aplicação da regra supletiva *cessa,* por conseguinte, aí onde cessar o próprio nexo de *analogia* [...] que suportava aquela aplicação [...]"[981]), e reconduzir-se-á, em última análise e também por isso, a um problema de interpretação do contrato – assim nos encontramos com ... e distanciamos da posição sufragada por Cassiano dos Santos. De resto, sublinhe-se, acresce uma razão objectiva que concorre para que se não levantem obstáculos desproporcionados à mobilização, nomeadamente pelos tribunais, das normas supletivas: se o legislador entendeu prescrevê-las é porque se lhe antolhou aconselhável não remeter para um potencial limbo normativo *(rectius:* para uma autónoma constituição da juridicidade, com eventual menoscabo dos parâmetros normativo-jurídicos que as referidas normas instituem[982]) o sector da realidade que os mencionados critérios intencionam.

---

[981] Cf. *Contratos complexos e complexos contratuais,* cit., 34.
Acrescente-se apenas que o próprio legislador não hesita em assumir, em múltiplas ocasiões, este mesmo entendimento das coisas. Sirva-nos de exemplo o artigo 1734.º do CC (as explicitações complementares, que nos limitamos a pressupor, oferecem-no-las Francisco Pereira Coelho/ Guilherme de Oliveira, *Curso de Direito da Família, Vol. I, Introdução. Direito Matrimonial,* 2.ª ed., Coimbra, 2001, 547, sob 226., e J. Baptista Machado, *Introdução ao direito e ao discurso legitimador,* cit., 105 ss., sob 2.).

[982] Cf. F. M. de Brito Pereira Coelho, *Contratos complexos...,* cit., 32 (e ainda, a título ilustrativo, as pressuposições implícitas na nota anterior, atinentes ao artigo 1734.º do CC). Não reconhecia já Manuel de Andrade a mais ampla relevância às "disposições supletivas" – que "só deixam de aplicar-se quando se tenha manifestado em contrário, embora só de modo tácito, a vontade das partes" –, conquanto sempre com uma muito aguda consideração da especificidade do caso? ...: cf. *Teoria Geral da Relação Jurídica,* II, cit., 29 e n. 1.

## 3. Uma questão exemplar

Esclarecido o tipo de raciocínio articulador dos pólos do exercício judicativo-decisório, supomos haver ainda um outro ponto que deve ser abordado antes de nos centrarmos naquela que temos vindo a designar a equação metodonomológica[983].

Como repetidamente acentuámos, no centro do exercício metodonomológico está o caso concretamente judicando ("ponto de partida" e "perspectiva" do referido exercício[984]) e o nosso sistema jurídico é de legislação (no horizonte do qual os mais dos casos jurídicos são solucionáveis por mediação de normas jurídicas legais[985]). Assim sendo, afigura-se-nos inteiramente curial (pedagogicamente muito instrutivo e metodologicamente deveras esclarecedor) perguntar[986]: o jurista de serviço deverá ver o caso que o interpela na perspectiva da norma (afeiçoando o caso à norma), ou, ao invés, competir-lhe-á ver a norma na perspectiva do caso (adaptando a norma ao caso)?[987] Se aquela primeira atitude é como que expressão de uma nostalgia normativística – o método jurídico, enquanto corolário de um direito reduzido ao "conteúdo abstracto das leis", meras "palavras [vertidas] no papel"[988], tem-se socorrido de expedientes vários para continuar a conseguir fazer prova de vida... –, a mencionada em segundo lugar está longe de traduzir uma posição iconoclasticamente recente: não lembrámos já[989] ter R. v. IHERING afirmado, no longínquo dia 16 de Outubro de 1868, "o caso prático mostrou-me a norma jurídica a uma luz completamente outra, de uma perspectiva radicalmente diferente daquela por que me habituara a vê-la"?... Exemplo: seja o problema o das necessidades sociais

---

[983] Cf. *Pj →Jd...*, cit., in *Analogias,* cit., 311-391.

[984] Cf. *supra,* 177 ss. e 204 ss.

[985] Cf. *supra,* 181 ss., 185 ss. e 195 s. e n. 676.

[986] Cf. A. CASTANHEIRA NEVES, *Metodologia Jurídica...,* cit., 142 ss., esp.ᵗᵉ 144 ss.

[987] Levaremos aqui sobretudo pensada a relação caso/critério legal de carácter substantivo, por mediação do qual se poderá vir a solucionar o problema judicando. Mas a questão é, evidentemente, susceptível de se pôr também no quadro do direito adjectivo – por exemplo, no muito significativo âmbito do processo penal. E, ainda aí, faz todo o sentido, em certas circunstâncias que não importa pormenorizar neste ensejo, centrar a perspectiva determinante no *"caso concreto"* – nas coordenadas juridicamente relevantes que o modelam assim e não de modo diferente, que lhe conferem esta identidade e não qualquer outra ... O cumprido esclarecimento do que nos limitámos a insinuar, ver-se-á em Manuel da COSTA ANDRADE, *Sobre as proibições de prova em processo penal,* cit., 109 s., e ID., "O regime dos 'conhecimentos da investigação' em processo penal – Reflexão a partir das escutas telefónicas", cit., in *RLJ,* 142.º, n.º 3981, 2013, 352 ss., esp.ᵗᵉ 365 ss. e 368 ss.

[988] Cf. R. v. IHERING, *Geist des römischen Rechts...,* XXXVIII – na 2.ª ed. cit., da 2.ª parte (Leipzig, 1869), 306.

[989] Cf. *supra,* 98.

impreteríveis e da prestação de serviços mínimos em caso de greve. Uma qualquer greve em empresa de transportes determinará forçosamente a fixação de serviços mínimos, ou tal dependerá das circunstâncias concretas dessa mesma greve? *Rectius:* o artigo 537.º, n.º 2, do Código do Trabalho, implicará a obrigatoriedade da fixação de serviços mínimos durante qualquer greve que tenha lugar numa empresa de transportes, ou deverá antes atender-se ao "concreto circunstancialismo [da greve em questão]", que pode não pôr "em causa a satisfação de necessidades sociais impreteríveis"?...[990].

Antecipando a conclusão, diremos que não nos anima o propósito de demonstrar a verdade da segunda orientação a que aludimos, e a correlativa... mentira da primeira. Mas cremos haver fortes razões para (no mínimo...) sustentar uma cada vez mais notória centralidade do caso judicando no quadro do exercício metodonomológico. A evolução histórico-diacrónica de propostas exemplares comprometidas com a problemática judicativo-decisória (3.1.) e, consonantemente, o sentido novo que a interpretação jurídica entretanto ganhou (3.2.), provam-no insofismavelmente.

3.1. Consideremos (esquematicamente) o primeiro tópico.

3.1.1. O método jurídico ignorava a autonomia metodológica do caso. Falava apenas de factos – não mais do que "espécies" de um "género", correlatos lógico-objectivos, em concreto, da abstracta hipótese da norma, a que se subsumiriam[991]. A concepção mais elaborada do método jurídico ficou, talvez, a dever-se ao "primeiro" IHERING. Parafraseando Amartya SEN[992], diremos que a dada altura houve como que um *Ihering-twist* (uma "reviravolta"[993] no pensamento deste eminentíssimo A.) – ideia (-cisão) que, aliás, W. FIKENTSCHER refuta, supomos que com bons fundamentos[994]. O formalismo viu-se substituído por um assumido finalismo – foi essa viragem que abriu a

---

[990] Cf., em crítica à inferência lógico-apofântica subjacente àquela primeira orientação, e pronunciando-se a favor de "uma análise casuística da greve em apreço" (e da consideração do direito de greve, de uma óptica constitucional, como um direito, liberdade e garantia – o que, atento o princípio da proporcionalidade, se projecta no dever de restringir ao mínimo as limitações susceptíveis de o afectarem), João LEAL AMADO, "Os limites do direito à greve e os serviços mínimos no sector dos transportes: a propósito de um silogismo", in *RLJ,* 144.º, n.º 3990, 2015, 190 ss.

[991] Cf. *supra,* 81 ss. e 178.

[992] Cf. *A ideia de justiça,* cit., 251.

[993] Tanto quanto conseguimos apurar, *Umschwung* foi a designação dada pelo próprio IHERING à "crise espiritual" que experienciou na noite de S. Silvestre, de 1858 para 1859: cf. a já nossa conhecida *Vorwort,* de Okko BEHRENDS, a Rudolf von IHERING, *Ist die Jurisprudenz eine Wissenschaft ?...,* cit., 14.

[994] Cf., por exemplo, o que pudemos escrever em *Pj →Jd...,* cit., in *Analogias,* cit., 338 n. 79, aproveitando a lição do nosso saudoso Mestre de Munique.

porta à Jurisprudência dos interesses, à Jurisprudência da valoração e decorrentemente ao Jurisprudencialismo, mas também à Jurisprudência sociológica, aos realismos, à deriva dos funcionalismos[995] (orientações estas últimas configuradoras de uma como que rebelião dos juristas contra o direito...[996]).

3.1.2. Apagando passos intermédios, reduzindo tudo à sua expressão mais simples e esquecendo AA. com méritos muito diferentes...[997], lembremos ter Karl ENGISCH – decerto na linha da autonomização do caso judicando, que o pensamento jurídico ficara a dever à Jurisprudência dos interesses (por inspiração de IHERING...) –, ainda na primeira metade do século XX, sintetizado a cinética do exercício metodológico na famosa imagem do "ir e vir do olhar" do caso para a norma e desta para aquele[998]: no esperanto do nosso tempo, poderíamos (parafraseadamente) dizer esta ideia de "ida e retorno" um procedimento de *"bottom-top-down"*...[999] ENGISCH, recorde-se, insistiu na "subsunção", mas entendeu-a densificada pelo "caso *individual*", que se recortava por meio da "equiparação do novo caso àqueles casos cuja pertinência à classe já se encontra assente [...]"[1000] – e deste modo relevou a analogia (tal como a Escola de Tübingen também preterintencionalmente o fizera...).

Karl LARENZ, na sua última fase – quando abandonou o neo-idealismo hegeliano da primeira hora e se abriu à hermenêutica de matriz gadameriana –, conquanto se tivesse mantido fiel à centralidade da "proposição jurídica" e do "silogismo" subsuntivo, não deixou de articular a "questão de facto" e a "questão de direito" ("distinção [...] só à primeira vista [... a]problemática"...), em termos bem desveladores do reconhecimento de uma dialéctica entre ambas

---

[995] Cf. *supra*, 83 ss.

[996] Trata-se de uma paráfrase a H. ARENDT, quando a A. qualifica o "último estágio da filosofia moderna" como aquele que se traduz numa "rebelião dos filósofos contra a filosofia": cf. *A condição humana*, cit., 405 n. 77.

[997] Um quadro bastante amplo é aquele que nos oferece Karl LARENZ na sua *Metodologia da ciência do direito*, I – Parte histórico-crítica, esp.te caps. III-V – na 3.ª ed., trad. de José Lamego, Lisboa, 1997, 45 ss.

[998] Cf. *supra*, 153 (em referência à densidade intencionada pelo verbo utilizado por ENGISCH – *Wandern* –, e por nós sublinhada no estudo para que explicitamente nos remetemos na passagem acabada de citar, lembremos apenas a lapidar afirmação do geógrafo Werner BÄTZING, por muitos denominado o "Papa dos Alpes", segundo a qual "Wandern ist Philosophieren mit den Füßen"...: cf. Hilmar SCHMUNDT, "Heidi ade", in *Der Spiegel*, 33/2017, 88 ss., esp.te 95 s.). Como é bem de ver, destas "idas e vindas [terá que descobrir-se] o porquê" (cf. António LOBO ANTUNES, *Comissão das lágrimas*, Alfragide, 2011, 168) – que, se não erramos, é a exigência de ir ajustando, até "trazer-à-[exacta] correspondência", em termos metodonomologicamente irrepreensíveis, o caso judicando e o critério normativo para ele pertinentemente seleccionado e/ou constituído.

[999] Cf. Dulce LOPES, *Eficácia, reconhecimento e execução de actos administrativos estrangeiros*, cit., 304.

[1000] Cf. Karl ENGISCH, *Introdução ao pensamento jurídico*, trad. de J. Baptista Machado, Lisboa, 1965, 78 s. e 164.

("nalguns casos [elas] estão tão próximas [...] que não é possível, na prática, levar a cabo a sua separação"...) e de sublinhar a importância capital do " 'caso'" concreto que [o juiz] tem de resolver" (pois que lhe compete "[solucionar] 'justamente' o caso que [lhe] foi submetido")[1001]. Acrescentemos apenas que o A. entende já a analogia como "um processo de pensamento valorativo e não unicamente [...] uma operação mental lógico-formal", mas ainda a aprisiona ao problema da "avaliação igual de factos-tipo semelhantes no âmbito da 'integração de lacunas'"...[1002]

3.1.3. A importância do caso ainda mais se acentuou nos tempos imediatamente precedentes destes nossos. Friedrich MÜLLER, por exemplo, em cujas propostas atentámos tantas vezes já e que reserva a analogia para a integração de lacunas[1003], centra a sua concepção metodológica na norma constitutivamente concretizada – *i. e.*, na norma densificada pelos elementos de concretização ligados ao sistema e ao problema. A norma assim obtida – o respectivo texto *(Normtext)* é apenas o suporte semântico (o enunciado) dos sentidos possíveis (as "hipóteses do texto da norma"), a articular com um "programa" interpretativamente apurado *(Normprogramm)*, que importa assumir sem perder de vista o "âmbito [de realidade] normativo" *(Normbereich)*, susceptível de implicar a alteração de um sentido anteriormente imputado ao critério jurídico em causa[1004] – é o critério dotado de "normatividade" *(Normativität)*, quer dizer, a norma jurídica capaz de operar como "norma de decisão judicativa"

---

[1001] Cf. K. LARENZ, *Metodologia...,* cit., 349 ss., 379 ss., 433 ss. e 491 ss.

[1002] Cf. ID., *ibidem,* 540 ss.

[1003] Conquanto sublinhe a problematicidade do conceito e se empenhe em dilucidá-lo: cf. Fr. MÜLLER/R. CHRISTENSEN, *Juristische Methodik,* I, cit., 357 ss.

[1004] É este, de resto, um entendimento partilhado por outros AA. Citemos aqui Wolfgang HOFFMANN-RIEM, "Die Klugheit der Entscheidung ruht in ihrer Herstellung – selbst bei der Anwendung von Recht", in ID., *Offene Rechtswissenschaft...,* cit., esp.[te] 96 s.
Uma das dimensões do "âmbito da norma" é, sem dúvida, a realidade envolvente. No apuramento do sentido normativo do preceito interpretando nunca deveremos, portanto, inconsiderá-la. Neste ensejo, lembraremos apenas que, todavia, se não hesitou em fazer isso na crise que vivemos, nomeadamente em 2012/2013, concebendo a Constituição como um texto petrificado, a levitar fora do tempo, e, consonantemente (supremo absurdo!), desqualificando a mencionada realidade envolvente, quando desconforme ao texto constitucional, como ... inconstitucional. *V.*, por exemplo, o elucidativo artigo de Paulo RANGEL, "Tempo e Constituição", in *Público,* de 15.JAN.2013, 44.
Acrescente-se ainda que a realidade a que aludimos não tem que ser apenas a proximamente envolvente – pode ser também uma realidade que se perfile mais ou menos longinquamente, desde que circunstancialmente relevante. Exemplo: "o juiz do Supremo Tribunal de Justiça dos Estados Unidos, Stephen Breyer", preconizou, em 2015, "a necessidade de se tomar em consideração as novas realidades globais na interpretação e aplicação da lei norte-americana" *(apud* Amartya SEN, *Escolha coletiva e bem-estar social,* cit., 540 s.).

*(Entscheidungsnorm)*[1005]. E esta decisão judicativa *(Entscheidung,* por oposição a decisão determinada por razões normativo-juridicamente espúrias – *Dezision)* considerar-se-á fundamentada quando se mostre consonante quer com as exigências modeladoras do Estado de Direito (MÜLLER é um constituciona-lista...), quer com aquelas outras (que são, ao menos em parte, as mesmas...) estruturantes de uma adequada compreensão do exercício metodonomológico.

E que dizer da lição do nosso Mestre de Munique, Wolfgang FIKENTSCHER, em que também já nos detivemos vezes sem conta? Para ele, a "norma do caso" *(Fallnorm)* – o critério jurídico trabalhado atento o caso – é o resultado da dialéctica em que se enredam as exigências contrárias da "justiça material" *(Sachgerechtigkeit)* e da "justiça da igualdade" *(Gleichgerechtigkeit)* – em termos sintéticos e respectivamente, é o corolário da tensão articuladora do caso judicando e do sistema jurídico. Mais exactamente (ainda que em termos esquemáticos): para FIKENTSCHER, a norma jurídica *(maxime,* o critério legal) é metodologicamente "afinada até que ela [...] se adeque completamente a todos os casos equiparáveis". E, pelo que respeita à racionalidade implicada, o nosso Professor não hesita em afirmar que no exercício metodológico "tem lugar uma verdadeira subsunção, no sentido do silogismo apofântico", que encerra o processo judicativo-decisório. Tudo isto significa que, no referido exercício e da sua perspectiva, a ênfase não deve colocar-se tanto na singularidade do caso judicando quanto no conjunto de casos que justificam/reclamam uma "igual decisão *jurídica*" – segundo FIKENTSCHER, o acento tónico deve pôr-se na intencionalidade problemática do critério normativo, não no "caso jurídico concreto" singularmente (que não é sinónimo de discretamente...) conside-rado. Por seu turno, em sede de interpretação, este nosso saudoso Mestre pri-vilegia ainda os clássicos elementos gramatical (nas suas dimensões textual – o dado semântico –, linguística – "o sentido linguístico comum" – e jurídica – "o específico sentido jurídico"), lógico-sistemático e teleológico, e é com base na actuação conjugada de todos eles que depois esclarece o papel da analogia ... limitado ao problema da integração das lacunas. Nas suas próprias palavras: "uma norma institui um limite de sentido gramatical, para lá do qual a analogia

---

[1005] Cf. Fr. MÜLLER/R. CHRISTENSEN, *Juristische Methodik,* I, cit., 217 ss. E, entre nós, J. J. GOMES CANOTILHO, *Direito Constitucional e Teoria da Constituição,* 5.ª ed., cit., esp.<sup>te</sup> 1101, 1108, 1197 e 1205. Sobre a relevância capital do caso, atente-se na seguinte passagem colhida na última página mencionada deste nosso Professor (que assume explicitamente, ainda que "com alterações", a influência de MÜLLER – cf. *ibidem,* 1108 e n. 5): "Uma norma jurídica adquire verdadeira normatividade quando com a 'medida de ordenação' nela contida se decide um caso jurídico, ou seja, quando o processo de concretização se completa através da sua aplicação ao caso jurídico a decidir [...]"; a "norma jurídica [...] ganha [então] uma *normatividade actual e imediata* através da sua 'passagem' a norma de decisão que regula concreta e vinculativamente o caso carecido de solução normativa [...]".

pode começar, e um limite do sentido da [própria] norma, para lá do qual a analogia não é mais admissível"[1006].

Cruzámo-nos em outras oportunidades com as propostas metodológicas de Franz Bydlinski. Procurando lançar uma ponte para a questão que a seguir nos preocupará (a da interpretação jurídica), lembraremos que o Professor vienense polarizava o discurso judicativo-decisório numa específica compreensão (alargada) do "conceito de direito"[1007], que se refracta em todas as possíveis objectivações da normatividade jurídica. No espaço (circunscrito) daquela ponte, importa acentuar, cremos, a distinção que o A. estabelecia entre o "núcleo do conceito" *(Begriffskern)* circunstancialmente em causa – que, atenta uma norma jurídica, remete para o significado imediato do elemento gramatical – e a "[sua] auréola" *(Begriffshof)* – que, na mesma esfera e ainda directamente, tem que ver com os problemas mais delicados que se põem em sede de interpretação jurídica, e, já indirectamente, com a mobilização por analogia de um determinado critério normativo, entendido aquele expediente também nos termos tradicionais[1008]. Ou, se preferirmos: da sua perspectiva, o jurista confrontar-se-á com um problema de interpretação enquanto se mantiver "no quadro do sentido possível da letra" do preceito de que concretamente se trate (o recurso, com o mencionado objectivo delimitador, à "intenção do legislador" – que, quando ultrapassada, indiciaria que se havia invadido o território da *Rechtsfortbildung* – revela-se muito menos pacífico[1009]). Para lá desse âmbito, o problema que se lhe põe é outro – o do "desenvolvimento do direito": se o fim e/ou o fundamento da norma o permitirem, esta será aplicada por analogia (na acepção tradicional deste expediente); se, ao invés, o impedirem, o "desenvolvimento do direito" implicará uma "redução [ou restrição] teleológica"[1010].

3.1.4. A agulha começou a virar com Josef Esser. Com ele, que sofreu uma (que beneficiou de uma[1011]...) forte influência do anti-Savigny Ihering

---

[1006] Cf. *Methoden des Rechts...*, IV, cit., 202 ss., 207, 208 s., 283 ss. e 361 ss.

[1007] Cf. *A metodonomologia...*, cit., 582 s.

[1008] Cf. Franz Bydlinski, *Grundzüge der juristischen Methodenlehre*, cit., 29 s.

[1009] Recordemos apenas uma das objecções de F. Bydlinski: será razoável entender que se está já na esfera do desenvolvimento do direito quando se interpreta a norma em termos ainda inteiramente consonantes com a letra da lei mas determinados por um conhecimento da intenção do legislador? – cf. *Grundzüge...*, cit., 76 ss.

[1010] Cf. Id., *ibidem*, 90 ss.

[1011] O indisfarçável juízo concordante é nosso. Mas não ocultemos que ele está longe de colher um aplauso universal. Ainda há relativamente pouco tempo, Benjamin Herzog, na importante monografia que dedicou ao metodologicamente comprometido pensamento jurídico português e brasileiro, desde a época moderna ao nosso tempo, veio, ao invés, confessar a sua simpatia por Savigny – pela

e do anti-AUSTIN HOLMES[1012], o Pólo Norte do exercício judicativo-decisório deixou de ser a norma-critério e passou a ser o próprio caso-problema...que o Movimento do Direito Livre[1013] já havia ingenuamente encarecido, e que a Jurisprudência dos interesses e os AA. precedentemente convocados também relevaram, mas sem deixarem de conceder primazia à norma. Manteve-se, é certo, a insistência na subsunção – que, todavia, não passava de uma mera "proposição de justiça material, nada mais" *(Sachgerecht-Setzung, nichts sonst)*[1014]; e insistiu-se na dialéctica que se havia tornado um lugar comum – mas os termos eram agora a "convicção de justeza" *(Richtigkeitsüberzeugung)*, ou o "controlo de justeza" *(Richtigkeitskontrolle)*, pelo lado do problema, e o "controlo de concordância" *(Stimmigkeitskontrolle)*, pelo lado do sistema. A crítica de ESSER à "metodologia académica"[1015] (que não serve de "ajuda" nem de adequado instrumento de "controlo" ao juiz, por não passar de um "anacronismo científico-teorético"[1016]) e o seu assumido propósito de elaborar uma "teoria

---

segurança que o formalismo kantiano assumido por SAVIGNY afinal promove –, e as suas reservas em relação a IHERING – ao seu finalismo, que se pode revelar apto a permitir a intromissão no circuito metodológico de pré-juízos políticos do jurista de serviço (fins, valores e princípios ... albergam sempre um enorme "potencial de disfarce", pelo que é de bom conselho preferir "considerações sistemáticas e históricas [...]", identificantes do "pensamento da lei", do que o seu conteúdo material. "A aplicação e interpretação do direito não é assunto de leigos, nem ambição de justeza, mas arte de juristas", e as mencionadas aplicação e interpretação devem articular-se com uma "sociedade de cidadãos" e não com uma "sociedade de juízes"): cf. *Anwendung und Auslegung von Recht in Portugal und Brasilien...*, cit., 719 ss., esp.te 723 ss. e 749 s. (atente-se no segundo subtítulo da referida monografia: *Zugleich ein Plädoyer für mehr Savigny und weniger Jhering).*Nesta altura, supomos poder afirmar que a semelhante entendimento das coisas subjaz um redutivismo (e até um maniqueísmo...) indisfarçável.

[1012] Cf. as detidas considerações fundamentantes de W. FIKENTSCHER, *Methoden des Rechts...*, II, cit., 168 ss. e 211 ss., e III, cit., 753 s.

[1013] Temos em vista o Movimento lançado, em 1906, por Gnaeus FLAVIUS (Hermann KANTOROWICZ), que veio inscrever-se numa longa história – num mundo de sensibilidades e orientações, de projectos e realizações...: cf. Joachim RÜCKERT, "Vom 'Freirecht' zur freien 'Wertungsjurisprudenz' – eine Geschichte voller Legenden", in *ZRG, GA,* 2008, 199 ss. Como é sabido, o referido Movimento veio propor como única alternativa à falência do único tipo de racionalidade que o pensamento jurídico à época conhecia (a lógico-dedutiva) a opção pelo... irracionalismo (cf. as nossas *Lições...*, cit., 800); o que só poderá surpreender quem se não tiver dado conta de que quando se estica até ao seu limite extremo a "racionalidade formal" acabamos por ... "cair no[seu] contrário" ("ins Gegenteil umkippen") – a ideia base é de Arthur KAUFMANN, mas colhêmo-la em M. R. DECKERT, *Folgenorientierung...,* cit., 228.

[1014] W. FIKENTSCHER, quando analisa a proposta metodológica de J. ESSER, diz ser a subsunção, para este seu Colega, uma "pura e simples afirmação de justiça material": cf. *Methoden des Rechts...,* III, cit., 755.

[1015] E o adjectivo qualificativo, nesta acepção pejorativa, não é novo – marca presença em outros domínios. Exemplifiquemo-lo com a "filosofia académica", criticamente olhada tanto por JASPERS como por HEIDEGGER, e que terá estado na origem da amizade que, durante bastante tempo, os uniu. Cf. Elżbieta ETTINGER, *Hannah Arendt e Martin Heidegger,* cit., 57 ss., 119 ss. e 129. E a JASPERS e HEIDEGGER poderíamos acrescentar H. ARENDT – cf., da Filósofa, *A condição humana,* cit., 359.

[1016] E esta não é uma posição isolada. Richard A. POSNER, paralelamente, considera "irrealista", "imprestável" e "desinteressante" a "tradicional crítica académica ao judiciário" – afinal, os "juízes não são professores de direito" ...: cf. *How judges think,* Cambridge (Massachusetts), London (England), 2008, 2 s., 12 e 204 ss.

praxisticamente comprometida" com a solução normativo-juridicamente justa do caso[1017] são outras notas caracterizadoras do pensamento de J. ESSER. A pré--compreensão das exigências modeladoras da justiça – "um atributo da decisão judicativa"[1018] – e o empenho em realizar o equilíbrio possível entre a "obediência ao direito" *(Rechtsgehorsam)* e a "razão judicativa" *(ratio iudicis)* inspiradora do juízo decisório marcam igualmente esta proposta tão interpelante ... que, em síntese talvez demasiado apressada, se preocupa em fundamentar uma "correspondência *analó*gica" entre o problema e o sistema[1019] [1020].

Em Martin KRIELE é igualmente bem notória a centralização do discurso metodológico no caso. Este começa por ser apresentado pelos interessados, com frequência leigos na matéria e, portanto, incapazes de traduzirem, em termos rigorosos, para a cada vez mais complexa linguagem do direito, as situações concretas em que se vêem envolvidos, e que, dos seus pontos de vista,

---

[1017] Sobre a não redução da proposta metodológica de ESSER à ingenuidade predicativa do Movimento do Direito Livre, cf. o que escrevemos em *A metodonomologia...,* cit., 516 n. 1170.

[1018] Mas que já levou a que se aludisse, a este propósito, tanto a um "shopping-mall approach to 'method'", como a uma "metodologia sem método" ou a um "caos metódico" – cf. Ernst A. KRAMER, *Juristische Methodenlehre,* cit., 151, notas 431, 433 e 434.

[1019] Cf. *Vorverständnis und Methodenwahl...,* cit., 7, 11, 14, 16 s., 23 ss., 77, e 103 ss., esp.^te 104 e 107 ss.

[1020] A última observação do texto, que se afigura capital para uma rigorosa caracterização da proposta metodonomológica de ESSER, é, todavia, irrelevada por A. W. Henrich LANGHEIN. Para este A. (que dedicou uma monografia ao estudo da analogia no pensamento jurídico, desde os fins do século XVIII até ao termo do século XX: cf. *Das Prinzip der Analogie als juristische Methode...,* cit.), a analogia configura um específico tipo de raciocínio lógico, radicado num "duplo processo indutivo-dedutivo" (cf. ID., *ibidem,* 32. *V.* o que escrevemos in *A metodonomologia...,* cit., 438 ss. n. 1068, e nas *Lições...,* cit., 936 ss.). Ao invés, nós reconhecemo-la um raciocínio de tipo argumentativo, centrado na prudencial comparação de dois *relata* problemáticos (e, *hoc sensu,* particulares), atento o *tertium comparationis* que, na sua fenoménica diferença, ambos comummente intencionam (cf. *supra,* 233 s. e 236 s.). Sempre muito brevemente: ESSER – como o próprio LANGHEIN acentua (cf. *Das Prinzip der Analogie als juristische Methode...,* cit., 198 ss.) – polariza o exercício metodonomológico na solução de casos/problemas, considerados os "pensamentos fundamentais" *(Grundgedanken)* constitutivos da juridicidade, que se vão decantando em "princípios normativos" *(Grundsätze)* axiológico-problematicamente estruturantes do direito (em ESSER, sublinha-o acertadamente LANGHEIN, a "Jurisprudência da valoração" atinge uma sua muito elaborada expressão – cf. *ibidem,* 202) e que com-põem, com os demais estratos que bem conhecemos, o sistema jurídico tal-qualmente ele deve ser visto e... como ESSER o vê (cf. *A metodonomologia...,* cit., 516 n. 1170). Ora, são precisamente esses princípios, afinal densificantes do sentido do direito (cf. *supra,* 191), que em última análise modelam o *tertium comparationis,* sem o qual, recordámo-lo, se não pode falar de analogia (é esta a decisiva razão por que também nós próprios – em linha com os mais dos AA. que LANGHEIN critica e que equiparam a analogia a um "axiologicamente fundamentado desenvolvimento do direito": *wertende Rechtsfortbildung (Das Prinzip der Analogie als juristische Methode...,* cit., 215) – já acentuámos que toda e qualquer analogia juridicamente significativa é, em derradeira análise, sempre analogia *iuris* – cf. *supra,* 243). Afirmar, portanto, como o faz categoricamente LANGHEIN, que "em Esser não há qualquer compreensão da analogia" (cf. *Das Prinzip...,* cit., 202) é, atrevemo-nos a pensar, tresler a sua proposta metodonomológica (LANGHEIN sustenta não oferecer ESSER qualquer metodologia – apenas uma *judicial legislation...* – cf. *ibidem,* 200 e 209), passar ao lado do adequadamente recortado sentido mesmo do exercício judicativo-decisório, e descaracterizar a especificidade *sub specie iuris* da inferência analógica.

entendem inconsonantes com a normatividade jurídica[1021] [1022]. Ao jurista compete corrigir os inevitáveis… erros de paralaxe dos aludidos interlocutores, ou seja, racionalizar *(hoc sensu:* enquadrar juridicamente) esse relato inicial, via de regra impressionista. Num primeiro instante, atendendo ao caso, às categorias jurídico-dogmáticas circunstancialmente pertinentes e aos prováveis efeitos das opções que se lhe ofereçam em alternativa[1023], arrisca (antecipa retroactivamente…) – se quisermos recuperar a conhecida imagem celebrizada por ENGISCH (e explicitamente invocada por KRIELE), afivelando a máscara de um *Wandersmann[1024]* e num como que "ir e vir de primeiro grau" – uma "prévia hipótese de norma"[1025], ou "hipotética norma jurídica" viabilizadora de uma

---

[1021] Cf., mais imediatamente, R. GRÖSCHNER, *Dialogik und Jurisprudenz…*, cit., esp.[te] 124 s. Em termos enquadrantes, permitimo-nos convocar duas breves (mas paradigmáticas!) passagens de R. v. IHERING: "É bem conhecido o fenómeno, repetido em toda a parte, que o direito, sempre que atinge um certo estádio de elaboração, se torna cada vez menos acessível às massas e se transforma em objecto de um estudo específico"; e, sendo assim, compreende-se que "o leigo não se retira [de cena] porque o jurista o expulsa, mas o jurista assume o protagonismo porque o leigo não pode passar sem ele" – cf. *Geist des römischen Rechts…*, cit., 2.ª parte, 2.ª secção, § 37, na ed. de Leipzig, 1869, 296. E ainda uma elucidativa observação de um prestigiado Advogado e velho Amigo: "[…] o advogado transforma as circunstâncias descritas pelo cliente em causa defensável, de forma racional e não emocional [o advogado, qual "confessor laico", tem que começar por ouvir a alma inquieta do seu cliente… – sublinha-o Piero CALAMANDREI, no clássico *Êles os juízes vistos por nós, os advogados,* trad. de Ary dos Santos, Lisboa, 1940, 181], permitindo ao juiz a elaboração de um julgamento mais ágil e perceptível" – são palavras de Rodrigo SANTIAGO, na *Revista da Qualidade* (um suplemento do semanário *Sol),* de Outubro de 2011, 4. Sintetizemos o que se diz nesta nota (e no texto que a ela nos trouxe) com um exemplo – verídico, mas colhido no anedotário académico. Em certo exame de Direito da Família, o Professor dirige a seguinte pergunta a uma Estudante: "imagine a Senhora que o seu noivo lhe tinha oferecido um valioso anel em vista do casamento que se haviam comprometido a contrair. Todavia, algum tempo volvido, o seu noivo retractou-se e rompeu a promessa de casamento. Deve, ou não, a Senhora restituir-lhe o mencionado anel?" A Aluna, com uma tocante ingenuidade impressionista, inconsiderou a evidente relevância jurídica da questão e respondeu: "credo, Senhor Doutor, então eu perco o noivo e ainda fico sem o anel?!…" Para o esclarecimento da aludida relevância jurídica do problema, cf. ao artigo 1592.º do CC, e Francisco PEREIRA COELHO/Guilherme de OLIVEIRA, *Curso de Direito da Família,* Vol. I, 2.ª ed., cit., 224 ss., esp.[te] 231 s. Ou, já sem qualquer ironia de permeio, com aqueloutro de que nos dá conta uma estimada Colega, em densa "Anotação" a um Acórdão do STJ: um leigo pode não ter sido capaz de formular, em termos juridicamente escorreitos, uma determinada pretensão *(in casu,* a de ficar "'desonerado' ["da responsabilidade por dívidas futuras da sociedade"] quando viesse a transmitir a sua quota"); o que, todavia, não significa que estejamos impedidos de reconhecer relevância jurídica ao almejado propósito de "'desoneração' ou 'libertação'" (naturalmente, se as circunstâncias dadas como provadas legitimarem a mencionada conclusão…): cf. Carolina CUNHA, *Quando querer é poder…,* cit., in *RLJ,* 148.º, n.º 4015, 2019, esp.[te] 262 ss., sob 2.3. e 2.4.

[1022] Em mais imediata referência ao outro plano das coisas tangenciado na observação do texto, reacentue-se o óbvio: os envolvidos na controvérsia (com diferentes perspectivas, propósitos e… pertinência) invocam o direito – o princípio *tuquoque* é, portanto, no quadro que estamos a pressupor, implicitamente dirigido por cada um ao outro. Parafraseamos assim Karl-Otto APEL, *Transzendentale Reflexion und Geschichte,* cit., 100.

[1023] A relevância que KRIELE atribui aos mencionados efeitos/resultados/consequências deve-se, talvez também, à sua formação de constitucionalista. Cf. o que escrevemos *supra,* 170.

[1024] Cf. *supra,* n. 998.

[1025] Cf., entre nós, A. CASTANHEIRA NEVES, *O actual problema metodológico da interpretação jurídica – I,* cit., 431.

meramente provisória decisão justa do referido caso-problema (em bom rigor, KRIELE afirma que se formulam várias destas hipóteses, que são examinadas criticamente e comparadas umas com as outras, atentas as respectivas "consequências" da óptica do "interesse geral", ou daquele que se deva considerar "o mais fundamental dentre os interesses concorrentes", optando-se, no final, por uma delas). A seguir (e sempre com o propósito de confirmar a referida "hipótese de norma"), volta o seu olhar para o sistema pré-objectivado (se há pouco tudo gravitava à volta do problema , agora emerge o sistema – KRIELE releva também a dialéctica problema/sistema, identificante da perspectiva de compreensão das coisas em que nos revemos...), com o propósito de nele tentar encontrar, por "experimentação", um apoio que corresponda àquela sua intuição primordial – insistindo na metáfora de ENGISCH, aludir-se-á desta feita a um "ir e vir de segundo grau", que consiste na comparação das hipóteses de normas com os critérios legais pré-disponíveis. Nunca se esqueça, todavia, que "demonstrar que [a mencionada] hipótese confirma as aparências não é de modo algum o mesmo que demonstrar a [sua adequação à] realidade" ...[1026]: o exercício poderá ter que continuar. Vale por dizer: as normas jurídicas legais nem sempre se revelam suficientes. Mas KRIELE – que se empenhou numa cuidada reconsideração da problemática das fontes do direito e que perfilha uma muito arejada compreensão do *corpus iuris* – não hesita em defender o recurso aos precedentes, nomeadamente dos supremos tribunais (a procurar em "comentários", "colectâneas de jurisprudência", "ficheiros jurisdicionais"...), a que reconhece uma "presunção de justeza" (decorrentemente, se deles nos afastarmos impor-se-nos-á justificar esse desvio com "bons fundamentos"), depois (e já com um muito maior grau de "liberdade crítica") à doutrina, em virtude da *auctoritas* que distingue alguns juristas (se neste plano nos deparamos com um bem firmado entendimento dominante, só dele nos poderemos afastar invocando fundamentos muito fortes), e por fim aos "princípios" da "razão prática" (da razão prático-jurídica...), argumentativo-consensualmente apurados e que não deixam de assumir dimensões normativo-juridicamente emblemáticas. Relativamente aos dois apoios que devem privilegiar-se (os indicados em primeiro lugar): quando o critério de solução do caso é a "hipótese de uma norma" legal, KRIELE não hesita em falar de "subsunção" – o que não deixa de patentear algum compromisso (algum muito limitado compromisso,

---

[1026] Trata-se de uma paráfrase a uma celebérrima afirmação histórica (que o Cardeal BELLARMINE dirigiu a GALILEU): cf. H. ARENDT, *A condição humana,* cit., 324. Deixemos intocada a concepção de verdade subjacente...

advirta-se, pois o A. acentua a "completa insignificância"[1027] da subsunção, que ignora todas as questões verdadeiramente delicadas com que se confronta o jurista no exercício da tarefa que é institucionalmente a sua) com o entendimento tradicional, alguma transigência com pré-juízos que melhor fora tivessem sido rejeitados; quando esse critério é um precedente jurisdicional, KRIELE alude a uma "comparação analógica" dos *relata* em presença – o que receamos indicie uma redutora compreensão (por defeito...) da prestabilidade da analogia[1028].

Seria fácil – mas tornar-se-ia cansativo e as inventariações nunca são particularmente exaltantes... – continuar por este caminho. Na última trincheira que abrimos não hesitaríamos ainda (com um maior ou menor grau de convicção ...) em colocar pensamentos de que sempre nos reconhecemos devedores[1029]: o de Arthur KAUFMANN (não foi ele quem colocou a analogia no centro do "processo da 'realização do direito'" – uma "rede" em que a norma jurídica marca presença, mas sem qualquer primazia... –[1030], e quem cunhou o "trazer-à-correspondência" predicativo da inferência analógica[1031] – que convocámos pela primeira vez logo no início[1032] e depois a cada passo?[1033]), o de

---

[1027] Cf. *Theorie der Rechtsgewinnung...*, cit., 51; *v.*, todavia, *ibidem*, 163.

[1028] Cf., do A., e em especial, *ibidem*, 162 ss., 195 ss. e 215 ss., e *Recht und praktische Vernunft*, cit., 91 ss.

[1029] Cf. a formalização do modo como entendemos a problemática de que ora nos ocupamos – meras tentativas de reduzir a extrema complexidade do exercício metodonomológico à sua expressão mais simples –, em termos geométricos, nas *Lições...*, cit., 969, e em termos algébricos, em *Pj→Jd...*, cit., in *Analogias*, cit., 389 s. (... e *infra*, 351).

[1030] Cf. A. W. Heinrich LANGHEIN, *Das Prinzip der Analogie als juristische Methode...*, cit., 193.

[1031] Quer da inferência analógica subjacente à legislação ("a assimilação [por co-respondência] da ideia de direito e de possíveis casos concretos futuros"), quer daquela outra que subjaz à jurisdição ("a articulação [por co-respondência] do critério jurídico e de um caso concreto real"): cf. ID., *ibidem*, 189.

[1032] Cf. *supra*, 61.

[1033] Deixemos de lado os "pré-juízos lógicos" que a orientação que preconiza ainda manifesta (cf. *A metodonomologia...*, cit., 147 s.) – nomeadamente, a sua ideia de ver "no processo analógico uma subsunção, ou um seu substituto", que, no propósito de fundir esses dois horizontes imiscíveis, acaba por descaracterizar quer a analogia, quer a subsunção (cf. A. W. Heinrich LANGHEIN, *Das Prinzip...*, cit., 189 e 197 s.). Na p. 194 n. 371, LANGHEIN indica outros AA. a quem é legítimo dirigir igual censura. Nesta p. 194, e nas seguintes, LANGHEIN explicita as razões da sua discordância relativamente à proposta de KAUFMANN. Sem entrarmos aqui em mais detidas considerações, diremos apenas parecerem-nos fracas essas razões – atrevemo-nos a pensar que todas radicam mais em equívocos conceituais e, sobretudo, nos pressupostos de inteligibilidade privilegiados do que em qualquer outra causa... Uma das referidas razões, a de que a analogia – a inferência do desconhecido ou do menos bem conhecido, a partir do conhecido ou do mais bem conhecido – e o "juízo jurídico" – a mobilização da norma adequada para, por sua mediação, se resolver um caso concreto (não é, *v. gr.*, pouco significativo que LANGHEIN dê preferência à "aplicação do direito", em detrimento do "juízo jurídico", ou da "descoberta do direito", de que fala KAUFMANN; ou, consonantemente, que critique KAUFMANN por este inconsiderar que quando "se põe em vigor uma norma jurídica, qualquer que seja o seu fundamento, está a enunciar-se um critério regulativo a que o jurista não poderá deixar de atender" – cf. *Das Prinzip...*, cit., 197 – ... ou seja, por KAUFMANN não subscrever a compreensão normativística do direito a que LANGHEIN, afinal, adere...) – são coisas distintas, afigura-se-nos em grande medida ilusória, pois o juízo jurídico, ainda que caracterizado como precede, não deixa manifestamente de

Ronald Dworkin (que tem para nós o especial atractivo de evidenciar as inúmeras pontes que, também no plano de que nos ocupamos, unem os mundos
de *Common Law* e de *Civil Law* – não reconhecemos tempestivamente[1034] o
nuclear carácter prático-normativo da sua celebrada, ainda que elementar, proposta metodonomológica?), o de Rolf Gröschner (não recordámos já que, no
âmbito da *techne* metodonomológica e da sua perspectiva, tudo "depende do
caso"?[1035]), o de Jan Schapp (na linha daquilo que seu pai havia sublinhado –
"Nós homens estamos sempre enredados em histórias"[1036], "[…] estamos sempre em situações"[1037] marcadas por uma concretude insuperável[1038] –, não acentuou ele, como poucos, a polarização na singularidade do concreto de todos
os planos constitutivos da juridicidade[1039], admitindo não mais do que uma
expansão do caso particular em "séries de casos", nomeadamente com o intuito
de apreender o direito legislativamente criado[1040], e lembrando remontar a
Philipp Heck a ideia-forte de que o conflito jurisdicionalmente solucionado
e o conflito legislativamente decidido "apresentam a mesma estrutura"[1041]? E
quando o vemos criticar Kaufmann porque este procura relacionar o geral – a
lei – e o particular – o caso – através da analogia, quando, em seu entender, "a
própria lei é já [também] o particular"[1042], não deveremos reconhecer que, com
diferentes tonalidades embora, ambos afinal se encontram no que temos vindo
a considerar nuclear – que no exercício judicativo-decisório e no horizonte de

---

traduzir o acesso ao desconhecido ou ao menos bem conhecido – o mérito problemático do caso
– por mediação do conhecido ou do mais bem conhecido – da relevância problemática da norma
–, identificando, por isso mesmo, um "trazer-à-correspondência", de modo discursivamente… analógico, os dois referidos *termini* – os mencionados *relata* do exercício judicativo-decisório, isto é, o
caso e a norma (cf. Id., *ibidem,* 195 ss.).

[1034] Cf. *supra,* 154 ss.

[1035] Cf. *supra,* 72 e n. 154.

[1036] São as primeiras palavras, do Capítulo 1, do *In Geschichten verstrickt. Zum Sein von Mensch und
Ding,* de Wilhelm Schapp – na 4.ª ed., Frankfurt am Main, 2004, 1.

[1037] A formulação é agora de K. Jaspers, *Was ist Philosophie?…,* cit., 40.

[1038] Lembre-se que, mais recentemente, por exemplo com Axel Honneth, a pós-modernidade veio
recuperar, decerto num quadro referencial bem outro, um pensamento centrado no particular: cf.,
entre nós, Ana Margarida Simões Gaudêncio, O *intervalo* da *tolerância* nas *fronteiras* da *juridicidade…,*
cit., 281 ss.

[1039] Cf. o nosso *Praxis, problema, nomos…,* cit., in *Analogias,* cit., 244-253.

[1040] Pressupondo o que tentámos esclarecer também em *A metodonomologia…,* cit., 138 s. e 160 ss.,
diremos agora que "[u]ma singularidade *[hoc sensu:* um problema concreto] é o ponto de partida
de uma série que se prolonga […] até à vizinhança de uma outra singularidade; esta engendra uma
outra série que ora converge, ora diverge em relação à primeira" (assim, G. Deleuze, *Diferença e
repetição,* cit., 442. V. o que pudemos escrever *supra,* 210 ss.).

[1041] Cf. Jan Schapp, "Phänomenologie und Recht", in *Methodenlehre und System des Rechts,* Tübigen,
2009, 249 s.

[1042] Cf. Id., *Hauptprobleme der juristischen Methodenlehre,* cit., 7.

um sistema de legislação, o que as mais das vezes acontece é que tudo se reconduz a um "trazer-à-correspondência", em termos metodonomologicamente irrepreensíveis, o *problema* constitutivo do caso e a norma-*problema*?[1043]), e, por sobre todos, o de Castanheira Neves (não é a lição do nosso querido Mestre uma presença constante nestas páginas, mesmo quando delas parece estar ausente ?...[1044]).

3.1.5. Antes de concluir, intercalemos uma nota breve – que se infere (pelo menos, estamos em crer, em termos tendenciais...) das considerações precedentes e que é como que sustentada pelo fio que une as contas deste guião: quanto mais esclarecidamente se assuma a relevância da analogia (que, lembremo-lo, implica uma relação entre *termini* particulares – entre problemas) no exercício judicativo-decisório, tanto mais inequivocamente se sublinha a centralidade do caso (-problema) no referido horizonte... e a inversa é igualmente verdadeira, porque a ordem dos factores é também aqui arbitrária. O problema e a analogia enredam-se numa reciprocidade indecomponível, instituinte de uma rede de "conexões consequenciais" – *Folgerichtigkeitszusammenhängen* –, por exemplo viabilizadora da formulação (praticamente – histórico-experiencialmente – sustentável, que não teoreticamente – lógico-apofanticamente – demonstrável) de "prognósticos rigorosos para o futuro"[1045].

Fecharemos este ponto tal-qualmente o abrimos[1046]. Não foi nossa pretensão demonstrar – nunca nos anima semelhante (des-)propósito... – que o entendimento mencionado em último lugar (o que propugna que se olhe a norma na perspectiva do caso) é o verdadeiro. Demo-nos apenas conta de

---

[1043] É certo que J. Schapp releva a subsunção – que, todavia, entende não como uma mera "inferência lógica", mas como a "ideia-síntese de um trabalho de valoração do juiz"... que, no termo do exercício metodonomológico, "vem colher os frutos que ele próprio tenha previamente semeado" (assim, em "Die juristische Methode als der Weg zum Verstehen und Anwenden des Rechts", agora em *Methodenlehre und System des Rechts,* cit., 198; *v.* ainda "Methodenlehre, allgemeine Lehren des Rechts und Fall-Lösung", *ibidem,* esp.[te] 214 ss.). E a proposta metodonomológica de J. Schapp continua a assentar num "modelo em três fases" *(Drei-Phasen-Modell),* que se vão recortando em termos progressivamente mais estritos, e (permita-se-nos que nos limitemos a enunciá-las...) em que a primeira se centra na "teoria [geral] da aplicação da lei", a segunda no globalmente visualizado "exercício de solução de um caso", e a terceira (em que tudo, afinal, culmina) na "decisão judicativa do caso concreto" (cf. *Methodenlehre, allgemeine Lehren des Rechts und Fall-Lösung,* cit., 213 ss.) – pois não é este apenas um outro modo de denominar a "relação triangular" *(Dreiecksbeziehung)* "legislador-caso-juiz", que já caracterizava o pensamento do A. na altura em que pela primeira vez o reflectimos? (cf. *A metodonomologia...,* cit., 141 ss., esp.[te] 143 s.).

[1044] Atente-se no que sublinhámos, com a devida ênfase, logo no início – cf. *supra,* 25.

[1045] Cf. W. Fikentscher, *Synepëik und eine synepëische Definition des Rechts,* cit., 57 ss., esp.[te] 59 s. Recorde-se ainda o que oportunamente escrevemos sobre a "aptidão heurística" da analogia – *supra,* 225 s. n. 822, e 231 s.

[1046] Cf. *supra,* 267.

278

que juristas de inegável merecimento, amplamente reconhecidos como *maîtres penseurs,* têm vindo a admitir uma cada vez mais notória centralidade do caso judicando no exercício metodonomológico – isso sim, pode dizer-se como que expressão do *Zeitgeist* e afigura-se-nos indesmentível. O resto (as mais ou menos profundas diferenças que os separaram, nesse *Treffpunkt* em que... todos convergem) é corolário de uma marca predicativa do próprio homem (não remonta a PARMÉNIDES "a afirmação da identidade do pensamento e do ser"[1047]?) e projecta-se em tantas formulações quantas as línguas: *ut vir, sic oratio; as a man speaks, so he is; wie der Mann, so die Rede...*[1048].

3.2. Cumprindo o prometido[1049], voltemo-nos agora para a interpretação jurídica – que, se já não é o problema metodológico por antonomásia, tem, ainda hoje, uma enorme importância no âmbito do globalmente (e esclarecidamente...) visualizado exercício judicativo-decisório[1050], de modo particular no horizonte de um sistema jurídico do tipo do nosso –, na tentativa de colher na re-compreensão de que o referido problema tem vindo a ser alvo[1051] outros argumentos relevantes para sustentar a tese que (já se percebeu...) encaramos com mais simpatia – a de que faz todo o sentido olhar a norma na perspectiva do caso.

É certo que "[n]enhuma ave tem ânimo para cantar numa moita de questões"[1052]. Mas não é menos verdade que mesmo um pássaro de asas partidas pode atrever-se a uns quantos grasnidos sobre alguns dos seus ramos. Isto dito – e nunca esquecido!... – consideremos então, e apenas esquematicamente, a mencionada problemática.

Os quatro temas clássicos da interpretação jurídica são os seus objecto, objectivos, elementos e resultados[1053]. O que nos propomos é tão-só olhá-los sucessivamente com o intuito de detectar sinais indiciadores de que também

---

[1047] Cf., por exemplo, G. STEINER, *A poesia do pensamento...,* cit., 43.

[1048] E nunca nos equivoquemos na identificação do fundamental: como asseverou "[o] extraordinário [o adjectivo é de Walter BENJAMIN: cf. "O autor enquanto produtor", in *Sobre arte, técnica, linguagem e política,* trad. de M. L. Moita, Lisboa, 1992, 151] Lichtenberg: o importante não é saber que opiniões tem uma pessoa, mas sim, saber que homem emerge dessas opiniões". Ou, na síntese feliz de P. VALÉRY: "Tantôt je suis, tantôt je pense" ... *(apud* H. ARENDT, *Responsabilidade e juízo,* cit., 149).

[1049] Cf. *supra,* 267.

[1050] Francisco AMARAL di-la "a [sua] fase essencial": cf. *Direito Civil. Introdução,* 9.ª ed., São Paulo, 2017, 184.

[1051] Por nossa parte, *v.* em especial a atenção que dedicámos ao tema nas *Lições...,* cit., 875 ss. – onde se dá notícia dos apoios bibliográficos que, sobre ele, ainda hoje reputamos fundamentais.

[1052] São palavras de René CHAR, que colhemos em G. STEINER, *A poesia do pensamento...,* cit., 164.

[1053] Em matéria de interpretação jurídica, é sabido, o pensamento tradicional encontrou a sua formulação emblemática em SAVIGNY. Mas nada tem de ousado afirmar que as propostas do referido

neste âmbito se concede um relevo cada vez maior ao caso – *rectius*, que a polarização no caso do exercício interpretativo determinou uma recompreensão daquelas quatro *vexatas quaestiones.*

3.2.1. Para o método jurídico, a lei identifica o/reduz-se ao seu *corpus* textual e, plasticamente, deixa traduzir-se pelo inspirado quadro de Paul KLEE, *Gesetz,* de 1938[1054]: uma cópia de letras de um alfabeto bem estranho (ou, quando comuns, deliberadamente caricaturadas), os traços marcantes de um rosto indiferente na sua severidade (o rosto do *Buchstabenjurist* – do jurista escravo da letra –, que por isso capitula ao "culto da letra" – *Buchstabenkult* –, como era de preceito, por exemplo, para a Jurisprudência dos conceitos[1055]) e meia dúzia de borrões arbitrariamente distribuídos, nada mais...

Da referida perspectiva, o que importa é apurar o significado semântico--sintáctico do enunciado linguístico do preceito legal, e, decorrentemente, o intérprete é – aproveitando parcialmente as famosas palavras de St.º ISIDORO *(quod inter partes sit...*[1056]) – "o intermediário entre [as posições nesse plano sustentáveis, empenhado em escolher uma delas]". Ainda desta óptica, o texto é postuladamente letra e espírito. Se a letra definir só por si (*i. e.,* sem recurso ao espírito – e, portanto, aos elementos histórico, sistemático e lógico-racional, que o con-formam) o sentido da norma, garantindo (aparentemente...) a segurança jurídica almejada[1057], valerá o brocardo *in claris verbis...,* e qualquer esforço interpretativo, mais do que dispensável, será inadmissível[1058]. Sintetizemo-lo, dando a palavra ao modelo lusitano da fatuidade, o Conselheiro Acácio: "[A lei é] muito explícit[a]! Não [a] infrinjamos, não [a] infrinjamos!"[1059]. No fundo,

---

A. lançaram as suas raízes na teologia – nomeadamente em LUTERO. Assim, Gerd ROELLECKE, *apud* Ino AUGSBERG, *Methoden der europäischen Verwaltungsrecht,* cit., 157.

[1054] Que faz parte do espólio da *Pinakothek der Moderne,* de Munique, onde tantas vezes o admirámos...

[1055] Esta articulação do culto da letra e da *Begriffsjurisprudenz* foi (em termos críticos...) muito sublinhada por von RÜMELIN: cf. HAßLINGER, *Max von Rümelin...,* cit., 96 s.

[1056] Cf. a "Introduction", de Albert YON, a CICÉRON, *L'orateur,* ed. bilingue devida ao mencionado Professor, Paris, 1964, 103 n. 1.

[1057] O advérbio de modo parenteticamente introduzido justificar-se-á com a seguinte situação exemplar: "O Código Civil Francês – durante precisamente o período em que os juristas estiveram dominados pelo mais fervoroso respeito pela letra da lei – conduziu a direitos diferentes em França e nos Estados alemães em que esteve em vigor". Porquê? Porque "o que fixava o sentido do direito eram menos os enunciados do texto legal que as ideias [...] e os métodos dos juristas" – assim, José H. SARAIVA, *A crise do direito,* cit., 109.

[1058] O mencionado brocardo pode manifestar-se, sob designações outras e em âmbitos jurídicos que nada têm de bafientos: pense-se, *v. gr.,* na "teoria do *acte claire*", ou do *"acte* éclairé", relevante na "interpretação do direito (comunitário-)europeu", tal-qualmente se lhe refere M. NOGUEIRA SERENS – cf. "*T.J.U.E. – Acórdão de 20 de Dezembro de 2017...*", cit., in *RLJ,* 147.º, n.º 4010, 2018, 351 e n. 104.

[1059] Cf. EÇA DE QUEIROZ, *O Primo Basílio,* Lisboa, s./d. (ed. "Livros do Brasil"), 236.

o que se manifesta aqui (o que aquele brocardo revela, pois a afirmação da sua – falaciosa …– pertinência é já o resultado de um acto interpretativo[1060]) é a desconfiança perante a possibilidade/inevitabilidade da interpretação, da responsabilidade da instância judicante[1061]. Mais explicitamente: só na base de uma redução do objecto da interpretação (o que é que se interpreta?) a este jogo letra/espírito (com o espírito a ser convocado apenas com o propósito de vir a determinar aquilo que, eventualmente, tenha ficado indeterminado a nível da letra – portanto, sem romper com o pantextualismo postulado…) é que poderá sustentar-se que a letra vale autonomamente na sua auto-suficiência significante, e que esta é susceptível de balizar o sentido da norma interpretanda. Mas, perguntemo-nos: será a letra a moldura enquadrante do sentido da norma interpretanda (a apurar também – se, nos limitados termos referidos, for caso disso… – por recurso ao espírito)? Só o poderá ser, aceitando-se um postulado: o de que a letra é o sustentáculo de um sentido pré-jurídico da norma (um sentido comum e apenas gramaticalmente recortado), autonomamente determinante do seu exacto sentido jurídico. Ou seja: excluída a hipótese de se poder confiar a resposta à pergunta ao – falacioso – princípio *in claris verbis…,* em que também *sub specie iuris* tudo ficaria esclarecido por imediata e estrita referência à letra (e que implicava ainda a – inadmissível – transposição de uma eventual "clareza enunciativa" para o "plano [densificado por dificuldades insuperáveis *en avance,* porque decorrente da dialéctica em que se enredam o problema judicando e o sistema fundamento] da realização judicativa"[1062] – ques-

---

[1060] Cf. A. Castanheira Neves, *O actual problema metodológico da interpretação jurídica – I,* cit., 25 s. Com efeito, não "existe um *grau zero* da linguagem – em relação ao qual até a catacrese mais moída se [possa considerar] desviante" …: cf. U. Eco, *Os limites da interpretação,* cit., 160.

[1061] Como não lembrar, por isso, a seguinte passagem de Cesare Beccaria (um A. moderno – a época em que se postulou a redução do direito à lei; decerto, à lei no seu sentido iluminista…): "O poder de interpretar as leis penais […] não pode recair sobre os juízes criminais pela simples razão de que eles não são legisladores. […]. Para qualquer delito deve o juiz construir um silogismo perfeito: a premissa maior deve ser a lei geral; a menor, a acção conforme ou não à lei; a conclusão, a liberdade ou a pena. […] Não há coisa mais perigosa do que aquele axioma comum que obriga a consultar o espírito da lei. É uma brecha aberta à torrente das opiniões. […] Quando um código de leis fixas, que se devem observar à letra, não deixa ao juiz outra tarefa que não seja a de examinar as acções dos cidadãos, e de as julgar conformes ou não conformes à lei escrita, quando a norma do justo ou do injusto, que deve dirigir as acções, quer do cidadão ignorante, quer do cidadão filósofo, não é uma questão de controvérsia , mas de facto, então os súbditos não estão sujeitos às pequenas tiranias de muitos […]"? – cf. *Dos delitos e das penas,* trad. de José de Faria Costa, Lisboa, 1998, 68-70. E como não recordar igualmente as historicamente arquivadas proibições da interpretação, que *(inter alia…)* o ideário revolucionário não hesitou em prescrever na França dos finais do século XVIII? – acentuámo-lo, por último, *supra,* 250 e n. 917.

[1062] Assim, Ana Mafalda C. N. de Miranda Barbosa, *Do nexo de causalidade ao nexo de imputação…,* cit., Vol. II, 834.
Com efeito, a interposição do problema judicando, e a da, por ele implicado, mediação judicativa, inviabilizam *(scilicet,* tornam verdadeiramente impossível) qualquer tentativa de reabilitação do mencionado brocardo. Para aludirmos, a título meramente exemplificativo, a uma ferramenta decerto

tão esta última que, aliás, o método jurídico olimpicamente ignorava...[1063]), o sentido jurídico do preceito interpretando seria o determinado, nesse quadro (no quadro das possibilidades abertas pelo elemento gramatical), pelos demais elementos interpretativos.

Era nesta base que actuava a teoria tradicional da interpretação jurídica. E o referido postulado radica em três pressupostos[1064] (quer dizer: sem a cumulativa verificação dos três pressupostos, a que já de seguida aludiremos, não pode sustentar-se aquele postulado): 1) na utilização, pelos critérios jurídicos, da linguagem comum; 2) na univocidade desta linguagem comum; e 3) na inalterabilidade do significado das expressões linguísticas comuns quando utilizadas por critérios jurídicos.

Ora, qualquer destes pressupostos é insustentável – o que, insistimos, mina sem remédio o postulado que pretensamente justificariam.

Quanto àquele primeiro pressuposto: os critérios jurídicos não utilizam a linguagem comum, mas a linguagem jurídica – o concreto "jogo de linguagem" em que os significantes são utilizados determina *ab origine* o respectivo significado[1065]; este significado nunca é imune ao tipo daquele "jogo" concretamente

---

meritória, o *Simplegis* também o não põe em causa, pois os seus objectivos têm um carácter assumidamente funcional (cf. *v. gr.*, Diana Ettner e João Tiago Silveira, "Programas de *Better Regulation* em Portugal: o Simplegis", in *E-Pública. Revista Electrónica de Direito Público,* esp.te 12 s., 27 e 37; *v.* ainda o que escrevemos nas nossas *Lições...,* cit., 141 ss. e n. 80); ao invés, a tematização do sentido normativo-jurídico intencionado, e do exercício metodonomológico postulado pela tarefa da respectiva realização histórico-concreta – que as duas notas capitais com que abrimos este parágrafo inequivocamente envolvem , são, bem se sabe, questões de uma índole muito outra.

[1063] Cf. *supra,* 82 ss.

[1064] Cf. o que, guiados por A. Castanheira Neves *(v.,* do nosso Professor, *O actual problema metodológico da interpretação jurídica –, I,* cit., 16 ss.), escrevemos nas *Lições...,* cit., 893 s.

[1065] Cf. L. Wittgenstein, *Investigações Filosóficas,* I parte, 1-5 – na ed. cit., 171 ss. O que, aliás, é sabido, se manifesta em múltiplos planos: não só no do significado, a que aludimos (exemplo: reconhecida como "uma realidade muito fragmentária", até onde deverá relevar-se a chamada "desconsideração da personalidade jurídica", em matéria de "acordos parassociais omnilaterais": será que ela só opera "no plano 'interno' das relações entre os sócios subscritores do acordo parassocial omnilateral", ou que se estende a terceiros, em termos de "as posições e relações destes com a sociedade [poderem ser por ela] prejudicadas"? Manuel A. Carneiro da Frada é muito claro em sustentar que "[p]erante [estes terceiros] não [vale a mencionada] 'desconsideração'": cf. "Acordos parassociais 'omnilaterais'. Um novo caso de 'desconsideração' da personalidade jurídica?", in *Forjar o direito,* 2.ª ed., Coimbra, 2019, esp.te 482 ss., 514 ss. e 519), como, igualmente, no da qualificação gramatical do vocábulo em causa (exemplo: se eu afirmo "é preciso poupar água", o vocábulo "preciso" é um adjectivo. Já se a afirmação for "preciso de poupar água", o referido vocábulo é um verbo). Por outro lado, note-se (recorrendo a um episódio narrado por Amartya Sen, em *A ideia de justiça,* cit., 179 ss., esp.te 180 n. *) que a viragem de Wittgenstein do *Tractatus...* para as *Investigações Filosóficas* se terá ficado a dever a uma observação do seu Colega de Cambridge, Piero Sraffa. Na fase do *Tractatus...,* o Filósofo austríaco sustentava que "o significado de uma declaração consiste em atentar na sua forma lógica". Sraffa terá afagado cepticamente o queixo e terá perguntado a Wittgenstein: "Qual é a forma lógica *disto?"* (entenda-se, desse seu gesto). Foi, talvez, na sequência daquela pergunta decisiva que, nas suas *Investigações Filosóficas,* Wittgenstein defendeu ser o concreto "jogo de linguagem" em que uma qualquer palavra/declaração/expressão emerge, as "circunstâncias sociais" dela, que lhe determina(m) o significado (é "de acordo com – e

em causa – o que vale por dizer que os critérios jurídicos utilizam a linguagem jurídica e não a linguagem comum (e "o alfabeto do direito é, e tem que ser, muito mais preciso e muito mais exacto do que o da linguagem" comum – "os matizes e as *Nüancen* de um dialecto local" são infinitos, e a normatividade jurídica não tolera tamanha labilidade...[1066]).

A respeito do segundo: de resto, esta linguagem comum não é, ela própria, unívoca. Ao invés, as palavras apresentam ambiguidades (o seu significado varia com o contexto em que são utilizadas), inconsistências (diferentes sujeitos de uma mesma comunidade linguística podem atribuir-lhes significações diversas), vaguidades (nem sempre referem o mesmo objecto) e porosidades (em definitivo, imprevisíveis e inelimináveis, pois que as palavras abrem-se,

---

*somente* de acordo com – regras e convenções estabelecidas", com "a corrente da vida" em causa, se quisermos ser gramscianos, com o "modo antropológico", ou a "via antropológica" de considerar os enunciados, se o quisermos dizer com Sraffa, que poderemos apurar o significado de uma certa declaração). Na esfera da linguagem, "[q]ualquer análise formal [pretensamente] exaustiva", centrada nos morfemas (ou nas suas nanopartículas – os sememas), acaba por revelar-se apenas limitada e deveras inconclusiva. Quando se lança mão dela para interpretar um poema (ou um outro texto literário mais elaborado), são muitas as nervuras que ficam por recortar e esclarecer (pense-se na extrema complexidade do sentido intencionado, que tudo perpassa...). Uma "ciência linguística", na acepção epistemologicamente estrita de "ciência", permanece (não obstante a sua progressiva abertura a questões que anteriormente inconsiderava) uma tentação perigosa ... mas não desprezável (cf. G. Steiner, *Extraterritorial...,* cit., 157 ss. e 166 s.). No quadro do pensamento jurídico – e mesmo do pensamento jurídico comprometido com a histórico-concreta realização do direito – deverá dizer-se, *mutatis mutandis,* ... isso mesmo. A teoria da análise da linguagem, por exemplo, é, no fundo, um neo-conceitualismo de exponencial sofisticação: axiologicamente dessorada e intencionalmente descomprometida, afigura-se-me metodo*nomo*logicamente inservível... mas, seguramente, merecedora de atenção (e tem-no sido, em termos finos e empenhados, inclusivamente por parte de Juristas portugueses – de todos eles, mencionarei apenas aquele com quem tive o privilégio de me cruzar, de viva voz, na ágora universitária: David Duarte; cf. a sua dissertação, *A norma de legalidade procedimental administrativa. A teoria da norma e a criação de normas de decisão na discricionariedade instrutória,* polic., Lisboa, 2004. A monografia veio a ser ulteriormente – em 2006 – editada, em Coimbra, pela Almedina; por razões óbvias – e pedindo desculpa pela cedência ao egoísmo da comodidade ... –, acolho-me à versão que tive que estudar. Os demais não levarão, por certo, a mal a omissão – que não é esquecimento!...). No âmbito do direito (e, nomeadamente, do pensamento jurídico metodologicamente comprometido), acrescentaremos ainda que só atendendo, em dialéctica correlatividade, à situação circunstancialmente experienciada (ao caso concretamente judicando) e aos pressupostos realmente assumidos (aos referentes efectivamente intencionados), será possível determinar o significado do critério jurídico eventualmente disponível e que se afigura hipoteticamente adequado para vir a assimilar o mencionado caso concreto. A pretensão de responder a esta questão em termos logicamente apodícticos não passa de uma falácia – o normativismo analítico, ao caminhar este caminho, torna-se alvo da crítica acabada de formular.

[1066] Cf. R. v. Ihering, *Geist des römischen Rechts...,* XXXIX – na 2.ª ed., cit. (Leipzig, 1869), 329. Não surpreende, por isso, que o próprio legislador se empenhe, às vezes, em clarificar o exacto sentido dos termos que emprega: sirvam-nos de exemplos (determinados pela circunstância de leitura de momento...), o artigo 11.º, n.º 2, da LGT – cf. José Casalta Nabais, "Considerações sobre o regime fiscal da reorganização empresarial", in *RLJ,* 147.º, n.º 4011, 2018, 402 –, e o artigo 2.º, da Lei n.º 63/2017, de 3 de Agosto. *V.,* mais amplamente, as nossas *Lições...,* cit., 141 ss., n. 80.

com o passar do tempo, a novos campos de aplicação)[1067]. Em suma: as palavras só aparentemente se podem dizer conceitos conjuntivos – na realidade elas são, isso sim (em virtude daquilo que agora poderemos globalmente denominar a sobredeterminação dos significantes), conceitos disjuntivos… Dificuldades todas estas que, de resto, podem também irromper na esfera do juridicamente significativo (exemplos: a palavra "vermelho" gritada, com intenção injuriosa e/ou difamatória, num debate político ou nas bancadas de um estádio de futebol; o conceito de "funcionário" para o Direito Administrativo e para o Direito Penal[1068], ou o de "responsabilidade civil" no "Direito Privado e no Direito

---

[1067] Cf. as nossas *Lições…*, cit., 141 – e bibliografia aí citada.
David Duarte, que ainda há pouco convocámos, alude, paralelamente, a variações diatópicas (as variações de significado decorrentes do uso do significante em distintos espaços geográficos), variações diafásicas (que decorrem do uso das palavras por diferentes segmentos sociais e culturais de falantes) e variações diacrónicas (que derivam da evolução da língua) – cf. *A norma de legalidade procedimental administrativa…*, cit., 162.

[1068] Note-se: se a mesma palavra pode ter significados rigorosos distintos (e se é certo que o mesmo significante pode ter vários significados, não se ignora que a inversa também é verdadeira – *i. e.*, que significantes diferentes podem ter um igual significado… inclusive na esfera do direito, como dentro em breve se ilustrará. Isto porque "a diferença na designação, só por si, não pode ser suficiente para fundamentar uma diferença no designado". Exemplo: as expressões "Estrela da Manhã" e "Estrela da Tarde" designam o "mesmo corpo celeste" – cf. G. Frege, "Funktion und Begriff", in *Cinco ensaios lógico-filosóficos*, cit., 17 e 30, e "Über Begriff und Gegenstand", *ibidem*, 106), consoante o âmbito jurídico-dogmático (e até a região do País – exemplo: o almude, na Beira, "equivale a 40 litros [, mas] um natural do Alentejo […] nunca ouviu falar de almudes de mais de 20 litros"; assim, A. Ferrer Correia, *Erro e interpretação…*, cit., 168) em que ela seja utilizada, também não pode excluir-se a possibilidade de a palavras distintas (que, via de regra e ainda quando indisfarçavelmente aparentadas, tendem a denominar realidades diversas: mencione-se, a título exemplificativo, a venda a retro e a retrovenda – cf. Pedro de Albuquerque, *Contratos em especial – I. Relatório sobre o programa, os conteúdos e métodos de ensino*, cit., 130 ss., esp.te 140 ss. e n. 379) ser atribuído o mesmo significado. Seja o seguinte exemplo. Como bem se sabe, o tipo legal é, tanto no quadro do Direito Penal (cf. Jorge de Figueiredo Dias, *Direito Penal, Parte Geral, Tomo I …*, 2.ª ed., cit., 284 ss.) como no do Direito Contra-Ordenacional (cf. Nunes Brandão, "A contra-ordenação de gestão ruinosa de instituição de crédito", in *Boletim da Faculdade de Direito*, Vol. XCV, Tomo I, Coimbra, 2019, 253 ss., esp.te 264 ss.), um tipo de garantia. Pois bem. Um diploma legal de 1998 dizia constituírem contra-ordenações a prestação de serviços de segurança privada por parte de empresas com esse escopo que não dispusessem do necessário alvará. O adequado enquadramento da questão mostra que o que estava em causa era a exigência de uma autorização do Ministério da Administração Interna a essas empresas. E mostra ainda (como veio a reconhecer expressamente um DL interpretativo, já de 2002) que o *alvará* era exigível no caso de serviços de segurança privada a terceiros por parte de empresas com esse objecto, e que se exigia *licença* para uma empresa prestadora de serviços de autoprotecção. Mais rigorosamente: o mencionado diploma de 98 previa como contra-ordenação a falta de alvará, e omitia qualquer referência à falta de licença. A pergunta que aqui se nos põe é, portanto, esta: na previsão do DL em causa poderá incluir-se também, como contra-ordenação, o exercício da actividade de segurança em regime de autoprotecção, para o qual era exigida licença? O alvará e a licença são apenas as formas que titulam e pelas quais se dá conhecimento público do mesmo acto de autorização, da competência da mesma entidade (no caso, do Ministério da Administração Interna). Na essência, as duas formas são idênticas, e daí que vulgarmente elas se confundam. Isto pressuposto, repetimos agora a pergunta de há pouco: será que o termo alvará (o utilizado no referido diploma de 98) poderá designar também licença? Será que ao referir-se a "prestação de serviços de segurança [privada a terceiros] sem o necessário alvará", a lei deve abranger também "a prestação de serviços [de autoprotecção] sem a necessária licença?" Atentos os esclarecimentos precedentes, parece não se vislumbrar obstáculo a que onde se faz, na lei, referência a alvará, se pretende abranger também a licença. E daí que o STJ, por Acórdão de uniformização de jurispru-

Público"...[1069]; o legado de uma "biblioteca" por parte de alguém que não possuía um único livro mas era dono de uma garrafeira em que, ao longo da vida, foi arquivando fluidos inspiradores[1070]; a palavra coisa na sua acepção comum ou na tipificação do crime de furto[1071] [1072]; o sítio, ontem, a designar apenas o

dência, de 12 de Outubro de 2006 (in *DR*, I Série, de 28 de Novembro de 2006, 8106 ss.) – o Acórdão n.º 7/2006 –, tenha vindo esclarecer que "o exercício da actividade de segurança privada em regime de autoprotecção sem licença prevista no artigo [x] do DL [y] integra o tipo contra-ordenacional previsto [em outra norma do mesmo diploma – aquela que menciona apenas a falta de alvará por parte de uma empresa que preste serviços de segurança privada a terceiros]".

[1069] Conhece-se o seu sentido no âmbito do Direito Privado, donde é originário (cf., por todos, Mário Júlio de Almeida Costa, *Direito das Obrigações,* 11.ª ed., Coimbra, 2008, 517 ss.). Mas não se ignora que a responsabilidade civil dos poderes públicos (domínio este para onde o instituto também migrou) intenciona distintos princípios normativos, e que a indemnização que ela pode implicar tem pressupostos e finalidades também diferentes. Uma muito elucidativa introdução ao tema é aquela que nos disponibiliza J. C. Vieira de Andrade, no estudo "A responsabilidade indemnizatória dos poderes públicos em 3D: Estado de direito, Estado fiscal, Estado social", in *RLJ,* 140.º, n.º 3969, 2011, 345 ss.

[1070] Cf., na linha do ensino de Manuel de Andrade, e de Ferrer Correia (cf., deste último, *Erro e interpretação...,* cit., 160), Carlos Alberto da Mota Pinto, *Teoria Geral do Direito Civil,* 4.ª ed., por António Pinto Monteiro e Paulo Mota Pinto, Coimbra, 2005, 450 ss., esp.te 452 e n. 582.

[1071] Acrescente-se o óbvio: não é só no âmbito dos preceitos legais que às palavras utilizadas se deve imputar um específico sentido normativo (exemplos: com a entrada em vigor do artigo 201.º-B, do CC, "os animais [...] passaram a assumir um estatuto próprio correspondente a um *tertium genus* entre as pessoas e as coisas" – assim, Filipe Albuquerque Matos e Mafalda Miranda Barbosa, *O novo estatuto jurídico dos animais,* Coimbra, 2017, 7 –... já com amplamente referidas projecções jurisdicionais – lembre-se a justamente aclamada sentença do Tribunal de Setúbal, de finais de 2018, que cominou uma pena de prisão efectiva ao dono de uma cadela por ele submetida, de modo desnecessário, abusivo, bárbaro e cruel, a uma cesariana a sangue frio, causando-lhe um "sofrimento atroz" e, poucas horas volvidas, a morte. Provavelmente, mais um *ricorso* da história – sobretudo desde o século XIII ao século XIX, são conhecidos, pelo menos na Alemanha, nos Países Baixos, na Suíça e em França, processos contra animais... sem que tal legitime a inferência de que alguma vez lhes tenha sido reconhecida personalidade: cf. Frank Thadeusz, "Schweine vor Gericht", in *Der Spiegel,* de 1.9.2018, 106 s. No sistema jurídico alemão, particularmente no âmbito do Direito Penal – § 242 do *StGB* –, e ao invés do que acontece na "linguagem comum", o "conceito de coisa [...] integra os animais" – cf. Nina Nestler, "Die Auslegung von Straftatbeständen: Auslegungsmethoden und Methodik der Auslegung", in *Jura* – 2018, 570 e n. 21. Atente-se, todavia, no disposto pelo actual § 90 *a),* do *BGB* – "os animais não são coisas": cf. F. Albuquerque Matos e M. Miranda Barbosa, *O novo estatuto jurídico dos animais,* cit., 15 s., Alberto de Sá e Mello, "Os animais no ordenamento jurídico português", in *ROA,* 77, Jan./Jun. 2017, esp.te 107 s., sob 4. I.... –, e nas consabidas implicações do esclarecidamente assumido princípio da unidade do sistema jurídico, a que, por mediação de um exemplo, se aludiu *supra,* n. 666...). O mesmo vale, *mutatis mutandis,* em outros enquadramentos também juridicamente significativos. Assim, *v. gr.,* se na esfera de negociações entre duas empresas, uma delas titular de um crédito garantido por uma letra, tem fundados receios de não vir a receber a prestação que lhe é devida no prazo inicialmente previsto, e aceita "renegociar" a dívida em causa, concedendo um prazo mais dilatado ao devedor, isso não significa que esse apoio semântico – a abertura para "renegociar", ou o aceitar uma "renegociação" – seja suficiente para autorizar a inferência de que se está, no plano jurídico, ante uma "novação objectiva da obrigação" (cf. os artigos 857.º e 859.º do CC) – *i. e.,* de que o devedor contraiu perante o credor uma nova obrigação em substituição da anterior, que fica extinta, e, correlativamente, que o credor abriu mão da garantia cambiária titulada pela letra (que, como se sabe, é título executivo): cf., neste sentido, o Acórdão do STJ, de 17 de Março de 2005 – Processo 05B201 –, a que acedemos por via electrónica. Ou, mais em geral, mas sem abandonar por completo o quadro em que ora nos movemos: pensando a empresa, J. M. Coutinho de Abreu sublinha que uma eventual "homonímia" não implica uma necessária "sinonímia" e que, quando [i]nseridas no direito, as expressões correntes, económicas, sociológicas transmudam-se em expressões jurídicas, *cujo sentido há-de ser apreendido de acordo com o respectivo contexto problemático e sistemático-funcional":* cf. o seu *Curso de Direito Comercial,* Vol. I, 10.ª ed., cit., 207.

lugar onde alguém se encontra ou o imóvel de que é proprietário, hoje, a identificar ainda um determinado endereço electrónico, e amanhã?...), ou implicar, na referida esfera, problemas mais ou menos delicados (exemplo: em certa lei recorre-se a "conceitos indeterminados"; essa "abertura legislativa" poderá ser dominada em sede interpretativa, ou deverá antes ser "complementada por [um diploma] regulamentar"?[1073]). Ou ainda, de uma outra perspectiva: parafraseando liberrimamente um aforismo da exegese escolástica (de AGOSTINHO DE DÁCIA, O. P.?...) – "Littera gesta docet; quid credas, alegoria; Moralis, quid agas, quo tendas [quid speres], anagogia"[1074]) –, diremos que a palavra tem múltiplas faces – é, pelo menos, tetraédrica: descreve o que se faz, exprime alegoricamente o pensamento, ganha um significado moral relativamente ao agir, e traduz uma anagogia quando se intenciona um sentido[1075]. Como quer que seja, deste ou daquele modo, a tentativa de reduzir a complexidade corresponderá sempre à anulação da problematicidade e, portanto, à descaracterização da realidade. E tanto basta para concluirmos que nos está vedado este caminho... A alternativa a esta equivocidade das palavras oferece-no-la (quantas vezes o acentuámos já...) a univocidade dos signos[1076] ... por se terem revelado sempre infrutíferos os esforços (de ESPINOSA, DESCARTES – lembre-se a famosa Regra segundo a qual "[a]cabariam quase todas as controvérsias se os filósofos chegassem a acordo sobre a significação das palavras" –, recuperados no século passado pela lógica  simbólica, pela gramática generativa, pela filosofia analí-

---

[1072] Retornando ao clássico (e já nosso conhecido – cf. *supra*, 69, e 139 n. 459) caso do "furto de electricidade", sublinhemos apenas que hoje continuam a pôr-se questões *mutatis mutandis* paralelas. É o que de imediato compreenderemos se lembrarmos a discussão travada à volta do problema de saber se, por exemplo, os gâmetas (espermatozóides ou ovócitos) devem, ou não, ser qualificados como "coisas": cf., *v. gr.,* Vera Lúcia RAPOSO, "Vende-se gâmeta em bom estado de conservação (O 'obscuro' mercado das células reprodutivas)", in *Lex Medicinae. Revista Portuguesa de Direito da Saúde*, ano 6, n.º 12, Julho/Dezembro de 2009, 47 ss., esp.[te] 50.
Ou, noutro plano, mas sem sairmos das dificuldades postas pela delimitação conceitual na esfera da vida nascente: a vida intra-uterina, que a punição do aborto visa proteger (cf. o artigo 140.º do CP), tem por "objecto" apenas o feto ou também o embrião (nidado)? Cf. J. M. DAMIÃO DA CUNHA, in Jorge de FIGUEIREDO DIAS (Dir.), *Comentário Conimbricense do Código Penal,* Tomo I, Coimbra, 1999, 150 s., esp.[te] §16; Vera Lúcia RAPOSO, *Aqueles que nasceram (Breve excurso sobre o enquadramento penal das lesões pré-natais),* sep. de "Direito Penal: fundamentos dogmáticos e político-criminais. Homenagem ao Prof. Peter Hünerfeld", ed. da Coimbra Editora, s./d., esp.[te] 1091 s. ...

[1073]  Cf. Ana Raquel GONÇALVES MONIZ, *A recusa de aplicação de regulamentos pela Administração com fundamento em invalidade,* I, cit., 84 n. 249.

[1074] *Apud* Gustav RADBRUCH, *Filosofia do Direito,* trad. de Luís Cabral de Moncada, Coimbra, 1974, 233.

[1075] E poderíamos não ficar por aqui. Na verdade, também a tradição hebraica nos oferece algo de semelhante. Recorde-se a "história dos quatro rabinos" – "uma parábola sobre a exegese do texto sagrado" e os seus sentidos literal, talmúdico, alegórico e místico...–, tal-qualmente no-la apresenta G. AGAMBEN, *A potência do pensamento...,* cit., 299.

[1076] Cf. K. JASPERS, *Was ist Philosophie? ...,* cit., 290 ss.

tica...) tendentes a "definir com precisão as palavras que utilizamos[...]", para escapar à "maldição de Babel"[1077].

Consideremos, finalmente, o terceiro pressuposto: que implica a cisão dos dois planos nele mencionados (o da linguagem comum e o da linguagem jurídica) e o esclarecimento das dúvidas que se levantem naquele primeiro plano... nem se sabe bem como (privilegiando que referente, dentre os inúmeros – *en avance,* todos hipoteticamente pertinentes... – que a linguagem comum releva?). Só que o sentido gramatical comum não é um sentido pré--jurídico primeiro a que depois – em momento cronologicamente ulterior – se viria acrescentar um (como que pré-modelado por aquele sentido gramatical comum...) sentido jurídico específico[1078]. Ao invés, o sentido jurídico é, *ab origine,* um sentido unitário[1079], a apurar em termos pragmáticos, por referência à concreta interpelação problemática *e* ao universo da juridicidade vigente[1080]. Quer dizer: o jurista que, por dever de ofício, procura na norma interpretanda o respectivo sentido normativo-jurídico, só poderá encontrá-lo se a referir, em dialéctica correlatividade, ao seu "contexto de aplicação" – ao problema concre-

---

[1077] Cf. G. Steiner, *Extraterritorial...,* cit., 94 s.

[1078] Assim, também, em directa referência ao artigo 563.º do CC, Ana Mafalda C. N. de Miranda Barbosa, *Do nexo de causalidade ao nexo de imputação...,* cit., Vol. II, 1441.

[1079] O mesmo se passa, também aqui *mutatis mutandis* e como já se observou (falemos de coisas mais agradáveis – de experiências sensorialmente mais reconfortantes...), relativamente a um... gole de vinho: "[q]uando bebemos um gole de vinho não saboreamos primeiro o [líquido mais ou menos encorpado] e depois o seu preço [, a sua marca, a sua] cor de rubi", o seu toque frutado, a sua memória de madeiras nobres e especiarias raras, etc. "Saboreamos tudo [isso] de uma só vez..." (cf. Jonah Lehrer, *Proust era um neurocientista,* cit., 91). Ou, regressando ao direito, pensemos no sujeito trabalhador – que "não [é] simplesmente um proprietário de força de trabalho que a oferece no mercado [, ...] mas também uma pessoa com sentimentos, emoções, afeições, paixões, desejos, ciúmes, invejas, ódios...", e nas evidentes consequências metodológico-juridicamente relevantes para que esta última perspectiva (específica, na complexa unidade que a caracteriza) é susceptível de abrir, que o nosso Colega e Amigo João Leal Amado já teve oportunidade de ilustrar muito expressivamente: cf. "Trabalhar e amar; poderes patronais, relações amorosas e direitos de personalidade dos trabalhadores", in *RLJ,* 148.º, n.º 4015, 2019, 211 ss. (= *Trabalhar e amar...,* Coimbra, 2019, 19 ss.).

[1080] Não penso que esta dupla exigência possa ser substituída por um critério radicado no (maior ou menor) grau de probabilidade (como não lembrar aqui as aporias a que nos condenam os chamados "conjuntos difusos"?... – cf. as nossas *Lições...,* cit., 906 s. n. 96) que, na perspectiva da linguagem comum, deva reconhecer-se a determinado sentido de um certo preceito legal. Nas situações verdadeiramente problemáticas, só um genuíno juízo jurídico nos permitirá fundamentar a relevância (ou a irrelevância) ... jurídica do caso em apreço, que tenha implicado a pertinente mobilização do referido preceito. Pois não sublinham os AA. cuja proposta temos agora em vista que é um mito admitir a existência de um sentido (espacial e temporalmente) descontextualizado e, *hoc sensu,* "puro"? E não acentuam eles também que qualquer sentido possível pode ser sempre questionado? E não se envolvem eles, afinal, numa retórica argumentativa que se reconduz à pressuposição/realização das exigências constitutivas de uma juridicidade adequadamente recortada?... Cf. Christian Becker/Jule Martenson, *Asche zu Asche, Staub zu Staub...,* cit., in *JZ,* 15/16/2016, esp.te 781, 783 n. 59, e 786 (o problema subjacente a este interessante estudo – relembremo-lo: cf. *supra,* n. 793, – pode, muito simplificantemente, sintetizar-se assim: será admissível – ou deverá ter-se por "contraintuitivo" – que fragmentos de dentes de ouro, que alguém se propõe vender a €30.000, o quilo, sejam considerados "cinzas", "resíduos de cremação desfeitos em pó"?).

tamente judicando – e ao seu "contexto de significação" – ao sistema jurídico que ela integra. Nesta precisa acepção, também nós não hesitamos em repetir o comentarista: *legere et non intelligere, est negligere...*[1081]. Ainda por outras palavras: o sentido do texto que a norma, enquanto "dado" empírico, não deixa de ser[1082], é, portanto, trans-textual[1083]. Se, ao contrário, fosse aceitável defender uma "plenitude d[e] significação" da norma, com total menoscabo dos dois referidos contextos – uma sua unívoca significação em abstracto, digamos –, talvez devêssemos igualmente sustentar que não haveria então lugar para um seu "qualquer 'sentido' [outro]"[1084] – um fundamento susceptível de permitir a metodologicamente controlada serventia[1085] da norma para casos-problemas que se perfilem ainda como "candidatos positivos" do seu adequadamente

---

[1081] *Apud* Ángel Sanchez de la Torre, *Crisis y re-creación del derecho,* Madrid, 2001, 112.

[1082] Cf. A. Castanheira Neves, *O actual problema metodológico da interpretação jurídica – I,* cit., 287 e n. 927, e 328 e n. 1027. E daí que tenha sentido a afirmação de M. Kriele segundo a qual "sem referência a um concreto problema o texto não poderá ser correctamente interpretado, mas sem referência ao texto também o problema não poderá ser correctamente solucionado": cf. *Theorie der Rechtsgewinnung...,* cit., 160. Compreende-se que, em certos domínios – *v. gr.,* o direito europeu, atenta "a pluralidade linguística dos textos oficiais", no limite instituinte de uma "babilónica algaraviada" (cf. Robert Menasse, *A capital,* cit., 264) – o "dado" a que aludimos suscite problemas particulares (refira-se, a título de exemplo, o regime do reenvio prejudicial), que o pensamento jurídico não hesita em afrontar. Cf. Friederike Zedler, *Mehrsprachigkeit und Methode. Der Umgang mit dem sprachlichen Egalitätsprinzip im Unionsrecht,* Heidelberg, 2015, que aqui consideramos por (desoneradora!) mediação de uma "recensão" de Pedro Caeiro, que este nosso ilustre Colega e querido Amigo quis ter a gentileza de nos disponibilizar antes mesmo da respectiva publicação (no *Boletim da Faculdade de Direito,* vol. XCIII, Tomo I, Coimbra, 2017, 521 ss.), e onde se sublinha (relevamos estes pontos, que F. Zedler tematiza, por eles se nos afigurarem particularmente significativos...) a "distinção fundamental entre divergência linguística e divergência normativa", e a nota de que, "com o aumento do número de Estados-membros, o enunciado verbal das normas se foi tornando irrelevante", perdendo a primazia para o elemento teleológico. Não obstante, da específica perspectiva metodonomológica, não nos damos conta de que a obra recenseada venha propor algo de substancialmente novo. E se é assim no quadro da UE, imaginem-se as dificuldades que se nos deparam quando tentamos comparar linguagens jurídicas inscritas em horizontes culturais totalmente diferentes – *v. gr.,* a linguagem jurídica árabe e a inglesa (a observação exemplificativa acabada de fazer foi-nos sugerida por Rafat Y. Alwazna, "Translation and legal terminology: techniques for coping with the untranslatability of legal terms between arabic and english", in *International Journal for the Semiotics of Law,* Vol. 32, N.º 1, 2019, 75 ss., esp.te 76 e 90 ss.)...

[1083] Exemplo: mesmo admitindo que os judeus não são uma raça, *stricto sensu,* poderá aceitar-se que um "discurso de ódio" (um reiterado incitamento) anti-semita não preenche os pressupostos de um crime de racismo?... Temos em mente o caso *Ellwanger,* decidido pelo STF brasileiro em 2003: cf. Celso Lafer, *Direitos humanos. Um percurso no direito no século XXI,* Vol. 1, São Paulo, 2015, 224 ss., e *Human rights challenges in the contemporary world: reflections on a personal journey of thought and action,* sep. de Marcelo Campos Galuppo *et alii* (Eds.), "Human Rights, Rule of Law and the Contemporary Social Challenges in Complex Societies. Proceedings of the 26th World Congress of the International Association for Philosophy of Law and Social Philosophy in Belo Horizonte, 2013", Stuttgart, 2015, 57 ss. ...

[1084] Acabámos de parafrasear (liberrimamente...) G. Steiner, *A poesia do pensamento...,* cit., 181.

[1085] A pergunta – formulada por Lessing – "para que serve a serventia?" (cf. H. Arendt, *A condição humana,* cit., 193) poderá ser filosoficamente muito inspiradora mas afigura-se-nos circunstancialmente negligenciável...

recortado âmbito de relevância[1086]. No fundo, estamos assim a reencontrar, por estoutra via (onde a surpresa?), o irredutível do exercício metodonomológico, devidamente compreendido. Pelo que, sintetizando, poderemos dizer: um problema jurídico advém, em dialéctica complementaridade, da rigorosa

---

[1086] Seja o seguinte exemplo, propositadamente formulado em termos interrogativos: a "sindicância da apreciação da prova" por parte do STJ estará reservada às duas hipóteses contempladas no artigo 674.º, n.º 3, do CPC, ou deverá admitir-se também em "outros casos" – nomeadamente, naqueles "em que, na fixação dos factos materiais da causa, se tenham cometido atropelos à lei"?: cf. Orlando Marcelo Curto, "Reflexão sobre os poderes do Supremo Tribunal de Justiça em matéria cível", in *Boletim da Ordem dos Advogados,* n.º 139/140, Junho/Julho 2016, 48 ss. E ainda estoutro, que nos autorizamos a reduzir à pergunta decisiva: o facto de o artigo 23.º, n.º 4, da Lei n.º 28/98, de 26 de Junho, cominar com a sanção da "inexistência o negócio jurídico celebrado com empresários desportivos que não se encontrassem registados na respetiva federação" impor-se-á sem mais considerações, ou deverá admitir-se que, em dadas circunstâncias, o preceito pode ser interpretado "no sentido da nulidade [...], em conformidade com a regra geral que resulta do artigo 294.º CC" (e que é exactamente a sanção cominada pelo artigo 37.º, n.º 3, da Lei n.º 54/2017, de 14 de Julho – Lei esta última que veio revogar aquela primeira)?: cf. Mafalda Miranda Barbosa, "Da nulidade ou da inexistência de um contrato de prestação de serviço, na sua modalidade de contrato de mandato, quando o empresário desportivo não está inscrito na respectiva federação. *Comentário ao Acórdão do Supremo Tribunal de Justiça de 28 de Setembro de 2017 (Processo n.º 10145/14)",* in *Boletim da Faculdade de Direito,* Vol. XCV, Tomo I, Coimbra, 2019, 213 ss., esp.[te] 216 ss. sob 3. e 4.
Não obstante, por vezes é a observância *apertis verbis* da letra (um dos segmentos – o mais empírico-objectivo – do texto) que viabiliza a realização daquilo que tenderemos a julgar normativo-juridicamente adequado (ainda aqui, todavia, e se virmos bem, são razões normativo-jurídicas que determinam a preeminência do significado literal e não o inverso...) – pense-se na seguinte fala de Portia, em *The merchant of Venice,* de W. Shakespeare: "This bond doth give thee here no jot of blood; /The words expressly are 'a pound of flesh':/[...]", act IV, sc. I, 307 ss., na ed. cit. de *The complete works,* 212 ... e naquilo que com ela exactamente se visa, na trama da referida obra-prima, relativamente à pretensão de Shylock contra Antonio. Cf. ainda *infra,* 317 ss. e 331 ss. Se quisermos um exemplo recente, pensemos na iniciativa da Junta de Freguesia de Campolide, de Lisboa, que deliberou pintar algumas passadeiras com as cores do arco-íris, para homenagear a comunidade LGBTI. O carácter de signos – como se sabe, unívocos, por contraposição à polissemia das palavras (cf. K. Jaspers, *Was ist Philosophie?...,* cit., 290 ss., esp.[te] 232: "Zeichen sind *eindeutig.* Worte sind *vieldeutig")* – dos sinais de trânsito (para além, decerto, da dimensão de ordem pública – não apropriável por quem quer que seja, nem instrumentalizável ao que quer que seja – subjacente à muito específica linguagem de norma jurídica que eles incorporam...) não implicará a inadmissibilidade da respectiva transmutação em como que atípicos *outdoors* (o que não deixa de acontecer quando os poluímos/contaminamos – ou enriquecemos/animamos, tanto monta... – com subliminares mensagens alienígenas que neles se não hesite em enxertar)? A objectiva regulamentação do tráfego que os sinais de trânsito visam imediatamente disciplinar não correrá o risco de ser perturbada quando os sobrecarregamos com (malfazejas ou benfazejas) decorações sugeridas por estratégias ideologicamente ditadas? Também aqui, o modo mais adequado de salvaguardar a serventia originária que é a sua (e a intencionalidade prático-normativa que os justifica) não passará pela estrita observância *ad litteram* do (tendencialmente universal) desenho/configuração que para eles tenha sido prescrito, sem supressões nem acrescentos heterodoxos?... (Lembremos, parenteticamente, excertos dos dois seguintes preceitos do Regulamento de Sinalização de Trânsito, aprovado pelo Decreto Regulamentar n.º 22-A/98, de 1 de Outubro: "[...] as marcas rodoviárias têm sempre cor branca, com as excepções pintadas de amarelo em casos de sinalização temporária constantes do presente Regulamento. As marcas rodoviárias podem ser materializadas por pinturas, lancis, fiadas de calçada, elementos metálicos ou de outro material, fixados no pavimento" – artigo 59.º, n.º 2; e a linha identificativa das passadeiras "[...] é constituída por barras longitudinais paralelas ao eixo da via, alternadas por intervalos regulares, ou por duas linhas transversais contínuas e indica o local por onde os peões devem efectuar o atravessamento da faixa de rodagem [...]" – artigo 61.º. Como é evidente, de uma perspectiva meramente semântica, nem um nem outro constituem obstáculo à pretensão da mencionada Junta de Freguesia, que, na oportunidade, recordou ainda a sinalização vertical que anuncia e complementa as referidas passadeiras...).

pressuposição do *corpus iuris,* das pragmaticamente interessadas perguntas que lhe dirigimos atento o mencionado problema, e da inquietação do jurista consciente da responsabilidade da sua tarefa institucional – já que o sistema é o horizonte de emergência do problema, este último polariza as perguntas atinentes às respectivas posição e solução, e um e outro são os referentes do e concorrem para densificar o múnus do jurista. O problema e o sistema são, portanto – de há muito o sabemos –, os pólos "enganchados" do exercício judicativo-decisório, que se entrecruzam e entretecem "nos reticulados do corpo total da [juridicidade]"[1087] – o "sentido experimentado" pelos problemas vai-se depositando no sistema enquanto experiência feita, e assim sucessivamente, num sem-fim a que só se porá termo quando o sector da humanidade que se empenhou em criar o direito desistir dele.

Em suma: o que se interpreta não é um mero enunciado linguístico, mas o critério do juízo de um caso juridicamente relevante. Tudo quanto dissemos – a evolução detectada a nível do núcleo temático em que temos estado centrados – mostra-nos a crescentíssima importância do caso-problema concretamente judicando, que a norma sob escrutínio, enquanto critério com uma determinada intencionalidade problemática, pode ajudar a solucionar. Não surpreende, por isso, que vejamos o objecto da interpretação na norma-problema (e não na norma-texto, como tradicionalmente se defendia).


3.2.2. Quanto ao objectivo da interpretação (para que é que se interpreta?...) seremos bem mais esquemáticos.

Neste âmbito, há duas polémicas que importa recordar – e cada uma delas deverá ainda ser vista de duas perspectivas distintas.

Sabe-se em que consistia, na sua acepção originária, a discussão subjectivismo *vs.* objectivismo. Para o primeiro, deveria dar-se ao preceito interpretando o sentido que o legislador historicamente autor dele lhe havia dado – eram as coordenadas modeladoras do Estado de Direito de legalidade formal a projectar-se, sem quebra de coerência, na esfera da interpretação jurídica. O segundo, ao invés, autonomizava a criatura (a lei) do criador (da instância legiferante), tomava a norma na sua autonomia fenoménica e significativa, e tendia a relevar a alteração das circunstâncias, abrindo a norma ao futuro e viabilizando uma arejada interpretação actualista. O que um e outro traduzem manifesta-se exemplarmente na evolução (involutiva?...) do pensamento de Manuel de Andrade quanto ao ponto (nas razões que o trouxeram de um afoito objec-

---

[1087] Cf. G. Steiner, *Sobre a dificuldade e outros ensaios,* cit., 41 s.

tivismo actualista inicial para um contido subjectivismo historicista posterior), que tivemos oportunidade de recordar em outro ensejo[1088]. Na sua versão primeva, nem o subjectivismo nem o objectivismo se envolveram em qualquer rigorosa autonomização do caso – o que havia era apenas factos-espécies que se subsumiam a normas-géneros. Nomeadamente com a Jurisprudência dos interesses[1089] (já antes, como vimos[1090], com IHERING, que havia estado na origem da proposta oriunda de Tübingen[1091]) – e, claro, também com ANDRADE[1092] –, o caso ganhou autonomia, e quer o subjectivismo, quer o objectivismo, passaram a reclamar um adjectivo qualificativo – teleológico. Nesse tempo, era o modo possível de indiciar a relevância que se reconhecia ao caso: não estava mais em causa a intenção do legislador histórico (pouco menos do que uma miragem...), nem o pretenso sentido da norma em si (kantianamente, diremos que a norma não deverá ser vista *an sich* mas *für uns*...[1093]), mas (em síntese que apreende subjectivismo e objectivismo) a "vontade normativa da norma", a sua teleologia... ainda ligada ao representante da "autonomia da comunidade jurídica" (ao legislador), no subjectivismo, já imediatamente centrada na vinculante "imagem dos interesses objectivos" (da norma), no objectivismo[1094].

A recuperação, mais recentemente, da dicotomia que estamos a considerar deve-se a Bernd RÜTHERS, e já dela nos ocupámos[1095]. Razões de carácter jurídico-constitucional (a legislação é hoje um "instrumento de governo" e, no nosso hemisfério civilizacional, os executivos beneficiam de indiscutível legitimidade democrática) imporiam a preferência pelo subjectivismo – o objectivismo implicaria a substituição de um Estado de Direito democrático por um Estado de juízes oligárquico[1096]. Recuperava-se assim o sentido tradicional da inter-

---

[1088] Cf. "Mestres e discípulos habitam a mesma Casa *(topos* de gerações que se sucedem, *agora* de concordâncias e dissidências)", nas *Conferências Cabral de Moncada e Manuel de Andrade. Cadernos do Centenário,* Coimbra, 2016, 75 s.

[1089] Cf. as nossas *Lições...,* cit., 807 s.

[1090] Cf. *supra,* 83 ss. e 266 ss.

[1091] Cf., de novo, as nossas *Lições...,* cit., 802 ss.

[1092] Cf. o seu *Sentido e valor da jurisprudência (Oração de sapiência lida em 30 de Outubro de 1953),* Coimbra, 1973, 8, 20 e 36 ss.

[1093] Cf., do Filósofo – que recorre frequentemente à distinção –, e a título de exemplo, "Methodenlehre der teleologischen Urteilskraft", in *Sämtliche Werke,* 6, Leipzig, 1924, 316, 372 e 377.

[1094] Cf., mais uma vez, as *Lições...,* cit., 805 e 809.

[1095] Cf. *"A imaginação...",* cit., in *Analogias,* cit., 295 ss., sob 5.

[1096] A ideia (central, na tese de RÜTHERS) de que a orientação objectivista se limita a substituir a vontade do legislador pela vontade do intérprete, já havia sido acentuada, nomeadamente, por Eike SCHMIDT e por KOCH/RÜßMANN (cf. M. R. DECKERT, *Folgenorientierung...,* cit., 46). E, muito antes e num bem diferente quadro de pressupostos e propósitos, evidenciou-se igualmente na conhecida oposição de HOBBES a que se confiasse aos tribunais a tarefa de constituir o direito, que por isso mesmo o A. do

pretação (para SAVIGNY, "a reconstrução do pensamento ínsito na lei"[1097]); não se irrelevava a *ratio legis,* mas esta reconduzia-se, de novo, à vontade do legislador; sem se apagar o caso, no centro do exercício metodológico estava outra vez a norma, e interpretada em termos eferentes; numa formulação de síntese, pedida de empréstimo (não sem algum excesso de retórica à mistura…) a Jack M. BALKIN, este como que regresso às origens, todavia sem se perder de vista o chão que se pisa, constitui aquilo que nos atrevemos a designar o… *living originalism* de B. RÜTHERS[1098]. Na altura em que reflectimos esta proposta, atrevemo-nos apenas a chamar a atenção para aquilo que o metodologicamente comprometido pensamento jurídico do nosso tempo não pode ignorar, sob pena de se erodir (de se perder!) a *Rule of Law:* a lei não é o direito, e daí que a *ratio legis* não possa operar com menoscabo da *ratio iuris;* por outro lado, se o caso não pode ser riscado do exercício judicativo-decisório, isso significa que as *rationes legis* e *iuris* terão que encontrar na *ratio iudicis* a síntese do pleno cumprimento da respectiva intencionalidade prático-normativa. Ou ainda: se quisermos reduzir tudo ao mais elementar, no Estado de Direito democrático--constitucional, a constituição democrática é, decerto, uma sua ineliminável condição de possibilidade, mas, no plano material, o direito (a normatividade jurídica adequadamente recortada) perfila-se como o seu fundamento decisivo. O Estado de Direito democrático-constitucional não deverá, portanto, ser visto em ruptura com as exigências densificadoras de um genuíno Estado de Direito material – que, já o sabemos[1099], determinam o reconhecimento da autonomia do direito, com o sentido que o predica, e da autonomia do pensamento que assume e pensa esse direito para o realizar judicativo-decisoriamente. Porque se assim não for arriscamo-nos a deparar, todas as contas feitas e no limite, com uma das alternativas ao direito inventariadas por CASTANHEIRA NEVES[1100]: a "ordem de finalidade" , decorrente da total redução do jurídico à política[1101].

---

*Leviathan* não hesitou em desqualificar como manifestação de uma "soberba" inaceitável *(v.* agora Fábio CARDOSO MACHADO, *A autonomia do direito e os limites da jurisdição,* cit., 153).

[1097] Cf. *Lições…,* cit., 785 e n. 140. Manuel de ANDRADE recorda que "auslegen" significa, "em sentido figurado", interpretar, mas, na sua acepção originária, traduz a ideia de "extroverter", "pôr fora", "pôr à vista", "expor" – cf. o seu *Ensaio sobre a teoria da interpretação das leis,* cit., 73 e n. 2.

[1098] Cf., do Professor estadunidense, *Living originalism,* Cambridge (Massachusetts), London (England), 2011.

[1099] Cf. *supra,* 58 ss. e n. 98.

[1100] Cf. o que pudemos escrever nas *Lições…,* cit., 557 ss. e 573 ss.

[1101] Note-se, porém: estamos aqui ante um problema bem grave e complexo, implicante da consideração de pressupostos nem sempre fáceis de identificar com exactidão e que, por isso mesmo, operam em termos por vezes sinuosos. Em que estamos a pensar? Em primeiro lugar, na co-determinação pela política da normatividade jurídica vigente. Depois, na importância do princípio democrático na interpretação da Constituição. Mas também nos limites da tarefa confiada ao TC (que não deve

A contraposição interpretação dogmática/interpretação teleológica surgiu associada ao propósito de tentar vencer as limitações apontadas ao sentido primitivo da dicotomia subjectivismo/objectivismo. Uma e outra – a interpretação dogmática e a interpretação teleológica – remetiam, respectivamente, ao sistema jurídico e à norma que o integrava: todavia, aquele era ainda o sistema cunhado pelo conceitualismo dogmático; este compreendia-se já por referência ao elemento teleológico, que surgiu (de início agrilhoado à *voluntas legislatoris* e/ou à *voluntas legis...*[1102]) como que em substituição (-superação) do carácter estritamente formal do elemento lógico-racional, a que precedentemente se aludia. Quer dizer: o sistema jurídico compreendia-se em termos muito diferentes do modo como hoje o devemos entender; a relevância do elemento teleológico traduziu uma das primeiras aberturas da norma interpretanda quer ao problema-tipo[1103] que ela intenciona, quer ao problema-concreto cuja solução ela pode orientar. Entretanto, as coisas foram mudando: o sistema jurídico – o modo de objectivação da normatividade jurídica vigente – ganhou

---

substituir-se abusivamente ao legislador, nem impor-se-lhe impertinentemente, nem condicioná-lo ilegitimamente) e nas cauções que se apontam às teorias subjectivistas da interpretação constitucional (cf. J. J. GOMES CANOTILHO, na *RLJ,* 136.º, n.º 3944, 2007, 311 ss. – em "Anotação" ao Acórdão do TC sobre a interrupção voluntária da gravidez).
Como quer que seja – retornando à tensão acentuada no texto, determinante da abertura desta nota –, a ordem dos assinalados factores não se nos afigura arbitrária: o "fundamento decisivo" (do Estado de Direito material) deveremos considerá-lo, insistimos, a "normatividade jurídica (o direito) adequadamente recortada [o]" – e é essa a razão pela qual são, a nosso ver, criticáveis as propostas metodológicas que substituem a mencionada referência, em última linha, ao direito, pela convocação, também em última linha, da normatividade constitucional. Se não erramos, entre nós segue esse mal-avisado caminho (cingindo-nos ao intencionalmente radical: como ajuizar da conformidade ao direito – ao direito adequadamente recortado... – da normatividade constitucional a partir da própria ... normatividade constitucional?; como superar a dificuldade suscitada por um Estado com uma constituição normativo-juridicamente claudicante – um Estado de não-Direito – sem quebra de coerência?...) José LAMEGO: cf., deste nosso ilustre Colega, *Elementos de Metodologia Jurídica,* cit., esp.[te] 294... sem embargo de se acentuar e de se reconhecer a importância da visão panorâmica (apoiada numa analítica minuciosa) da Metodologia do Direito que o livro disponibiliza. Ao invés, merecem aplauso aqueles que sublinham que uma mutação constitucional não determina, só por si, uma modificação da orientação metodológica que se impõe assumir: cf. o excelente artigo de Joachim RÜCKERT, *Interessenjurisprudenz, Verfassungswandel, Methodenwandel, Juristenjurisprudenz?,* cit., in *JZ,* 20/2017, 965 ss., esp.[te] 970 ss., sob VIII.

[1102] Mas não só de início ... Com efeito, ainda hoje há adeptos da visão das coisas que assim indisfarçavelmente se critica (e, como bem compreenderemos neste ensejo, tal não pode dever-se apenas à circunstância de a A. já a seguir convocada pensar primacialmente esta problemática na esfera do Direito Penal...): cf., a título exemplificativo, Nina NESTLER, *Die Auslegung von Straftatbeständen...,* cit., in *Jura* – 2018, 568 ss., esp.[te] 575.

[1103] Atente-se no modo como Arthur KAUFMANN caracteriza a (vê a essência, a natureza da) interpretação teleológica, radicando-a no "tipo" – que não no "conceito" (o tipo é vizinho da realidade; o conceito distancia-se tanto dela que quase a esquece...) – relevado na norma interpretanda (e o saudoso Mestre ilustra-o com um exemplo bem conhecido: quando se qualifica um "ácido" como uma "arma", o que está em causa não é o "conceito de arma mas o tipo de roubo grave" que assim se comete – cf. *Analogie und "Natur der Sache"...,* cit., 47 e 51). *V.* ainda Jorge de FIGUEIREDO DIAS, *Direito Penal, Parte Geral,Tomo I...,* 2.ª ed., cit., 189, e o nosso *Praxis, problema, nomos...,* cit., in *Analogias,* cit., 238 ss.

o sentido que oportunamente lhe assinalámos[1104]; e a interpretação jurídica (um aspecto – decerto importante, mas apenas um aspecto... – do muito mais amplo – quando rigorosamente recortado... – englobante que é o exercício metodonomológico[1105]) passou a assumir um carácter prático-normativo (portanto polarizado, em dialéctica correlatividade, no problema judicando e na específica normatividade fundamento – e não se reconhece há muito que a circularidade é um sinal de concludência discursiva?...). O que é bastante para mostrar que, no estádio actual, falar em interpretação dogmática e em interpretação teleológica não é aludir a compreensões contrapostas da interpretação jurídica, mas mencionar, em recíproca referência[1106], os dois pólos quer desta questão particular (a consideração das *archai* e dos *tele* do critério interpretando, atento o caso concreto com que o jurista  se veja confrontado[1107]...

---

[1104] Cf. *supra,* 175 ss., esp.[te] 181 ss.

[1105] Cf. *supra,* 96 ss. e 279.

[1106] Acentuando também esta complementaridade da interpretação dogmática e da interpretação teleológica, Ana Mafalda C. N. de Miranda Barbosa, *Do nexo de causalidade ao nexo de imputação...,* cit., Vol. I, 360 s., e Vol. II, 1365 e 1439.

[1107] Por isso nos habituámos a dizer a interpretação jurídica um exercício arqueoteleológico – *i. e.,* que impõe a consideração (atento o problema judicando, insistimos, e em dialéctica correlatividade) da *arché* intencionada pelo critério jurídico interpretando e do *telos* que ele pragmaticamente visa. Ilustremo-lo com o conhecido "caso de Licenciatura do Ministro Miguel Relvas". Concedendo (não sem muitas reservas...) que os *media* nos disponibilizaram as exactas coordenadas jurídicas do problema (os juristas devem saber resistir à tentação do *trial by newspapers...),* ouvimos asseverar-se que tudo tinha sido feito em conformidade com a lei, que se havia respeitado o princípio da legalidade, etc. O que legitima reparos vários, alguns deles directamente atinentes à questão que ora pretendemos sublinhar.
Há muito se sabe que, nomeadamente na esfera do Direito Administrativo, o princípio da legalidade deve compreender-se... arqueoteleologicamente e, por esta via, densificado por exigências fundamentantes, na medida em que a teleologia visada e a axiologia assumida são apenas duas faces de uma mesma moeda – a normatividade jurídica. Esta impostação das coisas foi por nós há muito sintetizada na proposta de transmutação de uma estrita teleologia numa genuína teleonomologia – que, entretanto (e regozijamo-nos com isso), caiu no domínio público... – e (pelo que importa na circunstância...) vemo-la lapidarmente vertida na recorrente afirmação segundo a qual, na esfera do Direito Administrativo, o princípio da legalidade se volveu em princípio da juridicidade. Ora, no caso que estamos a pressupor, as exigências principiais que deveriam ter sido observadas (e que, a nosso ver, foram preteridas) são algumas daquelas que inervam o sentido mesmo da Universidade. Qualquer verdadeira instituição universitária, que se assuma (assim deve ser!) como uma escola de excelência, não vive, decerto, fechada dentro dos seus muros, entretida a discutir o "sexo dos anjos", enquanto (só) lá fora... "o mundo pula e avança"; a *re-flexio,* que é uma das marcas-de-água da Universidade e, portanto, um dos vectores constitutivos do seu sentido predicativo, pode dizer-se, em linguagem comum, o *modus* universitariamente emblemático de articular a teoria com a prática; *intra muros universitatis* não se cultivam inutilidades – reflectem-se, e ao mais alto nível, os fundamentos das interpelações problemáticas que, nos vários domínios (disciplinas do espírito, ciências empírico-analíticas, horizontes temáticos que vão emergindo na inevitavelmente mal traçada fronteira entre aqueles dois primeiros campos...), inervam o "mundo da vida"; a experiência vivida por qualquer pessoa é, decerto, muito importante, mas não legitima a capitulação à doutrina que atribui força normativa ao fáctico – e, tendo sido relevada como, *in casu,* o foi, suscita até dúvidas sérias quanto à respectiva conformidade à CR (cf., *v. gr.,* Jorge Miranda, "A inconstitucionalidade das equivalências extra-académicas", in *Público,* de 19.07.2012, 43. Como se terá dado conta, as considerações que temos vindo a expender visam mais acentuar a notória ajuridicidade do que parece não se ter hesitado em fazer, do que a sua estrita inconstitu-

caso concreto esse susceptível de ser reconduzido, em termos metodologicamente irrepreensíveis, à intersecção dos planos constitutivos da normatividade daquele critério – o axiológico e o finalístico), quer, mais latamente, do próprio exercício judicativo-decisório (o problema judicando e o sistema fundamento)[1108]. E como este sistema radica em problemas (em interpelantes experiências concretas, com uma índole determinada, que vão conferindo densidade ao *corpus specificum* que o sistema jurídico empiricamente é), e estes problemas remetem ao sistema (ao acervo de constituendas exigências que vão identificando a unidade de sentido que o sistema jurídico intencionalmente é, e dos critérios em que essa unidade de sentido se vai projectando), cremos que não será necessário convocar mais argumentos para justificar o entendimento que preconizamos: também a nível dos objectivos da interpretação se revela crescente a importância central do(s) problema(s) concretamente judicando(s) – e deste(s) não discretamente considerado(s), mas sempre atento(s) o(s) respectivo(s) contexto(s) de emergência.

3.2.3. Pelo que já nos desvelaram os dois primeiros, não é arriscado afirmar (afinal, a analogia passa também por aqui – pela inferência do sentido do problematicamente menos conhecido a partir do sentido do problematicamente

---

cionalidade…); *sub specie universitatis* (isto é, pressupostas as exigências universitárias circunstancialmente realizandas), só em casos muito contados (limitadíssimo conjunto este que, a meu aviso e atentos os elementos de ponderação a que pude aceder, muito dificilmente incluirá a situação concreta do ministro Relvas) se poderá admitir que a mencionada experiência seja bastante para fundamentar a concessão, quase de plano, de uma Licenciatura. Tudo o que por junto significa que o princípio da legalidade *(rectius,* da juridicidade) não foi observado, mas violado, porque a teleonomologia (em dialéctica correlatividade, relembro-o, os fins pragmaticamente visados e as exigências concretamente intencionadas) que o densifica, em lugar de ter sido criteriosamente assumida, foi manifestamente inconsiderada.

[1108] Em suma: pressuposta uma compreensão prático-normativa do problema da interpretação jurídica, a interpretação dogmática (inucleada na axiologia fundamentante) e a interpretação teleológica (radicada nos fins assumidos) são apenas duas faces de uma mesma moeda. Em paráfrase a JELLINEK (que situa as reflexões a que agora recorremos no horizonte jurídico-político), poderemos mesmo afirmar que os referentes axiológicos têm uma irremissível dimensão teleológica (as palavras do A. do *System der subjektiven öffentlichen Rechte* são exactamente as seguintes: "da der Wertbegriff ein durchaus teleologischer ist"). E a inversa também é verdadeira, pois a eliminação do fim em qualquer circuito discursivo corresponde, de modo inapelável, à supressão do valor que inevitavelmente se lhe associa *(apud* Hans KELSEN, "Hauptprobleme der Staatsrechtslehre entwickelt aus der Lehre vom Rechtssatze", in Mathias JESTAEDT (Hrsg.), *Hans Kelsen Werke,* 2 I, Tübingen, 2008, 177). Por outras palavras: uma e outra (a teleologia e a axiologia – Creonte e Antígona…) afirmam-se em dialéctica correlatividade, conformando uma como que *nested opposition* (em termos kantianos: uma teleologia axiologicamente indiferente é cega, e uma axiologia teleologicamente desinteressada é vazia…); e uma sem (ou contra) a outra criaria um ruído que um marxista não hesitaria em dizer alienante… Ou ainda, se quisermos acolher-nos a uma conhecida contraposição weberiana ("acção racional em relação a um fim"/"acção racional em relação a um valor"): uma não exclui a outra, antes uma implica a outra, pois se o fim se credencia no valor, o valor realiza-se no fim.

mais conhecido...[1109]) que os quatro tópicos que nos propusemos considerar se co-implicam: consoante a perspectiva com que abordemos a interpretação jurídica – em termos hermenêutico-cognitivos, ou prático-normativos –, assim (não só, como vimos anteriormente, o objecto e os objectivos, mas também) os elementos e os resultados do exercício interpretativo se fecharão na norma tomada como um ab-soluto semântico-sintáctico, ou se abrirão com a respectiva intencionalidade pragmática, re-modelando-se por sua mediação e relevando enfaticamente do mesmo passo o problema concreto determinante do referido exercício.

Para os elementos ou factores da interpretação isso é hoje um lugar comum. Daquela primeira perspectiva, conhece-se o sentido e a importância relativa dos elementos gramatical, histórico, sistemático e racional: a letra da lei era o factor autonomamente determinante da tarefa interpretativa, e os demais, numa acepção tributária de pré-juízos empíricos (o elemento histórico reconduzia-se àquilo que os trabalhos preparatórios, na sua eminente fragilidade, revelasse), conceituais (o elemento sistemático remetia à totalmente impertinente compreensão do "sistema interno" tal como o conceitualismo dogmático o entendia) e apofânticos (o elemento racional implicava somente as relações lógico-formais que os critérios legais estabelecessem uns com os outros, como se o sistema jurídico fosse monoestratificado e o relevante fosse o tipo de relações a que aludimos), limitavam-se a contribuir para tentar esclarecer aquilo que não tivesse ficado claro olhando apenas a letra.

Com o finalismo iheringuiano[1110], com os *données* de F. GÉNY, com a "ponderação dos interesses" de Ph. HECK, com a "valoração dos interesses", de v. RÜMELIN e o paulatino abandono de um sociologismo tão sedutor quanto redutor...[1111], e ainda com a autonomização das cláusulas gerais e dos conceitos

---

[1109] Cf. *supra*, n. 822.

[1110] Vale a pena sublinhar que a opção pelo referido finalismo foi o corolário do reconhecimento das "vantagens que um direito de 'caso' tem sobre um direito de 'leis'" – colhemos esta formulação em G. RADBRUCH, *Filosofia do Direito*, cit., 406 s. (o Mestre de Heidelberg não deixa de nos recordar o *leading case* em questão...). Nos nossos dias, aludindo à "grave crise espiritual", experienciada por IHERING, no início dos anos 60 do século XIX, na sequência da assinalada importância atribuída ao caso concreto, com a sua densidade específica, Hasso HOFMANN, a esse mesmo propósito, contrapõe a "dedução jurídico-dogmática", levada a cabo no "céu do conceito", que o pensamento tradicional privilegiava, à "praxis jurídica mais próxima da vida", e atenta à "realidade" que a predica, que IHERING veio então encarecer: cf. "Recht ist Streit", in *JZ*, 10/2018, esp.[te] 474 s., sob II. 2.

[1111] Não se infira da contraposição acentuada no texto uma militante indiferença de HECK relativamente a quaisquer preocupações de carácter filosófico – embora nós próprios, como tantos outros, tenhamos insistido, e não poucas vezes, no mencionado ponto (por último, em *Mestres e discípulos habitam a mesma Casa...*, cit., 80 s. n. 148). Cf. os esclarecimentos de Joachim RÜCKERT, em *Interessenjurisprudenz, Verfassungswandel, Methodenwandel, Juristenjurisprudenz?*, cit., in *JZ*, 20/2017, esp[te] 967, onde o A. chama a atenção para a (coetaneamente importante) "corrente filosófico-crítica,

indeterminados, com o reconhecimento do "âmbito da norma" como dimensão integrante da respectiva normatividade, com a inclusão da realidade nos estratos do sistema jurídico, com a reabilitação do significado primordial da *iurisprudentia* (por tudo isto passou a descoberta dos chamados elementos interpretativos transtextuais: quer os associados às dimensões prático-axiológicas fundamentantemente constitutivas da juridicidade – pense-se nos princípios normativos e na pluralidade de vectores que eles permitem relevar –, quer os atinentes ao compromisso prático-social dessa mesma juridicidade – que se exprime de vários modos e não nos condena nem a um teleologismo irrestrito, nem a um consequencialismo desenfreado, se é que um e outro se distinguem...)..., recuperou-se, com diferenças que não importa tematizar agora, aquilo que havia estado na origem do direito (em que ele sempre se polarizara, desde os "pais fundadores"...), e que o normativismo moderno, o positivismo legalista e as suas contemporâneas manifestações redivivas procuraram apagar: a centralidade dos problemas concretamente judicandos. E se explicitamente acentuarmos que o elemento sistemático passou a indiciar uma completamente outra compreensão do sistema jurídico (um sistema com uma densidade material, com uma pluralidade de estratos que reciprocamente se implicam[1112], e que

---

realística e empírico-racional" (uma corrente filosófica... sociologicamente inspirada) em que Heck se veio inserir – uma linha de pensamento que privilegiou, também na esfera do direito, "empiria e método" (coordenadas estas duas que já não surpreende que se associem ao Mestre de Tübingen...).

[1112] Donde, por exemplo, a pertinência e a importância de uma articulada consideração, no exercício interpretativo, dos diversos planos de objectivação da normatividade jurídica circunstancialmente envolvidos e relevantes. Ilustremo-lo com a razoabilidade de uma "interpretação conforme a Lei" de uma "cláusula estatutária de preferência", na situação concreta de que nos dá conta Calvão da Silva, em "Anotação" arquivada na *RLJ,* 143.º, n.º 3983, 2013, esp[te] 120 s., sob 2.3.; *v.* também o aresto comentado – o Acórdão do STJ, de 12 de Setembro de 2013 –, *ibidem,* 111 s. e n. 3, que refere o juízo concordante de Coutinho de Abreu. As indispensáveis explicitações complementares colher-se-ão nas páginas da *Revista,* acabadas de mencionar. Com a pressuposição (nomeadamente) do novo regime do divórcio, instituído pela Lei n.º 61/2008, de 31 de Outubro, para que se possa determinar, com rigor, o sentido dos artigos 1672.º do CC (como compreender, hoje, os "deveres dos cônjuges", a que aí se alude? Serão ainda deveres, *proprio sensu,* ou apenas "comportamentos (expectáveis) correspondentes à prática de uma 'plena comunhão de vida'"?) e 1792.º do mesmo diploma (o fim do divórcio-sanção, que o mencionado novo regime veio reforçar, impossibilita a atribuição ao cônjuge lesado de qualquer indemnização por violação dos mencionados deveres, ou permite ainda essa indemnização, mas circunscrita aos "danos resultantes de violação de direitos de que os cônjuges são titulares *independentemente da sua qualidade de cônjuges* – como sucede expressivamente com os seus direitos de personalidade"?: cf. a muito esclarecedora "Anotação" de Francisco Manuel de Brito Pereira Coelho a um Acórdão de 12 de Maio de 2016 – sob o título "Deveres conjugais e responsabilidade civil – estatuto patrimonial e estatuto pessoal (não matrimonial) dos cônjuges" –, in *RLJ,* 147.º, n.º 4006, 2017, 54 ss. Com a inteiramente justificada interpretação conforme os "demais preceitos da Lei Uniforme e o sentido global do regime por ela instituído" (distinção entre relações imediatas e mediatas, âmbito de relevância e teleologia dos princípios da literalidade, da abstracção e da independência recíproca...) dos artigos 75.º e 76.º da LULL, para se esclarecer "o que é falta de 'assinatura de quem passa a livrança'": cf., também a propósito de um caso exemplar, as judiciosas considerações de Filipe Cassiano dos Santos/Manuel Couceiro Nogueira Serens, in "Falta de poderes do representante do subscritor, não formação da livrança e [inexistência de] aval", *RLJ,* 146.º, n.º 4004, 2017, 340 ss., esp[te] 343, 346 ss. e 353 ss. ...

tem em problemas a sua célula básica) e que o elemento teleológico se transmutou em teleonomológico (com o *telos* e o *nomos* a fundirem-se numa unidade instituída pelo *logos* circunstancialmente relevante – o *teleological turn*[1113] não se precipitou num modelo único)[1114], percebemos igualmente que esses problemas concretamente judicandos não irrompem discretamente, antes têm um muito particular contexto de emergência[1115]. Tudo o que é apenas um outro modo (mais um…) de acentuar o binómio problema/sistema em que sabemos radicar o adequadamente recortado exercício metodonomológico.

3.2.4. Não constitui novidade alguma dizer agora que tudo quanto até ao momento acentuámos como que culmina nos resultados interpretativos – naqueles que ontem se reconheciam pressuposta uma concludentemente superada impostação do exercício interpretativo, e naqueles outros que hoje se consideram atenta uma bem diferente compreensão desse mesmo exercício.

Assim, a redução do objecto da interpretação à norma-texto, a preferência pelo sentido primeiro da oposição subjectivismo/objectivismo e a tomada da letra da lei como elemento autonomamente determinante da interpretação, com o espírito (composto pelos restantes elementos classicamente referidos – o histórico, o sistemático e o racional) a ser chamado, e apenas dentro dos limites fixados pela letra (atente-se nas disputas suscitadas pelo artigo 9.º, n.º 2, do CC…), a esclarecer aquilo que esta deixasse eventualmente em dúvida, não poderia conduzir a outra conclusão: a de que o exercício interpretativo, a nível dos respectivos resultados (e basicamente[1116]…) consistia na constatação do equilíbrio entre letra e espírito (era a interpretação declarativa), ou na restauração do mencionado equilíbrio, se ele se tivesse perdido (através da interpretação extensiva ou restritiva).

Quando se assumiu ser a norma-problema o objecto da interpretação, quando se viu o seu objectivo na complementaridade de uma interpre-

---

[1113] Colhemos a expressão em J. M. Aroso Linhares, *Constelação de discursos ou sobreposição de comunidades interpretativas? A caixa negra do pensamento jurídico contemporâneo,* Porto, 2007, 49.

[1114] Sublinhe-se, recapitulativamente (cf. as nossas *Lições…,* cit., 927 ss.), que a "fusão de horizontes" instituída pelos prático-normativamente recompreendidos elementos sistemático e teleológico é em tudo análoga à complementaridade que reconhecemos (cf. *supra,* esp.[te] 293 ss.) entre as (também prático-normativamente perspectivadas) interpretações dogmática e teleológica.

[1115] Como, de resto, já tivemos oportunidade de sublinhar: cf. *supra,* 175 ss. e 218 ss.

[1116] O advérbio de modo quer dizer que se não pretendeu mais aqui do que recordar o fundamental. Essa a razão por que se silenciam outros resultados interpretativos que o pensamento tradicional não deixou de admitir. Ilustremo-lo com a interpretação ab-rogante. Cf., por exemplo, David Magalhães, "O Estado, esse estranho 'sucessor legitimário'… Estudo sobre as raízes romanas do Estado como herdeiro, a propósito de um erro legislativo", in *Boletim da Faculdade de Direito,* Vol. XCIII, Tomo II, Coimbra, 2017, esp.[te] 1013 ss. e 1032 ss.

tação dogmática e de uma outra teleológica, pressuposta uma adequadamente recortada compreensão prático-normativa da interpretação jurídica, e quando, a nível dos elementos, se passaram a admitir os transtextuais, por referência à normatividade jurídica esclarecidamente entendida, os resultados teriam que ser outros, porque todos estes planos se co-implicam reciprocamente: aqueles que a dialéctica entre o problema judicando e o sistema fundamento reclamasse, na tentativa de os "trazer-a-[uma-] correspondência" metodologicamente irrepreensível (e daí as adaptações extensiva e restritiva, a extensão e a redução teleológicas, a assimilação do caso pela norma por justificada correcção desta...).

3.2.5. Na formulação que nos habituámos a privilegiar, indisfarçavelmente tributária da paradigmática lição de CASTANHEIRA NEVES, e que tudo sintetiza: a interpretação jurídica não é um exercício hermenêutico-exegético mas prático-normativo[1117] – o que nele está em causa não é apurar o significado de um enunciado linguístico, mas recortar o âmbito de relevância de um critério jurídico, atento o problema concreto que pertinentemente o convoca; não se reduz a uma indagação verificadora *(Ermittlung)*, antes implica o "apuramento de um sentido" *(Sinndeutung)* e traduz uma realização conformadora *(Gestaltung)*[1118]. Explicitemo-lo nos termos de sempre: a interpretação jurídica tem carácter prático, porque se centra em problemas (no concreto problema interpelante, e naqueloutro, típico, intencionado pelo critério em teste); e normativo, porque implica a pressuposição da específica normatividade *(i. e.,* validade) nuclearmente constitutiva e predicativa do direito. E é isto mesmo que, em dialéctica correlatividade, o jurista-intérprete nunca deverá perder de vista: cumpre-lhe assumir as suas circunstancialmente pertinentes responsabilidades – o adequadamente recortado mérito do problema judicando, o esclarecidamente apurado sentido do direito, a acuradamente sustentada  compreensão do *corpus iuris...* e do seu estrato em análise, em suma, a detidamente afinada perspectiva metodonomológica... –, pelo que também nós poderemos dizer que "a melhor interpretação de uma lei [...] é [aquela] que melhor assume essas responsabilidades nessa ocasião" *(scilicet,* no momento em que o concreto exercício inter-

---

[1117] Não obstante, e por vezes, adopta-se ainda aquela impostação hermenêutico-exegética, que consideramos perimida, na argumentação fundamentante de acórdãos proferidos pelos nossos tribunais de mais elevada hierarquia: cf., a título de exemplo, o Acórdão de uniformização de jurisprudência n.º 5/2009, Processo n.º 2807/08-5, de 18 de Fevereiro de 2009, do STJ, in *DR*, 1.ª Série, de 19 de Março de 2009, esp.<sup>te</sup> 1766 s.

[1118] Cf. Christian SEILER, *Auslegung als Normkonkretisierung,* Heidelberg, 2000, 38 s.

pretativo se puser ao jurista de serviço)[1119], ou seja, aquela que envolve, com um mesmo olhar de síntese, o caso interpelante e a juridicidade interpelada, para trazer aquele primeiro ao seio desta segunda – para que a juridicidade assimile o caso, o que acontecerá quando se nos impuser reconhecer que o problema judicando foi solucionado em termos juridicamente adequados, *i. e.*, justos. Tem, portanto, inteira razão M. KRIELE quando sublinha que "a justiça orienta e determina a interpretação"[1120]. E não corresponderá isto, do mesmo passo – insistimos –, à afirmação de que o problema da interpretação jurídica só será esclarecidamente recortado quando o considerarmos no horizonte enquadrante da metodonomologia (em paráfrase ao *BverfG* alemão, que alude frequentemente a uma *"methodengerechter Auslegung"*, permitir-nos-emos falar aqui de uma interpretação metodonomologicamente conforme...)?... Se não erramos, só esta se poderá dizer uma impostação do problema da interpretação jurídica *"for dark times"* – isto é, para "tempos em que o nosso entendimento sobre o que [o direito] realmente significa tem vindo a ser submergido e desrespeitado pelas forças dominantes na sociedade"[1121]...

## 4. O exercício judicativo-decisório

Afivelemos a máscara de Dédalo (tentemo-lo, ao menos...) e procuremos, recorrendo a uma analítica doravante centrada no *como* (do *porquê* tratámos

---

[1119] Cf. R. DWORKIN, *Justiça para ouriços*, cit., 19.
As glosas possíveis ao mote do texto que nos trouxe a esta nota são inúmeras. Fiquemo-nos por uma – a seguinte. A interpretação jurídica consiste na determinação da relevância prático-normativa de um critério jurídico para que o jurista por ele se possa orientar e parcialmente desonerar na solução de um problema jurídico concreto. A interpretação jurídica só se cumpre, portanto – *i. e.*, culmina –, na realização judicativo-decisória do direito. Têm, pois, razão, G. RADBRUCH, quando acentua "que a interpretação jurídica não é pura e simplesmente um *pensar de novo* aquilo que já foi pensado, mas pelo contrário, um *saber pensar até ao fim* aquilo que já começou a ser pensado por outro" (cf. *Filosofia do Direito*, cit., 231); e CASTANHEIRA NEVES, quando ensina que ela consiste na questão de saber como se realiza "em termos metodologicamente correctos[...] a determinação *normativo-pragmaticamente adequada* de um critério jurídico do sistema do direito vigente para a solução do caso decidendo" (cf. *Metodologia Jurídica...*, cit., 142). Louvando-nos no modo como RÜTHERS, FISCHER e BIRK traduzem um conhecido fragmento de CELSUS (D. 1, 3, 17), diremos ainda que "interpretar uma norma jurídica não é obedecer à sua letra, mas realizar [, em dialéctica correlatividade e atento o problema judicando,] o seu sentido e o seu fim" (cf. *Rechtstheorie mit Juristischer Methodenlehre*, cit., 383), a sua *arché* e o seu *telos* (razão por que, relembremo-lo, de há muito nos habituámos a caracterizar a interpretação jurídica como um exercício arqueoteleológico). O que vale por afirmar que, "em cada caso concreto, é sempre a [irrepreensivelmente apurada] intencionalidade normativa [do – constituído ou constituendo – critério jurídico interpretando] que [,afinal,] se imporá" (cf. LABORINHO LÚCIO, *O julgamento...*, cit., 418).
[1120] Cf. *Theorie der Rechtsgewinnung...*, cit., 225.
[1121] Cf. Jack M. BALKIN, *Living originalism*, cit., 95.

até agora…), deslindar os meandros do exercício metodonomológico, para nos não perdermos nesse labirinto e não ficarmos condenados a dar nele passos às cegas[1122].

Seja em primeiro lugar, num esforço de síntese (e, portanto, a traço muitíssimo grosso, mas sem incorrermos numa excessiva "simplificação de coisas complicadas"[1123]…), a grelha do exercício que se nos impõe declinar – as grandes linhas que o desenham.

Nem todos os problemas concretos que emergem no horizonte do mundo da vida são necessariamente relevantes, do ponto de vista metodológico, no mundo do direito. Sê-lo-ão quando apresentarem as características oportunamente sublinhadas[1124].

Para serem postos e solucionados – para se poderem dizer metodológico-juridicamente relevantes –, os problemas têm que ser relacionáveis, e estar relacionados, com o constituendo sistema da normatividade jurídica vigente. As mais das vezes, no horizonte de um sistema do tipo do nosso – um sistema de legislação –, o caso-problema é susceptível de ser trazido-à-correspondência com um critério jurídico legal, cujo âmbito de relevância importará, então, recortar de modo preciso[1125] – uma questão, não raro, bem delicada[1126]. O apuramento do âmbito de relevância do mencionado critério e o sentido da interpretação jurídica impõem, por um lado, a referência do preceito em causa ao(s) princípio(s) normativo(s) e ao(s) objectivo(s) pragmático(s) que ele intenciona

---

[1122] Trata-se de uma paráfrase a Vergílio, *Eneida*, VI, 29 s.: "Daedalus ipse dolos tecti ambagesque resolvit, /Caeca regens filo vestigia […]" – na ed. da versão em latim, devida a Paul Lejay, Paris: Hachette, s./d., 496. Atente-se na trad. da mencionada passagem, proposta por Luís M. G. Cerqueira *et alii,* in Vergílio, *Eneida,* cit., 142: "contudo o próprio Dédalo […] deslindou as falácias e os meandros da edificação, encaminhando com um fio os passos às cegas".

[1123] Cf. Hermann Hesse, *Uma biblioteca universal,* 2.ª ed., trad. de V. Tenreiro Viseu, Amadora, 2018, 68.

[1124] Cf. *supra,* 221 s. – e, sobretudo, n. 808.

[1125] *V.* o que atrás se escreveu sobre o sentido da interpretação jurídica (279 ss.), e o que adiante se dirá sobre a "questão-de-direito em abstracto" (316 ss.).

[1126] Ilustremos a aludida dificuldade (sem entrarmos em pormenorizações de momento dispensáveis…) com a seguinte pergunta: o problema suscitado por "um *aval prestado sobre uma livrança em branco",* posteriormente preenchida em termos abusivos ("com 'má fé ou falta grave'"), é do âmbito de relevância da "norma especial" do artigo 10.º (que exige "a verificação [do] *conhecimento (ou [d] a ignorância culposa) da vontade manifestada pelo avalista em branco,* […] que [, evidentemente, ocorrerá] *sempre que o título se mantenha nas mãos do credor originário"),* ou da norma geral do artigo 17.º da LU (que *"requer* a determinação prévia do *tipo de relações (mediatas e imediatas)* existentes entre [o] exequente-credor e o executado-avalista")? Cf. o muito interessante caso – porque a questão a que se aludiu é controvertida a nível da jurisprudência – anotado por Carolina Cunha, no seu "Nulidade do contrato garantido e aval em branco", in *RLJ,* 143.º, n.º 3982, 2013, esp.te 64 s., 71 s. e 74 ss.; a nossa Colega não hesita em sustentar que o referido caso é do âmbito de relevância do artigo 10.º da LU. Cf., ainda da A., "Aval em branco e plano de insolvência", igualmente na *Revista* decana, 145.º, n.º 3997, 2016, 210 s., sob. 3.2.3., "A execução do avalista após homologação do plano de revitalização do avalizado", também na *RLJ,* 147.º, n.º 4007, 2017, 127 ss., sob 2., e *Quando querer é poder…,* cit., ainda na *RLJ,* 148.º, n.º 4015, 2019, 250 ss. e 269.

– planos estes que não intervêm compartimentadamente, excluindo-se reciprocamente, antes operam articuladamente, explicitando-se dialecticamente –[1127], e, por outro, ao problema concreto que suscita a respectiva convocação – um terceiro plano a acrescentar àqueles dois que acabámos de mencionar[1128] e tão importante como os demais para permitir vencer a inércia de um impertinente *ius in thesi* (a "interpretação abstracta da lei"), substituindo-o por um esclarecido *ius in hypothesi* (pelo "sentido jurídico que dela se" obtém por mediação de um caso concreto)[1129] [1130] . E este caso-problema pode, ele próprio,

---

[1127] Se não compreendermos assim a interpretação jurídica – *scilicet,* se a não compreendermos considerando, em dialéctica correlatividade e atento o problema judicando, a *arché* e o *telos* do critério interpretando –, também nós poderemos dizer, com a desilusão dos frustrados, "we 'get the text' but we don't 'dig it'" – cf. G. Steiner, *Sobre a dificuldade e outros ensaios,* cit., 51. *V.* ainda *infra,* esp.[te] 333 s.

[1128] Insistindo na – capital! – observação do texto que nos trouxe a esta nota, diremos ainda que o caso, nos seus exactos contornos, é decisivo para determinar o regime jurídico ajustado ao problema que ele concretamente põe (recorde-se o que escrevemos *supra,* 72 e n. 154, e o que se esclarecerá *infra,* 317 ss.). Exemplo: o carácter supletivo da norma do artigo 796.º do CC viabiliza "cláusulas que alterem as regras respeitantes à distribuição do risco nas relações entre empresários ou entidades equiparadas. [...N]ão assim [,porém,] nas relações com consumidores finais [não profissionais, em que] são em absoluto proibidas as cláusulas contratuais gerais que alterem as regras respeitantes à distribuição do risco (art. 21.º, al. f), do Decreto-Lei n.º 446/95 [, de 25 de Outubro])" – cf. Calvão da Silva, "Anotação" ao Acórdão de 10 de Outubro de 2013, do STJ, in *RLJ,* 143.º, n.º 3986, 2014, 368. Outra situação exemplar, em que se intersectam o direito nacional e o direito europeu (o regime da venda de coisas defeituosas, tal-qualmente o estabelece o CC, nos artigos 913.º ss., e aqueloutro previsto no adequadamente recortado âmbito da relevância do DL n.º 67/2003, de 8 de Abril, centrado no princípio "da conformidade dos bens com o contrato") e igualmente reveladora da bem mais ampla protecção de que beneficia um particular quando intervém no circuito contratual um negociante profissional, é aquela de que nos dão conta António Pinto Monteiro/Mafalda Miranda Barbosa, no estudo "A imposição das obrigações decorrentes do DL n.º 67/2003, de 8 de abril, ao intermediário na venda", in *RLJ,* 147.º, n.º 4011, 2018, 368 ss.
Pagando ainda um tributo visível à perspectiva tradicional (é notória essa capitulação não só a nível semântico, mas também na atribuição de um carácter lógico ao exercício interpretativo), supomos, não obstante, valer a pena atentar numa proposta de compreensão do problema da interpretação jurídica, apresentada, na primeira metade dos anos 60 do século passado, por José H. Saraiva. O A. não hesita em sublinhar "que é sempre uma questão de aplicação da lei que suscita a questão de interpretação", e em reconhecer "a realidade", com a sua ineliminável imprevisibilidade, como dimensão constitutiva da juridicidade, razões por que o problema da interpretação jurídica não poderá pôr-se ignorando o caso concreto. Para José H. Saraiva, e em última análise, tudo se resume a apurar se a criteriosamente recortada elasticidade da norma interpretanda é ainda, ou já não, susceptível de assimilar "o novo caso" – cf. *A crise do direito,* cit., 106 ss., n. 13.

[1129] Cf. A. Castanheira Neves, *O instituto dos "assentos"...,* cit., 83 s.
Ou ainda (articulando as observações do texto com o que atrás escrevemos sobre o oximoro juízo decisório: cf. *supra,* 96 ss.): assim como não há, objectivamente (sublinhou-o Karl Popper: cf. *Busca inacabada...,* cit., 48 ss.), conceitos precisos (ou com fronteiras nítidas – "limites precisos" –, como precipitadamente os postulava Gottlob Frege: cf. *Funktion und Begriff,* cit., in *Cinco ensaios...,* cit., 37 s.), porque esses pretensos conceitos precisos, definidos, pressuporiam a precisão absoluta dos conceitos definidores ou dos próprios termos indefinidos ou primitivos, e isso não existe, também a uma norma legal não pode ser imputado um sentido em abstracto, porque o seu sentido só vem à epifania por mediação das implicações problemáticas e das pressuposições intencionais que densificam o seu referente – o referente (problemático-intencional...) que faz de uma norma legal um critério jurídico; subjectivamente (importa não esquecer nunca o sujeito envolvido no exercício judicativo-decisório, embora ele deva empenhar-se em intersubjectivizar a sua ineliminável subjec-

remeter a (e implicar a mobilização de) princípios normativos do sistema[1131], e, no limite, ao próprio sentido do direito (eventualmente susceptível de o vir a assimilar, e que – se assim for – o mencionado caso acabará por redensificar...). Na tentativa de pôr e solucionar um problema jurídico, importa, todavia, como é óbvio, não ultrapassar nunca os "limites da juridicidade" – como há pouco recordámos, nem todos os problemas práticos são da regedoria do direito... Neste ensejo, acrescentaremos apenas que os referidos "limites da juridicidade" se articulam, numa intercambialidade indefinível *en avance,* com o "espaço livre de direito", e que um e outro desses dois campos, sublinhámo-lo já[1132], só poderão ir sendo rigorosamente recortados por mediação de problemas a que eventualmente se arrisque reconhecer um mérito jurídico, não obstante irromperem na inevitavelmente mal traçada linha de fronteira oscilante entre um (os "limites da juridicidade") e outro (o "espaço livre de direito").

Delicadíssima questão esta que, advirta-se mais uma vez e a título preliminar, não é passível de ser resolvida invocando (nomeadamente) o princípio universal negativo, tão caro a um certo positivismo legalista – segundo o qual, lembre-se, o que não esteja formalmente previsto no sistema objectivado deverá ter-se, sem mais, por juridicamente irrelevante –, pois impõe-se-nos

---

tividade...) as mentes (sabemo-lo bem) não são "talhada[s] em mármore" (cf. Jonah LEHRER, *Proust era um neurocientista,* cit., 56 ss.) e os memes que as infestam também não...

[1130] Lembrando a celebérrima alegoria de *Sir* Isaiah BERLIN – e uma vez que estamos a escrever esta nota numa terça-feira de Carnaval... –, diremos que o exercício que se considera no texto reclama a intervenção de um jurista mascarado de um híbrido muito particular: meio ouriço-cacheiro – porque se lhe exige o domínio das grandes questões a que inicialmente aludimos –, meio raposa – para que nunca perca de vista as inúmeras pequenas questões postas por cada problema concretamente judicando...

[1131] Pense-se, exemplificativamente (em termos quase caricaturais de tão simplificados), no complexíssimo caso BES. Talvez por via dos princípios normativos subjacentes ao respeito devido à boa fé, ao dever de prestar uma informação particularmente adequada... se possa jurisdicionalmente sustentar, para os lesados do banco, "um eventual direito a uma indemnização, com fundamento em responsabilidade pela confiança[...]". Porque pela via dos clássicos instrumentos legais de protecção dos credores *(v. gr.,* a impugnação pauliana – artigos 610.º ss., do CC), isso afigura-se muito duvidoso (cf. Mafalda MIRANDA BARBOSA, "A propósito do caso BES. Algumas notas acerca da medida de resolução", in *Boletim de Ciências Económicas,* Vol. LVIII, Coimbra, 2015, 187 ss., esp.te 230 ss., 233 e n. 55, e 238. Para explicitações complementares, *v.* ainda, da A., "Da igualdade ou do tratamento igualitário entre os credores. Breves considerações", in *Boletim da Faculdade de Direito,* Vol. XCII, Tomo I, Coimbra, 2016, 367 ss., esp.te 382 ss. e 399 ss.).

[1132] Cf. *supra,* 179. Os indispensáveis esclarecimentos complementares (da perspectiva metodonomológica em que nos re-vemos...) compulsar-se-ão *infra,* 351 ss.
Acrescente-se ainda que a acentuada co-implicação dos dois mencionados horizontes – e, nomeadamente, a não exclusão do circuito discursivo do referido "espaço livre de direito" – é indispensável para esconjurar a tentadora ilusão de um qualquer panjuridismo (cf., *v. gr.,* José Manuel AROSO LINHARES, "A 'avidez da uniformidade' e a celebração incondicional da diferença: dois desafios contrários no contexto contemporâneo do projecto do direito?", in Eduardo C. B. BITTAR (Coord.), *Filosofia do Direito, Diálogos globais, temas polêmicos e desafios da justiça,* São Paulo, 2019, esp.te 261. Decerto mais elementarmente (mas em termos não menos percucientes...), *v.* as nossas *Lições...,* cit., esp.te 34.

saber opor-lhe a objecção de que há exigências axiológicas (com projecções teleológicas...[1133]) densificadoras da normatividade jurídica, que já integram o *corpus iuris*, e que, por isso mesmo, não poderão deixar de ser relevadas num adequadamente concebido exercício metodonomológico, desde logo para a qualificação, como jurídico, do problema circunstancialmente interpelante. Supomos que o modo como compreendemos o sistema jurídico – sobretudo, a historicidade e a deveniência do sentido que o perpassa – é bastante para se perceber o que acabámos de acentuar[1134]... que se revela de capital importância para a identificação e solução daqueles que nos habituámos a designar casos--ornitorrinco: aqueles casos que, no limite, podem implicar uma revisão, por superação mais ou menos pontual, do referido sentido.

Mas, por imperativos pedagógicos, caminhemos passo a passo, e sem nunca ocultarmos a "serpente [que existe] neste paraíso"[1135] – a enleante tentação implicada pela irremissível singularidade con-formadora do problema em que se polariza cada exercício metodonomológico, com o propósito de o referido problema vir a ser solucionado em termos prático-normativamente adequados.

4.1. Olhemos então, mais detidamente, o *modus* da realização judicativo--decisória do direito, pressupondo tudo o que nos empenhámos em esclarecer até ao momento... e sem o reduzirmos a uma mera *lip devotion*. O que temos diante de nós, repetimos, é a equação metodonomológica: identificadas que foram já as incógnitas que ela apresenta e o pensamento chamado a articulá--las, trataremos basicamente de analisar as operações que a referida equação implica (a que também fomos aludindo *en passant*...[1136]) – o seu algoritmo[1137],

---

[1133] Cf. *supra*, n. 1108.

[1134] Sobre as considerações do texto que determinaram a abertura desta nota, cf. A. Castanheira Neves, *Metodologia Jurídica...*, cit., 205 ss., e "Arguição...", in *Digesta...*, Vol. 3.º, cit., 620 s. – argumento este em que se testa a pertinência da orientação propugnada pensando um problema exemplar; e as nossas *Lições...*, cit., 506 e n. 163, e 953 ss., *Pj → Jd...*, cit., in *Analogias*, cit., 380 s. n. 212, e *supra*, 46 s. e n. 44, e 171 s. e 181 ss.

[1135] Parafraseamos, assim, Pedro Domingos, *A revolução do algoritmo mestre...*, cit., 212.

[1136] Lembremos, por último, as menções que lhes fizemos em sede de interpretação jurídica.

[1137] Com palavras de M. Kriele: "um esquema que prescreve de modo preciso os passos reflexivos a serem levados a cabo, e por que ordem, tudo o que, quando aplicado sem erros, garante que se alcance o resultado correcto"... contanto se não omitam as "ponderações" material e intencionalmente densificadoras do exercício – cf. *Theorie der Rechtsgewinnung...*, cit., sucessivamente 85 e 84. V. ainda o que sublinhámos *supra*, 223, António Damásio, *A estranha ordem das coisas...*, cit., 275... E acentuemos também, muito enfaticamente e em paráfrase a uma afirmação análoga, que, em termos estritos, "não há nenhum algoritmo para [a decisão judicativa]" – cf. agora Julian Baggini, *As fronteiras da razão...*, cit., 226.

ou, na expressão cunhada por Castanheira Neves, o "esquema metódico"[1138] do exercício judicativo-decisório. No campo temático que assim se nos depara seremos igualmente bastante sintéticos (a acribia não é incompatível com este propósito…) – dispomos do apoio proporcionado por explicitações feitas em outras oportunidades[1139], e não vemos razões para as enjeitar. Sem surpresa, procuraremos ainda sublinhar a centralidade da analogia no mencionado exercício (o pensamento a que há pouco aludimos é, sabemo-lo, o analógico)[1140].

4.1.1. A primeira nota a sublinhar – que marca tudo o mais – é, decerto, a da insustentabilidade, hoje, da dicotomia "questão-de-facto"/ "questão-de--direito"[1141], na sua acepção tradicional[1142], com uma importante consequência

---

[1138] Cf. *Metodologia Jurídica…,* cit., 159 ss.

[1139] Cf., sobretudo, o que escrevemos nas *Lições…,* cit., 875 ss., esp.[te] 940 ss., e em *Pj → Jd…,* cit., in *Analogias,* cit., 354 ss., esp.[te] 389 s., sob 13.

[1140] Aludimos também atrás – numa acepção transliteral… – ao algoritmo metodonomológico. E recordámos agora que ele implica o raciocínio analógico. Pois bem. Insistindo por mais umas linhas (as desta nota breve) na metáfora, aceitando a noção de algoritmo como a "sequência de instruções que diz a um computado*r [hic et nunc:* ao jurista de serviço] o que fazer", e articulan-do-a apenas com o outro tópico convocado – a analogia – (com deliberada inconsideração, por-tanto, das demais propostas que têm vindo a ser exploradas neste âmbito…), lembraremos que na esfera da obsidiantemente interpelante inteligência artificial se afirmam basicamente três modelos (dada a nossa consabida impreparação – e insensibilidade! – nesta matéria, o melhor é sermos o mais esquemáticos possível…): o "algoritmo do vizinho mais próximo", as "máquinas de vectores de suporte" e a "aprendizagem profunda". Deixando entre parêntesis a exacta caracterização de cada um, acentuaremos apenas que a segunda das ferramentas em causa (privilegiemo-la, a título exemplificativo) postula uma "medida de semelhança, que […] é geralmente escolhida *a priori",* e opera depois tecnicamente, resolvendo os problemas para que tiver sido pré-programada (cf. Pedro Domingos, *A revolução do algoritmo mestre…,* cit., esp.[te] 17,19 s., 25, 77 ss., 203 ss., 216 ss. e 278 ss.). A pergunta para nós decisiva é a de saber se uma máquina assim concebida deve ser chamada a substituir o jurista-pessoa, a quem, no horizonte de um genuíno Estado de Direito, está confiada a tarefa da decisão judicativa. Pressupondo, *inter alia,* a ideia genérica de que um juízo-julgamento só é exigível a uma mente incorporada (cf. *supra,* n. 578. Deixo entre parêntesis, claro está, a ideia subjacente ao "'transumanismo' [– que] é conseguir que a mente humana possa ser 'descarregada' para um computador, garantindo assim [não só] a sua vida eterna" – cf. António Damásio, *A estra-nha ordem das coisas…,* cit., 273 – como também, atrevo-me a acrescentar, a superação daquela apontada dificuldade. Que benefícios colheríamos dessa – promissora?; inquietante?... – possibi-lidade?... O A. que me apresentou a mencionada ideia – o celebrado neurocientista – defende uma irrestrita interacção corpo/mente – esta última não vem à epifania sem aquele primeiro –, o que parece inviabilizar liminarmente o projecto, mas nunca se sabe… Ou, insistindo na mesma pergunta, mas formulando-a por outras palavras, parcialmente colhidas num A. insuspeito…: será possível "[transmutar] o caleidoscópio da […] vida [de cada um de nós], a miríade de diferentes escolhas que fizemos, numa imagem coerente daquilo que somos e daquilo que queremos […]" – cf. Pedro Domingos, *A revolução do algoritmo mestre…,* cit., 68 –, e armazená-la, codificada e produtivamente, num computador?...), e, sobretudo, aqueloutra, já específica, segundo a qual o apuramento de uma analogia não dispensa, no quadro de que nos ocupamos, uma mediação judicativa, centrada no problema concreto, nas circunstâncias também concretas em que ele emerge e que o modelam (cf. *supra,* 240 ss.) – o que, evidentemente, não é susceptível de se fixar *en avance,* pois isso cor-responderia a uma pré-definição da história, com menoscabo da sua irreprimível e imprevisível deveniência – a nossa resposta à mencionada tentação só pode ser negativa.

[1141] Acentuámo-lo pela primeira vez (no quadro do Direito Administrativo), *supra,* 64. Hoje, pode dizer-se ser esse um lugar comum – e com reflexos no modo como a questão tem vindo a ser (re-)

na determinação do tribunal competente[1143]. Em momentos diversos do nosso curso demo-nos conta da ingenuidade subjacente à mencionada leitura das coisas. Ilustremo-lo com um exemplo muito elementar[1144]: quando um leigo diz a um jurista que comprou um determinado bem, este último dá-se imediatamente conta de que não se está perante um simples "facto" empírico, mas de um acto normativo-juridicamente relevante *ab origine* (digamos que entre o acto e o referente intencionado há uma "ligação tão necessária e estreita quanto a existente entre o oxigénio e o hidrogénio na água"…[1145]) e susceptível de fundamentar os "efeitos essenciais" entre nós mencionados no artigo 879.º do CC. De uma esclarecida perspectiva metodonomológica, a realidade visada pelo direito (irredutivelmente, é isso que está aqui em causa) não se identifica com

considerada, quer pelo legislador (exemplo: "[a] principal alteração ocorrida [em sede do importante dever de fundamentar as decisões judiciais, no CPC de 2013,] resultou […] da *concentração do julgamento de toda a matéria de facto e de direito na sentença:* […] o julgamento de facto, que tem, em si mesmo, de ser fundamentado, é simultaneamente fundamento da decisão de direito" – são palavras de Maria dos Prazeres Pizarro Beleza, *O dever de fundamentação das decisões judiciais no novo CPC português,* cit., 167), quer pela doutrina e pela jurisprudência (recordem-se agora, a título exemplificativo, as arbitragens internacionais, no que diz respeito a litígios decorrentes de contratos relacionados com o petróleo, e na "mestria elevada" que a imbricação de ambas – da questão-de-facto e da questão-de-direito – reclama: cf. José Carlos Vieira de Andrade e Rui de Figueiredo Marcos "(Coords.), *Direito do petróleo,* cit., 427).

[1142] De resto, note-se, as águas nem sempre se separaram do mesmo modo. Exemplifiquemo-lo com o problema do nexo de causalidade em matéria de responsabilidade civil, que começou por ser entendido como "simples questão-de-facto", centrada no apuramento da "adequação naturalística" de certo comportamento para produzir um determinado dano, e passou depois "a ser vist[o] como uma questão-de-direito", centrada no apuramento da adequação normativa de certo comportamento – pense-se, particularmente, num comportamento omissivo… – para produzir um determinado dano: cf. Ana Mafalda C. N. de Miranda Barbosa, *Do nexo de causalidade ao nexo de imputação…,* cit., Vol. I, 26 ss. e 34.
Aproveitando o horizonte em que nos movemos – o do Direito Civil – e com o propósito de mostrar que vem de há muito, e tem surgido sob diversos enquadramentos, a problemática da estreita relação facto/direito, a que estamos a aludir, como não recordar, igualmente a título exemplificativo, as dúvidas suscitadas pelo erro "de direito" e "de facto", em matéria de negócio jurídico, que levaram Ferrer Correia a julgar "injustificável que o contraente enganado fique em melhor posição quando o seu erro foi 'de direito' do que quando foi 'de facto'", e "a […] considerar o preceito do art. 660 [do C. Seabra], na parte em que ele estabelece as condições objectivas da relevância do erro de facto, aplicável por analogia ao erro de direito"? Cf. *Erro e interpretação…,* cit., 96, n. 2. Hoje, e com o contraponto de esclarecedoras incursões pelo regime instituído pelo Código Civil de 1867, v. C. A. da Mota Pinto, *Teoria Geral do Direito Civil,* 4.ª ed., cit., 504 ss.

[1143] Cf., por todos, A. Castanheira Neves, "Matéria de facto – Matéria de direito", in *Digesta…,* Vol. 3.º, cit., esp.te 327. Ao invés do que comummente se sustentava, e como adverte o nosso eminente Professor na passagem que julgamos ser nuclear (que sintetiza uma sua lição de décadas…), "a competência jurisdicional desses supremos tribunais [, que tradicionalmente só cuidavam do "direito", ficando os "factos" a cargo das instâncias – como se aquele nada tivesse que ver com estes, e os "factos" não fossem *ab origine* cunhados pelo "direito"…] haja de determinar-se por um outro critério: desde logo, e bem diferentemente, pela consideração conjugada dos *fundamentos de recurso* admissíveis, do *objecto de conhecimento* que lhes corresponde e dos *poderes processuais* de que dispõem".

[1144] Parcialmente colhido em Jan Schapp, *Die juristische Methode als der Weg zum Verstehen und Anwenden des Rechts,* cit., in *Methodenlehre und System des Rechts,* cit., 197.

[1145] Cf. Schopenhauer, *Aforismos para a sabedoria de vida,* cit., 20. *V.,* paralelamente, *supra,* 287 e n. 1079).

os factos empíricos subsumíveis às hipóteses das normas legais – é o ponto de vista dos normativismos–, nem com a pluralidade de dimensões ("política, cultural, social, económica, etc.") que materialmente se afirmam na prática e se impõem ao direito, limitando-se este a recebê-las nessa sua diversa identidade e a conferir-lhes formalmente uma expressão regulativa – assim nos funcionalismos –, mas com os "casos jurídicos concretos", tal-qualmente os caracterizámos mais atrás[1146], em que se põem problemas que intencionam a adequadamente recortada normatividade jurídica... e a reconstituirão quando esta os assimilar em termos metodologicamente irrepreensíveis. O que não é senão um outro modo de reconhecer a dialéctica (alegoricamente: o jogo de espelhos...) em que, no exercício metodonomológico, se enredam o problema interpelante (mera tradução, para a linguagem do nosso tempo, dos factos – e, portanto, da questão-de-facto...–, na sua acepção tradicional) e o sistema interpelado (que, como *locus* de objectivação da constituenda normatividade jurídica vigente, não é mais do que sinónimo de direito – da questão-de-direito, se preferirmos...)[1147]. Sistema este que, sabemo-lo já, os problemas que vão surgindo se encarregam de ir enriquecendo. Com efeito, os problemas reconstituem sempre o sistema. E se esta reconstituição implica, via de regra, uma mera redensificação do sistema, pode bem implicar mais do que isso – é o que acontece quando um problema radicalmente novo impõe um "desenvolvimento transistemático do direito" (... se tal for juridicamente admissível...)[1148]. Importa, então, considerar estas duas possibilidades. Começaremos, evidentemente, pela primeira.

4.1.2. Sem nunca esquecermos aquela decisiva nota preliminar, acrescentaremos agora que as duas mencionadas grandes questões – a questão-de-facto

---

[1146] Cf. A. Castanheira Neves, *O funcionalismo jurídico...*, cit., in *Digesta...*, Vol. 3.º, cit., 241 s., sob *d)*, e *supra*, 204 ss., esp.ᵗᵉ 220 ss.

[1147] Se concedermos em transformar o exercício metodonomológico em... experiência de prazer dietético, recorrendo a uma imagem conhecida (cf. Imre Lakatos, *Falsificação e metodologia dos programas de investigação científica*, cit., 113), diremos que o caso é a "noz", o esquema metódico o "martelo", e a juridicidade a "bigorna" – assim como apoiamos a noz na bigorna para a partirmos com o martelo, também pressupomos (com o objectivo de a realizarmos, está bem...) o referente juridicidade para pôr o caso, que o "esquema metódico" (que intenciona essa mesma juridicidade) permitirá solucionar. Há, decerto, quebra-nozes mais simples (como os há ainda musical e coreograficamente belíssimos...). Mas o exercício metodonomológico é, igualmente, muitíssimo complexo...

[1148] Uma vez que incluímos o sentido do direito no conjunto dos estratos componentes do sistema jurídico (dissemo-lo mesmo o mais fundamental de todos eles, porque autenticamente fundamentante da juridicidade: cf. *supra*, 187 ss., sob 1.1.2.2.), atrevemo-nos a admitir que, em lugar de "desenvolvimento transistemático do direito", se deveria falar, nas circunstâncias aqui tidas em vista, em afinamento reconstitutivo (pela via da emergência de problemas concretos que o determinem) do mencionado sentido...

e a questão-de-direito – se projectam em quatro momentos analiticamente distintos mas metodonomologicamente complementares (dois momentos por cada uma das duas referidas grandes questões), que conjuntamente modelam o "trazer-à-correspondência" em que irredutivelmente consiste o exercício judicativo-decisório, a "fusão de horizontes" polarizados, em dialéctica correlatividade, no problema judicando e na intencionalidade problemática do(s) constituído(s) ou constituendo(s) estrato(s) do sistema circunstancialmente pertinente(s).

A (como nos demos conta, recompreendida!) questão-de-facto integra um momento pressuponente e um outro controversial. Olhemo-los.

4.1.2.1. O *momento pressuponente* é aquele que diremos o momento sem o qual não. Sintetizá-lo-emos com a observação de que o caso judicando é o factor *omnia movens* do exercício metodonomológico. Todavia, para o ser, torna-se indispensável determinar a relevância jurídica desse caso – recortá-lo objectivamente e qualificá-lo como deve ser.

De há muito nos habituámos a vislumbrar aqui uma analogia muito particular. É que a objectivação do caso consiste em identificar, *sub specie iuris,* o problema relevante no quadro da complexa situação em que ele vem à epifania, privilegiando o nuclearmente decisivo em detrimento do marginal e do irrelevante; e a sua qualificação radica na justificada pressuposição, relativamente ao mencionado problema, das circunstancialmente pertinentes constituendas exigências... constitutivas do sistema da normatividade jurídica vigente[1149]. Estamos aqui perante dois aspectos de uma mesma questão unitária, pois do que em ambas basicamente se trata é de tentar "trazer-à-correspondência" o problema autonomizando e a intencionalidade problemática do direito,... que talvez permita objectivá-lo e qualificá-lo, razão por que designaremos a reflexão em causa uma analogia de objectivação tematizante e de qualificação especificante[1150] – uma comparação entre *relata* particulares, que autoriza a que se entreveja na situação que for um provável "caso jurídico concreto", de um determinado âmbito jurídico-dogmático.

---

[1149] Pensemos, exemplificativamente, em duas categorias de que se ocupa o pensamento jurídico penal – o crime putativo e a tentativa impossível – e, complementarmente, nas razões determinantes da não punição do crime putativo *(v. gr.,* o incesto), e naquelas que podem determinar uma eventual punição da tentativa impossível (são, *v. gr.,* coisas diferentes a administração de açúcar a uma pessoa saudável ou a "um diabético em alto grau"...): cf. José de Faria Costa, *Direito Penal,* Lisboa, 2017, 553 s.
[1150] Colhemos estas palavras nas nossas *Lições...,* cit., 970 s.

Naquela objectivação preliminar, assume um papel decisivo a "judícia" do jurista de serviço. É essa sua experiencialmente radicada pré-compreensão do sistema jurídico (se a judícia introduz no circuito um momento subjectivo, o sistema jurídico – a intencionalidade problemática do sistema jurídico, que nos leva a compreendê-lo como sistema-problema... – tempera-o com um outro, objectivo)[1151] que lhe permite, num mais ou menos certeiro golpe de vista, aperceber-se de que, muito provavelmente, há na situação com que se confronta um caso juridicamente relevante.

Por seu turno, a mencionada qualificação (a provisória caracterização do mérito específico do referido caso) nem sempre se revela isenta de dificuldades e projecta-se não raro em consequências de decisiva importância[1152]. Ilustremos este ponto (a dupla afirmação precedente) com alguns exemplos. 1.º) Se o autor tiver pedido a declaração de nulidade de um contrato, mas o tribunal qualificar a situação concreta, adequadamente alegada e provada, como um caso de *"anulabilidade,* [...] deverá [decretar] a *anulação* do negócio e jamais a *declaração de nulidade* do mesmo"[1153]. 2.º) O acto de fixação da contrapartida mínima, praticada pelo auditor independente (uma entidade particular em que se delegam poderes e funções públicas, atenta a sua reconhecida competência técnica de autêntico "perito"), no âmbito de uma OPA (oferta pública de aquisição) obrigatória, é "um *acto administrativo",* ou "um *acto equiparado a um acto administrativo",* ou "uma *decisão materialmente administrativa",* e, por isso mesmo, deverá respeitar as normas do CPA (do Código do Procedimento Administrativo) e a respectiva impugnação contenciosa é, nos termos do Código do Processo nos Tribunais Administrativos (artigo 51.º, n.º 2), da competência dos tribunais administrativos – assim decidiu, contra a Sentença

---

[1151] Cf. o nosso *Pj → Jd...,* cit., in *Analogias,* cit., 389.

[1152] Consequências estas, aliás, com características nem sempre as mesmas. A série de exemplos que arrolamos, já a seguir, no texto, evidencia algumas dessas consequências – que diremos típicas. Mas há outras – pense-se, igualmente *v. gr.,* na possível impostação do problema num determinado plano e, não obstante, no seu reaparecimento (ainda que noutros termos...) a jusante: a conhecida técnica do *dépeçage,* no âmbito do DIP (a divisão por sectores normativos operada pelos conceitos--quadro das normas de conflitos), pode vir a originar verdadeiros ... conflitos de qualificações (cf. Nuno Ascensão Silva, "Em torno das relações entre o direito da família e o direito das sucessões – o caso particular dos pactos sucessórios no direito internacional privado", in Guilherme de Oliveira (Coord.), *Textos de Direito da Família para Francisco Pereira Coelho,* Coimbra, 2016, esp.ᵗᵉ 486 s.), sem a adequada solução dos quais não será possível "repor" as prático-normativas "coerências invisíveis" (W. Wengler) que se impõem ao jurista de serviço (cf. Id., "O regime patrimonial do casamento e as sucessões no direito internacional privado europeu – crónica de um desfecho anunciado", in Maria Lúcia Amaral, com a colaboração de Selma Pedroso Betttencourt (Org.), *Estudos em Homenagem ao Conselheiro Presidente Rui Moura Ramos,* vol. II, Coimbra, 2016, 632 e 642 s.

[1153] Assim, Miguel Mesquita, "A flexibilização do princípio do pedido à luz do moderno Processo Civil", in *RLJ,* 143.º, n.º 3983, 2013, esp.ᵗᵉ 144.

proferida pelo Tribunal Administrativo do Círculo de Lisboa, um Acórdão do Tribunal Central Administrativo-Sul[1154]. 3.º) A relação entre o cliente e o banco deve ser concebida como uma relação de carácter contratual constituída por "vários negócios", autónomos entre si, ou como uma relação de carácter legal assente na confiança, ou como uma "relação contratual [radicada no] contrato bancário geral"?[1155]. 4.º) O contrato de permuta de juros (*swap* de taxa de juro) é um contrato atípico, válido nos termos dos artigos 398.º, n.º 2, e 405.º do CC (*v.* ainda o artigo 1247.º do mesmo diploma), ou deverá ser equiparado ao jogo e aposta, ficando decorrentemente exposto à excepção do artigo 1245.º do CC?[1156] E poderão aplicar-se a um *swap* de taxas de juro "as disposições sobre a compra e venda, por remissão do artigo 939.º do Código Civil"?[1157] E, atenta a (ou, não obstante a…) aleatoriedade que o caracteriza, será possível recorrer, no âmbito de um contrato deste tipo, ao "regime da alteração superveniente das circunstâncias, previsto no art. 437.º CC"?[1158] 5.º) Tendo, na constância de uma união de facto, o companheiro assumido todos os encargos relativos à compra de um apartamento para morada comum, apesar de não figurar na respectiva escritura como adquirente do imóvel, uma vez ocorrida, alguns anos volvidos, a ruptura da "relação convivencial 'informal'", deverá, ou não, ser reconhecido um enriquecimento sem causa da companheira-proprietária à custa daquele – na hipótese de resposta afirmativa, determinante de uma adequada "compensação" entre os patrimónios de um e outra?[1159] 6.º) *A,* está sepultado em certo cemitério num gavetão propriedade da sua viúva, *B.* Os pais de *A* pretendem

---

[1154] Cf. Pedro Costa Gonçalves, "A fixação da contrapartida por auditor independente em OPA", in *RLJ,* 140.º, n.º 3964, 2010, 53 ss.

[1155] Cf. António Pinto Monteiro, "A resposta do ordenamento jurídico português à contratação bancária pelo consumidor", in *RLJ,* 143.º, n.º 3987, 2014, esp.[te] 379, sob 3.I.

[1156] Cf. Calvão da Silva, "*Swap* de taxa de juro: sua legalidade e autonomia e inaplicabilidade da excepção do jogo e aposta", in *RLJ,* 142.º, n.º 3979, 2013, 253 ss. Deveras interessante (por reconduzir a sua argumentação a um tópico central na economia deste curso – a analogia) é a abordagem do problema ensaiada por Mafalda Miranda Barbosa: cf. "Entre a gestão do risco e a especulação. Reflexões a propósito de certos contratos de derivados de crédito", in *Boletim de Ciências Económicas,* Vol. LX, Coimbra, 2017, esp.[te] 353 ss.

[1157] Em sentido negativo, com concludente fundamentação, cf. Paulo Mota Pinto, "Contrato de *swap* de taxas de juro, jogo e aposta e alteração das circunstâncias que fundaram a decisão de contratar", in *RLJ,* 143.º, n.º 3987, 2014, 399, sob 3.

[1158] Cf., a título meramente exemplificativo, as reflexões que o problema suscitou a Mafalda Miranda Barbosa, no seu estudo "A relevância da natureza do crédito detido pelo cliente de uma instituição bancária objeto de uma medida de resolução. Nótula a propósito do caso BES", in *Boletim de Ciências Económicas,* LIX, Coimbra, 2016, 134 ss.; *v.* esp.[te] a nota 80.

[1159] Na situação exemplar, que aqui levamos pressuposta, o STJ (tal como as instâncias) entendeu que não. Mas que a questão está longe de ser pacífica, é o que nos mostra F. M. de Brito Pereira Coelho, em "Anotação" publicada sob o título "Dissolução da União de Facto e Enriquecimento sem Causa", in *RLJ,* 145.º, n.º 3995, 2015, 113 ss.

ter acesso visual à urna do defunto, para, de quando em vez, se recolherem diante dos seus restos mortais e assim "prestarem culto" à memória do filho. *B* opõe-se a essa pretensão. Estamos face a uma situação de "exercício abusivo do direito" (de propriedade) por parte da viúva (pronunciou-se, neste sentido, o TR), ou será que a obrigação que sobre ela impende deverá ser qualificada como natural, não sendo, portanto, judicialmente exigível o respectivo cumprimento (no pleito, foi esta a posição assumida pelo STJ)?[1160] 7.º) A especificidade e complexidade das tarefas cometidas a um Maestro Titular do Teatro Nacional de São Carlos (em que a "autonomia" implicada pela esfera emblematicamente nuclear do respectivo exercício convivia com "ordens e instruções do credor da actividade [o TNSC] em relação a aspectos laterais face à prestação propriamente dita", a confirmar a "erosão da categoria da subordinação", tradicionalmente afirmada a marca-de-água do contrato de trabalho) serão compatíveis com a qualificação do vínculo que o ligava ao Teatro como um contrato de trabalho?[1161] 8.º) As convenções colectivas de trabalho – que, é sabido, têm "origem contratual" – devem, ou não, ser funcionalmente consideradas normas jurídicas? Se a resposta a esta pergunta for afirmativa, elas podem ser submetidas a fiscalização da sua constitucionalidade pelo TC…[1162] 9.º) Quando, "após um incidente não cabalmente esclarecido", se proibe (nomeadamente) marido e mulher de constituirem, como piloto e co-piloto, a tripulação de *cockpit* de um avião de passageiros, deverá qualificar-se o problema subjacente à mencionada "regra interna" posta em vigor pela companhia de aviação como

---

[1160] Acrescente-se apenas que apresentámos o problema em termos muito redutores, porque com omissão de dimensões outras que também concorriam na modelação do caso concreto *(maxime,* as atinentes à problemática "do exercício de direitos absolutos" – de direitos de personalidade, especificamente de "sentimento de piedade pelos mortos", do direito de propriedade, e do conflito entre um e outro: cf. o artigo 335.º do CC … sem ignorar, por um lado, que uma esclarecida "convocação [do preceito] nem sempre se revela tarefa fácil, sobretudo no âmbito das sociedades plurais e conflituais, onde, atento o relativismo axiológico que as caracteriza, a definição de uma ordem hierárquica de valores se manifesta uma tarefa árdua" – são palavras de Filipe Albuquerque Matos, no seu estudo "Tutela da personalidade e responsabilidade civil", in *RLJ,* 147.º, n.º 4006, 2017, 17; e, por outro, que uma eventual colisão só pode ser avaliada *in concreto,* e nem todas são reais pois há colisões tão-só aparentes – cf. agora Id. e Mafalda Miranda Barbosa, *O novo estatuto jurídico dos animais,* cit., 155 ss.): v. Mafalda Miranda Barbosa, "Obrigações naturais. Notas a propósito do Acórdão do Supremo Tribunal de Justiça de 19 de Dezembro de 2006 (Processo 06A4210)", in *Boletim da Faculdade de Direito,* Vol. LXXXIX, Tomo II, Coimbra, 2013, 903 ss.

[1161] Cf., em sentidos divergentes, o Ac. do STJ, de 20 de Novembro de 2013, e a "Anotação" que sobre o mesmo recaiu, da autoria de João Leal Amado e Milena Rouxinol – sob o sugestivo título "A partitura da subordinação jurídica"… –, ambos na *RLJ,* n.º 3985, 2014, respectivamente, 252 ss. e 267 ss. Veja-se, pressuponentemente, o exercício de erudição de Luís A. M. Meneses do Vale, "O estatuto profissional de Bach em Leipzig. *Pequena* suite constitucional *sobre* a liberdade e o trabalho *(I)",* in *Boletim da Faculdade de Direito,* Vol. XCIII, Tomo II, Coimbra, 2017, esp.te 889 ss., 903 ss. e 910 s., e "O estatuto… *(II)",* in *Boletim da Faculdade de Direito,* Vol. XCIV, Tomo I, Coimbra, 2018, esp.te 611 ss.

[1162] Cf., *v. gr.,* Fernando Alves Correia, "Direitos fundamentais e relações jurídicas privadas: sinopse doutrinária e jurisprudencial", in *RLJ,* 146.º, n.º 4001, 2016, esp.te 95 s.

tendo que ver com a salvaguarda da segurança aérea (o que a legitimaria), ou com uma pura e simples discriminação, não suficientemente fundamentada (o que a tornaria juridicamente inválida)?[1163] 10.º) Seja ainda o seguinte exemplo, de Direito Internacional Público, relacionado com uma questão que não deixa de ter, de quando em vez, uma maior ou menor ressonância mediática: as Selvagens são (como sustenta Espanha – que exerce a sua soberania sobre as vizinhas Ilhas Canárias...) rochedos (logo, nos termos de instrumentos jurídicos internacionais, sem influência na determinação da zona económica exclusiva e da plataforma continental de um país), ou (como defende Portugal – cujo território abrange a bem mais distante Ilha da Madeira...) ilhas, *sensu proprio* (logo, e ao invés, decisivas para a determinação das suas zona económica exclusiva e plataforma continental)?[1164]  11.º) E um outro, de Direito Desportivo: a despromoção à "equipa B" de um jogador de futebol, com o propósito (de prova difícil...) de o forçar a uma renovação do vínculo contratual (ou a aceitar uma transferência), que ele não deseja, não será um bom exemplo (na sua maldade...) de assédio moral no trabalho *(mobbing),* que traduz um atentado à "boa fé contratual" e se revela susceptível de legitimar a *"libertação contratual, através da rescisão com justa causa promovida pelo atleta"?*[1165]...

---

[1163] Cf. João Leal Amado, em "Anotação" a um Acórdão de 14 de Setembro de 2016, do TRL, sob o título "O casal voador", in *RLJ,* 146.º, n.º 4002, 2017, 213 ss.

[1164] Note-se, em complemento do que se escreve no texto: rigorosamente, a qualificação das Selvagens – como ilhas, ou como rochedos – poderá contribuir, ou não, para a determinação da ZEE e da plataforma continental de Portugal e/ou de Espanha. Porque, tanto quanto apurámos da última vez que olhámos o problema – e já lá vai algum tempo, confessamos...–, a posição espanhola é susceptível de se sintetizar nos seguintes termos: a) Espanha não discute a soberania portuguesa sobre as Selvagens; b) quanto à delimitação da ZEE portuguesa, as autoridades de Madrid não duvidam de que os dois países ibéricos esclarecerão o ponto pelos meios diplomáticos adequados. Para outras advertências, cf., por exemplo, Domingos Pereira Sousa, "Crescimento económico, emprego e austeridade. Breve reflexão sobre os fatores da crise e as medidas de política orçamental anunciadas pelo XXI Governo Constitucional à luz dos ensinamentos das principais doutrinas económicas", in *de Legibus,* n.º IV-V, 2016-2017, esp.[te] 146 s. e n. 12.

[1165] Cf. o artigo 29.º, n.º 1, do Código do Trabalho, e João Leal Amado, "Entre a renovação e a hibernação: assédio moral no desporto", in *Desporto & Direito. Revista Jurídica do Desporto,* ano XI, n.º 31, 2013, 11 ss. e 35. Como se sabe, o assédio moral no trabalho é uma vileza nem sempre fácil de provar e, por isso mesmo, difícil de combater: v. um outro exemplo, com que nos confrontámos e a que aludimos em *"A imaginação...",* cit., in *Analogias,* cit., 286 ss., sob 3.
E, aproveitando o ensejo das reticências que fecham o texto que nos trouxe a esta nota – que visam traduzir a ideia, óbvia, de que podemos acrescentar pontos sem fim ao conto que estamos a contar... –, mais três exemplos, entre tantos outros possíveis: 1) A *"situação da união de facto* enquanto pressuposto de aquisição da nacionalidade portuguesa por efeito de vontade, hoje prevista no artigo 3.º, n.º 3, da Lei da Nacionalidade", deve ser qualificada – como o chegou a fazer um tribunal cível – como "'matéria eminentemente administrativa', a ser resolvida 'por acto administrativo' do qual, quando muito, 'cabe recurso para os tribunais administrativos'", ou como uma questão em que se intersectam, e de modo particularmente vivo, *"direito da nacionalidade e valores constitucionais",* e que, portanto, de todo justifica a "intervenção dos órgãos jurisdicionais" (para, v. gr., sindicarem eventuais fraudes)? Neste último sentido se pronunciou o TC: cf. Rui Manuel Moura Ramos, "O Direito da Nacionalidade na Jurisprudência Constitucional Portuguesa", in *RLJ,* 148.º,

4.1.2.2. Por seu turno, o *momento controversial* é aquele em que, pressuposta e assumida a normatividade jurídica vigente, se procura responder à questão *quid est veritas?* Um caso jurídico concreto é modelado pela intersecção de perspectivas conflituantes, e da discussão espera-se sempre que nasça a luz – afinal, e repetindo um título conhecido, *justice is conflict…*

A prova jurídica não é redutível à demonstração empírico-científica da fáctica objectividade de uma verdade teoreticamente irrefutável (se o fosse, teríamos que considerar impensável a seguinte situação: *A* atribuiu notas positivas a estudantes que afirmaram ter desistido durante os exames escritos a que se haviam apresentado, e os respectivos testes nunca apareceram. Não obstante, as múltiplas diligências levadas a cabo por quem de direito, nos momentos próprios – inquirição do arguido e de testemunhas, acareações… –, permitiram habilitar o STA, em sede de recurso contencioso, com as inerentes garantias, a dar como provada a prática de uma infracção e a sancionar o docente em causa com a pena que havia sido proposta no processo disciplinar inicial), antes identifica a juridicamente intencionada (donde, também processualmente disciplinada e admissível[1166]) dilucidação de uma intersubjectivo-comunicativamente significativa verdade prática[1167]… por vezes bem difícil de apurar[1168].

---

n.º 4012, 2018, esp.[te] 19 s. e 29. 2) Em matéria de direito de autor, as "faculdades jurídicas *estritamente pessoais (v. gr.,* "autorizar a reprodução de exemplares da obra" em causa…) não podem [, decerto, …] ser exercitadas isoladamente pela pessoa do cônjuge do titular". E "o *valor económico* potencial destes direitos de propriedade intelectual [será] um *bem próprio* do cônjuge autor ou criador", só por ele podendo ser exercido, ou um bem "comum, embora administrado pelo autor", ou um bem comum, mas já subordinável às *"regras gerais* sobre *administração e disposição de proventos da exploração económica* do direito de autor […] (arts. 1682.º, n.º 2, e 1684.º, n.º 4, ambos do CC)"? – cf. J. P. Remédio Marques, "O *(ex)cônjuge de sócio* de sociedade comercial adquire a qualidade de *sócio?* – designadamente para o efeito de requerer *inquérito judicial?",* in *Boletim da Faculdade de Direito,* Vol. XCIV, Tomo II, Coimbra, 2018, 1376 ss. e n. 33, e Francisco Pereira Coelho/Guilherme de Oliveira, *Curso de Direito da Família,* Vol. I, 2.ª ed., cit., esp.[te] 533. 3) Miguel Duarte, enquanto voluntário da ONG Jugend Rettet, empenhado, a bordo do Iuventa, em minorar a tragédia de migrantes-refugiados à deriva no Mediterrâneo, deve ser punido, na Itália, por ajuda à imigração ilegal, ou louvado, nesse mesmo país – um Estado de Direito, membro fundador da UE –, pelo seu compromisso na realização de actualmente muito importantes direitos humanos (dos jornais, de Junho de 2019)?…

[1166] A complementaridade, que deste modo se sublinha, é um mero corolário, no plano ora em causa ( o da naturalmente exigível veracidade do que se afirma em tribunal para sustentar a pretensão que se almeja ver jurisdicionalmente sancionada – por seu turno projecção, na esfera do direito, do princípio ético da argumentação prática com uma intenção paralela: cf. R. Alexy, *Theorie der juristischen Argumentation,* cit., esp.[te] 238 e 264 ss.), do binómio *ius/actio,* que, acentuámo-lo oportunamente (cf. *supra,* 79), se evidenciou como uma das marcas-de-água da juridicidade, desde os seus primórdios, e que, insistimos, não deverá nunca esquecer-se.

[1167] Cf. o que escrevemos nas nossas *Lições…,* cit., 971 s. - e, sobretudo, ainda hoje, A. Castanheira Neves, *Questão-de-facto…,* cit., esp.[te] 479-484, que nos atrevemos a dizer de leitura obrigatória!

[1168] Seja o seguinte exemplo, muito do nosso tempo: na pressuposição de um contrato de conta bancária, atentos os princípios normativos que intenciona e os critérios legais que o regulam, não poderá constituir uma verdadeira "ilisão diabólica" a prova de que o banco satisfez todas as exigências que as circunstâncias lhe impunham?… Para os indispensáveis esclarecimentos complementares, cf. Calvão da Silva, "Conta corrente bancária: operação não autorizada e responsabilidade civil", in

Di-la-emos, também nós, uma "verdade judicial" – pois não é certo que, *v. gr.,* no âmbito do processo civil, se não hesita em sublinhar "a ideia [forte] de que a prova se destina à formação da convicção do julgador"?[1169]; e, na esfera do processo penal, a vemos afeiçoada pelos métodos de prova admissíveis, pelo regime particular "das revistas e buscas, das apreensões, das escutas telefónicas", etc. ?[1170]

---

*RLJ,* 144.º, n.º 3991, 2015, 305 ss., esp.[te] 316 ss. Também no domínio das marcas nos poderemos confrontar com situações em que um operador não consegue de todo (ou só muito dificilmente conseguirá) fazer prova bastante para obter ganho de causa (o que é, *v. gr.,* susceptível de determinar uma "repartição do ónus da prova"). Aqui, as explicitações necessárias colher-se-ão (ante um problema concreto, pormenorizadamente analisado) em M. Nogueira Serens, *"T.J.U.E. – Acórdão de 20 de Dezembro de 2017...",* cit., in *RLJ,* 147.º, n.º 4010, 2018, esp.[te] 364. (Uma vez que tangenciámos o problema da "prova diabólica", não deixemos de observar que esta por vezes se nos apresenta como uma dificuldade não mais do que... aparente – nada, portanto, de tomar a nuvem por Juno. Pense-se, a título exemplificativo, na "situação do devedor ao qual basta mostrar que atuou sem culpa *ou com culpa leve,* para afastar a sua responsabilidade". Se o que se lhe exige constituisse "uma *probatio diabolica, a fortiori* teria de ser assim qualificado o resultado do regime geral, segundo o qual incumbe ao devedor *afastar também a sua culpa leve,* como indisputadamente se prevê no artigo 799.º, n.º 1 [, do CC]": assim, Paulo Mota Pinto, "Ónus da prova da culpa do devedor que beneficia da cláusula de exclusão ou de limitação de responsabilidade", in *RLJ,* 148.º, n.º 4012, 2018, 50 s. E, já agora, como também aludimos à problemática do ónus da prova – e no direito mercantil... –, acrescentemos, ainda parenteticamente, ser essa uma das matérias que, por razões compreensíveis, se encontra em debate no mencionado âmbito jurídico-dogmático: cf., por exemplo, Filipe Cassiano dos Santos, "O direito comercial na actualidade e o sentido de um (novo) código mercantil...", cit., in *RLJ,* 149.º, n.º 4018, 2019, 41 s.).

Ou, num outro plano mais imediatamente atinente às observações de abertura do parágrafo do texto que nos trouxe a esta nota: nem a prova fundada no ADN, a que cada vez mais frequentemente se recorre, garante "um grau absoluto de certeza e fiabilidade". Assenta em "probabilidades e estatísticas, [conquanto] os seus resultados quase [atinjam] o carácter de uma certeza". E é assim porque não podem excluir-se erros decorrentes, *v. gr.,* de "deficiências na recolha e análise das amostras; falhas ocasionadas pelos registos informáticos dos dados; erros derivados de contaminações ou de deteriorações das amostras; equívocos provocados por amostras que resultam de várias combinações de ADN; brechas na cadeia de custódia das amostras". Razões todas estas justificativas do regime da chamada prova pericial (de que a prova de ADN é um exemplo). Cf. o artigo 163.º do CPP, e Vera Lúcia Raposo, "CSI – Quando a ficção se torna realidade", in *Lex Medicinae,* 2009, 83 ss., onde a A. ilustra extensamente as considerações precedentes. Também o CPC prevê a possibilidade de recurso a peritos (artigos 467.º ss.) e até a técnicos (artigo 492.º) – uns e outros submetidos a compreensíveis exigências "de imparcialidade e de independência" – cf. Maria José Capelo, "As verificações não judiciais qualificadas: reforço ou desvirtuamento da prova por inspecção judicial?", in *RLJ,* 144.º, n.º 3992, 2015, 335. Sobre a distinção das duas figuras ("uma 'originalidade' do nosso sistema"), *v.* Id., *ibidem,* 333 ss.

[1169] Assim, Maria José Capelo, "Principais novidades sobre provas no novo Código de Processo Civil Português", in João Calvão da Silva *et alii* (Orgs.), *Processo Civil Comparado. Análise entre Brasil e Portugal,* São Paulo, 2017, 124.

[1170] Cf. agora Jorge de Figueiredo Dias, *Acordos sobre a sentença em processo penal...,* cit., 49. Ilustremos a alusão feita "aos métodos de prova admissíveis" com um exemplo concreto, formulado em termos interrogativos: será admissível a "utilização/valoração em processo penal dos dados de conteúdo auto-incriminatório que o contribuinte/arguido fora obrigado a trazer à Administração tributária"? Ou, por outras palavras: o dever de colaboração e de verdade, que impende sobre o contribuinte, poderá determinar a compressão do princípio *nemo tenetur se ipsum accusare,* de que beneficia o arguido? Cf. Manuel da Costa Andrade, na "Anotação" que lhe mereceu o Acórdão n.º 340/2013, de 17 de Junho de 2013, do TC, in *RLJ,* 144.º, n.º 3989, 2014, 129 ss., esp.[te] 131 ss., e 153 ss., esp.[te] 157 s.

[1171] –, uma "verdade processual" – por se tratar de "uma *verdade contextualizada e relativa* em função dos conhecimentos ou informações disponíveis pelo julgador" e não inquinada por quaisquer "patologias processuais"[1172], em suma, uma verdade razoavelmente defensável no quadro do debate judiciário[1173] [1174]. O que só por si basta para mostrar que a separação dos planos dogmático-processual e epistemológico-metodológico da prova não chega para impor a conclusão de que cada um deles pode ignorar, com olímpica tranquilidade, o outro – afinal, eles co-implicam-se reciprocamente…

Em suma: atentas as tarefas que têm legitimidade para assumir e os fins que pragmaticamente visam, as partes de um processo encarregar-se-ão de tentar "trazer-à-correspondência" o objectivado e qualificado problema concreto (objectivação e qualificação estas que não só são co-determinadas pelas reflexões levadas a cabo a nível da prova, de que agora cuidamos, como o são também por aquelas outras a que a seguir se aludirá, e que integram já a "questão-de-direito" – donde, insistimos[1175], a dialéctica em que se enredam todos estes momentos, apenas analiticamente cindíveis…), com o conteúdo que especificamente lhes interessar (as partes divergem no modo como projectam o direito na situação controvertida – como recortam esta situação *sub specie iuris*… – e tendem, portanto, a valorar em termos juridicamente diferentes a *quaestio* – por isso mesmo… – *disputata*, razão por que se pode afirmar que problematizam a identidade do … problema judicando[1176]), e a intencionali-

---

[1171] Sublinhe-se ainda que parece ter perdido pertinência a oposição "verdade material" (visada pelo processo penal) e "verdade formal" (tradicionalmente associada ao processo civil): cf. Maria José Capelo/Nuno Brandão, "A eficácia probatória das sentenças penais e das decisões finais contra-ordenacionais no âmbito do processo civil", in *RLJ,* 147.º, n.º 4006, 2017, esp.ᵗᵉ 31 e notas 32-34.

[1172] Palavras estas, sucessivamente, de João Paulo Remédio Marques, no estudo "Os poderes da Relação em matéria de presunções judiciais e o controlo do STJ sobre o exercício desses poderes", in *Boletim da Faculdade de Direito,* Vol. XCII, Tomo II, Coimbra, 2016, 817, e de Nuno Brandão, em "O controlo judicial da decisão administrativa condenatória manifestamente infundada no processo contra--ordenacional", também no *Boletim da Faculdade de Direito,* mas no Vol. XCIV, Tomo I, Coimbra, 2018, 309 ss., esp.ᵗᵉ 332.

[1173] Cf. Christian Becker/Jule Martenson, *Asche zu Asche, Staub zu Staub…,* cit., in *JZ,* 15/16/2016, 782.

[1174] Nunca esqueçamos estas palavras – que dissemos já preciosas – de Miguel Baptista Pereira: "a verdade […] é a presença incondicionada na condição […]": cf. *supra,* 126 n. 376.

[1175] Cf. *supra,* 305 sob 4.1.1.

[1176] Remonta a Heraclito, lembre-se, a ideia de que há algo de comum por detrás da contenda que divide *(apud* Hasso Hofmann, *"Recht ist Streit",* cit., in *JZ,* 10/2018, 478).
Por seu turno, Schopenhauer, em paráfrase ao pré-socrático, adverte que "de facto nunca se falaria de direito *[Recht]* se não nos deparássemos com o [com situações concretas de] não-direito *[Unrecht]"* (dois séculos antes de Schopenhauer, H. Grotius sustentava algo de semelhante: "direito é o que não é não-direito" – *Recht ist, was nicht Unrecht ist.* E a dialéctica hegeliana colheu explicitamente inspiração no Filósofo grego…). Schopenhauer afirma mesmo que "o conceito de direito [vem à epifania] como a negação do não-direito" – originariamente, o direito emerge "como não não-direito" *(als Un-Unrecht),* pelo que este "não-direito" é o conceito "mais positivo" e "prévio", sendo o conceito direito, ao invés, "negativo, porquanto se limita a designar as acções que cada um pode realizar

dade problemática da juridicidade circunstancialmente relevante, ... que assim se perfila como factor objectivo de controlo da mencionada tentativa (operativo ao lado do controlo subjectivo cometido à contraparte no processo e, sobretudo, ao terceiro imparcial institucionalmente encarregado de solucionar o litígio... que, enquanto instância a quem está confiada a tarefa de "dizer o direito", como que simboliza a fusão dos segmentos subjectivo e objectivo a que se aludiu), tudo o que nos autoriza a falar aqui de uma analogia de comprovação problematizante[1177].

4.1.2.3. A (igualmente, repensada!) questão-de-direito desdobra-se também em dois momentos: um, que diremos o *momento problemático-sistemático;* e outro, que designaremos o *momento especificamente judicativo.* Consideremo-los sucessivamente – mas sem ignorarmos, ainda aqui, que ambos se enredam numa unidade inextricável, pois a hipótese que (vê-lo-emos já a seguir) se arrisca no primeiro há-de ser submetida ao teste crucial do juízo metodológico, objecto do segundo e tendente a confirmá-la ou a infirmá-la – se a hipótese implica o juízo, o juízo pressupõe a hipótese, pelo que uma e outro instituem um binómio metodologicamente indecomponível.

Naquele primeiro – que CASTANHEIRA NEVES denomina "questão-de--direito em abstracto"[1178] –, o que está em causa, no horizonte de um sistema do tipo do nosso, é a selecção, no *corpus iuris* vigente, de um critério (legal, jurisdicional ou doutrinal) ou/e de um fundamento *(v. gr.,* de um princípio normativo) que, em vista da respectiva intencionalidade problemática, hipoteticamente se adeque ao – e, portanto, se possa "trazer-à-correspondência" com o – determinado e comprovado (se concedermos agora em deixar entre parêntesis a precedentemente acentuada imbricação das questões de facto e de direito...) problema concretamente judicando[1179]. E a aludida busca selec-

---

sem prejudicar os outros, *i. e.,* sem incorrer em não-direito": cf. H. HOFMANN, *"Recht ist Streit",* cit., 473 e 479. *V.* ainda *supra,* 42 n. 36, e 273 s. e n. 1022.

[1177] Transcrevemos, ainda que não integralmente, as nossas *Lições...,* cit., 971 s. Não deixem de ver-se as respectivas notas 294 e 296. *V.* ainda *supra,* 163 ss.

[1178] Cf. *Metodologia Jurídica...,* cit., 166 ss.

[1179] Quando se fala em critério (nomeadamente, em critério legal) hipoteticamente adequado, não deveremos inconsiderar a dimensão adjectivo-processual do problema judicando (já o acentuámos algumas vezes: cf., por último, *supra,* 313 ss.). Assim, por exemplo (simplificando muito as coisas... – e omitindo mesmo qualquer referência a problemas que poderão vir a pôr-se-nos: *v.,* quanto ao último ponto a que nos limitámos a aludir, o artigo 674.º, n.º 1, *a)* e *b),* do CPC), em caso de acidente de viação ocorrido durante uma aula de aprendizagem de condução automóvel, poderá o instruendo-lesado demandar a escola de condução-segurado (segurado que depois terá direito de regresso contra a seguradora se para esta tiver transmitido válida e eficazmente a sua responsabilidade civil...), ou directamente a seguradora (verificado que seja o pressuposto sublinhado na parte final do parêntesis anterior), para se ressarcir do dano (lesão) sofrido(a) na sequência do mencionado acidente

tiva identifica, se bem vemos, uma *analogia de disquisição explicitante*[1180] – a procura, no sistema jurídico, de um critério ou/e fundamento (ou, atentos o carácter sintético dos casos e analítico daqueles bordões[1181], de critérios ou/e fundamentos) que, pela sua relevância problemática, seja(m) adequado(s) para assimilar o mérito problemático do caso (donde, a designação proposta: momento problemático-sistemático)[1182].

Em termos sempre esquemáticos[1183], há neste ponto algumas notas a sublinhar. Antecedê-las-emos, todavia, de uma observação introdutória: a de que não deverá confundir-se esta "questão-de-direito em abstracto" com o sentido tradicionalmente imputado à interpretação jurídica – um sentido... abstracto, porque reduzido ao apuramento do significado semântico-sintáctico do critério interpretando, tomado na sua postulada (mas falaciosa!) auto-suficiência significante. Primeiro, porque nesta só tardiamente – depois de vencidas muitas hesitações, que haveriam de trazer o pensamento jurídico de SAVIGNY até IHERING e HECK[1184] – se admitiu relevar a teleologia do preceito interpretando... e a disquisição da intencionalidade problemática do critério em causa é, hoje, o ponto capital a considerar no exercício interpretativo. E depois – e sobretudo – porque o problema concretamente judicando não desempenhava, *qua tale,* qualquer papel autónomo no quadro daquele entendimento tradicional da interpretação – também só passou a (re-)assumi-lo com R. v. IHERING[1185] e com Ph. HECK[1186] – ... e agora é em função do referido problema que se impõe dilucidar a intencionalidade problemática do mencionado preceito interpretando.

4.1.2.3.1. No horizonte de um sistema de legislação, como o nosso, a primeira das notas a que aludimos é, decerto (antecipámo-lo há pouco), a procura

---

(chamando a atenção para o DL n.º 291/2007, de 21 de Agosto, cf. a interessante "Anotação", de CALVÃO DA SILVA, a um Acórdão do STJ, de 11 de Novembro de 2010, in *RLJ,* 140.º, n.º 3969, 2011, 378 ss.).

[1180] Cf., ainda aqui, as nossas *Lições...,* cit., 973.

[1181] Cf. A. CASTANHEIRA NEVES, *Metodologia Jurídica...,* cit., 175 s.

[1182] Já acentuámos, repetidas vezes, a ideia forte de que estamos aqui, portanto e irredutivelmente, ante uma comparação de problemas, pois se o caso nos põe um problema, o sistema – o(s) estrato(s) do sistema jurídico circunstancialmente relevante(s) – é também considerado atenta a respectiva intencionalidade problemática. Esta nota é, por exemplo, explicitamente sublinhada por Mafalda MIRANDA BARBOSA, em relação ao apuramento da relevância prático-normativa dos preceitos de que se ocupa no estudo "Os artigos 491.º, 492.º e 493.º do Código Civil. *Questões e reflexões",* in *Boletim da Faculdade de Direito,* Vol. XCIII, Tomo I, Coimbra, 2017, 349 ss., esp.ᵗᵉ 367.

[1183] Para outras explicitações, já se sabe – *there is a text in this class!:* cf. *supra,* 25.

[1184] Cf. as nossas *Lições...,* cit., 785 s. n. 140, 803 s., 806 s. n. 210, e 809 s.

[1185] Cf. *supra,* pela primeira vez a pp. 97 s.

[1186] Cf. as nossas *Lições...,* cit., 807 s., e *supra,* 296 ss.

de um critério legal susceptível de desonerar (parcialmente…) o jurista de serviço da tarefa que lhe está institucionalmente cometida[1187]. Cientes como estamos de que "não se encontra senão o que se procura"[1188], procuremo-lo então. E tentemos fazê-lo… como deve ser – *i. e.*, com um pensamento já liberto das aporias que em tempo oportuno reconhecemos (nomeadamente) ao positivismo; o contrário seria (insistindo em metáfora já usada) "[procurar] a porta [de que carecemos para sairmos da dificuldade em que estamos] nas paredes em que sabemos que não há porta" alguma[1189]… O que se nos impõe procurar, no sistema-problema de que já falámos[1190], é afinal o critério hipotético – aquele que se nos antolhe adequado para assimilar o problema judicando, na pressuposição, em dialéctica correlatividade, da judícia metodonomológica e do sistema jurídico[1191]: no exercício judicativo-decisório, o que permanentemente se nos manifesta é a tensão problema-sistema, que se projecta na complementaridade de uma justeza problemática e de uma justeza sistemática instituinte da almejada justeza judicativa[1192]. E entre este critério hipotético e a norma judicativamente apurada (ou como quer que se lhe chame: "norma fundamento", "norma do caso", "norma da decisão judicativa"…) medeiam muitos dos passos do discurso/percurso metodonomológico[1193].

Por outro lado – é esta a segunda nota que entendemos dever sublinhar –, a questão que se nos depara é complexa, por não ser redutível à abderítica subsunção de um "facto" empírico à "hipótese" (na terminologia alemã:

---


[1187] Para uma minuciosa analítica explicitante, cf. A. CASTANHEIRA NEVES, *Metodologia Jurídica…*, cit., 166 ss.

[1188] Cf. ID., *Questão-de-facto…*, cit., 80.

[1189] Assim, António LOBO ANTUNES, em entrevista que concedeu a Isabel LUCAS, e publicada no "Ípsilon" – o suplemento do *Público,* de 7 de Novembro de 2014, 8. Cf. ainda *supra,* 220.

[1190] Cf. *supra,* 104, 172 s., 175 ss., 307 …

[1191] Cf., na equação metodonomológica enunciada em *Pj → Jd…*, cit., in *Analogias,* cit., 389, sob α), 2., e, a título provisório, 3.

[1192] Cf, *supra,* 172 s.

[1193] A necessidade de inter-mediação, a que se alude no texto, é, evidentemente, determinada pela singularidade de cada caso judicando. E daí que um mesmo critério hipotético (nomeadamente, um critério legal) seja susceptível de se projectar numa cópia de normas judicativamente apuradas. Por referência à experimentação metodonomológica e em paráfrase a G. STEINER (cf. *Sobre a dificuldade e outros ensaios,* cit., 269), poderemos dizer a mencionada norma judicativamente apurada a expressão da mudança no interior do imutável.
O pressuposto decisivo do que acabou de sublinhar-se identificámo-lo já mais de uma vez: cf. *supra,* 177 ss. e 266. Permita-se-nos o recurso a um símile, de um domínio bem outro: uma célula estaminal também não se define em abstracto – *i. e.,* não supera a indeterminação que como tal a caracteriza sem a mediação de um ambiente orgânico concreto (conformado, nomeadamente, pelas complexíssimas estruturas anátomo-fisiológicas envolventes), que fará dela, especificamente, uma célula cerebral, ou hepática, ou renal, ou …

ao *Tatbestand)* de uma norma[1194]. Os casos-problemas do âmbito de relevância de determinado critério jurídico não são os seus objectivos correlatos lógicos, sob a forma de factos brutos: são, isso sim, problemas reais, com a pluridimensionalidade que tiverem[1195] no quadro da "explosão combinatória"[1196] possível, e que intencionam o direito, que vêm à epifania no horizonte da história (nunca nos cansaremos de recordar a lição de Wilhelm SCHAPP...[1197]) e que apresentam uma irrecusável singularidade , uma obstinadíssima concretude – os *(soi-disant...)* "factos [...] são coisas teimosas"[1198], predicados por uma individualidade que nunca deverá beliscar-se ("não podemos torturar os [factos] até que eles confessem"...[1199]) – o que, todavia, não obsta a que possam ser arrumados em tipos, em virtude das (juridicamente relevantes) semelhanças que apresentem[1200]. E é esta a razão pela qual, por um lado, importa acentuar que, nesta sede, a sobregeneralização é tão nefasta como o atomismo radical (a praia, como um todo, distrai-nos de cada grão de areia, e a inversa é igualmente

---

[1194] Jan SCHAPP (cf. *Hauptprobleme...,* cit., 48) chama a atenção para a circunstância de a expressão clássica *Tatbestand* se harmonizar, até semanticamente, com a ideia de subsunção, pois *Tat+bestand* significa literalmente a existência (do verbo *bestehen)* do facto *(Tat),* o facto existente. E o mesmo A. (mas agora em *Einführung in das Bürgerliche Recht...,* cit., in *Methodenlehre und System des Rechts,* cit., 46) sublinha, a propósito da "estrutura 'se-então'" *(Wenn-Dann)* das normas jurídicas, que "o 'se' indica a hipótese *[Tatbestand,* e] o 'então' a consequência jurídica *[Rechtsfolge]"*. Já agora, acrescente-se que *Hipo-tese,* em sentido etimológico, significa "aquilo que é posto sob" (assim, G. AGAMBEN, *A potência do pensamento...,* cit., 17) – em consonância (como que inversa...) com as observações precedentes.
Por outro lado, digamo-lo ainda, é também usual na bibliografia a referência a um outro par – o constituído pelos *Sachverhalte* e pelas *Tatsache...* categorias a que, de resto, nem sempre se atribui o mesmo significado. *V. gr.,* para L. WITTGENSTEIN, *Sachverhalte* são os factos únicos, e *Tatsache* os factos multíplices. Assim, se transitarmos para o domínio específico de que cuidamos, e privilegiarmos a mencionada impostação das coisas, os *(soi-disant...)* factos singulares componentes de um "caso jurídico concreto" deverão qualificar-se como *Sachverhalte;* e aqueles outros susceptíveis de densificar o âmbito de relevância de um critério jurídico legal como *Tatsache* (cf. a "Introdução por Bertrand Russell, F. R. S.", ao *Tractatus Logico-Philosophicus,* do Filósofo austríaco – na ed. cit., 4 e 7).

[1195] E que está na base da complexidade que apresentam... por oposição à "simplicidade opaca" dos factos (cf. Brisa PAIM DUARTE, "O(s) movimentos(s) (do) Direito & Literatura no cerco da autorreferencialidade: um trajecto polifónico e (alguns) possíveis *mapeamentos",* in *Boletim da Faculdade de Direito,* Vol. XCII, Tomo II, Coimbra, 2016, 1117).

[1196] Cf. Pedro DOMINGOS, *A revolução do algoritmo mestre...,* cit., 175.

[1197] Cf. o que escrevemos em *Praxis, problema, nomos...,* cit., in *Analogias,* cit., 244 ss.

[1198] A expressão é de Virginia WOOLF: cf. os seus *Ensaios escolhidos,* trad. de A. M. Chaves, Lisboa, 2014, 29. Nada, porém, de linearismos na – subjacente... – comparação da literatura e do direito. Se mesmo no âmbito das *belles lettres* se sustenta – continuamos na companhia da mesma inspirada A. – que o romancista tem, não só, que observar os factos, mas também que os interpretar, como que fundindo "a fotografia e o poema" (cf. ID., *ibidem,* 265), na esfera da normatividade jurídica, e da perspectiva do jurista, não há dois olhares diferentes que se sucedem, mas um único olhar interveniente: aquele que reconhece o referente direito a cunhar *ab origine* (não um facto puro e duro, mas) o "caso jurídico concreto" circunstancialmente interpelante (recorde-se que já atrás dissemos o mesmo a outro propósito... paralelo: cf. *supra,* 287 e n. 1080).

[1199] Parafraseamos assim uma passagem de Pedro DOMINGOS, *A revolução do algoritmo mestre...,* cit., 98.

[1200] Acentuámo-lo oportunamente: cf. *supra,* 210 ss.

verdadeira...); e, por outro, não deve surpreender que (em inteira consonância com observações oportunamente feitas acerca da interpretação e da analogia – da interpretação, que reconhecemos perpassada por contínuas ponderações analógicas; e da analogia, em virtude da sondagem, e da assimilação do desconhecido, ou do menos bem conhecido, que ela viabiliza...) um determinado critério jurídico possa ajudar a resolver, ao lado dos *Standardfälle* (dos casos que inequivocamente lhe podem ser referidos), os chamados *abseitige Fälle* (os casos que só lateralmente podem ser com ele relacionados)[1201]. Ilustremo-lo com os dois exemplos seguintes (que permitem evidenciar a pertinência do que se recordou no antepenúltimo parágrafo): 1.º) Pressuposta uma adequada compreensão da problemática "da realização do direito", o regime instituído pelo artigo 400.º, n.º 2, do CC, para os casos, nele expressamente previstos, "de perturbação no processo de determinação do preço" confiada a qualquer das partes ou a terceiro – "Se a determinação não puder ser feita ou não tiver sido feita no tempo devido, sê-lo-á pelo tribunal [...]" – , "deve[rá] valer igualmente para os casos não directamente previstos", como, *v. gr.,* "o da inobservância do critério ou critérios aplicáveis"[1202]. 2.º) Atenta a nota referida logo na abertura do exemplo precedente, deverá outrossim sustentar-se que o regime de liberdade de forma previsto no artigo 243.º, n.º 6, do CSC (em contraponto ao consagrado no artigo 1143.º do CC, para o mútuo), valha não só "para os empréstimos *originariamente qualificáveis* como suprimentos", como "também para o negócio que *só posteriormente* venha a preencher os requisitos de tal qualificação" – decisivo é, afinal, que se trate da disponibilização, com "carácter de permanência", de "fundos" à sociedade por parte de um sócio[1203]. Tudo

---

[1201] Cf., de novo, Jan Schapp, desta feita em *Methodenlehre, allgemeine Lehren des Rechts und Fall--Lösung,* cit., in *Methodenlehre und System des Rechts,* cit., 216 s. A terminologia não é uniforme. Um outro A., que também já conhecemos, contrapõe – paralelamente –, os *Kernprobleme* aos *Randprobleme:* referimo-nos a R. Lamprecht, *Richter contra Richter...,* cit., 125.

Ou, em (libérrima) paráfrase a Ludwig Wittgenstein: os critérios jurídicos legais escancaram-nos portas, ou entreabrem-nos postigos *(scilicet:* permitem, inequivocamente, orientar a solução de certos casos jurídicos concretos; ou talvez ainda o autorizem, com mais ou menos dúvidas, relativamente a alguns outros), e a amplitude, *in concreto,* da mencionada abertura há-de ser a prática jurisprudencial a esclarecê-la (para se compreender a quase tresleitura ousada, recorde-se o fragmento 139 de *Über Gewissheit:* "Um eine Praxis festzulegen, genügen nicht Regeln, sondern man braucht auch Beispiele. Unsere Regeln lassen Hintertüren offen, und die Praxis muß für sich selbst sprechen". Já agora: se relevássemos a trad. proposta por M. Elisa Costa – na ed. bilingue, publicada em Lisboa, 1998, 52 s. –, deveríamos, eventualmente, articular o citado fragmento com a problemática abordada *infra,* sob 4.1.2.5. Todavia, dizer as *Hintertüren* "lacunas" afigura-se-nos de todo impertinente...).

[1202] Cf. o pormenorizado estudo de M. Henrique Mesquita e Almeno de Sá, "Determinação do preço por terceiro", in *RLJ,* 141.º, n.º 3973, 2012, 202 ss., esp.ᵗᵉ 213 s. sob 7.2., e 214 s. sob 7.4.

[1203] As indispensáveis explicitações complementares, ver-se-ão em Pedro Maia, "A qualificação e a forma de empréstimos efectuados por sócios a sociedades por quotas", in *RLJ,* 142.º, n.º 3978, 2013, 218 ss., sob 4.

o que é apenas um outro modo de dizer a mediação judicativa (a normativamente constitutiva mediação judicativa...), implicada pela polarização do exercício metodonomológico no caso concretamente judicando, a dimensão nuclear do referido exercício[1204]. E é assim porque (regressando às primeiras linhas do parágrafo há pouco iniciado) neste exercício não está em causa a "correlação lógica [de factos] com uma hipótese normativa", mas a "analogia suficiente"[1205] do problema judicando com a intencionalidade problemática do critério jurídico que se antolhe adequado. O que, é óbvio, postula muito finas distinções (aludindo apenas aos dois extremos: obriga a distinguir cuidadosamente a conformidade ao modelo e a desconformidade a esse padrão – se quisermos, impõe que se não confundam a "regra" e a "excepção", o que cabe na "lista branca" e o que cai na "lista negra"[1206] ...) e, consequentemente, acuradas valorações[1207].

---

[1204] Sem invadir, mais do que muito (demasiado?) pouco, um território que se me revela superlativamente inóspito – *rectius*, um *habitat* que depressa acabaria comigo, não por hostilidade dele mas por debilidade minha... –, será admissível a transferência, para uma ferramenta de aprendizagem automática (para um computador em que se introduzam os dados relevantes e os resultados pretendidos para que ele nos forneça o algoritmo requerido pelas circunstâncias), da mediação judicativa? Se esta pudesse conceber-se como (reduzir-se a) uma tarefa estatisticamente enquadrável, susceptível de ser dominada por uma lógica de probabilidades, então sim, a máquina encarregar-se-ia de nos disponibilizar o algoritmo desonerador. Acontece, porém – como, seguramente, se terá já compreendido – que a referida mediação judicativa, polarizada como está no problema judicando (com a irreprimível novidade que o predica), implica sempre, em maior ou menor medida, uma im-previsão para lá do pré-visto (pensemos, em termos paradigmáticos, numa situação concreta que suscite, inovadoramente – *i. e.*, pela primeira vez –, a assunção de uma *overruling* ou de uma *distinguishing...)*, e, nesta medida, apela a *data* e a resultados que ainda não equipam a máquina... pelo que esta nunca estará, portanto, em condições de fornecer o algoritmo adequado e de fazer, eficientemente, aquilo de que não poderemos, seriamente, ser desonerados. Cf. Pedro Domingos, *A revolução do algoritmo mestre...*, cit., 30, 33 e *passim*, e *supra*, n. 1140.

[1205] Cf. Ana Mafalda C. N. de Miranda Barbosa, *Do nexo de causalidade ao nexo de imputação...*, cit., Vol. II, 1082 n. 2287. A "analogia suficiente", mencionada no texto, instaura a exigível "correspondência recíproca" (pedimos esta última expressão de empréstimo a Thomas Mann: cf. *José e os seus irmãos. I...*, cit., 227. E atrevemo-nos a parafraseá-la...) entre os dois pólos que nele logo a seguir se referem.

[1206] E sem esquecer que entre uma e outra se abre uma mais ou menos ampla e oscilante... "área cinzenta" – aproveitámos referências (que descontextualizámos...) colhidas em Rui Pereira Dias, *Litigância societária internacional no direito da União Europeia...*, cit., 218 s.

[1207] Cf. W. Fikentscher, *Methoden des Rechts...*, IV, cit., 120 s.
E note-se ainda: acentuámos no texto duas ideias fortes – as de que os casos são marcados por uma singularidade irremissível, e os critérios jurídicos disponíveis e hipoteticamente adequados para os assimilar não são infinitamente elásticos. Neste ensejo, exploremos um pouco (sobretudo...) esta segunda ideia. Um bom exemplo da sua justeza oferece-no-lo a polémica, glosada em vários tons, à volta dos obstáculos que o Tribunal Constitucional terá, há não muito tempo, levantado à acção governativa. A Constituição não é, decerto, um bloco de granito – a realidade, sempre mutável, não deixa de nela se projectar e de a ir con-formando... mas não tanto que nos obrigue a capitular à chamada teoria da força normativa do fáctico (pelo menos enquanto nos mantivermos dentro dos limites do exequível... Foi uma passagem da "Declaração de voto", de Maria Lúcia Amaral, ao Acórdão n.º 474/2013, Processo n.º 754/13, de 29 de Agosto de 2013, do TC, que nos sugeriu/impôs, na sua tão meridiana quanto incontestável crueza, a parentética observação acabada de fazer. Razão pela qual nos permitimos transcrevê-la, por extenso: "Não há [...] ordem constitucional que perdure para além da sustentabilidade do Estado" – cf. a versão electrónica do mencionado aresto,

p. 46. Acrescente-se que a ilustre Conselheira votou a inconstitucionalidade da medida circunstancialmente em causa – a "requalificação" dos trabalhadores da Administração Pública, nos termos em que o Governo a pretendia ver consagrada –, por entender que o executivo não havia conseguido justificar concludentemente, como lhe competia, a *essencialidade da [referida] medida*", nos diversos planos – *"da adequação, necessidade e justa medida"*, como se lê no Acórdão, que também assinalou este ponto a p. 43 – em que esta deveria ter sido considerada. Outra interessantíssima questão, igualmente ligada à problemática da sustentabilidade, que poderíamos trazer aqui a título exemplificativo, seria a da possibilidade, ou não, de reduzir o montante das pensões; cf., sobre o ponto, os elucidativos estudos de João Carlos Loureiro, "Sobre a (in)constitucionalidade do regime proposto para a redução dos montantes de pensões de velhice da Caixa Geral de Aposentações", in *Boletim da Faculdade de Direito,* Vol. LXXXIX, Tomo I, Coimbra, 2013, 159 ss., esp.[te] 162 ss., "Sobre a chamada convergência das pensões. *O caso das pensões de sobrevivência"*, in *Boletim da Faculdade de Direito,* Vol. LXXXIX, Tomo II, Coimbra, 2013, esp.[te] 630, "Contribuição de Sustentabilidade & Companhia: linhas para uma discussão constitucional ou a arte de morrer ingloriamente em sede de fiscalização preventiva. I – Pensões entre a actualização e a redução", in *Boletim da Faculdade de Direito,* Vol. XCII, Tomo II, Coimbra, 2016, 717 ss., "Contribuição de Sustentabilidade & Companhia..., II – Sobre o(s) modos de realização da redução retrospectiva dos montantes de pensões", in *Boletim da Faculdade de Direito,* Vol. XCIII, Tomo I, Coimbra, 2017, 57 ss., e "(In)sustentabilidade da segurança/ seguridade social: entre as 'brumas da memoria' e as 'brumas do futuro' em tempos de neoglobalização e neognosticismo(s). Tópicos de um roteiro", in *Boletim da Faculdade de Direito,* Vol. XCIV, Tomo II, Coimbra, 2018, esp.[te] 1045 s. Já agora, para encerrar este longo parêntesis, regressando à observação com que o abrimos: se, porventura, se ultrapassarem os aludidos limites é porque a comunidade – os agentes políticos, aqueles que os elegeram... – não foi capaz de assumir, em tempo, as suas responsabilidades... políticas. E, pelo que concerne ao princípio da sustentabilidade [que se distingue do – mas também se cruza e sobrepõe com o – da justiça intergeracional: cf. o último estudo, há pouco citado, do nosso Colega e Amigo João Carlos Loureiro, 85]: 1) será pensável uma sustentabilidade de rosto humano – *i. e.,* consonante com o homem-pessoa, sujeito de direitos e deveres... e os termos desta relação nem sempre são, definitivamente definíveis..., *e com o direito compreendido como uma específica ordem de validade... de há muito temos vindo a dizer o direito o rosto jurídico da pessoa ... –,* no quadro do paradigma à época privilegiado, brandido pelos senhores de um mundo reduzido a ... mercado global? 2) Se ontem, antes da adesão ao euro, a referida sustentabilidade ia sendo adiada... e disfarçada com expedientes de política monetária – *v. gr.,* a desvalorização da moeda e dos salários reais, e a inerente inflação... –, que as instâncias de *contrôle,* opinião pública incluída [aproveitando uma ideia de Kant, pensemos naquela "opinião pública polemista" – *räsonierende Öffentlichkeit* –, que K.-O. Apel diz ser, de um ponto de vista "filosófico-ético" e, acrescentamos por nossa conta e risco, também prático-normativo ... –, a emblematicamente "responsável metainstituição de todas as instituições", que não deverá confundir-se com – reduzir-se ao – "contingente [...] subsistema social da política", tal como o modela o ordenamento jurídico formalmente positivo, deste ou daquele Estado democrático, mesmo do "Primeiro Mundo", que, na linha de uma proposta de J. M. Buchanan, entenda a sua legitimidade fundada num acordo de vontades dos indivíduos, ou, em consonância com uma outra de R. Rorty, propugne uma estrita "prioridade da democracia relativamente à filosofia" – e, atrevemo-nos a acrescentar de novo, igualmente ao direito... Cf. K.-O Apel, *Transzendentale Reflexion und Geschichte,* cit., 230 e 313 ss.], tendiam a nem sequer discutir, ou a discutir muito pouco, hoje, os países que integram a zona euro já não têm esses expedientes ao seu dispor, pelo que o disfarce não é mais viável. Resta o adiamento, se os países devedores o pretenderem e os países credores o permitirem... Neste novo quadro – uma nova ordem de inequívoca relevância constitucional, pois é a própria democracia que está em perigo –, conformado também pelo Tratado Orçamental Europeu, em vigor entre nós desde Janeiro de 2013, qual deverá ser a atitude, nomeadamente do TC ?...). Afinal, a intencionalidade problemática e os referentes axiológicos dos preceitos constitucionais são os que são (não obstante uma e outros estarem evidentemente expostos à erosão do tempo ... na dialéctica correlatividade que os articula...), o processo de revisão constitucional e o controlo da constitucionalidade das leis é o que é (nestes âmbitos, a estabilidade é assinalável; todavia, não pode excluir-se a possibilidade de afinamentos na jurisprudência e na doutrina constitucionais se projectarem em alterações pontuais nos dois mencionados domínios...), e tudo isso concorre para que se deva ser particularmente cauto na (des-)qualificação como obsoletas e caducas das normas constitucionais. Em suma: os tribunais – entre eles, o TC – não são câmaras de eco do legislador, mas não podem deixar de tomar na devida conta, em termos metodonomologicamente irrepreensíveis, os fundamentos e critérios normativos

O caso concreto polarizador do exercício metodonomológico[1208] tem um complexo de coordenadas, dimensões ou circunstâncias[1209] que lhe modelam a identidade – coordenadas, dimensões ou circunstâncias essas que nem sempre assumem igual relevância[1210]: umas articulam-no, e nem sempre do mesmo modo, com um critério legal[1211], outras retiram-no da mencionada órbita remetendo-a para a de um outro preceito[1212], ou para a órbita de um diferente

balizadores da respectiva actuação (a título exemplificativo, pelo que concerne aos mencionados fundamentos, e de certo modo em linha com o tema nuclearmente em causa nesta longa nota, atente-se nas ponderações prudenciais – mais pacificamente aceites umas, mais intensamente controvertidas outras… – que o TC expendeu a propósito dos princípios da igualdade e da confiança, no recente, e já nosso conhecido, Acórdão n.º 134/2019, Processo n.º 716/18, de 27 de fevereiro de 2019, a que acedemos por via informática. Para o cumprido esclarecimento das aludidas disputas, vejam-se também as múltiplas Declarações de voto que o aresto mereceu, uma das quais do próprio Conselheiro Relator… Pela mesma altura – mas agora no plano doutrinal – e por se nos revelar particularmente significativo, aproveitemos para lembrar que, "[n]o caso português, a intervenção do Tribunal Europeu [dos Direitos do Homem] reforçou a posição institucional e a competência do Tribunal Constitucional, designadamente de controlo de discricionariedade do legislador na fixação das medidas de austeridade": são palavras de Paulo Pinto de Albuquerque, em resposta a uma pergunta que lhe havia sido feita no quadro de uma entrevista concedida pelo mencionado Juiz do TEDH ao *Boletim da Ordem dos Advogados,* Edição especial de Janeiro/Fevereiro 2019, 12. Ainda na esfera da doutrina, recomenda-se também, muito vivamente, a leitura atenta de Luís A. M. Meneses do Vale, *O problema jurídico do acesso à saúde…,* cit., 186 ss., sob h), onde se poderão ver tematizadas e esclarecidas relevantes questões pressuponentes).

[1208] O recurso ao adjectivo concreto, há muito o percebemos, nada tem de acidental. Imagine-se, por exemplo, um contrato de mútuo celebrado entre um banco e um particular. Este último vem invocar a alteração da base negocial, fazendo-a decorrer da situação económico-financeira recessiva que se instalara. Acontece, porém, que "o contrato [em causa] já [se] celebrou em quadro de previsível recessão económica", porque "o país já se encontrava em crise financeira". Será pertinente, neste quadro, o recurso ao artigo 437.º, n.º 1, do CC? Cf., a título exemplificativo, o Acórdão do STJ, de 28 de Janeiro de 2015, Processo 876/12.9TBBNV-A.L1.S1, 6.ª Secção, esp.te 21. Pensando em problemas decerto distintos, formulemos a pergunta de outro modo: em que exactos termos é que o mencionado preceito legal deve ser chamado a relevar no quadro de "contratos celebrados [por um banco] com clientes antes do anúncio ou da eclosão da crise mundial [, ou] posteriores a esse anúncio ou a essa eclosão"? E ainda: não deverá, na matéria, ter-se igualmente em conta o específico tipo normativo do hipotético cliente – ser ele um investidor não especialmente qualificado, que "confiou à gestão do banco as poupanças de uma vida", ou "uma sociedade, também ela de investimentos financeiros, que haja confiado a um banco a gestão de certa carteira"?…: cf. agora Manuel A. Carneiro da Frada, "Crise financeira mundial e alteração das circunstâncias. Contratos de depósito *vs.* contratos de gestão de carteiras", in *Forjar o direito,* cit., esp.te 87 ss.

[1209] Como sabemos, o exercício metodonomológico intenciona, em última análise, o sentido predicativo da juridicidade, e culmina na sua histórico-concreta realização. Ora, todo o agir prático empenhado em realizar-se… "tem sempre que 'contar' com as circunstâncias"… Assim, Christian Graf von Krockow, *Die Entscheidung…,* cit., 146.

[1210] Cf. as capitais explicitações de A. Castanheira Neves, na sua *Questão-de-facto…,* cit., 256 ss.

[1211] Pense-se, exemplificativamente, na mobilização do artigo 335.º do CC para dirimir a questão de saber se deve admitir-se que um bar, com o elevado ruído inerente, continue a funcionar, uma vez que os proprietários da "fracção habitacional" contígua a utilizam como sua residência permanente e invocam uma insuportável perturbação do seu direito ao repouso; ou para solucionar o conflito entre o "direito à iniciativa económica e ao trabalho" e o "direito à saúde", quando a "oficina de reparação mecânica [que se comprova só emite] ruídos e odores de combustível *esporadicamente*": cf. João Pinto Monteiro, "Breve nota ao teorema de Coase: externalidades, redistribuição normativa e eficiência", in *Boletim da Faculdade de Direito,* Vol. XCII, Tomo II, Coimbra, 2016, 1076 s. e n. 65.

[1212] Atente-se, por exemplo, num estabelecimento comercial e no imóvel em que ele desenvolve a sua actividade, e pergunte-se: "qual é o *prazo da posse* [susceptível de] conduzir à usucapião [do

estrato do *corpus iuris*[1213], ou, no limite, caracterizam-no de tal modo que o excluem da órbita da juridicidade, fazendo dele um caso metodonomologicamente insignificante. Naquelas primeiras hipóteses, qualquer dos arrimos em jogo pode assimilá-lo, ora em termos inteiramente coincidentes com a sua própria relevância problemática, ora apenas mais ou menos amplamente secantes com ela, ora, também aqui no limite, tão-somente tangentes com o âmbito de relevância de um certo critério mas ainda assim bastantes para articular o caso *x* com o critério *x'*. Em suma: as coordenadas, dimensões ou circunstâncias do caso podem revelar-se decisivas para a modelação jurídica do problema que nele se põe, ou negligenciáveis desse mesmo ponto de vista. Como pode ainda haver semelhanças acidentais em dimensões irrelevantes, mas o importante é que elas não afoguem as semelhanças capitais nas dimensões verdadeiramente relevantes...[1214] Com WITTGENSTEIN[1215], atrevemo-nos a dizer que os vectores estruturantes do mencionado caso como problema jurídico são todos aqueles

---

referido] estabelecimento [...]" – o previsto para os bens imóveis (artigos 1293.º s., do CC), ou para os móveis (artigos 1298.º ss., ainda do CC)? Paulo MOTA PINTO e Sandra PASSINHAS, louvando-se nomeadamente em F. CASSIANO DOS SANTOS, "[propendem – não sem sublinharem tratar-se de um "ponto [...] controverso"–] para considerar que devem ser aplicados à usucapião do estabelecimento comercial os prazos previstos para a usucapião de móveis": cf. "Posse e usucapião de estabelecimento comercial de farmácia", in *RLJ*, 146.º, n.º 4003, 2017, 238 ss., sob 13.

Outro exemplo: se a trabalhadora de uma grande empresa se envolver sexualmente com o marido da empresária-empregadora, mas sob o ponto de vista profissional não se lhe puder censurar qualquer infracção disciplinar, não haverá, decerto, razão para que o "gerente [da empresa promova] o [seu] despedimento, com justa causa". Mas a mulher-empresária poderá divorciar-se do marido, por este ter violado o seu dever de fidelidade conjugal... Cf. a "Anotação" de João LEAL AMADO a um Acórdão de 7 de Março de 2012, do STJ, e publicada sob o título "A empregada, a patroa, o seu marido e o despedimento", na *RLJ*, 146.º, n.º 4005, 2017, 410 ss. – posteriormente complementada, pelo nosso ilustre Colega e querido Amigo, no já nosso conhecido estudo/lição *Trabalhar e amar...*, cit., in *RLJ*, 148.º, n.º 4015, 2019, 231 s., sob 3.4.1. *(v.,* para um afinamento conceitual, o que – acompanhando Francisco Manuel de BRITO PEREIRA COELHO – escrevemos *supra*, n. 1112).

Seja, ainda, um terceiro exemplo: cumpridos que tenham sido, pelo condenado imputável a uma pena de prisão efectiva, cinco sextos da pena, uma vez obtido o consentimento para ele ser posto em liberdade, e atenta, nomeadamente, a intencionalidade normativa do "princípio-garantia da pena", poderá admitir-se – não obstante tenha, entretanto, sobrevindo ao agente uma anomalia psíquica determinante da sua comprovada "perigosidade criminal"... – que lhe não seja concedida a solicitada "providência de *habeas corpus*", mantendo-o preso com fundamento em que a mencionada circunstância implicou "[a] conversão da pena privativa de liberdade em medida de internamento [e] transmutou a natureza do estado [/estatuto] prisional do arguido a justificar a não aplicação da concessão automática e obrigatória da liberdade condicional", em lugar de o sujeitar a "tratamento médico [...], ou a internamento compulsivo, nos termos" de legislação específica? Cf., sobre o ponto, e divergentemente, o Acórdão do STJ, de 24 de maio de 2017, e a "Anotação" que o aresto mereceu a Maria João ANTUNES, sob o título "Prisão ilegal em estabelecimento de inimputáveis. Providência de *habeas corpus*", in *RLJ*, 147.º, n.º 4009, 2018, respectivamente, 278 ss., e 282 ss., esp.*te* 283 e 287.

[1213] Cf. A. CASTANHEIRA NEVES, *Metodologia jurídica...*, cit., 219. Por junto, e se quisermos: também aqui é possível "[...] excluir ou incluir na [...] classe selecta *[hoc sensu,* no grupo dos candidatos positivos, problemas]* que se poderia ou não referir mais apropriadamente a outras classes"... (cf. Bernard SUITS, *A cigarra filosófica...*, cit., 263).

[1214] Parafraseámos assim Pedro DOMINGOS, *A revolução do algoritmo mestre...*, cit., 212.

[1215] Aqui convocado *apud* G. STEINER, *Sobre a dificuldade e outros ensaios*, cit., 217.

que venham pertinentemente a propósito. E daí que – retomando parcialmente considerações antes expendidas...–, dentro de um mais ou menos amplo conjunto de vectores articuláveis com uma determinada situação concreta e que se recortam em termos muito aproximados, um deles possa ser qualificado como juridicamente relevante, atento o problema controvertido, e os demais não[1216]. Recorrendo à expressividade de paráfrases, enunciemo-lo assim: "[n]a equação 'Diamante mais circunstâncias igual a diamante', o valor de uso do diamante é tão grande que o das circunstâncias desaparece ao lado dele; mas é possível imaginar [situações] em que acontece o contrário" – nomeadamente aquelas outras (que são as que paradigmaticamente mais nos interessam) em que as circunstâncias se revelam indissociáveis do... diamante em apreço, porque fundamentais para a determinação do seu... quilate[1217]. Ou: um juízo-julgamento pode equiparar normativo-juridicamente problemas concretos *primo conspectu* distinguíveis, como pode também diferenciar normativo-juridicamente problemas concretos *primo conspectu* indistinguíveis[1218] Se preferirmos contrapor uma actividade intelectual comum àqueloutra, específica, que nos convoca no presente ensejo, diremos: enquanto a actividade cognitiva implica um progressivo esquecimento dos pormenores para não sobrecarregarmos a memória, a actividade judicativa impõe que nunca os percamos de vista para os seleccionarmos criteriosamente...

Tudo o que põe em evidência, afirmemo-lo de novo, a decisiva importância do juízo autónomo sobre o mérito do caso (que IHERING acentuou tão enfaticamente, e depois dele a Jurisprudência dos interesses assumiu como uma das suas propostas mais emblemáticas[1219]) e, decorrentemente (mais uma vez se nos impõe reconhecê-lo), a irremissibilidade/centralidade da mediação judi-

---

[1216] Ilustremo-lo, sem mais pormenores, com a problemática reflectida, por João LEAL AMADO, na "Anotação" que lhe mereceu um Acórdão do STJ, e arquivada por este nosso Colega e Amigo, sob o título "Despedimento ilícito e 70 anos de idade: que efeitos?", nas colunas da *RLJ,* 145.º, n.º 3998, 2016, 299 ss., esp.te 302 s.

[1217] Cf. R. MUSIL, *O homem sem qualidades,* I, cit., 737. Em termos juridicamente mais ortodoxos e em complemento do que se escreve no texto, observemos apenas que a questão nuclear a que nele se alude é susceptível de se apresentar como de decisiva importância em situações muito diversas. Sirva-nos de exemplo a produção de um determinado resultado que seja mister valorar *sub specie iuris.* Pois bem: também aí importará distinguir as circunstâncias juridicamente relevantes para a respectiva produção, daquelas outras a (des-)qualificar como "circunstâncias adjacentes irrelevantes" (assim, Paulo MOTA PINTO, *Interesse contratual negativo e interesse contratual positivo,* Vol. I, cit., 662 s.; v. igualmente Ana Mafalda C. N. DE MIRANDA BARBOSA, *Do nexo de causalidade ao nexo de imputação...,* Vol. I, cit., 92 n. 166).

[1218] Parafraseámos agora ARROW e SEN: cf. Amartya SEN, *Escolha coletiva e bem-estar social,* cit., 247. Porquê assim, perguntar-se-á? No fundo, pela elementar (mas também decisiva) razão de que "[e]m tudo o que se assemelha há diferenças [, e] em tudo o que difere há semelhanças!": cf. R. MENASSE, *A capital,* cit., 252.

[1219] Cf. *supra,* esp.te 97 s., 266 s., 290 s. e 317 ss.

cativa no exercício metodonomológico. A título meramente exemplificativo, diremos que se vislumbra esse juízo autónomo, e a correlativa mediação judicativa, na elasticidade patenteada e nas diferenciações reclamadas pela "doutrina tipológica" na caracterização "legal de cada contrato (típico)" e dos chamados contratos mistos[1220]; ou nas ponderações justificativas da preferência pelo *argumentum a contrario* ou pelo *argumentum a simili*[1221]…

Se retomarmos o ainda agora sublinhado juízo autónomo sobre o mérito do caso, fundamentalmente determinado pelas juridicamente relevantes circunstâncias predicativas do referido caso, e mais atrás sobre a interpretação jurídica, nomeadamente pelo que respeita aos seus resultados que hoje se não hesita em admitir (quase) *nemine discrepante*[1222], damo-nos ainda conta da possibilidade de um caso incomum ou atípico poder ser "trazido-à-correspondência" com um certo critério legal que, de acordo com o pensamento tradicional, o não assimilaria[1223] (há exclusões includentes – são os falsos negativos…); ou, ao invés, com a não adequação normativa de um certo critério legal para um dado caso que, todavia, aquele mesmo pensamento tradicional não hesitaria em considerar aplicável[1224] (assim como também há inclusões excludantes – são os falsos positivos…). Afinal, intencionando o direito a exigência da igualdade–, decerto, a materialmente (re-)compreendida exigência da igualdade, em superação de uma sua inaceitável impostação formal –, e não deixando a mencionada (re-)visão de se projectar metodonomologicamente[1225], poderemos fazer nossa a passagem de *Doctor Dolittle's Zoo,* de Hugh LOFTING, que Karl POPPER

---

[1220] Cf., sobre este ponto, as finas explicitações de F. M. de BRITO PEREIRA COELHO, em *Contratos complexos e complexos contratuais,* cit., 299 ss., 303 ss. e 307 ss.

[1221] Cf. *supra,* 236 ss.

[1222] Cf. *supra,* 298 s.

[1223] Seja um exemplo, que ainda hoje, mais de 40 anos volvidos, recordo com saudade. Se um determinado preceito legal concede um certo benefício a um assistente universitário que tenha integrado um órgão directivo da sua Faculdade, pôde entender-se que ele não era aplicável a um assistente que, por sua parte, tivesse desempenhado funções de gestão na Universidade, assessorando o seu "Reitor" (entre aspas, porque não era só o assistente que havia sido investido num estatuto atípico, que não fora legislativamente pensado para si; o Reitor também era… atípico – rigorosamente, tratava-se do Professor Decano chamado por lei a exercer o cargo de Reitor, em virtude de o Ministro da Educação ter demitido o verdadeiro Reitor… ao tempo era assim), assistente esse a quem fora conferida legitimidade, por despacho do competente membro do Governo, para praticar os actos de gestão universitária que legalmente não exigissem a intervenção pessoal e directa do Reitor (ao tempo, era assim também que se delimitavam os poderes funcionais dos Vice-Reitores). E chegou mesmo a entender-se, num primeiro momento, que aquele benefício integrava a hipótese de uma norma excepcional, donde insusceptível de "aplicação analógica" – artigo 11.º do CC…

[1224] Sirva-nos de exemplo a situação a que aludimos *supra,* 69 s. e n. 146.

[1225] Sublinhámo-lo já nas nossas *Lições…,* cit., 433 ss., esp.ᵗᵉ 436 s. e n. 175. Atente-se ainda no modo como, a propósito do fundamento da analogia, nos referimos ao princípio da igualdade: *supra,* 239 ss.

chama logo à abertura da sua *Autobiografia Intelectual*[1226]: "[q]ue deixar de fora e que pôr dentro? Esse é o problema"…

E, por fim, só esclarecidamente atento o referido pressuposto – o reconhecimento da importância crucial, em sede metodonomológica, do juízo autónomo sobre o mérito jurídico do caso concretamente judicando – será possível vencer adequadamente as dificuldades suscitadas por um factor de perturbação bem conhecido[1227], que se manifesta com muita frequência: o resultante do atrito decorrente do (ainda há pouco relembrado[1228]) confronto do carácter sintético dos casos com o carácter analítico dos critérios jurídicos (*maxime,* dos preceitos legais)[1229]. As complexas questões, a que assim se alude, projectam-se ou numa "fundamentação plural"[1230] da solução adequada ao caso judicando, ou numa rigorosa separação das águas, preferindo-se um dos fundamentos em presença e excluindo-se o(s) outro(s)[1231]. A tipologia de situações é também

---

[1226] Como se sabe, é esse o subtítulo de uma obra do estimulante Pensador, que tem o título principal *Busca inacabada.* Na edição que temos vindo a utilizar, a passagem em causa aparece na p. 19.

[1227] Cf. as nossas *Lições…,* cit., 78 ss., e 973 n. 297.

[1228] Cf. *supra,* 316.

[1229] E é assim porque os mencionados casos só muito raramente têm ao seu dispor um critério legal que assuma a pluralidade de dimensões que os caracteriza. Exemplifiquemo-lo com o artigo 570.º do CC – mas sem se ignorarem os problemas que o rigoroso apuramento do âmbito de relevância normativo do preceito suscita: cf., por exemplo, Ana Mafalda C. N. de Miranda Barbosa, *Lições de responsabilidade civil,* cit., 379 ss.

[1230] Colhemos a expressão (que nos permitimos descontextualizar…) em Amartya Sen, *A ideia de justiça,* cit., 38. Recorrendo ao exemplo gasto de tão usado, um acidente de viação num cruzamento em que o tráfego é orientado por semáforos pode implicar, conjuntamente, o Direito Contra-Ordenacional, o Direito Civil e o Direito Penal. Uma situação de "transporte de substâncias perigosas por via marítima" é susceptível de nos colocar "perante um problema relativo ao comércio, ao transporte marítimo, à tutela do ambiente ou ao direito do mar" – e, consonantemente, o regime jurídico para ele adequado pode ser "qualquer [destes], ou […] mais do que um" dos referidos (cf. Mário Reis Marques, "*Cuius Tempora, Eius Ius.* O impulso da globalização na construção do figurino jurídico da modernidade pós-societária", in *Boletim da Faculdade de Direito,* Vol. XCIV, Tomo II, Coimbra, 2018, 961)… Neste mesmo sentido, Jan Schapp adverte que o juiz lança muitas vezes mão, no exercício metodonomológico, de um mais ou menos alargado conjunto de normas, que só especifica "em referência ao caso que lhe compete solucionar" (e lembra que este "princípio da combinação" é habitual em outros domínios – as palavras concretas resultam da combinação das letras do abecedário, as histórias que se narram implicam uma combinação de palavras…): cf. *Die juristische Methode als der Weg zum Verstehen und Anwenden des Rechts,* cit., in *Methodenlehre und System des Rechts,* cit., 197.

[1231] Se *A* tiver matado *B* em legítima defesa, a norma que pune o homicídio (artigo 131.º do CP) cede o lugar àquela outra que institui o regime da mencionada causa de justificação (artigo 32.º do CP); e entre os dois referidos extremos são ainda, como é sabido, concebíveis estádios como que intermédios se tiver havido excesso de legítima defesa (artigo 33.º do CP). "Se *C* provoca, mesmo culposamente, um acidente rodoviário, deve ser punido por omissão de auxílio (artigo 200.º-2) se foge para se resguardar da ira da multidão que assistiu ao desastre e se prepara para 'fazer justiça por suas próprias mãos'?"; cf. o artigo 34.º, *a),* do CP… As necessárias explicitações complementares oferece-no-las, por todos, Jorge de Figueiredo Dias, *Direito Penal, Parte Geral, Tomo I…,* 2.ª ed., cit., respectivamente, 404 ss., 422 e 444. Ou, deslocando-nos para uma outra esfera: no direito das sociedades comerciais, e em matéria de suprimentos, deverá, via de regra, privilegiar-se a sua dimensão (e correspondente regulamentação) "jurídico-[societária]" à sua também manifesta dimensão "jurídico-obrigacional"

muito variada[1232]: o conflito de leis no espaço (o Direito Internacional Privado – que pode implicar a convocação, em vez "do direito conflitual português", de "disposições [...] de carácter convencional ou de direito da União Europeia aplicáveis ao caso"...[1233]), a concorrência de normas no tempo (o Direito Transitório[1234] – com o, decerto sistematicamente enquadrado, caso concreto a ocupar aí, de modo notório, um lugar determinante, mesmo naquelas áreas em que a segurança jurídica se afirma uma exigência axiológica capital...[1235]), as antinomias normativas (e a centralidade do caso judicando também neste âmbito[1236]), o concurso de normas (lembrem-se: a alternatividade – exemplo: as obrigações disjuntivas, em que as normas em concurso, atinentes ao objecto da obrigação, são instituídas pelos respectivos sujeitos, e a escolha de uma delas, em detrimento da outra, é confiada ou ao credor, ou ao devedor, ou mesmo a um terceiro[1237]; a cumulação – exemplo: as normas reguladoras do ilícito disciplinar são cumuláveis com aquelas outras que regulam o ilícito penal, e decorrentemente também o são, "relativamente ao mesmo facto, a medida disciplinar [...e] a pena criminal", em virtude da fundamentada "autonomia do ilícito disciplinar perante o ilícito penal"[1238]; a especialidade – exemplo: o roubo é como que um furto especial, pois implica não apenas a ofensa de bens

---

(cf. Rui Pereira Dias, *Litigância societária internacional no direito da União Europeia...*, cit., 321 e n. 809). Como é óbvio, os exemplos poderiam multiplicar-se *ad nauseam*...

[1232] Cf. aquelas a que alude A. Castanheira Neves, em *Metodologia Jurídica...*, cit., 175 s.

[1233] Assim, *v. gr.*, na situação reflectida por Rui Manuel Moura Ramos, em "Anotação" publicada, com o título "Lei aplicável ao contrato de trabalho internacional", in *RLJ*, 146.º, n.º 4001, 2016, esp.ᵗᵉ 140 ss. E outro tanto poderá acontecer na esfera do Direito Processual Civil Internacional. Exemplo: "as regras de direito internacional privado sobre pactos de jurisdição, que encontramos reunidas no hoje vigente Regulamento Bruxelas Ia, têm prevalência sobre o direito processual civil internacional de fonte interna" – assim, Rui Pereira Dias, *Litigância societária internacional no direito da União Europeia...*, cit., 33.
De resto, o referido DIP da UE é, pela sua própria natureza, um campo fértil – lancemos agora, a título meramente exemplificativo, uma ponte para a alternatividade a que dentro em breve se aludirá... – para a emergência de tensões: pense-se na possibilidade de escolha (do sistema jurídico aplicável) que se abre aos interessados, mais ampla em "matéria contratual e de responsabilidade extracontratual", mais circunscrita "em sede de regime matrimonial" – cf. Rui Manuel Moura Ramos, "A especificidade dos efeitos patrimoniais das parcerias registadas no direito internacional privado da União Europeia", in *RLJ*, 148.º, n.º 4014, 2019, esp.ᵗᵉ 143.

[1234] Remetemo-nos para o que escrevemos na "18.ª Lição" das nossas *Lições...*, cit., 833 ss.

[1235] Pense-se, *v. gr.*, no Direito Fiscal, e nas alterações detectáveis na jurisprudência do *BVerfG*, no sentido sublinhado no texto, em matéria de retroactividade das leis. Recorde-se que a *GG* não dispõe de uma norma semelhante ao artigo 103.º, n.º 3, da CR (o artigo 103, II, da *GG*, limita-se a proibir as leis penais retroactivas); esta a razão pela qual é o Tribunal Constitucional alemão que tem vindo a assumir a tarefa de "estruturar a dogmática da retroactividade" das leis fiscais. Cf. Oliver Lepsius, "Die Rückwirkung von Gesetzen – Teil 1", in *Jura* – 2018, 577 ss.

[1236] Cf. A. Castanheira Neves, *O instituto dos "assentos"...*, cit., 260 ss., esp.ᵗᵉ 263 ss.

[1237] Cf. Mário Júlio de Almeida Costa, *Direito das Obrigações*, 11.ª ed., cit., 727 ss.

[1238] Cf. Jorge de Figueiredo Dias, *Direito Penal, Parte Geral. Tomo I...*, 2.ª ed., cit., 168 ss., esp.ᵗᵉ 172, § 28.

jurídicos patrimoniais mas também de bens jurídicos pessoais[1239]; a subsidiariedade – exemplo: "[…] o empobrecido […] apenas poderá recorrer à acção de enriquecimento quando a lei não lhe faculte outro meio para cobrir os seus prejuízos"[1240]; e a consumpção – exemplo: na hipótese de violação simultânea de um contrato e de um dever geral de conduta, em que portanto se incorre em responsabilidade contratual e em responsabilidade extracontratual, tende a prevalecer o entendimento de que, em princípio, o regime da primeira "'consome' o da" segunda[1241])… E não é só no plano normativo que nos deparamos com dificuldades deste tipo, pois elas podem também pôr-se-nos no plano jurisdicional – pense-se na eventual intervenção de vários tribunais, de uma mesma ordem jurídica, para ajuizarem de questões diferentes, conexas com um mesmo problema, em virtude do "sistema [de…] repartição jurisdicional de competência" (exemplo: "no âmbito da expropriação por utilidade pública [, e em] consequência desse sistema, é perfeitamente possível que, numa mesma expropriação, esteja, *simultaneamente*, pendente num *tribunal administrativo* a apreciação da legalidade do ato de declaração de utilidade pública e, num *tribunal judicial*, a discussão litigiosa do montante da indemnização"[1242]); ou na possibilidade de tribunais de diferentes (ainda que estreitamente conexionadas) ordens jurídicas serem chamados a pronunciar-se sobre planos distintos, mas articulados, de um mesmo litígio (exemplo: a intervenção do Tribunal de Justiça da UE, a título prejudicial, "sempre que num processo pendente [em

---

[1239] Cf. os artigos 203.º e 210.º do CP, e Conceição FERREIRA DA CUNHA, in Jorge de FIGUEIREDO DIAS (Dir.), *Comentário Conimbricense do Código Penal. Parte Especial,* Tomo II, cit., esp.ᵗᵉ 160, § 3.

[1240] Cf. o artigo 474.º do CC, e Mário Júlio de ALMEIDA COSTA, *Direito das Obrigações,* 11.ª ed., cit., esp.ᵗᵉ 502. Pressupondo também o que oportunamente se esclareceu sobre o artigo 11.º do CC *(supra,* 257 ss.),* fará sentido recorrer ao instituto do enriquecimento sem causa, "para repor a ordenação jurídica dos bens", em certos casos ainda muito provavelmente justificativos da relevância do artigo 1270.º do CC (restringindo, portanto, "a aplicação do [mencionado] artigo 1270.º – na remissão que para ele é feita pelo artigo 289.º/3 CC – às hipóteses de efetiva verificação da posse")? Cf. Mafalda MIRANDA BARBOSA, *"Cessante causa, cessat effectus:* a relação de liquidação subsequente à invalidação do negócio e a problemática dos direitos de personalidade", in *Boletim da Faculdade de Direito,* Vol. XCIII, Tomo II, Coimbra, 2017, 715 s. n. 32.

[1241] Cf. Mário Júlio de ALMEIDA COSTA, *Direito das Obrigações,* 11.ª ed., cit., 546 ss., esp.ᵗᵉ 551-553, Pedro FALCÃO, *O contrato de fornecimento de energia eléctrica,* s./l. (Petrony Editora), 2019, 96 e 106 s. …. Se quisermos retornar, igualmente a título exemplificativo, a uma questão a que já aludimos (cf. *supra,* n. 1065), pense-se na consumpção das "regras societárias" pelos "acordos parassociais omnilaterais", quando normativo-juridicamente se impuser, contra o disposto pelo "art. 17.º, n.ᵒˢ 2 e 3 do CSC" *(rectius:* mediante uma justificada redução teleológica do referido preceito), desconsiderar a personalidade jurídica *(v.,* Manuel A. CARNEIRO DA FRADA, *Acordos parassociais "omnilaterais"…,* cit., 519 s. – pelo que concerne à mencionada consumpção – e 490 s., 517 e 520 – relativamente à citada redução teleológica). Sobre a relevância do princípio "lex consumens derogat legi consuntae", no quadro do Direito Penal, v. Jorge de FIGUEIREDO DIAS, *Direito Penal, Parte Geral, Tomo I…,* 2.ª ed., cit, 1000 ss., e a importante remissão feita no termo do § 20, a p. 1002.

[1242] Assim, Fernando ALVES CORREIA, "A propósito de um Projeto de revisão do Código das Expropriações de 1999", in *Conferências Fezas Vital e Rogério Soares. Cadernos do Centenário,* Coimbra, 2016, 70.

tribunal de um Estado membro] se levante uma" questão relacionada com "a interpretação dos Tratados, a validade e interpretação dos actos das instituições comunitárias e a interpretação dos estatutos de organismos criados por um acto do Conselho, quando eles assim o prevejam"[1243]…

Inconsiderando doravante a sistematização precedentemente tentada, acrescentemos alguns exemplos avulsos, ainda conexionados (mais ou menos directamente…) com a questão em apreço, e apenas com o propósito de ilustrar a extrema diversidade e complexidade que ela é susceptível de apresentar: 1) Já se aludiu ao "labirinto de normas que regulam os incentivos fiscais de que [nomeadamente algumas empresas] podem beneficiar", com as consabidas consequências do agravamento dos custos de investimento decorrente das crescentes necessidades "de acompanhamento e de consultadoria jurídica e económica [...]"[1244]. 2) "[O] Tratado de Lisboa, [...] que serve de base jurídica à União [Europeia]", parece "est[ar] protegido por uma barreira de arame farpado [e, por essa razão – pela sua enredada estrutura normativística –, apresenta] dificuldades intransponíveis mesmo para o cidadão europeu mais qualificado", que pretenda ver claro o seu estatuto[1245]. 3) Um determinado caso

---

[1243] Cf., por todos, Rui Manuel Moura Ramos, *Das Comunidades à União Europeia. Estudos de Direito Comunitário*, Coimbra, 1994, 67; Id., *Direito Comunitário (Programa, conteúdos e métodos de ensino)*, Coimbra, 2003, 87… Acrescente-se apenas que o objectivo precípuo do reenvio prejudicial é "a *garantia da unidade* do direito da União Europeia"… (assim, Rui Pereira Dias, *Litigância societária internacional no direito da União Europeia…*, cit., 34), e que o referido instituto "constitui [,] no plano processual e jurisdicional [,] o instrumento fundamental de coordenação entre a ordem jurídica da União e a ordem jurídica dos Estados-Membros" (a formulação transcrita é de José Lamego, in "A articulação entre o Direito da União Europeia e os sistemas jurídicos dos Estados-Membros", polic., s./l., mas Lisboa, e s./d., mas 2017, 28). Como é inevitável em questões deste tipo – que estão condenadas a repor-se continuamente… –, algumas permanecem ainda em aberto (cf., como exemplo de uma destas últimas – evidentemente, no momento em que estamos a redigir esta nota… –, aquela a que alude Rui Manuel Moura Ramos, no estudo "Aplicação de cláusulas atributivas de jurisdição em acções de responsabilidade emergente de práticas consideradas de abuso de posição dominante", in *RLJ*, 147.º, n.º 4009, 2018, 265 ss. – atente-se, em particular, na "Conclusão", *ibidem*, 277 s.) Alguns meses volvidos, em outro importante estudo, este nosso ilustre Colega e querido Amigo chama a atenção para a circunstância de as mencionadas "questões prejudiciais [poderem ser suscitadas] por uma divergência interpretativa que levara à adopção, claramente indesejável, de soluções nitidamente divergentes por parte das jurisdições supremas de dois Estados-Membros [no caso concreto, "a França e Portugal"]: cf. "Pactos atributivos de jurisdição e direito da concorrência", in *RLJ*, 148.º, n.º 4013, 2018, esp.^te 116 e 129).

[1244] Cf. José Casalta Nabais, "Investir e tributar: uma relação simbiótica?", in *RLJ*, 141.º, n.º 3972, 2012, 177, e "Sobre a educação e cidadania fiscal", ainda na *RLJ*, 149.º, n.º 4018, 2019, esp.^te 25 ss. (pois, se não erramos, o ponto sublinhado no texto, e que nos trouxe a esta nota, é também susceptível de originar verdadeiros *"apartheid[s] fisca[is]"*). Acrescente-se apenas – mudando parcialmente o registo e recorrendo ainda à lição deste nosso ilustre Colega – que o mencionado labirinto radica por vezes numa constitucionalmente claudicante e normativo-juridicamente muito censurável solércia do legislador: ilustram-no aquelas situações em que a "legislação fiscal e, sobretudo, [a] actuação da Administração Tributária" não hesitam em afrontar a "'constituição fiscal' que [, ao invés], se revela tão amiga dos contribuintes": cf. "A respeito do adicional ao Imposto Municipal sobre Imóveis ", in *Boletim da Faculdade de Direito,* Vol. XCIV, Tomo I, Coimbra, 2018, esp.^te 74 s.

[1245] Cf. Hans Magnus Enzensberger, *O afável monstro de Bruxelas ou a Europa sob tutela,* cit., 15.

pode bem implicar a articulada convocação de um contrato e de certos usos laborais[1246]. 4) Questões *prima facie* de estrito carácter técnico-desportivo (qual deve ser a duração do intervalo de uma partida de futebol?; ou, quantos intervalos, com que duração, deve ela ter?) poderão também envolver "o tema da saúde no trabalho", se o jogo decorrer sob condições meteorológicas particularmente severas[1247]. 5) Os chamados complexos contratuais mistos *(breviter: os contratos mistos)* põem ao jurista o delicadíssimo "problema metodológico", que F. M. de BRITO PEREIRA COELHO, na preciosa monografia que dedicou ao tema, reconduz, "tendencialmente", a uma opção entre os princípios da "combinação" e da "absorção", sem, todavia, excluir "a necessidade de construção" seja de um "regime autónomo", seja de um "regime ajustado", se a especificidade do contrato concretamente em causa o reclamar[1248]...

Em suma (e olhando agora, por junto, o que se nos afigura nuclear): também de muitos problemas juridicamente relevantes se pode dizer que há neles, por vezes, vários "'jogos' a decorrer em simultâneo"; e, relativamente a muitos desses problemas, "o [que] se *pode* fazer" nem sempre é bastante para nos ajudar a resolver a questão de "o que se *deve* fazer"...[1249]. Ou ainda: as ponderações implicadas pela especificidade do caso concretamente judicando projectam-se, não raro, no desenho de... "mapas de / desvios" *("Umweg-/Karten)*[1250] pré-indisponíveis, porque correspondentes à *en avance* imprevisível singular novidade da

---

[1246] Cf. António DIAS COIMBRA, "Uso Laboral", in João REIS *et alii* (Coord.), *Para Jorge Leite. Escritos Jurídico-Laborais,* Coimbra, 2015, 251 ss.

[1247] Cf. João LEAL AMADO, "Copa do Mundo: entre a 'pausa técnica' e a 'pressão alta'", in *Desporto & Direito. Revista Jurídica do Desporto,* n.º 32, ano XI, 2014, esp.te 210 ss.

[1248] Cf., do nosso Colega e Amigo, *Contratos complexos e complexos contratuais,* cit., 227 ss., esp.te 237 s., 307 ss. e 416 ss. *V.* uma outra menção – complementar... – que ainda há pouco lhe fizemos: *supra,* 325. E ainda (entre tantas outras notas que seria possível considerar) a referência, feita por Pedro FALCÃO, a problemas vários (qualificação material, competência jurisdicional...) postos pelos contratos mistos ("de compra e venda e prestação de serviços") centrados na prestação de serviços públicos essenciais: cf. *Novos estudos sobre serviços públicos essenciais,* s./l. (Petrony Editora), 2018, 74 ss. A advertência, da autoria de Pedro LEITÃO PAIS DE VASCONCELOS (colhida nas pp. dedicadas pelo ilustre Colega ao problema da qualificação do contrato, na monografia *A preposição. Representação comercial,* 2.ª ed., Coimbra, 2018, 439-446, esp.te 441 – e que justifica uma remissão para o que escrevemos *supra,* 318 s. ...): "[...] quanto maior for a semelhança entre um contrato e um tipo [contratual] que, por sua vez, for também semelhante a outro tipo, maior a possibilidade de confusão entre o contrato e os vários tipos e, logo, maior a possibilidade de erro na qualificação"...
Se nos é permitido ceder mais uma vez à costumeira pulsão da heterodoxia, acentuemos apenas terem os contratos mistos uma história que remonta às eras primordiais: com efeito, não se disse já o negócio jurídico, proposto por Labão a Jaacob (e por este aceite, em vista do seu casamento futuro com Raquel), "um contrato nupcial e um contrato de trabalho ao mesmo tempo, uma coisa híbrida [...]"?: cfr. Thomas MANN, *José e os seus irmãos. I...,* cit., 322.

[1249] Cf. D. DENNETT, *Quebrar o feitiço...,* cit., 237.

[1250] Trata-se da abertura de um poema de Paul CELAN: cf. *Não sabemos mesmo o que importa. Cem poemas,* ed. bilingue, com trad. de Gilda Lopes Encarnação, Lisboa, 2014, 208 s.

experiência que origina cada uma delas – e, como se terá percebido, a extrema complexidade do exercício metodonomológico passa também por aqui...

Já aludimos, em diversas ocasiões, à relevância normativa do critério jurídico (*maxime*, do preceito legal) hipoteticamente adequado para vir a assimilar o caso concretamente judicando, e ao decisivo papel deste último na determinação daquela relevância. Mas o mencionado critério, enquanto singular *modus* de objectivação da juridicidade vigente, tem, ele próprio, uma intencionalidade problemático-axiológica juridicamente significativa... e passível de uma abordagem analítica tendente a explicitá-la provisoriamente. Ou, se preferirmos: embora só por artifício analítico, com intuitos pedagógicos, seja possível retirar do circuito metodonomológico o mencionado caso concretamente judicando (basta relembrar a oportunamente acentuada fusão das questões de facto e de direito, para o percebermos), o certo é que vale a pena determo-nos um pouco na relação do critério em causa com o "tipo" de problemas (*rectius*, com a "série" de problemas...[1251]) que ele intenciona, em ordem ao esclarecimento de um importante pressuposto da sua serventia metodonomológica – a determinação da relevância hipotética do critério em causa. E este plano das coisas (assim artificiosamente autonomizado, insistimos) integra ainda o momento problemático-sistemático, que estamos a considerar – na expressão consagrada, a "questão-de-direito em abstracto".

CASTANHEIRA NEVES distingue três fases, que reciprocamente se implicam e complementam, na modelação da aludida relevância hipotética do critério: o "momento histórico", o "momento problemático" e o "momento teleológico-sistemático"[1252]. Da finíssima análise a que o nosso Professor os submete, retiremos apenas as notas que se nos afiguram capitais.

Antes, porém, numa como que abordagem global do tema, sublinharemos dois pontos. O primeiro é, decerto, aquele que as considerações precedentes já deixam entrever: os três mencionados momentos articulam-se uns com os outros, e no centro do conjunto, que assim se desenha, está o momento problemático – se o momento histórico como que desagua nele, o momento teleológico-sistemático como que promana do momento problemático. E o segundo traduz a insistência numa observação que nada traz de novo: o apuramento da relevância hipotética do critério em causa  não se confunde com o sentido tradicionalmente imputado à interpretação jurídica. Neste, não se ultrapassa o plano semântico-sintáctico (apenas se atende ao jogo letra-espírito); naquele,

---

[1251] Cf. o que escrevemos em *Praxis, problema, nomos...*, cit., in *Analogias*, cit., esp.^te 252.

[1252] Cf. *Metodologia Jurídica...*, cit., 148 ss.

assume-se deliberadamente uma perspectiva pragmática (o critério jurídico em causa é olhado como critério-problema… susceptível de ser "trazido-à-correspondência" com casos-problemas concretos)[1253].

Atentemos doravante, e sucessivamente, nos três referidos momentos.

O "momento histórico" nada tem que ver com o elemento histórico da interpretação jurídica, tal-qualmente o compreendia o pensamento tradicional, identificando-se, isso sim, com o modo como o… re-compreendeu a impostação prático-normativa da interpretação jurídica[1254]. Recompreensão essa que, é sabido, implicou a consideração de planos que antes de todo se… inconsideravam: a realidade e a consciência histórico-social e histórico-jurídica, o sistema jurídico (em especial, o sector dogmático do sistema jurídico) que o critério em causa integra… critério este que, por outro lado, exprime pontualizadamente *(hoc sensu: dentro dos limites que são os seus)* a dimensão de *voluntas* – que remete à decisão –, paradigmaticamente titulada pela função legislativa e, portanto, politicamente co-determinada –, e a dimensão de *ratio* – que remete ao juízo –, que intenciona imediatamente o sentido específico do direito, que se visa realizar em concreto, e que sabemos ser a jurisdicionalmente emblemática – dimensões estas duas, e sem surpresa, também conjuntamente fulcrais para o rigoroso apuramento da relevância hipotética (e, portanto, da serventia metodonomológica) do critério de que se trate. E, sendo assim as coisas, do mesmo passo se percebe a inteira justeza de uma observação anterior: aquela segundo a qual o momento histórico – que implica tudo quanto até agora acentuámos – desagua no momento problemático.

Pelo que respeita a este "momento problemático", supomos que a nota prévia a sublinhar é a de que o problema constitutivo do caso judicando, e

---

[1253] Por vezes, os dois mencionados pontos de vista não se distinguem claramente. Exemplo: a argumentação expendida por António Pinto Monteiro para recortar o âmbito de relevância do artigo 243.º, n.º 1, do CC (o ilustre A. sustenta "que a *protecção de terceiro de boa fé pelo n.º 1 do art. 243.º* só é possível quando a nulidade é arguida pelo *simulador* ou por quem ocupe a sua *posição* (como sucede com os herdeiros, após a sua morte)" – cf. "Simulação e terceiros de boa fé (Breve apontamento)", in *RLJ,* 146.º, n.º 4000, 2016, 38 ss., esp.ᵗᵉ 40-42), afigura-se ainda tributária da impostação tradicional, todavia já indisfarçavelmente corrompida *(hoc sensu:* corrigida) por aqueloutra que, em nosso juízo, deverá saber opor-se-lhe, e que foi viabilizada pela importância capital que, em matéria de interpretação jurídica, a partir de determinada altura, se passou a atribuir ao elemento teleológico (mesmo quando se resista a invocá-lo explicitamente…). Outras vezes, eles articulam-se inequivocamente. Exemplo: quando se afirma, em termos à primeira vista apenas lapalissianos, que "excluir a situação da exclusão tributária tem o sentido de a incluir na inclusão tributária" – assim, José Casalta Nabais, "A (in)constitucionalidade do Adicional ao IMI", in *RLJ,* 148.º, n.º 4016, 2019, 338 –, o plano semântico-sintáctico (e lógico-formal…) imediatamente intencionado, não impede a consideração daqueloutro argumentativo-material (e prático-normativo…), como no-lo revela bem a analítica fundamentante excogitada pelo nosso ilustre Colega nas colunas seguintes da sua esclarecedora "Anotação", há pouco citada.

[1254] Cf. as nossas *Lições…,* cit., 926 s.

polarizador do exercício metodonomológico, só poderá ser "trazido-à-correspondência" com um... critério-problema. Critério-problema este que é um... uno-múltiplo: é, como "dado", o enunciado linguístico que o formula; mas, como "objecto", integra todos os problemas "seriáveis" na "série" que ele institui[1255]. Ora, enquanto "objecto", o critério-problema intenciona uma controvérsia (o problema-tipo que se pode vir a recortar, como problema concreto, num certo horizonte histórico), para a qual prescreve uma solução (aquela que prático-normativamente se lhe adequa – aquela que realiza, e em dialéctica correlatividade, a concordância do *telos* mais directamente atinente ao problema, e da *arché* mais imediatamente predicativa do sistema da juridicidade vigente[1256]).

Mas, se é assim, de pronto se nos manifesta a inevitável pertinência de uma outra ponte que não hesitámos em lançar logo no início: aquela que prolonga o tabuleiro do "momento problemático" unindo-o ao do "momento [já] teleológico-sistemático". Com efeito, os pólos há pouco mencionados (o *telos*, ou os *tele*, e a *arché* ou as *archai*), correlativamente modeladores da relevância hipotética do critério escrutável, co-instituem as respectivas *ratio legis* e *ratio iuris* (aquela só não se perderá no meio do "nevoeiro teleológico"[1257], e esta só poderá recortar-se no *mare magnum* da juridicidade se as não cindirmos...),

---

[1255] Pressupomos aqui, nem valeria a pena recordá-lo, esclarecimentos que devemos a – e colhemos em – A. Castanheira Neves, *O actual problema metodológico da interpretação jurídica – I,* cit., 287 s. e n. 927, e Jan Schapp, *Hauptprobleme der juristischen Methodenlehre,* cit., esp.te 10, 31, 50 e 53 ss. *V.* ainda *supra,* 288.

[1256] É esta, em derradeira análise, a razão pela qual – note-se – a instância incumbida da decisão judicativa pode ter que preocupar-se com os fins concretamente em jogo, em articulação com os princípios que inervam o sistema, ainda que o legislador o não tenha feito. Exemplo: apesar de "o legislador [processual penal] não [distinguir], do ponto de vista do regime jurídico, a apreensão [de objectos que constituam o lucro, preço ou recompensa do crime] que serve a *prova* [,] da apreensão que serve exclusivamente a *execução* dos bens que venham a ser declarados perdidos a favor do Estado" [nem quanto "à autoridade competente para autorizar, ordenar ou validar as apreensões [...]" – a *"autoridade judiciária* e, portanto, também [o] Ministério Público (artigos 178.º, n.º 3, e 1.º, alínea *b),* do CPP)" –, "nem tão pouco quanto aos pressupostos da autorização, ordem ou validação"], o certo é que estamos "perante meios processuais que cumprem finalidades distintas": o primeiro, "serve a finalidade processual penal de *descoberta da verdade"*; o segundo, a apreensão enquanto *garantia processual da perda de vantagens* [,] tem em vista a finalidade processual penal de *realização da justiça* [...]". Neste último, estamos, rigorosamente, ante uma restrição a um direito fundamental (o direito de propriedade privada – "um direito de natureza análoga aos direitos, liberdades e garantias" –, que o respectivo titular pode transmitir "tanto *inter vivos* como *mortis causa)"*, que só é admissível respeitadas que sejam as "exigências específicas de *adequação, necessidade* e *proporcionalidade* (em sentido estrito) da restrição" – "um ato [que postula "um juízo de índole claramente substantiva" – não "de pendor criminalístico", como o atinente à prova – e, por isso mesmo,] da *competência reservada do juiz",* sob pena de inconstitucionalidade, "por violação do artigo 32.º, n.º 4 [v. ainda o artigo 18.º, n.os 2 e 3], da Constituição": cf. Manuel da Costa Andrade/ Maria João Antunes, "Da apreensão enquanto garantia processual da perda de vantagens do crime", in *RLJ,* 146.º, n.º 4005, 2017, 360 ss.

[1257] Colhemos a expressão em Victor Calvete, "Da ilicitude como uma das belas artes", in Manuel da Costa Andrade *et alii* (Orgs.), *Estudos em Homenagem ao Prof. Doutor Jorge de Figueiredo Dias,* Vol. IV, Coimbra, 2010, 119.

remetem, também imbricadamente, aos segmentos de decisão e de juízo que sabemos com-ponentes do exercício... judicativo-decisório, e, quando o rigorosamente recortado caso concretamente judicando se intrometer no circuito reflexivo, e como já tivemos oportunidade de assinalar[1258], todos os planos que assim analiticamente se separam e assim metodonomologicamente se miscigenam hão-de concorrer para desvelar/instituir, fundidos na mediação judicativa, a *ratio iudicis,* isto é, a solução/resposta do direito ao problema/pergunta que pertinentemente o interpelou[1259].

E a síntese de tão diversas dimensões (histórico-sociológicas, filosófico--culturais, político-económicas, prático-problemáticas, jurídico-dogmáticas...), todas originária e/ou derivadamente predicativas do direito, traz-nos aquilo que não poderia deixar de nos ter trazido – o sentido da juridicidade, que o critério em teste também não poderia deixar de ter assumido como referente para poder ser reconhecido como um critério jurídico.

Será, todavia, que as explicitações precedentes permitirão recortar sempre, de um modo pacífico ainda que fadigoso, a exacta relevância prático-normativa de um critério jurídico? Em boa verdade, cremos que a resposta honesta só poderá ser a seguinte: as mais das vezes (e, nomeadamente, se o legislador não tiver introduzido um excessivo ruído no circuito...[1260]) sim[1261], excepcio-

---

[1258] Cf. *supra,* 291 s.

[1259] Recorrendo a um apoio bibliográfico ainda há pouco compulsado (e sem mais pormenores...), diremos, a título exemplificativo, que só então *(scilicet,* apenas ante o caso concretamente judicando) será possível densificar as máximas segundo as quais "a retroactividade autêntica *[i. e.,* aquela em que a lei visa um caso a que se pôs um definitivo ponto final no passado] é em princípio proibida, mas pode ser excepcionalmente justificada", e que, ao invés, "a retroactividade inautêntica *[i. e.,* aquela em que a lei visa um caso que emergiu no passado, mas que continua a produzir efeitos jurídicos relevantes no presente] é em princípio admitida, mas pode ser excepcionalmente proibida": cf. Oliver Lepsius, *Die Rückwirkung...,* cit., in *Jura* – 2018, 578, sob II.

[1260] Pensemos, *v. gr.,* nas dúvidas que o artigo 1817.º do CC (na redacção que lhe foi dada pela Lei n.º 14/2009, de 1 de Abril), suscita a Guilherme de Oliveira: cf. Francisco Pereira Coelho/Guilherme de Oliveira, *Curso de Direito da Família. Estabelecimento da filiação,* por Guilherme de Oliveira, esp.ᵗᵉ n.ᵒˢ 402-404 – disponível *on line* (um ilustre Colega e querido Amigo, a quem muito agradecemos, proporcionou-nos a consulta de uma versão de 2017). Ou – agora no campo do Direito Penal – nas embaraçosas dificuldades que a Lei n.º 59/2007, de 4 de Setembro, criou ao jurista de serviço (não tanto por lhe haver determinado que aplicasse retroactivamente a *lex mitior* a uma situação definida por sentença jurisdicional transitada em julgado, mas) ao permitir-lhe que inconsiderasse exigências muito relevantes atinentes à "questão da culpa", ficando como que a meio caminho daquilo que a opção privilegiada pelo legislador, quando adequadamente recortada, afinal implicava: cf. o artigo 2.º, n.º 4, do CP, e Manuel da Costa Andrade "'Bruscamente no verão passado', a reforma do Código de Processo Penal – Observações críticas sobre uma lei que podia e devia ter sido diferente", in *RLJ,* 137.º, n.º 3950, 2008, esp.ᵗᵉ 263 ss., sob 36....

[1261] Se bem que com maior ou menor esforço, reconhecemo-lo. Lembrem-se as ponderações deveras exigentes em que se empenhou Ana Mafalda C. N. de Miranda Barbosa na tentativa de recortar, com precisão, a serventia do artigo 497.º do CC – cf. *Do nexo de causalidade ao nexo de imputação...,* cit., Vol. II, 1258 ss., 1282 ss. e 1287 ss. Ou os cuidados a que nunca deveremos poupar-nos para, *v. gr.,* não cedermos à tentação de admitir que um determinado diploma veio reintroduzir no sistema jurídico,

nalmente decerto que não. Para não insistirmos na conhecida dicotomia "casos fáceis"/ "casos difíceis", em vista da respectiva (e oportunamente acentuada[1262]) inconcludência, digamos que no último grupo mencionado cabem os problemas/controvérsias relativamente aos quais os argumentos a favor ou contra uma determinada solução se anulam reciprocamente, numa sua como que mútua compensação. Sirva-nos de exemplo o Acórdão (proferido no âmbito de um recurso para uniformização de jurisprudência – artigos 688.º ss. do CPC) de 5 de Junho de 2014, do STJ, centrado na questão de saber se são ou não reparáveis, no âmbito do seguro obrigatório de responsabilidade civil automóvel, os danos não patrimoniais sofridos pelas pessoas referidas no artigo 496.º, n.º 2, do CC, quando o acidente de viação tiver sido causado por culpa exclusiva do condutor, cônjuge e pai dos mencionados beneficiários (atente-se na tese que se logrou impor – contrária à concessão do direito reclamado –, nos múltiplos votos de vencido – que a defendiam –, e na "Anotação" que o aresto mereceu de CALVÃO DA SILVA – em que se argumenta neste último sentido[1263]). Seja uma outra nota, formulada em termos interrogativos: o argumento do Supremo, segundo o qual os danos em causa só são compensáveis "reflexamente" (e o condutor/marido e pai não foi vítima de uma conduta ilícita de outrem, não foi terceiro em relação a essa conduta, mas ele próprio causador, com culpa, do acidente) não terá sido o modo (intra-sistematicamente congruente) de solucionar a questão (concretamente: o apuramento do sentido, quanto ao ponto controvertido, do artigo 496.º, n.º 2, do CC) na perspectiva do caso (como se disse, marcado pela culpa exclusiva do referido condutor na produção do acidente. Atente-se, por exemplo, na insistência, posta neste ponto – *hoc sensu:* na circunstância de o condutor ter sido "o único responsável pelo acidente" – por Filipe ALBUQUERQUE MATOS, na "Anotação" que o Acórdão igualmente

---

pela porta dos fundos, um certo instituto dele previamente banido por razões normativo-constitucionais (estamos exactamente a pensar na enfiteuse, renascida à sombra de "institutos específicos de usucapião", ou pela "transmutação de contratos obrigacionais, como são os de 'arrendamento de longa duração', em direitos reais enfitêuticos", segundo a proposta de A. MENEZES CORDEIRO. Contra, com ampla fundamentação, J. J. GOMES CANOTILHO/Abílio VASSALO ABREU, "Enfiteuse sem extinção. A propósito de dilatação legal do âmbito normativo do instituto enfitêutico", in *RLJ*, 140.º, n.º 3967, 2011, 206 ss., n.º 3968, 2011, 266 ss., e n.º 3969, 2011, 326 ss.) ...

[1262] Cf. *supra*, n. 541. Não obstante, é indesmentível a existência de "graus de *facilidade/dificuldade* [...]": cf. J. M. AROSO LINHARES, *O binómio casos fáceis/casos difíceis...*, cit., 180.

[1263] Cf. *RLJ*, 144.º, n.º 3989, 2014, 158-188.
Já em fase de correcção das provas da cópia dactilografada, foi esta a primeira vez que me deparei com o nome deste meu muito estimado e ilustre Colega, de quem há bem pouco me despedi com a maior emoção. É com profunda saudade que recordo a sua presença fraterna, a sua jovialidade genuína, a sua imensa alegria de viver e, claro, a sua fina argúcia de Civilista. As restantes passagens em que me ocorreu convocá-lo, deixá-las-ei como as escrevi. Mas todas elas são sinal da mais viva admiração, pelo que me ajudou a pensar, e de uma muito sincera gratidão, pelo que com ele aprendi.

mereceu a este nosso estimado Colega[1264], e em que o A. considera, em termos analiticamente muito detidos, os argumentos que o levaram a concordar com a posição que obteve vencimento no Supremo – *inter alia,* o carácter acessório do seguro de responsabilidade civil automóvel relativamente aos pressupostos da responsabilidade civil extracontratual: não estando estes preenchidos, aquele não pode funcionar; a adulteração da índole do mencionado seguro obrigatório quando se lhe pretende "atribuir […] um papel para o qual […] não foi pensado: seguro de pessoas, ou até mesmo seguro de vida (na modalidade de seguro de vida em caso de morte)"… –, que entende ser – e assim voltamos à nota que precede a abertura deste parêntesis–… "a solução normativamente mais adequada para o tipo de hipóteses em análise")? Como é óbvio, se se entender qualificar como próprios *(hoc sensu:* não entrados na esfera jurídica de alguém por via hereditária) os danos não patrimoniais dos beneficiários referidos no mencionado preceito (neste sentido, nomeadamente, o Acórdão fundamento, de 8.01.2009, do STJ, a "Declaração de voto" do Conselheiro Paulo Távora Victor, e a "Anotação" do Doutor Calvão da Silva[1265]), já nada obsta a que se defira a pretensão dos autores da acção (precisamente, o cônjuge e os filhos do condutor culpado). Hipótese esta última, todavia, em que não poderá afirmar-se sem mais, note-se, que a norma interpretanda deixa, *ipso facto,* de ser vista na perspectiva do caso (e esta duplicidade – *i. e.,* a circunstância de qualquer das posições em confronto se poder considerar particularmente atenta ao caso – concorre, decerto, para a paradigmaticidade do exemplo…). Compreendê-lo-emos de pronto se não esquecermos que o caso-problema emerge num contexto prático-normativo… e este quadro afinal decisivo pode determinar que se devam relevar (no caso) outras coordenadas para além da culpa do condutor…

Ou, para reconduzirmos estas notas a tópicos oportunamente encarecidos. A tese minoritária (que Calvão da Silva subscreve) protege melhor a "posição da vítima da sinistralidade automóvel" – e, sob este ponto de vista, dir-se-á que realiza mais cumpridamente a justeza problemática. A orientação que obteve vencimento (que Albuquerque Matos acompanha; acrescente-se que as passagens citadas são da "Anotação" deste nosso Colega) releva uma coordenada estruturante do (um "princípio […] transversal a todo o) regime" da respon

---

[1264] Sob o título "Culpa exclusiva do condutor e compensação dos danos não patrimoniais ao abrigo do artigo 496.º, n.º 2, do Código Civil – Ac. de Uniformização de Jurisprudência n.º 12/2014, de 5.6.2014, Processo 108/08", publicada nos *Cadernos de Direito Privado,* n.º 48, 2014, 26 ss.

[1265] Neste mesmo sentido se veio também a pronunciar Ana Mafalda C. N. de Miranda Barbosa ("[…] o nosso entendimento [é o de que] o dano sofrido pelos familiares é um dano direto"): cf. *Lições de responsabilidade civil,* cit., 318 s.

sabilidade civil extracontratual: a existência de terceiros lesados em posição de "adquirirem a qualidade de credores do direito à compensação pelos danos não patrimoniais alegados" – e, portanto, mostra-se consonante com as exigências da justeza sistemática. Deixando de lado os demais segmentos de uma e de outra das duas mencionadas justezas, acentuaremos apenas que uma tem na outra uma sua dimensão constitutiva – e por isso elas só ganham o seu genuíno sentido metodonomológico (não discretamente, mas) enquanto exigências contrárias fundidas na justeza judicativa. No fundo, os Conselheiros envolvidos partiram de perspectivas distintas para chegarem ao mesmo fim (a realização judicativa do direito) – e, provavelmente, terá sido esta concordância no objectivo que fez com que o Supremo se dividisse em duas metades quase iguais (uma denegando e outra concedendo a compensação requerida)... O que não deverá surpreender-nos nem perturbar-nos – tal como na matemática mais elaborada, também aqui poderemos afirmar que não são sistemicamente arrasadores exemplos assim, "mutuamente contraditórios", ... contanto que eles sejam "individualmente *[scilicet:* cada um de per si] auto-consistentes" *(i. e.,* que radiquem na assunção de pressupostos – impostações, princípios... – tomados a sério, como acontece com as duas referidas orientações)[1266]. Recorrendo a uma contraposição conhecida (nomeadamente em matéria de "escolha social"), talvez nenhum dos entendimentos contrapostos se possa dizer marcado pela nota da "otimalidade", mas cremos que tanto um como outro satisfaz a exigência (muito importante, do ponto de vista da irrenunciável racionalidade prática) da "maximalidade"...[1267]

Não obstante, se depois de todas estas "contas" feitas nos impuséssemos, em termos definitivos, a opção por uma ou por outra das duas referidas soluções, não hesitaríamos em afirmar que, por razões de coerência e de sensibilidade (atente-se no que atrás escrevemos, em múltiplas ocasiões, sobre a polarização do exercício metodonomológico no caso-problema), seria esta uma daquelas situações em que, na esfera do Direito Civil, sustentaríamos o mesmo que Figueiredo Dias frontalmente nos propõe, para certo tipo de casos, no (bem mais significativo, em virtude dos princípios que o inervam!...) âmbito

---

[1266] Cf. Marcus du Sautoy, *O que não podemos saber...*, cit., 455 ss., esp.^te 457 ss., em particular 458-459.

[1267] Cf. Amartya Sen, *Escolha coletiva e bem-estar social,* cit., 525 ss., esp.^te 531 ss. Quadro esse que o Nobel aproveita para recordar que o "filosoficamente famoso [...] burro de Buridan" acabou por "morrer de fome" em resultado da incapacidade de escolher, de entre dois, o fardo de palha *óptimo,* quando qualquer deles lhe teria permitido realizar o objectivo *máximo* de superar o "impasse de decisão", de vencer a hesitação fatal; e ainda, na linha de Isaac Levi, para sublinhar a relevância normativa da "classe de problemas [de] escolha difícil" – aqueles em que a dúvida experienciada está menos em qualquer "défice informativo" do que na "complexidade do [próprio] problema".

do Direito Penal: ante um conflito insanável entre as exigências imediatamente associadas ao problema e aquelas outras radicalmente ligadas ao sistema, deveremos privilegiar as primeiras em detrimento das segundas[1268] [1269].

4.1.2.4. Pressuposto o que dissemos sobre o momento problemático-sistemático (sobre a "questão-de-direito em abstracto", tal-qualmente CASTANHEIRA NEVES no-la ensinou a compreender) – sobre o apuramento da hipotética relevância prático-normativa do(s) critério(s) e/ou fundamento(s) jurídico(s) *prima facie* adequado(s) para vir(em) a assimilar o caso, atento o (também rigorosamente recortado) mérito jurídico deste último (recordem-se, nomeadamente e em dialéctica correlatividade, as explicitações deixadas a propósito da interpretação jurídica e da analogia, as observações suscitadas pela consideração das coordenadas/dimensões/circunstâncias modeladoras da identidade de cada caso concretamente judicando, e a irremissibilidade da mediação judicativa implicada pelos dois planos que assim se enfrentam – o sistema e o problema confrontam as respectivas diferenças na tentativa de se apurar uma semelhança fundamentante da síntese a que é mister trazer os dois mencionados pólos) – é tempo de passar agora àquele que designámos o *momento*

---

[1268] Cf. *supra,* 62 s. e n. 114, e 252 s.

[1269] Outro exemplo, deveras interessante por uma razão particular, seria o atinente à determinação do exacto âmbito de relevância do artigo 282.º do CC. E qualificámos o exemplo como interessante por nos havermos deparado com ele numa obra escrita em parceria por dois estimados Colegas nossos, em que cada um dos co-Autores sustenta um entendimento diferente relativamente à questão em apreço (quem deve estar em "situação de necessidade"?): mais restritivo, o de Filipe ALBUQUERQUE MATOS; mais aberto, o de Mafalda MIRANDA BARBOSA: cf. *O novo estatuto jurídico dos animais,* cit., 151 ss. e n. 211. Situação igualmente exemplar é aquela que enunciaremos (muito abreviada e interrogativamente) assim: quando "o trabalhador atinge os 70 anos sem desencadear o seu processo de reforma", o CT *(v.* os artigos 343.º, *c),* e 348.º, n.º 3) comina, como que quase de plano, a caducidade do seu contrato de trabalho, ou a mera conversão dele em contrato a termo (resolutivo)? Cf., em sentidos divergentes, o STJ, e João LEAL AMADO/Joana NUNES VICENTE: Temos em vista, daquele alto Tribunal, o Acórdão de 21 de Setembro de 2017, in *RLJ,* 147.º, n.º 4011, 2018, 405 ss.; e, dos nossos dois mencionados Colegas, a "Anotação" que o referido aresto lhes mereceu, publicada no mesmo n.º da *Revista* decana, 410 ss., sob o título *"How terribly strange to be seventy".*
Ou a suscitada pelo apuramento da exacta relevância prático-normativa do artigo 900.º do CC (aludamos agora, sem mais pormenores, às posições divergentes de Paulo MOTA PINTO – cf. *Interesse contratual negativo...,* Vol. II, cit., 1009 ss., esp.te 1019 s.; o nosso Colega de Coimbra "não [sufraga] a cumulação entre a indemnização pelo interesse contratual negativo e a correspondente ao interesse contratual positivo [...]" – e de Pedro de ALBUQUERQUE – cf. *Contratos em especial – I. Relatório...,* cit., 233 ss., esp.te 240 ss. – o Professor de Lisboa, ao invés, "[admite] a possibilidade da cumulação das indemnizações referidas no artigo 900.º/1").
Ou ainda (omitindo também aqui as explicitações que seriam indispensáveis para uma adequada compreensão da problemática circunstancialmente em causa) a atinente ao rigoroso esclarecimento do âmbito de relevância do artigo 560.º do CC (quais os pressupostos, procedimentais e temporais, "para que os juros vencidos produzam juros [...]"?; deverá "o regime [instituído pelo mencionado preceito] vale[r] *quer para juros remuneratórios, quer para juros moratórios"?...) –* cf. Paulo MOTA PINTO/Maria Inês de OLIVEIRA MARTINS, "Capitalização de juros moratórios", in *RLJ,* 148.º, n.º 4016, 2019, 272 ss., esp.te 312 ss.
Como é óbvio, os exemplos poderiam multiplicar-se sem fim à vista...

*especificamente judicativo* (o nosso Professor sempre preferiu denominá-lo "questão-de-direito em concreto"): (as mais das vezes) o do teste crucial (o da "experimentação") a que o(s) referido(s) critério(s) e/ou fundamento(s) tem (têm) que ser submetido(s) para vir(em) a assimilar o caso concretamente judicando. No fundo, o que aqui nos (re-)aparece é, sob estoutra designação, a já mencionada problemática dos resultados da interpretação[1270] – os diversos tipos de correspondência com o caso concretamente judicando que o arrimo em análise admite, atenta a ductilidade intencional que o predica, demarcadora dos limites da respectiva serventia prático-normativa, em ordem à obtenção da norma judicativamente apurada[1271], que o mesmo é dizer, do juízo decisório que virá pôr termo ao exercício metodonomológico[1272]. Do que então se trata é de, insistimos, testar a semelhança ou a diferença dos termos em causa, com o objectivo de "trazer-à-correspondência" os recíproca e suficientemente afinados problema interpelante e intencionalidade problemática do direito interpelado (é que, se não recortarmos exactamente os termos da relação, corremos o grave risco de substituir a realização do direito pela instauração do arbítrio: *ex falso sequitur quodlibet…*), pelo que nos afoitamos a afirmar estarmos agora diante de uma analogia de fundamentação ajuizante[1273].

4.1.2.4.1. A analítica explicitante do que acabámos de enunciar esquematicamente implica – também nós de há muito o reconhecemos – a consideração de três momentos, pedagogicamente discrimináveis, mas que no exercício metodonomológico intervêm conjuntamente em virtude da teia que enreda o problema interpelante (com todas as dimensões que lhe imprimem uma identidade singular) e o sistema interpelado (com todos os estratos que vão estru-

---

[1270] Cf. *supra*, 298 s., sob. 3.2.4.

[1271] Se não estamos em erro, José de Faria Costa designa-a "norma-texto" – cf. agora o ensaio (escrito em co-autoria com Bruno de Oliveira) "A interpretação em Direito Penal: um *multiversum*", cit., in *RLJ*, 146.º, n.º 4001, 2016, esp.ᵗᵉ 102; atente-se, de modo particular, na seguinte passagem: "Enquanto o texto-norma estabelece o *ponto de partida* da espiral hermenêutica, a norma-texto constitui o seu *ponto de chegada*"; espiral hermenêutica essa em que a *"contextualidade"* e a *"intertextualidade"* – tal-qualmente as caracteriza Faria Costa – são dimensões estruturantes que não devem nunca perder-se de vista. Já agora: também se não erramos, este ensaio vem reforçar a justeza da leitura do pensamento do A., que havíamos arriscado em *Pj → Jd…*, cit., in *Analogias*, cit., 386 ss.

[1272] Cf., na equação metodonomológica enunciada em *Pj → Jd…*, cit., in *Analogias*, cit., 389, sob *a)*, 3. (agora a título definitivo) e 4. *V.* ainda *supra*, 318 e n. 1191.

[1273] Permitimo-nos transcrever estas últimas linhas das nossas *Lições…*, cit., 974.

turando a respectiva complexidade)[1274]. Referimo-nos aos momentos da "relevância", da "teleologia" e dos "fundamentos"[1275].

O primeiro – o momento da relevância –, percebemo-lo de pronto, é aquele que prolonga inconsutilmente a "questão-de-direito em abstracto" na "questão-de-direito em concreto". Com efeito, demo-nos decerto conta, na "questão-de-direito em abstracto" do que se trata é de apurar a intencionalidade problemática de um critério e/ou fundamento que se afigura hipoteticamente adequado, *i. e.,* que se apresenta susceptível de ser "trazido-à-correspondência" com o mérito jurídico do caso. Na necessária "experimentação" ulterior, tendente a testar a referida hipótese e em que (por isso mesmo…) já invadimos o espaço da "questão-de-direito em concreto", o que está em causa é a comparação da relevância dos dois mencionados pólos para (atenta a tantas vezes acentuada e nuclear indispensabilidade, no exercício metodonomológico, da mediação judicativa) se poder concludentemente concluir pela viabilidade, ou pela inviabilidade, da referida co-respondência dos *termini relationis.* Também já o dissemos[1276], a resposta afirmativa à mencionada pergunta nem sempre tem a mesma amplitude – vai de um sim irreticente, a um sim ainda mas com numerosas reticências… Com efeito, o critério e/ou fundamento submetido ao referido teste pode assimilar o caso co-respondendo-lhe quase (lembrem-se os inelimináveis limites normativos intencionais dos critérios legais[1277]) ponto por ponto (assimilação do caso pelo critério e/ou fundamento por "concretização"), ou em termos mais ou menos extensamente secantes (assimilação do caso pelo critério e/ou fundamento por "adaptação extensiva ou restritiva" deste – respectivamente, quando o mérito do caso for mais amplo, ou menos amplo, do que a relevância do critério e/ou fundamento, mas a mediação judicativa ainda revelar uma normativo-juridicamente suficiente analogia entre

---

[1274] Trata-se (já se terá percebido) de uma constante na concepção das coisas em que nos revemos. De resto, outro tanto poderia dizer-se, *mutatis mutandis,* em relação aos momentos a que aludimos no âmbito da chamada "questão-de-direito em abstracto": cf. A. Castanheira Neves, "O sentido actual da metodologia jurídica", agora in *Digesta,* Vol. 3.º, cit., 411.

[1275] Para uma detida consideração de todos estes momentos, que há muito nos propôs e esclareceu, cf. Id., *Metodologia Jurídica…,* cit., 176 ss., 184 ss. e 188 ss. Por nossa parte, limitar-nos-emos, nas páginas que se seguem, a uma esquemática referência ao que se nos afigura decisivo; *v.,* complementarmente, o que escrevemos nas nossas *Lições…,* cit., esp.[te] 919 ss., onde arrolamos numerosos exemplos – alguns daqueles que anteriormente convocámos a outros propósitos (conexos) podem também, sem dificuldades de maior (atenta a nota enfaticamente levada ao texto do primeiro período do ponto 4.1.2.4.1.), ser reconduzidos à grelha que doravante utilizaremos. Desta feita, acrescentaremos, aqui e ali, uns quantos mais, com que nos fomos cruzando e que se nos mostraram particularmente elucidativos.

[1276] Cf. *supra,* 323 ss.

[1277] Cf., neste guião, *supra,* n. 203.

esses dois pólos)[1278], ou apenas tangentes (assimilação do caso pelo critério e/ou fundamento por "correcção" deste – admissível se o caso for "atípico" relativamente à pressuposição problemática do critério e/ou fundamento *e* se a não mobilização do arrimo para orientar a solução do mencionado caso atípico traduzir uma inaceitável violação, por amputação, da relevância prático-normativa que se lhe deva reconhecer; inadmissível, se o caso se perfilar como verdadeiramente "excepcional" *e* se o arrimo, atenta a respectiva e criteriosamente recortada relevância prático-normativa, se revelar inadequado para assimilar o mérito jurídico do caso judicando. Ou, em breves palavras: uma coisa é uma diferença tolerável; outra uma oposição manifesta…)[1279].

---

[1278] Note-se bem: os *relata* não são aqui, como nas tradicionais interpretação intensiva e restritiva, a letra e o espírito de um texto; são, isso sim, o mérito jurídico do problema concretamente judicando e a relevância jurídica – *i. e.*, a intencionalidade problemática – do critério e/ou do fundamento jurídico de que se trate. E as adaptações de que se fala no texto podem ser sincrónicas (quando se estiver como que perante uma falha relativa à exacta delimitação, por parte do legislador, do âmbito de relevância problemático-normativa do critério legal), ou diacrónicas (as mais frequentes e que são o resultado da deveniência histórica – a realidade ou situação relevante ao tempo da emergência do caso é diferente da que se verificava e foi pressuposta ao tempo da criação do critério). Seja o seguinte exemplo, da primeira, de que nos dá conta J. M. Coutinho de Abreu, no estudo "Responsabilidade civil nas sociedades em relação de domínio", in *Scientia Ivridica*, T. LXI, n.º 329, 2012, 234 e n. 27: o administrador de uma sociedade tem o dever de não "executar deliberações válidas mas manifestamente prejudiciais para a sociedade". Se tiver havido violação dos referidos deveres e se daí "[resultarem] danos para a sociedade que impeçam a satisfação dos direitos dos credores sociais, estes têm a possibilidade de, em via sub-rogatória, responsabilizar os administradores em benefício da sociedade (art. 78.º, n.ºs 2 e 3 [do CSC])". Conclusão esta última que precisamente implica uma adaptação extensiva sincrónica (o nosso Colega alude, no mesmo sentido – e é isso o importante…–, a uma "interpretação correctiva sincrónica") do mencionado n.º 3 do artigo 78.º, articulando-o com o n.º 2 – único modo, sublinha o A., de evitar a inutilidade resultante de uma leitura linear daquele primeiro preceito (do n.º 3 do artigo 78.º). E estoutro, da segunda: ao tempo da vigência da contribuição industrial, a lei exigia que as empresas que se candidatassem a concursos públicos instruíssem o respectivo processo com o comprovativo de que tinham efectuado o pagamento, nos últimos três anos, do referido imposto. Entretanto, a contribuição industrial acabou e foi substituída pelo IRC, sem que se tivesse alterado o preceito que impunha aquela exigência. Deveria, ou não, entender-se que as empresas candidatas passaram a estar obrigadas a fazer prova do cumprimento das respectivas obrigações fiscais, no mencionado prazo de três anos, *medio tempore* pelo que respeitava à contribuição industrial e/ou ao IRC, conforme os casos? Cremos que a resposta adequada era a afirmativa.

[1279] Lembrando o que atrás dissemos (cf. 318 ss., e 326 e n. 1223), acentuemos, em termos esquemáticos, o seguinte (afinal, como repetidamente sublinhámos, só analiticamente é possível autonomizar planos que na realidade se imbricam no exercício judicativo-decisório…): o excepcional é contraditório com a norma pensada para os casos comuns; o atípico é apenas contrário ao referido critério. Aquele exorbita da mencionada norma; este ainda é por ela assimilável. O que significa que o excepcional e a aludida norma são inconciliáveis, porque reciprocamente excludentes; e que, ao invés, o atípico e a citada norma são compossíveis, porque reciprocamente articuláveis. E a dobradiça que falta ali e há aqui é… a semelhança suficiente entre os concretos termos de comparação, não obstante a diferença que os separa. Ou, algo mais explicitamente (do nosso pragmaticamente interessado ponto de vista…): determinante é a circunstância de o caso judicando ter um mérito problemático susceptível de ser judicativamente (com o sentido de responsabilidade implicado pelo advérbio! – cf. *supra,* 60 s. e n. 107) "trazido-à-correspondência" com a intencionalidade problemática do critério em teste, ou de o referido caso se mostrar de todo insusceptível de o permitir. Em suma: o excepcional e a norma pensada para os casos comuns são substâncias radicalmente imiscíveis; o atípico e esse critério podem revelar-se miscíveis.

Tudo quanto acabámos de acentuar ainda traduz uma visão que se pode dizer estática das coisas, pois o caso judicando e o critério/fundamento são considerados entidades (decerto relacionáveis, mas) como que postas em sossego na sua imediata objectividade. O que só muito raramente se poderá admitir que aconteça. Não tanto pelo que respeita ao primeiro, que é sempre um *novum* que emerge com a sua irrepetível identidade singular. Mas pelo que concerne ao segundo, que as mais da vezes, quando é mobilizado, já terá sido objecto de mais ou menos numerosas experimentações jurisdicionais e reflexões doutrinais, que decerto contribuem para ir afinando o seu *telos* – ou os seus *tele*… – e que, consonantemente, vão redesenhando a respectiva relevância normativa, aprofundando-a. Estamos agora a considerar, como é óbvio, o aludido "momento da teleologia" – que, percebemo-lo, só por exasperação analítica é possível separar quer do atrás considerado "momento da relevância", quer do "momento dos fundamentos", que a seguir se mencionará. Mas caminhemos devagar…

O fim prático de um critério jurídico – o seu *telos* – foi chamado a primeiro plano, no exercício interpretativo, pela Jurisprudência dos interesses. Todavia, nem sempre é fácil recortá-lo com exactidão – e impõe-se-nos prevenir aqui ampliações e restrições abusivas, pois, também neste âmbito, o hipertélico e o hipotélico são potencialmente entrópicos… Seja o seguinte exemplo: na hipótese de caducidade de um contrato de trabalho a termo certo por iniciativa do empregador, o trabalhador tem direito à compensação prevista no artigo 344.º, n.º 2, do Código do Trabalho. Se a iniciativa tiver sido do próprio trabalhador, este, compreensivelmente, já não tem direito à referida compensação. E na hipótese (que o Código do Trabalho não prevê) de ter sido incluída no contrato de trabalho "uma cláusula de caducidade automática"?[1280].

Por haver centrado a interpretação jurídica no elemento teleológico, a Jurisprudência dos interesses propôs a interpretação correctiva – *hoc sensu*, a legitimidade que, atento o mérito do problema concreto, reconheceu ao intérprete de desrespeitar a norma-texto se tanto se revelar necessário para respeitar a vontade normativa do critério interpretando. Evidentemente, aqueles que (invocando, por exemplo, o artigo 9.º, n.º 2, do CC) se não dispõem a admitir a interpretação correctiva, também não estarão disponíveis para aceitar os seus

---

[1280] Uma tentativa de responder à pergunta – de solucionar o problema – considerando a *ratio* da mencionada compensação, é aquela de que nos dá conta João Leal Amado (que defende dever atribuir-se, na referida hipótese, o mencionado benefício ao trabalhador), em divergência com a doutrina e a jurisprudência que se têm confrontado com o ponto: cf. "De novo sobre uma velha questão: a compensação por caducidade nos contratos a termo certo", in *ROA*, 74, II, 2014, 411 ss.

mais emblemáticos corolários – a redução e a extensão teleológicas[1281], em que, respectivamente (e se estiver em causa o "fundamento teleológico" do critério…[1282]), se reduz e alarga o âmbito de relevância de um critério jurídico a casos que o seu texto abrange (na redução) e não abrange (na extensão)[1283]. Supomos poder afirmar-se que o fundamento dos resultados interpretativos acabados de referir é a re-compreensão do princípio da igualdade, libertado das grilhetas com que o aprisionara o positivismo legalista[1284]. Tomando de empréstimo – e fundindo…– uma (oportunamente aludida[1285]) dimensão capital dos critérios jurídicos, autonomizada por F. MÜLLER – o "programa da norma" –, e uma singular perspectiva de abordagem da condição – segundo a qual esta cláusula acessória do negócio jurídico "[estaria] ao serviço dos interesses de um contra-programa negocial"[1286] –, poderemos dizer que, em certo sentido (*i. e.,*

---

[1281] Cf. as nossas *Lições…*, cit., 809 s. e 920 ss. Não deixemos de acrescentar que afirmações do tipo daquela que nos trouxe a esta nota – demasiado genéricas e a um primeiro olhar aproblemáticas – quase nunca apanham a realidade toda (as múltiplas tonalidades das suas diversíssimas e tantas vezes surpreendentes expressões): exemplifiquemo-lo, sem mais desenvolvimentos, com a aceitação, por parte de Manuel A. CARNEIRO DA FRADA, de que "não vale o pensamento que não tenha no texto da lei um mínimo de correspondência verbal (cf. o art. 9.º, n.º 2, do CC)", que todavia não impede o ilustre Colega e querido Amigo de propor uma… (subtilmente recortada…) "redução [ou restrição] teleológica do campo de aplicação do art. 22.º [do CIRE]" – assim, em "A responsabilidade dos administradores na insolvência", agora na 2.ª ed. do seu *Forjar o direito,* cit., 433 ss., esp.[te] 436.

[1282] Porque pode não estar. É que o mencionado "fundamento teleológico" pode dever reconhecer-se exemplarmente cumprido e, não obstante, apresentarem-se casos com "circunstâncias [tão] particulares" que determinem, isso sim, o apelo a "outros fundamentos normativos": cf. A. CASTANHEIRA NEVES, *Metodologia Jurídica…,* cit., 219.

[1283] Mencionemos, muito esquematicamente, dois exemplos de redução teleológica. 1.º) A Constituição Federal brasileira, de 1988 (artigo 5.º, IX), reconhece e garante a liberdade de expressão. O CC do País, de 2002 (artigo 20.º), proíbe a elaboração da biografia de uma pessoa se esta a não tiver autorizado. Para salvar a conformidade à lei fundamental deste último preceito não deverá proceder-se a uma sua redução teleológica, circunscrevendo a exigência de autorização apenas aos casos de evidente inexistência "de qualquer interesse público nos dados biográficos do visado?" – cf. J. J. GOMES CANOTILHO/Jónatas MACHADO, *Constituição e Código Civil brasileiro – âmbito de protecção de biografias não autorizadas,* cit., in *RLJ,* 143.º, n.º 3982, 2013, 27 s. 2.º) (Sem cuidar dos pressupostos…) e considerada a específica situação dos nascituros, pense-se na "redução teleológica", determinada por uma como que obsolescência diacrónica, que M. A. CARNEIRO DA FRADA e Mafalda MIRANDA BARBOSA preconizam para o artigo 66.º, n.º 1, do CC: cf., desta nossa Colega – que, se não erramos, acrescenta àquela obsolescência diacrónica… uma caducidade sincrónica –, "Em busca da congruência perdida em matéria de protecção da vida do nascituro. A perspetiva do Direito Civil", in *Boletim da Faculdade de Direito,* Vol. XCII, Tomo I, Coimbra, 2016, 59 ss., esp.[te] 60 e 67; *v.,* todavia, ID., *ibidem,* 68 n. 90. Tendencialmente nesta mesma linha, cf. ainda David MAGALHÃES, "A muito limitada protecção jurídica do nascituro. *De um Código Civil viscoso do Roe v. Wade à portuguesa e ao 'dever de abortar'",* in *Boletim da Faculdade de Direito,* Vol. XCV, Tomo I, Coimbra, 2019, 283 ss., esp.[te] 334.
E já agora: como, por absurdo, também é possível uma clarificação das coisas, atente-se nos exemplos de inaceitáveis reduções teleológicas que José FARIA COSTA/Bruno de OLIVEIRA prefiguram … por absurdo, no estudo "A interpretação em Direito Penal: um *multiversum",* cit., in *RLJ,* 146.º, n.º 4001, 2016, 103 ss.

[1284] Cf. as nossas *Lições…,* cit., 433 ss., esp.[te] 436 s. n. 175.

[1285] Cf. *supra,* 269.

[1286] Cf., *v. gr.,* João de OLIVEIRA GERALDES, *Condição suspensiva e interesse unilateral,* sep. da Revista "O Direito", Ano 143.º (2011) II, Coimbra, 321.

discriminando planos que só em conjunto se revelam susceptíveis de operar de modo adequado, e tolerando uma miscigenação de pontos de vista na realidade inconciliáveis…), também a redução e a extensão teleológicas acabam por consagrar como que um… contra-programa da norma interpretanda.

Acentuámo-lo atrás[1287] e repetimo-lo agora: o *telos* (ou os *tele…*) não é dissociável da *arché* (ou das *archai…*); o momento da teleologia não se contrapõe ao momento dos fundamentos – enreda-se com ele numa unidade (não o reconhecemos nós logo quando olhámos, já de uma perspectiva prático-normativa, a dialéctica em que se co-implicam quer a interpretação teleológica e a interpretação dogmática, quer o elemento teleológico e o elemento sistemático da interpretação?[1288]; ou quando, em geral e da referida perspectiva, caracterizámos a interpretação jurídica como um exercício arqueoteleológico?[1289]; ou quando insistimos na nota de que o direito é do domínio da "finalidade" – o direito é uma *Wozuding*, é "para que"[1290] –, mas de uma finalidade que intenciona – que assume e se empenha em realizar historicamente – uma "moralidade substancial"[1291], uma muito particular axiologia[1292] – também ela historicamente condicionada – … ou, se preferirmos, quando sublinhámos que o direito é, em irredutível complementaridade, teleonomia e arqueono-

---

[1287] Cf. *supra,* 334. Desta feita, limitemo-nos a recordar que remonta a Aristóteles esta imbricação de *telos* e *arché,* este "cruzamento" em "relação vertical" de um e outra: cf. R. Esposito, *De fora…,* cit., esp.^te 28.

[1288] Cf. *supra,* 293 ss., e as nossas *Lições…,* cit., 927-929. Se bem vemos, não é também outra a razão pela qual Robert Alexy articula a interpretação teleológica com a "vinculação jurídica", ou "vinculação à ordem jurídica", ou vinculação ao direito, e não com a estrita "vinculação à lei": cf., do A., "Interpretação teleológica e vinculação à lei", in *Revista da Faculdade de Direito da Universidade de Lisboa,* vol. LI – n.^os 1 e 2 – Coimbra, 2010, 9 ss., esp.^te 14 s.

[1289] Cf. *supra,* por exemplo, 245.

[1290] Cf., mais uma vez, *Praxis, problema, nomos…,* in *Analogias,* cit., 246 ss., esp.^te 250.

[1291] A expressão *substantielle Sittlichkeit* (pensada a propósito da proximidade, desde sempre, da moral e do direito…) é de Hegel: cf. Karl-Otto Apel, *Transzendentale Reflexion und Geschichte,* cit., 180.

[1292] Que se tem apresentado, ao longo dos tempos, sob as mais diversas designações. Sejam apenas dois exemplos (cerca de três séculos distanciados um do outro…): a *aequitas* e a *pietas,* a completarem o *ius strictum,* na concepção de Leibniz (cf. Stephan Meder, *Letztes Universalgenie oder erster globaler Denker?…,* cit., in *JZ,* 22/2016, 1076), e o *one-system picture* (em substituição do "velho quadro que descreve o direito e a moral como dois sistemas separados […]"), referido por Dworkin (cf. *Justiça para ouriços,* cit., 414). Quadro unitário este que – não deixe de acrescentar-se – tem dado origem a esforços vários com o intuito de esclarecer a articulação de contrários em que radica: mencione-se, também a título exemplificativo, em matéria de direitos humanos, a distinção entre "direitos morais" e… "direitos jurídicos" ("com a particularidade de alguns destes direitos jurídicos representarem formas de positivação e protecção institucionalizada dos primeiros") – cf., entre nós, José Melo Alexandrino, "A natureza variável dos direitos humanos: uma perspectiva da dogmática jurídica", in António Pedro Barbas Homem/Cláudio Brandão (Orgs.), *Do direito natural aos direitos humanos,* Coimbra, 2015, 126. Já agora: atento o exemplo arrolado (que, evidentemente, não foi escolhido ao acaso), poupemo-nos à discussão tendente a apurar se ele se inscreve já na trincheira do *one-system picture,* ou ainda na do *two-systems picture…*

mia?[1293]...); a *ratio legis* (que imediatamente se associa aos critérios jurídicos e à respectiva intencionalidade problemática) e a *ratio iuris* (que imediatamente se associa aos fundamentos normativos e à respectiva intencionalidade axiológica) remetem uma à outra[1294] e encontram na *ratio iudicis* a sua síntese metodonomologicamente significativa[1295]. Repetindo o esforço analítico de há pouco, mas agora com outro propósito, olhemos por breves instantes o referido "momento dos fundamentos".

Relativamente aos critérios jurídicos (modelados também por exigências políticas, económicas, sociais...), os fundamentos normativos (que exprimem justiciavelmente o sentido do direito[1296]), sempre atentos os problemas concretamente judicandos, assumem não raro uma função calibradora – que vai da determinação concretizadora à superação ab-rogatória... passando pelos múltiplos graus intermédios (mais próximos ora de um, ora de outro dos dois mencionados extremos) de uma ainda possível correcção ajustadora. Ilustremo-lo com alguns exemplos... que ficam longe de apreender a cópia de situações típicas susceptíveis de se verificar: 1) O princípio da igualdade e o princípio republicano não concorrerão para esclarecer que a competência do STJ para julgar os crimes praticados, no exercício das suas funções, pelo Presidente da República, pelo Presidente da Assembleia da República e pelo Primeiro Ministro, se circunscreve ao período durante o qual as mencionadas altas figuras do Estado estiveram a desempenhá-las?[1297] 2) A determinação do exacto âmbito de relevância do artigo 1.º da Lei n.º 46/2005, de 29 de Agosto, que veio estabelecer limites à renovação sucessiva de mandatos dos presidentes dos órgãos executivos das autarquias locais, passará apenas pela contracção de uma preposição com um artigo, ou pelo rigoroso apuramento da dialéctica correlatividade do *telos* e das *archai* – nomeadamente de carácter constitucional (pense-se na concordância prática  a que devem ser trazidos, *inter alia*, o princípio "democrático [...]", o "princípio republicano da renovação [...] de mandatos", o princípio "da participação política dos cidadãos") – do mencio-

---

[1293] Limitemo-nos, por junto, a um reenvio para a lapidar afirmação de JELLINEK, que transcrevemos *supra,* n. 1108.

[1294] Cf., *inter alia,* o que levámos ao antepenúltimo parêntesis do texto.

[1295] Lembremos que Josef ESSER caracteriza a *ratio iudicis* como uma razão co-determinada por exigências dogmático-sistemáticas e metodológicas...; cf. *Vorverständnis und Methodenwahl...,* cit., 23 ss., sob 3.

[1296] Cf. *supra,* 191 ss. e n. 670.

[1297] Cf. o artigo 11.º do CPP, e Manuel da COSTA ANDRADE, "A lei", in *Público,* de 23-Mar.2015, 47.

nado critério?[1298] 3) A insistência com que hoje se afirma que visando os critérios de Direito Administrativo – pense-se nos regulamentos administrativos – a realização do interesse público, não terá concorrido para que este último (a realização do interesse público, enquanto princípio transpositivamente predicativo do Direito Administrativo) "[se tivesse volvido] em fundamento da interpretação [dos mencionados critérios]"?[1299] 4) E que dizer da "interpretação dos preceitos legais" relativos aos chamados actos consequentes, ainda na esfera do Direito Administrativo – nomeadamente o artigo 133.º do CPA e o artigo 173.º do CPTA –; não deverá ela ser levada a cabo "em conformidade com os princípios jurídicos fundamentais" (desde logo, o princípio da proporcionalidade)?[1300] 5) Uma interpretação conforme o princípio da boa fé não permitirá solucionar, em algumas situações, o problema de saber se há, ou não, uma obrigação de "retoma de bens em 'stock'", por parte do concedente, na hipótese de cessação do contrato de concessão comercial que fazia do concessionário representante de determinada marca?[1301] 6) Atentemos ainda nestoutro caso, também da esfera do Direito Privado: as dívidas pecuniárias estão sujeitas ao princípio do nominalismo (artigo 550.º do CC); as de valor, ao invés, subtraem-se-lhe. Na hipótese de ter sido "[declarada a] nulidade [ou a] anulação [de um certo negócio, como essa declaração tem] efeito retroactivo, [deve] ser restituído tudo o que tiver sido prestado ou, se a restituição em espécie não for possível, o valor correspondente" (artigo 289.º, n.º 1, do CC). Ora, declarada a nulidade da compra e venda de determinado imóvel, entretanto objecto

---

[1298] Cf., em sentidos divergentes (e com argumentos que vão muito para além da simplificadora dicotomia que, *brevitatis causa,* relevámos...), o Acórdão n.º 480/2013, Processo n.º 765/13, de 5 de Setembro de 2013, do TC – *v.* esp.te os respectivos n.ºs 12-14 –, e Pedro Costa Gonçalves, "Os limites à renovação dos mandatos dos presidentes de Câmara são territoriais", in *Expresso* (Primeiro Caderno), de 9 de Março de 2013, 21; e a Sentença do 1.º Juízo Cível de Lisboa, de 18.03.2013, Processo n.º 445/13.6TJLSB, e a "Declaração de voto" de vencida da Conselheira Maria João Antunes ao mencionado Acórdão do TC.

[1299] Assim, Ana Raquel Gonçalves Moniz, *A recusa de aplicação de regulamentos pela Administração com fundamento em invalidade,* Vol. I, cit., 20.

[1300] Que vimos propugnada por J. C. Vieira de Andrade: cf. "Inconsequências e iniquidades na aplicação da doutrina do 'acto consequente' do acto anulado", cit., in *RLJ,* 141.º, n.º 3970, 2011, esp.te 17 s., sob 5.2. Outro bom exemplo é-nos oferecido, em estudo mais recente, por José Casalta Nabais, quando põe em causa a "bondade da taxatividade legal das causas de nulidade dos actos administrativos nulos adoptado pelo novo CPA", que será possível atenuar (superando-se, do mesmo passo, o "institucionalismo e [o] dogmatismo tradicionais") se nos dispusermos a recorrer a "princípios jurídicos, alguns constitucionais de resto [, com o propósito manifesto de se alcançar] uma solução mais equilibrada" (e o nosso ilustre Colega, em contrapólo dos "princípios da segurança e certeza jurídicas" – que naturalmente "agradecem [a mencionada] taxatividade legal das causas de nulidade dos actos administrativos"... –, convoca "os princípios da legalidade no Estado de Direito, da justiça, do interesse público e da razoabilidade e da protecção dos direitos dos particulares"): cf. "A respeito da invalidade do acto tributário", in *RLJ,* 148.º, n.º 4013, 2018, esp.te 92 s.

[1301] Cf. António Pinto Monteiro, "Sobre os requisitos legais da indemnização de clientela do distribuidor comercial", in *RLJ,* 144.º, n.º 3992, 2015, esp.te 380 s., sob 7.

de profundas alterações que em muito o valorizaram (na situação concreta aqui tida em vista, tratava-se de um pinhal que foi, depois de vendido, infraestruturado e loteado), o preço por ele (anos antes) pago tem carácter pecuniário, mas a coisa (o próprio imóvel) ora irrestituível em espécie pela razão apontada, deverá ser substituída pelo seu "valor correspondente" *(v.,* de novo, o artigo 289.º, n.º 1, do CC). Mas "valor correspondente" àquele que o imóvel (que foi profundamente alterado e valorizado, repete-se) tinha aquando da conclusão do negócio, ou àquele que ele hoje tem? Para solucionar questões como esta, a que assim muito simplificantente aludimos, ou *a)* se atende às exigências que inervam a justiça comutativa – o tipo de justiça "subjacente à compra e venda e aos contratos onerosos em geral" –, para não vilipendiar, em termos normativo-juridicamente intoleráveis, a equivalência das prestações (vilipendiação que decorreria de uma estrita contraposição das dívidas pecuniárias às dívidas de valor); ou *b)* se recorta a relevância do mencionado artigo 289.º, n.º 1, do CC, em termos de se atender (quer em relação ao imóvel, quer em relação ao preço por ele pago) "à data da celebração do contrato – com a valorização ou desvalorização da coisa a correr por conta do vendedor [...] e o preço (se correspondente ao valor de mercado da coisa no momento da formação do negócio) a dever ser restituído em singelo, como obrigação pecuniária [que é,] sujeita ao princípio do nominalismo, correndo por conta do comprador o risco da valorização ou desvalorização da moeda". Proposta esta última que, se não erramos, traduz exactamente uma interpretação conforme o princípio da justiça comutativa da mencionada disposição do CC[1302]. 7) Fará sentido invocar o princípio da igualdade para se concluir que um importante benefício fiscal, proposto pelo Governo e aprovado pela Assembleia da República, e que visa empresas estrangeiras dispostas a investir entre nós em determinado sector da actividade económica, deverá também abranger as empresas nacionais ligadas a esse mesmo sector?[1303]...

Em síntese apressada: quase todos os exemplos arrolados mostram, decerto, aquilo que já acentuámos vezes sem conta: que a interpretação jurídica deve ser sempre, também, uma interpretação conforme os princípios – cânone este de

---

[1302] Cf. CALVÃO DA SILVA, "Interpretação do artigo 289.º do Código Civil", in *RLJ,* 145.º, n.º 3999, 2016, 338 ss. Explicitações complementares (e impostações alternativas...) poderão colher-se em Mafalda MIRANDA BARBOSA, *"Cessante causa, cessat effectus:* a relação de liquidação subsequente à invalidação do negócio e a problemática dos direitos de personalidade", cit., in *Boletim da Faculdade de Direito,* Vol. XCIII, Tomo II, Coimbra, 2017, esp.te 719 ss.

[1303] Adaptado (na circunstância...) da prova escrita de exame final de Metodologia do Direito, de 21 de Janeiro de 2017.

que a conhecida interpretação conforme a constituição[1304] não é mais do que um corolário[1305], com as inerentes consequências[1306]... Atentas as importantes funções confiadas à (e mesmo a competência reservada em certas matérias da) legislação, no horizonte de um Estado de Direito (portanto, democrático...), e a presunção de vigência de que ela beneficia[1307], impõem-se, todavia, algumas observações complementares, atinentes ao modo como se deve olhar a tensão *ratio legis/ratio iuris*... que, dissemo-lo, a metodonomologicamente emblemática *ratio iudicis* é chamada a dirimir[1308].

Já o sublinhámos: os fundamentos concorrem para determinar e/ou corrigir, em termos mais ou menos amplos, os critérios[1309]. Um bom exemplo (mais um...) da mencionada determinação concretizadora oferece-no-lo o pensamento jurídico-administrativo do nosso tempo: as normas que atribuem à instância circunstancialmente competente legitimidade para proferir decisões discricionárias encontram na pressuposição dos princípios (até constitucionalmente consagrados: "[...] da igualdade, da proporcionalidade, da justiça, da imparcialidade e da boa-fé" – artigo 266.º, n.º 2, da CR) por que se deve orientar a Administração apoios capitais para a determinação concretizadora

---

[1304] Cf., por todos, J. J. Gomes Canotilho, *Direito Constitucional e Teoria da Constituição*, 5.ª ed., cit., 1210 s.

[1305] Outro tanto poderíamos, por exemplo, dizer – *mutatis mutandis*... – da "interpretação conforme com as directrizes", a que alude António Menezes Cordeiro quando reflecte o problema da "interpretação e [...] aplicação de diplomas" que as transponham: cf., do A., o *Tratado de Direito Civil Português, I, Parte Geral. Tomo I*, 3.ª ed., Coimbra, 2005, 252 ss. Mencione-se ainda – igualmente a respeito da articulação do direito interno com o direito europeu – a "leitura" do artigo 6.º do CSC em consonância com "Diretrizes" comunitárias atinentes ao problema da capacidade de uma sociedade comercial, proposta por Pedro de Albuquerque em *A vinculação das sociedades comerciais anónimas e por quotas*, Vol. I, cit., 929 ss. O carácter de "fonte inspiradora da legislação" e de "cânone interpretativo", no espaço da "ordem jurídica da UE ou dos Estados-Membros", que Luís A. M. Meneses do Vale assinala ao artigo 35.º da Carta dos Direitos Fundamentais da União Europeia": cf. *O problema jurídico do acesso à saúde...*, cit., 1010 s. e n. 52...

[1306] Estamos exactamente a pensar naquelas que Castanheira Neves não deixou de tirar: cf., do nosso Professor, *Metodologia Jurídica...*, cit., 195 s.

[1307] Cf. as nossas *Lições...*, cit., respectivamente, 722 e 673.

[1308] Cf., por último, *supra*, 345 e n. 1295.

[1309] Recordámos oportunamente a existência de princípios normativos "transversais aos vários ramos do direito" *(supra,* 192), e que não é só o Direito Penal que vai beber no Direito Constitucional, pois a inversa é igualmente verdadeira – *i. e.,* que as relações entre os diversos sectores jurídico-dogmáticos não são apenas como que de cima para baixo, mas também como que de baixo para cima *(supra,* 247 s. n. 906). Articulando estas duas ideias fortes, e em termos paradigmáticos, acentuemos agora a integração, no Direito Civil (um ramo geral), de princípios originários do Direito Comercial (um ramo especial): pense-se nos "princípios [...] do reforço do crédito, da protecção da confiança, da celeridade nas operações negociais e da certeza nas transações". Assim, J. M. Coutinho de Abreu, "Os Códigos Comerciais também passam", in *Boletim da Faculdade de Direito,* Vol. XCIII, Tomo II, Coimbra, 2017, 614 s. O que, se não erramos, é apenas um sinal particular da indisfarçável retracção do primeiro e da correspondente expansão do segundo, para que nos alerta Filipe Cassiano dos Santos: cf. "O direito comercial na actualidade e o sentido de um (novo) código mercantil...", cit., in *RLJ,* 149.º, n.º 4018, 2019, esp.ᵗᵉ 32 ss.

das referidas normas (que o mesmo é afirmar: para a conformidade ao direito das mencionadas decisões)[1310]. Por seu turno, a aludida correcção exemplificá-la-emos agora com a situação finamente reflectida por M. Nogueira Serens e atinente a uma controvérsia suscitada pela firma de uma determinada sociedade comercial. O nosso ilustre Colega propugna, num quadro problemático que nos dispensaremos de considerar aqui, a "redução teleológica" de vários preceitos do CSC, por entender que a *ratio legis* ("a vontade do legislador") se não manifesta aí consonante com a *ratio iuris* (com os princípios "da vinculação, [...] da novidade e [...] da verdade", circunstancialmente pertinentes)[1311]. Assim apresentada a questão, tenderíamos a dizer que se está, isso sim, perante um acto metodonomológico tendente a "recuperar a coerência normativa falhada [entre várias normas legais e o(s) princípio(s) normativo(s) que nelas se pressupuseram, ou se deveriam ter pressuposto], e, por isso, só legítima na medida e nos limites dessa coerência a recuperar"[1312] [1313]. Não já, porém – ensina ainda o nosso Professor –, se em termos explícitos ou implícitos e/ou sincrónicos ou diacrónicos (lembrem-se, quanto a estes últimos, os "limites temporais da legislação", decorrentes da "historicidade do acto legislativo"[1314]...), a norma em causa se opõe abertamente aos – se ela afronta ou pretere manifestamente os – "fundamentos normativos de validade do sistema que lhe cumpre constitutivamente respeitar". Nestas hipóteses (em que é inteiramente pertinente recordar os "limites de validade da legislação", que também têm no tempo uma importante coordenada[1315] ...), dada a evidente semelhança

---

[1310] Cf. o que pudemos escrever nas *Lições...*, cit., 629 n. 66 – a que deverá agora acrescentar-se J. C. Vieira de Andrade, *Lições de Direito Administrativo*, 5.ª ed., cit., 54 ss., esp.te 60 s.

[1311] Cf. o seu "Despublicização do risco de confusão (também) em matéria de firmas?", in *RLJ*, 141.º, n.º 3975, 2012, esp.te 394 s.

[1312] Cf. A. Castanheira Neves, *Metodologia Jurídica...*, cit., 188-195, esp.te 190 e 194 s.

[1313] Reconhecemos, porém, que o resultado prático alcançado por uma ou por outra via não é substancialmente diferente, porquanto consiste, também naquela que privilegiámos, na redução do âmbito de relevância dos preceitos interpretandos, atentos os princípios que aqueles critérios jurídicos pretendiam assumir mas acabaram por falhar.

[1314] Cf. J. Neuner, *Die Rechtsfindung contra legem*, cit., 148.

[1315] Cf. Id., *ibidem*, 116 ss. Não deixe de se acrescentar (para esclarecer...) que o problema metodonomológico que os mencionados limites da legislação (como também, de resto e *mutatis mutandis*, os limites objectivos e intencionais) suscitam não deve confundir-se com o problema – que se coloca a montante... – da "lei injusta" *(hoc sensu,* de uma lei que afronta ostensivamente e viola despudoradamente o "sentido do direito enquanto tal, e não [apenas a] validade normativamente constitutiva de um certo sistema jurídico". Com um propósito meramente ilustrativo, e sem qualquer esclarecimento adjuvante atinente às exactas coordenadas modeladoras da questão, ousemos perguntar: será "o artigo 8.º [da] Lei n.º 32/2006, [...] uma lei injusta, no sentido estrito do termo [ainda há pouco sinteticamente clarificado...], com todas as consequências metodológicas que daí advêm"? Mafalda Miranda Barbosa não hesita em responder afirmativamente à pergunta formulada. Cf., desta nossa Colega, "Entre a instrumentalização da mulher e a coisificação do filho. *Questões ético-jurídicas em torno da maternidade de substituição*", in *Boletim da Faculdade de Direito,* Vol.

com o problema das "contradições normativas", faz todo o sentido privilegiar, em princípio, a exigência mais forte – e, portanto, preferir, via de regra, a *ratio iuris* à *ratio legis*... e proferir uma decisão *contra legem* mas *secundum ius*[1316] [1317]. O que, todavia, não autoriza uma menos cuidadosa abordagem da situação concreta, que pode mesmo levar à conclusão oposta (a legitimidade política da lei, as funções que ela é chamada a – e aquelas que só ela deve – assumir, a exigência da segurança, a pluralidade dos princípios normativos e o modo como eles se articulam e que os revele susceptíveis de fundamentar ainda a validade jurídica de um critério legal... não devem inconsiderar-se no horizonte de um genuíno Estado de Direito)[1318].

4.1.2.5. É agora chegado o momento de retomar uma importante questão, a que já aludimos[1319], na tentativa de (ao menos) esboçar o modo como ela deverá ser compreendida e solucionada[1320]. Referimo-nos àqueles problemas que temos vindo a designar casos-ornitorrinco, que atrás[1321] contrapusemos àqueles outros com que o jurista mais recorrentemente se confronta. Aos casos que (satisfazendo, é óbvio, as irrenunciáveis exigências pressuponentes opor-

---

XCIV, Tomo I, Coimbra, 2018, 239 ss., esp.[te] 307). Cf. agora A. Castanheira Neves, *Metodologia Jurídica...*, cit., 193.

[1316] Sem aludir aqui aos inúmeros e delicadíssimos problemas que a questão suscita, exemplifiquemo-lo com a prevalência do chamado "princípio do esgotamento *comunitário* do direito à marca [, que] passou a integrar [, desde um acórdão famoso,] a ordem jurídica dos vários Estados-Membros, [prevalecendo sobre] uma norma que expressamente o repudiasse": é mais uma passagem da minuciosa investigação de M. Nogueira Serens, *"T.J.U.E. – Acórdão de 20 de Dezembro de 2017..."*, cit., in *RLJ*, 147.º, n.º 4010, 2018, 336 s.

[1317] Associamos paradigmaticamente, no texto, as decisões *contra legem* mas *secundum ius* aos limites temporais e/ou de validade da legislação (cf. o que sobre eles escrevemos nas nossas *Lições...*, 729 ss., 735 ss. e 742 s.). E temos ainda vindo a pôr aí a tónica no apuramento da legitimidade da instância jurisdicional para criar, ela própria, para um problema radicalmente novo, o critério jurídico adequado para o assimilar. Em termos apenas parcialmente coincidentes – desde logo porque pagando um indisfarçável tributo ao pensamento tradicional –, Jörg Neuner sustenta que "uma 'decisão judicativa contra legem'" *(eine contra-legem-Entscheidung)* deve considerar-se inadmissível quando a intenção regulativa do legislador, não obstante manifestada pela letra da lei ou inferível por analogia ou por restrição, tiver sido menosprezada; e, ao invés, que ela é admissível, e até obrigatória, "quando e apenas quando" os princípios democráticos e da segurança jurídica não imponham a obediência à lei e haja fundamentos jurídico-constitucionais que autorizem a respectiva derrogação (cf. *Die Rechtsfindung contra legem,* cit., 132 e 184 s.).

[1318] As indispensáveis explicitações complementares (as análises tão minuciosas e precisas que nos atrevemos a dizê-las cirúrgicas...) colher-se-ão em A. Castanheira Neves, *Metodologia Jurídica...*, cit., 190 ss.

[1319] Cf. *supra,* por exemplo, 179, 197, 302 ss.

[1320] Para uma muito fina consideração do problema que aqui se nos põe, com um precioso esclarecimento dos pressupostos de uma sua rigorosa caracterização, cf. A. Castanheira Neves, *Metodologia Jurídica...,* cit., 205 ss.

[1321] Cf. *supra,* 307 (atente-se ainda na axialíssima n. 1148).

tunamente referidas[1322]), enquanto expressões da historicidade predicativa do nosso muito específico mundo prático, nos seus (reciprocamente comprometidos) planos problemático e axiológico, emergem na oscilante fronteira que separa os "limites da juridicidade" *(breviter:* até onde se deve entender que se estende, aqui e agora, o direito?...) do "espaço livre do direito" *(breviter:* o que é que se entende que deve permanecer, também aqui e agora, vedado ao direito?...), relativamente aos quais é o sentido da normatividade jurídica que há-de viabilizar (se tal for metodologicamente possível...) a respectiva posição, e em que a "experimentação" atrás analisada (desta feita: a experimentação a que tem que ser submetido o mencionado sentido, atento o caso concreto[1323]) se revela radicalmente constitutiva do critério jurídico de que se carece para solucionar a controvérsia – um critério, digamo-lo por extenso, com uma intencionalidade problemática (e axiológica) análoga ao mérito problemático (e axiológico) do referido caso.

Se a tivéssemos considerado na altura em que esboçámos a equação metodonomológica, já por diversas vezes recordada[1324], impor-se-nos-ia acrescentar-lhe mais uma incógnita, que formularíamos assim:


5. Pj (Jm $\leftrightarrows$ [lj $\leftrightarrows$ eld] $\leftrightarrows$ Sj) $\rightarrow$ Jd / Cja[1325]


O que desta feita se intromete, em parcela já nossa conhecida, é o… parêntesis recto, que integra o *punctum crucis* da questão ora em debate. O ponto de partida continua a ser o problema judicando (Pj). A respectiva solução remete-nos para a dialéctica em que se enredam um pólo precipuamente subjectivo (a judícia metodonomológica – Jm –, com as limitações que implica e as possibilidades que abre)[1326] e um outro precipuamente objectivo (o sistema jurídico

---

[1322] Cf. *supra,* 221 s. e, sobretudo, a n. 808.

[1323] Cf., de novo, *supra,* n. 1148.

[1324] Cf. *Pj → Jd...,* cit., in *Analogias,* cit., 389.

[1325] Se quisermos, também aqui (em matéria de genuíno "desenvolvimento do direito") "[e]rijo um princípio [o princípio da polarização na analogia do exercício metodonomológico] em fórmula"…: cf. Nietzsche, *O crepúsculo dos ídolos,* trad. de Artur Morão, s./l. (Edições 70/Público), 2017, 31.

[1326] Se nos dispusermos a anular a conhecida distinção aristotélica, substituindo-a pela afirmação de uma dialéctica complementaridade entre os seus termos, diremos a judícia o "conhecimento que [o jurista de serviço] tem" e o "conhecimento [que o jurista de serviço] usa". Cf. *supra,* 185. Por outro lado (e como também já acentuámos: cf. *supra,* 208 ss.), quanto mais alargada for a referida judícia, tanto mais amplo será o espaço problemático que ela se há-de revelar capaz de permitir sondar – também aqui vale, portanto, a asserção segundo a qual "[u]m aumento no conhecido tem

– Sj –, igualmente com as limitações que implica e as possibilidades que abre) – não foi por acaso que centrámos o exercício metodonomológico na decisão judicativa[1327]… Mas entre ambos irrompe agora, por causa de uma controvérsia que é mister qualificar, uma nova tensão – a decorrente da introdução, naquele circuito discursivo, dos contíguos e intercambiáveis "limites da juridicidade" (as margens de um território de fronteira, já, mas por ora ainda apenas titubeantemente, invadido pelo direito – lj) e "espaço livre do direito" (as margens de um território de fronteira que o direito, pelo menos de momento, "ainda não"[1328] invadiu, e que se não sabe se virá a invadir – e l d)[1329] [1330] –, e que nos dirige a seguinte pergunta: é, ou não, juridicamente relevante a situação que nos

---

que ser compensado por um aumento correspondente no desconhecido"…: cf. Markus du Sautoy, *O que não podemos saber…, cit.,* 192.

[1327] Para não dizermos sempre as coisas do mesmo modo, pressuponhamos (adaptadamente…) uma nota pedida de empréstimo ao pensamento fenomenológico: a judícia é o "ponto de perspectiva" que, no plano subjectivo, "[confere] coerência e sentido" (cf. Thomas Cathcart & Daniel Klein, *Heidegger e um hipopótamo chegam às portas do paraíso,* trad. de Isabel Veríssimo, Alfragide, 2010, 234) ao exercício metodonomológico. Judícia essa que tem como correlato, no plano objectivo, o sistema jurídico, e, no plano judicativo, a dialéctica articuladora de um e outro (daquele vector subjectivo e destoutro objectivo), suscitada pela emergência de um "caso jurídico concreto".

[1328] Grafámos a expressão entre aspas, porque ela já foi utilizada – e precisamente neste contexto. O que, todavia, não autoriza a conclusão de que nos revemos numa impostação empírica do "espaço livre de direito". Cremos, ao invés, que o texto é suficiente para mostrar que compreendemos o mencionado "espaço livre de direito" como uma categoria normativa: cf. Heinrich Comes, *Der rechtsfreie Raum. Zum Frage der normativen Grenzen des Rechts,* Berlin, 1976, 107.

[1329] Como bem se sabe, uma coisa são os "espaços em branco", outra o "nada" (mas será este possível?… – lembre-se Parménides). Aqueles primeiros podem ter sido ignorados (intencionalmente, ou não), ou encontrarem-se em estado de hibernação (mais ou menos prolongada), "mas exerce[m] uma pressão sensível" sobre as nossas inquietações – manifestam-se-nos sempre "carregados de futuridade, densos de uma erupção possível do sentido na orla do branco que desdobram" (são palavras de G. Steiner, *A poesia do pensamento…, cit.,* 162 e 186. Se quisermos, também nós poderemos afirmar que "constitui um erro [a posição daqueles que] fazem equivaler espaço vazio ao nada" – cf. Marcus du Santoy, *O que não podemos saber…, cit.,* 211), bastando para tanto que concretas experiências problemáticas os interpelem, numa como que consumação do *tentative law* (cf. Ana Raquel Gonçalves Moniz, *Os direitos fundamentais e a sua circunstância…, cit.,* 35 e n. 109) pré-existente. Ao invés do "nada" (recorde-se, a título de exemplo, a *Nichtigkeit,* de Heidegger, *le néant,* de Sartre…) – o não-ser, que não passa a ser por ter sido nomeado … Se nos é permitido o recurso à paráfrase, o ser-nada é esse não-ser a que aludimos (cf. Nietzsche, *Origem da tragédia, cit.,* 51). Escusado seria acrescentar, o "espaço livre de direito", a que aludimos, tem que ver com o "espaço em branco", não com o "nada" – qual buraco que se abre entre as margens dos dois mencionados territórios contíguos… pelo que também aqui poderemos dizer que "o mais notável [neste] buraco é o [seu] bordo" (assim, Tucholsky, *apud* H. Comes, *Der rechtsfreie Raum…, cit.,* 108).

[1330] Também José de Faria Costa se refere ao "espaço livre de direito" – cf. "O direito, a fragmentaridade e o nosso tempo", in *Linhas de Direito Penal e de Filosofia. Alguns cruzamentos reflexivos,* Coimbra, 2005, 21. Todavia, se o ilustre Colega e querido Amigo entende "que a regulamentação jurídica se deve circunscrever ao essencial e, em caso algum, ao acessório da condição humana" – compreende-se bem que um penalista se exprima assim… –, a nós parece-nos, em consonância com o (e como corolário do) que sublinhamos no texto, que o determinante para a separação das águas não é – permita-se-nos dizê-lo deste modo… – o problematicamente essencial para o homem, mas para o direito (que tem que ver com o homem, claro – não com o homem todo, antes apenas com o homem *sub specie iuris;* afinal, também o Direito Penal tem que ver não com o homem todo, mas com o homem *sub specie iuris poenalis…).* Por

interpela? *Rectius:* põe-se-nos, ou não, nessa situação emergente no limiar do direito[1331], um "caso jurídico concreto"[1332], que reclama um juízo decisório (Jd), que postula a disquisição, para ele, de um critério judicativamente apurado (Cja)? Dúvidas todas estas que radicam naquilo que, em paráfrase a CAMUS, enunciaremos assim: "[...] il [...] y a [...] de justice, mais il y a [aussi] des limites"...[1333].

Não é de lacunas (como quer que as recortemos...) que falamos agora, já o vimos[1334]. A compreensão do sistema jurídico (e do exercício metodonomológico...), que justificadamente privilegiámos, não autoriza semelhante confusão[1335] – ou impõe-nos uma recompreensão do conceito de lacuna (assim assumido como um conceito ambíguo...) que o aproxime do (se é que não acaba por dilui-lo no...) problema que ora temos em vista[1336].

E importa que a instância jurisdicional possa ser legitimamente chamada a pronunciar-se sobre o problema de que nos ocupamos[1337]. Claro que há razões que ampliam essa legitimidade: pense-se no chamado "estado de necessidade jurídico", *v. gr.,* decorrente de uma totalmente injustificada "recusa permanente do legislador"[1338] (mencione-se a empenhada actividade dos tribunais alemães, uma vez esgotado o prazo conferido pela *GG* para se adequar a legis-

---

outro lado, a correlativa questão dos limites da juridicidade é susceptível de irromper, com maior ou menor pertinência, nos mais variados âmbitos dogmáticos. Se acabámos (a outro propósito...) de convocar uma reflexão oriunda do Direito Penal, aludamos agora ao Direito Civil, no quadro da problemática da responsabilidade civil: cf., *v. gr.,* Ana Mafalda C. N. DE MIRANDA BARBOSA, *Do nexo de causalidade ao nexo de imputação...,* Vol. I, cit., 545 n. 1190.

[1331] H. COMES alude, muito impressivamente, a um "direito do limiar" *(Schwellenrecht):* cf. *Der rechtsfreie Raum...,* cit., 108.

[1332] Este, insistimos, é o pressuposto circunstancialmente decisivo: cf., por último, *supra,* 351 e n. 1322.

[1333] *Apud* H. COMES, *Der rechtsfreie Raum...,* cit., 13. Acrescente-se apenas que o A. reconduz explicitamente, em termos irredutíveis, a separação das águas aqui em causa – o apuramento do que ainda deve ser juridicamente relevante e do que já deve considerar-se estar para lá "das fronteiras do direito", e mesmo o "fundamento ontológico [do...] limite e [da] tarefa normativa do direito" – à "dialéctica [permita-se-nos que mencionemos os pólos que nos habituámos a privilegiar...]" em que se enredam as duas faces do rosto da pessoa: a da sua "autonomia individual" e a da sua "existência comunitária", a do seu "autotropismo" *(Selbstgerichtetheit)* e a do seu "sociotropismo *(Sozialgerichtetheit)* – cf. *ibidem,* 33 s. e 130. Note-se, porém: COMES recorta as referidas contraposições, e o seu significado jurídico, de um modo diferente daquele como também nós o temos vindo a fazer...

[1334] Foi a clara distinção que deste modo se assume que determinou, noutro ensejo, uma nota importante: cf. *supra,* n. 816.

[1335] Cf., detidamente, A. CASTANHEIRA NEVES, *Metodologia Jurídica...,* cit., 213 ss. e 218 ss.

[1336] Quanto a este último ponto, cf. ID., *ibidem,* 228 s., sob 6), e 231.

[1337] A título preliminar, recomenda-se vivamente que se revisitem as explicitações analíticas disponibilizadas por J. J. GOMES CANOTILHO, *Direito Constitucional e Teoria da Constituição,* 5.ª ed., cit., 661 ss., sob a epígrafe *"V-A reserva da função de julgar".*

[1338] Cf. K. LARENZ, *Metodologia da ciência do direito,* 3.ª ed., cit., 608.
Se não se interpuserem razões impeditivas do tipo daquelas a que aludimos *supra,* n. 572, podemos também deparar-nos, no plano adjectivo, com "um estado de necessidade de prova" – pense-se em certas situações complexas por vezes ocorrentes no âmbito da responsabilidade civil...: cf.

lação ordinária, em múltiplos âmbitos normativos, ao princípio da igualdade – *Gleichberechtigung* –, que a Lei Fundamental de 1949 havia consagrado[1339]). Mas há também outras *(ein Paar Hemmschue...)* que, ao invés, a diminuem ou mesmo vedam: para além daquilo que oportunamente sublinhámos a propósito das normas penais incriminadoras[1340] e das normas autenticamente excepcionais[1341], lembrem-se, *inter alia,* os institutos da reserva de lei[1342], da comummente designada, e mais ou menos ampla[1343], *judicial self restraint* (a auto limitação do poder judicial, *maxime* relativamente às opções genuinamente políticas dos poderes legislativo e executivo, que tem como limite a reserva do legislador, e... que concorre para "[preservar] o 'princípio da independência' judicial"[1344]), do *numerus clausus* (sirvam-nos de exemplo os artigos 219.º, 483.º, n.º 2, e 1306.º, n.º 1, do CC[1345]) e da (paralela...) regulamentação taxativa

---

Ana Mafalda C. N. DE MIRANDA BARBOSA, *Do nexo de causalidade ao nexo de imputação...*, Vol. II, cit., 1248 n. 2561.

[1339] Cf. *A metodonomologia...*, cit., 536.

[1340] Cf. *supra,* 247 ss., esp.ᵗᵉ 249 ss.

[1341] Cf. *supra,* 257 ss.

[1342] Cf. J. J. GOMES CANOTILHO, *Direito Constitucional e Teoria da Constituição,* 5.ª ed., cit., 718 ss.; *v.* as nossas *Lições...,* cit., 723 n. 144. Como é sabido (e parafraseando agora mais uma passagem do estimulante estudo de M. NOGUEIRA SERENS, *"T.J.U.E. – Acórdão de 20 de Dezembro de 2017...",* cit., in *RLJ,* 147.º, n.º 4010, 2018, 345), o legislador tem as suas "reservas de caça"... Que, todavia, importará delimitar sempre com o máximo rigor – *v. gr.,* para que a mencionada "'reserva de lei' [se não transmute] em inimigo dos direitos sociais" ... (o cumprido esclarecimento da – demasiado seca ... – observação acabada de fazer, ver-se-á em J. J. GOMES CANOTILHO, "O Direito Constitucional como ciência de direcção – o núcleo essencial de prestações sociais ou a localização incerta da sociabilidade (Contributo para a reabilitação da força normativa da 'constituição social')", in ID. *et alii, Direitos fundamentais sociais,* São Paulo, 2010, 11 ss., esp.ᵗᵉ 25 ss. e 30 s.).

[1343] Estamos a pensar, *v. gr.,* na situação que ainda hoje se verifica na Alemanha, em matéria de contratação administrativa, e de que nos dá conta Jorge ALVES CORREIA, na sua dissertação *Contrato e poder administrativo. O problema do contrato sobre o exercício de poderes públicos,* Coimbra, 2018, 373 s. e n. 750.

[1344] Cf. W. FIKENTSCHER, *Methoden des Rechts...,* II, cit., 343 s., A. CASTANHEIRA NEVES, *Metodologia Jurídica...,* cit., 236 s., J. J. GOMES CANOTILHO, *Direito Constitucional e Teoria da Constituição,* 5.ª ed., cit., 1290 s., Fábio CARDOSO MACHADO, *A autonomia do direito e os limites da jurisdição,* cit., 9 s. e 325 ss., esp.ᵗᵉ 440 ss. (para este nosso Colega, sublinhe-se, quer a política, quer a jurisdição partilham uma intencionalidade axiológico-normativa. O que distingue os dois mencionados domínios é a circunstância de aquela se polarizar no "bem comum", e esta no "justo concreto" – e o principal limite da jurisdição decorre precisamente do que acaba de acentuar-se. Afiguram-se-nos particularmente ilustrativos o modo como o A. se confronta com a orientação propugnada por ALEXY, a pp. 445 s.; logo a seguir, a simpatia com que olha a proposta do ESSER de *Grundsatz und Norm...;* a síntese, pelo próprio, do entendimento que defende, a pp. 454-456; e as projecções metodológicas da posição assumida, a que alude a pp. 456 ss., reconhecendo, a p. 458, "a analogia [como] o modo metodológico por excelência do pensamento jurídico judicativo [...]")...

[1345] Retomando uma nota não há muito sublinhada (cf. *supra,* n. 1261), lembremos, a propósito do último preceito mencionado, que por razões também de ordem constitucional, hoje não pode constituir-se, nem sequer por usucapião, uma enfiteuse: cf., detidamente, J. J. GOMES CANOTILHO/ Abílio VASSALO ABREU, *Enfiteuse sem extinção. A propósito da dilatação legal do âmbito normativo do instituto enfitêutico,* cit., in *RLJ,* 140.º, n.º 3967, 2011, 206 ss., e continuado nos números seguintes da *Revista* decana.

de certas matérias (mencione-se o problema da transformação das fundações, nomeadamente atentos os artigos 190.º, n.º1, e 191.º, n.º 2, 1.ª parte, do CC), enfim, as questões estritamente técnico-funcionais, atinentes àquela pragmática da vida juridicamente significativa, que (por isso mesmo…) o direito (quer o direito interno, quer – e com que peso esmagador… – o direito europeu) não pode deixar – e não tem deixado… – ao abandono[1346]… Para prevenir um equívoco frequente, recorramos, também nós, a uma conhecida afirmação, só aparentemente paradoxal: quanto mais exactamente se recortar o âmbito de admissibilidade da chamada decisão judicativa *contra legem,* tanto mais rigorosamente se promoverá a vinculação à lei por parte dos tribunais[1347].

Se a instância judicativa entender arriscar a (e acertar na…) qualificação como juridicamente relevante da situação problemática em apreço – *i. e.,* se estivermos aí ante um "caso jurídico concreto" –, e se a referida instância puder arrogar-se competente para o solucionar – *i. e.,* se nos não depararmos aí com obstáculos que lho impeçam –, importa apurar como deverá ela proceder.

Em termos muito esquemáticos, reconhecemo-lo também nós, o que aí se nos manifesta, de modo exemplar, é a dialéctica subjacente àquela que nos habituámos a designar a relevância especificamente metodológica do problema das fontes do direito… quando adequadamente recortado[1348]: aquela que entretece um momento material (o caso judicando) e um momento de validade (as – atento esse caso-problema – constituendas exigências constitutivas da normatividade jurídica vigente), e que deverá ser (performativamente) assumida pela instância constituinte circunstancialmente competente *(maxime,* por um tribunal), que criará o critério do juízo metodológico – a apurar, portanto, judicativamente. Ou, se quisermos reduzir tudo ao… irredutível: o que aqui nos aparece é apenas, num quadro muito particular (se preferirmos: noutros termos…) e mais uma vez, a tensão em que radica o exercício metodonomológico – aquela que tem como pólos o problema e o sistema[1349]. O problema emerge num contexto também modelado pelo direito – e, portanto, pode captar, como que por osmose, algumas das nervuras que inervam a juridicidade… ambientalmente existente (não nos está vedado reconhecer serventia à tópica…[1350]) – há fragmentos de juridicidade como que modelados pela turbulência do vento que sopra, e que por isso mesmo RILKE diria *Windinneres);* e o sistema (com

---

[1346] Cf. A. CASTANHEIRA NEVES, *Metodologia Jurídica…,* cit., 230 e 237.

[1347] Cf. J. NEUNER, *Die Rechtsfindung contra legem,* cit., 139 s.

[1348] Cf. as nossas *Lições…,* cit., 745 s.

[1349] Cf. A. CASTANHEIRA NEVES, *Metodologia Jurídica…,* cit., 235.

[1350] Cf. *supra,* 145 e 153.

as suas dimensões dogmática, jurisdicional e principial – mais o sentido que as perpassa… –, e com a aptidão heurística que lhes é conferida pela historicidade que apresentam, viabilizadora da respectiva abertura a/por sempre novas interpelações problemáticas) tem em… problemas o elemento que o dinamiza e que lhe empresta a agitação metabólica de que ele carece para subsistir como sistema prático que é. E são precisamente os problemas que emergem na oscilante fronteira que separa os "limites da juridicidade" e o "espaço livre do direito", já o reconhecemos, aqueles que mais decisivamente concorrem para aprofundar o sentido do direito[1351] – é aí que, por tentativas logradas e falhadas, e atentos os problemas interpelantes, se vai reconstituindo mais radicalmente (por afinamento, por correcção, mesmo por superação…) o *corpus iuris*.

No fundo, deparamo-nos aqui com ideias fortes que já nos não surpreendem, tantas foram as vezes (e as perspectivas de) que as olhámos: a de que "[as exigências axiológicas] emergem juntamente com os problemas – que [elas] não poderiam existir sem problemas […]"[1352], o que significa que pensá-las em abstracto não passa de uma ingenuidade muito de lastimar; a de que o sentido/intencionalidade se vai filtrando/decantando de baixo para cima, que não afirmando/impondo de cima para baixo[1353], pelo que o deveremos reconhecer prático-experiencialmente radicado, que não teorético-metafisicamente postulado; a de que a "própria actividade de julgar [vai…] produzindo […] os seus próprios princípios"[1354], ao jeito dos alcatruzes de uma nora que vão despejando sobre os que se lhes seguem a água necessária para que o engenho continue a funcionar[1355]. Se tudo isto tiver, até aqui, passado despercebido, é porque não fomos suficientemente enfáticos nem convincentes…

---

[1351] Cf. *supra,* 302 ss.

[1352] Cf. K. POPPER, *Busca inacabada…,* cit., 269.

[1353] Cf. D. DENNETT, *A ideia perigosa de Darwin,* cit., esp.ᵗᵉ 201.

[1354] Cf. H. ARENDT, *Responsabilidade e juízo,* cit, 23.

[1355] Ou, considerando por junto as notas que acabámos de sublinhar: não estamos, portanto, perante problemas que irrompam *"ex-nihilo* [–face a] alguma coisa [emergente] a partir de coisa nenhuma" (cf. Marcus du SAUTOY, *O que não podemos saber…,* 210) –, mas, isso sim, face a problemas que só se (nos) põem porque o sentido do direito pressuposto (mas, decerto, aprofundado por mediação do problema concretamente em causa, numa dialéctica que é mister não perder nunca de vista …) o permite.

# IV.  O problema constitucional

O último capítulo do curso dedicá-lo-emos ao problema da legitimação das decisões jurisdicionais.

Demo-nos conta, desde o início, de que os tribunais, quando realizam judicativo-decisoriamente a normatividade jurídica vigente, criam direito: o carácter performativo que em geral reconhecemos (também) à sentença jurisdicional não traduz coisa diferente; e o que acabámos de acentuar a propósito dos casos-ornitorrinco confirmou-nos isso mesmo, e em termos como que exponenciais. De modo que se nos impõe tentar responder à pergunta na circunstância decisiva: mas terão eles para tanto legitimidade? – e a própria formulação da pergunta logo indicia o carácter "político-constitucional", que não especificamente "normativo-metodológico", da questão[1356].

---

[1356] Cf. A. Castanheira Neves, *Metodologia Jurídica...,* cit., 193.
Sobre o assinalado carácter que também não hesito em reconhecer à mencionada questão, e atento o circunscrito apontamento bibliográfico acabado de fazer, acrescentarei apenas uma pequena nota, muito importante relativamente a algumas das considerações já a seguir ousadas: uma lição exprime-se multimodamente, e a de Castanheira Neves não se colhe apenas nos seus escritos – as suas aulas (inesquecíveis!) e as conversas com que me beneficiou anos a fio (de que tenho tanta saudade!) com-põem igualmente a referida "lição"...

O que, todavia, não nos autoriza a concluir que ela não nos diz respeito. Sejamos claros: se, porventura, se devesse pensar que os tribunais carecem de legitimidade para fazerem aquilo que lhes imputamos, este curso, tal como também nós o concebemos, não teria sentido. Ou, ao invés, e acompanhando explicitações de W. Fikentscher: se admitirmos que os tribunais criam direito (se, portanto e por exemplo, não capitularmos, em termos estritos, a uma ... "acrítica e incondicionada aceitação da [exclusiva] 'legitimidade da pura legalidade'"[1357]), temos que estar disponíveis para reconsiderar o modo como tradicionalmente se encara a problemática das fontes do direito – há muito que o fizemos[1358] –, e que olhar de frente o (pela aludida reconsideração implicado, e atrás sublinhado) carácter constitucional da questão: será que, "para além das instâncias legislativas, em especial do parlamento, também a judicatura está autorizada a criar direito"?[1359].

1. Centremo-nos, doravante, neste ponto... que já tivemos oportunidade de olhar em um outro ensejo[1360]. Desta feita – conquanto continuemos a rever-nos no que então sustentámos –, entendemos dever privilegiar uma analítica fundamentante não inteiramente coincidente.

Supomos valer a pena começar por referir os vectores problemáticos circunstancialmente relevantes e ensaiar uma articulação sistematicamente cuidada das exigências que eles intencionam.

A título preliminar, diremos (como já se disse...[1361]) que a legitimação implica um processo e que a legitimidade traduz um estado – a legitimação é pressuposto necessário de uma legitimidade possível (o caminho percorrido nem sempre conduz ao destino almejado...). Por outro lado, importa acentuar que a legitimidade dos juízos decisórios, na medida em que envolve a(s) pessoa(s) do(s) juiz (juízes) que os profere(m), radica não só em coordenadas funcionais (sintetizáveis na competência profissional) mas também éticas (sintetizáveis na nobreza pessoal). Finalmente, ainda em termos preambulares,

---

[1357] Cf. A. M. de Almeida Costa, *O funcionalismo sistémico de N. Luhmann ...*, cit., 55 s. e 60.

[1358] Cf. as nossas *Lições...*, cit., 683 ss.

[1359] Cf. W. Fikentscher, *Methoden des Rechts...*, III, cit., 706 ss. E o nosso saudoso Professor de Munique considera aí, ainda, duas outras questões conexas com aquela que levámos ao texto: será que a "estadualidade da justiça" limita essa possibilidade?; e será que uma "alteração jurisdicional retroactiva" não fere intoleravelmente a protecção da confiança das pessoas? (Tratámos da primeira, em especial nas nossas *Lições...*, cit., 158 ss.; e não deixámos de tangenciar a segunda neste guião, *supra*, 211 ss.).

[1360] Cf. *A metodonomologia...*, cit., 533 ss. n. 1183.

[1361] As considerações que se seguem imediatamente devem muito ao excelente artigo de Klaus Rennert, "Legitimation und Legitimität des Richters", in *JZ*, 11/2015, 529 ss.

lembraremos que o poder judicial (à semelhança dos demais poderes, no horizonte de um Estado de Direito) é exercido "em nome do povo" (artigo 202.º, n.º 1, da CR), razão por que não poderá deixar de ser "democraticamente legitimado". Como pensar adequadamente (o que desde logo significa: integradamente) este conjunto de exigências, com conteúdos vários e intenções distintas?

Julgamos que a grelha analítica proposta por Böckenförde – a consideração dos planos "institucional-funcional", "pessoal" e "material-intencional" – se reveste de inegável interesse para o cumprido esclarecimento do problema que nos ocupa, na medida em que permite/impõe que se atenda à pluralidade de dimensões modeladoras da legitimação conducente à legitimidade pretendida (deixemos de lado, quer a dificuldade de saber se aquele primeiro plano prepondera sobre os demais, por ser o que imediatamente situa a questão no nível constitucional – mas será a constituição o decisivo referente do direito, deverá entender-se a constitucionalidade como a *ultima ratio* da juridicidade?... –, quer a de apurar se os dois últimos apenas vão ganhando importância, em termos como que compensatórios, à medida que o mencionado a abrir se esbate com o inevitável decurso do tempo – mas o "acto originário" funcionalmente instituidor não se renovará a cada instante, sempre que se re-ponha, substancialmente intocada, a realidade que lhe subjaz?...).

Depois, importa reconhecê-lo, se a legitimação que nos habituámos a privilegiar (a democrática) dá resposta satisfatória ao problema pelo que respeita aos poderes legislativo e executivo[1362], já se revela mais periclitante quando temos em mira o poder judicial: a inamovibilidade, a irresponsabilidade[1363] e o autogoverno densificadores da (constitucional e/ou legalmente garantida, em termos mais ou menos fortes) independência dos juízes[1364] são por vezes apon-

---

[1362] De resto, mesmo em matérias que habitualmente se lhes subordinam, não deixa de reconhecer-se que a legitimação democrática não pode tudo. Amartya Sen, por exemplo – naturalmente sem pôr em causa a relevantíssima importância dos "valores democráticos" –, acentua o carácter redutor de "limitar os procedimentos de escolha social a regras [...] do tipo das votações": cf., com concludente fundamentação, *Escolha coletiva e bem-estar social*, cit., *passim;* as formulações transcritas colhemo-las a pp. 331 e 404; *v.* ainda *ibidem*, 338 n. 219, e 405 ss.

[1363] Cf. o artigo 216.º, n.º 2, da CR. Nada, porém, de entendimentos precipitados. Como é sabido, no exercício das suas funções os magistrados podem incorrer em responsabilidade criminal, verificados que sejam os respectivos pressupostos; e o próprio Estado, verificados também que sejam os respectivos pressupostos, pode incorrer em responsabilidade civil *(v. gr.,* porque a decisão não foi proferida em prazo razoável, porque houve erro judiciário...), ficando com direito de regresso sobre os magistrados que tenham agido com dolo ou culpa grave: cf. a Lei n.º 67/2007, de 31 de Dezembro, e, por exemplo, Rita Guimarães Fialho d'Almeida, "Breves notas acerca da responsabilidade civil do Estado por actos da função jurisdicional", in *Lisbon Law Review*, 2016/1, 203 ss.

[1364] As necessárias explicitações colher-se-ão em António Alberto Vieira Cura, *Curso de Organização Judiciária*, 2.ª ed., Coimbra, 2014, 39 ss.

tados como factores que perturbam a aludida legitimação[1365]. Todavia, importa não perder de vista algumas ideias fortes: a de que a independência dos juízes (os juízes não são apenas "ajudantes autónomos, mas dependentes, do legislador"[1366], mas seus parceiros independentes na tarefa da realização – prescritiva, por parte do legislador; judicativa, por parte dos juízes – do direito) não enfraquece a mencionada legitimação, antes terá que ser pensada em termos de concorrer para a reforçar; a de que o princípio do Estado de Direito não se cumpre de uma só vez, no momento primeiro da respectiva consagração formal (e não será anterior a essa consagração expressa, e não nos remeterá para

---

[1365] Como se sabe, as referidas coordenadas da independência dos juízes não se afirmam em termos aproblemáticos. Seja um exemplo atinente (nomeadamente) à inamovibilidade, e proporcionado por uma iniciativa do Provedor de Justiça, em 2016, que formularemos em termos interrogativos: quando, ao abrigo do artigo 94.º, n.º 4, f), da Lei de Organização do Sistema Judiciário – Lei n.º 62/2013, de 26 de Agosto–, o Presidente do Tribunal propõe ao CSM uma reafectação de juízes aconselhada pela especialização dos magistrados, ou uma redistribuição de processos com o propósito de equilibrar a carga processual, não se estará a violar o princípio do juiz natural e, por esta via (pela assinalada "distorção das regras da distribuição" – assim, Francisco Ferreira de Almeida, *Direito Processual Civil I,* polic., Lisboa, 2005-2006, 3), a ofender o mencionado princípio constitucional da inamovibilidade dos juízes? Não se justificará, por isso, a iniciativa de José de Faria Costa de pedir ao TC a fiscalização abstracta sucessiva da constitucionalidade da aludida norma da LOSJ?
Já agora: para se perceber a importância crucial do princípio do juiz natural, ou do juiz legal – "com directa filiação no princípio da legalidade", uma "[g]arantia que [...abrange] todas as esferas e fases da jurisdição penal" e que "guarda uma estreita proximidade com os *princípios da jurisdicionalidade e da independência judicial"* – cf. J. J. Gomes Canotilho/Nuno Brandão, "Colaboração premiada e auxílio judiciário em matéria penal: a ordem pública como obstáculo à cooperação com a operação Lava Jato", in *RLJ, 146.º,* n.º 4000, 2016, esp.ᵗᵉ 25 ss. Acrescentemos apenas que se trata de um estudo muito importante, em que se opõem seriíssimas reservas, éticas, morais e jurídicas (estas últimas, quer relativas ao Direito Penal, quer ao Direito Constitucional, e tanto de carácter substantivo como adjectivo) – que subscrevemos irreticentemente –, ao favorecimento dos sicofantas (dos *whistleblowers,* se nos dispusermos a trocar a bucólica elegância do grego pela... detonante alegoria inglesa), *rectius,* ao "instituto da colaboração premiada" (atendendo ao tipo e ao lugar da prática das mais das acções imputadas, como não lembrar o cego de Landim, de Camilo?... E nunca se esqueça saber-se, desde os tempos primevos, que o delator, por razões nem sempre estimáveis, tem às vezes sérias dificuldades em... "distinguir entre verdade e ficção": assim, Thomas Mann, *José e os seus irmãos. I...,* cit., 92 ss., esp.ᵗᵉ 104). Na altura em que redigimos esta passagem, entre nós sob as fortíssimas luzes dos *media...* que também criam sempre zonas de sombra muito espessa. No debate, então bem acesso, demo-nos conta da lúcida oposição dos advogados ao instituto, e dos favores que o mesmo colhia, nomeadamente junto dos Magistrados Judiciais e do Ministério Público. O finalismo a que, destarte, Juízes e Procuradores não hesitaram em capitular (quando se abdica de ajuizar criticamente dos meios não se estará a ceder a um funcionalismo finalista?... Pois não é certo que o nosso sistema jurídico já sanciona positivamente o agente – em termos principialmente conformes, conquanto, talvez, pontualmente afináveis...–, quando ele colabora com a investigação, por exemplo, através da atenuação da pena, quando não mesmo da dispensa de pena?... cf. os artigos 8.º s., da Lei n.º 36/94, de 29 de Setembro, e o artigo 374.º-B, n.ᵒˢ 1 e 2, do CP) não será preocupantíssimo sinal de que aqueles a quem está institucionalmente confiada, em termos paradigmáticos, a assunção e a histórico-concreta realização do direito – do direito compreendido por referência ao seu autonomizante sentido predicativo – se mostram disponíveis para abrir mão dele, degradando inapelavelmente o seu *officium,* e atentando, por demissão, contra o Estado de Direito?!...
[1366] As palavras "selbsttätige, wenn auch abhängige Gehilfen des Gesetzgebers" são de Ph. Heck, mas colhemo-las em Joachim Rückert, *Interessenjurisprudenz, Verfassungswandel, Methodenwandel, Juristenjurisprudenz?,* cit., in *JZ,* 20/2017, 966.

um cadinho[1367] específico, a sua emergência no horizonte da juridicidade?...),
antes se perfila como uma exigência a assumir e a realizar de modo continuado,
o que é particularmente relevante se estivermos (como estamos...) centrados
no problema da legitimação da *iurisdictio;* e a de que a longa história da jurisdição – muito mais longa do que a da democracia, tal-qualmente tendemos hoje
a compreender esta última – faz com que a legitimação em causa radique não
só em pilares políticos, mas implique também traves de suporte de outro tipo
(nomeadamente, de tipo cultural).

De uma perspectiva político-democrática e em termos institucionais, a
legitimação material-intencional da jurisdição re(con)duz-se à "[sujeição dos
tribunais] à lei" (artigo 203.º da CR). Mas esta é uma observação elementar,
que carece de explicitações. Desde logo, a de que a necessária interposição no
circuito de uma poiética mediação interpretativa (o brocardo *in claris verbis...*
exprime uma ingenuidade muito de censurar e as historicamente arquivadas
proibições da interpretação são sinal de mundividências perimidas...[1368]) per-
turba a (afinal, apenas ilusória) suficiência daquela máxima constitucional.
Ainda a de que "a lei não é o único critério de um juízo [normativo-juridi-
camente] adequado" – rigorosamente, "a sentença judicial tem que ser um
*[ius dicere]",* e dizer o direito não é só dar voz à lei[1369] mas "formular [-criar]
uma 'norma de decisão judicativa' ajustada ao caso concretamente judicando".
E não é igualmente possível conceber a realização da mencionada sujeição
dos tribunais à lei com menoscabo do princípio da independência dos juízes
– ordens provindas de um hipotético superior hierárquico são aqui inadmissíveis[1370], pois "[d]ie spruchrichterliche Unabhängigkeit steht normativ außer

---

[1367] Utilizamos aqui a palavra na mesmíssima acepção que relevámos nas nossas *Lições...,* cit., 489.

[1368] Já tivemos oportunidade de o lembrar: cf. *supra,* respectivamente, 280 ss. e 250.

[1369] A expressão "lei e direito" (recorde-se, paradigmaticamente, o sempre invocado artigo 20, 3, da
*GG* alemã, em que o último segmento mencionado tem um "conteúdo próprio" e é susceptível de
assumir expressões diversas...) não constitui, assim, "qualquer hendíadis"...: colhemos as transcrições feitas – "eigenen Gehalt" e "kein Hendiadyoin" – em Philipp REIMER, *Richtlinienkonforme
Rechtsanwendung: Spielräume und Bindungen nach mitgliedstaatlichem Recht,* cit., in *JZ,* 19/2015, 916.

[1370] ... Mas não impensáveis: lembrem-se as "máximas" ou "instruções" *(Leitsätze)* dirigidas aos
juízes durante o *III Reich,* que visavam a instituição de um "poder judicial ideologicamente conforme" – *v. gr.,* aquela que impunha que "o fundamento da interpretação de todas as fontes do
direito é a mundividência nacional-socialista". Atente-se ainda na (em tudo semelhante...) "regra
fundamental" segundo a qual "[o] juiz [...] diz o direito com uma livre convicção baseada no global
estado das coisas, mas em consonância com a interpretação jurídica conforme a mundividência
nacional-socialista" – podendo, portanto, afirmar-se que "a divisa metódica da profissão" era "livre
da lei, mas vinculado à mundividência" *(Gesetzesfrei, aber weltanschauungsgebunden):* cf. J. RÜCKERT,
*Unrecht durch Recht – zum Profil der Rechtsgeschichte der NS-Zeit,* cit, in *JZ,* 17/2015, respectivamente,
804 sob 7., e 803 sob 5. Afinamentos complementares (as *Leitsätze* podem não merecer a censura
que aqui exprimimos...) colher-se-ão em A. CASTANHEIRA NEVES, *O instituto dos "assentos"...,* cit., 619
ss., n. 1559, e 635 s.

Zweifel"[1371]. Como não o é remeter a questão, na sua complexidade, ao poder legislativo, que prescreveria um método anulador (por que artes mágicas?...) da referida complexidade – logo na primeira parte do curso tomámos posição sobre o problema (qual o valor normativo do "cânone metodológico"?; porventura deverá considerar-se este do âmbito de competência do legislador?[1372]).

Em suma: uma estrita legitimação político-democrática revela-se-nos inviável e insuficiente. Mas estaremos condenados a ter que abrir mão daqueles que diremos os seus aspectos positivos... que – recordemo-lo – levaram o Presidente do STJ a afirmar que "[o]s Tribunais são [...] uma garantia do substrato material da democracia"[1373]? Não será possível repensá-la noutros termos, para conseguirmos salvaguardar pontos infrangíveis? De resto, já sugerimos e antecipámos o sentido das respostas a estas perguntas – essas respostas deverão ser afirmativas, cremos, se não limitarmos a argumentação ao estafado (e há muito superado...) princípio da normativisticamente entendida "[sujeição dos tribunais] à lei", tributário do modo como o recortou o pensamento inspirador do Estado de Direito de legalidade formal, em linha com o significado originariamente atribuído à separação dos poderes e determinante da particular independência – uma independência pervertida por uma escravizante, porque lógico-dedutivamente concebida, subordinação à lei... – do poder judicial (que, por isso mesmo, MONTESQUIEU disse *en quelque façon nulle...*). O que corresponde a alargar o âmbito da perspectiva institucional, a que aludimos, na medida em que esta inclui dimensões outras para além daquela que dissemos político-democrática. Desde logo, a histórico-diacrónica: as instituições, enquanto permanências no tempo que disponibilizam desoneradores padrões de comportamento[1374], ou "transcendências no aquém" que nos imunizam do excesso de subjectividade com o mecanismo objectivo que as modela[1375], têm uma densidade própria, que vai sendo tecida no tear da História, pelo que não

---

[1371] "A independência judicativo-decisória está, em termos normativos, fora de [qualquer] dúvida": assim, Wolfgang HOFFMANN-RIEM, "Mehr Selbstständigkeit für die Dritte Gewalt?", in ID., *Offene Rechtswissenschaft...*, cit., 1269. E é assim porque, parafraseando KANT (trata-se de uma paráfrase porque, como se sabe, os referentes que se nos impõe assumir são hoje, decerto, outros...), também nós poderemos dizer que sem tribunais independentes a liberdade não passa de uma miragem: cf. Ralph BACKHAUS/Eike KASSEBAUM, "Recht und Unrecht in Kleits 'Michael Kohlhaas'", in *JZ*,19/2015, 909, sob cc).

[1372] Cf. *supra*, 108 ss.

[1373] Cf. António HENRIQUES GASPAR, no (já citado) discurso que proferiu na Abertura do Ano Judicial, em 1 de Setembro de 2016 – in *Boletim da Ordem dos Advogados*, n.º 142, Setembro 2016, 17 ss., esp.te 20.

[1374] Cf. Arnold GEHLEN, "Mensch und Institutionen", in Karl-Otto APEL *et alii* (Hrgs.), *Praktische Philosophie/Ethik 1*, Frankfurt am Main, 1980, 18 ss., esp.te 20.

[1375] As instituições são, simultaneamente, tenazes que nos prendem e redomas que nos protegem: cf. R. ESPOSITO, *Bíos*, cit., 77 e 133 s.

são plasticina nas mãos do legislador (mesmo do legislador constitucional): este pode, decerto, introduzir nelas aspectos novos, mas não pode atirar para o caixote do lixo toda a sua memória, por vezes multi-milenar. A judicatura é uma destas instituições. E isto significa que a memória que a judicatura carrega é já elemento conformador da legitimidade de que a instituição necessariamente carece. Ora é nessa memória que radicam (é dela que provêm) as notas estruturantes de que os tribunais são o lugar onde se solucionam argumentativamente (e, *hoc sensu,* pacificamente) determinados conflitos intersubjectivos – lembre-se, de novo, a *Oresteia,* de ÉSQUILO[1376] – e em que, por isso, os sujeitos envolvidos devem dispor de uma igualdade de armas, se dirigem a um terceiro imparcial que dirimirá a controvérsia, e invocam (decerto, divergentemente) o e se acolhem (nisso se encontram, no seu desencontro) ao direito (os tribunais realizam judicativamente a normatividade jurídica vigente, não se pré-ordenam por qualquer agenda política juridicamente heterónoma...) A "função originária" da judicatura é aquela que estas notas traduzem e deixa sintetizar-se em dois tópicos: as disputas que a convocam chegam-lhe de fora de si (o juiz é o terceiro imparcial), e no centro das suas preocupações está a solução normativo-juridicamente adequada do caso concreto (a sentença, empenhadamente fundamentada[1377], é uma muito específica tentativa de suturar a ferida aberta pela irrupção da controvérsia circunstancialmente interpelante). O princípio normativo-jurídico (e político-constitucional) da *Rule of Law* assimila, evidentemente, estes vectores, e, nesta medida, incorpora também a vinculação dos tribunais ao direito e ao seu sentido último, a justiça (e não apenas à lei), e a observância, por sua parte, de exigentes critérios de racionalização do seu *modus operandi,* de carácter metodológico e processual. Ao lado da estrita legitimação político-democrática, que o princípio da obediência dos tribunais à lei imediatamente traduz, afirma-se assim uma (ainda institucional) legitimação jurídico-material polarizada no direito e na justiça – no limite, susceptível de justificar o dever de desobediência dos tribunais a uma "lei radical e irrecuperavelmente 'injusta'"[1378]. Ora a referência ao direito e à justiça, se intenciona,

---

[1376] Cf. *supra,* n. 27.

[1377] "A exigência de fundamentação das decisões judiciais (CRP, art. 205.º/1) ou da 'motivação de sentenças' radica em três razões fundamentais: (1) controlo da administração da justiça; (2) exclusão do carácter voluntarístico e subjectivo do exercício da actividade jurisdicional e abertura do conhecimento da racionalidade e coerência argumentativa dos juízes; (3) melhor estruturação dos eventuais recursos, permitindo às partes em juízo um recorte mais preciso e rigoroso dos vícios das decisões judiciais recorridas (cfr., Ac. TC 283/99)" – assim, J. J. GOMES CANOTILHO, *Direito Constitucional e Teoria da Constituição,* 5.ª ed., cit., 661 –, se não erramos, corolários, nos planos substantivo e adjectivo, da normatividade jurídica que aos tribunais compete assumir para realizar histórico-concretamente.

[1378] Cf. A. CASTANHEIRA NEVES, *Questão-de-facto...,* cit., 531 ss., esp.te 533 e 578 s.

como que a montante, a juridicidade para lá da legalidade, intenciona ainda, agora como que a jusante, o problema judicando, e é esta dupla referência intencional que implica a necessidade da poiética excogitação da "norma do caso" (W. Fikentscher), da "norma de decisão judicativa" (Fr. Müller), da "norma fundamento" (Castanheira Neves), da norma judicativamente apurada, ou como quer que a designemos, que co-responda exactamente ao (que assimile perfeitamente o) caso concreto – esta a tarefa da metodonomologia, tal-qualmente a temos vindo a compreender neste curso (a explicitação analítica da racionalizada realização judicativo-decisória do direito), pelo que também ela tem uma palavra a dizer na complexa (porque pluri-estratificada) legitimação institucional que estamos a considerar. Ou, resumindo o tópico que acabámos de considerar: a metodonomologia é a dimensão precipuamente material da judicativa realização do direito, porque tem como referentes, em dialéctica correlatividade, o problema judicando e o sistema fundamento; mas deverá igualmente reconhecer-se-lhe uma dimensão formal, emblematicamente traduzida pelo "esquema metódico" que a metodonomologia propõe[1379] .

Outro ponto que importa igualmente não esquecer é o seguinte: o direito surgiu em Roma, há mais de dois milénios, polarizado no binómio *ius/actio*, e esta tensão, que o predica constitutivamente *ab origine*, ainda hoje se não deve olvidar – sublinhámo-lo logo no primeiro capítulo[1380]. Pois bem: o último segmento do mencionado binómio remete, desde aqueles tempos primevos e globalmente, ao adequado enquadramento institucional do terceiro chamado a solucionar normativo-juridicamente problemas concretos que pertinentemente o interpelem. Enquadramento institucional esse que também manifestamente concorre para a legitimação que nos preocupa, e de uma tríplice perspectiva: do ponto de vista do juiz, das partes e do processo. Daquele primeiro, porque assume a independência, a imparcialidade e a neutralidade sem as quais o juiz não poderá exercer, em termos devidos, o seu múnus. Do segundo, porque consagra as exigências da racionalidade e da transparência nas respostas fundamentadas que o tribunal deve às partes. E, finalmente, do terceiro, porque o processo apresenta uma estrutura de carácter dialógico que com-promete todos os envolvidos na descoberta da decisão judicativa (no "achamento do direito" – na *Rechtsfindung)*. Note-se (não se esqueça o que há pouco dissemos, em termos como que paralelos, da metodonomologia…): o processo é a dimensão precipuamente formal da judicativa realização do direito, porque

---

[1379] Cf. Id., *Metodologia Jurídica…*, cit., 34.
[1380] Cf. *supra*, 79.

institui um determinado procedimento para essa realização; mas também se lhe deverá reconhecer uma dimensão material, atentos os princípios normativos que intencionalmente o densificam, que não temos que recordar aqui[1381] (e não será mesmo aquela dimensão formal condição de possibilidade destas exigências materiais, em virtude da coexistência desde sempre no direito, em dialéctica correlatividade, de forma e substância?[1382] Ou ao invés…).

Há, todavia, ainda – sublinhámo-lo acima –, uma outra vertente na complexa problemática da legitimação de que cuidamos – a que está ligada à longa história da judicatura enquanto instituição (aos ritos de uma prática de muitas gerações e de diversas matrizes, a uma memória decantada que se foi transfundindo em sabedoria institucional e que torna mais suportável o peso da vida[1383]…), que tem especialmente que ver com a pessoa do juiz e não dispensa a convocação de coordenadas extra-jurídicas: dissemo-la, por isso, de carácter ético. Se quisermos recorrer (não sem algum abuso à mistura…) a uma conhecida contraposição categorial[1384], diremos que a legitimação que nos ocupa implica uma certa capacidade. As particulares exigências ligadas à formação e qualificação (académica, psico-intelectual, moral… con-formadoras de um tipo normativo[1385]) são, decerto, condições indispensáveis para que se possa vir a ser juiz (ser juiz é um *Beruf* – uma profissão, com as competências que reclama, e uma vocação, com os dons que se lhe associam…). O comummente designado "ethos profissional" modelador da "atitude fundamental" do espírito do juiz passa decisivamente por aí, pois só com esses predicados ele adquirirá, no seio de estruturas orgânicas adequadas, a sensibilidade e o saber (a esclarecida independência de um compromisso apenas com a realização da normatividade jurídica vigente em concretas situações problemáticas) indispensáveis ao cumprido exercício da sua tarefa[1386].

---

[1381] Mencionem-se, exemplificativamente, os princípios estruturantes e instrumentais do Processo Civil, considerados por Miguel Teixeira de Sousa: cf. a sua *Introdução ao Processo Civil,* Lisboa, 2000, 51 ss.

[1382] Cf. o que escrevemos em *A metodonomologia…,* cit., 98 s.

[1383] Cf., de novo, A. Gehlen, *Mensch und Institutionen,* cit., 20.

[1384] Cf. Manuel de Andrade, *Teoria Geral da Relação Jurídica,* Vol. II, cit., 118.

[1385] Uma questão que – recorde-se a título incidental – já preocupava Aristóteles: cf., *v. gr.,* Antonio Sá da Silva, *Destino, Humanidade e Direito…,* Vol. I, cit., 285 s.

[1386] Tem, por isso, inteira razão um… médico – o saudoso e emérito Professor João Lobo Antunes –, quando sublinha que "[e]sta blindagem [há tanto outorgada aos juízes – a da independência] não pode ser tomada como um mecanismo de protecção de privilégios corporativos, mas como garantia de um compromisso moral": cf. "Juízes (e médicos)", in *O eco silencioso,* Lisboa, 2008, 90.
Que o aludido "ethos profissional" do juiz tem muito que ver com a imparcialidade que se lhe exige e dele se espera, é aquilo para que nos chamam a atenção Martin Schwab e Markus Hawickenbrauck: cf. "Die Ablehnung eines Richters wegen wissenschaftlicher Stellungnahmen zu entscheidungsrelevanten Rechtsfragen", in *JZ,* 2/2019, esp.[te] 82, sob 3. (estudo este em que, como o título logo indicia, se reflecte a questão de saber se a mencionada imparcialidade se poderá considerar posta em crise

Mas será este, que assim esboçámos, um edifício inexpugnável? Só por um muito censurável excesso de ingenuidade (de ingenuidade arrogante…) o poderíamos admitir – se é certo que ele não está construído sobre areias movediças, não é menos verdade que se encontra exposto a múltiplos perigos. Desde logo, o da sempre possível "instrumentalização política" – a circunstância de os tribunais não deverem intervir no palco político, com armas políticas (nomeadamente em virtude da especial reserva que se lhes impõe observar, e da cuidadosa assunção, por sua parte, da específica tarefa que lhes está confiada), deixa-os como que indefesos a ataques provindos desse quadrante. Quantas vezes não ouvimos já actores políticos qualificarem os tribunais como "forças de bloqueio" – não são bem conhecidas as tentações que por vezes assaltam o poder executivo (pense-se, exemplificativamente, no modo como este reage a providências cautelares[1387], que nem sempre serão injustificadas[1388]…)? E não é igualmente óbvio que as "condições de funcionamento" dos tribunais (como lembrámos na primeira parte do curso[1389], a justiça é também uma máquina, desejavelmente eficiente, mas que pode ser mais ou menos ineficiente…) lhes deverão ser proporcionadas pelo legislador – que, por razões várias (nem todas atendíveis…), poderá revelar-se negligente (ou, até, mais do que isso…) no cumprimento da mencionada obrigação?... E ainda o constituído pelos *media,* que têm – que devem ter, em sociedades livres e plurais!... – possibilidades de intervenção no espaço público (mesmo pelo que respeita a actos jurisdicionais…) que estão vedadas aos juízes – estes "fala[m] através dos juízos decisórios que profere[m], ou não fala[m]". Quando os vemos a afivelar a máscara de estrelas mediáticas, por exemplo em "Talkshows", ou a confundir o seu estatuto (comprometido com a administração da justiça, "em nome do povo", numa instituição que é órgão de soberania – os tribunais[1390]) com a gestão de interesses

quando o juiz já tiver tomado posição – *v. gr.,* em estudo por si anteriormente publicado – sobre o tipo de problema jurídico especificamente em causa na controvérsia que ele é agora chamado a dirimir).

[1387] Cf. os artigos 362.º, ss. do CPC. *V.* Miguel Teixeira de Sousa, *Introdução ao Processo Civil,* cit., 15 (para uma muito elementar caracterização). Acrescente-se apenas que o regime das providências cautelares pode apresentar especificidades em razão da matéria – é o que acontece, por exemplo, na "tutela da propriedade intelectual": cf. Alexandre Libório Dias Pereira, "Tutela efectiva da propriedade intelectual *(enforcement),* em especial a protecção dos direitos de autor e conexos contra a pirataria", in *RLJ,* 146.º, n.º 4003, 2017, 253 ss., sob 5.

[1388] Cf. o artigo 374.º do CPC (a referência a algumas das alterações introduzidas pelo CPC de 2013 ao regime das providências cautelares, poderá ver-se em José Lebre de Freitas, "A inversão do contencioso nos procedimentos cautelares", in João Calvão da Silva *et alii* (Orgs.), *Processo Civil Comparado. Análise entre Brasil e Portugal,* São Paulo, 2017, 77 ss.).

[1389] Cf. *supra,* 73 s.

[1390] Cf. os artigos 110.º e 202.º ss. da CRP. Sobre a também aludida relação dos *media* com os actos jurisdicionais (e destes com aqueles…), lembremos aqui a enriquecedora conferência proferida,

subjacentes a pretensões sindicais *(v. gr.,* envolvendo-se na convocação de uma greve), ou disponíveis para trocar a sua trincheira por aquela outra de que antes foram chamados a ajuizar normativo-juridicamente (recorde-se, por último, o particularmente inquietante caso Sérgio Moro)..., algo vai mal, porque a reserva e a neutralidade que desse modo colocam em perigo constituem pilares da legitimação aqui em causa.

2. De todas estas linhas problemáticas, algumas aparecem decerto mais fortemente sublinhadas do que outras na proposta metodonomológica apresentada. Olhemos esses pontos-chave (a que apenas fizemos alusões dispersas...) com um cuidado acrescido.

Recordemos a nossa questão principal: como pensar o problema da legitimidade dos juízes para (re-)constituírem a normatividade jurídica vigente?

Na tentativa de a recortarmos um pouco melhor, comecemos por duas notas que assentam em outras tantas evidências. De há muito nos demos conta de que se não antolha viável legitimar a legalidade sem fazer intervir a juridicidade – sem esta aquela pode não passar de um regulativo social determinado por um paroxismo ominoso. Mudando aquilo que deveremos saber mudar, dir-se-á que a afirmação precedente se limita a acentuar uma constante. Apenas um exemplo, que formularemos em termos interrogativos: será possível pensar o problema da (necessária!) legitimação de instâncias tão importantes no mundo de hoje como os mercados (decerto, a mais emblemática das contemporâneas "matrizes comunicativas anónimas", de que nos fala Gunther Teubner[1391]) sem os transcendermos, sem invocarmos exigências de sentido/ referentes axiológicos humanamente predicativos, se quisermos, sem ousarmos o salto para o plano (outro!) de vectores político-normativos que densifiquem/qualifiquem a economia pura e dura?

E mencionemos ainda, também a abrir, as três coordenadas que, se não erramos, importa considerar aqui, e que balizam o problema com que estamos confrontados: 1.ª) o exercício metodonomológico realiza (judicativamente) a normatividade jurídica e, portanto, constitui direito; 2.ª) essa realização constitutiva tem lugar num Estado de Direito, quer dizer, num quadro jurídico-po-

---

no dia da Faculdade de 2018, pelo Presidente da Relação de Coimbra, Desembargador L. M. Ferreira de Azevedo, em que precisamente se considerou a tensão "Sentença judicial *vs.* sentença pública".

[1391] A. que não deixa de chamar a atenção para a perda de legitimidade como que natural dos mercados enquanto "mecanismos de repartição" (na linha de Habermas) – cf. "Reflexives Recht", in *ARSP*, 1982, esp.ᵗᵉ 42 –, para a alteração do seu sentido tradicional, por exemplo determinado pela emergência dos chamados grupos de empresas – cf. Id., *O direito como sistema autopoiético,* trad. de José Engrácia Antunes, Lisboa, 1993, 278 ss. –...

lítico dominado pelo princípio da separação de poderes; e 3.ª) no horizonte de um verdadeiro Estado de Direito, qualquer poder deve ser limitado (como não repetir a famosa asserção "power tends to corrupt and absolute power corrupts absolutely"?) e controlado juridicamente (no Estado de Direito, o genitivo qualificativo transmuta-se em nominativo identificativo...); ora os juízes são titulares de um poder, *ergo...*[1392]. A primeira destas três coordenadas foi sendo justificada ao longo deste curso – se o reconhecermos concludente, ela impõe--se-nos agora como uma evidência. A terceira olhá-la-emos, da perspectiva circunstancialmente relevante, dentro em pouco. Finalmente, à segunda, de que nós próprios nos ocupámos em outras ocasiões[1393], dedicaremos de seguida uma brevíssima referência.

O sentido originário do princípio da separação de poderes é aquele que devemos a LOCKE e a MONTESQUIEU[1394]. Uma vez superada a compreensão hegeliana e bismarckiana do Estado[1395], criaram-se as condições para a paulatina emergência de uma separação de poderes a identificar uma repartição de funções assumidas por poderes interdependentes (artigos 2.º e 111.º da CR). Um passo importante foi, decerto, o da caracterização do "estado de direito [como] um estado constitucional"[1396]. Mas breve se percebeu que a juridicidade se não reduz à constitucionalidade[1397] e, consonantemente, o Estado de Direito ganhou uma densidade material (uma intencionalidade material) muito outra – passou a implicar a (a radicar na) normatividade jurídica polarizada no seu sentido autonomizantemente predicativo, ou seja, no direito como direito. Se quisermos: o Estado de Direito é aquele tipo de Estado que reconhece à pessoa "um *direito a ter direitos*" (ein *Recht, Rechte zu haben*) – a pessoa tem, enquanto

---

[1392] Recorde-se Jorge MIRANDA: "[...] os juízes têm poder, logo têm de ter limites ao seu poder" – cf. "O perfil do juiz nas constituições democráticas", in António Pedro BARBAS HOMEM *et alii* (Coords.), *O perfil do juiz na tradição ocidental,* Coimbra, 2009, 278.

[1393] Cf., por exemplo, as nossas *Lições...,* cit., 158 ss., 356 ss. ...

[1394] Cf. J. J. GOMES CANOTILHO, *Direito Constitucional e Teoria da Constituição,* 5.ª ed., cit., 574 s., as nossas *Lições...,* cit., 357 ss. ...

[1395] Se HEGEL viu no Estado a expressão institucionalizada do espírito objectivo, BISMARCK – que IHERING começou por considerar um "charlatão", para posteriormente o dizer um exemplar "homem de acção"... –, com o seu pragmatismo, marcado por um anti-democrático finalismo político irreticente, como que assumiu o propósito de o realizar historicamente: cf. W. FIKENTSCHER, *Methoden des Rechts...,* III, cit., esp.ᵗᵉ 111 n. 31, 156 ss. e 203.

[1396] Cf. J. J. GOMES CANOTILHO, *Direito Constitucional e Teoria da Constituição,* 5.ª ed., cit., 245 s. Pressupomos assim uma concepção que poderemos dizer *maximin* do Estado de Direito: na história deveniência que inevitavelmente o predica, o Estado de Direito há-de traduzir, em cada momento, a síntese mais elevada daquele conjunto de valores mínimos que como tal o constituem (aproveitámos aqui esclarecimentos de Amartya SEN – inconsiderando, lamentavelmente, os afinamentos críticos que o Nobel disponibiliza. Cf. *Escolha coletiva e bem-estar social,* cit., 250 ss.).

[1397] Cf. A. CASTANHEIRA NEVES, por exemplo, no ensaio "A redução política do pensamento metodológico-jurídico (Breves notas críticas sobre o seu sentido)", agora in *Digesta ...,* Vol. 2.º, cit., esp.ᵗᵉ 406 ss.

tal, "um único direito [...:] o direito de nunca ser excluída dos direitos que garantem o seu modo de ser comunitário"[1398]. E, sendo assim, terá que haver uma instância que os afirme e assegure quando tal se impuser. Essa instância é, precisamente, o poder judicial. Os restantes poderes, comprometidos como estão com a realização do Estado de Direito, deverão, como é óbvio, assumir as exigências axiológicas que o identificam, ... mas têm igualmente funções políticas. Ao invés, o poder judicial tem a função política de se não subordinar à política (o seu compromisso é com o direito, e) a sua "índole jurídica [convoca-o] unicamente à [...] realização [...] do direito"[1399].

Repare-se, porém (é a terceira coordenada há pouco referida, em que prometemos centrar-nos): a função judicial tem um poder que, como qualquer poder no horizonte de um Estado de Direito, tem que ser juridicamente controlado; e, no exercício da tarefa que lhe está institucionalmente cometida, cumpre-lhe afirmar apenas o direito. Ora, não haverá nisto um paradoxo – o paradoxo da aporia a que deste modo parece ficarmos condenados? Se, num Estado de Direito, todos os poderes devem ser juridicamente limitados (não se sublinha hoje "o triunfo universalizado do paradigma americano da [...] primazia do Direito sobre a Política"?[1400]), como compreender que o poder que é a *viva vox iuris – hoc sensu:* aquele a quem compete assumir "uma decisiva função política sem intenção política"[1401] – possa, afinal, ... limitar todos os demais poderes, "Poder político" incluído[1402]? Como entrar neste aparente cír-

---

[1398] Cf. Hannah ARENDT, "Es gibt nur ein einziges Menschenrecht", in Otfried HÖFFE *et alii* (Hrsg.), *Praktische Philosophie/Ethik 2,* Frankfurt am Main, 1981, 152 ss., esp.[te] 158, 163 e 166.

[1399] Cf. A. CASTANHEIRA NEVES, *O instituto dos "assentos"...,* cit., esp.[te] 432, 470, 604 e 611.

[1400] Assim, J. C. VIEIRA DE ANDRADE, "A responsabilidade civil do Estado por danos decorrentes do exercício da função legislativa", in *RLJ,* 142.º, n.º 3980, 2013, 287. É essa a razão pela qual, e por exemplo, sendo a política (quando discreta e redutoramente compreendida, está bem...) uma ordem estratégica que fundamenta a sua legitimidade no voto da maioria, e o direito uma ordem de validade que tem o seu fundamento no específico sentido intencionado pela e constitutivo da (referida) validade que justamente o predica como direito, "os genocídios do Ruanda perpetrados por maiorias indiscutíveis sobre minorias pouco expressivas" (cf. Manuel CARNEIRO DA FRADA, *Sociedade, Deus, Direito. Teses para um diálogo,* sep. do *Liber Amicorum* Fausto de Quadros, II, Coimbra, 2016, 222) não podem deixar de ser considerados *juridicamente* intoleráveis. *V.,* complementarmente, W. FIKENTSCHER, *Der Gegensatz von Grundwerten und "täglichen Dingen"...,* cit., Fábio CARDOSO MACHADO, *A autonomia do direito e os limites da jurisdição,* cit., 345 ss., esp.[te] 357 ss., e 379 ss....

[1401] São, de novo, palavras de A. CASTANHEIRA NEVES: cf. agora a sua *Aula na Univ. Lusófona – 21 de Abril de 2012,* cit., 32.

[1402] Cf. LABORINHO LÚCIO, *O julgamento...,* cit., 419. No horizonte de um autêntico Estado de Direito – *i. e.,* no hemisfério da *Rule of Law,* do *Rechtsstaat...*–, a resposta à clássica pergunta *quis custodiet ipsos custodes?* (a pergunta *v. gr.* compreensivelmente – e pateticamente...– formulada pelo antigo Primeiro-Ministro JOSÉ SÓCRATES, em carta remetida do Estabelecimento Prisional de Évora, e divulgada pelos jornais, no dia 5 de Dezembro de 2014) é, muito singelamente, a seguinte: o direito, atento o respectivo sentido predicativo (como se sabe, dimensão constitutiva e pilar básico de um genuíno Estado de Direito), e o adequadamente recortado pensamento jurídico metodologicamente comprometido (a quem exactamente compete – sublinhámo-lo vezes sem conta, desde o início: cf. *supra,*

culo vicioso ("[...] um paradoxo genuíno envolve uma contradição inescapável"...[1403]) para o transformarmos, digamo-lo com HEIDEGGER, num círculo virtuoso?[1404] Supomos que o modo adequado de o fazermos é olhar a função judicial como um poder – que, portanto, como qualquer outro poder, no horizonte de um Estado de Direito, tem que ser juridicamente limitado *(hoc sensu: juridicamente controlado, sindicado...)* – e compreender essa jurídica limitação, que assim se reconhece uma necessidade, em termos de ela não afectar a possibilidade de o referido poder ser apenas chamado a afirmar o direito. E não se esboça assim um exacto retrato, de corpo inteiro, da função judicial?...

No horizonte de um autêntico Estado de Direito material, já o sabemos, a jurisdição não se limita a aplicar silogístico-subsuntivamente a lei (o normativismo deve entender-se superado), nem é chamada a escolher, no plano táctico, a decisão reclamada pelo cumprimento dos fins definidos a nível estratégico (o funcionalismo não se nos afigurou a alternativa pertinente)[1405], antes lhe compete assumir a normatividade jurídica vigente, esclarecidamente recortada, para a realizar judicativo-decisoriamente – é essa, na verdade e sobretudo, a tarefa que lhe está confiada[1406]. E, sendo assim – *i. e.,* não devendo ignorar-se, no exercício metodonomológico, qualquer um dos segmentos do binómio que o identifica[1407] –, exprimindo a decisão um voluntarístico acto de poder, e o juízo uma específica validade susceptível de fundamentar a solução de problemas que nela tenham o seu referente, compreende-se que se entenda dever ser o segmento-decisão controlado em termos de poder, e o segmento-juízo em termos consonantes com a singular validade fundamentante que o aludido juízo-julgamento intenciona.

Quanto ao primeiro – a decisão – e de modo esquemático. Uma vez que nos habituámos a considerar a via democrática o *modus* exemplar de confe-

---

58 ss. – assumir o direito para o realizar judicativo-decisoriamente; questão outra, e não pouco importante, é a de saber se isso está a ser feito, em termos irrepreensíveis, *in casu...)* – e não, por exemplo, a comunicação social... apesar da extrema relevância desta última, insiste-se (cf. *supra,* 368), enquanto barómetro da opinião pública, nos nossos dias uma importantíssima instância de legitimação em sociedades democráticas (cf. as argutas observações de LORD DENNING, a propósito do inquérito que foi convidado a instruir, pelo Primeiro-Ministro Harold MACMILLAN, relativo ao tristemente célebre caso John Profumo/Christine Keeler. O relatório final do famoso Juiz britânico é de 16 de Setembro de 1963, e os seus pontos nucleares poderão ver-se referidos, pelo próprio A., no seu livro *The due process of law,* cit., 67 ss., esp.te 69 ss.).

[1403] Cf. Bernard SUITS, *A cigarra filosófica...,* cit., 115 ss., esp.te 116 e 118.

[1404] Cf. *A metodonomologia...,* cit., 110.

[1405] Cf. *supra,* esp.te n. 37.

[1406] "Er [der Juristenstand] vor allem hat die Rechtsumsetzung in der Hand": assim, Joachim RÜCKERT, *Interessenjurisprudenz, Verfassungswandel, Methodenwandel, Juristenjurisprudenz?",* cit., in *JZ,* 20/2017, 973.

[1407] Cf. *supra,* esp.te 96 ss.

rir legitimidade, não será curial eleger os juízes com o propósito de controlar as suas decisões? Se não confundirmos "correcção [jurídica] e apoio popular", "jurisprudência e democracia" – para recorrermos a contraposições acentuadas, a outro propósito, por Amartya SEN[1408] –, de pronto nos daremos conta de que, no âmbito problemático ora em causa, os resultados efectivos de semelhante opção não seriam nada bons: a eleição não passaria de uma forma perversa de legitimar os juízes – no limite, estes empenhar-se-iam em não frustrar o horizonte de expectativas dos seus potenciais eleitores, que, com o seu voto (digamo-lo de modo rude...), como que comprariam as decisões futuras (são conhecidas práticas de *lobbying* nesta área; potencia-se por esta via uma compreensão *behaviourista* da jurisprudência, empenhada em predizer as sentenças dos tribunais a partir dos padrões de mundividência dos juízes, com recurso a métodos estatísticos; paralelamente, as teorias analíticas da decisão encontram aqui terreno fértil para, atentos os efeitos, conceberem as possibilidades de acção e as escalas de preferência em que se centram, e a análise económica do direito também se não oporá a esta impostação das coisas, relativamente às *public choices* que tanto estima...). Sintetizemo-lo com duas passagens exemplares de um belo romance: "[a]final de contas, um juiz de círculo tem de ir às urnas para ser reeleito. [...] Por trinta ou quarenta mil, o tipo certo dará um toque ao juiz [...]"[1409]. Ou, em termos bibliograficamente mais ortodoxos, façamos a pergunta decisiva com palavras de R. DWORKIN: "[d]everão os juízes não eleitos ter o poder de negar à maioria aquilo que esta genuinamente quer e aquilo que os seus representantes devidamente eleitos decidiram?" E não esqueçamos algumas seriíssimas advertências do mesmo saudoso Professor: que a resposta que assim se insinua traduz "uma simplificação grosseira" porque "o escrutínio judicial", apoiado numa genuína "independência do poder judiciário"[1410], "aumenta a legitimidade geral" na medida em que "[re]força [o] Estado de direito"[1411].

Quando a CR proclama que "[o]s tribunais são os órgãos de soberania com competência para administrar a justiça em nome do povo" (artigo 202.º, n.º

---

[1408] Cf. *A ideia de justiça,* cit., 515.

[1409] Cf. Saul BELLOW, *O legado de Humboldt,* cit., 207.

[1410] Sobre o ponto, e entre nós, cf., *v. gr.,* António A. VIEIRA CURA, "Apreciação da Proposta de Lei n.º 114/XII, que deu origem à Lei de Organização do Sistema Judiciário (Lei n.º 62/2013, de 26 de Agosto)", in *Boletim da Faculdade de Direito,* Vol. LXXXIX, Tomo II, Coimbra, 2013, 577 ss.

[1411] Cf. *Justiça para ouriços,* cit., 403 ss.

1[1412]) [1413], qual é a ideia forte subjacente? Se não erramos, a de que se excluem aqui mediações representativas – a de que o tribunal diz directamente o direito (sinónimo de "justiça" não é estritamente a lei, mas globalmente o direito – os princípios que lhe imprimem a marca-de-água…) em nome do povo, e "nisso mesmo se manifesta a mais profunda legitimação jurídico-democrática da sua função e da sua independência"[1414]. Ou, se preferirmos: o tribunal deve entender-se e assumir-se como o intérprete imediato – *i. e.*, permita-se-nos

---

[1412] *V.* ainda o artigo 203.º da CR; e António A. Vieira Cura, *Curso de Organização Judiciária*, 2.ª ed., cit., 15.

[1413] Se a justiça tiver sido administrada não apenas "em nome do povo" mas "pelo povo", ele mesmo (pense-se na possível "intervenção do júri [, em matéria de facto,] no julgamento de crimes graves"), um tribunal de recurso (uma Relação, que integra apenas juízes profissionais, ou juízes de direito, ou juízes togados) poderá "modificar a matéria de facto fixada pelo [referido] tribunal do júri"? Não envolverá isso uma "inconstitucionalidade por violação do artigo 207.º, n.º 1, da Constituição da República Portuguesa, das disposições conjugadas dos artigos 427.º, 428.º e 431.º, alínea *b)*, do CPP enquanto permitem ao tribunal da relação a modificação da decisão do tribunal do júri sobre matéria de facto, quando esta decisão seja impugnada nos termos do artigo 412.º, n.º 3, do mesmo Código?". Neste sentido se pronunciam Maria João Antunes, Nuno Brandão, Sónia Fidalgo e Ana Pais, no estudo "Garantia constitucional de julgamento pelo júri e recurso de apelação", in *RLJ*, 145.º, n.º 3999, 2016, 316 ss., esp.te 328 s., n.os 12 e 13.
Note-se, porém: subjacente à argumentação expendida no estudo acabado de citar não estará a ideia de que a legitimidade democrática, assente no voto, é a mais forte, de modo que qualquer outra – como aquela que, *ratione materiae,* entendemos dever privilegiar no texto (legitimidade essa, como vimos, radicada na assunção do sentido e da autonomia do direito enquanto pilar estruturante e constitutivo de um genuíno Estado de Direito) – tem apenas uma importância diminuída relativamente àquela tida por paradigmática? E não será por isso que "a constituição jurídica" (naturalmente "sem [se minimizar] o seu relevo político") "se [deve assumir] e interpret[ar] na sua validade jurídica em referência ou conforme o direito (e não apenas por estritos critérios políticos)"? – cf. A. Castanheira Neves, *O direito interrogado pelo tempo presente na perspectiva do futuro,* cit., 56. Atendendo, todavia, à memória histórica do regime em causa no problema em apreço (em que claramente aparecem fundidos os horizontes jurídico e político), que a experiência comparatística amplamente confirma, talvez deva entender-se que o modo mais avisado de repor a ordem natural das coisas seja (se prevalecer o princípio de que a instituição tribunal de júri deve ser preservada…) uma alteração legislativa que recomponha a instância de recurso com inclusão de leigos, ou, no mínimo e se esta integrar tão-só juízes profissionais, que lhe confira apenas legitimidade para cassar a decisão que tenha sido proferida, em matéria de facto, por um tribunal de júri, remetendo-a depois à instância *a quo* (tudo o que, aliás, os Colegas autores do estudo acima mencionado também não deixam de considerar…).

[1414] Assim, A. Castanheira Neves, *O instituto dos "assentos"…,* cit., 423.
Ou, se preferirmos: o segmento "[…] para administrar a justiça em nome do povo" não é uma "fórmula programática" (com "valor meramente simbólico"), nem uma "fórmula tabeliónica" ("utilizada pelos juízes para fingirem uma derivação popular do seu poder"), nem uma fórmula capciosa *(hoc sensu:* dando "como demonstrado o que é preciso demonstrar") – cf. J. J. Gomes Canotilho, "Legitimidade do Poder Judicial", in *Colóquio "A Justiça em Portugal",* org. pelo Conselho Económico e Social, Lisboa, 1999, 197 ss., onde o nosso Professor não deixa de olhar também a problemática da legitimação dos "juízes europeus" (sobre este ponto, *v.,* a título complementar, José Luís da Cruz Vilaça, "Síntese conclusiva do Colóquio", *ibidem,* esp.te 210 s., sob 1. Acrescente-se apenas que o ilustre A. se limita a considerar aqui a questão de uma estrita perspectiva político-democrática) –, mas uma fórmula jurídico-politicamente tradutora da exigência que se dirige aos tribunais, no horizonte de um adequadamente recortado Estado de Direito, no sentido de as referidas instituições assumirem o (não abdicarem do) fundamento … jurídico-politicamente suficiente no exercício da tarefa que lhes está, aí, confiada.

a insistência, sem mediações[1415] – das juridicamente intencionadas exigências comunitárias, de que o povo é o demiurgo instituidor. O que todavia não exclui, sublinhe-se uma vez mais, a necessidade de se controlar o poder que a mencionada decisão emblematicamente traduz: a organização judiciária (pense-se, por exemplo, no papel do Conselho Superior da Magistratura em matéria de nomeação, colocação, transferência e promoção dos juízes[1416]), o processo (civil, penal, administrativo, disciplinar…, com os seus princípios transpositivamente predicativos), o direito ao recurso (constitucionalmente garantido em matéria penal[1417], para uma mais lograda "garantia dos cidadãos"[1418])… que, conjuntamente, viabilizarão, decerto, o mencionado desiderato.

Relativamente ao segundo – o juízo –, pouco teremos que acrescentar agora, pois foi nele que nos centrámos ao longo de todo o curso[1419]. A "legitimação pelo processo" (à LUHMANN[1420]) não traduziria mais do que uma capitulação ao procedimentalismo decorrente de uma precipitada desistência na tentativa de discernir um fundamento material praticamente operativo[1421]. E o apelo, com o referido objectivo, à ideia de consenso (seja o inatingível "consenso real", seja o "consenso ficcionado", assente em pressuposições aproblematicamente relevadas, ou em "acordos incompletamente teorizados" …[1422])– uma categoria consabidamente sociológica e, portanto, de um horizonte intencional diferente do da juridicidade – condenar-nos-ia a uma contingência e a uma indeterminação

---

[1415] Nomeadamente – no quadro das democracias, tal como nos habituámos a concebê-las no nosso hemisfério político – sem mediação partidária. Por isso, muito pertinentemente se escreveu (numa dissertação que está longe, em nosso juízo, de poder ser apontada como referencial, o que só torna a afirmação mais significativa…) que "[a]penas o poder judicial fica fora do controlo partidário, razão pela qual é considerado o elemento fulcral de defesa do Estado de Direito nas democracias modernas": assim, Raul Carlos VASQUES ARAÚJO, *O Presidente da República no sistema político de Angola*, polic., Coimbra, 2008, 344 s.

[1416] Cf. o artigo 217.º da CR, e António A. VIEIRA CURA, *Curso de Organização Judiciária*, 2.ª ed., cit., 50 ss. Autonomizemos, no quadro que estamos a relevar, "o exercício da acção disciplinar em relação [aos juízes]", confiada (entre outros) ao CSM, e que este deverá assumir com respeito (nomeadamente) pelo princípio do processo justo e equitativo…

[1417] Cf. o artigo 32.º, n.º 1, da CR.

[1418] Cf. J. J. Gomes CANOTILHO, *Direito Constitucional e Teoria da Constituição*, 5.ª ed., cit., 661.

[1419] Cf. *supra*, esp.ᵗᵉ 100 ss.

[1420] Cf. *A metodonomologia…*, cit., 313 ss. *V.* ainda A. M. de ALMEIDA COSTA, *O funcionalismo sistémico de N. Luhmann…*, cit., 55 s.

[1421] Cf. *supra*, 143 ss., e a importante n. 481.

[1422] Cf., de novo, A. M. de ALMEIDA COSTA, *O funcionalismo sistémico de N. Luhmann…*, cit., 50 s. E ainda (atento o que de imediato se sublinhará no texto, e para além da n. seguinte), ID., *ibidem*, esp.ᵗᵉ 21. *V.* igualmente Amartya SEN, *Escolha coletiva e bem-estar social*, cit., 533 e n. 280.

inaceitáveis[1423] e, sobretudo, concorreria para minar o sentido autonomizantemente predicativo do direito[1424]...

Como pensar, então, o problema da legitimação do mencionado juízo-julgamento? Confiando-o ao exercício metodonomológico, tal-qualmente também nós o concebemos e apresentámos[1425]: com as dimensões que o inervam
e a dialéctica que o dinamiza... e no único hemisfério em que ele pode vir à
epifania – o de um genuíno Estado de Direito[1426].

3. Garantir-se-á assim, porventura, a realização sem quebras do propósito
visado? *Breviter:* será a proposta feita um *opus operatum?* Atendendo a que não
deverá omitir-se nunca uma reflexão crítica sobre as propostas assumidas (pois
importa não esquecer que "até os nossos modelos mais elaborados são geralmente supersimplificações da realidade"... [1427]), a resposta só pode ser um não
consciencioso... que, todavia, nos não desonera do dever da tentativa[1428]: o que
é humano no homem não é o deslumbramento de Narciso – a contemplação da
obra acabada –, mas a inquietação de Sísifo – o confronto com a tarefa a cumprir ("[d]eixando de haver mundos para conquistar não fica[ría]mos cheios de
satisfação mas de desespero"...[1429] Cuidado, porém, com a deriva do utopismo:
"não devemos construir castelos no ar, porque estes são muito caros, já que
imediatamente  depois temos que demoli-los com suspiros"...[1430]). No fundo, a
nossa nobreza é também a nossa tragédia...

---

[1423] Contingência, porque o consenso depende de um tendencialmente infinito e dificilmente pré-
-dizível conjunto de circunstâncias; e indeterminação, porque (como o demonstra o "teorema da
impossibilidade" – *rectius:* o Teorema da Possibilidade Geral –, de Kenneth Arrow. Cf., por exemplo,
Amartya Sen, *A ideia de justiça,* cit., 147, e *Escolha colectiva e bem-estar social,* cit., 46, 341 n. 220, e
*passim)* nem mesmo o mais imaculado dos regimes – e, portanto, também dos procedimentos –
democráticos permite o apuramento de deliberações sociais que satisfaçam, em simultâneo, os
desejos de todos os membros de uma dada sociedade.

[1424] Não deixámos de o assinalar já em *A metodonomologia...,* cit., 79 ss., esp.[te] 86 s.

[1425] Neste ponto nos encontramos com Fr. Müller: cf. o que escrevemos *supra,* 269 s.

[1426] Cf. *supra,* 58 ss.

[1427] Cf. Pedro Domingos, *A revolução do algoritmo mestre...,* cit., 103.

[1428] De resto, outro tanto se poderá, *mutatis mutandis,* dizer, agora em globo, do próprio exercício judicativo-decisório, tal como o propugnámos – que, recordemo-lo, intende à normativo-juridicamente
adequada solução do problema concretamente interpelante. Será a referida solução absolutamente
imune à crítica? Como, se o segmento decisão (com a subjectividade que lhe inere) é ineliminável
do circuito discursivo, se este tem carácter argumentativo *(hoc sensu,* não demonstrativo), se, em
termos noéticos, o reconhecemos polarizado na analogia *(i. e.,* no apuramento de uma semelhança
suficiente entre *relata* diferentes)?... Atento um dos planos do referido exercício, cf., a título exemplificativo, o que escrevemos *supra,* 335 ss.

[1429] Cf. Bernard Suits, *A cigarra filosófica...,* cit., 240.

[1430] Cf. Schopenhauer, *Aforismos para a sabedoria de vida,* cit. 132.

# A fechar

Já se disse que, "[e]m todos os tempos, o apocalipse decepcionou sempre os seus profetas"[1431]. Paralelamente, não admira que, no fim, os projectos fiquem bem longe do que se almejava (e se julgava entrever...) no início... mesmo para quem se atreva a repetir Cleópatra e assevere "I / have / Immortal longings in me"...[1432]. E é exactamente este, agora, o meu sentimento!... Por essa razão (ou, não obstante?!...), permita-se-me que, também aqui, abra este ponto final com um voto sincero, que tem igualmente como destinatários os Senhores Estudantes – os meus Queridos Alunos! –, e que traduz emblematicamente uma nota em que tantas vezes me tenho atrevido a insistir. O exercício a que nos dedicámos não é o termo de quase nada mas o início de muita coisa, não revela qualquer verdade absoluta mas enuncia uma inquietação sempre desperta, não impõe um $\Omega$ definitivo mas propõe um A que o co-determina..., que sintetiza um bom augúrio e dá voz a um grito de alma que muito gostaria se viesse a cumprir, e que ousarei formular com uma ligeiríssima reescrita de

[1431] Cf. Hans Magnus Enzensberger, *O afável monstro de Bruxelas...*, cit., 72.

[1432] Cf. William Shakespeare, "Antony and Cleopatra", act V, sc. II, 281-283 – in *The complete works,* ed. devida a J. W. Craig, London, 1993, 1011.

dois versos admiráveis, de James Joyce, que já uma vez invoquei[1433]: "Que propício [V]os seja, no final, /O [longo] caminho que falta percorrer"...[1434]

Há muito que me confesso admirador da profundamente interpelante
prosa poética – da "escrita [...] rizomática, [...] não linear e não sequencial,
mas contínua [...] e torrencial como um grande rio", com a "rede intratextual
única" que é o seu leito, e cheia de encantos mil, porque "registo substancial de
experiência e de pensar"...[1435] – de Maria Gabriela Llansol. Num dos livros
que nos deixou, tecido pela sua prodigiosa criatividade e pela sua singularíssima sensibilidade, deparamo-nos com a seguinte passagem: "[...] Caminha
sem bordão, os / Pés assentes no exacto [...]"[1436]. Em paráfrase atrevida, e na
tentativa de condensar numa frase de efeito a *summa* deste guião (radicado na
compreensão do direito como uma específica e deveniente exigência de sentido, dogmaticamente densificanda e problematicamente realizanda, a implicar
um modelo metodológico que se lhe adeque[1437] ...), ouso dirigir aos Senhores
Estudantes, invertendo o mote inspirador (e em termos ditirâmbicos?...), um
incitamento, ainda aqui sob a forma de paradoxo, porque acrescenta um foco
de ineliminável intranquilidade à segurança que começa por transmitir-lhes:
caminhem com este bordão, os pés assentes no inexacto...[1438]

---

[1433] Cf. *Mestres e discípulos habitam a mesma Casa...,* cit., 64.

[1434] Cf. *Música de câmara,* XXX, 7-8 – na ed. bilingue, citada logo a abrir, 75.
Ou, voltando ao princípio, agora que estamos no fim: em consonância com o que se acentuou no
dealbar do curso (cf. *supra,* 27 s. e 29 ss.), não se pressupôs nele um "leitor ingénuo", que se deixa
conduzir pelo livro prestes a concluir-se, limitando-se o referido leitor a segui-lo (cf. Hermann Hesse,
*Uma biblioteca da literatura universal,* cit., 81 s.), antes se elegeu como interlocutor um "leitor [...]
tão pessoal, [...] de tal modo ele próprio, que se contrapõe em absoluta liberdade àquilo que está
a ler [, e para quem, por isso mesmo, este] livro é [será? ...] apenas um estímulo, um ponto de partida" ... (cf. Id., *ibidem,* 84).

[1435] Assim, João Barrento e Maria Etelvina Santos, na "Introdução" a *Numerosas linhas, Livro de Horas
III (Jodoigne- Herbais, 1979-1980),* cit., 9, 11 e 14.

[1436] Cf. *O começo de um livro é precioso,* Lisboa, 2003, 265.

[1437] Cf. *supra,* n. 208.

[1438] Como não lembrar agora uma advertência feita, muito discretamente, logo a abrir (cf. *supra,* n.
15)? Se quisermos, também aqui vale, *mutatis mutandis,* a seguinte afirmação: "[q]uem pensa que
raciocina numa base firme está tão iludido como quem acredita que o pensamento pode flutuar acima
das restrições opressivas da racionalidade"... (assim, Julian Baggini, *As fronteiras da razão...,* cit., 308).